数学教学技能系列丛书

丛书主编/冯伟贞 何小亚

中学数学解题研究

(第二版)

苏洪雨 冯伟贞 吴有昌 王林全 编

科学出版社

北京

内 容 简 介

本书注重数学解题实践、解题方法与理论研究，内容包括数学解题的意义、数学解题理论、数学解题的过程分析、数学解题方法与策略、数学解题专题分析、说题.书中理论与实践并重，各章含有例题和习题，先练后讲、边讲边练、及时反思、总结规律，以提高解题的意识、能力和修养.

本书适合高等师范院校数学教育专业大学生作为教材使用，也可作为中学教师培训使用.

图书在版编目(CIP)数据

中学数学解题研究/苏洪雨等编. —2版. —北京：科学出版社，2022.1
(数学教学技能系列丛书/ 冯伟贞，何小亚主编)
ISBN 978-7-03-070923-3

Ⅰ. ①中⋯ Ⅱ. ①苏⋯ Ⅲ. ①中学数学课-教学参考资料 Ⅳ. ①G634.603

中国版本图书馆 CIP 数据核字（2021）第 261880 号

责任编辑：姚莉丽／责任校对：杨聪敏
责任印制：赵 博／封面设计：陈 敬

科学出版社 出版
北京东黄城根北街 16 号
邮政编码：100717
http://www.sciencep.com

三河市春园印刷有限公司印刷
科学出版社发行 各地新华书店经销

*

2008 年 7 月第 一 版 开本：720×1000 1/16
2022 年 1 月第 二 版 印张：28
2025 年 1 月第二十三次印刷 字数：560 000
定价：79.00 元
(如有印装质量问题，我社负责调换)

"数学教学技能系列丛书"编委会

主　编　冯伟贞　何小亚

顾　问　史宁中（东北师范大学前校长、教授、博士生导师）
　　　　　宋乃庆（西南大学前常务副校长、教授、博士生导师）
　　　　　徐斌艳（华东师范大学教师教育学院教授、博士生导师）
　　　　　曹一鸣（北京师范大学数学科学学院教授、博士生导师）
　　　　　王光明（天津师范大学教育学部部长、教授、博士生导师）
　　　　　孔凡哲（中南民族大学教育学院副院长、教授、博士生导师）

编　委（按姓氏笔画排序）
　　　　　王林全（华南师范大学）　　王宽明（贵州师范大学）
　　　　　卢建川（广州大学）　　　　邬振明（惠州学院）
　　　　　吴有昌（广东省教育研究院）吴跃忠（华南师范大学）
　　　　　何小亚（华南师范大学）　　张占亮（肇庆学院）
　　　　　张映姜（岭南师范学院）　　张艳虹（华南师范大学）
　　　　　陈星荣（嘉应学院）　　　　林全文（广东石油化工学院）
　　　　　姚　静（华南师范大学）　　徐章韬（华中师范大学）
　　　　　常进荣（昆明学院）　　　　曾　峥（佛山科技学院）
　　　　　谢明初（华南师范大学）　　廖运章（广州大学）

"数学教学技能系列丛书"序言

应对新时代、新的教育理念和新课程改革的挑战,促进教师的专业发展是根本策略,而数学教师专业素质的培养和提升是其中的核心问题.

数学教师专业素质是在一般素质基础上形成和发展起来的数学教师职业基础性和通识性素养及品质,包括数学素养和品质、数学教育教学理论素养和品质以及数学教学技能. 对于数学素养、数学教育教学理论素养的内涵及其作为数学教师专业素质结构组成部分的重要性已经成为人们的共识. 在数学师范生的培养方案中,一般通过数学学科基础课群、数学专业课群、教育学及心理学基础课群和数学教育课群的设置来实现培养目标.

数学教学技能是数学教师在数学教学过程中,运用数学专业知识和教学理论及教学经验,使学生掌握学科基础知识、基本技能并受到思想教育等所采用的一系列教学行为方式,也是以教学操作知识为基础的动作技能与心智技能的统一. 动作技能包括一系列外部可见的机体动作,如语音、语调、语速、板书、绘图等包括口语表达技能、书面表达技能、仪器操作技能在内的部分;心智技能则主要指教师基于自身的数学素养及数学教学素养完成的心智活动方式,包括讲解、提问、抽象概括、对教学对象各种数学素质和知识能力水平的诊断等. 在实际教学过程中,动作技能与心智技能是交叉在一起,不可分割. 但从对数学教学技能结构的解剖不难发现,教师的数学教学技能首先是教师基于个人数学素养、数学教育教学素养的外显行为方式,是教师实现个人相关素养的有效外显、有效传递及有效迁移的工具.

目前在师范生教学技能的培养中,"重视动作技能,轻视数学思想内化,轻视数学教育教学理论内化"的现象是普遍存在的,学生的"心智技能"的形成相对滞后. 这与目前数学师范生培养的课程设置及课程内容中,数学学科知识学习、数学教育教学理论学习与教学技能培养三方面被割裂有重要关系,而学生本人也往往缺少打通三方关联的意识及能力.

本丛书的编写选取"中学数学教学设计""中学数学解题研究""中学数学现代教学技术"为立足点,着力于建立数学学科知识与思想方法、数学教育教学理论和数学教学技能三方融合的平台,为学生"心智技能"的养成提供支持.

教学技能的生成遵循"初步感知 → 机械模仿 → 灵活运用 → 拓展创新"这一发展历程. 本丛书的编写力求体现教学技能的这一发展过程,为读者提供丰富的案例, 以促进数学教学技能素养的形成、强化和提高.

本丛书是以科学出版社 2008 年"普通高等教育'十一五'规划教材·高等师范院校数学教育系列丛书"为基础修订、扩充而成. 具体工作包括:

1. 新增《中学数学教学设计案例精选》, 作为《中学数学教学设计》一书的配套用书.《中学数学教学设计案例精选》为读者提供类型丰富的教学设计案例, 力求使读者通过对案例的学习、比较、研究提高数学教学设计能力. 对案例的解读、点评及修改指引有效融合了大量的数学学科知识、思想方法及数学教育教学理论的解读及运用指引.

2. 修订完善《中学数学教学设计》一书, 使其更简洁、更实用.

3. 对《中学数学解题研究》一书以"简洁思路及表述, 强化解题方法与技巧, 丰富案例"为原则进行修订.

4. 对《中学数学现代教学技术》一书, 从原来侧重数学定量分析与信息技术相结合的定位, 向全面解决数学教学中定性分析、定量分析与信息技术相结合转移, 力求使读者更全面把握信息技术在解决数学教学过程中问题情境设置、图形定性及定量分析、数值分析与计算、数学探究等方面的辅助功能.

5. 新增《中学数学课件制作案例精选》(电子读物). 本电子读物收录了华南师范大学数学科学学院历届本科学生的优秀作品, 其中包括多件在全国、广东省多媒体课件制作竞赛中的获奖作品. 本电子读物对相关课件的教学设计、技术设计及制作技巧做了详细的剖析.

借此机会感谢华南师范大学数学科学学院对本丛书的编写所给予的精神上及经费上的大力支持, 感谢兄弟院校对本丛书的热情支持、积极推介和广泛使用. 科学出版社的领导对本丛书的出版给予了大力支持, 编辑们付出了辛勤劳动, 在此表示由衷的敬意和诚挚的谢意.

希望数学家、数学教育家及使用本丛书的各兄弟院校师生, 对本丛书提出宝贵意见和建议, 使它们在实践中不断完善, 为我国的数学教师专业发展发挥更好的作用.

冯伟贞

2011 年 7 月 1 日于广州华南师范大学

绪　　言

　　学习数学,解题是必不可少的;可以说,数学教育不仅仅是解题,但是不会解题,想学好数学也是不太可能的.在基础教育阶段,在初等数学的范围内,掌握好初等数学知识是为解题服务的;相应地,解题也是学好数学基础的根本,两者是密切联系,互不可分的.

　　近年来,越来越多的学者关注数学解题研究,中学教师、高校教师、著名的数学专家等,都对数学解题有着独特的看法,使得解题在中国更加繁荣(中国本来就是解题大国).这些研究对数学教育的发展起到了很大的促进作用,使得人们对解题的认识更加深入.不过,我们依然看到,今天的中学生还是更多地关注题目和解答;有些中学教师也对题目及其解答的追寻乐此不疲.在今天的"考试"文化中,重视试题和解答也是情理之中的事情;但这样的表现,也延续到大学,即使是即将走上讲台的"准教师",也对试题、解答、操练等有着执着的追寻.然而,这些解题现象和我们古人所言的"熟能生巧"类似,多了份熟练程度,缺了必要的反思和创新,其弊端显而易见,同时也增加了学生的学业负担.解题固然要以做题为主,但不是简单的重复,不能仅仅停留在低层次的数学操作层面.正如波利亚所言:如果数学教师把分配给他的时间塞满了例行运算来训练他的学生,他就扼杀了学生的兴趣,妨碍了他们的智力发展,从而错用了他的机会.但是,如果他给他的学生以适合他们程度的问题去引起他们的好奇心,并且用一些吸引人的问题来帮助他们解题,他就会引起学生对独立思考的兴趣并教给他们一些方法.

　　事实上,我们可能要反思:为什么要解题?或者,解题的目的是什么?对此,很多人可能说,这还用问吗,学数学就是要解题,在第一段已经这样说了.是的,学数学必须要解题,其后一句可能是:要想考个好成绩,你也必须得解题!但是,这是表面的或者有点功利性的回答.数学的学习不仅包括解题,数学概念、公式、定理,数学应用的广泛性、深刻性,以及数学推理的合理性,数学的形式化、简洁化,等等,都体现了数学的魅力.数学是一种文化,它和人类文明共同发展,解题不过是为了理解这种文化的一种手段.但是,在今天的教学中,我们时常注重形式化的解题,却遗忘了数学的本质.具体而言,数学解题是对原有知识和技能的应用,有利于促进学生对基础知识和基本技能的理解与掌握;保持和巩固对相应知识的记忆;提高问题解决的能力;掌握数学思想方法,提高和发展数学思维能力,培养数学创造性思维.通过解题(常规和非常规的),学生对数学的理解得到发展,不仅提高了数学素养,而且促进了其理性思维的发展.因此,数学解题不仅仅是操练、获得结果,更重要的是促进数学的理解,培养学生独立思考的习惯,发展学生的理性思维.

数学解题不同于体育锻炼,这是关于思维的一种脑力劳动,同时体现了数学的特性:抽象性、严密性、应用的广泛性……数学是思维的体操,所以,数学解题伴随着数学思维的活动,是人们对数学的认知和反映的过程.当我们拿到一个数学问题,首先是理解题意:这是一个什么样的问题?是几何的、代数的、概率统计……这是对问题识别的过程,我们要有相关的数学知识,从而能够理解问题,这需要我们的记忆系统和信息加工系统共同努力,所以,我们要能够记得住数学知识,熟悉数学语言,包括自然语言和符号语言,并能转换为我们的思维元素.解题需要数学技能和能力,数学技能包括基本的运算、作图、识图、基本推理、简单的数据处理等,这样的技能属于低层次的能力,但是又是数学解题必备的条件,技能是一种自动化的过程,可以通过适当的训练获得;而数学能力高于技能,例如,空间想象能力不同于简单的识图、作图,还涉及图形变换、推理、运动等过程.高水平的解题者具有较好的数学能力,在抽象概括、数据处理、空间想象、推理论证等方面表现优异.在数学解题过程中,我们以知识与技能为基础,发挥数学能力的力量,始终明确解题的目标,直至解决问题,所以具有一定的数学能力也是解题成功的必要条件.解题还需要数学思想和方法,函数的思想、方程的思想、数形结合的思想、化归法、待定系数法、分析法、综合法、类比法等,方法在于积累,应用在于理解.除此之外,还有解题的技巧和策略,这在解题过程中必不可少;当然,今天我们更提倡通性通法,不过掌握基本的解题策略还是非常必要的.解题也是一种经验,这种经验的积累体现在理解数学的思想方法,掌握必要的数学解题策略;我们不提倡高强度的解题训练,但是解题必须进行反思:这道题目怎么解答?为什么这样解?这是数学解题的升华过程,也是学好数学的必经之路,否则,那就是解题机器,没有思想,没有方法,更没有谋略.

在数学教育发展过程中,关于解题的理论并不多见,更多地如同上述,重视题目和解答.波利亚的《怎样解题》是经典之作,我们做简单的介绍,希望能够为读者带来一定的启发;另外,匈菲尔德的问题解决思想、弗里德曼的《怎样学会解数学题》,我们也做一些介绍,以及中国的解题专家,例如单墫先生、罗增儒先生的解题理论.解题的另外一种形式——说题,今天也吸引着很多的研究者和教师,这是提高解题能力和解题教学能力的一种新方式.

我们把本书的重点放在数学解题过程的分析和数学解题的策略上,估计这是读者们比较关注的问题.我们不是简单的示例,也不是进行说教,只不过是为读者提供一种思考的方式,或者起到一点启发作用.当然,我们会把相应的数学知识附在其后,方便读者的查阅.

绪　言

考试是不可避免的话题,因此,我们也把高考中的问题进行系统分析,通过研究分析高考问题,展现今天解题的一些现象,关注一下中学数学的课程,这也有利于数学解题研究的进一步发展. 最后,我们通过"说题"来讨论数学解题能力的培养问题,以此引起大家对解题的理解与反思,进而提高大家的解题能力.

当然,现在有许多关于数学解题的书籍,仁者见仁智者见智,我们基于自己的经验和研究,为读者提供一个窗口,希望能引入更多解题的阳光,促进大家对数学的理解,推动数学教育的发展.

作　者

2021 年 8 月 1 日

目 录

"数学教学技能系列丛书"序言
绪言
第1章 数学解题的意义 ·· 1
  1.1 数学学习与解题 ·· 1
    1.1.1 数学学习的一般过程 ···························· 1
    1.1.2 数学学习中的解题 ······························ 2
  1.2 数学能力与解题 ·· 7
  1.3 中学数学教学中的解题 ································ 8
  习题 ·· 13
第2章 数学解题理论 ·· 14
  2.1 中国数学解题研究 ···································· 14
    2.1.1 数学解题现状 ···································· 14
    2.1.2 单墫的研究 ······································ 15
    2.1.3 罗增儒的研究 ···································· 27
    2.1.4 中国解题研究简介 ······························ 42
  2.2 国外解题理论分析 ···································· 46
    2.2.1 波利亚的解题理论 ······························ 46
    2.2.2 匈菲尔德的问题解决 ·························· 50
    2.2.3 弗里德曼的《怎样学会解数学题》 ············ 54
    2.2.4 其他解题理论简述 ······························ 55
  2.3 解题理论评述 ·· 56
  习题 ·· 57
第3章 数学解题的过程分析 ·································· 58
  3.1 数学解题的心理过程 ································ 58
    3.1.1 解题案例的再现 ································ 58
    3.1.2 解题的心理过程分析 ·························· 60
    3.1.3 学会迁移 ·· 62
  3.2 基于问题解决的分析 ································ 66
    3.2.1 理解问题 ·· 66

  3.2.2 探析方法策略 ·· 73
  3.2.3 设计解题思路 ·· 78
  3.2.4 实施解题步骤 ·· 80
  3.2.5 反思 ··· 82
 3.3 基于变式的解题分析 ··· 84
  3.3.1 本源题 ·· 84
  3.3.2 变式题 ·· 85
  3.3.3 问题结构 ··· 87
  3.3.4 寻找模式 ··· 87
  3.3.5 突破模式 ··· 88
 习题 ·· 88

第 4 章 数学解题方法与策略 ··· 90
 4.1 关于解题方法与策略的研究 ··· 90
  4.1.1 解题方法的本质 ··· 90
  4.1.2 解题策略的意义 ··· 91
 4.2 数学解题方法 ·· 91
  4.2.1 化归与转化 ·· 92
  4.2.2 正反互逆 ··· 105
  4.2.3 特殊与一般 ·· 121
  4.2.4 分类讨论 ··· 129
  4.2.5 数形结合 ··· 140
  4.2.6 数学构造 ··· 155
  4.2.7 数学变换 ··· 175
  4.2.8 数学归纳法 ·· 180
 4.3 数学解题策略 ·· 189
  4.3.1 数学信息表征策略 ·· 189
  4.3.2 信息转化策略 ··· 191
  4.3.3 直观想象策略 ··· 192
 习题 ·· 195

第 5 章 数学解题专题分析 ··· 197
 5.1 数学客观题 ··· 197
  5.1.1 选择题 ·· 197
  5.1.2 填空题 ·· 206
 5.2 三角函数问题 ·· 210
  5.2.1 公式法 ·· 210

- 5.2.2 差异分析法 ... 211
- 5.2.3 整体法 ... 212
- 5.2.4 数形结合法 ... 213
- 5.2.5 转化法 ... 214
- 5.2.6 向量法 ... 214
- 5.2.7 "1"的转换 ... 215
- 5.2.8 恒等变换法 ... 216
- 5.2.9 综合法 ... 217
- 5.3 数列问题 ... 218
  - 5.3.1 数列的通项公式 ... 219
  - 5.3.2 数列的求和问题 ... 226
  - 5.3.3 数列综合问题 ... 231
- 5.4 立体几何问题 ... 236
  - 5.4.1 重在直观感知的空间想象 ... 236
  - 5.4.2 强调以数代形的代数应用 ... 239
  - 5.4.3 注重概念命题的逻辑推理 ... 244
- 5.5 解析几何问题 ... 248
  - 5.5.1 直线与圆锥曲线的位置关系 ... 249
  - 5.5.2 面积与距离的问题 ... 251
  - 5.5.3 求轨迹方程问题 ... 255
  - 5.5.4 圆锥曲线中定点与定值问题 ... 259
  - 5.5.5 圆锥曲线中参数的取值范围与最值问题 ... 265
  - 5.5.6 圆锥曲线中的存在性问题 ... 270
- 5.6 概率统计问题 ... 271
  - 5.6.1 频率分布直方图、条形图、统计表等问题 ... 272
  - 5.6.2 分布列问题和数学期望 ... 276
  - 5.6.3 回归分析问题 ... 281
  - 5.6.4 分布列、数学期望、概率 ... 285
  - 5.6.5 综合问题 ... 290
- 5.7 导数的应用 ... 291
  - 5.7.1 导数在函数中应用问题 ... 292
  - 5.7.2 导数在不等式中的应用问题 ... 302
  - 5.7.3 导数应用的其他问题 ... 316
- 习题 ... 318

第 6 章　说题 ······ 320
6.1　说题的意义 ······ 322
6.2　说题的内容 ······ 324
6.2.1　说题意 ······ 324
6.2.2　说思想方法 ······ 325
6.2.3　说解题过程 ······ 327
6.2.4　说变式与拓展 ······ 328
6.2.5　说易错易误 ······ 332
6.2.6　说教学价值 ······ 332
6.3　说题的案例 ······ 333
6.3.1　立体几何问题说题 ······ 333
6.3.2　三角函数问题说题 ······ 348
6.3.3　解析几何问题说题 ······ 356
6.3.4　数列问题说题 ······ 374
6.3.5　概率与统计问题说题 ······ 387
6.3.6　函数导数问题说题 ······ 396
6.4　说题对于教师专业发展的意义 ······ 404
习题 ······ 405
习题答案 ······ 407
参考文献 ······ 429

第 1 章 数学解题的意义

数学学习是个体以自己数学认知结构的变化适应数学知识体系发展变化的过程, 即个体数学活动经验的获得和累积或数学认知结构的构建过程 (章建跃, 2001). 显然在这个过程中, 必须有 "数学活动经验", 而在此的 "经验", 更多的是解决问题, 即数学解题活动. 这种解题过程建构数学认知结构, 从而提高数学能力, 也相应提高数学问题解决能力.

1.1 数学学习与解题

数学学习是一个复杂的心理过程, 而解题也是数学学习中的一个环节. 作为具有高度概括性、抽象性、应用性的一门学科, 数学的学习也具有一定的特殊性, 既有直观感知的一面, 又有抽象概括的高度; 既有直接应用的便捷, 又有逻辑推理的难度. 数学解题是学习过程中的重要环节, 一方面可以巩固知识, 另一方面可以推进对数学的理解, 从而为继续学习做好铺垫; 反之, 数学学习的完善也进一步提高学习者的解题能力, 二者密切相关, 缺一不可.

1.1.1 数学学习的一般过程

数学学习过程可以从两个角度来分析, 一方面是学习者在数学认知过程中的变化, 也就是学生对数学信息的识别、加工、贮存、提取、应用的过程; 另一方面就是非认知因素的变化过程, 即数学情感、兴趣、动机、意志等方面, 这对于学生的数学认知也是至关重要的, 或促进数学能力的发展, 或抑制.

例 1-1 数列的概念学习.

首先给出引例: 传说印度有个发明家发明了国际象棋, 国王玩得很开心, 于是决定奖励这个发明家, 发明家没有向国王要金银珠宝, 他的要求是让国王在棋盘上放麦粒, 但是规定在第一格里放一颗麦粒, 后面的格子里放的麦粒数是前面的两倍, 国王一笑, 连忙答应, 你认为国王能满足这位发明家的要求吗?

$$1 + 2 + 2^2 + 2^3 + 2^4 + 2^5 + \cdots + 2^{63} = ?$$

学生面临一个问题, 既熟悉而又陌生, 看似简单的指数幂的运算, 但是随着指数的增大, 数据增大, 和一般的计算不同.

当然, 这是数列概念学习的一个引例, 其实还有下列问题:

(1) $1, \frac{1}{2}, \frac{1}{3}, (\quad), \frac{1}{5}, \frac{1}{6}, (\quad), \frac{1}{8}$;

(2) $2, -4, (\quad), -8, 10, (\quad), 14$;

(3) $(\quad), 2^2, 2^3, 2^4, 2^5, (\quad), 2^7$.

学生发现这样的一组数据, 有着一定的特征, 而不是简单的罗列. 这个概念的学习过程, 实际是学生解决问题的过程: 观察、归纳、猜想、得到结论. 学生的数学学习, 可以参考图 1-1.

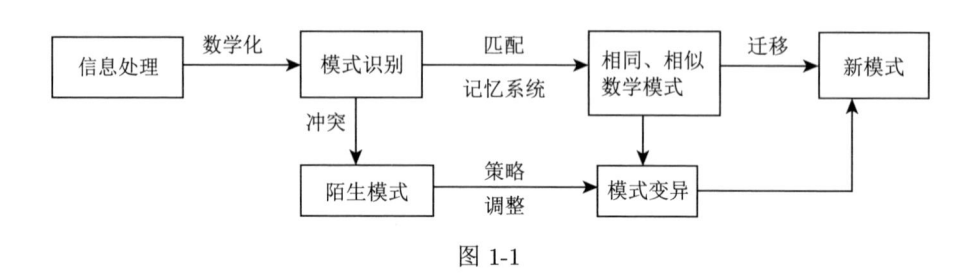

图 1-1

事实上, 数学学习是一个复杂的过程, 以上我们只是做了简单的分析. 有意义学习可以从概念学习、命题学习、符号学习等角度讨论. 而学习又分为不同的类型: 上位学习、并列学习、下位学习等, 这是学习的认知过程分析. 不过, 无论怎样的学习过程, 学生的数学思维和学习是相辅相成的, 而数学思维是问题解决的核心.

1.1.2 数学学习中的解题

数学学习中的解题, 不但能巩固新知, 检验学习的效果, 更重要的是促进了数学学习的发展. 学习活动最终是通过个体内在的认知活动得以实现的, 加涅认为, 学习的过程由下面的步骤组成:

(1) 注意——对于相关刺激的 "接受", 后者既可以是言语的, 也可以是直观的;

(2) 预期——引向学习目标, 即如何去获得某种动作技能、或学会解决某个问题;

(3) 回忆——把有关的信息提取到短时记忆之中;

(4) 选择性知觉——将刺激转换成对象特征的形式, 以便贮存于短时记忆中;

(5) 语义编码——将刺激特征及有关信息贮存于长时记忆中;

(6) 激活与反应——将贮存的信息提取到反应发生器;

(7) 强化——反馈与强化;

(8) 提示的激活——建立起新的提示以利于以后的回忆;

(9) 一般化——将所学到的新知识应用于新的场合.

其中, 前 3 个步骤为学习的准备, (4)-(7) 为学习的获得和执行, (8)-(9) 是学习的迁移.

在数学解题中, 学习就发生了. 因此, 有很多教师认为, 数学学习的过程以解题为主, 这有积极的一面, 然而解题只是数学学习中的一个环节, 上述的 9 个步骤就可以看出学习的复杂性.

例 1-2 方程的根与函数的零点.

问题：

① 求方程 $x^2 - 2x - 3 = 0$ 的根, 画函数 $y = x^2 - 2x - 3$ 的图象.

② 求方程 $x^2 - 2x + 1 = 0$ 的根, 画函数 $y = x^2 - 2x + 1$ 的图象.

③ 求方程 $x^2 - 2x + 3 = 0$ 的根, 画函数 $y = x^2 - 2x + 3$ 的图象.

④ 观察函数的图象发现：方程的根、函数的图象和 x 轴交点的横坐标有什么关系？

⑤如何判断一元二次方程根的个数, 如何判断二次函数图象与 x 轴交点的个数, 它们之间有什么关系？

⑥归纳函数零点的概念.

⑦怎样判断函数是否有零点？

⑧当函数的图象不易画出, 又不能求相应方程的根时, 怎样判断函数是否有零点？

通过问题解决引入方程根和函数的零点, 确实实现了数学学习的准备、概念的获得, 并能为下一步的迁移做准备. 所以有下面的结论：

① 先求方程的两个根, 找出抛物线的顶点, 画出二次函数的图象 (图 1-2). 方程的两个实数根为 $-1, 3$.

② 方程有一个根, 说明抛物线的顶点在 x 轴上 (图 1-3). 方程的实数根为 1.

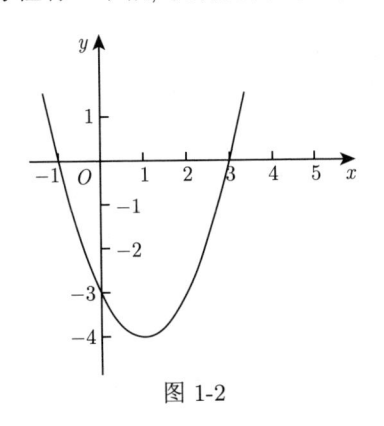

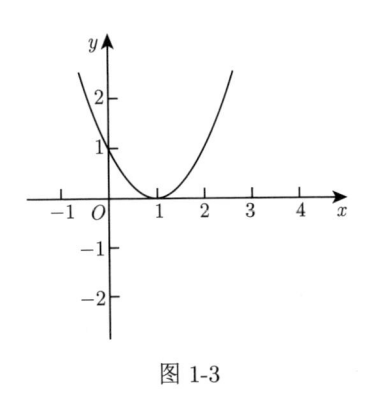

图 1-2

图 1-3

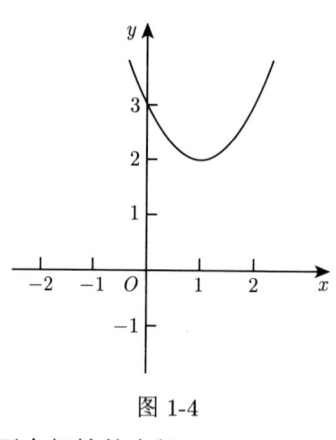

③ 方程没有实数根，抛物线与 x 轴没有交点，找出抛物线的顶点是画二次函数图象的关键 (图 1-4).

④ 方程的根就是函数的图象与 x 轴交点的横坐标.

⑤ 一元二次方程根的个数，就是二次函数图象与 x 轴交点的个数，可以用判别式来判定一元二次方程根的个数. (a) 当 $\Delta > 0$ 时，一元二次方程有两个不等的实根 x_1, x_2，相应的二次函数的图象与 x 轴有两个交点 $(x_1, 0), (x_2, 0)$. (b) 当 $\Delta = 0$ 时，一元二次方程有两个相等的实根 $x_1 = x_2$，相应的二次函数的图象与 x 轴有唯一的交点 $(x_1, 0)$; (c) 当 $\Delta < 0$ 时，一元二次方程没有实根，相应的二次函数的图象与 x 轴没有交点.

图 1-4

⑥ 一般地，对于函数 $y = f(x)$，我们把使 $f(x) = 0$ 的实数 x 叫做函数 $y = f(x)$ 的零点.

⑦ 方程 $f(x) = 0$ 有实根 $\Leftrightarrow$ 函数 $y = f(x)$ 的图象与 x 轴有交点 $\Leftrightarrow$ 函数 $y = f(x)$ 有零点.

⑧ 观察二次函数 $f(x) = x^2 - 2x - 3$ 的图象，我们发现函数 $f(x) = x^2 - 2x - 3$ 在区间 $(-2, 1)$ 上有零点. 计算 $f(-2)$ 与 $f(1)$ 的乘积，发现这个乘积特点是小于零. 在区间 $(2, 4)$ 同样如此. 可以发现，$f(-2)f(1) < 0$，函数 $y = x^2 - 2x - 3$ 在区间 $(-2, 1)$ 内有零点 $x = -1$，它是方程 $x^2 - 2x - 3 = 0$ 的一个根. 同样地，$f(2)f(4) < 0$，函数 $y = x^2 - 2x - 3$ 在 $(2, 4)$ 内有零点 $x = 3$，它是方程 $x^2 - 2x - 3 = 0$ 的另一个根.

当然，数学学习的内涵丰富，解题并不能使学生完全理解数学，如果处理不当，反而会造成误解.

例 1-3 关于方程的根和函数的零点的例题及变式训练.

例 1-3-1 已知函数 $f(x) = |x^2 - 2x - 3| - a$ 分别满足下列条件，求实数 a 的取值范围.

(1) 函数有两个零点;

(2) 函数有三个零点;

(3) 函数有四个零点.

分析 因为函数 $f(x) = |x^2 - 2x - 3| - a$ 的零点个数不易讨论，所以可转化为方程 $|x^2 - 2x - 3| - a = 0$ 的根的个数来讨论，即转化为方程 $|x^2 - 2x - 3| = a$ 的根的个数问题，再转化为函数 $g(x) = |x^2 - 2x - 3|$ 与函数 $h(x) = a$ 的交点个

数问题.

解 设 $g(x) = |x^2 - 2x - 3|$ 和 $h(x) = a$. 分别作出这两个函数的图象 (图 1-5), 它们交点的个数, 即函数 $f(x) = |x^2 - 2x - 3| - a$ 的零点个数.

(1) 若函数有两个零点, 则 $a = 0$ 或 $a > 4$.

(2) 若函数有三个零点, 则 $a = 4$.

(3) 函数有四个零点, 则 $0 < a < 4$.

变式训练

变式 1 判断函数 $y = |x - 1| - 2$ 零点的个数.

解 通过分类讨论把绝对值函数转化为分段函数, 作出函数图象 (图 1-6).

函数 $y = |x - 1| - 2$ 的图象与 x 轴有两个交点, 所以函数 $y = |x - 1| - 2$ 有两个零点.

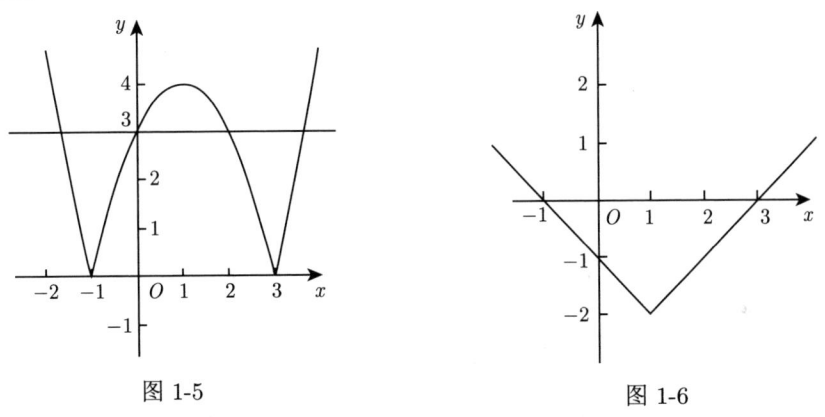

图 1-5　　　　　　　　图 1-6

变式 2 求证：函数 $f(x) = 2x^2 - 3x - 2$ 有两个零点.

证法一 因为一元二次方程 $2x^2 - 3x - 2 = 0$ 的判别式

$$\Delta = 3^2 + 4 \times 2 \times 2 = 25 > 0,$$

所以一元二次方程 $2x^2 - 3x - 2 = 0$ 有两个不相等的实根, 所以函数 $f(x) = 2x^2 - 3x - 2$ 有两个零点.

证法二 因为一元二次方程 $2x^2 - 3x - 2 = 0$ 可化为 $(2x + 1)(x - 2) = 0$, 所以一元二次方程 $2x^2 - 3x - 2 = 0$ 有两个不相等的实根 $x_1 = 2, x_2 = -\dfrac{1}{2}$. 所以函数 $f(x) = 2x^2 - 3x - 2$ 有两个零点.

证法三 因为函数 $f(x) = 2x^2 - 3x - 2$ 的图象是一条开口向上的抛物线, 且顶点在 x 轴的下方, 即 $f\left(\dfrac{3}{4}\right) = -\dfrac{25}{8} < 0$, 所以函数 $f(x) = 2x^2 - 3x - 2$ 有两个零点. 如图 1-7.

例 1-3-2 若关于 x 的方程 $3x^2-5x+a=0$ 的一个根在 $(-2,0)$ 内, 另一个根在 $(1,3)$ 内, 求 a 的取值范围.

如果用求根公式与判别式来做, 运算量很大, 能否将问题转化? 借助二次函数的图象, 从图象中抽出与方程的根有关的关系式, 使得问题解答大大简化. 画出函数的图象观察分析.

解 设 $f(x)=3x^2-5x+a$, 则 $f(x)$ 为开口向上的抛物线, 如图 1-8.

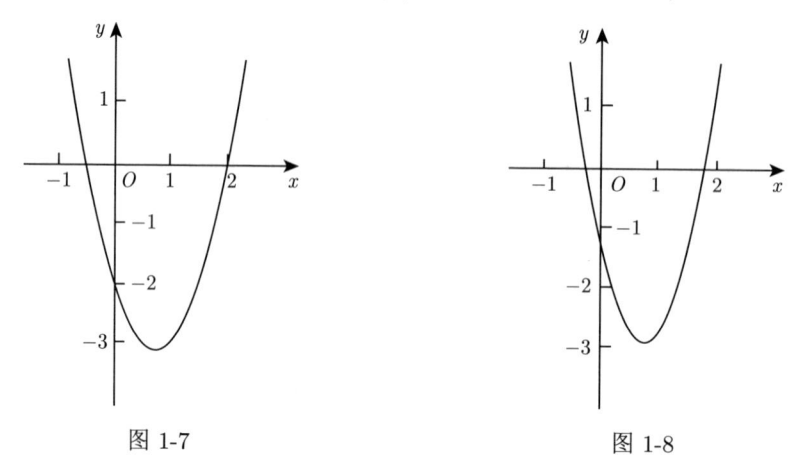

图 1-7

图 1-8

因为 $f(x)=0$ 的两根分别在区间 $(-2,0),(1,3)$ 内, 所以

$$\begin{cases} f(-2)>0, \\ f(0)<0, \\ f(1)<0, \\ f(3)>0, \end{cases} \quad 即 \quad \begin{cases} 22+a>0, \\ a<0, \\ -2+a<0, \\ 12+a>0. \end{cases}$$

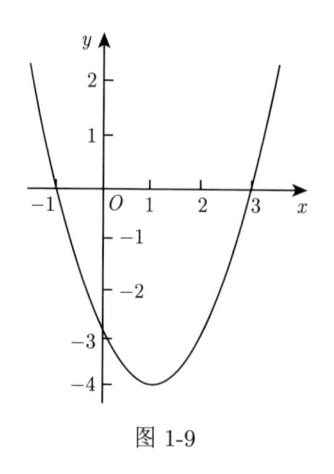

故所求 a 的取值范围是 $-12<a<0$.

变式 1 关于 x 的方程 $x^2-ax+a^2-7=0$ 的两个根一个大于 2, 另一个小于 2, 求实数 a 的取值范围.

解 设 $f(x)=x^2-ax+a^2-7$, 图象为开口向上的抛物线 (图 1-9).

因为方程 $x^2-ax+a^2-7=0$ 的两个根一个大于 2, 另一个小于 2, 所以函数 $f(x)=x^2-ax+a^2-7$ 的零点一个大于 2, 另一个小于 2. 即函数 $f(x)=x^2-ax+a^2-7$ 的图象与 x 轴的两个交点在点 $(2,0)$ 的两侧.

图 1-9

只需 $f(2) < 0$, 即 $4 - 2a + a^2 - 7 < 0$, 所以 $-1 < a < 3$.

其实例 1-3 的难度过大, 对于初学方程根和函数的零点的学生来说, 并不一定能促进对相关概念的理解, 相反可能增加认知的难度, 效果适得其反. 对于熟练掌握概念之后, 进行综合训练, 则有助于提高学生分析、解决问题的能力.

1.2 数学能力与解题

数学能力反映的是学生在数学学习中的综合能力, 这对于数学解题有着重要的影响. 数学能力包括很多方面, 而数学解题是问题解决能力的具体表现, 学生数学能力决定着解题能力, 相应地, 学生良好的解题修养也促进数学能力的发展.

心理学家克鲁切茨基、数学家庞加莱、阿达马等倾向于承认数学能力是一种特殊能力. 如果一个人能够迅速地和成功地掌握某项活动, 比其他人较易于得到相应的技能和达到熟练程度, 并且能取得比中等水平优越得多的成果, 那么这个人就被认为是有能力的. 我国学者林崇德、曹才翰、丁尔陞等认为数学能力是智力的一种概括化形式. 数学能力是一种特殊的能力, 在数学活动中形成和发展.

传统上, 我国数学教育中主要探讨三大能力: 运算能力、逻辑思维能力和空间想象能力.《普通高中数学课程标准 (2017 年版, 2020 年修订)》从数学学科核心素养的角度, 给出了六大关键能力: 数学抽象、逻辑推理、数学运算、直观想象、数学建模、数据分析. 并从数学思维的角度分析: 人们在学习数学和运用数学解决问题时, 不断地经历直观感知、观察发现、归纳类比、空间想象、抽象概括、符号表示、运算求解、数据处理、演绎证明、反思与建构等思维过程. 这体现了数学思维从直观想象和猜想开始, 通过抽象表示和运算, 用演绎证明方法加以论证, 乃至构成学科体系的全过程.

当然, 对于数学能力的讨论非常丰富, 例如, 数学能力的实质、数学能力的组成成分及其结构、数学能力的形成与发展, 等等, 这都是人们研究的热点. 在此, 我们仅探讨在数学解题中的数学能力问题.

例 1-4 等差数列 a_n 的前 m 项和为 30, 前 $2m$ 项和为 100, 则它的前 $3m$ 项和为 (   ).

A. 130   B. 170   C. 210   D. 260

这是一个以等差数列为原型的计算问题. 考查学生什么样的数学能力? 显然是运算能力, 主要是指在运算定理和运算定律指导下, 对数与式的组合或分解变形的能力. 包括数字的计算、代数式和某些超越式的恒等变形、集合的运算、解方程与不等式、三角函数式的恒等变形、数列极限的计算、几何图形中的计算等. 学生不仅要运算准确, 而且还要熟练, 能够灵活变通.

比较常规的想法是列出关于首项 a_1 和公差 d 的方程组:

$$\begin{cases} ma_1 + \dfrac{m(m-1)}{2}d = 30, \\ 2ma_1 + \dfrac{2m(2m-1)}{2}d = 100. \end{cases}$$

解出首项 a_1 和公差 d 之后,再求出 S_{3m}. 这样计算量比较大.

有无简洁的解法呢? 这是数学能力的体现. 具有不同的数学能力的学习者, 他们的表现有所差异：高能力者更加关注问题的表征和重新表征, 而不仅仅是具体的计算, 他 (她) 在具体计算之前, 会联系以往的知识, 进行内在表征, 采取更为抽象的方式取代原来的问题, 从而能够前后联系, 灵活变通; 而低能力者在没有顺利联系内在知识的情况下, 就立即根据经验来进行复杂的运算, 他们研究问题的方式主要是表面的, 浅层次的.

我们再看例 1-4 的分析, 此题研究的是前 m 项、前 $2m$ 项、前 $3m$ 项的和, 如果我们令

$$S_{2m} = S_m + S'_m, \quad S_{3m} = S_{2m} + S''_m,$$

其中,

$$S'_m = a_{m+1} + a_{m+2} + \cdots + a_{2m}, \quad S''_m = a_{2m+1} + a_{2m+2} + \cdots + a_{3m}.$$

由等差数列的性质得

$$\begin{aligned} S''_m - S'_m &= (a_{2m+1} - a_{m+1}) + (a_{2m+2} - a_{m+2}) + \cdots + (a_{3m} - a_{2m}) \\ &= md \cdot m = m^2 d = S'_m - S_m. \end{aligned}$$

再由等差数列定义可发现: S_m, S'_m, S''_m 也成等差数列. 由已知 $S_m = 30, S_{2m} = 100$, 得到 $S'_m = 70$.

所以 $S''_m = 2 \cdot 70 - 30 = 110$, 得到 $S_{3m} = S_{2m} + S''_m = 210$.

这种方法整合了等差数列的定义和性质, 也就是对题目进行新的表征, 联系了旧知识, 灵活创造了新知识, 从而简化了问题. 从数学能力的角度来看, 数学解题是一种具体能力表现, 解题能力的强弱也不代表数学能力的高低, 数学能力更是一种综合的表现, 也是解题能力的基础.

1.3 中学数学教学中的解题

数学教学不仅仅是解题, 但是也有很多人认为, 数学的核心就是解题. 波利亚认为: 掌握数学就是意味着解题. 美国数学家哈尔莫斯 (P.P.Halmos) 认为: 数学的真正组成部分应该是问题和解, 解题才是数学的心脏. 而我国学者更是重视解题,

例如罗增儒提出：数学学习中真正发生数学的地方都无一例外地充满着数学解题研究. 解题在我国的数学教学中一直占有重要地位.

首先，能利用解题探究及理解数学内容. 解题的目标还是要进行数学学习、提高数学能力、理解数学知识，因此解题就是探究和理解相关的数学内容.

例 1-5 某工厂生产甲、乙两种产品，生产 1 吨甲种产品需要 A 种原料 4 吨、B 种原料 12 吨，产生的利润为 2 万元；生产 1 吨乙种产品需要 A 种原料 1 吨、B 种原料 9 吨，产生的利润为 1 万元. 现有库存 A 种原料 10 吨、B 种原料 60 吨，如何安排生产才能使利润最大？

对于这个问题的解答，有这样一段师生对话：

师：前面我们学过简单的数学建模，同学们能在这个问题中找出数量关系吗？

生：设计划生产甲、乙两种产品的吨数分别为 x, y，则有不等式组：

$$\begin{cases} 4x + y \leqslant 10, \\ 4x + 3y \leqslant 20. \end{cases}$$

师：对不对？

生：还应该有 $\begin{cases} x \geqslant 0, \\ y \geqslant 0. \end{cases}$

师：很好，将上述条件总结为 $\begin{cases} 4x + y \leqslant 10, \\ 4x + 3y \leqslant 20, \\ x \geqslant 0, \\ y \geqslant 0. \end{cases}$ 接下来，我们要求什么呢？

生：$2x + y$.

师：我们令它为 p，即 $p = 2x + y$，那就是要求 p 的最大值. 同学们你们以前见过这种函数吗？

生：没有.

师：这个函数有几个变量？

生：两个.

师：以前学的函数有几个变量？

生：一个.

师：函数的最值除了与对应法则有关，还和什么有关？

生：定义域？

师：一元函数的定义域的几何意义是什么？

生：数轴上点的集合.

师：上述问题转化为：在条件 $\begin{cases} 4x+y \leqslant 10, \\ 4x+3y \leqslant 20, \\ x \geqslant 0, \\ y \geqslant 0 \end{cases}$ 下，求函数 $p=2x+y$ 的最大值. 这个条件是函数的什么要素呢？

生：定义域.

师：它的几何意义是什么呢？

生：……

师：为解决上述问题我们还需要一个知识——这就是今天我们要学习的：二元一次不等式和二元一次不等式组表示的平面区域. 让我们还是从基础的开始吧！方程 $4x+y=10$ 的几何意义是什么？……

可以看出，教师通过启发学生探究上述的问题，分析二元一次不等式 (组) 及其几何意义，由二元一次不等式 (组) 确定平面区域，由区域确定二元一次不等式 (组) 的发现、形成过程，自主构建"线定界、点定域"由不等式组确定平面的方法. 通过这样的探究发现，通过问题解决得到相关的概念，掌握相关的数学问题解决方法.

其次，学生能从日常生活及数学情境中形成问题，从而提高数学能力. 提出问题，并进行数学化，这是学生在数学学习中必不可少的数学能力. 在数学教学中，教师通过给出生活的情境，让学生提出数学问题，再解决问题，这样学生对数学的理解更为深刻.

例 1-6 某电视台主持人说道: 猜一猜这个家用型数码相机的价格.

观众甲：2000!

主持人：高了!

观众乙：1000!

主持人：低了!

观众丙：1500!

主持人：还是低了!……

学生作为观众可以怎么问？这个问题可以用什么数学模型解决？怎样解决？

上述问题从熟悉的价格竞猜入手，使学生不知不觉进入数学的情境中，体会到数学源于生活，引导学生利用二分法思想将价格范围不断缩小，并用逼近原理猜测价格，有效渗透二分法数学思想.

再次，在数学教学中培养学生应用策略解决不同问题的能力. 这就是说，数学教学要使学生有一定的迁移能力，能应用一定的问题解决策略解决不同的问题.

例 1-7 已知函数 $f(x)=\sqrt{3}\left(\cos^2 x-\sin^2 x\right)+2\sin x\cos x$.

(1) 求 $f(x)$ 的最小正周期；

(2) 求 $f(x)$ 的单调递增区间.

解 (1) 因为
$$f(x) = \sqrt{3}\left(\cos^2 x - \sin^2 x\right) + 2\sin x \cos x = \sin 2x + \sqrt{3}\cos 2x$$
$$= 2\left(\sin 2x \cdot \frac{1}{2} + \cos 2x \cdot \frac{\sqrt{3}}{2}\right) = 2\sin\left(2x + \frac{\pi}{3}\right),$$
所以 $f(x)$ 的最小正周期为 π.

(2) 由 $y = \sin x$ 的单调递增区间为 $\left[2k\pi - \frac{\pi}{2}, 2k\pi + \frac{\pi}{2}\right], k \in \mathbf{Z}$, 得
$$2k\pi - \frac{\pi}{2} \leqslant 2x + \frac{\pi}{3} \leqslant 2k\pi + \frac{\pi}{2},$$
即 $k\pi - \frac{5\pi}{12} \leqslant x \leqslant k\pi + \frac{\pi}{12}, k \in \mathbf{Z}$.

所以 $y = f(x)$ 的单调增区间为 $\left[k\pi - \frac{5\pi}{12}, k\pi + \frac{\pi}{12}\right], k \in \mathbf{Z}$.

例 1-8 求 $f(x) = 2\sin\left(2x + \frac{\pi}{3}\right)$ 在 $x \in \left[-\frac{\pi}{3}, \frac{\pi}{3}\right]$ 上的值域.

解 因为 $x \in \left[-\frac{\pi}{3}, \frac{\pi}{3}\right]$, 所以 $-\frac{\pi}{3} \leqslant 2x + \frac{\pi}{3} \leqslant \pi$, 结合 $y = \sin x$ 的图象得
$$-\frac{\sqrt{3}}{2} \leqslant \sin\left(2x + \frac{\pi}{3}\right) \leqslant 1.$$
当 $2x + \frac{\pi}{3} = -\frac{\pi}{3}$, 即 $x = -\frac{\pi}{3}$ 时, $f(x)_{\min} = -\sqrt{3}$.

当 $2x + \frac{\pi}{3} = \frac{\pi}{2}$, 即 $x = \frac{\pi}{12}$ 时, $f(x)_{\max} = 2$.

所以 $f(x)$ 的值域为 $[-\sqrt{3}, 2]$.

实际上上述两题都可以使用同样的策略来解答. 即, 求 $y = A\sin(\varpi x + \varphi) + b$ 或 $y = A\cos(\varpi x + \varphi) + b$ 单调区间的方法: 先观察 ϖ 是否为正数, 若不是, 先将其变为正数, 然后将 $\varpi x + \varphi$ 看成整体, 结合 $y = \sin t$ 或者 $y = \cos t$ 的单调区间, 再求出 x 的范围即可. 求 $y = A\sin(\varpi x + \varphi) + b$ 或 $y = A\cos(\varpi x + \varphi) + b$ 在给定区间上的最值的方法: 先通过给定 x 的范围, 求出 $\varpi x + \varphi$ 这个整体的范围, 然后再结合 $y = \sin t$ 或者 $y = \cos t$ 的图象确定最值.

最后, 在教学中培养学生验证及诠释问题结果的能力, 实际上就是要学生真正理解问题, 懂得数学的本质.

例 1-9 一次函数 $y = kx + k$ 过点 $(1, 4)$, 且分别与 x 轴、y 轴交于 A、B 两点, 点 $P(a, 0)$ 在 x 轴正半轴上运动, 点 $Q(0, b)$ 在 y 轴正半轴上运动, 且 $PQ \perp AB$.

(1) 求 k 的值, 并在直角坐标系中画出一次函数的图象;
(2) 求 a, b 满足的等量关系式;
(3) 若 $\triangle APQ$ 是等腰三角形, 求 $\triangle APQ$ 的面积.

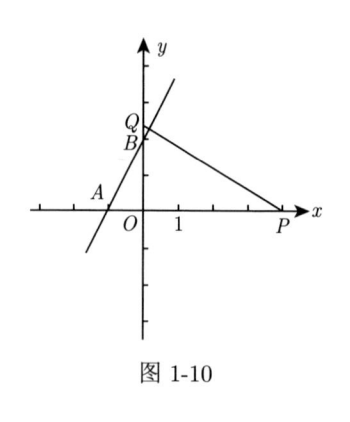

解 (1) 因为一次函数 $y = kx + k$ 的图象经过点 $(1, 4)$, 所以 $4 = k \times 1 + k$, 即 $k = 2$, 从而 $y = 2x + 2$.

当 $x = 0$ 时, $y = 2$; 当 $y = 0$ 时, $x = -1$.

即 $A(-1, 0), B(0, 2)$, 如图 1-10, 直线 AB 是一次函数 $y = 2x + 2$ 的图象.

(2) 因为 $PQ \perp AB$, 所以 $\angle QPO = 90° - \angle BAO$, 又因为 $\angle ABO = 90° - \angle BAO$, 所以 $\angle ABO = \angle QPO$. 从而 $\text{Rt}\triangle ABO \sim \text{Rt}\triangle QPO$. 所以 $\dfrac{AO}{QO} = \dfrac{OB}{OP}$, 即 $\dfrac{1}{b} = \dfrac{2}{a}$, 所以 $a = 2b$.

图 1-10

(3) 由 (2) 知 $a = 2b$, 所以

$$AP = AO + OP = 1 + a = 1 + 2b,$$
$$AQ^2 = OA^2 + OQ^2 = 1 + b^2,$$
$$PQ^2 = OP^2 + OQ^2 = a^2 + b^2 = (2b)^2 + b^2 = 5b^2.$$

若 $AQ = PQ$, 即 $AQ^2 = PQ^2$, 则 $1 + b^2 = 5b^2$, 即 $b = \dfrac{1}{2}$ 或 $-\dfrac{1}{2}$(舍). 此时,

$$AP = 2, \quad OQ = \dfrac{1}{2}, \quad S_{\triangle APQ} = \dfrac{1}{2} \times AP \times OQ = \dfrac{1}{2} \times 2 \times \dfrac{1}{2} = \dfrac{1}{2}.$$

若 $AP = PQ$, 则 $1 + 2b = \sqrt{5}b$, 即 $b = 2 + \sqrt{5}$, 此时

$$AP = 1 + 2b = 5 + 2\sqrt{5}, \quad OQ = 2 + \sqrt{5},$$

$$S_{\triangle APQ} = \dfrac{1}{2} \times AP \times OQ = \dfrac{1}{2} \times (5 + 2\sqrt{5}) \times (2 + \sqrt{5}) = 10 + \dfrac{9\sqrt{5}}{2}.$$

若 $AQ = AP$, 则 $1 + b^2 = (2b + 1)^2$, 解得 $b = -\dfrac{4}{3}$, 因为点 Q 在 y 轴正半轴上运动, 故舍去.

所以 $\triangle APQ$ 的面积为 $\dfrac{1}{2}$ 或 $10 + \dfrac{9\sqrt{5}}{2}$.

学生在解答完这个问题, 要有一个清晰的认识:

(1) 由一次函数的解析式, 可以求得 A, B 的坐标, 据此可画出一次函数的图象;

(2) 根据已知可证明 Rt△ABO ∽ Rt△QPO，相似三角形的对应边成比例，从而可求得 a,b 满足的等量关系式；

(3) 已知 △APQ 是等腰三角形而没有明确指出是哪两边相等，从而要分三种情况进行分析，分别是 $AQ = PQ$、$AP = PQ$ 或 $AQ = AP$，再根据面积公式即可求得 △APQ 的面积.

习　题

1. 已知函数 $f(x) = \left(\dfrac{1}{2}\right)^{ax}$，$a$ 为常数，且函数的图象过点 $(-1, 2)$.

(1) 求 a 的值；

(2) 若 $g(x) = 4^{-x} - 2$，且 $g(x) = f(x)$，求满足条件的 x 的值.

2. 设数列 $\{a_n\}$ 为正项等差数列，$a_1 = 1$ 且 $a_3, a_7 + 2, 3a_9$ 成等比数列.

(1) 求数列 $\{a_n\}$ 的通项公式；

(2) 若数列 $\{a_n\}$ 的前 n 项和为 S_n，且 $f(n) = \dfrac{S_n}{(n+18)S_{n+1}}$，试求 n 为何值时，$f(n)$ 最大，并求 $f(n)$ 的最大值.

3. 如图 1-11，在直角梯形 $ABCD$ 中，$AD // BC$，$\angle C = 90°$，$AB = AD = 25$，$BC = 32$. 连接 BD，$AE \perp BD$，垂足为 E.

(1) 求证：$\triangle ABE \backsim \triangle DBC$；

(2) 求线段 AE 的长.

图 1-11

4. 某电器商场销售 A、B 两种型号计算器，两种计算器的进货价格分别为每台 30 元、40 元. 商场销售 5 台 A 型号和 1 台 B 型号计算器，可获利润 76 元；销售 6 台 A 型号和 3 台 B 型号计算器，可获利润 120 元.

(1) 求商场销售 A、B 两种型号计算器的销售价格分别是多少元？(利润 = 销售价格 - 进货价格)

(2) 商场准备用不多于 2500 元的资金购进 A、B 两种型号计算器共 70 台，问最少需要购进 A 型号的计算器多少台？

5. 设 $a_n = \sum\limits_{k=1}^{n} \dfrac{1}{k(n+1-k)}$，求证：当正整数 $n \geqslant 2$ 时，$a_{n+1} < a_n$.

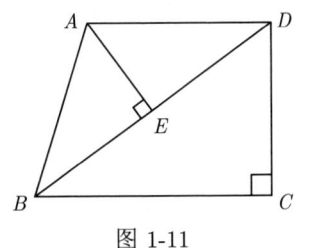

第 2 章　数学解题理论

数学解题是学习数学必要的过程和手段,在数学教学中,教师通过解题帮助学生理解概念、定理、公式;同时,学生解题可以掌握相关的概念、定理,包括解题的方法策略;再者,通过解题可以评价学生的数学学习,并且学会应用数学解决问题,并进行数学的创新. 因此,对于数学解题的研究至关重要. 狭隘地讲,解题可以提高一般的应试能力;广义上,正是通过解题,学生才逐步掌握了数学,学会应用数学,并开展数学的创造工作. 数学解题,不仅仅是操作性、实践性的工作,也具有深刻的理论,无论是哪个国家,在数学解题研究方面都有着重要的成就,而国际数学奥林匹克竞赛就是重要的表现形式;当然,作为以解题为教学核心的中国,对于解题理论的研究更加重视.

在本章,我们重点分析中国数学解题研究的现状,以及经典的解题理论,并结合具体案例,分析解题的重要组成要素.

2.1　中国数学解题研究

在中国的数学教学过程中,大部分教师的观点是:学好数学的关键必须依靠"数学解题". 基于此,解题在数学教学中占有重要地位. 中国的学生学习数学要做很多题,中国的数学教师喜欢钻研数学题. 在许多时候,数学课堂就是掌握基本的概念、定理,然后就是"问题解决",从最基础的问题出发,通过变式、题组、问题串等方式,不断进行"刷题",让学生熟练掌握某类型或者某种解题的技巧. 当前,很多学生认为"刷题"是提高数学成绩的有效方式,确实有学生通过"刷题"获得了"成功".

当然,中国的学者在解题的方法论、解题的教学法、解题的思维论、解题竞赛、解题心理……这些方面也有很多的研究,这些研究促进了中国数学教育的发展,对于解题教学、学生解题都是有帮助的.

2.1.1　数学解题现状

从目前的许多解题研究来看,侧重于解题方法、问题分类总结、变式、技巧分析等方向,也就是应考的比较多,然而,这些研究终究只是解决具体问题,没有发展相关的理论,对于学生进一步的数学学习并不一定有帮助. 从 20 世纪到现在,我国的解题研究有多个研究方向. 例如,关于解题方法与解题技巧的研究,包括一题多解、一题多变、同类问题分析等,这些方法和技巧主要是对数学问题与其解法进行归纳,针对的是一线教学. 再如,关于数学解题过程的理论分析,这类研究对于解题的本质、解题的过程、解题策略都有比较系统的研究,代表人物包括戴再平、罗增儒、单墫等名家. 另外,还有关于解题思维和心理学分析的研究,如,喻平的博士论文《数学问题解决认知模式及教学理论研究》(2002),从剖析问题解决的特征入手,作出数学问题空间的数学描述,对数学解题的知识基础提出概念域、概念系、命题域、命题系的概念 (CPFS 结构),把解题的过程与认知的过程结合起来,并以实证研究数学问题表征、数学解题迁移、数学解题监控等作为支持,从认知心理学角度研究数学解题. 随后,类似的研究也有不少,但是逐步转入具体内容结合问题的案例研究,这对于某类、某知识领域的解题有着重要的参考价值.

对于上述的研究我们不能一一详述,下面我们重点介绍两位著名的专家在数学解题方面的重要工作.

2.1.2 单墫的研究

单墫先生是南京师范大学数学系的教授,专业是解析数论,主要从事数论与组合方面的研究,很多成果达到国际先进水平,发表各种论文 100 余篇,出版专著 20 余部.

单墫先生认为:学数学还是要做题,这是数学学科的特点. 学生做习题也是一种发现能力的培养. 做题更讲究质量,能事半功倍. 对于一题多解,学生可以多找些解法以拓宽思路,而教师应该帮助学生找出最简便的途径,告诉大家为什么要这么做,而不能对着答案照本宣科就完事.

单墫著作有 20 余部,包括《解题研究》《数学竞赛研究教程》《组合几何》《对应》《组合数学的问题与方法》《趣味的图论问题》《覆盖》《几何不等式》《近代欧氏集合学》等. 其中《解题研究》可称为数学解题、数学爱好者入门的一本好书,单教授通过总结学习数学、解题所需的一些心理素质,比如信心和决心,培养解数学题的兴趣、勇敢尝试、挑战难题、专心致志等,鼓励读者多解题、爱上解题,从而爱上数学. 除此之外,还介绍了一些解题的经验和技巧,比如,综合法,由已知走向求证;另一种是分析法,由求证走向已知.

1. 单墫著作简介

我们重点为读者介绍单墫先生的几本著作.

① 《解题研究》(南京师范大学出版社, 2002)(图 2-1).

解题是数学教与学的基本问题. 该书分别从学生、教师角度,讲述了解答数学竞赛问题所需的知识、方法、准备工作、心理因素、思维储备等,高屋建瓴地揭示了解答数学竞赛问题根本的规律. 此书还专门讲解了数学竞赛问题的命题工作以及波利亚的数学解题理论,不仅帮助同学们提高解题能力,还帮助教师们教会学生解题,帮助师范院校的教师教会未来的教师学会教解题.

②《我怎样解题》(哈尔滨工业大学出版社,2013)(图 2-2).

此书从不等式的证明、几何、数论、组合数学、数列、函数及其他等方面,精心选择了一百多道竞赛题,但这不是一本习题集,它的目标不是给出一百多道题的解答,而是尽可能真实而又尽可能简洁地复原一些思考过程,并尝试用各种不同的方法来描述.例如,增加分析的分量,夹叙夹议,比较多种解法,适时总结,略作评注等.有时还"请"来两个学生甲、乙与老师一同讨论,还原解题的思路历程.

③《解题漫谈》(上海教育出版社,2016)(图 2-3).

此书与《解题研究》及《我怎样解题》同属于解题系列:以作者自己解过的题为例子,加以分析与讨论,着重描述探究的过程,阐述"我们"怎样解题.基础部分的问题,内容较浅,解法比较简单;提高部分,内容较深,解法比较复杂.附录中搜集了单壿老师在《学数学》杂志上发表的一些文章.单壿老师对"怎样提高解题能力"这个大家关心的问题提出了自己的看法:首先,自己得解一定数量的题,其中有一些稍难的题,需要动脑筋,不能依样画葫芦;解题是一种实践性的智力活动,必须勤练才能娴熟,娴熟才能生巧;在做了很多题之后还要及时做好总结,解题能力才能得到提高.

图 2-1　　　　　图 2-2　　　　　图 2-3

2. 单壿对问题的分类

中学数学题繁杂多样,要研究解题理论,则必须予以一定的分类.

单壿老师在其著作《解题研究》中曾提及,问题可分为两类,一类为有固定模式的题目;一类为较少或没有固定模式的题目,这一类为实际应用问题,"这里的应用题并不是课本上的理想化和已有模型的应用题,而是现实生活中所面临的实际问题,这类问题对学生的要求非常高,不适宜在中学生群体中普遍推广,在此我们不予过多讨论".

第一类问题非常常见，我们的课本习题、考试的大部分习题都属于这一类. 这是我们作为刚接触新知识的新人所要训练的题目类型. 这类问题也可以继续细分为以下两类:

一是常见知识点的直接应用，这种题目难度较低，练习度没必要过高，常见于定义辨析以及简单技巧的熟悉，这类题目识记性稍强，没有过多的思维过程，重在训练运算的精确度和对于知识点的熟练度，在应用中强化记忆. 例如函数图象辨认、二面角的判断、三角函数诱导公式的简单使用、函数求导、复数求模、分母实数化、求已知首项和公差 (公比) 的等差 (等比) 数列的前 n 项和等.

二是需要一定程度的转化和变通的，这类题目为常规练习题的主力军，考试题目也大多属于此类，这类题目难度较前一种高，但大体有规律可循，通过重新表征以及转化，大多数可以化成许多个前一类问题的综合体. 这类问题要求学生对基础知识和基本技能有一定的熟练度，能正确理解知识技能的应用范围和应用方法，以及需要有一定的创造性. 例如函数性质综合应用、立体几何的证明和求解、函数求导以及导数性质的应用、基本的三角恒等变换的应用，以及一些综合性的简单应用题等.

第二类是没有固定模式的题目，这类题目大多综合性较强，难度较高，解题思路普遍较为天马行空，常见于数学竞赛以及各类提高性和拓展性较强的习题册中. 由于第一类题目大多有较为成熟全面的解题模板，学生的训练容易流于形式，而第二类题目的训练能有效弥补这一缺憾，锻炼学生的创造力和综合分析能力，突破思维定势和死角，使学生在不同的角度体会各个知识点在解题之中是如何应用的，更加有效地让学生体会、使用数学思想和方法，提高学生的解题能力，从而从根本上提高数学素养.

3. 单墫对解题方法的分析

关于数学方法论，可分为宏观数学方法论与微观数学方法论. 其中，微观数学方法论所研究的是一些比较具体的数学方法，特别是数学发现和数学创造的方法，包括数学思维方法、数学解题心理与数学解题理论等. 另外，数学方法论还涉及多个领域，包括哲学、思维科学、心理学、一般科学方法论、系统科学等.

从数学方法论的方面来看，单墫的解题方法属于微观的数学方法，偏向于数学发现和数学创造，讲究数学思维的灵活，讲究解题的心态. 他在《解题研究》中总结了 12 条解题的要诀，主要讲的就是自信和多角度看问题，简单创造多总结.

具体的解题步骤就是，首先是理清题意，从不同角度观察探测问题，形成初步解题计划，尝试解决问题，改进计划，形成关键解题步骤，从而解决问题，最后对解题方法加以总结. 其中，形成解题计划是解题步骤的关键环节，将解题计划具体化就是各种数学方法的灵活运用. 而单墫的解题方法最为突出、最为典型的方面就是学会观察条件的特征,学会逻辑证明,学会灵活构造等,这些方面具体到数学方法就是观察法、反证法和构造法.

下面我们结合单樟先生的著作来分析他的解题策略.

在具体的问题情境中,解题前必不可少的环节就是理清题意. 在读题的过程中,要明确已知的条件和要求解的问题类型. 只有在真正读懂题目的情况下,才能开始解题的步骤.

方法一:特征观察法

对于解题的方法,首先最重要的就是特征观察法,根据具体的题目寻找条件中具有的数字特征、图形特征、结构特征、对称性、差异性等,从而触碰到以往知识积累的产生式,得出尝试性的解题思路.

例 2-1 m 取什么值时,方程 $2x^2-(3m+2)x+12=0$ 与 $4x^2-(9m-2)x+36=0$ 有一个相同的根?

如果分别解两个二次方程,再将所得的根加以比较,那就白花了很多气力.

分析 本题的实质就是 (将两个方程的 x 当做同一个数) 解方程组:

$$\begin{cases} 2x^2 - (3m+2)x + 12 = 0, & \text{①} \\ 4x^2 - (9m-2)x + 36 = 0. & \text{②} \end{cases}$$

这是一道比较常规的题目,体现的解题技巧主要是要观察出题目所给出的条件有什么重点突出的特点.

比如这道题,换个问法就是"当方程 $2x^2-(3m+2)x+12=0$ 与 $4x^2-(9m-2)x+36=0$ 有一个相同的根时, m 的取值是什么?",则条件所强调的就是"有一个相同的根",那么就可以从这个特殊的根切入解题——m 取到正确值的话,就存在这么一个根,它的代入使得两个方程都成立,从而可联立两个方程,肯定有解,则通过消元来求解出 m.

例 2-2(第 23 届 (1991 年) 加拿大数学奥林匹克题) 证明方程

$$x^2 + y^5 = z^3 \qquad \text{①}$$

有无穷多个整数解,其中 $xyz \neq 0$.

证明 方程 ① 一个最易发现的整数解是 $(3, -1, 2)$,对于任意 $k \in \mathbf{N}$,

$$(3k^{15}, -k^6, 2k^{10})$$

也是方程 ① 的整数解,因而有无穷多个解.

如果限制求 ① 的正整数解,则要困难一些;但经过若干试算,还是可以发现方程 ① 较小的正整数解,例如 $(10, 3, 7)$ 是 ① 的一个正整数解,从而 ① 有无穷多个正整数解 $(10k^{15}, 3k^6, 7k^{10})$, $k \in \mathbf{N}$.

评注 如果将方程 ① 中指数都换为 3, 即方程 $x^3+y^3=z^3$ 就没有正整数解, 它是费马大定理的一个特例.

这道竞赛题的关键步骤就是化"无穷"为"一个", 主要运用了特征观察法和特殊值法, 而特殊值的寻找主要还是基于对方程 $x^2+y^5=z^3$ 的特征观察.

如果对 x,y,z 的取值有不同限制, 即为整数或是正整数, 会使特殊值的寻求范围变化, 主要体现在题目难度上; 如果改变方程的特点, 即变换方程的指数, 则方程可以有无穷个正整数解, 也可以没有正整数解, 这体现了条件的微妙不同会使答案迥然不同.

总的来说, 没有一道好题是纯粹使用一种方法就解决的, 但每一道题的解题策略都是要在理清题意之后, 观察、提取或抽象出题目条件的关键信息或者规律, 这是特征观察法的基础应用.

方法二: 反证法

如果在读题过程中发现要求证明的结论有 "至少""最多""少于""多于""等于""均不" 等有绝对性质的字眼, 可以反应的解题方向就是反证, 假设结论不成立, 会推导出什么样的结果与条件相矛盾即可.

例 2-3 在星期天, 有 7 个小孩他们每人都 3 次来到卖冰激凌的售货亭. 已知他们中每两人都在售货亭处相遇. 证明: 在某时刻, 至少有 3 个小孩相遇在售货亭.

证明 用反证法. 设每次相遇都不多于 2 个人, 那么两两相遇应不少于 $C_7^2 = 21$(次). 在第一次两人相遇时, 有 2 人来到售货亭. 以后每对相遇, 至少有 1 人来到售货亭. 因此, 到售货亭来的, 至少需 22 人次. 但每个小孩只去售货亭 3 次, 至多有 $3\times 7=21$(人次), 矛盾. 从而命题得证.

评注 这是较常规的证明题, 属于第一类的第二种, 即较常规的变式类题目, 这属于较为常规的题目, 直接求证上有困难, 由题目中的关键字 "至少" 可得到, 这道题可考虑使用反证法, 因为至少 3 人相遇, 包含了 3 人以上相遇的情况, 而 3 人以下相遇只有一种情况, 即 2 人相遇 (1 人和 0 人无所谓相遇一说), 故而采取反证法是比较自然而简单的.

例 2-4(非固定模式的题目) 从数集 $\{0,1,2,\cdots,14\}$ 中选出不同的数, 填入图 2-4 中的 10 个小圆中, 使得由线段连结的两个数之差的绝对值均不相同. 这可能吗? 请证明你的结论.

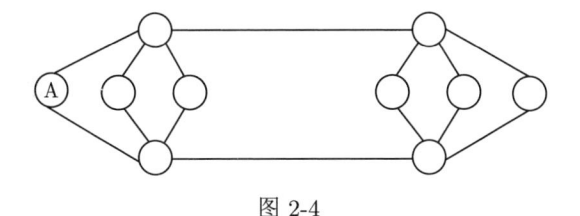

图 2-4

分析 首先读题, 这道题明显不是模式题, 应属于第二类非固定模式的题目, 而题目所求证结论中的 "均不" 一词, 绝对性较足, 若假设结论为不可能, 则考虑的情况过多 (存在相同, 多少个相同, 填在何处的相同), 故而假设 "情况可能出现" 是比较科学自然的, 由于说法绝对, 情况较少, 也利于思考和推理, 若推导出矛盾, 此题可以考虑反证法.

解 不可能. 用反证法证明如下: 如果能按题中要求从 $\{0, 1, \cdots, 14\}$ 中选出 10 个数填入圆中, 使由线段连结的两个数之差的绝对值都不同. 那么这 14 个差的绝对值应恰好是 $1, 2, \cdots, 14$, 其中有 7 个奇数, 7 个偶数. 因而它们的和 S 是奇数. 另一方面, 小圆中的每个数在 S 中出现偶数次 (每个小圆引出偶数条线段), 所以 S 应当是偶数. 以上矛盾即证明了我们的论断.

评注 此题的解答在于抓住最核心的特征, 即图中线段的数量, 为 14 段线段, 故而根据绝对值不同, 可得到绝对值应是从 1 到 14 均出现, 由此推出 14 个线段两端的数之和应为奇数; 而从图中也可观察得到, 每个小球引出偶数条线, 故而在上述算法中, 直观看来, 所得和应为偶数, 得出矛盾, 故而结论得证.

但值得注意的是, 单先生特别强调的一点就是——反证法也不能滥用; 很多可以直接证明的题目, 如果采用反证法, 可能会使证明过程更显得冗杂, 不够简洁, 不够清晰明了. 比如下题.

例 2-5(常规题) 证明: 如果 n 是大于 4 的偶数, 那么 $2^n - 1$ 是至少 3 个大于 1 的正整数的乘积.

证明 我们知道 $2^2 - 1 = 3, 2^4 - 1 = 3 \cdot 5, 2^{2k} - 1 = (2^k - 1)(2^k + 1)$.

如果当 $n = 2k > 4$ 时, 数 $2^{2k} - 1$ 等于 2 个质数的乘积, 那么数 $2^k - 1$ 与 $2^k + 1$ 都为质数. 这是不可能的. 因为当 k 为奇数时, $3 \mid 2^k + 1$, 当 k 为偶数时, $3 \mid 2^k - 1$; 而 $2^k - 1 > 3$, 所以当 n 为大于 4 的偶数时, $2^n - 1 > 15$ 至少为 3 个大于 1 的自然数的乘积.

解析 上面这道题的反证部分 "如果当 $n = 2k > 4$ 时, $\cdots\cdots$, $3 \mid 2^k + 1$" 显得有点冗长, 只需要直接说明 "$2^k - 1$ 与 $2^k + 1$ 总有一个是整除 3 的合数, 且 $2^k - 1 > 3$" 即可.

方法三: 构造法

在解题方面, 单墫先生解题的另一个最具灵活性和技巧性的方法就是构造法. 这种方法经常在综合性较强的题目中应用到, 比如竞赛题, 既简便高效也节省时间, 适合数学竞赛类的考试. 不过要熟练掌握这种方法的一个重要的前提就是经验的积累, 这就显示了解题的重要性和战略性. 除了要做一定量的题, 还要战略性地挑高质量的题目, 才真正有利于个人解题能力的提高.

例 2-6(常规题) 证明: 满足不等式 $\sum_{k=1}^{70} \frac{k}{x-k} \geqslant \frac{5}{4}$ 的实数 x 的集合是互不相

交的区间的并集, 并且这些区间长度的总和等于 1988.

评注 题目为较为常规的第一类题, 其中求证不等式时, 把式子均移至一边, 并据此构造函数为构造法的最常规形式, 故而我们利用此法作出如下解答.

证明 令 $f(x) = \sum_{k=1}^{n} \dfrac{k}{x-k} - \dfrac{5}{4}$, 易见, 对 $n = 1, 2, 3, \cdots, 70$ 有

$$\lim_{x \to n+0} f(x) = +\infty, \quad \lim_{x \to n-0} f(x) = -\infty, \quad \text{且} \quad \lim_{x \to \infty} (x) = -\dfrac{4}{5},$$

故 $f(x) = 0$ 在 $(1, 2), (2, 3), \cdots, (69, 70), (70, +\infty)$ 各区间中, 各有一根, 记为

$$x_1, x_2, \cdots, x_{70}.$$

令

$$F(x) = \dfrac{4}{5}(x-1)(x-2)\cdots(x-70)f(x).$$

显然 $x_1, x_2, \cdots, x_{70}$ 为 $F(x) = 0$ 的解, 而 $F(x)$ 是 70 次代数多项式, 故至多有 70 个实根. 因此 $x_1, x_2, \cdots, x_{70}$ 即是在相应区间中的唯一的根.

评注 函数 $f(x)$ 在每个分隔的区间都是连续的, 且跨越正负, 故由零点存在性定理可得 70 个解的分布, 而利用此结论可构造另一函数 $F(x)$, $f(x)$ 作为其因式, 则前面所述的根依旧为根. 此处构造法目的依旧是为了使根的分布固定在各个小区间中.

由此, 不等式 $f(x) \geqslant 0$ 的解集是 $(1, x_1] \cup (2, x_2] \cup \cdots \cup (70, x_{70}]$. 这些区间长度和为

$$\sum_{i=1}^{70}(x_i - i) = \sum_{i=1}^{70} x_i - \sum_{i=1}^{70} i.$$

由根与系数的关系知, $\sum\limits_{i=1}^{70} x_i$ 是多项式 $F(x)$ 中 x^{69} 的系数, 即

$$(1 + 2 + \cdots + 70) \times \left(1 + \dfrac{4}{5}\right).$$

因此, 区间长度之和为 $\dfrac{4}{5} \times (1 + 2 + \cdots + 70) = 4 \times 7 \times 71 = 1988.$

评注 本题主要运用由已知不等式构造函数考虑值域的基本模式, 中间穿插运用对已知零点的函数的方法, 结合代数基本定理, 对一个未知具体解析式的函数大于零所对应的解集进行分析, 要求解题者对题目所给的条件有一定的直觉, 以及具备联系所问的问题构造相应的函数的能力.

例 2-7(非固定模式的题目) 确定 m^2+n^2 的最大值,这里 m 和 n 是整数,满足 $m,n \in \{1,2,\cdots,1981\}$, $(n^2-mn-m^2)^2=1$.

分析 通过读题,发现其并没有显著与已知模式相符,故我们认为此题属于前面提到的第二种类型的题目,即没有固定解题模式的题目,单墫先生的解题过程如下.

解 若 $m=n$,由 $(n^2-mn-m^2)^2=1$ 得 $(mn)^2=1$,故 $m=n=1$.

若 $m \neq n$,则由 $n^2-mn-m^2 = \pm 1$ 得 $n>m$.

令 $n=m+u_k$,于是

$$\left[(m+u_k)^2-m(m+u_k)-m^2\right]^2=1.$$

化简得 $(m^2-u_km-u_k^2)^2=1$.

(观察题目所给的 $(n^2-mn-m^2)^2=1$,观察,探究发现经过变换 $n=m+u_k$ 之后,可以得到一个和已知条件在形式上非常相似的式子 (只是字母变换,运算和数值都没有变),即 $(m^2-u_km-u_k^2)^2=1$,因此联想到可以不断递推迭代,下面尝试此法之后发现确实可行.)

从而 $m>u_k$. 再令 $m=u_k+u_{k-1}$,于是有

$$(u_k^2-u_ku_{k-1}-u_{k-1}^2)^2=1.$$

若 $u_k \neq u_{k-1}$,则以上步骤可以继续下去,直至

$$(u_{k-i}^2-u_{k-i}u_{k-i-1}-u_{k-i-1}^2)^2=1,$$

其中 $u_{k-i}=1$,从而得到数列:

$$n, m, u_k, \cdots, u_{k-i}, u_{k-i-1}.$$

此数列任意相邻三项皆满足 $u_i=u_{i-1}+u_{i-2}$,这恰好是斐波那契型数列.

(若不是斐波那契型数列,因为递推公式已知,一般也可以求解通项公式,从而求解问题.)

而 $1,2,\cdots,1981$ 中斐氏数为 $1, 1, 2, 3, 5, 8, 13, 21, 34, 55, 89, 144, 233, 377, 610, 987, 1597$,可见 $m=987, n=1597$ 时,$m^2+n^2=3524578$ 为满足条件的最大值.

评注 这道题目最关键的解题步骤就是构造了新变量,从而发现可以产生结构相似的等式,这种构造需要有比较丰富的解题经验,而且需要熟练掌握构造法,大胆猜测并尝试,小心求证,方能求解.

例 2-8(非固定模式的题目) 证明:数列 $\{2^n-3\}, n=2,3,4,\cdots$ 中至少有一个无穷子列,其中的项两两互素.

分析 通过读题,我们也可以发现,这道题目的解法也并没有固定模式,精读题目发现已知条件只有一个数列的通项公式,问题为求证至少有一各项互素的无穷子列,那么解题思路可从通项公式的结构特点和能得出互素结论的方向思考. 又注意到 "至少" 字眼,则可以考虑反证法,但发现反证法也需要通过构造反例来推导出矛盾,跟正面证明相比就显得冗长得多,故而考虑直接构造出符合条件的无穷子列即可. 单先生给出的解法如下.

证明 我们用归纳法来构造一个这样的子列. 取 $n_1 = 2$, 若 $n_1, \cdots, n_k$ 已经取定, 且 $2^{n_i} - 3(1 \leqslant i \leqslant k)$ 两两互素, 将它们分解成素因子的积, 设在这些积中出现的素因子为 $p_j(1 \leqslant j \leqslant n)$, 令

$$n_{k+1} = (p_1 - 1)(p_2 - 1) \cdots (p_n - 1) + 2.$$

则

$$2^{n_{k+1}} - 3 = 4 \cdot 2^{(p_1-1)(p_2-1)\cdot(p_n-1)} - 3 \equiv 4 - 3 \equiv 1 \pmod{p_j}.$$

$2^{n_{k+1}} - 3$ 不能被任一 p_j 整除,因而它与 $2^{n_j}(1 \leqslant j \leqslant k)$ 都互素.

这样, 子列 $\{2^{n_i} - 3\}$ 就是满足题目要求的一个子列.

评注 在题目条件给出的数列通项中,可以联想到在形式上与之有一定相似度的费马小定理 (都涉及指数,且都能得出互素的结论). 这种解法需要学生有较强的联想能力, 而且对许多已成结论较为熟悉, 累积了大量解题经验方可做到.

费马小定理: $a^{p-1} \equiv 1(\bmod p)$(其中 p 为质数且 $(a, p) = 1$).

法国数学家狄德罗曾说过:"数学中所谓美的解答,是指一个困难复杂问题的简易回答".

在这个观点上,单墫先生与数学家狄德罗的想法不谋而合——就解题方面来说,单先生认为 "简单, 自然" 的解题思路是最能体现数学简洁美的.

单墫的解题思想,概括来说: 解题者在大量且高质量的题海中, 积累解题经验、形成知识组块、逐步地构建知识网络、形成稳定和灵活的产生式; 在此基础上, 解题者应从多元的数学思想出发, 多角度全面地分析问题, 抓住问题本质; 秉着直接、严谨的原则, 综合运用 "简单自然" 的标准, 灵活选择合适的解题方法才能更为简洁有效地解决问题. 即是说不仅要具备解决这个问题所必需的概念、性质和定理知识, 而且追求好的解法. 单墫先生的主要解题思想如下:

(1) 培养题感——拥有 "好想法".

承认解题过程中形成的知识组块、培养的题感、形成的灵活稳定的产生式的作用: 它为解题思路的 "简单自然、直剖核心" 提供了经验基础, 为解题思路提供了一个 "好想法".

(2) 全面的思想——如何把握问题本质.

① 多角度看问题.

"横看成岭侧成峰, 远近高低各不同", 用不同的角度看问题会对事物有不同的认识, 因而也就产生不同的解法.

从多角度看问题, 使得我们对问题有更全面的认识. 通过理解题目的不同角度的含义, 我们可深入地认识问题的本质.

② 灵活利用多种数学思想考虑问题.

数学思想包括了: 数形结合、类比归纳、化归、分类讨论、整体、函数与方程、统计、公理化的思想等.

从多种数学思想看问题, 使得我们对问题有更全面的认识. 通过理解题目的不同角度的含义, 我们可深入地认识问题的本质.

(3) "简单自然、直剖核心"——如何判断解题思路好坏.

这体现在解题的各个过程当中: 在解题的一开始, 理解题意, 把握题目的核心与本质, 才能形成 "简单自然" 的解题思路与解题计划; 在解题的过程中, 坚持以 "简单自然" 为原则去检验解题计划的好坏, 不断地调整并最后确定一个良好的解题计划; 在解题结束时的 "总结" 环节, 依据 "简单自然" 的原则去评价解答中的解题思路. "简单自然、直剖核心" 可谓是贯穿于整个解题过程中的解题指导思想, 是单壿解题思想的核心.

(4) 简化问题——如何寻找解题思路.

解题的过程, 实际上就是不断地变更你的问题, 直到它越来越容易解决. 通过简化问题, 我们逐步逼近问题的解决. 单壿先生在《解题研究》一书中讲解了 "把握基本量""利用一般与特殊""不同角度看问题" 等简化问题的方式.

① 把握基本量: 在问题中, 有些量是基本的, 有些量是派生的. 例如三角形中, 三条边的长 a,b,c 和三个角 A,B,C 是基本的量. 而在此基础上得到的量, 如中线、高等, 就是非基本的. 解题中, 常将非基本的量化为基本的量, 使得要证明的结论变为基本量之间的关系, 从而变得显而易见或不难证明. 这也可以说成是消元, 消去派生的或中间的字母, 化成只剩下基本字母 (如三角形的边长 a,b,c) 的问题. "把握基本量" 体现的是消元与转化的数学思想, 而转化根本上体现的是 "简化" 的思想.

② 一般与特殊的关系: 例如单壿先生在《解题研究》中提出解题要 "从简单的做起", 事实上是在说利用好特殊的情况一步步归纳推广到一般的情况; "字母的使用" 是一种用一般字符研究特殊案例的方式. 利用一般与特殊的关系, 方便我们在 "一般" 与 "特殊" 之中选择更加简便的形式着手.

③ 多角度看问题: 例如平面几何问题可以理解为纯几何问题, 也可以理解为解析几何问题, 还可以从三角的、向量的、复数的角度去看问题. 要保持灵活的头

2.1 中国数学解题研究

脑. 从多角度看问题, 使得我们对问题有更全面的认识, 可以帮助我们在解题的过程中对目标进行恒等变形, 简化题目.

例 2-9(非固定模式的题目)　求证: 存在无穷多个这样的无穷数列, 它的各项都是不同的自然数, 并且对每一个自然数 n, 这个数列的前 n 项的和被 n 整除.

分析　在这道题的解析中, 单先生先是让一个高中生来尝试解题, 并给出了学生的解法如下:

首先找一个满足要求的数列. 正奇数数列

$$1, 3, 5, 7, 9, 11, \cdots \qquad ①$$

即为所求, 因为前 n 个正奇数的和

$$1 + 3 + 5 + \cdots + (2n-1) = n^2 \qquad ②$$

被 n 整除.

将 ① 的每一项同时扩大 k 倍, k 是任一个自然数, 得到的数列

$$k*1, k*3, k*5, \cdots \qquad ③$$

显然也满足要求, 由于 k 可以取无穷多个值, 我们就得到无穷多个满足要求的数列.

评注　对于这位高中生的解法单先生给予了肯定的评价, 认为是较为普遍的解法, 过程自然简单, 思路也流畅; 主要是运用到了特殊值法, 将问题从 "无穷多个" 转化为找到 "一个" 的解题策略, 再由 "一个" 特殊例子扩充 k 倍到符合题意的 "无穷多个", 从而解决问题.

可以看到, 学生思维的灵活性体现在这两步关键的转化尝试, 这种尝试也是单壿教授在《解题研究》中多次强调的 "探索法", 也是单先生所说的万能的方法.

在学生的解法中, 特殊例子的 "灵光一闪" 主要基于平时解题练习的经验总结, 体现了学生的解题功底, 同时说明了单壿先生所倡导的 "要做 100 道有质量的题目", 以提升解题能力.

对此, 单壿先生在书中也给出了他自己的解法:

首先, 任取一个自然数 a_1 作为第一项, 然后选一个自然数 a_2 与 a_1 有相同的奇偶性, 这样的 a_2 当然有无穷多个, 我们取 $a_2 \neq a_1$, 再取自然数 a_3, 满足

$$a_3 \equiv -(a_1 + a_2) \pmod{3},$$

也就是 a_3 是 3 的 (充分大的) 倍数减去 $(a_1 + a_2)$. 这样的 a_3 也有无穷多个 (因为 3 的倍数有无穷多个), 完全可以使它与 a_1, a_2 均不相同. 如此继续下去, 如果已有 $a_1, a_2, \cdots, a_{n-1}$, 取自然数

$$a_n \equiv -(a_1 + a_2 + \cdots + a_{n-1}) \pmod{n},$$

并且 a_n 与 $a_1, a_2, \cdots, a_{n-1}$ 均不相同.

这样就得到无穷多个 (因为 $a_1, a_2, \cdots$ 都有无穷多种选择) 合乎要求的数列.

评注 在解析中, 单墫先生也比较了他和学生的解法两者的不同之处——单先生的解法比较一般化, 采用的是 "归纳定义" 的方法, 相比于特殊值法, 单先生的解题思路适用的范围较广, 比较有针对性地解决同一类型的题目, 比如变式类 "要求对每一个自然数 n, 数列的前 n 项的和被 n^2 整除", 只需将 mod n 改为 mod n^2.

所以说, 一题多解的情况是较为常见的, 多学习较好的解法更有利于 "举一反三" 的高效解题.

但是, 解法的好坏需要加以比较和判别——以解题思路的 "简单自然" 和 "一般性" 来考量.

关于这道题, 单先生还提供了某杂志上的解答:

设数列的通项为 $a_n = 2an + b(a, b \in \mathbf{N})$, 则 $\{a_n\}$ 是等差数列, 且各项均为不同的自然数, 前 n 项的和

$$S_n = \frac{(a_1 + a_n)n}{2} = n(an + a + b)$$

是 n 的倍数, 所以这样的数列满足要求. 因为 a, b 有无穷多组, 所以满足要求的数列有无穷多个.

评注 关于这种解法, 单先生指出其与第一种解法实质上是一致的, 没有第一种简单自然, 相对有一般性, 但不如第二种解法能够真正应用于更一般的情形; 单先生认为它不及前两种解法.

单墫在本问题中提出三种不同解法以及评价, 可以发现单墫崇尚解法的 "简单自然" 与 "一般性", 而不追求解法的技巧性, 体现其 "简单自然" 的思想.

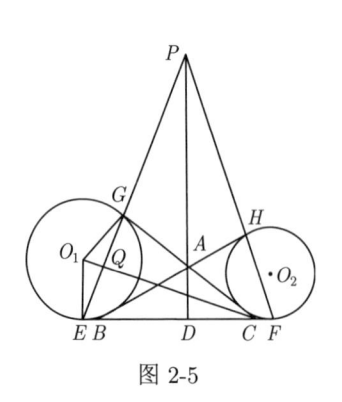

例 2-10 如图 2-5, $\triangle ABC$ 的与 C、B 相对的旁切圆分别为 $\odot O_1$、$\odot O_2$, $\odot O_1$ 分别切 CB、CA 的延长线于 E、G, $\odot O_2$ 分别切 BC、BA 的延长线于 F、H, 直线 EG、FH 相交于 P. 求证: $PA \perp BC$.

分析 直接证明 $PA \perp BC$ 并不容易 (当然不是不可以). 我们换一个角度来看问题.

设 AD 是 BC 边上的高. 直线 EG 交 AD 于 P, FH 交 AD 于 P'. 如果能证明 P 与 P' 重合, 那么问题也就解决了.

图 2-5

而要证明 P 与 P' 重合, 只需证明 $DP = DP'$. 问题又化为 DP(与 DP') 的计算. 而 DP 在直角三角形 PDE 中. 如果设 CO_1 交 EG 于 Q, 那么 $\angle CQE$ 也是直角 (因为 CE、CG 是 C 向 $\odot O_1$ 所引的两条切线), 所以 $\triangle PDE \backsim \triangle CQE$, 而 $\triangle CQE$ 又与 $\triangle CEO_1$ 相似, 于是得出

$$DP = \frac{DE \times CE}{O_1 E}.$$

同理 $DP' = \dfrac{DF \times BF}{O_2 F}$. 容易看出 $CE = CG = \dfrac{1}{2}(AB+BC+CA) = BF = BH$, 所以问题又化为: 设 $\triangle ABC$ 的与 C、B 相对的旁切圆分别为 $\odot O_1$、$\odot O_2$, 它们分别切直线 BC 于 E、F, AD 为高. 求证:

$$\frac{O_1 E}{DE} = \frac{O_2 F}{DF}. \tag{1}$$

问题已经变得简单一些了, P 与 P' 已经不再需要, 图也变成较简单的图 2-6.

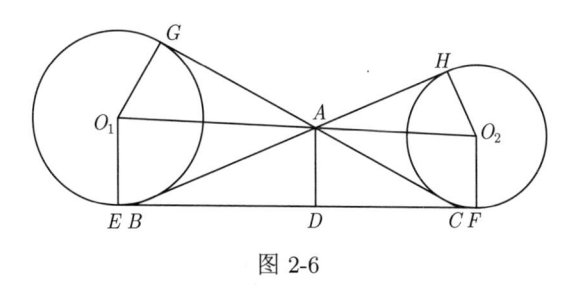

图 2-6

显然 $\dfrac{DE}{DF} = \dfrac{AO_1}{AO_2}$. 而 $\dfrac{AO_1}{AO_2} = \dfrac{O_1 E}{O_2 F}$ 又是显然的, 因为 A 是 $\odot O_1$、$\odot O_2$ 的内相似中心. 如果看不到这一点, 也可以由 $\triangle AO_1 G \backsim \triangle AO_2 H$ 得出 $\dfrac{AO_1}{AO_2} = \dfrac{O_1 G}{O_2 H} = \dfrac{O_1 E}{O_2 F}$, 于是问题便告解决.

评注 本题通过对难以解决的目标进行恒等变形, 进行简化, 逐步逼近问题解决, 体现单墫的简化思想.

2.1.3 罗增儒的研究

罗增儒教授, 1945 年 1 月生, 广东省惠州市人. 1962 年就读于中山大学数学力学系数学专业, 毕业后在陕西省耀县水泥厂当过矿山职工和子弟中学教师, 1985 年底调入陕西师范大学数学系, 历经讲师、副教授、硕士研究生导师. 于 1996 年 6 月聘为教授, 2001 年 11 月聘为课程与教学论 (数学) 博士研究生导师 (西南师

范大学,陕西师范大学). 罗教授从矿山工人到中学教师、大学教授,再到博士生导师的历程,被中学数学界传为"罗增儒道路".

罗增儒教授坚持教学、科研平行发展,为本科生开设了数学教学论、初等代数研究、初等几何研究、数学解题论、数学竞赛论、考试学、研究方法与学术论文写作指导等课程;为研究生讲授了数学教学论、数学方法论、数学教学艺术论等课程.

罗增儒的主要工作有 3 个方向 (均曾获省级、国家级优秀教学成果奖):

- 数学教学艺术的理论与实践——形成"示范教学法",实践"案例教学".
- 数学解题论的基础建设——提出了"数学解题理论".
- 数学竞赛学的基础建设——搭起了"数学竞赛学"的一个理论框架.

罗增儒的著作可分为教学类、解题类、数学竞赛类三个部分. 数学教学类著作有《零距离数学交流高中卷体验与探究》(2003)、《数学教学论》(2003); 解题类著作有《数学解题学引论》(2001)、《中学数学解题的理论与实践》(2008)、《数学的领悟》(1997); 数学竞赛类有《数学竞赛导论》(2001).

1. 罗增儒著作简介

① 《数学解题学引论》(图 2-7).

《数学解题学引论》是数学解题学建设的一个尝试,基本任务是研究解题规律并回答"怎样学会解题",基本方法是"分析解题过程". 罗增儒在深入学习解题著作和广泛收集解题资料和充分参与解题实践的基础上,多角度探讨了解题观点、解题过程、解题方法、解题策略和解题理论,初步建立起"通过解题过程的分析去探索怎样学会解题"的理论框架.

在书的第一章中提供了解题理论研究的必要准备,包括解题理论的概念介绍、解题研究的现状分析、解题资料的初步整理、解题的基本功

图 2-7

的要素分析.

第二章则介绍了 3 本解题著作的解题观点,突出原作者的本质思想.

第三章中首先研究解题程序,然后对解题过程进行思维分析、结构分析和长度分析.

第四章介绍两个解题观点:解题系统论、解题坐标系,大多是罗教授个人看法.

在第五章中讨论了解题方法,但不重复一般数学方法论著作的"解题方法研究",而是进行数学方法的文化审视,提出解题方法的研究课题,探讨反例的作用

与构造. 作为示范, 对配方法进行了较为完整的理论分析.

第六章首先分析了解题策略的特征, 然后总结出 10 条解题策略, 并从解题策略的角度, 提出求解选择题的完整体系.

第七章是习题理论, 讨论了习题的分类、数学解题的检验、解题错误的分析, 最后研究数学习题的科学性要求与编拟方法.

② 《中学数学解题的理论与实践》(图 2-8).

《中学数学解题的理论与实践》叙述了罗增儒个人学数学、教数学的实践与体验, 是在其根植于中国 30 年解题岁月基础上, 试图回答 "怎样解题"、"怎样学会解题". 此书的第一章是为理论展开与实践探索做出概述, 分析了解题研究的现状和成功解题的基础, 剖析了两个核心概念:"解题" 与 "解题分析". 并且给出此书的基本观点是 "分析典型例题的解题过程是学会解题的有效途径", 而学会解题有四步骤基本程式:"简单模仿"、"变式练习"、"自发领悟" 及 "自觉分析". 第二章则介绍了一些有代表性的解题观点, 如解题推理论、解题化归论、解题化简论、解题信息论、解题系统论、解题差异论和解题坐标系. 第三章以解题案例为主线, 提炼了解题的理论启示. 在 "分析典型例题的解题过程是学会解题的有效途径" 的理念下, 书中具体分析了 7 个解题案例, 体现怎么进行解题分析、怎么从解题分析中获得理论认识.

图 2-8

2. 罗增儒对问题的分类

在《数学解题学引论》中, 罗增儒曾把数学题目分为两类: 练习型与研究型. 其分类标准是 "结论是否为已知". 其实, 按不同的需要、不同的标准, 数学习题有不同的分类. 在《数学解题学引论》的第七章, 其给出了练习型问题的一些常见分类.

3. 罗增儒对解题方法的分析

罗增儒在《数学解题学引论》中表示: 解题方法的实质是数学对象和数学真理具有客观性, 数学知识是人们对客观存在的反映或发现; 但数学上大量精巧的方法则是人脑的能动性产物, 把它们称作发明或创造是合适的. 当然, 这种发明不是凭空想象的, 它与数学实践活动相联系, 与数学知识的不断发展及教学方法的不断更新相联系. 我们探讨解题方法的实际, 就是透过机械操作的形式去弄清每一个解题方法与什么样的数学知识相联系, 与什么样的数学方法相结合. 对于解题方法, 有很多很多种.

罗增儒的《数学解题学引论》重点研究了两种解题方法: 配方法和反例.

(1) **配方法** 应用配方变形来解数学题的方法.

a. **基本配方形式.**

① 对称多项式的配方.

$$a^2 + ab + b^2 = (a+b)^2 - ab,$$
$$a^2 - ab + b^2 = (a-b)^2 + ab,$$
$$a^2 + ab + b^2 = \left(a + \frac{b}{2}\right)^2 + \left(\frac{\sqrt{3}b}{2}\right)^2.$$

例 2-11 方程 $x^2 + y^2 - 4kx - 2y + 5k = 0$ 表示圆的充要条件是 ( ).

A. $\frac{1}{4} < k < 1$ B. $k < \frac{1}{4}$ 或 $k > 1$ C. $k \in \mathbf{R}$ D. $k = \frac{1}{4}$ 或 $k = 1$

分析与解 对原方程进行配方, 可以得到 $(x - 2k)^2 + (y - 1)^2 = 4k^2 + 1 - 5k$. 因为该方程表示圆, 所以 $4k^2 + 1 - 5k > 0$, 即 $(k-1)(4k-1) > 0$. 解得 $k < \frac{1}{4}$ 或 $k > 1$.

② 一元二次三项式 $(ax^2 + bx + c(a > 0))$ 的配方.

例 2-12 函数 $f(x) = \log_{\frac{1}{2}}(-2x^2 + 5x + 3)$ 的单调递增区间是_____.

分析与解 $f(x)$ 的定义域是 $-2x^2 + 5x + 3 > 0$, 解得 $x \in \left(-\frac{1}{2}, 3\right)$.

要求的是 $f(x) = \log_{\frac{1}{2}}(-2x^2 + 5x + 3)$ 的单调递增区间, 其中 $f(x)$ 是复合函数. 令 $t = -2x^2 + 5x + 3$ $\left(-\frac{1}{2} < x < 3\right)$, 根据复合函数的单调性规律, 问题转化为求 $t = -2x^2 + 5x + 3$ 的单调递减区间. 这是一个开口向下的二次函数, 在对称轴的右边是单调递减的, 配方得 $t = -2\left(x - \frac{5}{4}\right)^2 + 2 \times \left(\frac{5}{4}\right)^2 + 3$, 可以得到对称轴是 $x = \frac{5}{4}$, 在 $\left(-\frac{1}{2}, 3\right)$ 内. 所以 $t = -2x^2 + 5x + 3$ 的单调递减区间是 $\left(\frac{5}{4}, 3\right)$, 即, 函数 $f(x) = \log_{\frac{1}{2}}(-2x^2 + 5x + 3)$ 的单调递增区间是 $\left(\frac{5}{4}, 3\right)$.

b. **配方法的功能.**

① 变换形式.

例 2-13 化简 $\sqrt{8 + 2\sqrt{7}}$.

解 $\sqrt{8 + 2\sqrt{7}} = \sqrt{1 + 2\sqrt{7} + 7} = \sqrt{(1 + \sqrt{7})^2} = 1 + \sqrt{7}$.

方法分析 由于是对 $8 + 2\sqrt{7}$ 开方, 因此我们需要变换形式, 根号里面凑成平方. 通过分拆 8, 恰好可以通过配方得到一个平方式, 从而达到化简的目的.

② 在实数内产生负数.

首先, 把变元控制在非负的平方式内, 从而得到整个式子的估值.

例 2-14 已知函数 $f(x) = \cos^2 x - 2\sin x + 1, x \in \mathbf{R}$,则函数 $f(x)$ 的值域是_____.

分析与解 $f(x) = \cos^2 x - 2\sin x + 1 = (1 - \sin^2 x) - 2\sin x + 1$
$$= -\sin^2 x - 2\sin x + 2, \quad x \in \mathbf{R}.$$

令 $t = \sin x$,则 $-1 \leqslant t \leqslant 1$. $f(t) = -t^2 - 2t + 2 = -(t+1)^2 + 3 \leqslant 3$,当且仅当 $t = -1$ 时,取得等号.

因为 $-1 \in [-1, 1]$,所以 $f(t)$ 的最大值为 3. 再根据二次函数的图象性质, $f(t)$ 的最小值为 $f(1) = -1$. 所以 $f(x)$ 的值域为 $[-1, 3]$.

其次,由平方式的非负性导出重要结论.

c. 基本不等式.

对 $a, b \in \mathbf{R}$,由 $(a-b)^2 \geqslant 0$,得到 $a^2 + b^2 \geqslant 2ab$.

例 2-15 已知 $t = 2^x + 2^{3y}$ 且满足 $x + 3y - 1 = 0$,则函数 t 有 ( ).
A. 最大值 $2\sqrt{2}$ B. 最大值 $\dfrac{\sqrt{2}}{2}$ C. 最小值 $2\sqrt{2}$ D. 最小值 $\dfrac{\sqrt{2}}{2}$

分析与解 $x + 3y = 1$,因为 2^x 和 8^y 都是正数,由基本不等式
$$t = 2^x + 8^y = 2^x + 2^{3y} \geqslant 2\sqrt{2^x \cdot 2^{3y}} = 2\sqrt{2^{x+3y}} = 2\sqrt{2}.$$

当且仅当 $2^x = 2^{3y}$,即 $x = 3y$,即 $x = \dfrac{1}{2}, y = \dfrac{1}{6} \in \mathbf{R}^+$,能取到等号.

所以 $t = 2^x + 8^y$ 有最小值 $2\sqrt{2}$.

d. 判别式法.

例 2-16 设方程 $x^2 + kx + 2 = 0$ 的两实根为 p, q,若 $\left(\dfrac{p}{q}\right)^2 + \left(\dfrac{q}{p}\right)^2 \leqslant 7$ 成立,求实数 k 的取值范围.

分析与解 方程 $x^2 + kx + 2 = 0$ 的两实根为 p, q,由韦达定理可以得到 $p + q = -k, pq = 2$.

$$\left(\dfrac{p}{q}\right)^2 + \left(\dfrac{q}{p}\right)^2 = \dfrac{p^4 + q^4}{(pq)^2} = \dfrac{(p^2 + q^2)^2 - 2p^2q^2}{(pq)^2}$$
$$= \dfrac{[(p+q)^2 - 2pq]^2 - 2p^2q^2}{(pq)^2} = \dfrac{(k^2-4)^2 - 8}{4} \leqslant 7.$$

解得 $-\sqrt{10} \leqslant k \leqslant \sqrt{10}$.

又因为 p, q 是 $x^2 + kx + 2 = 0$ 的两实根,所以 $\Delta = k^2 - 8 > 0$,得到 $k \leqslant -2\sqrt{2}$ 或 $k \geqslant 2\sqrt{2}$. 所以 $k \in [-\sqrt{10}, -2\sqrt{2}] \cup [2\sqrt{2}, \sqrt{10}]$.

关于实系数一元二次方程问题,总是先考虑根的判别式 "Δ";已知方程有两根时,可以恰当运用韦达定理. 本题由韦达定理得到 $p+q, pq$ 后,观察已知不等式,

从其结构特征联想到先通分后配方，表示成 $p+q$ 与 pq 的组合式. 假如本题不对"Δ"讨论，结果将出错，即使有些题目可能结果相同，但解答是不严密、不完整的，这一点我们要尤为注意和重视.

(2) 反例法.

首先，反例在数学教学中的作用包括三个方面.

① 纠正错误的有力工具.

概念、定理的教学总是采取正面阐述的形式，而学生常常会对一些关键性的词语认识不足，对所要求的条件理解不全. 这时反例能起到正面强调所起不到的强化作用，教育心理学家认为："概念或规则的正例传递了最有利于概括的信息，反例则传递了最有利于辨别的信息."

数学概念是用确切、简洁的语言来叙述的，有时一个数学概念有很多种本质属性，学生容易对这些应用较少或较隐含的属性不予重视，或对关键字眼、符号不重视，以致在解题中发生错误. 为了正确地理解它，此时可通过一些简单明了的反例来加以引导，说明从反面可以消除容易出现的一些模糊认识，来加深对概念的理解. 在教学中，利用反例，从心理学的观点来看，这是一种比较. "有比较才有鉴别"，通过比较，学生才能容易把握住所研究对象的本质特征. 典型的反例给学生以深刻的印象，这对学生理解数学概念，掌握数学方法，培养学习兴趣都有很大的作用. 例如，

椭圆的定义 平面内与两个定点 F_1, F_2 的距离的和等于常数 (大于 $|F_1F_2|$) 的点的轨迹叫做椭圆. 学生很容易粗略的理解 "到两个定点的距离的和等于常数的点的轨迹叫做椭圆"，其实忽略了 "平面内" 和 "常数 (大于 $|F_1F_2|$)". 学生可能不太理解，于是在讲解时，为了让学生巩固概念，在这就要举出反例: (i) 假设不在平面内，在空间上，就不是平面图形，也就不是椭圆了. (ii) 假设到两个定点的距离的和的常数恰好等于 $|F_1F_2|$ 呢？小于呢？让学生讨论很容易知道常数等于 $|F_1F_2|$ 的点的轨迹是线段；小于 $|F_1F_2|$ 时，是不存在的. 这样的话，有利于学生对概念的掌握和强化.

在概念中通过举出反例，我们可以加深学生对定义的理解.

例 2-17 已知 F_1, F_2 是定点，$|F_1F_2| = 8$，动点 M 满足 $|MF_1 + MF_2| = 8$，则点 M 的轨迹方程是 ( ).

A. 椭圆   B. 直线   C. 圆   D. 线段

分析与解 因为动点 M 满足 $|MF_1| + |MF_2| = 8$，且两定点距离 $|F_1F_2| = 8$，所以点 M 的轨迹方程是线段.

线面垂直的判定定理 一条直线与一个平面内的两条相交直线都垂直，则该直线与此平面垂直. 容易忽略字眼 "相交". 为了让学生充分掌握此定理，在解答格式中体现它，所以要举反例，让学生体会，不相交是否一定成立.

例 2-18 如图 2-9 找出这样的一个反例: 一条直线与一个平面内的两条直线

都垂直, 但该直线与此平面不垂直.

分析与解 $AB_1 \perp B_1C_1$ 且 $AB_1 \perp BC$, 但是 AB_1 不垂直平面 BCC_1B_1.

② 否定命题的重要方法.

要否定一个命题, 可用归谬法或证明法, 但简明而有说服力的是列举事实, 一一举出反例.

例 2-19(2002 全国高考) 设函数 $f(x) = x^2 + |x-a| + 1, x \in \mathbf{R}$. 讨论 $f(x)$ 的奇偶性.

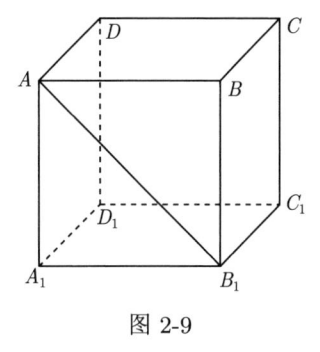

图 2-9

分析与解 $f(x)$ 的定义域是 $\mathbf{R}$, 关于原点对称.

当 $a = 0$ 时, $f(x) = x^2 + |x| + 1$ 是偶函数.

当 $a \neq 0$ 时, $f(a) = a^2 + 1, f(-a) = a^2 + 2|a| + 1, -f(a) = -a^2 - 1$, 此时, $f(a) \neq f(-a)$, 所以 $f(x)$ 不是偶函数, $-f(a) \neq f(-a)$, 所以 $f(x)$ 不是奇函数, 所以 $a \neq 0$ 时, $f(x)$ 是非奇非偶函数.

③ 培养能力的重要途径.

反例的运用可以强化推理的严谨性, 培养思维的批判性, 发展逆向思维和发散思维, 全面提高解题能力. 经常的情况是, 找一个反例比找一个证明更需要想象力和创造性. 所以学习运用反例法是培养数学能力的重要途径.

一方面反例是一种很好的教学方法, 教师在日常教学中, 可经常选择一些发散性强的典型数学知识或问题, 通过创设问题情景, 引导学生构造反例; 另一方面反例也能培养学生的逻辑思维能力, 通过反例的教学, 让学生能够积极思索、探讨, 使得学生思维的灵活性、敏捷性和创造性都得到进一步发展.

例如, 在研究函数的单调性与导数时, 课本说到: 设函数 $y = f(x)$ 在某区间 (a,b) 内可导.

若 $x \in (a,b), f'(x) > 0$, 则 $y = f(x)$ 在区间 (a,b) 内为增函数;

若 $x \in (a,b), f'(x) < 0$, 则 $y = f(x)$ 在区间 (a,b) 内为减函数.

那我们引导学生, 函数 $y = f(x)$ 在某区间 (a,b) 内可导, $x \in (a,b), f'(x) > 0$, 是 $y = f(x)$ 在区间 (a,b) 内为增函数的充要条件吗? 充分性显然是成立的, 看看必要性. 即函数 $y = f(x)$ 在某区间 (a,b) 内可导, $f(x)$ 在区间 (a,b) 内为增函数, 能推出 $x \in (a,b), f'(x) > 0$?

下面就可以举反例, 说明必要性是不成立的.

$f(x) = x^3$ 在 $\mathbf{R}$ 上是增函数, 但在 $\mathbf{R}$ 上, $f'(x) = 3x^2$, 当 $x = 0$ 时, $f'(0) = 0$, 所以必要性不成立.

其次, 构造反例的方法也包括三个方面.

反例的构造是非常灵活的, 一个反例的举出或构造常常需要我们调动全部的数学功底, 并充分展开想象. 反例的魅力也正是在于它在我们苦苦思考过后带给我们柳暗花明又一村的惊喜. 正如盖尔鲍姆所说: "一个数学问题用一个反例予以解决, 给人的刺激犹如一出好的戏剧."

① **列举挑疵法.**

因为反例实际上就是说明命题不成立的一个特例. 通常情况下, 这个命题不是 "一切情况下均假", 而是, 有的情况下真, 有的情况下假. 经过全面考虑所有可能, 一一严格验证, 便可把成立的情况排除出去, 不成立的情况挑选出来, 从而得到反例. 在考虑所有可能时, 采用二分法是有效的, 很多情况下都是由于分类不全而 "以假为真".

在一一严格验证时, 尤其要注意特殊的位置和极端的情况, 有的命题在一般情况下是成立的, 仅在个别情况下才不成立, 只是因为疏忽了特殊才 "误假成真".

例 2-20　判断命题的真假: 如果 $x^2 = y^2$, 那么 $x = y$.

分析与解　一般情况下, 实数的运算要考虑符号和绝对值, 考虑到平方运算的结果一定是非负的, 所以对 x, y 的取值要考虑正数和负数两种情况: (i) x, y 同号; (ii) x, y 异号. 这样容易找到下面的反例: 如 $x = 2$, $y = -2$, 满足 $2^2 = (-2)^2 = 2$, 但是 $2 \neq -2$.

② **反设逆寻法.**

例 2-21　判断命题 "对角线相等且互相垂直的四边形为正方形" 是真命题还是假命题. 若是真命题, 请给出证明; 若是假命题, 请举出反例.

分析与解　该命题的结论是 "四边形是正方形". 考虑到 "正方形的对角线相等, 互相垂直, 互相平分", 而命题的条件中少了 "互相平分" 这个条件, 所以可以从这里构造反例.

如图 2-10, 四边形 $ABCD$ 中, 对角线 AC 与 BD 相交于点 O, 且 $AC = BD, AC \perp BD$, 但 $AO \neq CO$, 所以四边形不是正方形.

③ **顺推寻阻法.**

当一个命题作为一个真命题去分析时, 如果进行到某个地方思维受阻, 无法进展, 甚至得到一些意外的、矛盾的结果, 那么这就是寻找反例的好地方.

例 2-22　如果两个三角形有两边及其中一边的对角分别相等, 那么这两个三角形是全等三角形吗? 如果是, 请说明理由; 如果不是, 请举出反例.

分析与解　如图 2-11, 画 $\angle MAN$(锐角), 在射线 AM 上取点 B, 以 B 为圆心. 适当的长半径画弧, 交射线 AN 于 C、D 两点, 在 $\triangle ABC$ 与 $\triangle ABD$ 中, 满足
$$AB = AB, \quad BC = BD, \quad \angle BAC = \angle BAD,$$

但显然 $AC \neq AD$，所以两个三角形不是全等三角形.

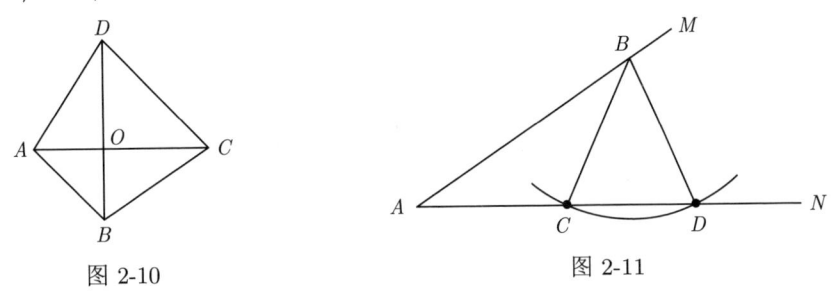

图 2-10

图 2-11

4. 八种解题思想

在罗增儒的《数学解题学引论》以及《数学的领悟》中，介绍了大概八种解题思想，分别是数形结合、转化与化归、分类讨论、有效增设、整体、特殊到一般、函数与方程、以美启真.

① **数形结合思想.**

罗增儒的《数学解题学引论 (第二版)》中的"数形结合"与数形结合思想相适应，"数形结合"是一种极富数学特点的信息转换，用数的抽象性质来说明形象的事实，同时又用图形的性质来说明数的事实.

例 2-23 解不等式 $\sqrt{2x+5} > x+1$.

讲解 可作出 $y = \sqrt{2x+5}$ 即 $y^2 = 2x+5$(其中 $x \geqslant -\frac{5}{2}, y \geqslant 0$)，以及 $y = x+1$ 的图象，如图 2-12，可以直接由图象发现当 $-\frac{5}{2} \leqslant x < 2$ 时，满足 $\sqrt{2x+5} > x+1$，即得到不等式的解.

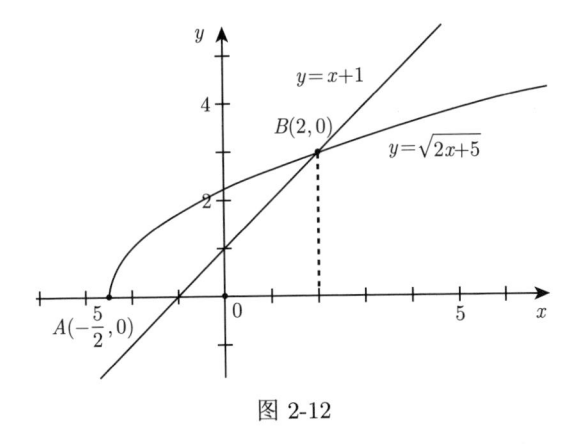

图 2-12

② **转化与化归思想.**

罗增儒的《数学解题学引论 (第二版)》中的"映射化归"体现了转化的思想，

"映射化归" 是把一个新问题转化为一个等价的会解的问题. 可用 RMI 原则概括: 给定一个含有目标原象 x 的关系结构 S, 如果能找到一个可定映射 φ, 将 S 映入或映满 S^*, 则可从 S^* 通过一定的数学方法把目标映象 $x^* = \varphi(x)$ 确定出来, 进而通过反演 φ^{-1} 又可以把 $x = \varphi^{-1}(x^*)$ 确定出来.

罗增儒的《数学解题学引论 (第二版)》中的 "模式识别" 体现了化归的思想, "模式识别" 是指在学习数学的过程中, 经过知识经验的积累加工得到的有长久保存价值或基本重要性的典型结构与重要类型——模式, 将其有意识地记忆下来并作有目的的简单编码, 在遇到新问题时, 通过辨别它属于哪一类型基本模式, 从而联想起一个已解决的问题, 以此为索引, 在记忆贮存中提取出相应的方法来加以解决.

例 2-24 已知球 O 的半径为 1, A, B, C 三点都在球面上, 且每两点间的球面距离为 $\dfrac{\pi}{2}$, 则球心 O 到平面 ABC 的距离为_____.

讲解 该题可以运用转化与化归的思想, 将求球心 O 到平面 ABC 的距离转化成求正三棱锥 O-ABC 中点 O 到底面 ABC 的距离, 再将其化为求解正方体对角线的 $\dfrac{1}{3}$.

解 由每两点间的球面距离为 $\dfrac{\pi}{2}$ 及球 O 的半径为 1 可知 $\angle AOB = \angle AOC = \angle BOC = 90°$, $OA = OB = OC = 1$, 即可转化为求图 2-13(a) 中的正三棱锥 O-ABC 中 OH 的长度, 然后由以前学过的正方体的一些性质, 又可转化为图 2-13(b) 中正方体的对角线的 $\dfrac{1}{3}$, 从而得到 $OH = \dfrac{\sqrt{3}}{3}$.

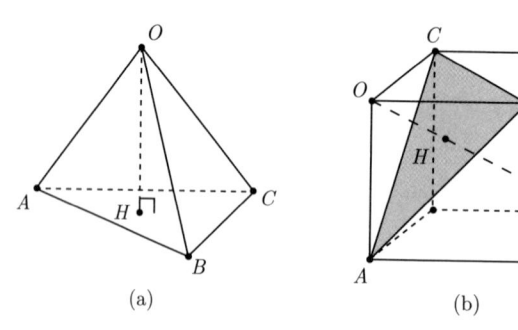

图 2-13

③ 分类讨论思想.

在解决数学问题的时候, 我们常常需要区分情况分别处理, 至于难题更应该将其分成几个小问题或几个相关的步骤, 逐一解决. 例如, 绝对值问题, 我们一般会将其分为大于零、等于零、小于零三种情况来讨论; 对于圆周角定理, 我们经常讨论圆心 (点) 在角内、角外和边上三种位置; 对余弦定理, 我们分为锐角三角形、直角三角形、钝角三角形来证明等等, 这些都需要区分情况进行处理.

在《数学的领悟》一书中, 罗增儒老师谈到了解题过程中进行分类讨论的原因:

第一, 事情本身是有多种情况的.

有些概念是分类定义的, 有些定理在不同的条件下有不同的结论, 遇到与此有关的问题, 常常需要分类讨论, 如绝对值的分域讨论法.

第二, 问题的可能性是多方面的.

这时, 我们需要穷尽其种种可能. 如完全归纳法、反证法的穷举法等. 用分析法解题时, 若已知结果的原因有多种可能性, 也需要一一试验.

第三, 区分情况能化难为易.

当一个数学问题比较复杂时, 可以分割为若干个小问题来逐一解决, 即把相同性质的部分分为一类, 形成数学上很有特色的方法——划分或分类. 不会正确的分类就谈不上掌握数学.

另外, 在书中也对分类讨论的方式进行归类, 分别为: 辐射式、膨胀式和回归式. 其中辐射式最为常用, 即将一个问题分成几个并列的情况, 要求既不重复又不遗漏. 辐射式的分类讨论在中高考题中常有体现, 如下例.

例 2-25(2015 年高考北京卷, 14) 设函数

$$f(x) = \begin{cases} 2^x - a, & x < 1, \\ 4(x-a)(x-2a), & x \geqslant 1. \end{cases}$$

若 $a = 1$, 则 $f(x)$ 的最小值为_____;

若 $f(x)$ 恰有 2 个零点, 则实数 a 的取值范围是_____.

解析 本题考查函数的性质、函数与方程的综合运用, 利用分类讨论的思想求解, 在全卷中属难题.

当 $a = 1$ 时, $f(x) = \begin{cases} 2^x - 1, & x < 1, \\ 4(x-1)(x-2), & x \geqslant 1. \end{cases}$

当 $x < 1$ 时, $f(x) = 2^x - 1 \in (-1, 1)$.

当 $x \geqslant 1$ 时, $f(x) = 4(x-1)(x-2)$, 在 $x \in \left[1, \dfrac{3}{2}\right]$ 上单调递减, 在 $x \in \left[\dfrac{3}{2}, \infty\right)$ 上单调递增, 所以 $f(x)_{\min} = f\left(\dfrac{3}{2}\right) = -1$, 故当 $a = 1$ 时, $f(x)$ 的最小值为 -1.

若函数 $h(x) = 2^x - a$ 在 $x < 1$ 时与 x 轴有一个交点, 则 $a > 0$, 且 $h(1) = 2 - a > 0$, 所以 $0 < a < 2$. 此时 $g(x) = 4(x-a)(x-2a), x \geqslant 1$ 也有 1 个零点,

则 $\begin{cases} 2a \geqslant 1, \\ a < 1, \end{cases}$ 解得 $\frac{1}{2} \leqslant a < 1$, 故 $\frac{1}{2} \leqslant a < 1$.

若函数 $h(x) = 2^x - a$ 在 $x < 1$ 时与 x 轴没有交点, 则 $a \leqslant 0$ 或 $a \geqslant 2$, 此时 $g(x) = 4(x-a)(x-2a), x \geqslant 1$ 必须有 2 个零点.

当 $a \leqslant 0$ 时, $h(x), g(x)$ 均与 x 轴无交点, 不符合题意, 舍去;

当 $a \geqslant 2$ 时, $g(x)$ 的 2 个零点 a 和 $2a$ 均合适, 所以 $a \geqslant 2$ 符合题意.

综上可得, 实数 a 的取值范围为 $\left[\frac{1}{2}, 1\right) \cup [2, \infty)$.

此外, 膨胀式分类讨论就是指将一个问题分成几个逐次膨胀的情况, 使后一情况包含前一情况; 而回归式是将一个问题分成几种并列的情况, 但后面各种情况的解决可以转化为第一种情况, 这种时候的第一种情况, 相当于后面各种情况的引理. 分类解决问题之所以有效, 首先是化整为零、化大为小, 常使每个小问题都变得容易; 其次是分类讨论标准本身提供了一个 "已知条件", 这是一个 "有效增设".

④ **有效增设思想.**

所面对的问题, 在不改变题意的前提下, 增加一点条件使得问题更加容易求解, 叫做有效增设.

有效增设包括我们常使用的反证法和数学归纳法, 还有区分、构造对偶命题、重复等价条件、优化假设、挖掘隐含条件、设置中途点和引进辅助参数.

其中区分与上述的分类讨论相似, 也就是我们将问题进行分类或将问题分成几个步骤之后, 子命题比原命题多了一个 "已知条件", 从而问题求解也变得更加容易了.

对一个已知数或一个已知命题, 我们构造一个与之对应的数式或对应的命题, 然后一起参与运算, 这个新的数式或命题就是 "有效增设". 常见的构造手段有倒数变换、相反数变换、根式或复数的共轭变换, 以及函数与它的反函数重合的迭代等.

一般地, 简单重复不产生新的东西, 但重复等价条件, 并分别看成是不同的存在形式, 则能产生新的情景, 出现 "有效增设".

对已知条件中的数学对象做出有序化或最优量的假定, 叫做优化假设.

在解题过程中, 往往遇到以下隐含条件:

▶ 概念、定理成立的前提;

▶ 题目叙述中所暗示的限定;

▶ 图形中存在着但未指明的关系;

▶ 已知事项间的内在联系;

▶ 运动变化中的不变性质.

中途点是实施正确证明的引理, 中途点是沟通证明思路的桥梁.

最后, 引进辅助参数是除反证法和数学归纳法之外, 另一常用解题方法. 辅助参数的引进可以分解复杂的结构, 增加参与运算的关系或数式, 同时产生一个动态过程, 为运动观点、参数方法的运用创造了机会. 这一方法在解方程、不等式证明、连比式问题及解析几何问题中有广泛应用.

例 2-26 双曲线 $x^2 - \dfrac{y^2}{b^2} = 1 (b > 0)$ 的左、右焦点分别为 F_1, F_2, 直线 l 过 F_2 且与双曲线交于 A, B 两点.

(1) 若 l 的倾斜角为 $\dfrac{\pi}{2}$, $\triangle F_1 AB$ 是等边三角形, 求双曲线的渐近线方程;

(2) 设 $b = \sqrt{3}$, 若 l 的斜率存在, 且 $(\overrightarrow{F_1A} + \overrightarrow{F_1B}) \cdot \overrightarrow{AB} = 0$, 求 l 的斜率.

解析 (1) 具体过程略, 渐近线方程为 $y = \pm \sqrt{2} x$.

(2) 由已知, $F_1(-2,0), F_2(2,0)$.

设 $A(x_1, y_1), B(x_2, y_2)$, 直线 $l : y = k(x-2)$, 显然 $k \neq 0$.

由 $\begin{cases} x^2 - \dfrac{y^2}{3} = 1, \\ y = k(x-2) \end{cases}$ 得 $(k^2 - 3)x^2 - 4k^2 x + 4k^2 + 3 = 0$.

因为 l 与双曲线交于两点, 所以 $k^2 - 3 \neq 0$, 且 $\Delta = 36(1 + k^2) > 0$.

设 AB 的中点为 $M(x_M, y_M)$, 由 $(\overrightarrow{F_1A} + \overrightarrow{F_1B}) \cdot \overrightarrow{AB} = 0$, 即 $\overrightarrow{F_1M} \cdot \overrightarrow{AB} = 0$. 知 $\overrightarrow{F_1M} \perp \overrightarrow{AB}$. 故 $k_{F_1M} \cdot k = -1$. 而

$$x_M = \dfrac{x_1 + x_2}{2} = \dfrac{2k^2}{k^2 - 3}, \quad y_M = k(x_M - 2) = \dfrac{6k}{k^2 - 3}, \quad k_{F_1M} = \dfrac{3k}{2k^2 - 3},$$

所以 $\dfrac{3k}{2k^2 - 3} \cdot k = -1$, 得 $k^2 = \dfrac{3}{5}$, 故 l 的斜率为 $\pm \dfrac{\sqrt{15}}{5}$.

求解直线与双曲线的位置关系问题, 一般利用 "设而不求" 即 "有效增设" 的思想, 设出直线方程, 利用根与系数的关系、弦长公式等求解.

⑤ **整体思想**.

罗增儒的《数学解题学引论 (第二版)》中的 "分合并用" 的 "整体考虑" 体现了整体的思想, "整体考虑" 是一种以合制分、着眼于全局的考虑, 与 "分解问题的条件或结论, 从而各个击破" 相反, 它尽量将各个条件集中、各个结论集中, 使得能够全面地、四通八达地建立条件与结论的有机联系, 摆脱局部细节上一时难以弄清的关系的纠缠.

例 2-27 如果虚数 z 满足 $z^3 = 8$, 那么 $z^3 + z^2 + 2z + 2$ 的值是 _____.

讲解 如果求出 z 的值, 再求所要求的式子的值会比较麻烦, 但我们发现 $z^3 = 8$ 可以化简为 $(z-2)(z^2+2z+4) = 0$, 再由 z 为虚数, 故有 $z^2 + 2z + 4 = 0$, 由整体的思想, 将该式子整体代入, 故

$$z^3 + z^2 + 2z + 2 = z^3 + (z^2 + 2z + 4) - 2 = 8 + 0 - 2 = 6.$$

⑥ **特殊到一般思想.**

罗增儒的《数学解题学引论 (第二版)》中的 "进退互化" 的 "推进到一般" 体现了从特殊到一般的思想, "推进到一般" 是从考虑一个对象过渡到考虑包含该对象的一个集合, 或者从考虑一个较小的集合过渡到考虑一个包含较小集合的更大集合.

例 2-28(2006 江西卷, 理) 对于 **R** 上可导的任意函数 $f(x)$, 若满足 $(x-1)f'(x) \geqslant 0$, 则必有 ( ).

A. $f(0) + f(2) < 2f(1)$ 　　　　　　B. $f(0) + f(2) \leqslant 2f(1)$
C. $f(0) + f(2) > 2f(1)$ 　　　　　　D. $f(0) + f(2) \geqslant 2f(1)$

讲解 由 $(x-1)f'(x) \geqslant 0$ 可得到一般性的结论, 当 $x \geqslant 1$ 时, $f'(x) \geqslant 0$, 函数 $f(x)$ 在 $(1, +\infty)$ 上是增函数; 当 $x < 1$ 时, $f'(x) \leqslant 0$, 函数 $f(x)$ 在 $(-\infty, 1)$ 上是减函数, 故得到 $f(0) \geqslant f(1), f(2) \geqslant f(1)$, 即有 $f(0) + f(2) \geqslant 2f(1)$.

⑦ **函数与方程思想.**

函数与方程是中学数学中两个最重要的理论体系, 思考一旦纳入这两个体系中, 对我们寻求问题的答案有着极大的帮助.

运用方程的观点来解决问题, 通常有下列三个步骤.

一般性解决: 将所面临的问题转化为一个方程 (组) 问题, 有时候是方程的求解, 有时候是方程性质的讨论.

功能性解决: 实际找出相应的方程 (组), 这时候需要寻找等量关系和设未知数. 有时候, 未知数已经包括在题意中; 另有一些时候则需要我们去构造或策略地认定未知数 (即从多个字母中, 认定某一个为主元素).

特殊性解决: 具体求出方程的解, 或通过严密理论和论证方程的性质, 推导出原问题所需要的结论. 这时, 方程理论和求解技巧都将大有作为.

而利用函数思想解决问题通常也有三个步骤.

一般性解决: 将所面临的问题转化为一个函数问题, 有时候是讨论对应关系本身, 有时候是讨论函数的有关性质, 如定义域、值域、单调性、有界性等.

功能性解决: 实际找出相应的对应关系或函数表达式.

特殊性解决: 具体讨论函数的有关性质, 得出原问题所需要的结论.

解答涉及方程根的个数有关问题时, 一般要注意方程的根与函数的零点及两函数图象的交点三者之间的转化.

⑧ 以美启真思想.

先看一道中考题.

例 2-29(2016 年广州卷, 24) 已知抛物线 $y = mx^2 + (1-2m)x + 1 - 3m$ 与 x 轴相交于不同的两点 A、B.

(1) 求 m 的取值范围;

(2) 证明该抛物线一定经过非坐标轴上一点 P, 并求出点 P 的坐标.

解 (1) 因为 $\Delta = (1-2m)^2 - 4m(1-3m) = (1-4m)^2 > 0$, 所以 $1 - 4m \neq 0$, 即 $m \neq \dfrac{1}{4}$, 又因为 $m \neq 0$, 所以 $m \neq \dfrac{1}{4}$ 且 $m \neq 0$.

(2) 因为抛物线 $y = mx^2 + (1-2m)x + 1 - 3m$, 所以

$$y = m(x^2 - 2x - 3) + x + 1,$$

抛物线过定点说明在这一点 y 与 m 无关, 显然当 $x^2 - 2x - 3 = 0$ 时, y 与 m 无关, 解得 $x = 3$ 或 $x = -1$.

当 $x = 3$ 时, $y = 4$, 定点坐标为 $(3,4)$;

当 $x = -1$ 时, $y = 0$, 定点坐标为 $(-1,0)$.

因为 P 不在坐标轴上, 所以应为 $P(3,4)$.

在第 (2) 小问中, 我们不需要求解出 m 的实际取值, 也能得出抛物线必过的一点 P, 也就是说在这里 m 的实际取值是多余的. 然而在我们还未解出答案之前, 我们的最初分析往往会考虑是否将 m 的值求出, 再观察抛物线的特征, 从而求出定点 P, 但在获得解题思路之后回过头来一看, 却发现 m 的取值我们不需要去求解. 这种思考状态, 罗增儒老师有一个十分恰当的比喻: "就像在黑夜中, 我们走进了一座黑房间, 不得不摸索前进, 弄不好还会碰壁; 但拉开电灯之后, 一切都明明白白, 房间内的结构和摆设一览无余." 在这里, "拉开电灯" 就是 "分析已经解过的题".

很多时候, 我们的解题思路、推理过程都是严谨的, 计算是正确的, 但是答案并不每次都能如愿, 因为数学是真与美的统一, 因而, 解题也应该既正确无误又艺术优美, 主要不是指外在的、书写或绘图的工整规范, 而是指解题思想、解题方法、解题技巧上所体现的数学内在的统一美、对称美、简洁美和奇异美. 正如 (2) 中, 我们求点的坐标, 只需通过转换, 直接将 m 作为未知量, 不去求它的值, 同时确定 m 只是充分的, 并不必要, 因为抛物线过定点与 m 无关. 那么, 怎样寻找更美的数学解呢?

任何数学问题的结构都有共性和个性两个方面, 由共性出发, 我们可以设法找出处理这一类问题的更高观点或统一的原理; 由个性出发, 我们则可以找出解决这一道特定题目的特殊技巧. 这两方面的思考, 就是优美解的重要源泉, 而数学的整

体性或统一美则为这种思考提供了条件. 在思考之后的具体解题过程通常也包括两个步骤, 即整体分解与信息交合.

第一, **整体分解**. 就是把原解法的全过程分解为一些信息单元, 并提炼出几个最本质的步骤. 在这个整体分析中将会发现, 哪些重要信息是在半途上被白白浪费了, 哪些多余的思维回路是盲目地被添加进来了, 哪些过程是可以合并的, 哪些步骤是可以转换的, 等等.

第二, **信息交合**. 即抓住分解中的本质步骤, 将信息单元转换或重组成新的信息块, 这些信息块的有序化将删除多余的思维回路, 将用更一般的原理去代替现存的许多步骤, 将用某些更特殊的技巧去代替现有的常规步骤. 于是新的解法就诞生了.

2.1.4 中国解题研究简介

数学解题在中国教育中占有举足轻重的地位, 许多人认为数学教育就是解题教学. 从古到今, 解题研究成为我国数学教育与数学研究的一项传统. 古典名著《九章算术》以九卷、246 个题及解 "答" "术" 构成篇章, 可谓解题研究的开山之作, 并开创了中国传统数学研究与教育研究的范式. 在中学生国际数学奥林匹克竞赛 (IMO) 和相关国际比较测试 (如 TIMSS、PISA) 中, 中国学生都取得了辉煌成绩.

1. **数学方法论研究**

20 世纪 80 年代以后, 数学家徐利治先生出版了《数学方法论选讲》, 极力推动数学方法论的研究与探索, 国内掀起了数学方法论研究的热潮, 出版了一大批数学方法论的著作, 比较有影响的著作有: 张奠宙的《数学方法论稿》, 郑毓信的《数学方法论》. 公理化方法、RMI 方法、化归方法、抽象方法、模型方法、定义方法、逻辑方法、归纳演绎类比方法、分析与综合方法、实验方法、反证法与同一法、数学归纳法等方法受到重视, 其理论与运用被深入分析, 方法从数学的内部浮现到前面, 数学的逻辑体系被还原为类比、归纳、猜想的实验体系, 数学的两个侧面得到挖掘与展现, 数学的思想方法被充分认识.

方法性的解题研究盛行多年, 包括解题特技与解题通法的研究. 如赵振威的《解题思路——如何求证》(1981), 吴振奎的《中学数学证明技巧》《中学数学计算技巧》(1982) 等. 随后又有解题方法层面上的 "数学思想方法" 研究, 如解恩泽、徐本顺主编《数学思想方法》(1989), 王连笑《数学解题中的数学思想》(1994), 沈文选《中学数学思想方法》(1999), 钱珮玲、邵光华《数学思想与中学数学》(1999), 欧阳维诚等《初等数学思想方法选讲》(2000) 等.

国内的数学方法论研究与国外的 "问题解决" 平行发展, 都是对波利亚现代启发法的直接继承. 但是, 中国的数学方法论研究在继承中又有超越, 这正成为中国解题研究的一个特色.

2. 数学理论研究

数学解题过程的理论分析． 对解题过程进行数学描述，将数学问题定义为二元组，将解定义为有序序列，用路径、同构、同态、初始状态、目标状态、映射等关系对解题过程进行描述，从而对最优解、等价问题、等价解有了清晰的理论分析，为从理论上认识解题提供了基础与新的视角．

解题研究的心理学分析． 心理学是行为的科学，解题活动的心理学分析，是把握解题规律的重要视角与方法．人们已不满足于将解题完全归结于波利亚的数学启发式与可见的解题思路的讨论，而是深入到思维主体的思维活动中，如调节、元认知，并对解题的全过程的心理活动进行分析，以求得解题规律的认识与把握．如涂荣豹的论文《数学解题学习中的主认知》(数学教育学报，2002.4) 具有一定的代表性．

解题的教育研究． 解题的目的之一在于使学生掌握数学的思想方法，提高学生解决数学问题的能力，培养社会需要的人才．我国的教育工作者在此方面开展了大量的解题教育研究，中学数学杂志发表的大批论文属于这一类，重要的如 MM 教育实验等．

解题活动是一个多元复杂体． 将解题放在现代科学方法发展的大背景下用其他学科的理论与方法进行研究，形成多学科视野下的解题交叉研究，是探讨解题规律的新态势．这方面我国的数学工作者也取得一些进展，主要的研究有：(1) 与思维学科的交叉研究；(2) 与系统论、信息论、数学等学科的交叉研究．

解题理论研究． ① 1997 年，罗增儒首先提出建立数学解题学，集其多年的研究出版了《数学解题学引论》．该书通过对解题过程与解题经验、解题活动的知识的总结与归纳，分析解题的方法与技巧，从题、解题、解题理论、解题思想、解题观点、解题目的、过程、程序、解题坐标系、技巧、方法、原则、策略等方面对解题进行了全方位的审视与分析，是对解题系统的理论归纳．② 戴再平的《数学习题理论》，对习题的结构、功能、科学性问题做了深入的讨论，提出了判断数学题科学性的几条标准．对开放题的特点及教育功能进行了理论分析，并写出了开放题的题集．开放题的研究，缩短了这一领域与外国的差距，促进了我国数学教育的发展与面貌的改变．③ 单墫的《数学竞赛研究教程》分 50 个专题对数学竞赛题目的范围、解题思想、方法、模式进行了全面的论述．

波利亚学说的研究． 波利亚的贡献就在于自觉承担起复兴数学启发法的重任，并提出合情推理，为数学启发法的现代研究提供了必要基础．20 世纪 80 年代初期，美国数学教育界兴起的 "问题解决" 研究是对波利亚现代启发法的直接继承．湖南教育出版社出版了刘云章、赵雄辉合写的《波利亚著作选讲》(1992)，波利亚的解题观、数学观、教学观得到了传播．其中，解题表的 "四个步骤"、"合情推理"、

"知识 + 启发法"、"教学三原则" 等观点已经成为许多同行研究解题教学的指导思想; "数学的两个侧面" 都得到了加强, 演绎被还原为归纳、类比与猜想, 探索被论证为定理、公式与发现. 尤其是, 从逻辑体系的数学中浮现出了实验体系 (返璞归真). 在波利亚学说的影响下, 人们从数学的具体解题方法、具体解题技巧中提炼理论价值, 探索 "怎样想到这个解法""是什么促使你这样想、这样做" 的规律, 努力总结人们发现解法、找到思路的思维模式.《中学数学综合题的解法发现》(过伯祥、杨象富, 1988),《怎样学好数学》(过伯祥, 1995),《数学发现的艺术——数学探索中的合情推理》(杨世明、王雪琴, 1998) 等书都是采用波利亚风格写成的.《让你开窍的数学》丛书 (王梓坤, 1997) 也体现了波利亚解题思想的影响.

3. 数学竞赛的研究

数学竞赛也是一种解题竞赛, 这种活动的开展一方面为初等数学输入具有大学性质的、体现现代数学的思维方式, 另一方面又调动和活化了初等数学潜在的方法与技巧. 这两方面的结合, 为解题研究提供了新的内容、新的方法、新的视野. 数学竞赛里充满着眼花缭乱的技巧: 构造、对应、递推、区分、染色、极端、对称、配对、特殊化、一般化、数字化、有序化、不变量、整体处理、变换还原、逐步调整、奇偶分析、优化假设、计算两次、辅助图表……值得注意的是, 这些技巧不是个别孤立的一招一式或妙手偶得的雕虫小技, 而是一种高思维层次、高智力水平的策略思想. 这一切, 又为解题研究提供了新鲜而丰富的素材. 国际数学奥林匹克竞赛经过 40 多年的发展, 基本内容和基本方法都有了充分的积累, 已经形成一个教育数学的新层面——竞赛数学 (又称奥林匹克数学, 应属于教育数学). 这是带有教育目的、具有教育功能的数学, 包括几何、代数、数论、组合四大支柱和组合几何、组合数论、集合分拆三大热点. "数学竞赛学" 的建设也早就提到议事日程, 并取得阶段成果. 这方面的书籍主要有:《数学竞赛研究教程》(单墫, 1993),《竞赛数学教程》(陈传理、张同君, 1996),《奥林匹克数学教程》(朱华伟, 1996),《数学奥林匹克与数学文化》(刘培杰, 2006),《数学竞赛教程》(罗增儒, 1993).

4. 数学解题策略的研究

数学解题的策略是为了实现解题目标而采取的方针. 解题策略的思维基础是逻辑思维、形象思维、直觉思维的共同作用, 离开逻辑是不行的, 单靠逻辑是不够的. 所以, 这方面的工作与数学思维的研究 (于 20 世纪 80 年代中期) 同时起步、平行发展.

注重解题策略的研究已经构成中国解题教学的一个特色, 它可以看成是对波利亚现代启发法解题策略研究的继承与发展. 徐利治教授提出的 RMI 原理是这方面工作的杰出代表. 戴再平著的《数学习题理论》中列举了 8 条解题策略: 枚举法、模式识别、问题转化、中途点法、以退求进、推进到一般、从整体看问题、正难则反. 任樟辉著的《数学思维论》里又列举了 10 条解题策略: 模式识别、变换映射、差异消减、数形结合、进退互用、分合相辅、动静转换、正反沟通、引辅增效、以美启真. 罗增儒的《数学解题学引论》也提出了 10 条解题策略: 模式识别、映射化归、差异分析、分合并用、进退互化、正反相辅、动静转化、数形结合、有效增设、以美启真. 有些策略思想, 如化归、RMI 原理、以退求进、正难则反等还讨论得很深入、很细致, 也很有数学特征, 而不仅仅是 "逻辑 + 数学例子".

5. 数学新题型研究

随着新课程改革的推进, 数学问题发生了深刻的变化, 各种体现 "问题解决" 特征的新题型纷纷突破传统的结构良好问题 (封闭题), 特别是反映应用性、情景性、开放性、探究性的数学建模题、数学情景题、数学开放题、数学探索题和研究性课题等受到了前所未有的重视. 此外, 数学实验题、数学作文题、信息迁移题也在发展.

数学开放题是相对于传统的 "条件完备、结论确定" 的封闭题而言的, 指那些答案不唯一, 并在设问方式上要求进行多方面、多角度、多层次探索的数学问题, 具体类型有条件开放型、结论开放型、策略开放型、综合型 (即条件、结论、策略中至少有两项是开放的)、设计 (实践) 型等. 数学开放题形式新颖, 方向发散, 便于全体学生的参与, 有利于发散思维的培养, 已成为纠正注入式教学和进行开放性教学的一个有效载体.

数学开放题的研究, 源于 20 世纪 80 年代的日本, 中国在 20 世纪 90 年代将其发展推向了一个高潮, 成为发展最快的国家. 专家认为, "开放性" 是当前世界数学教育的共同特点, 而 "数学开放题""数学开放性教学" 是 "迄今为止亚洲人提出的唯一让世界普遍接受并关注的一个口号、观点和思想". 这方面的书籍主要有《中学数学问题集》(张奠宙、戴再平, 1996), 《开放题——数学教学的新模式》(戴再平, 2002), 《数学新题型研究》(沈翔, 2003).

6. 数学解题的实证研究

最近几十年与解题相关的问题解决实证研究、元认知实证研究等, 数量明显增加, 把中国的解题研究推向一个数学与心理学相结合的新阶段, 推向一个学术性与规范性相结合的新水平. 如喻平的博士论文《数学问题解决认知模式及教学理论研究》(2002), 将 "问题解决" 作为核心问题, 从剖析问题解决的特征入手, 作出数学问题空间的数学描述 (包括 6 个定义、6 条定理), 对数学解题的知识基础提出概念域、概念系、命题域、命题系的概念 (CPFS 结构), 组成数学学习特有的认知结构; 所构架的解题认知模式, 把解题的过程与认知的过程结合起来, 并有数学问题表征、数学解题迁移、数学解题监控的实证研究作支持, 为从理论上认识解题提供了基础与新的视角. 罗新兵的博士论文《数形结合的解题研究：表征的视角》(2005), 选取数学表征作为研究视角, 选取数形结合作为研究对象, 基于质性分析和定量分析, 从 8 个方面总结了数形结合解题过程的基本特征及信息基本属性 (数式性—图形性); 思维主要品质 (直觉性—逻辑性); 信息结合流向 (单向性—双向性); 信息产生方式 (识别性—激活性); 信息加工方式 (组合性—衍生性); 信息加工范围 (内在性—交互性); 信息转换跨度 (渐进性—跃迁性); 数形结合频次 (单击性—连击性).

解题研究已经不满足于将解题完全归结于可见的解题操作, 而是深入到思维主体的真实活动中 (如元认知调节、观念等); 也不满足于经验总结或理论思辨, 而是进行规范严谨的实证, 希望通过解题过程的心理活动分析, 准确认识解题规律.

中国数学问题解决具有 5 大行为特征：① 推理水平高, 往往需要多步且复杂的数学形式推理; ② 知识综合度高, 一般涉及多个知识点; ③ 运算要求高, 一般需要较高符号运算能力; ④ 背景简单, 侧重数学内部联系; ⑤解法多样, 需要高技巧.

2.2 国外解题理论分析

在问题解决的研究中, 有一些影响比较大的理论对于解题研究有很大的启发作用. 在此, 我们主要介绍波利亚的解题理论、奥加涅相的数学解题模式、匈菲尔德的问题解决和弗里德曼的《怎样学会解数学题》.

杜威在 1910 年指出, 学生的问题解决过程包括 5 个步骤：① 开始意识到问题的存在; ② 识别出问题, 确定问题的性质, 加以界定; ③ 收集材料并对之分类整理, 提出假设; ④ 考虑解决办法的各种可能的结果; ⑤形成和评价结论. 杜威主要从一般的问题解决出发而阐述的步骤, 被许多人引用. 斯腾伯格 (Sterberg) 提出的问题解决包括 6 个基本步骤：问题的确认、问题的定义、问题解决策略的形成、问题的表征、资源的分配、监控与评估. 我国教学论专家高文对此进行了整合, 将问题解决归结为 5 个阶段：问题的识别与问题的定义、问题的表征、策略的选择与应用、资源的分配、监控与评估. 下面的几个理论和这些分析基本一致.

2.2.1 波利亚的解题理论

波利亚 (George Polya,1887-1985), 著名美国数学家和数学教育家. 生于匈牙利布达佩斯. 1912 年获取布达佩斯大学博士学位, 1914 年至 1940 年在瑞士苏黎世工业大学任数学助理教授、副教授和教授, 1928 年后任数学系主任. 1940 年移居美国, 历任布朗大学和斯坦福大学的教授. 1976 年当选美国国家科学院院士, 还是匈牙利科学院、法国科学院、比利时布鲁塞尔国际哲学科学院和美国艺术和科

2.2 国外解题理论分析

学学院的院士. 其数学研究涉及复变函数、概率论、数论、数学分析、组合数学等众多领域. 1937 年提出的波利亚计数定理是组合数学的重要工具. 长期从事数学教学, 对数学思维的一般规律有深入的研究, 这方面的名著有《怎样解题》《数学的发现》《数学与猜想》等, 它们被译成多种文字, 广为流传.

波利亚的数学研究的最显著特点是他有极为广泛的兴趣, 他在概率论、组合数学、图论、几何、代数、数论、函数论、微分方程、数学物理等领域都有过建树. 他撰写 (包括与他人合作) 的 250 多篇论文, 被收集整理成四卷本的论文集, 由美国麻省理工学院出版社出版 (前两卷在 1974 年出版, 后两卷在 1984 年出版). 当有人问及为什么他对差异如此之大的数学分支进行研究时, 他回答说:"是受了我的老师以及当时的数学风尚的影响, 后来又受到自己发现兴趣的驱使."

《怎样解题》是由波利亚所写的一部经久不衰的畅销书, 虽然它讨论的是数学中发现和发明的方法和规律, 但是对在其他任何领域中怎样进行正确思维都有明显的指导作用. 围绕"探索法"这一主题, 采用明晰动人的散文笔法, 阐述了求得一个证明或解出一个未知数的数学方法怎样可以有助于解决任何"推理"性问题. 一代又一代的读者尝到了本书的甜头, 他们在这本书的指导下, 学会了怎样摒弃不相干的东西, 直捣问题的心脏.

波利亚最为人们所熟知的是他的"怎样解题表". 该表分别从解题的 4 个步骤"理解题目——拟定方案——执行方案——回顾"中提出一些问题与建议, 如果你能恰当的使用这些问题与建议, 对你自己提出它们, 那么它们也许能帮助你解决问题. 如果你能恰当的使用这些同样的问题与建议, 进而向你的学生提出它们, 你也许就可以帮助他们解决问题.

例 2-30(2000 年北京、安徽春季高考试题) 在直角梯形 $ABCD$ 中, 如图 2-14, $\angle D = \angle BAD = 90°, AD = DC = \dfrac{1}{2}AB = a$, 如图 2-14(a), 将 $\triangle ADC$ 沿 AC 折起, 使 D 到 D', 记面 ACD' 为 α, 面 ABC 为 β, 面 BCD' 为 γ.

(1) 若二面角 α-AC-β 为直二面角 (图 2-14(b)), 求二面角 β-BC-γ 的大小;

(2) 若二面角 α-AC-β 为 60° (图 2-14(c)), 求三棱锥 D'-ABC 的体积.

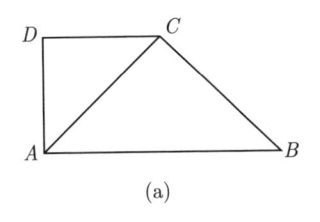

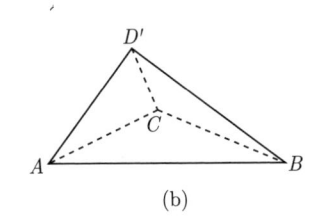

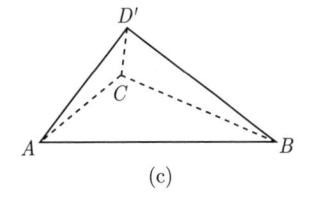

图 2-14

分析 本题主要考查空间线面关系及运算、推理、空间想象能力.

思路 首先证明 $BC \perp AC$，由 $\alpha\text{-}AC\text{-}\beta$ 为直二面角得到线面垂直，再证 $BC \perp$ 平面 ACD' 即可. 先求出 D' 到面 ABC 的距离 (利用 $\alpha\text{-}AC\text{-}\beta$ 的二面角的平面角为 60°)，易求出 $\triangle ABC$ 的面积，利用体积公式即可.

解 (1) 在直角梯形 $ABCD$ 中，由已知 $\triangle DAC$ 为等腰直角三角形，如图 2-15，过 C 作 $CH \perp AB$，由 $AB = 2a$，可推得 $AC = BC = \sqrt{2}a$，所以 $AC \perp BC$. 取 AC 的中点 E，连接 $D'E$，则 $D'E \perp AC$. 又因为二面角 $\alpha\text{-}AC\text{-}\beta$ 为直二面角，所以 $D'E \perp \beta$. 又因为 $BC \subset$ 平面 β，所以 $BC \perp D'E, BC \perp \alpha$，而 $D'C \subset \alpha$，所以 $BC \perp D'C$. 所以 $\angle D'CA$ 是二面角 $\beta\text{-}BC\text{-}\gamma$ 的平面角. 由于 $\angle D'CA = 45°$，所以二面角 $\beta\text{-}BC\text{-}\gamma$ 为 45°.

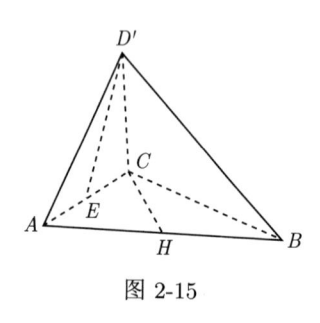

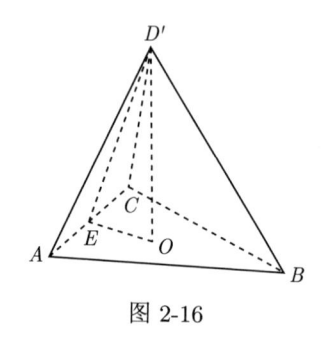

图 2-15

图 2-16

(2) 如图 2-16，取 AC 的中点 E，连接 $D'E$，再过 D' 作 $D'O \perp \beta$，垂足为 O，连接 OE. 因为 $AC \subset \beta$，所以 $D'O = AC$. 又由 (1) 可知 $AC \perp D'E, D'D \cap D'E = D'$，所以 $AC \perp$ 平面 $D'EO$，所以 $AC \perp OE$.

从而 $\angle D'EO$ 为二面角 $\alpha\text{-}AC\text{-}\beta$ 的平面角. 所以 $\angle D'EO = 60°$. 在 $\text{Rt}\triangle D'OE$ 中，$D'E = \dfrac{1}{2}AC = \dfrac{\sqrt{2}}{2}a, D'O = \dfrac{\sqrt{3}}{2}D'E = \dfrac{\sqrt{6}}{4}a$，所以

$$V_{D'\text{-}ABC} = \frac{1}{3}S_{\triangle ABC} \cdot D'O = \frac{1}{3} \times \frac{1}{2}AC \cdot BC \cdot D'O$$

$$= \frac{1}{6}\sqrt{2}a \cdot \sqrt{2}a \cdot \frac{\sqrt{6}}{4}a = \frac{\sqrt{6}}{12}a^3.$$

而波利亚从数学问题解决的角度，给出了著名的"怎样解题表".

第一阶段：弄清问题.

我们必须了解问题，我们必须清楚地看到要求的是什么？首先，必须了解问题的文字叙述. 学生应能流利地重新叙述这个题目. 学生还应当能够指出问题的主要部分，即未知数、已知数据、条件. 所以老师应该问学生这样的问题：未知数是什么？已知数据是什么？条件是什么？

学生应该仔细地、重复地并且从各个方面来考虑问题的主要部分. 如果问题和某一图象有关, 那么他应该画张图并在上面标出未知数与已知数据. 如果对这些对象需要给以名称, 他应该引入适当的符号.

例 2-31 已知 $\log_{18} 9 = a, 18^b = 5$, 求 $\log_{36} 45$.

分析 先考察审题时列出的已知条件:

题设中, $\log_{18} 9 = a$ 和 $18^b = 5$ 是两个形式不同的已知条件, 把条件 "$18^b = 5$" 写出 "$\log_{18} 5 = b$" 便可以使它与条件 $\log_{18} 9 = a$ 在形式上一致, 于是就能达到易于运算、推导的目的.

结论: "求 $\log_{36} 45$", 为了达到表达明确的要求, 可以把结论改写成 "将 $\log_{36} 45$ 用 a, b 表达".

因此问题的实质就是

条件: $\log_{18} 9 = a, \log_{18} 5 = b$.

结论: 将 $\log_{36} 45$ 用 a, b 表达.

第二阶段: 拟定计划.

我们必须了解各个项之间有怎样的联系? 未知数和数据之间有什么关系? 为了得到解题的思路, 应该制定一个计划. 事实上, 求解一个问题的关键是构想出一个解题计划的思路. 这个思路是逐渐形成的, 或者是在明显失败的尝试之后突然产生的一个 "好念头". 老师为学生所能做的最大的好事是通过比较自然的帮助, 促使他自己想出一个好念头. 如果我们对该题的知识贫乏, 是不容易产生好念头的. 一个好念头的基础是过去的经验和已有的知识, 并且我们还要重新收集一些有关事实. 解决数学问题我们必须要知道我们早已获得的数学知识的某些有关内容, 如以前解决的问题、以前证明过的定理. 老师可以问学生: 你知道一个与此相关的问题吗?

通常有相当多的问题与我们现在手上的问题有关, 与它有某种共同之处. 我们怎样挑出其中一个或几个确实有用的问题呢? 我们建议寻找共同之处: "看着未知数! 试想起一个具有相同或者相似未知数的熟悉问题来."

如果我们成功地回想起一个与当前问题密切相关的早已解决的问题, 我们就可以利用它. 如果能很好地理解和认真地加以考虑, 常常有助于激发一连串正确的想法. 但是它们并非总是有用的. 如果这些问题不行, 我们必须寻找某些其他的适当的接触点, 并且探索问题的各个方面, 我们可以变化、变换、修改该问题. 改变问题可能导致提出某种适当的辅助问题: 如果你不能解决所提出的问题, 则应首先尝试去解决某些与此有关的问题.

尝试去应用各种已知的问题或定理, 考虑各种修改, 对各种辅助问题进行试验, 我们可能离开原来的问题太远. 但是还有一个很好的问题可以把我们带回到原处: "你是否利用了所有的已知数据? 你是否利用了整个条件?"

例 2-32 已知 $\triangle PQR$ 的顶点分别是 $P(-2,t)(t \in \mathbf{R}), Q(0,-2\sqrt{3}), R(0,2\sqrt{3})$, 当 t 变化时, $\triangle PQR$ 的垂心轨迹为曲线 C, 在曲线 C 上, 求到定点 S 的距离最短的点 T 的坐标.

分析 (列出计划) 本题可分为三个步骤来解决:
(1) 求出 $\triangle PQR$ 的两条高所在的直线方程;
(2) 求出两条高的交点坐标轨迹方程消去 t, 即得曲线 C 的方程;
(3) 求 $|TS|$ 的最小值.

第三阶段: 实现计划.

想出一个计划, 产生一个求解的念头是不容易的. 要成功需要许多条件, 如已有的知识、良好的思维习惯、目标集中, 还要有好运气. 但实现计划则容易得多, 我们所需要的主要是耐心.

计划仅给出了一个一般性的大纲, 我们要充实细节并耐心检查每一个细节, 直到每个点都完全清楚了, 没有任何可能隐藏错误的含糊之处为止.

实现你的求解计划, 检验每一步骤. 你能否清楚地看出这一步骤是正确的? 你能否证明这一步骤是正确的?

第四阶段: 回顾.

即使是相当好的学生, 当他得到问题的解答, 并且很干净利落地写下论证后, 就会合上书本, 找点别的事干. 这样做, 他们就错过了解题的一个重要而有教益的方面. 通过回顾所完成的解答, 通过重新考虑与重新检查这个结果和得出这一结果的路子, 学生们可以巩固他们的知识和发展他们解题的能力. 一个好的教师应该懂得并且传授给学生下述做法: 没有任何问题是可以解决得十全十美的, 总剩下些工作要做. 经过充分的探讨与钻研, 我们能改进这个解答, 而在任何情况下, 我们总能提高自己对这个解答的理解水平.

你能否检验这个论证? 你能否用别的方法导出这个结果吗? 你能不能一下子看出它来? 你能不能把这结果或方法用于其他问题?

2.2.2 匈菲尔德的问题解决

2011 年菲利克斯·克莱因 (Felix Klein) 奖授予美国加州大学伯克利分校的阿兰·匈菲尔德 (Alan Schoenfeld) 教授, 以表彰他 30 多年在数学教育研究和发展的不懈努力和杰出的终身成就. 匈菲尔德于 20 世纪 70 年代后期开始着手研究数学问题解决, 到 20 世纪 80 年代中期他又将研究兴趣扩大到数学教学和教师能力方面. 他的工作开创了这些领域的研究和理论发展, 并对这些领域的后续研究有着深远影响. 匈菲尔德也在评价、数学课程、数学教育的多元性、研究方法论和教师教育等领域, 把理论与实践联系起来, 做了许多基础理论与应用的工作, 他的工作受到国际跨学科学者的认可, 他在数学教育、数学、教育研究以及教育心理学方面有超过 200 篇高引用的文章.

匈菲尔德的另一重要成就是他带出了一大批在数学教育领域内很有影响的研究生和年轻学者, 他为教育、数学和数学教育提供了丰富而又优秀的研究成果. 他活跃于各专业研究协会, 参与联合研究项目, 受邀在全球各地的众多会议上作大会报告.

匈菲尔德杰出的工作和献身工作的精神使他成为教育、数学和数学教育界一些知名专业协会的领导. 1994 年, 他当选为全美教育学会院士, 1995 年当选为其执行委员会成员, 2001 年当选为副主席. 从 1997 年到 2000 年, 他就任美国教育研究协会 (AERA) 主席.

当然, 我们这里不可能列出匈菲尔德的所有著作, 仅指出一些, 如 1985 年引用率很高、富有创见的《数学问题求解》(Mathematical Problem Solving) 一书; 1992 年《数学教与学的研究手册》中关于认知与元认知的一章 "学会数学地思考——数学的问题解决、元认知和感知 (Learning to think mathematically: Problem solving, metacognition, and sense-making in mathematics)"; 1993 年与 Smith 和 Arcavi 共同撰写的对某个复杂的数学想法的发展和学习所作的研究《学习》(Learning); 1998 年在《教育问题》上发表的细致而详实的关于教师决策的研究 "通向情境教学的理论"(Toward a theory of teaching-in context) 以及他 2010 年的一本书, 名为《我们如何思考》(How We Think). 匈菲尔德的那些有创见的理论贡献无疑都是建立在他一系列精心设计的实验和深刻分析数据基础之上的.

(1) **匈菲尔德研究的问题.**

① 我们是否能准确描述专家级的数学家在问题解决过程中使用的策略? ② 我们是否能把这些策略教授给学生? ③ 如何学会数学地思考? ④ 以数学的方式进行思维的特征是什么? ⑤ 当既有的研究范式与方法不能解决学习科学家们面临的研究问题时, 我们应该怎么做? ⑥ 数学是大众的还是小众的? 卓越和平等是否不可兼得? ⑦ 情景教学的理论.⑧ 怎么改善教育研究调查?

(2) **匈菲尔德认为数学解题研究方向有四个.**

知识基础 (Resources): 个人掌握的可以用来解决问题的数学知识, 具体包括 ① 关于领域的直觉和非正式的知识; ② 事实; ③ 算法程序; ④ 常规但非算法的程序; ⑤理解 (命题知识) 关于在域内工作的一致规则.

探索法、解题策略 (Heuristics): 在不熟悉的或非标准的问题上取得进展的策略和技术, 有效地解决问题的经验, 包括 ① 画图, 引入适当的符号; ② 利用相关问题; ③ 调整问题, 由后往前思考; ④ 测试和验证程序.

自我控制 (Control): 知识和策略的选择和实施的决策, 包括① 规划; ② 监测和评估; ③ 决策; ④ 有意识的元认知行为.

信念系统 (Belief system)：一个人的"数学世界观"是一个人行为的 (不一定是有意识的) 决定因素，包括 ① 关于自我；② 关于环境的；③ 关于这个话题；④ 关于数学.

(3) 匈菲尔德的解题方法简述.

匈菲尔德依据元认知的观点，将解题过程分为：读题、分析、探索、计划、执行、验证等六个阶段 (图 2-17，表 2-1).

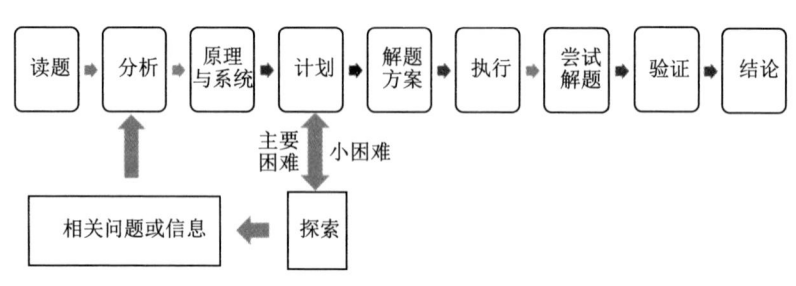

图 2-17 匈菲尔德的解题过程模型

表 2-1 匈菲尔德解题表

读题	
分析	1. 如果可能的话，画张图； 2. 验证特殊情况： ①选取特殊值； ②检查极端情况，探究允许的范围； ③对自然数问题考虑 1,2,3 的情况，寻找归纳模式. 3. 简化问题，通过 ①考虑对称性； ②利用 "不失一般性" 的论断.

探索	1. 考虑等价问题：
	①将条件等价变换；
	②按照不同途径重新组合问题的元素；
	③引入辅助元素；
	④重新表述问题，通过
	  i. 改变属性或者术语，
	  ii. 从反面考虑，
	  iii. 假设结论不成立，研究它的性质.
	2. 对问题进行微调：
	①选择子目标 (满足部分条件)；
	②放宽条件，然后重新加上；
	③分解情况，逐一解决.
	3. 较大地调整问题：
	①构造一个变量较少的同类；
	②固定其他因素，只让某一个变量变化；
	③讨论相关的问题，必须同时考虑结果和解法.

续表

计划	类似波利亚的解题表的计划.
执行	实施解题.
验证	**1. 你的解法是否通过下面的特殊性检验:** ①它利用了所有相关的数据吗? ②它符合合情的估计和预测吗? ③它经得住对称性、维度和范围的检验吗? **2. 你的解法是否通过下面一般性的检验:** ①有别的解题途径吗? ②在特殊情况中它能成立? ③它能简化为已知的结果吗? ④它能用来产生你所熟悉的结果吗?

(4) 匈菲尔德的解题思想分析.

匈菲尔德的问题解决是在波利亚的理论基础上发展起来的, 他是继波利亚之后, 在问题解决领域的重要人物.

学生在数学学习的过程中问题解决技能的贫乏, 与他们所拥有的数学知识之多寡并没有直接关系; 影响问题解决的两大关键, 是学习者的元认知能力 (metacognition) 及其对数学所持的信念 (mathematical beliefs).

元认知是当代认知心理学中的一个重要概念, 指一个人对自己思维活动和学习活动的认知和监控. 即使一个人的数学知识非常丰富, 但如果不具备良好的元认知能力, 当面对不熟悉的数学问题时, 他在问题解决过程中的行为表现也将宛如生手, 只是盲目尝试而毫无章法.

数学信念是指学习者对数学所持的世界观, 是对"什么是数学"这一根本问题的一种认识, 它提供了一种情景脉络, 决定了学习者在问题解决中选择何种方式来趋近问题.

"好问题"的五条原则:

① 问题是容易接受的;

② 有多种解题方法;

③ 蕴含了重要的数学思想;

④ 不故意设陷阱;

⑤ 可以进一步开展和一般化.

关于数学解题策略的形成, 匈菲尔德的研究表明:

① 任何解题者都会积累起一定的解题策略, 尽管他本人未必自觉地意识到这一点;

② 这种解题策略尽管是个人特有的, 在总体上——特别是成功的解题者, 即如数学家而言, 却表现出很大的一致性;

③ 解题者, 特别是较为成熟的解题者, 可以通过自我反省获得对自己所积累的解题策略的自觉认识, 并用明确的语言对此进行刻画;

④ 不同的领域往往有不同的解题策略, 一个良好的解题策略的形成取决于三个因素: 知识结构、信息加工方式和非智力因素.

对绝大多数学生而言, 解题策略的掌握并不难, 困难的是 "辨认有效使用策略的条件" 和 "从几条策略中选择特殊策略". 因此, 重要的是教会学生: 确认一条策略什么时候是有效的, 凑够几条可用的策略中选择最恰当的一条, 正确地运用策略.

关于如何学会数学式的思维, 匈菲尔德认为, 普通的中学生也能像数学家一样思维. 他认为要通过问题解决培养学生的数学思维, 首先必须选择一个合适的有真正数学 "味道" 的问题, 这种问题的一个特征是: 在解答过程中可以产生新的数学问题, 由此得出一连串的数学问题.

关于如何帮助学生形成正确的数学信念, 匈菲尔德认为, 动机与信念是影响学生数学问题解决的一个重要因素, 而已有的一些调查都表明, 学生的数学信念存在很多问题. 因此, 数学问题解决教学的一个重要目的是帮助学生形成正确的数学信念.

学习者对数学所持的信念对其问题解决的行为有着决定性影响.

比如, 如果学习者认为数学问题的解决只是一种套用公式的过程, 那么他们的问题解决行为则较为僵化, 并往往倾向于回忆公式而缺乏创造性; 反之, 学习者如果把数学问题的解决视为个人创意的一种表现, 那么他们在问题解决过程中的表现将趋于灵活, 展现出只有创造性思维才具有的弹性.

2.2.3 弗里德曼的《怎样学会解数学题》

《怎样学会解数学题》是苏联的弗里德曼等的著作, 他认为解题在数学教学中具有重要的地位, 所以解题训练很受重视. 可是, 直到现在, 也许这种训练的唯一方法就是教给读者解答一定类型的习题的方法, 并按照所掌握的方法做大量的、有时是特别费力的练习.

弗里德曼等认为解数学题的实质就是找出这样一个数学的一般原理 (定义, 公理, 定理, 规则, 定律, 公式) 的序列, 当应用它们到问题的条件或者条件的推论 (解法的中间结果) 时, 就得到了问题所要求的答案. 他们根据解题思维的规范程度把数学问题分为常规问题和非常规问题, 前者是指在中学数学课程中已经存在用来确定解这种问题的准确程序的一般规则和原理, 例如分解因数和解方程等; 后者则指在中学数学课程中没有用来确定解这种问题的准确程序的一般规则和原理, 需要运用思维策略灵活地进行具体分析, 使其转化为常规问题. 为了方便解决常规问题, 他们建议学生必须牢牢记住中学所有学过的定义、定理、公式等, 所以他们在该书的第二部分总结出中学数学课程中最经常用到的公式和变换法则, 以供学生参考.

对解决非常规问题, 由于没有一般的规则, 也没有一种准确的规则可以把非常

2.2 国外解题理论分析

规问题转化为常规问题, 弗里德曼等人建议应该遵循一些启发式的规则. 这些启发式的规则是许多著名的数学家和教育家找到的一系列一般的提示性建议, 书中举了一些有趣的令人回味无穷的例子, 如 "在一堆石头中捕捉老鼠" 形象生动地说明了在寻找问题的解法时, 或者把原来的问题分解成几个容易解决的小问题, 或者在以前解过的问题中找出类似的问题.

弗里德曼在讨论解题过程的结构时, 把解题过程分为八个阶段:

第一个阶段——分析问题;
第二个阶段——作习题的图示;
第三个阶段——寻找解题方法;
第四个阶段——实行解法;
第五个阶段——校核解法;
第六个阶段——研究问题;
第七个阶段——简明地陈述答案;
第八个阶段——分析解法.

后来他们又把解题过程的八个阶段缩减成五个必不可少的阶段: 分析问题, 寻找解题方法, 实行解法, 校核解法和简明地陈述答案. 其余的三个阶段不是一定必要的, 而且在很多问题的解答中没有这些阶段.

2.2.4 其他解题理论简述

奥苏伯尔和鲁宾逊以几何问题的解决为原型, 于 1969 年提出一个解决问题的模式 (图 2-18). 这个模式包括四个阶段. 第一阶段: 呈现问题情境命题. 第二阶段: 明确问题的目标与已知条件. 第三阶段: 填补空隙过程, 此乃解决问题过程的核心. 第四阶段: 解答之后的检验.

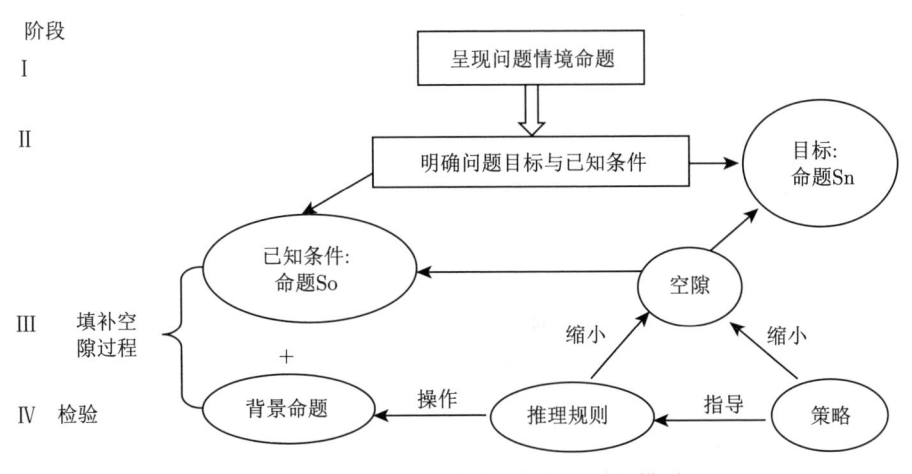

图 2-18 奥苏伯尔和鲁宾逊的解题过程模型

奥苏伯尔和鲁宾逊的这个模式强调原有的知识结构，他们认为原有的知识分解为背景命题、推理规则和策略. 布兰斯和斯坦设计并验证了这样的问题解决五步策略，即 IDEAL 五步法：

I(Identify) 识别问题与机会

D(Define) 界定目标，表征问题

E(Explore) 探索可能的解决问题策略

A(Anticipate) 预期结果并实施策略

L(Look) 检验解决问题过程并进行新的学习

这个方法和其他的模式都注重开始环节，仔细审题：要解决的问题是什么、可利用的资源与信息是什么、如何表征问题等，然后是其他的步骤.

2.3 解题理论评述

从上述我们可以发现，我国的解题理论是基于高考题或竞赛题的解题研究. 我国积累了大量的问题和解题知识，这些知识一方面细腻地捕捉了或重塑了对数学对象的多层次多侧面的理解；同时，数学方法论为解题知识的分类提供了理论依据，题和相应的解的知识的迅速积累为这种分类提供了丰富的土壤或素材. 这些知识被研究者和实践者不断地精心重组、建立联系和模型化.

而波利亚的解题倾向于数学研究，不是仅仅依靠知识和模式就能够完全解决，而是有一定的问题探究倾向；匈菲尔德的解题研究更多的是问题解决心理研究，他提出：我们是否能准确描述专家级的数学家在问题解决过程中使用的策略？我们是否能把这些策略教授给学生？他发现：学生在数学学习的过程中问题解决技能的贫乏，与他们所拥有的数学知识之多寡并没有直接关系；影响问题解决的两大关键，是学习者的元认知能力 (meta-cognition) 及其对数学所持的信念 (mathematical beliefs).

我国的数学解题研究多是经验和总结. 成千上万的解题文章大多是解题技巧的展示和解题方法的呈现，到底思维是如何展开的连作者自己都说不清楚；说"一题多解有利于发散思维的培养"，我们都会点头，可连一个例子都举不出来，对"一题多解"如何影响"发散思维"的心理机制也是一无所知. 另一方面，解题研究成果又很难充实数学学习心理的理论，两者是脱节的. 近十年来，这些情况有所改进，但这方面的工作毕竟还年轻，人员也有限，多数人仍不熟悉规范的方法和科学的工具. 解题教学未能洞察数学解题的思维过程，解题研究缺少能深入到心理层面的有效方法 (罗增儒，2009). 实际上，十几年过去了，这种状况依然没有大的改变. 对于数学解题研究，如何跳出技巧、超越经验这是未来解题研究的重要工作.

习　　题

1. 在椭圆 $\dfrac{x^2}{100}+\dfrac{y^2}{25}=1$ 上求一点 P, 使点 P 到直线 $l:3x+8y+72=0$ 的距离 d 最大.

2. 已知点 $M(-1,1)$ 和抛物线 C: $y^2=4x$, 过 C 的焦点且斜率为 k 的直线与 C 交于 A,B 两点. 若 $\angle AMB=90°$, 则 $k=$ ＿＿＿＿＿.

3. 在直角坐标系 xOy 中, 曲线 C_1 的方程为 $y=k|x|+2$. 以坐标原点为极点, x 轴正半轴为极轴建立极坐标系, 曲线 C_2 的极坐标方程为 $\rho^2+2\rho\cos\theta-3=0$.

(1) 求 C_2 的直角坐标方程;

(2) 若 C_1 与 C_2 有且仅有三个公共点, 求 C_1 的方程.

4. $\triangle ABC$ 的内角 A,B,C 的对边分别为 a,b,c, 已知 $(a+2c)\cos B+b\cos A=0$.

(1) 求 B;　　(2) 若 $b=3$, $\triangle ABC$ 的周长为 $3+2\sqrt{3}$, 求 $\triangle ABC$ 的面积.

5. 已知函数 $f(x), x\in\mathbf{R}$, 满足 $f(2)=3$ 且 $f'(x)-1<0$, 求不等式 $f(x^2)<x^2+1$.

6. 已知函数 $f(x)=x(\ln x-ax)$ 有两个极值点, 则实数 a 的取值范围是 (　　).

A. $(-\infty,0)$　　B. $\left(0,\dfrac{1}{2}\right)$　　C. $(0,1)$　　D. $(0,+\infty)$

7. 已知 $a,b>0$ 且 $\dfrac{3}{a}+\dfrac{1}{b}=4$, 求 $P=a+\sqrt{b^2+8}$ 的最小值.

8. 已知函数 $f(x)=2\sin x+\sin 2x$, 求 $f(x)$ 的最小值.

9. $\triangle ABC$ 中, 角 A,B,C 所对的边分别为 a,b,c, 且 $\dfrac{b\cos C}{a\cos A}+\dfrac{c\cos B}{a\cos A}=2$.

(1) 求角 A 的大小;

(2) 若 $a=2$, 求 $\triangle ABC$ 的周长的最大值.

10. 已知在锐角三角形 $\triangle ABC$ 中, $2\sin^2 A+\sin^2 B=2\sin^2 C$, 求 $\dfrac{1}{\tan A}+\dfrac{1}{\tan B}+\dfrac{1}{\tan C}$ 的最小值.

第 3 章 数学解题的过程分析

数学解题是一个复杂的过程, 这个过程不仅和数学问题的设计有关, 也涉及解题者的心理活动; 而变式教学对于解题也起到重要作用, 这将是我们讨论的重点. 解题过程是基于数学概念、命题学习, 应用数学知识和方法来解决相关的问题. 解题者面对新的问题, 会尝试各种假设并检验这些假设的适用性, 这是一个积极的思维过程, 通过假设、已知和未知之间建立联系, 创造性的提出问题而又肯定或者否定, 直至最终解决. 从加涅的角度来看, 这是一种高级规则学习, 学习者从新的问题空间, 调动记忆中的 "规则" 或 "模式", 尝试找到一种方法, 解题者处于一种紧张而积极的思考过程中, 问题得到解决, 新的知识获得, 解题者的学习发生.

当然, 这个解题过程是人的内隐思维过程, 我们只能从学生的行为和解题现象来分析. 显然, 这种分析是非常必要的. 对于解题熟练者来说, 这个过程可以帮助他们梳理知识, 整理分析过程, 提升问题解决能力; 而对于新手来说, 这是一个学习的过程, 有助于他们分析自己在解题中存在的问题, 例如, 解题的基本方法、思想、策略等. 本章试图从心理过程分析数学解题, 结合具体的案例, 从学习迁移的角度和信息加工理论来探讨; 其次, 从问题解决的角度进行分析; 最后从变式的角度讨论问题结构和解题模式.

3.1 数学解题的心理过程

数学解题也是一个认知过程, 除了感知问题之外, 还要充分利用记忆和技能才能解决相关的问题. 学生解决问题的过程中, 注意、心象、知觉、记忆等进行工作, 与此同时调动程序性知识和陈述性知识, 这才能激发解决问题的机制.

3.1.1 解题案例的再现

例 3-1 在数列 $\{a_n\}$, $\{b_n\}$ 中, $a_1 = 2$, $b_1 = 4$, 且 a_n, b_n, a_{n+1} 成等差数列, b_n, a_{n+1}, b_{n+1} 成等比数列 $(n \in \mathbf{N}^*)$.

(1) 求 a_2, a_3, a_4 及 b_2, b_3, b_4.

(2) 求 $\{a_n\}$, $\{b_n\}$ 的通项公式, 并证明你的结论.

我们来分析这道题目, 这是一道关于数列的问题, 要注意到蕴含的已知条件是什么? 结论是什么? 调动记忆中的知识, 与之相关的联系是什么?

解决这样的一个问题, 要先做好预期的工作, 也就是要把问题归类, 评价相关的知识, 进行分析类比; 然后就是积极处理的过程, 以现有的知识基础进行多方位的思考, 向目标前进, 观察、归纳、猜想等, 这就要运用相关的解题策略; 这样问题逐步清晰, 就找到了解决方法, 这时候可能是灵感的出现, 可能方法得当, 这样解题的思路就出现了; 最后, 通过已有的数学知识进行严格的数学证明, 从而解决问题.

从大到小, 从粗到细, 这是解题的一般过程. 常见的, 以例题的第 (2) 问为例, 数列 $\{a_n\}\{b_n\}$ 的通项公式是什么? 求通项的一般方法, 定义、公式、和公式、叠加法、叠乘法等, 还有数学归纳法、构造法等. 在初步的常规探讨之后, 明确解题的大致思路和方向; 接下来就是确定具体的解决方法, 以此题来看, 第 (1) 问的回答是第 (2) 问的基础, 对于下面解题有着重要的提示, 有什么联系? 进而就具体的方法, 从而缩小解决问题的范围, 明确了运算程序和推理思路.

解 (1) 由题可知,
$$2b_1 = a_1 + a_2 \Rightarrow a_2 = 6.$$
$$a_2^2 = b_1 \cdot b_2 \Rightarrow b_2 = 9.$$
$$2b_2 = a_2 + a_3 \Rightarrow a_3 = 12.$$
$$a_3^2 = b_2 \cdot b_3 \Rightarrow b_3 = 16.$$
$$2b_3 = a_3 + a_4 \Rightarrow a_4 = 20.$$
$$a_4^2 = b_3 \cdot b_4 \Rightarrow b_4 = 25.$$

(2) 猜测 $a_n = n(n+1), b_n = (n+1)^2$.

(这是通过观察、调动心理表象, 获得直觉的表现. 采用什么方法解决, 由粗到细, 逐步来定的.)

下面来证明.
① 当 $n = 1$ 时, $a_1 = 1 \times 2 = 2$, $b_1 = (1+1)^2 = 4$, 满足上述等式, 猜想成立.
(既然是猜想, 那可能采用什么数学方法激发解题的能动性? 公式、构造、归纳?)
② 假设当 $n = k$ 时, 等式成立, 则有 $a_k = k(k+1), b_k = (k+1)^2$.
令 $n = k + 1$ 时, 又 $b_k = a_k + a_{k+1}$, 所以
$$a_{k+1} = 2b_k - a_k = 2(k+1)^2 - k(k+1) = (k+1)(k+2).$$
由 $a_{k+1}^2 = b_k \cdot b_{k+1}$, 所以
$$b_{k+1} = \frac{a_{k+1}^2}{b_k} = \frac{(k+1)^2(k+2)^2}{(k+1)^2} = (k+2)^2.$$

从而 $n = k + 1$ 时, 结论也满足.

由①②可知, $a_n = n(n+1), b_n = (n+1)^2$ 对任意的 $n \in \mathbf{N}^*$ 都成立.
(数学归纳法是一种正确的方法, 很快就可以使用该方法解决问题.)

3.1.2 解题的心理过程分析

一般的解题过程包括：理解题意、形成方案、执行方案、回顾总结. 在此, 心理活动却是复杂的, 从开始的理解就包括了很多行为动作和心理活动, 最后的总结回顾更是进行反思归纳的升华.

首先要理解题意. 理解题目是解题的前序, 这包括对问题的分析, 已知是什么? 未知是什么?

这是一个"注意"的过程, 所谓注意, 就是意识的指向性和集中性, 是一种有意识的和受控制的活动, 和前意识、自动化的活动不同, 特点是指向明确, 并在头脑中进行加工; 另一个特点集中性, 对所注意到的对象保持高度集中. 数学解题中的"注意"是理解题意的关键.

例 3-2(2015 年广东潮州二模 21) 已知函数 $f(x) = \dfrac{x^2}{\ln(x+a) - ax} (a \in \mathbf{R})$.

(I) 当 $a = 0$ 时, 求函数 $f(x)$ 的单调区间.

(II) 当 $a = 1$ 时, 设 $h(x) = \dfrac{x^2}{f(x)}$,

(i) 若对任意的 $x \in [0, +\infty), h(x) \geqslant kx^2$ 成立, 求实数 k 的取值范围;

(ii) 对任意 $x_1 > x_2 > -1$, 证明: 不等式

$$\frac{x_1 - x_2}{h(x_1) - h(x_2) + x_1 - x_2} < \frac{x_1 + x_2 + 2}{2}$$

恒成立.

对于这样的问题, 解题者注意到已知的函数具有什么特征, 即, 这是一个复合的函数, 同时带有一个参数 a, 这就具有指向性和集中性; 其次, 已知的 $f(x)$ 是二次函数和对数函数构造而成. 要解决的问题就是 (I) 单调性问题, 其中 a 取了特殊值, 第 (II) 问 a 也是取了特殊值, 构造了新的函数 $h(x)$, 这样解题者的目标就比较明确了.

形成解题方案. 在注意和有意识的对问题进行分析之后, 解题者调动内部的心理活动, 如短时记忆和长时记忆, 进行数学思维活动. 这是解题者对相关概念和定理应用的过程, 也就是进行推理的过程. 在已有的概念基础上, 解题者进行合理的规则应用, 推理运算.

如第 (II)(ii) 小题要证明

$$\frac{x_1 - x_2}{h(x_1) - h(x_2) + x_1 - x_2} < \frac{x_1 + x_2 + 2}{2},$$

也就是证明:

$$\frac{(x_1 + 1) - (x_2 + 1)}{\ln(x_1 + 1) - \ln(x_2 + 1)} < \frac{(x_1 + 1) + (x_2 + 1)}{2}.$$

由这个问题, 学生想到的已经完成的一个命题:

对 $a > 0, b > 0, a \neq b$, 有 $\sqrt{ab} < \dfrac{a-b}{\ln a - \ln b} < \dfrac{a+b}{2}$.

当然, 对此命题的理解也需要积累, 也就是学生长时记忆中要有明确的概念. 要证明 $\sqrt{ab} < \dfrac{a-b}{\ln a - \ln b} < \dfrac{a+b}{2}$, 方法是什么? 根本的逻辑推理规则是什么? 能否推到最基本的起点, 例如, 若 $a > 0, b > 0, a \neq b$, 则 $\sqrt{ab} < \dfrac{a+b}{2}$.

这样解题者形成了解题方案, 如图 3-1.

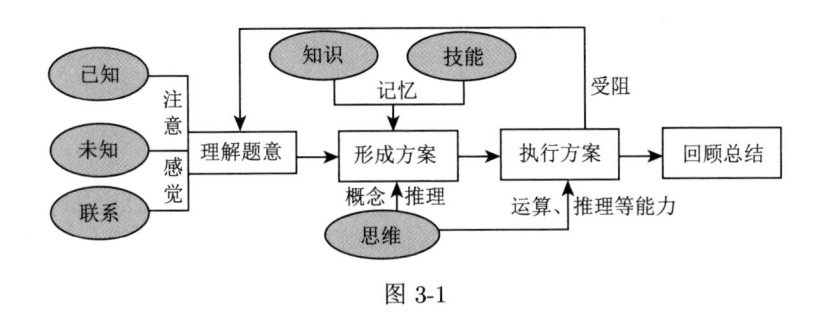

图 3-1

解题方案的形成是一个复杂的心理过程, 这与解题者的很多因素有关, 如解题的经验、知识的积累、技能的熟练、熟知概念、严密推理等. 方案形成并不一定能够执行, 在执行的过程中, 可能还会出现不顺畅、思路受阻、走入歧途等, 这就需要重新对题目进行理解, 形成新的方案.

如例 3-2, 如果回归到基本不等式, 事实上这种思路行不通, 那怎么办?

首先, 可以将问题进行变换:

不妨设 $0 < a < b$, 则

$$\sqrt{ab} < \frac{a-b}{\ln a - \ln b} \Leftrightarrow \frac{a-b}{\sqrt{ab}} < \ln a - \ln b \Leftrightarrow \sqrt{\frac{a}{b} + \frac{b}{a} - 2} < \ln \frac{a}{b},$$

再次转变:

令 $\dfrac{a}{b} = t(0 < t < 1)$, 只需证

$$\sqrt{t + \frac{1}{t} - 2} < \ln t \, (0 < t < 1), \quad \text{即证} \quad \frac{1-t}{\sqrt{t}} < \ln t \, (0 < t < 1).$$

问题就变为单变量问题了. 可以从函数的角度思考解决方案:

设 $f(t) = \dfrac{1-t}{\sqrt{t}} - \ln t \, (0 < t < 1)$, 则 $f'(t) = \dfrac{-(1+\sqrt{t})^2}{2t\sqrt{t}} < 0$, 知 $f(t)$ 在

$(0,1)$ 上递减, 知 $f(t) > f(1) = 0$, 所以 $\sqrt{ab} < \dfrac{a-b}{\ln a - \ln b}$. 又

$$\frac{a-b}{\ln a - \ln b} < \frac{a+b}{2} \Leftrightarrow \frac{a-b}{a+b} > \frac{\ln a - \ln b}{2} \Leftrightarrow \frac{\dfrac{a}{b}-1}{\dfrac{a}{b}+1} > \frac{\ln \dfrac{a}{b}}{2}.$$

令 $\dfrac{a}{b} = t(0 < t < 1)$, 只需证 $\dfrac{t-1}{t+1} > \dfrac{\ln t}{2} (0 < t < 1)$.

设 $g(t) = \dfrac{t-1}{t+1} - \dfrac{1}{2}\ln t(0 < t < 1)$, 则 $g'(t) = \dfrac{-(t-1)^2}{2t(t+1)^2} < 0$, 知 $g(t)$ 在 $(0,1)$ 上递减, 知 $g(t) > g(1) = 0$, 所以 $\dfrac{a-b}{\ln a - \ln b} < \dfrac{a+b}{2}$. 从而对 $a > 0, b > 0, a \neq b$, 有 $\sqrt{ab} < \dfrac{a-b}{\ln a - \ln b} < \dfrac{a+b}{2}$.

在解题中, 形成方案和执行方案相辅相成, 也是一个不断循环反复的过程. 从心理角度来看, 有着"尝试"和"顿悟"的痕迹, 其基础就是有意义学习和自动化的过程.

执行解题方案, 同时检查每一步的合理性, 这样才能逐步实现方案. 执行方案需要相关的知识与能力, 例如, 函数概念、单调性、不等式推理等, 同时要能监控每一个步骤, 做到反思、检验等.

回顾总结. 对于解题者而言, 回顾总结是非常必要的环节. 使用了什么方法? 为何这样做? 首先想到的直觉的结果如何? 需要注意的问题是什么?

解题过程的心理分析是相当复杂的过程, 因为不同的人对问题的不同理解, 形成的方案、执行的策略都不一样, 这样长期形成的解题能力也不同.

3.1.3 学会迁移

迁移在数学解题中起着重要作用. 解题就是一个信息加工的过程, 是高层次的学习活动. 从上述的心理描述可以看出, 迁移就是将已经掌握的概念、定理等知识与新问题相互匹配、相互关联, 从而将新旧问题互相比较, 这就是知识、经验的再次加工过程; 通过将新知识与原有的概念、原理、经验进行类比, 进行适当迁移, 对新问题的解答至关重要, 这是解决问题的重要方法之一.

解题中的迁移不是低层次的知识应用, 而是将原有的认知结构与面临的问题进行整合的过程, 解题者必须把问题进行重新改造、转换或者和原有的方法建立联系, 才能找到正确的解题策略. 这是一种积极的正迁移.

例 3-3(2010 全国卷 2 文数 (16)) 如图 3-2, 已知球 O 的半径为 4, 圆 M 与圆 N 为该球的两个小圆, AB 为圆 M 与圆 N 的公共弦, $AB = 4$, 若 $OM = ON = 3$, 则两圆圆心的距离 $MN = $ _____.

分析 首先就是要建立数学问题的心理表征：球、球半径、圆、圆半径、圆心距，相交圆……这样的问题有没有见过？平面中的圆和立体中的圆之间什么关系？

开展迁移准备工作. 这个过程是把新问题和原有的认知建立联系，开展类比联想. 是否见过？和以往解决的相交圆、圆心距问题的相同点和不同点是什么？原来的方法可否迁移使用？显然，这是一个三维空间问题，但是如果利用空间两点距离公式，问题可以比较复杂. 所以，可以从平面几何迁移过来.

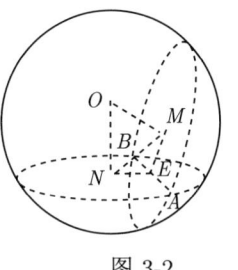

图 3-2

寻找匹配的模式，进行迁移. 求两点之间的距离，除了距离公式，容易想到的就是三角形的边长，而求三角形边长的方法要么使用勾股定理，要么利用三角函数，这样要解决问题的相关模式找到了，从而迁移也就发生了.

略解 因为 $ON = 3$，球半径为 4，所以小圆 N 的半径为 $\sqrt{7}$. 因为小圆 N 中弦长 $AB = 4$，作 NE 垂直于 AB，所以 $NE = \sqrt{3}$. 同理可得，在直角三角形 ONE 中，因为 $NE = \sqrt{3}, ON = 3$，所以 $\angle EON = \dfrac{\pi}{6}$，也就是 $\angle MON = \dfrac{\pi}{3}$，从而 $MN = 3$.

例 3-4 在长方体 $ABCD\text{-}A_1B_1C_1D_1$ 中，点 E、F 分别在 BB_1、DD_1 上，且 $AE \perp A_1B, AF \perp A_1D$.

(1) 求证：$A_1C \perp$ 平面 AEF.

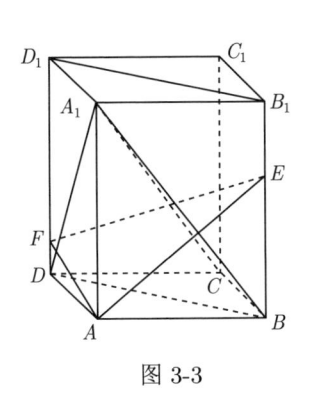

(2) 若规定两个平面所成的角是这两个平面所组成的二面角中的锐角 (或直角)，则在空间中有定理：若两条直线分别垂直于两个平面，则这两条直线所成的角与这两个平面所成的角相等. 试根据上述定理，在 $AB = 4, AD = 3, AA_1 = 5$ 时，求平面 AEF 与平面 D_1B_1BD 所成角的大小.

图 3-3

分析可以看出，第 (1) 问是一个线面垂直的问题，所以可以从已知的定理"迁移"过来，要证明线面垂直的方法是什么？只要证明 A_1C 和平面 AEF 的两条相交直线垂直就可以了. 那么从图 3-3 中可以观察迁移，由射影定理或者三垂线定理，可以得到 A_1C 和 AE、AF 垂直，就得到了结论.

对于第 (2) 问，这是要先研究一个命题，然后使用该命题来解决新问题. 这是"迁移"的重要过程，也是信息迁移的体现. 当然，如果直接使用线面未知关系进行推理, 难度较大, 通过迁移, 将面面所成角转换为线面角, 再转换为线线所成的角, 问题就可以得到解决.

解法一 如图 3-4, 过 A 作 BD 的垂线交 CD 于点 G. 因为 $DD_1 \perp AG$, 所以 $AG \perp$ 平面 D_1B_1BD. 设 AG 与 A_1C 所成的角为 α, 则 α 为平面 AEF 与平面 D_1B_1BD 所成的角.

由已知, 计算得 $DG = \dfrac{9}{4}$. 分别以 $\overrightarrow{AB}, \overrightarrow{AD}, \overrightarrow{AA_1}$ 所在的直线为 x 轴, y 轴, z 轴建立空间直角坐标系, 则点 $A(0,0,0), G\left(\dfrac{9}{4}, 3, 0\right), A_1(0,0,5)$, 所以

$$\overrightarrow{AG} = \left(\dfrac{9}{4}, 3, 0\right), \quad \overrightarrow{A_1C} = (4, 3, -5).$$

因为 $\overrightarrow{AG}$ 与 $\overrightarrow{A_1C}$ 所成的角为 α,

$$\cos\alpha = \dfrac{\overrightarrow{AG} \cdot \overrightarrow{A_1C}}{|\overrightarrow{AG}| \cdot |\overrightarrow{A_1C}|} = \dfrac{12\sqrt{2}}{25},$$

所以 $\alpha = \arccos\dfrac{12\sqrt{2}}{25}$.

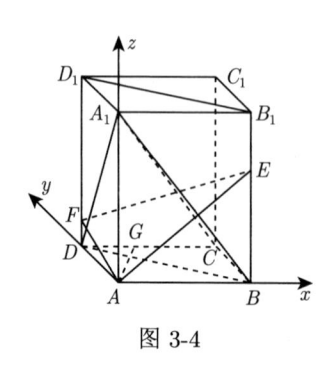

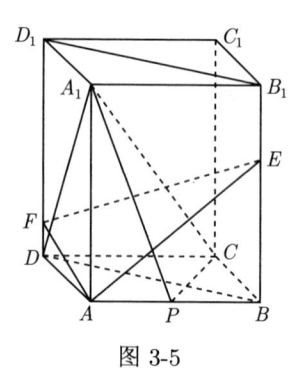

图 3-4

图 3-5

解法二 如图 3-5 所示, 在平面 ABC 内, 过点 C 作 $CP \perp BD$, 交 AB 于点 P. 设 $\angle ABD = \angle PCB = \alpha$, 则

$$BP = BC \cdot \tan\alpha = \dfrac{9}{4}, \quad CP = \dfrac{BC}{\cos\alpha} = \dfrac{15}{4},$$

$$AP = AB - BP = \dfrac{7}{4}.$$

在 Rt$\triangle A_1AP$ 中,

$$A_1P^2 = AA_1^2 + AP^2 = \dfrac{449}{16}.$$

在 $\triangle A_1CP$ 中,

$$\cos \angle A_1CP = \frac{A_1C^2 + CP^2 - A_1P^2}{2A_1C \cdot CP} = \frac{12\sqrt{2}}{25}.$$

所以 $\angle A_1CP = \arccos \frac{12\sqrt{2}}{25}$. 由定理知,平面 AEF 与平面 D_1B_1BD 所成角的大小为 $\arccos \frac{12\sqrt{2}}{25}$.

解法三 如图 3-6 所示,连结 AC 交 BD 于点 O,过点 O 作 $OP \perp BD$,交 AB 于点 P. 在平面 A_1AC 中过点 O 作 AC 的平行线 A_2O 交 AA_2 于 A_2,连结 A_2P. 设 $\angle ABD = \alpha$.

$$OB = \frac{BD}{2} = \frac{5}{2}, \quad BP = \frac{OB}{\cos \alpha} = \frac{25}{8},$$

$$OP = OB \cdot \tan \alpha = \frac{15}{8}, \quad AP = AB - BP = \frac{7}{8}, \quad AA_2 = \frac{5}{2}.$$

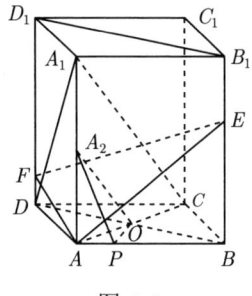

图 3-6

在 $\text{Rt}\triangle AA_2P$ 中,

$$A_2P^2 = AA_2^2 + AP^2 = \frac{449}{64}.$$

在 $\triangle A_2OP$ 中,

$$\cos \angle A_2OP = \frac{A_2O^2 + OP^2 - A_2P^2}{2A_2O \cdot OP} = \frac{12\sqrt{2}}{25}.$$

所以 $\cos \angle A_2OP = \arccos \frac{12\sqrt{2}}{25}$. 由定理知,平面 AEF 与平面 DBB_1D_1 所成角的大小为 $\arccos \frac{12\sqrt{2}}{25}$.

从本题解答可以看出,迁移起着重要的作用. 这个题目一方面强调了面面问题转化为面角问题,再转为线线问题,这种转化的思想在数学解题的迁移中使用比较频繁;另外,由于问题涉及空间向量问题和几何证明,如何合理选择解题方法也至关重要,向量方法需要建立直角坐标系,但是直观、程序化,适用于具有垂直关系的问题;解法二、三则是通过几何变换完成平面角的构造,但是运算较为复杂.

冯忠良认为:(1) 解题迁移过程是由审题、联想、解析和类化这 4 个相互联系、相互制约的认知成分构成. 审题包括读题、分析题目结构、形成课题映像. 联想,即激活头脑中有关的知识结构,回忆有关知识. 解析指根据所激活的知识,对问题和条件进行统一的、综合的分析. 最后将具体题目归入已有的知识系统中去进行类化. (2) 审题、联想、解析、类化这 4 个认知成分的执行有一定的顺序, 每一成分都是下一成分执行的前提, 而且这种执行过程往往需要多次反复才能实现. (3) 被试已有知识经验和概括水平不同, 其迁移程度也不同. 概括水平高者, 其迁移过程较压缩、内化, 迁移速度快; 概括水平低者, 其过程较展开、迂回, 迁移速度也较慢. 另外, 被试不同的解题技能也影响迁移水平 (冯忠良, 1998).

所以, 迁移受到的影响因素包括: 解题的熟练程度, 对问题的类比意识, 对信息加工的能力等. 在解题过程中, 学会迁移意味着举一反三, 能够前后联系.

3.2 基于问题解决的分析

什么是问题解决? 解题是问题解决的一种形式. 一般的, 问题解决是指在新的问题情境中使用原来所学的原理来解决问题, 当常规或者直接的反应不适用当前的情境时, 就是问题解决. 在这个过程或这种学习活动中, 要运用他所获得的知识发现新的问题, 并超越过去所学知识的简单应用产生新的方案来解决该问题. 问题一旦解决, 学生就有所习得, 他们的能力或倾向随之而发生变化 (邵瑞珍, 1997).

很多学者认为, "以问题解决为主导" 是改革我国数学教育的突破口, 我们国家也是解题大国, 在此, 我们并不探讨 "问题解决" 的原理或者形式, 我们希望从问题解决的角度分析解题的策略.

3.2.1 理解问题

问题解决强调的是解题者研究问题并能解决问题, 对于他们而言, 问题是 "新" 的, 而不是简单的模仿或者记忆, 从这个角度来看, 问题解决的难度要大于解题. 解题既有熟知程序的常规训练, 又有新题、非常规的问题, 当问题变成新、非常规问题的时候, 这就是问题解决.

问题解决的第一步就是: 问题情境或者问题表征. 理解并表征问题, 这是解决问题的关键. 这就要经历: 辨别问题情境中的信息, 理解哪些信息是有用的, 对解决问题是必不可少的; 哪些没有用, 只是起到干扰和迷惑作用.

例 3-5 某大学开设甲、乙、丙三门选修课, 学生是否选修哪门课程互不影响, 已知某学生只选修甲的概率为 0.08, 只选修甲和乙的概率是 0.12, 至少选修一门的概率是 0.88, 用 ξ 表示该学生选修的课程门数和没有选修的课程门数的乘积.

(1) 记 "函数 $f(x) = x^2 + \xi x$ 为 $\mathbf{R}$ 上的偶函数" 为事件 A, 求事件 A 的概率;
(2) 求 ξ 的分布列和数学期望.

这是一个概率的问题, "已知某学生只选修甲的概率为 0.08, 只选修甲和乙的概率是 0.12, 至少选修一门的概率是 0.88" 这些信息隐含的意义是什么? 相应的概率公式法则是什么？"函数 $f(x) = x^2 + \xi x$ 为 **R** 上的偶函数"的本质又是什么？这里的变量 x 有用吗？对于解题来说，关键点是什么？第 (1) 问解决了，第 (2) 问就是公式问题.

解析 设该学生选修甲、乙、丙的概率分别是 x, y, z，由题意有

$$\begin{cases} x(1-y)(1-z) = 0.08, \\ xy(1-z) = 0.12, \\ 1 - (1-x)(1-y)(1-z) = 0.88, \end{cases}$$

解得

$$\begin{cases} x = 0.4, \\ y = 0.6, \\ z = 0.5. \end{cases}$$

(1) 因为函数 $f(x) = x^2 + \xi x$ 为 **R** 上的偶函数，所以 $\xi = 0$. $\xi = 0$ 表示该学生选修三门功课或三门功课都没选. 从而

$$P(A) = P(\xi = 0) - xyz + (1-x)(1-y)(1-z).$$

(2) 依题意 $\xi = 0, 2$，则 ξ 的分布列为表 3-1. 所以

$$E(\xi) = 0 \times 0.24 + 2 \times 0.76 = 1.52.$$

表 3-1

ξ	0	2
P	0.24	0.76

理解问题要整理出所有相关的有用信息，联系相关的数学概念公式定理，尽管可以理解每一个条件和结论，也要针对题目进行整体的分析. 如例 3-5，本题的核心是什么？关键点是 "$\xi = 0$" 的意义，这是整个题目的桥梁与支点. 对问题理解要总——分——总，既有局部观念，又要有整体观念.

再者，能够合理表征数学问题.

在数学解题教学中，我们时常听到这样的要求：认真读题目，理解题意. 这就是要好好审题，发挥联想，为解题做好前期工作. 审题就是明确问题的目的和要求，了解已知和未知条件，在头脑中建立起问题的最初表征. 联想就是以已形成的问题表征为提取线索，激活头脑中有关的知识结构，为理解和找出解决问题的方法做准备. 数学问题的有效解决常常依赖于对问题的适宜表征，不同的表征产生不同的解题方法，也就有不同的要求和难度，适宜的表征可以减小运算量、缩短思维过程. 因此准确、适宜的问题表征成为数学问题解决的关键. 认知心理学中，表征就是信

息的记载或表达方式,表征代表着相应的信息.进一步,认知心理学又把"信息在头脑中的记载或呈现方式"称为心理表征.表征包含了两个方面的含义:信息和对信息的加工.问题表征属于心理表征,它说明问题在头脑中是如何呈现、如何表现出来的,数学问题表征是指数学问题在解题者的头脑中是如何呈现、如何表现的.我们也可以通俗地把问题表征理解为解题者通过审题,认识和了解问题的结构,通过联想,激活头脑中与之相关的知识经验,从而形成对所要解决的问题的一种完整的印象.

我们要解决问题首先必须理解这个问题,即先要对它进行表征.问题表征实质上是对问题中所含信息的提取、组织、加工和表达.当我们面临一个问题时,我们对问题中所含的信息了解的是否准确、全面、深刻,是否抓住了关键的信息,这些对我们能否认识问题的本质将影响巨大.不同的问题表征方式可反映出问题解决者的知识背景和表征水平.

例 3-6 如图是北京 2008 年奥运会的国家游泳中心——水立方,在某个关于第 29 届奥林匹克运动会的网站上,标出的该奥运场所的基本情况如下:

建设地点:奥林匹克公园

表面积 (m^2):100 000

底面积 (m^2):60 000

赛时功能:游泳、跳水、花样游泳

那么根据图 3-7 和图 3-8,只使用直尺和计算器,能够判断上述数据的真实性? 解决这个问题首先要进行数学化,也就是数学建模,而在建立模型中,数学问题表征起到了关键作用.

图 3-7

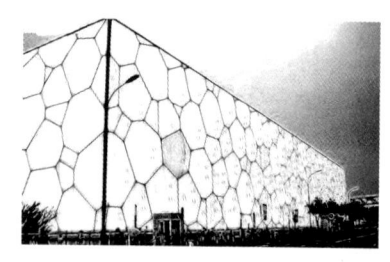

图 3-8

已知 两张不是十分完整的图画,数据是有待于验证的.还有可以使用的是直尺、计算器.

任务 求解表面积和底面积.

思考 对此问题,可以采取很多种方式:我们通过测量可以估计实物的长度,例如其中的门或者卡车,建立比例尺,从而估算出游泳中心的表面积和底面积;或者我们建立关于长、宽和高的方程关系,然后,通过求解不等式、线性规划,也可以

求得最后的结果 ……

方法一 这是大家最容易想到的. 通过减法：100000−60000 = 40000(m^2)，这是四个墙壁的面积. 现在, 我们就希望寻找一个熟悉的物体, 通过直尺测量该物体在图形中的长度, 从而获得图形和真实情景的比例. 我们可以选择门或者卡车来作为参照物, 假如我们选择了 "卡车", 我们已知卡车的长度一般在 10m 左右, 因此, 测出图中卡车的长度, 就可以估计游泳中心的一个棱长. 但是, 对于另一条棱长, 我们却不能如此测量. 因为, 这个图中的 "国家游泳中心" 的上表面是不是一个正方形? 事实上, 我们也可以通过估测门的中点到高的距离, 从而假设是要求的棱长的一半, 这样也可以估计出它的表面积. 最终, 通过这种比例的办法计算, "国家游泳中心" 的表面积比 40000 平方米要少. 这是否可以下结论: 上述的数据是错误的?

方法二 我们可以把这个具体的物体进行抽象, 使之成为一个数学模型 (图 3-9). 假设长、宽和高分别是 x, y, z. 我们可以得出两个方程式：

$$\begin{cases} xy = 60000, \\ 2(xz + yz) = 100000 - 60000. \end{cases}$$

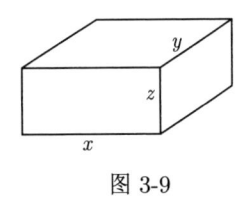

图 3-9

根据线性规划, 或者求最值的方法, 可以估计 x, y, z 的值, 再通过比例的方法, 检验是否合理.

方法一、二因为对问题有着不同的表征方式, 所以使用的数学方法也不一样, 这也反映出不同的表征水平.

表征是问题解决的中心环节, 如果一个问题得到了正确的表征, 可以说它已解决了一半.

1. 表征的恰当性是数学解题的关键

例 3-7(哥尼斯堡七桥问题) 如图 3-10(a), 哥尼斯堡市内的一条河有两个小岛, 连接这两个小岛有一座桥, 连接两岸与两岛还有六座桥, 总共七座桥, 问: 能否一次走完七座桥并且每座桥上只走一次?

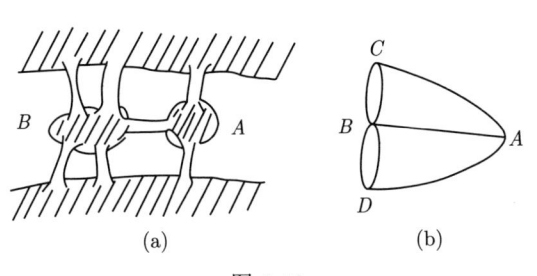

(a) (b)

图 3-10

在 18 世纪 30 年代, 这个问题难住了许多德国人, 他们都努力寻找方法, 试图解决它, 但是没有人能找到正确方法. 最后这个问题送到了著名的瑞士数学家欧拉那儿, 欧拉最终解决了这个问题. 他的解答还是得益于他对问题的表征, 一般人把问题始终停留在现实情境中, 并试图用实践的方式来解决; 但是欧拉恰当地表征了这个问题, 他将问题从实际情境中抽象出来, 抓住问题的本质, 将问题简单、科学地表征出来: 把两个岛设想为点, 河的两岸也是点, 而桥成为连接这些点的线, 每边的河岸都与其中一个岛有两座桥连接, 那么河岸这个"点"与其中某岛这个"点"之间就有两条线连接. 另一个岛与两岸分别只有一座桥, 于是都只有两条线连接. 两岛之间也只有一座桥, 那么连接两岛的线也只有一条. 于是, 实际的哥尼斯堡七桥图形, 可以用图 3-10(b) 的几何图形来表征: 图中有 A, B, C, D 四点和连接这四点的七条线, 这四点分别表示两岸和两岛.

现在问题变为: 从某一点出发, 要通过七条线, 且只经过每条线一次而返回原处, 这能否可行?

这样, 就把现实生活中的七桥问题转化为图论中的一笔画问题, 从而用图论方法解决. 可见, 恰当的问题表征有助于问题解决.

2. 多种表征方式有助于对问题的理解, 对解题将有不同的影响.

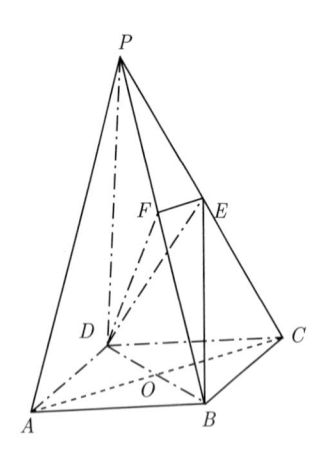

例 3-8(2004 年高考试题. 天津卷) 如图 3-11, 在四棱锥 $P\text{-}ABCD$ 中, 底面 $ABCD$ 是正方形, 侧棱 $PD \perp$ 底面 $ABCD, PD = DC, E$ 是 PC 的中点, 作 $EF \perp PB$ 交 PB 于点 F.

(1) 证明 $PA//$ 平面 EDB;

(2) 证明 $PB \perp$ 平面 EFD;

(3) 求二面角 $C\text{-}PB\text{-}D$ 的大小.

对于这个问题, 可以使用不同的表征方式, 那么得到的解决方法也不一样, 那就是传统的立体几何证明方式和向量方法, 从解答的难易程度我们可以了解二者的不同.

图 3-11

方法一 (1) **证明** 连结 AC, AC 交 BD 于 O, 连结 EO, 如图 3-12. 因为底面 $ABCD$ 是正方形, 所以点 O 是 AC 的中点. 在 $\triangle PAC$ 中, EO 是中位线, 所以 $PA//EO$. 而 $EO \subset$ 平面 EDB 且 $PA \not\subset$ 平面 EDB, 所以, $PA//$ 平面 EDB.

(2) **证明** 因为 $PD \perp$ 底面 $ABCD$ 且 $DC \subset$ 底面 $ABCD$, 所以 $PD \perp DC$. 因为 $PD = DC$, 可知 $\triangle PDC$ 是等腰直角三角形, 而 DE 是斜边 PC 的中线, 所以

$$DE \perp PC. \qquad\qquad ①$$

3.2 基于问题解决的分析

同样由 $PD \perp$ 底面 $ABCD$, 得 $PD \perp BC$.

因为底面 $ABCD$ 是正方形, 有 $DC \perp BC$, 所以 $BC \perp$ 平面 PDC. 而 $DE \subset$ 平面 PDC, 所以

$$BC \perp DE. \qquad ②$$

由 ① 和 ② 推得 $DE \perp$ 平面 PBC. 而 $PB \subset$ 平面 PBC, 又 $EF \perp PB$ 且 $DE \cap EF = E$, 所以 $PB \perp$ 平面 EFD.

(3) **解** 由 (2) 知, $PB \perp DF$, 故 $\angle EFD$ 是二面角 C-PB-D 的平面角.

由 (2) 知, $DE \perp EF, PD \perp DB$.

设正方形 $ABCD$ 的边长为 a, 则

$$PD = DC = a, \quad BD = \sqrt{2}a,$$

$$PB = \sqrt{PD^2 + BD^2} = \sqrt{3}a, PC = \sqrt{PD^2 + DC^2} = \sqrt{2}a, DE = \frac{1}{2}PC = \frac{\sqrt{2}}{2}a.$$

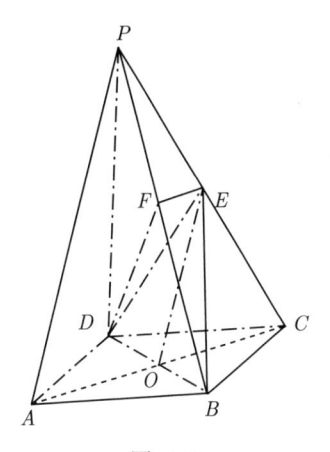

图 3-12

在 Rt$\triangle PDB$ 中, $DF = \dfrac{PD \cdot BD}{PB} = \dfrac{a \cdot \sqrt{2}a}{\sqrt{3}a} = \dfrac{\sqrt{6}}{3}a.$

在 Rt$\triangle EFD$ 中, $\sin EFD = \dfrac{DE}{DF} = \dfrac{\frac{\sqrt{2}}{2}a}{\frac{\sqrt{6}}{3}a} = \dfrac{\sqrt{3}}{2}$, 故 $\angle EFD = \dfrac{\pi}{3}$. 所以, 二面角 C-PB-D 的大小为 $\dfrac{\pi}{3}$.

方法二 如图 3-13 所示建立空间直角坐标系, D 为坐标原点, 设 $DC = a$.

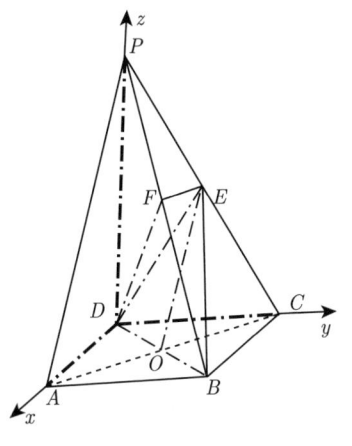

图 3-13

(1) **证明** 连结 AC, AC 交 BD 于 G, 连结 EG. 依题意得 $A(a, 0, 0), P(0, 0, a), E\left(0, \dfrac{a}{2}, \dfrac{a}{2}\right)$. 因为底面 $ABCD$ 是正方形, 所以 G 是此正方形的中心, 故点 G 的坐标为 $\left(\dfrac{a}{2}, \dfrac{a}{2}, 0\right)$ 且

$$\overrightarrow{PA} = (a, 0, -a), \quad \overrightarrow{EG} = \left(\dfrac{a}{2}, 0, -\dfrac{a}{2}\right).$$

从而 $\overrightarrow{PA} = 2\overrightarrow{EG}$. 这表明 $PA /\!/ EG$. 而 $EG \subset$ 平面 EDB 且 $PA \not\subset$ 平面 EDB, 所以 $PA /\!/$ 平面 EDB.

(2) **证明** 依题意得 $B(a, a, 0), \overrightarrow{PB} = (a, a, -a)$. 又 $\overrightarrow{DE} = \left(0, \dfrac{a}{2}, \dfrac{a}{2}\right)$, 故

$$\overrightarrow{PB} \cdot \overrightarrow{DE} = 0 + \frac{a^2}{2} - \frac{a^2}{2} = 0.$$

所以 $PB \perp DE$. 由已知 $EF \perp PB$, 且 $EF \cap DE = E$, 所以 $PB \perp$ 平面 EFD.

(3) **解** 设点 F 的坐标为 (x_0, y_0, z_0), $\overrightarrow{PF} = \lambda \overrightarrow{PB}$, 则 $(x_0, y_0, z_0 - a) = \lambda(a, a, -a)$. 从而

$$x_0 = \lambda a, \quad y_0 = \lambda a, \quad z_0 = (1-\lambda)a.$$

所以

$$\overrightarrow{FE} = \left(-x_0, \frac{a}{2} - y_0, \frac{a}{2} - z_0\right) = \left(-\lambda a, \left(\frac{1}{2} - \lambda\right)a, \left(\lambda - \frac{1}{2}\right)a\right).$$

由条件 $EF \perp PB$ 知, $\overrightarrow{FE} \cdot \overrightarrow{PB} = 0$, 即

$$-\lambda a^2 + \left(\frac{1}{2} - \lambda\right)a^2 - \left(\lambda - \frac{1}{2}\right)a^2 = 0,$$

解得 $\lambda = \frac{1}{3}$. 所以点 F 的坐标为 $\left(\frac{a}{3}, \frac{a}{3}, \frac{2a}{3}\right)$, 且

$$\overrightarrow{FE} = \left(-\frac{a}{3}, \frac{a}{6}, -\frac{a}{6}\right), \quad \overrightarrow{FD} = \left(-\frac{a}{3}, -\frac{a}{3}, -\frac{2a}{3}\right),$$

从而 $\overrightarrow{PB} \cdot \overrightarrow{FD} = -\frac{a^2}{3} - \frac{a^2}{3} + \frac{2a^2}{3} = 0$, 即 $PB \perp FD$, 故 $\angle EFD$ 是二面角 $C\text{-}PB\text{-}D$ 的平面角.

因为 $\overrightarrow{FE} \cdot \overrightarrow{FD} = \frac{a^2}{9} - \frac{a^2}{18} + \frac{a^2}{9} = \frac{a^2}{6}$ 且

$$|\overrightarrow{FE}| = \sqrt{\frac{a^2}{9} + \frac{a^2}{36} + \frac{a^2}{36}} = \frac{\sqrt{6}}{6}a, \quad |\overrightarrow{FD}| = \sqrt{\frac{a^2}{9} + \frac{a^2}{9} + \frac{4a^2}{9}} = \frac{\sqrt{6}}{3}a,$$

所以

$$\cos EFD = \frac{\overrightarrow{FE} \cdot \overrightarrow{FD}}{|\overrightarrow{FE}||\overrightarrow{FD}|} = \frac{\frac{a^2}{6}}{\frac{\sqrt{6}}{6}a \cdot \frac{\sqrt{6}}{3}a} = \frac{1}{2}.$$

又因为 $0 < \angle EFD < \pi$, 所以 $\angle EFD = \frac{\pi}{3}$, 故二面角 $C\text{-}PB\text{-}D$ 的大小为 $\frac{\pi}{3}$.

3. 非良构数学问题解决中的问题表征

认知心理学把问题分为 "良构问题" 和 "非良构问题", 主要依据目标或解决方法是否明确. 良构问题是指目标或解决方法明确的问题, 非良构问题指目标任务或方法手段不够明确的问题. 对于解决非良构问题, 问题的表征尤为重要.

例 3-9 设 $f(x)$ 是定义在 $[-1,1]$ 上的偶函数, 当 $x \in [-1,0]$ 时, $f(x) = g(2-x)$, 且当 $x \in [2,3]$ 时, $g(x) = 2a(x-2) - 4(x-2)^2$.

(1) 求 $f(x)$ 的表达式;

(2) 是否存在正实数 $a(a > 6)$, 使函数 $f(x)$ 的图形的最高点在直线 $y = 12$ 上? 若存在, 求出正实数 a 的值; 若不存在, 请说明理由.

这个问题中的第 (2) 问就是一个不明确的问题, 对于这样的问题要正确表征, 图象最高点在直线上, 这和最值有关系, 所以可以利用导数求出最大值, 从而看能否求出 a(解略).

3.2.2 探析方法策略

从问题解决的角度来看, 解题方法策略是基于理解问题. 既然问题理解了, 那么就是应用相应的策略来解决问题. 方法策略的形成主要从两个角度: 随机尝试和启发式.

1. 随机尝试

随机尝试是一种尝试错误的方法, 解题的时候, 对每一种可能进行尝试, 如果错误就放弃, 直到找到合适的方法策略. 当然, 这儿的随机也不是随意, 而是在问题空间的基础上, 任意选择其中的方法来解决问题.

例 3-10(2014 年高考数学新课标卷 I 理科,11) 已知函数 $f(x) = ax^3 - 3x^2 + 1$, 若 $f(x)$ 存在唯一的零点 x_0, 且 $x_0 > 0$, 则 a 的取值范围是 ( )

A. $(2, +\infty)$ B. $(1, +\infty)$ C. $(-\infty, -2)$ D. $(-\infty, -1)$

这个问题是关于零点的概念, 但是不好直接解答, 那么可以尝试对 a 进行分类, 从而找出合适的答案.

当 $a = 0$ 时, $f(x) = -3x^2 + 1$, 函数 $f(x)$ 有两个零点 $\frac{\sqrt{3}}{3}$ 和 $-\frac{\sqrt{3}}{3}$, 不满足题意, 舍去.

当 $a > 0$ 时, $f'(x) = 3ax^2 - 6x$, 令 $f'(x) = 0$, 得 $x = 0$ 或 $x = \frac{2}{a}$. $x \in (-\infty, 0)$ 时, $f'(x) > 0$; $x \in \left(0, \frac{2}{a}\right)$ 时, $f'(x) < 0$; $x \in \left(\frac{2}{a}, +\infty\right)$ 时, $f'(x) > 0$, 且 $f(0) > 0$, 此时在 $x \in (-\infty, 0)$ 必有零点, 故不满足题意, 舍去.

当 $a < 0$ 时, $x \in \left(-\infty, \frac{2}{a}\right)$ 时, $f'(x) < 0$; $x \in \left(\frac{2}{a}, 0\right)$ 时 $f'(x) > 0$; $x \in (0, +\infty)$ 时, $f'(x) < 0$, 且 $f(0) > 0$, 要使得 $f(x)$ 存在唯一的零点 x_0, 且 $x_0 > 0$, 只需 $f\left(\frac{2}{a}\right) > 0$, 即 $a^2 > 4$, 则 $a < -2$. 选 C.

随机尝试的方法比较耗时, 在解题中, 尽管可以使用, 但是熟练的解题者的目标都比较明确, 所以, 尝试法适用于初学者. 下面我们重点分析启发式.

2. 启发式

孔子曰:"不愤不启,不悱不发"(《论语》),郑玄解释"孔子与人言,必待其人心愤愤,口悱悱,乃后启发为说之."朱熹(南宋)对"启发"一词释之:"愤者,心求通而未得之意;悱者,口欲言而未能之貌.启,谓开其意;发,谓达其辞."朱熹又说:"师友之功,但能示之于始而正之于终尔."这是我国古代教育家对"启发"的理解.关于启发法,波利亚和匈菲尔德都提到了,这是解题过程中必不可少的元素.波利亚认为,所谓启发法(探索法),就是指关于"发现和发明的方法和规律"的研究,启发法的关键在于对思维的规则进行明确的描述,从而实现对合理方法从无意识的、不自觉的应用向有意识的、自觉的应用转化.启发法对于问题表征有着很大的帮助,在心理学中是指通过与假设事物具有相似的东西来启发人们发现解决问题的途径,通过发现所要解决问题有某些共同点或相似之处,引起联想,启发思维机制,使人们的认识发生飞跃.

在问题解决过程中,可以使用多种启发法来帮助学生理解问题,寻找解决问题的突破口,例如,变式启发、辨析启发、归纳类比启发、合情推理启发等.

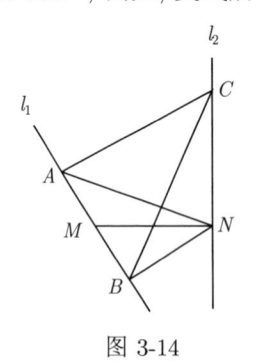

例 3-11(2006 年高考题.全国卷) 如图 3-14, l_1, l_2 是互相垂直的异面直线, MN 是它们的公垂线段. 点 A、B 在 l_1 上, C 在 l_2 上, $AM = MB = MN$.

(1) 证明 $AC \perp NB$;

(2) 若 $\angle ACB = 60°$, 求 NB 与平面 ABC 所成角的余弦值.

图 3-14

分析 ① 因为 MN 是 l_1, l_2 的公垂线,所以受此启发,我们知道 MN 和 l_1, l_2 都垂直,而已知 l_1, l_2 是互相垂直的异面直线,这就是告诉我们 $l_2 \perp$ 平面 ABN.(归纳推理)

② $AM = MB = MN$ 启发我们, $\triangle ABN$ 是一个特殊三角形,那么是什么三角形呢?(辨析启发)

③ 受到线面垂直的启发,想到射影定理.

④ 最大的启发,向量方法.

解法一 (1) 如图 3-15, 由已知 $l_2 \perp MN$, $l_2 \perp l_1, MN \cap l_1 = M$, 可得 $l_2 \perp$ 平面 ABN. 由已知 $MN \perp l_1, AM = MB = MN$, 可知 $AN = NB$ 且 $AN \perp NB$. 又 AN 为 AC 在平面 ABN 内的射影. 所以 $AC \perp NB$.

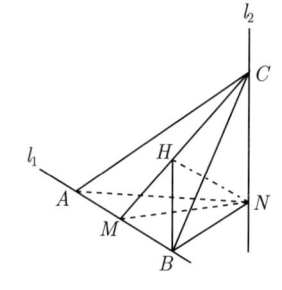

图 3-15

(2) 因为 Rt$\triangle CNA \cong$ Rt$\triangle CNB$, 所以 $AC = BC$, 又已知 $\angle ACB = 60°$, 因

此 △ABC 为正三角形.

因为 Rt△ANB ≅ Rt△CNB, 所以 NC = NA = NB, 因此 N 在平面 ABC 内的射影 H 是正三角形 ABC 的中心, 连结 BH, ∠NBH 为 NB 与平面 ABC 所成的角.

在 Rt△NHB 中, $\cos \angle NBH = \dfrac{HB}{NB} = \dfrac{\dfrac{\sqrt{3}}{3}AB}{\dfrac{\sqrt{2}}{2}AB} = \dfrac{\sqrt{6}}{3}$.

解法二 如图 3-16, 建立空间直角坐标系 $M\text{-}xyz$. 令 $MN = 1$, 则有 $A(-1, 0, 0), B(1, 0, 0), N(0, 1, 0)$.

(1) 因为 MN 是 l_1, l_2 的公垂线, $l_1 \perp l_2$, 所以 $l_2 \perp$ 平面 ABN. l_2 平行于 z 轴. 故可设 $C(0, 1, m)$. 于是 $\overrightarrow{AC} = (1, 1, m), \overrightarrow{NB} = (1, -1, 0)$, 从而 $\overrightarrow{AC} \cdot \overrightarrow{NB} = 1 + (-1) + 0 = 0$, 于是 $AC \perp NB$.

(2) 因为 $\overrightarrow{AC} = (1, 1, m), \overrightarrow{BC} = (-1, 1, m)$, 所以 $|\overrightarrow{AC}| = |\overrightarrow{BC}|$, 又已知 $\angle ACB = 60°$, 从而 △ABC 为正三角形, $AC = BC = AB = 2$. 在 Rt△CNB 中, $NB = \sqrt{2}$, 可得 $NC = \sqrt{2}$, 故 $C(0, 1, \sqrt{2})$.

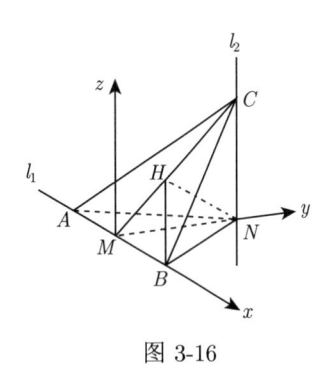

图 3-16

连结 MC, 作 $NH \perp MC$ 于 H, 设 $H(0, \lambda, \sqrt{2}\lambda)(\lambda > 0)$. 于是

$\overrightarrow{HN} = (0, 1-\lambda, -\sqrt{2}\lambda), \quad \overrightarrow{MC} = (0, 1, \sqrt{2}). \quad \overrightarrow{HN} \cdot \overrightarrow{MC} = 1 - \lambda - 2\lambda = 0$,

所以 $\lambda = \dfrac{1}{3}$, 从而 $H\left(0, \dfrac{1}{3}, \dfrac{\sqrt{2}}{3}\right)$, 可得 $\overrightarrow{HN} = \left(0, \dfrac{2}{3}, -\dfrac{\sqrt{2}}{3}\right)$. 连结 BH, 则 $\overrightarrow{BH} = \left(-1, \dfrac{1}{3}, \dfrac{\sqrt{2}}{3}\right)$.

因为 $\overrightarrow{HN} \cdot \overrightarrow{BH} = 0 + \dfrac{2}{9} - \dfrac{2}{9} = 0$, 所以 $\overrightarrow{HN} \perp \overrightarrow{NH}$, 又 $MC \cap BH = H$, 故 $HN \perp$ 平面 ABC, ∠NBH 为 NB 与平面 ABC 所成的角. 又 $\overrightarrow{BN} = (-1, 1, 0)$, 所以

$$\cos \angle NBH = \dfrac{\overrightarrow{BH} \cdot \overrightarrow{BN}}{|\overrightarrow{BH}| \cdot |\overrightarrow{BN}|} = \dfrac{\dfrac{4}{3}}{\dfrac{2}{\sqrt{3}} \times \sqrt{2}} = \dfrac{\sqrt{6}}{3}.$$

对于启发法, 波利亚明确给出了如下的 "选择规则".

1) 就解题途径的选择而言:

困难少的应先于困难多的;

较熟悉的应先于不那么熟悉的;

与问题有较多共同点的条款应先于与问题有较少共同点的条款.

例 3-12(2008 年高考试题. 重庆卷) 设 $\triangle ABC$ 的内角 A,B,C 的对边分别为 a,b,c. 已知 $b^2+c^2=a^2+\sqrt{3}bc$, 求:

(1) A 的大小;

(2) $2\sin B\cos C-\sin(B-C)$ 的值.

分析与解答 (1) 显然, 直接求 A 比较困难, 但是由 b^2, c^2, a^2, 联想到熟悉的余弦定理, 就可以先求出 $\cos A$.

由余弦定理, $a^2=b^2+c^2-2bc\cos A$. 故 $\cos A=\dfrac{b^2+c^2-a^2}{2bc}=\dfrac{\sqrt{3}bc}{2bc}=\dfrac{\sqrt{3}}{2}$.

所以 $A=\dfrac{\pi}{6}$.

(2) 同理, 通过将 $\sin(B-C)$ 展开, 消去 $(B-C)$ 的项目, 化为熟悉的角 A, 得出结果:

$$\begin{aligned}2\sin B\cos C-\sin(B-C)&=2\sin B\cos C-(\sin B\cos C-\cos B\sin C)\\ &=\sin B\cos C+\cos B\sin C=\sin(B+C)\\ &=\sin(\pi-A)=\sin A=\dfrac{1}{2}.\end{aligned}$$

2) 就问题的把握而言:

整体应先于部分;

主要部分应先于其他部分;

离问题中心较近的部分应先于较远的部分.

例 3-13(2008 年高考试题. 山东卷) 已知函数

$$f(x)=\sqrt{3}\sin(\omega x+\varphi)-\cos(\omega x+\varphi)\quad(0<\varphi<\pi,\omega>0)$$

为偶函数, 且函数 $y=f(x)$ 图象的两相邻对称轴间的距离为 $\dfrac{\pi}{2}$.

(1) 求 $f\left(\dfrac{\pi}{8}\right)$ 的值;

(2) 将函数 $y=f(x)$ 的图象向右平移 $\dfrac{\pi}{6}$ 个单位后, 再将得到的图象上各点的横坐标伸长到原来的 4 倍, 纵坐标不变, 得到函数 $y=g(x)$ 的图象, 求 $g(x)$ 的单调递减区间.

分析与解答 显然, 求出 $f(x)$ 是解题的中心, 这也是问题的整体, 而求 $f\left(\dfrac{\pi}{8}\right)$ 的值是部分, 整体优于部分.

(1) $f(x) = \sqrt{3}\sin(\omega x + \varphi) - \cos(\omega x + \varphi)$
$$= 2\left[\frac{\sqrt{3}}{2}\sin(\omega x + \varphi) - \frac{1}{2}\cos(\omega x + \varphi)\right]$$
$$= 2\sin\left(\omega x + \varphi - \frac{\pi}{6}\right).$$

因为 $f(x)$ 为偶函数, 所以对 $x \in \mathbf{R}, f(-x) = f(x)$ 恒成立, 因此
$$\sin\left(-\omega x + \varphi - \frac{\pi}{6}\right) = \sin\left(\omega x + \varphi - \frac{\pi}{6}\right).$$
即
$$-\sin\omega x \cos\left(\varphi - \frac{\pi}{6}\right) + \cos\omega x \sin\left(\varphi - \frac{\pi}{6}\right)$$
$$= \sin\omega x \cos\left(\varphi - \frac{\pi}{6}\right) + \cos\omega x \sin\left(\varphi - \frac{\pi}{6}\right),$$
整理得 $\sin\omega x \cos\left(\varphi - \frac{\pi}{6}\right) = 0$.

因为 $\omega > 0$, 且 $x \in \mathbf{R}$, 所以 $\cos\left(\varphi - \frac{\pi}{6}\right) = 0$. 又因为 $0 < \varphi < \pi$, 故 $\varphi - \frac{\pi}{6} = \frac{\pi}{2}$. 所以
$$f(x) = 2\sin\left(\omega x + \frac{\pi}{2}\right) = 2\cos\omega x.$$

由题意得 $\frac{2\pi}{\omega} = 2 \times \frac{\pi}{2}$, 所以 $\omega = 2$. 故 $f(x) = 2\cos 2x$. 因此 $f\left(\frac{\pi}{8}\right) = 2\cos\frac{\pi}{4} = \sqrt{2}$.

(2) 将 $f(x)$ 的图象向右平移 $\frac{\pi}{6}$ 个单位后, 得到 $f\left(x - \frac{\pi}{6}\right)$ 的图象, 再将所得图象横坐标伸长到原来的 4 倍, 纵坐标不变, 得到 $f\left(\frac{x}{4} - \frac{\pi}{6}\right)$ 的图象. 所以
$$g(x) = f\left(\frac{x}{4} - \frac{\pi}{6}\right) = 2\cos\left[2\left(\frac{x}{4} - \frac{\pi}{6}\right)\right] = 2\cos\left(\frac{x}{2} - \frac{\pi}{3}\right).$$

当 $2k\pi \leqslant \frac{x}{2} - \frac{\pi}{3} \leqslant 2k\pi + \pi (k \in \mathbf{Z})$, 即 $4k\pi + \frac{2\pi}{3} \leqslant x \leqslant 4k\pi + \frac{8\pi}{3}(k \in \mathbf{Z})$ 时, $g(x)$ 单调递减, 因此 $g(x)$ 的单调递减区间为 $\left[4k\pi + \frac{2\pi}{3}, 4k\pi + \frac{8\pi}{3}\right] (k \in \mathbf{Z})$.

3) 就有关知识的动员而言:

在以前解过的问题, 与现在的问题有同一类型未知量的问题, 应先于其他的解过的问题, 与现在要证明的定理有同样结论的过去已证明过的定理, 应先于其他的已证明过的定理.

例 3-14　某初级中学共有学生 2000 名,各年级男、女生人数如表 3-2.

表 3-2

	初一年级	初二年级	初三年级
女生	373	x	y
男生	377	370	z

已知在全校学生中随机抽取 1 名,抽到初二年级女生的概率是 0.19.

(1) 求 x 的值;

(2) 现用分层抽样的方法在全校抽取 48 名学生,问应在初三年级抽取多少名?

(3) 已知 $y \geqslant 245, z \geqslant 245$,求初三年级中女生比男生多的概率.

分析与解答　这和以前求概率的问题相似,根据以往的经验,就可以解答问题.

(1) 因为 $\dfrac{x}{2000} = 0.19$,所以 $x = 380$.

(2) 初三年级人数为

$$y + z = 2000 - (373 + 377 + 380 + 370) = 500,$$

现用分层抽样的方法在全校抽取 48 名学生,应在初三年级抽取的人数为

$$\dfrac{48}{2000} \times 500 = 12(名).$$

(3) 设初三年级女生比男生多的事件为 A,初三年级女生男生数记为 (y, z). 由 (2) 知 $y + z = 500$,且 $y, z \in \mathbf{N}$,基本事件空间包含的基本事件有

$$(245, 255), (246, 254), (247, 253), \cdots, (255, 245),$$

共 11 个,事件 A 包含的基本事件有:

$$(251, 249), (252, 248), (253, 247), (254, 246), (255, 245),$$

共 5 个,所以 $P(A) = \dfrac{5}{11}$.

4) 就辅助问题的选择而言:

与所提问题等价的问题应先于那些较强或较弱的问题,而后者又应先于其余的问题.

3.2.3　设计解题思路

解题思路是理解问题之后,找到合适的解题策略或方法,思考如何解答,难点在哪儿? 这样解题思路就形成了.

3.2 基于问题解决的分析

解题思路就是将已知条件和相关知识联系起来,和未知之间的关系如何,条件是否可以变形,未知有哪些变形,有无类似的问题,能否使用已有的结论.隐含的条件是什么? 能否和未知建立联系? 是否需要实验,是否需要分类,是否需要猜想等.

解题思路可以从特殊、一般、类比、建模、逆向思维等角度进行设计.

例 3-15 若 $0 < a_1 < a_2, 0 < b_1 < b_2$,且 $a_1 + a_2 = b_1 + b_2 = 1$,则下列代数式中值最大的是 ( )

A. $a_1b_1 + a_2b_2$ B. $a_1a_2 + b_1b_2$ C. $a_1b_2 + a_2b_1$ D. $\dfrac{1}{2}$

作为条件不等式,关键是建立变量之间的关系,从而得到大小判定.但是对于此题,策略有了之后,关键是形成正确的解题思路: 特殊化.特殊化可以帮助我们考虑具体情况,从而降低思维的抽象性,例如,探求几何定值问题,一般的思路是首先将图形处于特殊位置来寻找定值,将定值求出来,然后再在一般位置上证明该定值就是所求.数论中的一些数的规律,往往是通过特殊的观察、归纳,猜想出一般的结果,然后再进行理论证明.有些数学命题是先解决它的特殊情况,然后由这些特殊情况的极限而达到一般情况的解决.例如,复变函数中的柯西定理——解析函数沿任何闭曲线的积分为零,是先取特殊的三角形曲线进行证明,然后通过三角形,组合成多边形,从而推广到多边形的曲线,最后通过多边形的曲线的极限推广到任意闭曲线,这就完成定理的证明.有的问题从特殊情况入手,把特殊情况所得的结论经过线性组合就是一般问题 (王林全,2000).

对于例 3-15, 我们使用特殊值的思路,取 $a_1 = b_1 = \dfrac{1}{3}, a_2 = b_2 = \dfrac{2}{3}$,则 $a_1b_1 + a_2b_2 = \dfrac{5}{9} > \dfrac{1}{2}, a_1a_2 + b_1b_2 = \dfrac{4}{9} < \dfrac{1}{2}, a_1b_2 + a_2b_1 = \dfrac{4}{9} < \dfrac{1}{2}$,故选 A.

解题思路和解题者的知识、技能也密切相关,从不同的角度可能形成不同的解题思路.

例 3-16 已知 $\boldsymbol{a}, \boldsymbol{b}$ 是平面内两个互相垂直的单位向量,若向量 $\boldsymbol{c}$ 满足 $(\boldsymbol{a} - \boldsymbol{c}) \cdot (\boldsymbol{b} - \boldsymbol{c}) = 0$,则 $|\boldsymbol{c}|$ 的最大值是 ( )

A. 1 B. 2 C. $\sqrt{2}$ D. $\dfrac{\sqrt{2}}{2}$

此题可以从代数、几何、坐标法等角度进行思路设计.

代数法 因为题目给出的是两个向量的数量积等于 0, 那么最直接的想法是根据数量积的分配律将左边展开.

解 因为 $(\boldsymbol{a} - \boldsymbol{c}) \cdot (\boldsymbol{b} - \boldsymbol{c}) = 0$, 所以 $\boldsymbol{a} \cdot \boldsymbol{b} - \boldsymbol{a} \cdot \boldsymbol{c} - \boldsymbol{c} \cdot \boldsymbol{c} + \boldsymbol{c}^2 = 0$, 从而

$c^2 = c \cdot (a+b)$, 故

$$|c^2| = |c \cdot (a+b)| \leqslant |c| \cdot |a+b| = \sqrt{2}|c|,$$

于是 $|c| \leqslant \sqrt{2}$.

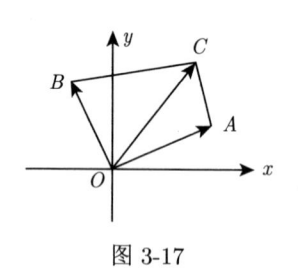

几何证法　根据向量的几何表示法, 在直角坐标系中把向量 $a, b, a-c, b-c$ 用有向线段表示出来.

解　设单位向量 $a = \overrightarrow{OA}, b = \overrightarrow{OB}$ 且 $\overrightarrow{OA} \perp \overrightarrow{OB}, c = \overrightarrow{OC}$, 如图 3-17, 则

$$a - c = \overrightarrow{CA}, \quad b - c = \overrightarrow{CB}.$$

因为 $(a-c) \cdot (b-c) = 0$, 所以 $\overrightarrow{CA} \perp \overrightarrow{CB}$.

图 3-17

由平面几何知识知, 点 O, A, B, C 在以 AB 为直径的圆上, 因此, 当 OC 为圆的直径时, $|c|$ 最大, 即 $|c|_{\max} = |AB| = \sqrt{2}$.

坐标法　由向量的坐标运算和 a, b 是平面内两个相互垂直的单位向量, 将题目转化为以角为参数的三角函数问题.

解　由题意, 设 $a = (\cos\alpha, \sin\alpha)$, 则 $b = (-\sin\alpha, \cos\alpha)$, 再设 $c = (x, y)$, 故

$$a - c = (\cos\alpha - x, \sin\alpha - y), \quad b - c = (-\sin\alpha - x, \cos\alpha - y).$$

由 $(a-c) \cdot (b-c) = 0$ 得

$$\begin{aligned}
x^2 + y^2 &= x(x\cos\alpha - \sin\alpha) + y(\sin\alpha + \cos\alpha) \\
&= \sqrt{2}x\cos\left(\alpha + \frac{\pi}{4}\right) + \sqrt{2}y\sin\left(\alpha + \frac{\pi}{4}\right) \\
&= \sqrt{2}\sqrt{x^2+y^2}\sin\left(\alpha + \frac{\pi}{4} + \varphi\right), \quad \text{其中} \ \sin\varphi = \frac{x}{\sqrt{x^2+y^2}},
\end{aligned}$$

即 $|c| = \sqrt{2}\sin\left(\alpha + \frac{\pi}{4} + \varphi\right)$, 所以 $|c|_{\max} = \sqrt{2}$.

3.2.4　实施解题步骤

实施解题步骤注意的是解题过程的完整性, 规范性, 合理性.

例 3-17-1(2012 年高考数学理 16. 广东)　已知函数 $f(x) = 2\cos\left(\omega x + \frac{\pi}{6}\right)$(其中 $\omega > 0, x \in \mathbf{R}$) 的最小正周期为 10π.

(1) 求 ω 的值;

(2) 设 $\alpha, \beta \in \left[0, \dfrac{\pi}{2}\right]$, $f\left(5\alpha + \dfrac{5}{3}\pi\right) = -\dfrac{6}{5}$, $f\left(5\beta - \dfrac{5}{6}\pi\right) = \dfrac{16}{17}$, 求 $\cos(\alpha+\beta)$ 的值.

此题的难度不大, 但是学生在实施解题中出现了一些不必要的失误.

1) 忽视条件 $\alpha, \beta \in \left[0, \dfrac{\pi}{2}\right]$.

因为 $\alpha, \beta \in \left[0, \dfrac{\pi}{2}\right]$, 所以

$$\cos\alpha = \sqrt{1 - \sin^2\alpha} = \sqrt{1 - \left(\dfrac{3}{5}\right)^2} = \dfrac{4}{5}.$$

2) 计算粗心.

例如, 把减号看成加号:

$$\cos(\alpha+\beta) = \cos\alpha\cos\beta - \sin\alpha\sin\beta = \dfrac{4}{5} \times \dfrac{8}{17} - \dfrac{3}{5} \times \dfrac{15}{17} = \dfrac{77}{85}.$$

3) 错误代入.

例 3-17-2(2013 年高考数学文 16. 广东) 已知函数 $f(x) = \sqrt{2}\cos\left(x - \dfrac{\pi}{12}\right)$, $x \in \mathbf{R}$.

(1) 求 $f\left(\dfrac{\pi}{3}\right)$ 的值;

(2) 若 $\cos\theta = \dfrac{3}{5}, \theta \in \left(\dfrac{3\pi}{2}, 2\pi\right)$, 求 $f\left(\theta - \dfrac{\pi}{6}\right)$.

题目本来是 $f(x) = \sqrt{2}\cos\left(x - \dfrac{\pi}{12}\right), x \in \mathbf{R}$, 可是有许多学生代入的时候, 把数字抄错. 错例如下:

$$f\left(\dfrac{\pi}{3}\right) = \sqrt{3}\cos\left(\dfrac{\pi}{3} - \dfrac{\pi}{12}\right) = \sqrt{3}\cos\dfrac{\pi}{4} = \sqrt{3} \times \dfrac{\sqrt{2}}{2} = \dfrac{\sqrt{6}}{2}.$$

或者,

$$f(x) = \sqrt{3}\cos\left(x - \dfrac{\pi}{12}\right),$$
$$f\left(\dfrac{\pi}{3}\right) = \sqrt{3}\cos\dfrac{\pi}{3}\cos\dfrac{\pi}{12} - \sin\dfrac{\pi}{3}\sin\dfrac{\pi}{2} = \sqrt{3}.$$

又或者,

$$f(x) = \sqrt{3}\cos\left(x - \dfrac{\pi}{12}\right),$$

$$f\left(\frac{\pi}{3}\right) = \sqrt{3}\cos\left(\frac{\pi}{3} - \frac{\pi}{12}\right) = \sqrt{3}\cos\frac{\pi}{4} = \sqrt{3} \times \frac{\sqrt{2}}{2} = \frac{\sqrt{6}}{2}.$$

4) 公式错误.

从执行解题过程来看, 各种各样的问题都存在, 这说明, 即使掌握了解题方法, 有了解题思路, 还需要良好的双基, 注重前后考虑, 仔细认真, 才能较好地解决问题.

3.2.5 反思

问题解决的最后是反思, 是评价结果. 在解答完一个题目之后, 对解决问题的过程与结果进行检验和评析是非常必要的, 这样才能融会贯通, 举一反三. 反思是对解题的调节与监控, "已知条件是什么, 结论是什么?""哪些知识是与本题有关系的?""要获得结论, 现在还缺少哪些条件?""问题的关键是什么?"

解完题目, 思考使用的数学思想方法是什么? 这个解题方法能够用来解决类似的问题吗? 有没有一题多解? 错误是如何产生的, 怎样才能避免?

例 3-18(高考全国新课标 I 数学 20 题, 2015)　在直角坐标系 xOy 中, 曲线 $C: y = \dfrac{x^2}{4}$ 与直线 $l: y = kx + a(a > 0)$ 交于 M, N 两点.

(I) 当 $k = 0$ 时, 分别求 C 在点 M 和 N 处的切线方程;

(II) y 轴上是否存在点 P, 使得当 k 变动时, 总有 $\angle OPM = \angle OPN$? 说明理由.

解　(I) 由题设可得 $M(2\sqrt{a}, a), N(-2\sqrt{a}, a)$, 或 $M(-2\sqrt{a}, a), N(2\sqrt{a}, a)$.

因为 $y' = \dfrac{1}{2}x$, 故 $y = \dfrac{x^2}{4}$ 在 $x = 2\sqrt{a}$ 处的导数值为 $\sqrt{a}$, C 在 $(2\sqrt{a}, a)$ 处的切线方程为

$$y - a = \sqrt{a}(x - 2\sqrt{a}), \quad 即 \quad \sqrt{a}x - y - a = 0.$$

故 $y = \dfrac{x^2}{4}$ 在 $x = -2\sqrt{a}$ 处的导数值为 $-\sqrt{a}$, C 在 $(-2\sqrt{a}, a)$ 处的切线方程为

$$y - a = -\sqrt{a}(x + 2\sqrt{a}), \quad 即 \quad \sqrt{a}x + y + a = 0.$$

故所求切线方程为 $\sqrt{a}x - y - a = 0$ 或 $\sqrt{a}x + y + a = 0$.

(II) 存在符合题意的点, 证明如下: 设 $P(0, b)$ 为符合题意的点, $M(x_1, y_1)$, $N(x_2, y_2)$, 直线 PM, PN 的斜率分别为 k_1, k_2.

将 $y = kx + a$ 代入 C 的方程整理得 $x^2 - 4kx - 4a = 0$. 所以

$$x_1 + x_2 = 4k, \quad x_1 x_2 = -4a.$$

于是

$$k_1 + k_2 = \frac{y_1 - b}{x_1} + \frac{y_2 - b}{x_2} = \frac{2kx_1x_2 + (a-b)(x_1+x_2)}{x_1x_2} = \frac{k(a+b)}{a}.$$

当 $b = -a$ 时, 有 $k_1 + k_2 = 0$, 则直线 PM 的倾斜角与直线 PN 的倾斜角互补, 故 $\angle OPM = \angle OPN$, 所以 $P(0, -a)$ 符合题意.

试题的第 (I) 问比较简单, 我们反思第 (II) 问的解答过程.

首先, 我们可以将这个解答过程设计为一个三步探究步骤.

第一步, 确定 P 的特征. P 在 y 轴, 那么 P 对应的坐标就是 $(0, b)$, 这样它的解析几何特点就定了, 那么 P 和 M、N 构成的直线特征也就明确了, 如图 3-18.

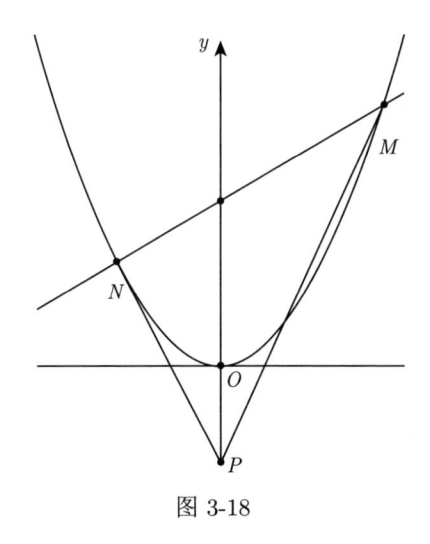

图 3-18

第二步, 定性的研究. 如果 $\angle OPM = \angle OPN$, 那么直线 PM 和 PN 有什么关系? 根据几何的特征, 那么可以确定二者的倾斜角互补, 那么斜率就是 $k_1 + k_2 = 0$.

第三步, 数形结合. 既然 $k_1 + k_2 = 0$ 是已经要求的结论, 那么就结合图形, 列出方程, 研究其方程的特征, 利用代数特征来解决几何问题 (图 3-19).

图 3-19

其次, 我们对此解题过程进行流程分析 (图 3-20).

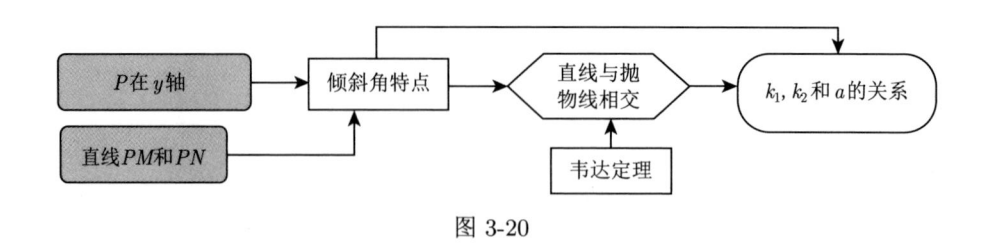

```
┌─────────┐    ┌─────────┐    ┌─────────┐    ┌──────────────┐
│ P在y轴  │───▶│倾斜角特点│───▶│直线与抛  │───▶│k₁,k₂和a的关系│
└─────────┘    └─────────┘    │物线相交  │    └──────────────┘
┌─────────┐    ─────▲─────    └─────────┘
│直线PM和PN│────────┘              ▲
└─────────┘                    ┌───┴───┐
                               │韦达定理│
                               └───────┘
```

图 3-20

再者,我们看解题中,哪些知识得到应用,哪些是关键,哪些点是至关重要的.

(1) 理解题意中获取积极信息. 可以看出,题目给出了这样几个有用条件: P 点在 y 轴, $\angle OPM = \angle OPN$, M, N 是直线和抛物线的交点. 这些信息告诉我们,哪些是直观的图示,哪些是建立联系的联接点,哪些是需要调动记忆中的知识的激发器.

(2) 与之相关联的核心知识. 不可否认,韦达定理是解决问题的关键,同时,倾斜角和斜率直接的关系,代数公式的运算都是解题者必要的知识和能力储备.

(3) 构建合理的解题思路与策略. 怎样实现解题目标,需要合理构建知识之间的联系,形成解题思路,使用正确的解题策略,那么就达到了解题的目的.

3.3 基于变式的解题分析

"变式"是中国教学中的特色产物之一. 变式的使用促进了数学概念的获得,帮助学生更好地理解定理公式等. 变式对于数学解题也是必不可少的,无论是在解题初期的分析或者进行问题引导,还是在解题之后的拓展,都对问题的研究有着重要价值.

3.3.1 本源题

变式是问题的变化形式,这就是说,有一个基本的问题,在此基础上进行变化,这就是"本源题". 本源题具有代表性和基础性,也可以称之为母题. 母题的功能就是能够生成更多的新问题.

例 3-19 点 M 到两个定点 M_1, M_2 距离的比是一个正数 k,求点 M 的轨迹方程,并说明轨迹是什么图形.

这个问题考查学生对基本概念的理解和发现:距离是什么?曲线的方程和图形之间什么关系?如何根据已有的条件建立问题的解决方案?

本源题是基于概念或者命题而设计的,是变式的根本,其解决过程也具有通性通法. 对于本源题的解决要从相关的数学知识、概念、公式、定理出发. 解决之后是对问题的反思:这个结果表明什么?能否对条件进行改变?如何改变?可以得到什么样的其他结论?条件和结论是否可以互换?

3.3.2 变式题

变式题是在对概念、公式、定理的理解的基础上,对于本源题的变化与发展.
数学变式可以根据解题的需要从不同层次进行构造.

1. 从一般到特殊的"变式"

如例 3-19, 我们可以把"点 M 到两个定点 M_1, M_2 距离的比是一个正数 k,"
改变为"点 M 与两个定点 $O(0,0), A(3,0)$ 距离的比为 $\frac{1}{2}$, 求点 M 的轨迹方程,
并说明轨迹是什么图形."

这样的变式可以把"本源题"的一般性发展为特殊性,对于解题者而言,更加具体直观,运算量也降低了很多,学生的认知负荷降低,但是基本的解题策略可以掌握,这种变式帮助解题者从具体情境中掌握相关的规则,形成一种心理定势,掌握解决轨迹问题的一般数学结构,从而为解决"本源题"和新的变式题形成基本的"套路".

这种"变式"的优点是具体形象、运算量低,使解题者有信心继续完成问题解决. 在此基础上,问题可以进一步"抽象",接近"本源题".

例 3-20 已知点 M 到两个定点 $O(0,0), A(3,0)$ 距离的比为 $k(k > 0)$ 的点的轨迹,求点 M 的轨迹方程,并说明轨迹是什么图形.

该例接近了"本源题",但是点还是比较具体的点,通过这样一步一步地过渡,解题者对此类问题都有了比较熟悉的认知. 这种变式是从知识的不变性来进行设计,其结论都具有统一性,但是这样的变式有利于解题者思维的迁移和创造,而且问题的难度不大,解题者在"小步子"的解题过程中,完成了一类问题的解法训练.

2. 横向变式

上述的变式尽管条件发生了改变,但是本质是没有变的,也就是所研究问题的策略是类似的,因此我们也可以认为这是一种横向的变化. 这种变化的优点在于方法的恒定,从特殊到一般的过程又能形成规律或结论.

从解题者的角度来看,横向变式是形式的变化,这种变化是数字的改变,其问题的结构和内涵是没有改变的,是逐步由特殊到一般的学习过程. 在这个过程中,数学的深度没有发生本质改变;解题者的思维水平比较恒定,没有发生跳跃式的变化.

这三个问题的本质都是圆的基本概念,只不过是具体的定点和距离之比的变化; 在这种变化过程中,解题者逐步掌握数学的本质 (图 3-21).

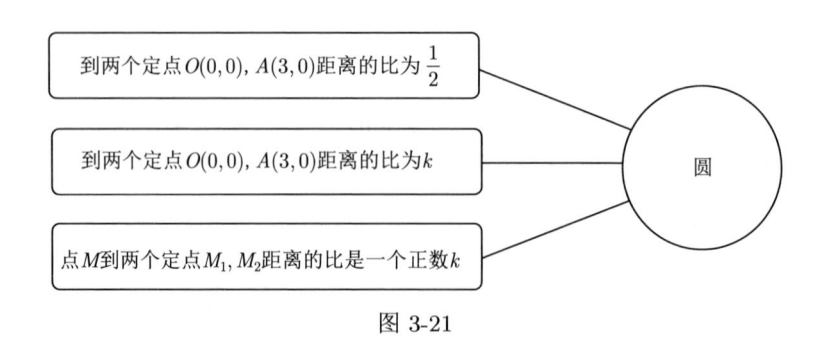

```
┌─────────────────────────────────────────┐
│ 到两个定点 O(0,0), A(3,0) 距离的比为 1/2 │────┐
└─────────────────────────────────────────┘    │
┌─────────────────────────────────────────┐    │   ╭───╮
│ 到两个定点 O(0,0), A(3,0) 距离的比为 k   │────┤   │ 圆 │
└─────────────────────────────────────────┘    │   ╰───╯
┌─────────────────────────────────────────────┐│
│ 点 M 到两个定点 M₁, M₂ 距离的比是一个正数 k │┘
└─────────────────────────────────────────────┘
```

图 3-21

3. 纵向变式

如果问题保持在横向变式中, 那么所解决的问题就比较单一, 解题者知识、技能方面也是不容易获得深入发展. 因此, 横向变式的发展应该拓展与深化, 这就是纵向变式, 也就是突破知识点的局限, 把研究问题从一个模式突破, 像其他模式发展, 或者几类问题建立联系.

例 3-21 利用函数的单调性, 证明不等式 $e^x > 1 + x(x \neq 0)$.

这本是一个不等式问题, 使用函数的性质来研究.

证明 设 $f(x) = 1 + x - e^x, x \in (-\infty, +\infty)$, 于是

$$f'(x) = 1 - e^x.$$

当 $f'(x) > 0$, 得 $x < 0$; 当 $f'(x) < 0$, 得 $x > 0$. 从而 $f(x)$ 在 $(-\infty, 0)$ 上单调递增, 在 $(0, +\infty)$ 上单调递减.

当 $x \neq 0$ 时 $f(x) < f(0) = 0$, 即 $1 + x - e^x < 0$, 即 $e^x > x + 1 (x \neq 0)$.

若是在横向变式思考, 此题可以改变 e^x 和 $1 + x$ 的形式, 如求函数 $f(x) = 1 + x - e^x$ 的单调区间, 并比较 $\left(1 + \dfrac{1}{n}\right)^n$ 与 e 的大小. 又或者变化为: 设函数 $f(x) = e^x - ax - 1$. 若函数 $f(x)$ 在 **R** 上单调递增, 求 a 的取值范围.

这两种变式只不过形式的改变, 其本质并没有发生变化.

再例如, 已知函数 $f(x) = \ln(1 + x)$, 证明: 当 $x > 0$ 时, $f(x) < x$.

这个问题和例 3-21 形式差别很大, 由原来的简单 $e^x > x + 1 (x \neq 0)$ 变化为 $\ln(x + 1) < x$, 其本质是两边取对数, 还是一种横向变式.

例 3-22 证明: $\dfrac{1}{2} + \dfrac{1}{3} + \cdots + \dfrac{1}{n} < \ln n$.

这个例子和上面就有很大的差异, 但是依然是上面的变式, 首先把 n 看做实数.

设 $f(x) = \ln(x+1) - x, -1 < x < 0$, 于是
$$f'(x) = \frac{1}{x+1} - 1 = -\frac{x}{x+1} > 0,$$
从而 $f(x)$ 在 $(-1, 0)$ 上单调递增. 当 $-1 < x < 0$ 时, $f(x) < f(0)$, 即 $\ln(x+1) < x$.
设 $x = -\frac{1}{n}(n \geqslant 2)$, $\ln\left(-\frac{1}{n}+1\right) < -\frac{1}{n}$, 故 $\frac{1}{n} < \ln\frac{n}{n-1}(n \geqslant 2)$.

该例和前者有较大的区别, 不仅仅是形式的变化, 而是作为一种解题方法、策略来辅助解决其他问题, 这不是一种横向的思维, 而是对方法和知识的融会贯通, 这是数学学习中的自我调整, 这种变式是从知识的发展、方法的使用、数学的本质上开展的, 是纵向发展, 因此可以称之为纵向变式.

纵向变式的特点就是能够把数学知识前后联系, 统一不同类的问题, 这些问题有着基本的结构形式或者方法策略, 蕴含着同样的数学思想, 例如, 化归、数形结合、公理化等. 纵向变式有利于解题者整体把握数学概念、性质、定理或公式, 形成良好的数学认知结构, 可以进行适当的数学创造, 这和横向变式有着本质的不同. 横向变式是从问题的形式、条件发生改变, 不变的是知识、方法, 这样的变式练习对于同类型的解答有重要价值, 但是容易产生思维定式.

3.3.3 问题结构

变式的本质是在变化中掌握数学的不变性, 从问题解决的角度来看, 发现形式的变化和结构的统一是理解问题和解决问题的关键. 问题结构是指问题涉及的数学内容、解决方法或模式. 在问题变式中, 横向变式主要是内容结构的变化, 例如例 3-19 到例 3-20 的变化是在内容上发生了形式的改变, 也就是这种变式就是基于数学内容表面的改变, 这样的问题结构容易理解和迁移到新的情境中; 在纵向变式中, 方法或思想是结构变化的主要体现, 尽管问题的形式不同, 但是其数学模式或者思维方式是不变的, 这种结构的不变性是数学方法、模式的应用.

问题结构的差异对于问题解决有着显著影响, 基于数学内容的变式, 解题者容易发现其数学事实, 尽管在数字或者代数形式上有所不同, 但是数学本质没有发生改变, 这对于解题者而言是比较容易解决的, 尤其是对于"新手"; 然而数学方法、数学模式的变式是考查解题者的综合运用数学的能力, 不再局限于数学内容, 解题者在解题的思路、方法的应用方面都有着优异的表现, 这对于"新手"而言, 是有一定困难的. 两类变式的使用可以帮助解题者从数学内容到数学方法都有较好的理解, 从而提高数学解决问题的能力.

3.3.4 寻找模式

基于变式, 数学解题也有着一定的规律或模式. 这种模式也就是寻找问题的变化中的不变元素. 从这个角度而言, 变式在解题训练中至关重要, 这是积累"数学

模式"的重要过程，也是为解决新问题所做的准备 (图 3-22).

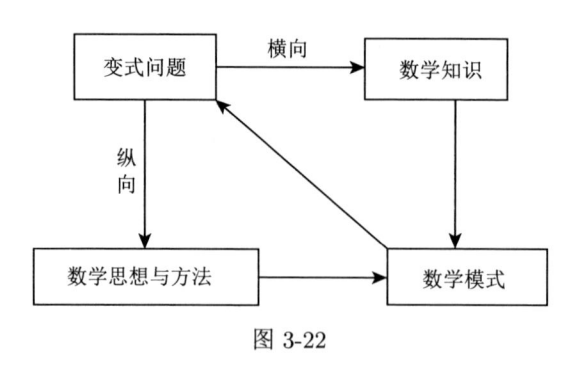

图 3-22

3.3.5 突破模式

数学变式是培养解题能力的重要方面，无论是横向变式或者纵向变式，都是帮助解题者掌握相关的数学模式和方法，从而面对新问题的时候能够找到合理的解题方法. 但是模式又只是一种形式，数学变式就是让解题者灵活变通，而不是死记硬背"模式". 所以，从变式的角度而言，并不是要墨守形成的模式，而是要突破模式，转化问题、分解问题，掌握数学的思想和方法，在变式中的变化中找到不变的因素，应对各种各样的新问题.

习 题

1. 如图 3-23，四边形 $ABCD$ 为直角梯形，$\angle ABC = 90°$, $AD//BC$, $AB = 20\sqrt{2}$, $AD = 10$, $BC = 20$. 若 AB 边上存在一点 P，使得 $\angle DPC$ 最大，求 AP.

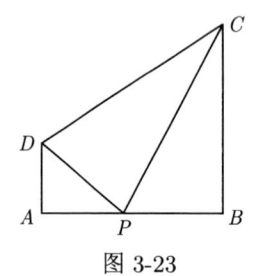

图 3-23

2. 设函数 $f(x) = 3|ax| - (x+a)^2$，其中 $a \in \mathbf{R}$.
(1) 当 $a = 1$ 时，求函数 $f(x)$ 的值域；
(2) 若对任意 $x \in [a, a+1]$，恒有 $f(x) \geqslant -1$，求实数 a 的取值范围.

3. 已知抛物线 $C: y^2 = 2px(p > 0)$ 与直线 $x = 8$ 相交于 M, N 两点，O 为坐标原点，且 $\triangle MON$ 为直角三角形.
(1) 求抛物线 C 的标准方程；
(2) 过 C 的焦点 F 且斜率为 k 的直线 l 与抛物线 C 交于 A, B 两点，线段 AB 的垂直平分线与 x 轴交于点 D，求证：$|AB| = 2|DF|$.

4. 已知 $a, b, c \geqslant 0$ 且 $ab + bc + ca = 1$，求证：$\dfrac{1}{a+b} + \dfrac{1}{b+c} + \dfrac{1}{c+a} \geqslant \dfrac{5}{2}$.

5. 已知 $\triangle ABC$ 的内角 A, B, C 的对边分别为 a, b, c，已知 $a\sin\dfrac{A+C}{2} = b\sin A$.
(1) 求 B；
(2) 若 $\triangle ABC$ 为锐角三角形，且 $c = 1$，求 $\triangle ABC$ 面积的取值范围.

习　题

6. 已知 a,b,c 分别为锐角 $\triangle ABC$ 的三个内角 A,B,C 的对边, $a=2$, 且 $(2+b)(\sin A - \sin B) = (c-b)\sin C$, 求 $\triangle ABC$ 的周长 l 和面积 $S_{\triangle ABC}$ 的取值范围.

7. 如图 3-24, 一次函数 $y = k_1 x + b$ 的图象与反比例函数 $y = \dfrac{k_2}{x}$ 的图象相交于 A、B 两点, 其中点 A 的坐标为 $(-1, 4)$, 点 B 的坐标为 $(4, n)$.

(1) 根据图象, 直接写出满足 $k_1 x + b > \dfrac{k_2}{x}$ 的 x 的取值范围;

(2) 求这两个函数的表达式;

(3) 点 P 在线段 AB 上, 且 $S_{\triangle AOP} : S_{\triangle BOP} = 1 : 2$, 求点 P 的坐标 (图 3-25).

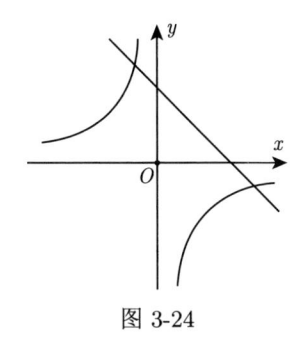

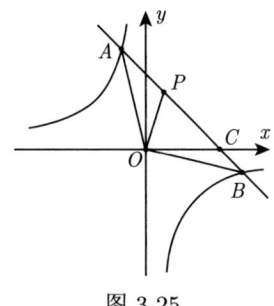

图 3-24　　　　　　　　图 3-25

8. 已知函数 $f(x) = \sin x - \ln(1+x)$, $f'(x)$ 为 $f(x)$ 的导数. 证明:

(1) $f'(x)$ 在区间 $\left(-1, \dfrac{\pi}{2}\right)$ 存在唯一极大值点;

(2) $f(x)$ 有且仅有 2 个零点.

9. 已知函数 $f(x) = (x-2)e^x + a(x-1)^2$ 有两个零点. (I) 求 a 的取值范围; (II) 设 x_1, x_2 是 $f(x)$ 的两个零点, 证明: $x_1 + x_2 < 2$.

10. 设函数 $f(x) = |x - a^2| + |x + 2b^2|$ $(a, b \in \mathbf{R})$.

(1) 若 $a = 1, b = 0$, 求 $f(x) \geqslant 2$ 的解集;

(2) 若 $f(x)$ 的最小值为 8, 求 $a + 2b$ 的最大值.

第 4 章　数学解题方法与策略

数学解题的方法和策略是密不可分的,因此在本章我们把二者一起来讨论. 数学解题方法是指在数学解题中使用的各种方式和手段,是进行数学思维过程的活动方式,是规则、模式或者解决问题的途径. 而数学解题的策略是对方法的反思,强调问题解决的过程,是在理解问题、分析问题、解决问题中的总体指导方针. 数学解题方法或策略是在数学思想方法的指导下可实施的解题行为,在本章,我们基于数学思想方法探究解题方法和策略.

4.1　关于解题方法与策略的研究

4.1.1　解题方法的本质

方法是具体的可操作的过程和步骤. 解题方法是在问题解决中使用的解题方式、手段,例如配方法、划归法、分析法、特殊法等. 这是一种解题规则、标准或者道路、途径. 对于数学问题解决而言,这可能是一种模式、工具或程序.

有的学者 (李明振, 2002) 认为数学方法 "主要是研究和讨论数学的发展规律、数学的思想方法以及数学中的发现、发明与创新法则" 的表征; 是 "用数学语言表述事物的状态、关系和过程, 并加以推导、演算和分析, 以形成对问题的解释、判断和预言的方法." 即数学方法包含有两个不同的方面: 一个是指数学工作者解决数学问题的方法; 另一个是指科研人员以数学概念和理论揭示所研究事物的内在联系和运动规律的方法, 即运用数学所提供的概念、理论和方法对所研究的对象进行定量的分析、描述、推导和计算, 以便从量的关系上认识事物发展变化的规律性的方法. 在人们的实际活动的各个层次上都需要用到数学方法, 与这种层次性相对应, 数学方法也可以分为四个层次: ① 数学发展和创新的方法; ② 运用数学理论研究和表述事物的内在联系和运动规律的方法; ③ 具有普适性的数学解题方法; ④ 特殊的数学解题方法. 也有人将数学方法分为如下四个层次: ① 基本的和重大的数学思想方法, 如微积分方法、概率统计方法、拓扑方法、计算方法等等, 它们决定一个大的数学学科方向, 构成数学的重要基础; ② 与一般科学方法相应的数学方法. 譬如分析综合、类比联想、归纳演绎等, 在用于数学时有其自己的特点; ③ 常用数学方法, 包括 RMI 方法、反证法、数学归纳法、数形结合法、数学构造法等; ④ 数学解题方法与技巧, 包括换元法、消元法、参数法、交集 (轨) 法、递推方法、逐步逼近法等等.

数学解题方法是针对某类问题或者某个知识点, 是直接的、具体的、可操作的, 是数学工作者解决数学问题的方法, 指科研人员以数学概念和理论揭示所研究事物的内在联系和运动规律的方法 (罗增儒, 2001). 数学解题方法就是运用数学所提供的概念、理论和方法对所研究的对象进行定量的分析、描述、推导和计算, 以便从量的关系上认识事物发展变化的规律性的方法 (吴岱明, 1987). 数学思想方法对解题有指导作用, 但是针对具体数学问题, 需要进一步细化成为解题方法, 这样才能进行问题解决.

4.1.2 解题策略的意义

数学解题策略在解决数学问题的全过程中, 借以思考假设、选择和采取解决方法与步骤的方针与原则, 是对数学问题解决途径的概括性认识, 是带有原则性的、宏观的、指导性的思想方法. 有些学者将数学问题过程中的思维结构分成三个层次阶段: 运用一般逻辑方法、运用数学方法、运用具体的解题方法与技巧, 这里的实质, 就是解决问题过程中运用解决策略的层次阶段方法具有层次性, 数学问题解决策略是区别于数学解题方法与具体技巧的、具有普适性的、最高层次的信息处理方法. 面对一个数学问题, 采取什么解决策略是解题者接触和了解数学问题后首先进行的选择性的思维操作, 数学中有许多题目可用固定的算法求解, 但有更多的能称作 "问题" 的题目 (比如探索性的、开放性的及源于实际的题目) 其算法是预先不知的, 需要运用某些策略来指导解决. 策略在数学解题中发挥着极为重要的作用.

数学解题是基于数学思想方法的指导开展的, 当解题的思想确定后, 面对具体的数学问题, 就使用解题方法来解决, 但是从 "思想" 到 "方法" 之间, 还有策略的选择问题, 解题策略就是在此形成. 数学解题策略具有全局掌控的功能, 对于整个的解题思路形成有着重要的影响, 指导解题者把握解题的核心数学内容, 同时解题策略也可以直接应用于解题, 是把解题的想法转化为具体行动的媒介, 比解题思想要具体可行, 可以创造数学的解题方法. 解题策略是一种数学素养的表现, 是解题者根据经验和数学的理解进行选择和搭配解题方法的过程, 这些策略有着直觉的特点, 同时又不缺乏数学的逻辑推理, 不是简单的尝试错误, 而是总的纲领下的具体的操作的思想.

4.2 数学解题方法

从解题的过程来看, 方法是多种多样的. 这些方法体现的是数学思想和解题策略的实践, 我们选择比较典型的解题方法进行探讨, 并结合具体例题进行分析.

4.2.1 化归与转化

转化与化归的实质就是在研究和解决有关数学问题时采用某种手段转化问题,进而得到解决的一种方法. 一般是将复杂的问题通过变换转化为简单的问题,将难解的问题通过变换转化为容易求解的问题,将未解决的问题通过变换转化为已解决的问题. 揭示联系,实现转化与划归的方向应是尽量做到化繁为简、化隐为显、化难为易、化未知为已知、化一般为特殊、化抽象为具体.

波利亚指出,专家型解题者与新手解题者的差别在于专家型解题者更擅长将问题进行转换. 化归是数学问题转化中的思想方法,所谓化归,就是在研究和解决有关数学问题时采用某种手段将问题进行转化,进而使问题得以解决的一种方法.

数学问题的解决,总离不开转化与化归,未知向已知的转化、新知识向旧知识的转化、复杂问题向简单问题的转化、不同数学问题之间的互相转化、实际问题向数学问题的转化等. 转化与化归在数学解题中有着广泛的应用. 通过适当地运用转化与化归的思想方法,可以使解题思路更为明晰,解题效率大大提高. 数学本身是一个有机整体,每个命题里充满了数与形、数与数、式与式、形与形等数学元素的关系. 转化与化归思想在解决数学问题时无处不在,如未知转化为已知、复杂问题转化为简单问题、新知识转化为旧知识、不同数学问题之间的互相转化、实际问题转化为数学问题等,只有掌握了它,才可以化难为易,以不变应万变.

转化与化归思想在数学解题中几乎无处不在,化归的基本功能是:生疏化成熟悉,复杂化成简单,抽象化成直观,含糊化成明朗. 说到底,化归的实质就是以运动变化发展的观点,以及事物之间相互联系、相互制约的观点看待问题,善于对所要解决的问题进行变换转化,使问题得以解决. 要想灵活运用转化与化归思想解决数学问题,首先要扎实基础知识,其次要提高数学素养.

1. 直接转化

把原问题直接转化为基本定理、基本公式或基本图形问题,使问题由暗到明.

例 4-1 已知函数 $y = \sin(\omega x + \varphi)$ $\left(\omega > 0, |\varphi| < \dfrac{\pi}{2}\right)$ 的部分图象如图 4-1 所示,则( ).

(A) $\omega = 1$, $\varphi = \dfrac{\pi}{6}$ \qquad\qquad (B) $\omega = 1$, $\varphi = -\dfrac{\pi}{6}$

(C) $\omega = 2$, $\varphi = \dfrac{\pi}{6}$ \qquad\qquad (D) $\omega = 2$, $\varphi = -\dfrac{\pi}{6}$

分析 运用直接转化法. 第一步,利用三角函数的图象与函数方程的关系把求解函数方程 $y = \sin(\omega x + \varphi)$ 的代数问题转化为求解三角函数图象的周期和初相的几何问题; 第二步, 利用三角函数图象性质求解出三角函数图象的周期, 再利用等式 $T = \dfrac{2\pi}{\omega}$ 把 ω 转化为 $\omega = \dfrac{2\pi}{T}$, 进而求解出 ω 的值, 最后把图象上已知点 $\left(\dfrac{\pi}{3}, 1\right)$ 代入函数方程可得 φ 的值.

例 4-2 在平面直角坐标系 xOy 中, 以 Ox 轴为始边作两个锐角 α, β, 它们的终边分别交单位圆于 A, B 两点. 已知 A, B 两点的横坐标分别是 $\dfrac{\sqrt{2}}{10}, \dfrac{2\sqrt{5}}{\sqrt{5}}$.

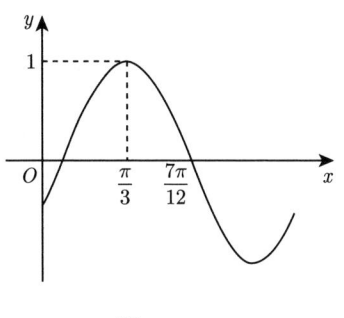

图 4-1

(1) 求 $\tan(\alpha + \beta)$ 的值; (2) 求 $\alpha + 2\beta$ 的值.

解 (1) 由已知条件即三角函数的定义可知 $\cos\alpha = \dfrac{\sqrt{2}}{10}, \cos\beta = \dfrac{2\sqrt{5}}{5}$, 因 α 为锐角, 故 $\sin\alpha = \sqrt{1 - \cos^2\alpha} = \dfrac{7\sqrt{2}}{10}$.

同理可得 $\sin\beta = \sqrt{1 - \cos^2\beta} = \dfrac{\sqrt{5}}{5}$. 因此 $\tan\alpha = 7, \tan\beta = \dfrac{1}{2}$. 所以

$$\tan(\alpha + \beta) = \dfrac{\tan\alpha + \tan\beta}{1 - \tan\alpha\tan\beta} = \dfrac{7 + \dfrac{1}{2}}{1 - 7 \times \dfrac{1}{2}} = -3.$$

(2) $\tan(\alpha + 2\beta) = \tan[(\alpha + \beta) + \beta] = \dfrac{-3 + \dfrac{1}{2}}{1 - (-3) \times \dfrac{1}{2}} = -1.$

又 $0 < \alpha < \dfrac{\pi}{2}, 0 < \beta < \dfrac{\pi}{2}$, 故 $0 < \alpha + 2\beta < \dfrac{3\pi}{2}$, 从而由 $\tan(\alpha + 2\beta) = -1$ 得 $\alpha + 2\beta = \dfrac{3\pi}{4}$.

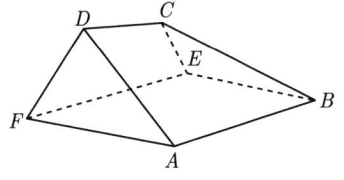

图 4-2

例 4-3 (2016 新课标全国理 I, 18) 如图 4-2, 在以 A, B, C, D, E, F 为顶点的五面体中, 面 $ABEF$ 为正方形, $AF = 2FD, \angle AFD = 90°$, 且二面角 D-AF-E 与二面角 C-BE-F 都是 $60°$.

(I) 证明: 平面 $ABEF \perp$ 平面 $EFDC$;

(II) 求二面角 E-BC-A 的余弦值.

分析 (I) 问证面面垂直, 结合已知条件及以往做题经验, 先尝试利用几何内部知识的相互转化, 欲证面面垂直可先证线面垂直, 欲证线面垂直可先证线线垂直 (平面几何问题), 将空间几何问题转化为平面几何问题.

第一步, 运用直接转化法, 利用线线、线面垂直关系的相关性质与判定, 进行线线垂直与线面垂直的转化. 由 $AF \perp DF, AF \perp FE$ 得到 $AF \perp$ 平面 $EFDC$.

第二步, 运用直接转化法, 利用线面、面面垂直关系的相关性质与判定, 进行线面垂直与面面垂直的转化. 由 $AF \perp$ 平面 $EFDC$ 得到平面 $ABEF \perp$ 平面 $EFDC$.

2. 等价转化

把所给的命题等价转化为另一种容易理解的语言或容易求解的模式, 把复杂的问题分解为几个简单的问题, 把生涩的问题仔细分析, 变为在已有知识范围内能够解决的问题, 从而得出正确的结果.

对于例 4-3 的 (II), 可以使用等价转换的方法解答. 求解二面角余弦值, 可选取合适的点建立空间直角坐标系, 运用等价转化法将二面角余弦值的求解等价转化成向量夹角余弦值的求解, 并利用坐标法进行较易的常规计算.

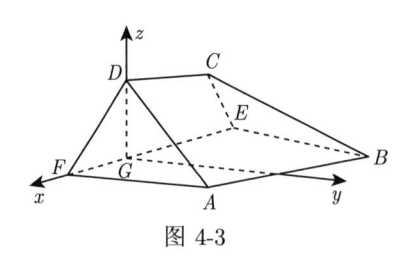

第一步, 选取合适点作为原点, 建立空间直角坐标系. 运用直接转化法, 结合 (I) 的面面垂直和 $AF \perp EF$ 的条件可大致确定空间直角坐标系的方向, 再从减少计算量的角度出发, 选取如下的做法得到的点 G 作为坐标原点并确定单位长度: 过 G 作 $DG \perp EF$, 垂足为 G, 由 (I) 知 $DG \perp$ 平面 $ABEF$.

图 4-3

第二步, 过空间几何内部知识的相互转化, 找出二面角 D-AF-E 的平面角 $\angle DFE$、二面角 C-BE-F 的平面角 $\angle CEF$, 运用坐标法、数形结合法, 利用这两个角的大小的特殊性, 挖掘得到更多有用点的坐标, 由此得到平面 BCE、平面 $ABCD$ 上分别相交的两组向量的坐标.

第三步, 结合向量所成角的余弦值求二面角的余弦值问题求解方法, 根据方程思想分别设出平面 BCE、平面 $ABCD$ 的法向量, 并分别利用已知向量坐标联立方程组求解法向量坐标.

第四步, 运用等价转化法, 根据向量公式得到两个法向量的夹角余弦值, 再结合二面角 E-BC-A 的平面角的大小范围, 确定二面角 E-BC-A 的余弦值.

例 4-4 (2017 北京高考试题) 在 $\triangle ABC$ 中, $\angle A = 60°, c = \dfrac{3}{7}a$.

(I) 求 $\sin C$ 的值;

(II) 若 $a = 7$, 求 $\triangle ABC$ 的面积.

分析 (I) 运用等价转化法. 利用正弦定理把要求的 $\sin C$ 进行转化, 进一步运用题目的已知条件进行求解.

具体为: $\dfrac{a}{\sin A} = \dfrac{c}{\sin C} \Rightarrow \sin C = \dfrac{C \times \sin A}{a} = \dfrac{3}{7} \times \sin 60° = \dfrac{3}{7} \times \dfrac{\sqrt{3}}{2} = \dfrac{3\sqrt{3}}{14}.$

(II) 第一步运用等价转化法. 利用等式 $\sin^2 C + \cos^2 C = 1$ 把 $\cos C$ 转化为 $\sqrt{1-\sin^2 C}$ 并代入已知量解出 $\cos C$ 的值;

第二步运用等价转化法. 利用角的关系式 $A + B + C = \pi$ 把角 B 转化为 $\pi - (A+C)$, 进一步把 $\sin B$ 转化为 $\sin[\pi - (A+C)]$, 然后利用三角函数的诱导公式解出 $\sin B$ 的值. 最后运用三角形面积公式 $S = \frac{1}{2}ac\sin B$ 可求得三角形面积.

例 4-5 (2017 全国 I 卷数学, 9)　已知曲线 $C_1 : y = \cos x, C_2 : y = \sin\left(2x + \frac{2\pi}{3}\right)$, 则下面结论正确的是 (　　).

A. 把 C_1 上各点的横坐标伸长到原来的 2 倍, 纵坐标不变, 再把得到的曲线向右平移 $\frac{\pi}{6}$ 个单位长度, 得到曲线 C_2

B. 把 C_1 上各点的横坐标伸长到原来的 2 倍, 纵坐标不变, 再把得到的曲线向左平移 $\frac{\pi}{12}$ 个单位长度, 得到曲线 C_2

C. 把 C_1 上各点的横坐标伸长到原来的 $\frac{1}{2}$ 倍, 纵坐标不变, 再把得到的曲线向左平移 $\frac{\pi}{6}$ 个单位长度, 得到曲线 C_2

D. 把 C_1 上各点的横坐标伸长到原来的 $\frac{1}{2}$ 倍, 纵坐标不变, 再把得到的曲线向左平移 $\frac{\pi}{12}$ 个单位长度, 得到曲线 C_2

分析　第一步, 运用直接转化法. 利用三角函数的图象与函数方程的关系, 由曲线 C_1 得到 C_2 的问题转化为比较函数方程 $y = \cos x$ 与 $y = \sin\left(2x + \frac{2\pi}{3}\right)$ 的关系; 第二步, 运用等价转化法. 利用三角函数的同角关系式、诱导公式, 把函数方程 $y = \sin\left(2x + \frac{2\pi}{3}\right)$ 转化为 $y = \cos\left(2x + \frac{\pi}{6}\right)$; 第三步, 把函数方程 $y = \cos x$ 与 $y = \cos\left(2x + \frac{\pi}{6}\right)$ 的代数关系转化为几何关系.

例 4-6 (2017 年全国 I 卷)　如图 4-4, 正方形 $ABCD$ 内的图形来自中国古代的太极图. 正方形内切圆中的黑色部分和白色部分关于正方形的中心成中心对称. 在正方形内随机取一点, 则此点取自黑色部分的概率是 (　　).

A. $\frac{1}{4}$　　B. $\frac{\pi}{8}$　　C. $\frac{1}{2}$　　D. $\frac{\pi}{4}$

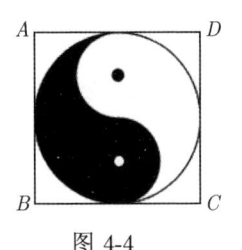

图 4-4

分析　(1) 寻找等价转化模型. 等价转化思想解决问题的关键在于能够找到转化的模型, 概率问题是抽象难懂的, 能够找到一个可以转化的几何型问题的模型是解决这类问题的前提.

(2) 构设变量. 从问题情景中发现哪两个量 (或一个) 是随机的, 以这两个变量进行构造, 并设为 x, y (或 x).

(3) 集合表示. 用 (x, y) 表示每次试验结果, 则可用相应的集合分别表示出试验全部结果 ω 和事件 A 所包含的试验结果.

(4) 作出区域. 把以上集合所表示的平面区域作出, 先作不等式对应的直线, 然后取一特殊点验证哪侧是符合条件的区域.

(5) 计算求解. 根据几何概型的公式, 易从平面图形中两个长度、角度或面积的比求得.

解 设正方形边长为 2, 则圆半径为 1, 所以正方形的面积为 $2 \times 2 = 4$, 圆的面积为 $\pi \times 1^2 = \pi$, 黑色部分的面积为 $\dfrac{\pi}{2}$, 所以此点取自黑色部分的概率为 $\dfrac{\frac{\pi}{2}}{4} = \dfrac{\pi}{8}$, 故选 B.

例 4-7 若 $x, y, z \in \mathbf{R}^+$ 且 $x + y + z = 1$, 求 $\left(\dfrac{1}{x} - 1\right)\left(\dfrac{1}{y} - 1\right)\left(\dfrac{1}{z} - 1\right)$.

分析 由已知 $x+y+z = 1$ 而联想到, 只有将所求式变形为含代数式 $x+y+z$, 或者运用均值不等式后含 xyz 的形式. 所以, 关键是将所求式进行合理的变形, 即等价转化.

解
$$\left(\dfrac{1}{x} - 1\right)\left(\dfrac{1}{y} - 1\right)\left(\dfrac{1}{z} - 1\right) = \dfrac{1}{xyz}(1-x)(1-y)(1-z)$$
$$= \dfrac{1}{xyz}(1 - x - y - z + xy + yz + zx - xyz)$$
$$= \dfrac{1}{xyz}(xy + yz + zx - xyz) = \dfrac{1}{x} + \dfrac{1}{y} + \dfrac{1}{z} - 1$$
$$\geqslant 3\sqrt[3]{\dfrac{1}{xyz}} - 1 = \dfrac{3}{\sqrt[3]{xyz}} - 1 \geqslant \dfrac{3}{\dfrac{x+y+z}{3}} - 1 = 8.$$

3. 结构转化

数学问题的处理中, 如果感到困难且问题复杂棘手, 可转化问题的结构形式, 如数与形、方程与函数等的转化, 从而化归为一个相对简单、便于处理的模式, 以获得问题的解决.

例 4-8 若 $a, b \in \mathbf{R}$, 且 $a\sqrt{1-b^2} + b\sqrt{1-a^2} = 1$, 求证: $a^2 + b^2 = 1$.

分析 多角度多层次观察、思考、联想, 本题可以得出十多种解法. 现从一角度切入, 如果将已知条件想象为点 $P(a, b)$ 是直线 $l: \sqrt{1-b^2}x + \sqrt{1-a^2}y = 1$ 上的点, 则所求证为 $|OP|^2 = a^2 + b^2 = 1$, 由原点 O 到直线 l 的距离不大于 $|OP|$,

构造出 $\dfrac{1}{\sqrt{(1-b^2)+(1-a^2)}} \leqslant \sqrt{a^2+b^2}$ 式子,转化为与所求证密切相关的数学关系,得到下面的证法.

证明 由已知点 $P(a,b)$ 是直线 $l:\sqrt{1-b^2}x+\sqrt{1-a^2}y=1$ 上的点,于是原点 O 到直线 l 的距离不大于 $|OP|$,即
$$\dfrac{1}{\sqrt{(1-b^2)+(1-a^2)}} \leqslant \sqrt{a^2+b^2},$$
整理得 $(a^2+b^2-1)^2 \leqslant 0$,故 $a^2+b^2=1$.

例 4-9 已知函数 $f(x)=\ln x$,$g(x)=ax-a$,$a\in\mathbf{R}$.

(1) 若直线 $y=g(x)$ 是曲线 $y=f(x)$ 的一条切线,求 a 的值;

(2) 若 $P(x_1,y_1)$,$Q(x_2,y_2)$ 是曲线 $y=h(x)=f(x)-g(x)$ 上的两个不同的点,证明:$h'\left(\dfrac{x_1+x_2}{2}\right)<\dfrac{y_1-y_2}{x_1-x_2}$.

分析 此题条件没有给出 x_1,x_2 的等量关系,则无法直接证明,尝试将要证的不等式进行结构转化,发现两个变量 x_1,x_2 能够转化为 $\dfrac{x_1}{x_2}$ 的整体形式,从而实现化归,转化为一元问题求解.

(1) **解** $a=1$. (详细解答略)

(2) **证明** $h(x)=f(x)-g(x)=\ln x-ax+a$,则 $h'(x)=\dfrac{1}{x}-a$.
$$\dfrac{y_1-y_2}{x_1-x_2}=\dfrac{\ln x_1-\ln x_2+a(x_2-x_1)}{x_1-x_2}=\dfrac{\ln x_1-\ln x_2}{x_1-x_2}-a,$$
$$h'\left(\dfrac{x_1+x_2}{2}\right)=\dfrac{2}{x_1+x_2}-a,$$
所以
$$h'\left(\dfrac{x_1+x_2}{2}\right)-\dfrac{y_1-y_2}{x_1-x_2}=\dfrac{2}{x_1+x_2}-\dfrac{\ln x_1-\ln x_2}{x_1-x_2}$$
$$=\dfrac{1}{x_1-x_2}\left[\dfrac{2(x_1-x_2)}{x_1+x_2}-\ln\dfrac{x_1}{x_2}\right]$$
$$=\dfrac{1}{x_1-x_2}\left[\dfrac{2\left(\dfrac{x_1}{x_2}-1\right)}{\dfrac{x_1}{x_2}+1}-\ln\dfrac{x_1}{x_2}\right].$$

不妨设 $0<x_2<x_1$,则 $\dfrac{1}{x_1-x_2}>0$,令 $t=\dfrac{x_1}{x_2}$,则 $t>1$,
$$\dfrac{2\left(\dfrac{x_1}{x_2}-1\right)}{\dfrac{x_1}{x_2}+1}-\ln\dfrac{x_1}{x_2}=\dfrac{2(t-1)}{t+1}-\ln t.$$

令 $m(t) = \dfrac{2(t-1)}{t+1} - \ln t, t > 1$, 则 $m'(t) = -\dfrac{(t-1)^2}{t(1+t)^2} < 0$, 所以 $m(t)$ 在 $(1, +\infty)$ 上单调递减, 故 $m(t) < m(1) = 0$, 所以

$$\frac{1}{x_1 - x_2} \left[\frac{2\left(\dfrac{x_1}{x_2} - 1\right)}{\dfrac{x_1}{x_2} + 1} - \ln \frac{x_1}{x_2} \right] < 0,$$

即 $h'\left(\dfrac{x_1 + x_2}{2}\right) < \dfrac{y_1 - y_2}{x_1 - x_2}$.

判断是否能够把两个变量化为 $\dfrac{x_1}{x_2}$ 的形式进行整体转化, 代数式中出现 $\ln x$ 是一个标志. 另外, 除 $\ln x$ 之外的部分要能够整理成关于 x_1, x_2 的齐次分式, 如例 4-9 中 $\dfrac{2}{x_1 + x_2} - \dfrac{\ln x_1 - \ln x_2}{x_1 - x_2}$, 通过提公因式得 $\dfrac{1}{x_1 - x_2}\left[\dfrac{2(x_1 - x_2)}{x_1 + x_2} - \ln \dfrac{x_1}{x_2}\right]$, 从而变形得到关于 x_1, x_2 的二次齐次分式 $\dfrac{2(x_1 - x_2)}{x_1 + x_2}$.

例 4-10 (2017 年贵州省高中数学联赛竞赛预赛, 14) 掷一枚硬币, 每次出现正面得 1 分, 出现反面得 2 分. 反复掷这枚硬币, 则恰好得 n 分的概率为_____.

分析 设 p_n 表示恰好得到 n 分的概率. 不出现 n 分的唯一情况是得到 $n-1$ 分以后再掷出一次反面.

因为 "不出现 n 分" 的概率是 $1 - p_n$, "恰好得到 $(n-1)$ 分" 的概率是 p_{n-1}, 由于 "掷一次出现反面" 的概率是 $\dfrac{1}{2}$, 所以有

$$1 - p_n = \frac{1}{2} p_{n-1}, \quad 即 \quad p_n - \frac{2}{3} = -\frac{1}{2}\left(p_{n-1} - \frac{2}{3}\right).$$

于是 $\left\{p_n - \dfrac{2}{3}\right\}$ 是以 $p_1 - \dfrac{2}{3} = -\dfrac{1}{6}$ 为首项, 以 $-\dfrac{1}{2}$ 为公比的等比数列. 所以 $p_n - \dfrac{2}{3} = -\dfrac{1}{6}\left(-\dfrac{1}{2}\right)^{n-1}$, 即

$$p_n = \frac{1}{3}\left[2 + \left(-\frac{1}{2}\right)^n\right].$$

注 由递推关系 $a_n = p a_{n-1} + q$, 可用待定系数法: 由 $1 - p_n = \dfrac{1}{2} p_{n-1}$, 即 $p_n = -\dfrac{1}{2} p_{n-1} + 1$, 令 $p_n + x = -\dfrac{1}{2}(p_{n-1} + x)$, 整理解得 $x = -\dfrac{2}{3}$. 将其转化为等比数列, 从而求得相应的通项公式.

4. 正反转化

有些数学问题，如果直接从正面入手求解难度大，致使思路受阻，如果考虑问题的反面，则可使问题轻松获解. "顺难则逆、直难则曲、正难则反"，顺向推导有困难时就逆向推导，直接证明有困难时就间接证明，正面求解有困难时就反向逆找，探求问题的可能性有困难时就探求不可能性，等式证明从左到右不顺利时就从右到左.

例 4-11 已知函数 $f(x) = |x-k| + \frac{1}{2}|x+3| - 2(k \in \mathbf{R})$.

(1) 当 $k=1$ 时, 解不等式 $f(x) \leqslant 1$;

(2) 若 $f(x) \geqslant x$ 对于任意的实数 x 恒成立, 求实数 k 的取值范围.

分析 (1) 略.

(2) 直接求解比较麻烦, 可以从反面角度思考, 寻找解决方法.

形如 $|f(x)| < g(x), |f(x)| > g(x)$ 型不等式, 可以把 $g(x)$ 看成一个大于零的常数 a 进行求解, 即

$$|f(x)| < g(x) \Leftrightarrow -g(x) < f(x) < g(x),$$

$$|f(x)| > g(x) \Leftrightarrow f(x) > g(x) \text{ 或 } f(x) < -g(x).$$

$f(x) \geqslant x$ 对于任意的实数 x 恒成立, 即 $|x-k| \geqslant x + 2 - \frac{1}{2}|x+3|$ 在 $\mathbf{R}$ 上恒成立, 令

$$g(x) = x + 2 - \frac{1}{2}|x+3| = \begin{cases} \frac{3}{2}x + \frac{7}{2}, & x \leqslant -3, \\ \frac{1}{2}x + \frac{1}{2}, & x > 3. \end{cases}$$

令 $g(x) \leqslant 0$ 解得 $x \leqslant -1$, 也即当 $x \leqslant -1$ 时, $|x-k| \geqslant 0 \geqslant g(x)$ 恒成立.

当 $x > -1$ 时, $|x-k| \geqslant g(x)$ 恒成立 $\Leftrightarrow x-k \geqslant g(x)$ 或 $x-k \leqslant -g(x)$ 恒成立.

① 由 $x-k \geqslant g(x)$ 恒成立得, $k \leqslant -2 + \frac{1}{2}|x+3|$ 恒成立, 即 $k \leqslant \left\{-2 + \frac{1}{2}|x+3|\right\}_{\min}$, 于是 $k \leqslant -1$.

② 由 $x-k \leqslant -g(x)$ 恒成立得, $k \geqslant 2x + 2 - \frac{1}{2}|x+3|$ 恒成立, $2x + 2 - \frac{1}{2}|x+3| \to +\infty$, 显然这样的 k 不存在.

综上所述, 我们有 $k \leqslant -1$.

例 4-12 已知方程 $ax^2 - 2(a-3)x + (a-2) = 0$ 中的 a 为负整数, 试求出那些使此方程的解 x 至少有一个为整数时 a 的值.

解 由 a 讨论 x, 就要研究方程的根

$$x = \frac{a - 3 \pm \sqrt{9 - 4a}}{a}.$$

这比较麻烦. 若反过来, 整理成 a 的一次方程

$$\left(x^2 - 2x + 1\right) a + (6x - 2) = 0,$$

则由 $x \neq 1, a \leqslant -1$, 得

$$-\left(x^2 - 2x + 1\right) + (6x - 2) \geqslant \left(x^2 - 2x + 1\right) a + (6x - 2) = 0, \quad ①$$

即 $x^2 - 8x + 3 \leqslant 0$, 得

$$4 - \sqrt{13} \leqslant x \leqslant 4 + \sqrt{13} \quad 且 \quad x \neq 1.$$

把 $x = 2, 3, 4, 5, 6, 7$ 分别代入 ① 得,

$$x = 2 \text{ 时}, a = -10; \quad x = 3 \text{ 时}, a = -4; \quad x = 4, 5, 6, 7 \text{ 时}, a \text{ 不为整数}.$$

所以, 使方程的解 x 至少有一个为整数时 a 的值取 -10 或 -4.

5. 数形转化

通过数量 (代数) 特征, 构造出相应的函数图象 (或曲线、几何图形), 将数的问题 (如解方程、解不等式、求最值、求取值范围等) 与某些图形结合起来, 辅以简单计算, 确定正确答案.

数与形的转化即数形结合思想包括 "以形助数" 和 "以数辅形" 两个方面. 例如在函数或方程问题的解答中, 可分为两种情况: 其一, 应用图象来直观地说明函数或方程的性质; 其二, 利用导数或者某些特值大致地描绘出函数或方程的图象.

例 4-13 已知 $|u| \leqslant \sqrt{2}, v > 0$, 求证: $(u-v)^2 + \left(\sqrt{2 - u^2 - \dfrac{9}{v}}\right)^2 \geqslant 8.$

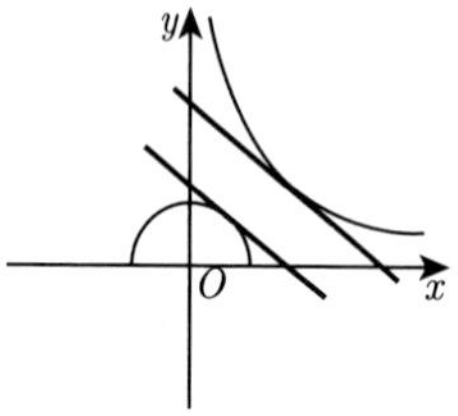

分析 由于点 $(u, \sqrt{2 - u^2})$ 在曲线 $x^2 + y^2 = 2(y > 0)$ 上, 点 $\left(v, \dfrac{9}{v}\right)$ 在曲线 $xy = 9(x > 0, y > 0)$ 上, 如图 4-5, $(u-v)^2 + \left(\sqrt{2 - u^2 - \dfrac{9}{v}}\right)^2$ 即为两点 $(u, \sqrt{2 - u^2})$ 和 $\left(v, \dfrac{9}{v}\right)$ 的距离的平方.

图 4-5

这样, 问题就转化为解曲线 $x^2 + y^2 = 2$ 和 $xy = 9$ 在第一象限中距离最小值.

证明 由于两曲线在第一象限的部分均关于 $y = x$ 对称, 且 $x^2 + y^2 = 2$ 与 $y = x$ 的交点为 $(1,1)$, $xy = 9$ 与 $y = x$ 的交点为 $(3,3)$.

又在 $(1,1)$ 和 $(3,3)$ 处两曲线的切线平行, 所以距离最小值为

$$\sqrt{(3-1)^2 + (3-1)^2} = \sqrt{8}.$$

从而, $(u-v)^2 + \left(\sqrt{2-u^2} - \dfrac{9}{v}\right)^2 \geqslant 8$.

例 4-14 已知函数 $f(x) = \sqrt{x^2 - 6x + 9} + \sqrt{x^2 + 8x + 16}$.

(1) 求 $f(x) \geqslant f(4)$ 的解集;

(2) 设函数 $g(x) = k(x-3), k \in \mathbf{R}$, 若 $f(x) > g(x)$ 对任意的 $x \in \mathbf{R}$ 都成立, 求 k 的取值范围.

分析 (1) 化简 $f(x)$, 得 $f(x) = |x-3| + |x+4|$, 而 $f(4) = 9$.

从而不等式转化为, 找到数轴上的一点 x, 使得它到点 3 的距离与它到 -4 的距离之和大于等于 9.

(2) $f(x) > g(x)$ 对任意的 $x \in \mathbf{R}$ 都成立等价于函数 $f(x)$ 的图象恒在函数 $g(x)$ 图象的上方. 作出二者的图象, 找到使得 $f(x)$ 的图象位于 $g(x)$ 图象上方的 k 的取值.

解答 (1) 因为 $f(x) = |x-3| + |x+4| \geqslant 9$, 所以解得 $x \leqslant -5$ 或 $x \geqslant 4$.

(2) 因为

$$f(x) = \begin{cases} -2x - 1, & x \leqslant 4, \\ 7, & -4 < x \leqslant 3, \\ 2x + 1, & x > 3, \end{cases}$$

注意到 $g(x) = k(x-3)$ 过定点 $(3, 0)$, 要使函数 $f(x)$ 的图象恒在函数 $g(x)$ 图象的上方, 可作出图 4-6.

因为 $A(-4, 7), P(3, 0)$, 从而

$$k_{PA} = -1, \quad k_{PB} = 2.$$

于是 $g(x)$ 图象的斜率一定要小于等于 2, 大于 -1. 否则与函数 $f(x)$ 的图象有交点, 必有位于函数 $f(x)$ 的图象上方的部分, 矛盾. 所以 $k \in (-1, 2]$.

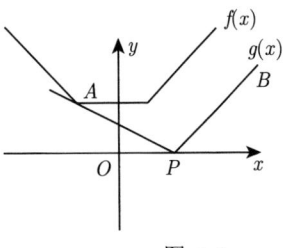

图 4-6

例 4-15 求函数 $f(x) = \sqrt{x^2 - 4x + 13} + \sqrt{x^2 - 12x + 37}$ 的最小值.

分析 函数

$$f(x) = \sqrt{x^2 - 4x + 13} + \sqrt{x^2 - 12x + 37}$$

$$= \sqrt{(x-2)^2 + (0-3)^2} + \sqrt{(x-6)^2 + (0-1)^2},$$

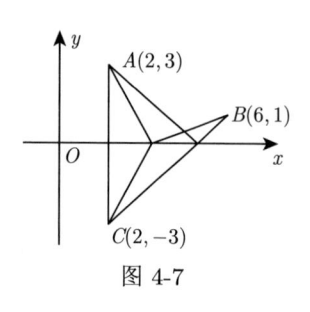

设 $A(2,3), B(6,1), P(x,0)$, 则上述问题转化为求 $|PA| + |PB|$ 的最小值, 如图 4-7, 点 A 关于 x 轴的对称点为 $C(2,-3)$, 因为 $|PA| + |PB| = |PC| + |PB| \geqslant |BC| = 4\sqrt{2}$, 所以 $f(x)$ 的最小值为 $4\sqrt{2}$.

通过数与形的转化, 抓住了函数的特征, 建立了点与点的距离关系, 从而求出两定点和一动点距离和的范围, 体现了数形结合的特点. 下面的例题也有类似的特点.

图 4-7

例 4-16 解方程 $\sqrt{x^2 + 6x + 10} + \sqrt{x^2 - 6x + 10} = 10$.

分析 常见的方法是移项、平方、整理、再平方等繁杂计算, 能否观察特点, 繁中求简?

$$\sqrt{x^2 + 6x + 10} = \sqrt{(x+3)^2 + 1}, \quad \sqrt{x^2 - 6x + 10} = \sqrt{(x-3)^2 + 1},$$

令 $y^2 = 1$, 则 $\sqrt{(x+3)^2 + y^2} + \sqrt{(x-3)^2 + y^2} = 10$, 表示动点 $M(x,y)$ 到两个定点 $F_1(-3,0), F_2(3,0)$ 的距离之和等于 $10\,(10 > |F_1F_2|)$, 发现符合椭圆定义模式, 则有以下解法.

解 由已知 $\sqrt{x^2 + 6x + 10} + \sqrt{x^2 - 6x + 10} = 10$, 得

$$\sqrt{(x+3)^2 + 1} + \sqrt{(x-3)^2 + 1} = 10.$$

令 $y^2 = 1$, 则

$$\sqrt{(x+3)^2 + y^2} + \sqrt{(x-3)^2 + y^2} = 10.$$

这是以 $F_1(-3,0), F_2(3,0)$ 为焦点, 长轴长为 10 的椭圆方程, 即 $\dfrac{x^2}{25} + \dfrac{y^2}{16} = 1$.

于是由 $\begin{cases} \dfrac{x^2}{25} + \dfrac{y^2}{16} = 1, \\ y^2 = 1 \end{cases}$ 得 $\dfrac{x^2}{25} + \dfrac{1}{16} = 1$, 从而

$$x^2 = 25 \times \left(1 - \dfrac{1}{16}\right) = \dfrac{25 \times 15}{16},$$

即 $x = \pm \dfrac{5\sqrt{15}}{4}$ 为原方程的解.

6. 抽象与具体的转化

一般的问题抽象成立, 具体也成立. 具体可以得到确切的答案与规律. 这种关系在中学数学中普遍存在, 经常运用, 这也是化归思想的体现.

例 4-17 已知定义域为 **R** 的函数 $f(x) = \dfrac{-2^x + b}{2^{x+1} + a}$ 是奇函数.

(1) 求 a, b 的值;

(2) 若对任意的 $t \in \mathbf{R}$, 不等式 $f(t^2 - 2t) + f(2t^2 - k) < 0$ 恒成立, 求实数 k 的取值范围.

解 (1) $a = 2, b = 1$ (解略).

(2) 由 (1) 知 $f(x) = \dfrac{1 - 2^x}{2 + 2^{x+1}}$, 所以

$$f\left(t^2 - 2t\right) + f\left(2t^2 - k\right) < 0 \text{ 等价于 } \dfrac{1 - 2^{t^2 - 2t}}{2 + 2^{t^2 - 2t + 1}} + \dfrac{1 - 2^{2t^2 - k}}{2 + 2^{2t^2 - k + 1}} < 0.$$

即

$$\left(2 + 2^{2t^2 - k + 1}\right)\left(1 - 2^{t^2 - 2t}\right) + \left(2 + 2^{t^2 - 2t + 1}\right)\left(1 - 2^{2t^2 - k}\right) < 0,$$

整理得 $2^{3t^2 - 2t - k} > 1$, 题设即为 $3t^2 - 2t - k > 0$, 上式对一切 $t \in \mathbf{R}$ 均成立, 从而判别式

$$\Delta = 4 + 12k < 0,$$

解得 $k < -\dfrac{1}{3}$, 所以实数 k 的取值范围是 $\left(-\infty, -\dfrac{1}{3}\right)$.

此题用赋值法化去抽象符号 f, 转化成具体的含参不等式恒成立问题来求解, 赋值法是化去符号 f 的常规思路, 这种化法的不足是计算量偏大.

例 4-18 平面内有 n 条直线, 其中任何两条不平行, 任何三条不过同一点, 求这 n 条直线的交点个数.

分析 求 n 条直线的交点个数, 我们不妨先从具体情况入手, 避免复杂运算.

解 设平面内 n 条直线的交点个数为 $f(x)$. 根据题设条件, 求得当 $n = 3, 4$ 时 (取特殊点证一般化结论), $f(n)$ 分别为 $f(3) = 3 = \dfrac{3 \times (3 - 1)}{2}, f(4) = 6 = \dfrac{4 \times (4 - 1)}{2}$, 建立猜想 $f(n) = \dfrac{n(n - 1)}{2}$, 用数学归纳法可证得结论成立.

例 4-19 在平面直角坐标系 xOy 中, 椭圆 $\dfrac{x^2}{a^2} + \dfrac{y^2}{b^2} = 1(a > b > 0)$ 的左、右焦点分别为 $F_1(-c, 0), F_2(c, 0)$, 已知 $(1, e)$ 和 $\left(e, \dfrac{\sqrt{3}}{2}\right)$ 都在椭圆上, 其中 e 为椭圆的离心率.

(1) 求椭圆的方程;

(2) 设 A, B 是椭圆上位于 x 轴上方的两点, 且直线 AF_1 与直线 BF_2 平行, AF_2 与 BF_1 交于点 P.

(i) 若 $AF_1 - BF_2 = \dfrac{\sqrt{6}}{2}$, 求直线 AF_1 的斜率.

(ii) 求证: $PF_1 + PF_2$ 是定值.

解析 (1) 代入 $(1,e)$ 和 $\left(e, \dfrac{\sqrt{3}}{2}\right)$ 到 $\dfrac{x^2}{a^2}+\dfrac{y^2}{b^2}=1$ 得椭圆的方程为 $\dfrac{x^2}{2}+y^2=1$.

(2) (i) 设 AF_1 的方程为 $x+1=\dfrac{1}{m}y$, 则直线 BF_2 的方程为 $x-1=\dfrac{1}{m}y$, 设 $A(x_1,y_1), B(x_2,y_2), y_1>0, y_2>0$, 求出

$$AF_1 = \sqrt{(x_1+1)^2+y_1^2} = \sqrt{(my_1)^2+y_1^2} = \dfrac{\sqrt{2}(m^2+1)+m\sqrt{m^2+1}}{m^2+2},$$

$$BF_2 = \dfrac{\sqrt{2}(m^2+1)-m\sqrt{m^2+1}}{m^2+2},$$

代入条件进而求解 $m=\dfrac{\sqrt{2}}{2}$, 即斜率为 $\dfrac{\sqrt{2}}{2}$.

(ii) (先将题目具体化, 从而证明一般性结论) 考虑到直线 BF_2 平行, 且要证明 PF_1+PF_2 为定值, 将问题具体化: 让直线 AF_1 与 BF_2 均垂直于 x 轴, $P\left(0, \dfrac{\sqrt{2}}{4}\right), PF_1+PF_2 = 2\times\dfrac{3\sqrt{2}}{4} = \dfrac{3\sqrt{2}}{2}$. 下证 PF_1+PF_2 直线是定值.

因为直线 AF_1 与直线 BF_2 平行, 所以 $\dfrac{PB}{PF_1}=\dfrac{BF_2}{AF_1}$, 由分数的合分比性质得

$$\dfrac{PB+PF_1}{PF_1}=\dfrac{BF_2+AF_1}{AF_1},$$

故 $PF_1 = \dfrac{AF_1}{AF_1+BF_2}BF_1$. 因为 $BF_1+BF_2=2\sqrt{2}$, $AF_1+AF_2=2\sqrt{2}$, 所以 $PF_1 = \dfrac{AF_1}{AF_1+BF_2}(2\sqrt{2}-BF_2)$. 同理 $PF_2 = \dfrac{BF_2}{AF_1+BF_2}(2\sqrt{2}-AF_1)$. 故

$$PF_1+PF_2 = \dfrac{AF_1}{AF_1+BF_2}(2\sqrt{2}-BF_2) + \dfrac{BF_2}{AF_1+BF_2}(2\sqrt{2}-AF_1)$$

$$= 2\sqrt{2}-\dfrac{2AF_1\cdot BF_2}{AF_1+BF_2}$$

$$= 2\sqrt{2}-\dfrac{\sqrt{2}}{2}=\dfrac{3\sqrt{2}}{2}.$$

因此 PF_1+PF_2 是定值.

7. 维度转化

立体几何中, 判定和证明空间的直线与直线, 直线与平面以及平面与平面的位置关系 (主要是平行与垂直的位置关系), 计算空间图形中的几何量 (主要是角与距离) 是两类基本问题. 正确揭示空间图形与平面图形的联系, 并有效地实施空间图形与平面图形的转换是分析和解决这两类问题的关键.

例 4-20 棱长为 2 的正四面体的四个顶点都在同一个球面上, 若过该球心的一个截面如图 4-8, 则图中三角形 (正四面体的截面) 的面积是 ( ).

A. $\dfrac{\sqrt{2}}{2}$　B. $\dfrac{\sqrt{3}}{2}$　C. $\sqrt{2}$　D. $\sqrt{3}$

分析　本题讨论球及其内接正四面体的位置关系和数量关系. 由于题设条件中给出的图形是过球心的截面, 所以图中的圆必是球的大圆; 图中三角形的两个顶点在此球大圆上, 必为球内接正四面体的一条棱, 如图 4-9 中 AB.

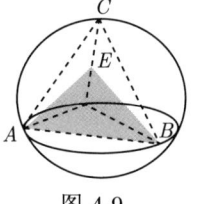

图 4-8　　　　　　　　　　图 4-9

球具有对称性, 关于每一个过球心的平面 (包括给出的截面) 都是对称的. 同样, 球的内接正四面体也应关于次截面对称, 因此图中三角形位于大圆内的顶点应是棱 AB 所对的棱 CD 的中点 E.

依题意, $AB = 2, AE = BE = \sqrt{3}$, 故所求三角形 (正四面体的截面) 的面积为 $\sqrt{2}$, 选 C.

4.2.2　正反互逆

在解题中, 我们习惯于从问题的条件出发, 运用已有的概念、命题或结论进行解答, 这就是直接的、正面的解题方法. 如同战争中的面对面的决战, 这样的问题比较规范、常规, 对于解题者的思维要求也是正向的, 也就是定向性、层次性和聚合性, 也就是解题者要能从原有的数学解题方法中正向迁移, 通过类比、比较、同化等手段解决新问题, 形成正向的解题思维至关重要, 这能帮助解题者巩固知识、提高解题的熟练程度.

正向思维有着积极的方面, 但是, 数学问题是多样的, 并不是所有的条件和问题有着直接的联系, 可以让解题者顺利解答. 数学思维是多角度、双向或者互逆的, 有些问题从逆向思考, 可能更为容易发现解决的方法, 正如化归与转化的方法, 当把不规则的图形变为规则的, 也可以找到解决的方法, 而极限、积分正是这样产生的; 再者, 直接证明有困难, 可以从反向证明、间接证明; 直接从条件出发, 不能发现解题策略, 不如从结论出发, 也就是分析法、逆推法; 如果说明一个结论不成立, 只要举个反例就可以; 常量和变量进行互化, 主次元交换, 公式定理逆用, 等等都是正反思维交互使用的表现. 这些解题方法的使用可以帮助解题者跳出思维定势,灵活运用各种方法解决问题.

1. 分析与综合

直接证明是从命题的条件或结论出发, 根据已知的定义、公理、定理, 直接推证结论的真实性的证明. 而综合法与分析法作为直接证明中最基本的两种证明方法, 也是解决数学问题时常用的思维模式, 在中学数学中, 具有重要的地位. 作为逻辑探索方法的分析与综合, 广泛渗透在数学解题的思维方法中. 在教学中若能将分析法与综合法很好地结合起来运用, 就可使学生对知识的理解既深刻又全面, 并得到解题的思维方法.

综合法: 一般地, 利用已知条件和某些数学定义、公理、定理等, 经过一系列的推理论证, 最后推导出所要证明的结论成立, 特点是 "由因导果".

分析法: 一般地, 从要证明的结论出发, 逐步寻求推证过程中, 使每一步结论成立的充分条件, 直至最后, 把要证明的结论归结为判定一个明显成立的条件 (已知条件、定理、定义、公理等为止). 往往适用于已知条件与结论之间的联系不够明显、直接, 证明中需要用哪些知识不太明确具体时. 事实上, 在解决问题的过程中, 我们常常把综合法与分析法结合起来使用. 即: 根据条件的结构特点去转化结论, 得到中间结论 Q; 根据结论的结构特点去转化条件, 得到中间结论 P, 若由 P 可推出 Q, 就可证明结论成立.

例 4-21 如图 4-10, 四边形 $ABCD$ 内接于半径为 R 的圆. 对角线 AC, BD 相交于 E. $AC \perp BD$. 求证: $EA^2 + EB^2 + EC^2 + ED^2 = 4R^2$.

思路分析 已知题目与圆和四边形有关, 题中给出 $AC \perp BD$, AC 与 BD 是四边形的对角线. 隐含的条件有, $AC \perp BD$ 必有直角三角形; 可知在圆中, 存在 "直径所对的角为直角", "等弧等弦则圆周角相等" 等性质. 要求证 $EA^2 + EB^2 + EC^2 + ED^2 = 4R^2$, 在题目条件中, 只给出 $AC \perp BD$, 从结论 $EA^2 + EB^2 + EC^2 + ED^2 = 4R^2$ 出发, 与边的平方有关, 那么可以联想勾股定理, 不难得到 $EA^2 + EB^2 = AB^2, EC^2 + ED^2 = CD^2$, 运用 $AB^2 + CD^2 = 4R^2$ 成立, 式子的形式很容易联想到勾股定理.

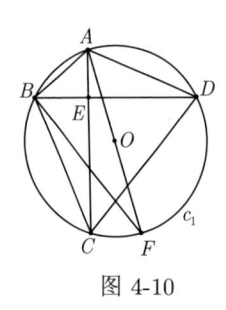

在图中明显找不到 AB 与 CD 的联系, AB 与 CD 不在同一个三角形中, 那么在图中可能会有与 AB 或 CD 相同的边, 刚好能组成直角三角形. 得到了式子 $AB^2 + CD^2 = 4R^2$, 只需证明,

$$AB^2 + CD^2 = 4R^2 = (2R)^2. \qquad ①$$

而直径所对的圆周角是直角, 所以我们应当作出过

图 4-10

A (或过 B,C,D) 的直径 AF, 则有

$$AB^2 + BF^2 = AF^2 = (2R)^2 = 4R^2. \qquad ②$$

运用分析法, 要证 ① 成立, 只需证明 $CD = BF$. ③

而要证明两条弦相等, 它们所对的弧或圆周角相等.

由于 $\angle CAD = 90° - \angle AFB = \angle BAF$, 所以 ③ 成立, 从而 ②, ① 均成立, 得证.

例 4-22 已知 $\alpha, \beta \neq k\pi + \dfrac{\pi}{2} (k \in \mathbf{Z})$, 且

$$\sin\theta + \cos\theta = 2\sin\alpha, \qquad ①$$
$$\sin\theta \cdot \cos\theta = \sin^2\beta, \qquad ②$$

求证:

$$\frac{1 - \tan^2\alpha}{1 + \tan^2\alpha} = \frac{1 - \tan^2\beta}{2(1 + \tan^2\beta)}.$$

解答 从分析的角度思考. 因为 $(\sin\theta + \cos\theta)^2 - 2\sin\theta\cos\theta = 1$, 所以将 ① ② 代入, 可得

$$4\sin^2\alpha - 2\sin^2\beta = 1. \qquad ③$$

另一方面, 要证

$$\frac{1 - \tan^2\alpha}{1 + \tan^2\alpha} = \frac{1 - \tan^2\beta}{2(1 + \tan^2\beta)},$$

即证

$$\frac{1 - \dfrac{\sin^2\alpha}{\cos^2\alpha}}{1 + \dfrac{\sin^2\alpha}{\cos^2\alpha}} = \frac{1 - \dfrac{\sin^2\beta}{\cos^2\beta}}{2\left(1 + \dfrac{\sin^2\beta}{\cos^2\beta}\right)}.$$

即证

$$\cos^2\alpha - \sin^2\alpha = \frac{1}{2}\left(\cos^2\beta - \sin^2\beta\right).$$

即证

$$1 - 2\sin^2\alpha = \frac{1}{2}\left(1 - 2\sin^2\beta\right).$$

即证

$$4\sin^2\alpha - 2\sin^2\beta = 1.$$

由于上式与 ③ 相同, 于是问题得证.

此题也可以用综合法. 因为

$$(\sin\theta + \cos\theta)^2 - 2\sin\theta\cos\theta = 1,$$

所以

$$(2\sin\alpha)^2 - 2\sin^2\beta = 1.$$

从而

$$4\sin^2\theta - 2\sin^2\beta = 1. \text{(二倍角公式)}$$

于是

$$2\left(\cos^2\alpha - \sin^2\alpha\right) = \cos^2\beta - \sin^2\beta,$$
$$\frac{2\left(\cos^2\alpha - \sin^2\alpha\right)}{\cos^2\alpha + \sin^2\alpha} = \frac{\cos^2\beta - \sin^2\beta}{\cos^2\beta + \sin^2\beta},$$
$$\frac{1-\tan^2\alpha}{1+\tan^2\alpha} = \frac{1-\tan^2\beta}{2\left(1+\tan^2\beta\right)}.$$

题目给出的条件是关于正弦、余弦的, 而要证的内容是关于正切的, 那么该如何进行弦化切, 使得算式中的正弦余弦全部转化为正切, 是一个难点, 如果利用综合法, 则需要学生去拼凑, 但是该利用什么公式、技巧进行拼凑, 是很抽象的, 因此利用分析法, 逐步推理, 向已知靠近, 可以简化证明过程.

本题若直接从已知条件出发, 运用综合法解题, 则需要学生对三角函数公式及同类题目的掌握程度较高, 对处理此类三角函数问题的技巧 (如在分式上下同时除以 cos 以拼凑出 tan) 的运用较为熟练. 而运用分析法可以将证明的思路变得更清晰, 因为把要证的算式中的正切化为正弦和余弦十分简单, 因此对学生的解题技巧要求较低, 只需逐步推理即可得证.

例 4-23 求证: $\left(\dfrac{1}{\sin^4\alpha} - 1\right)\left(\dfrac{1}{\cos^4\alpha} - 1\right) \geqslant 9$.

证明 欲证 $\left(\dfrac{1}{\sin^4\alpha} - 1\right)\left(\dfrac{1}{\cos^4\alpha} - 1\right) \geqslant 9$, 只需证

$$\frac{1-\sin^4\alpha}{\sin^4\alpha} \cdot \frac{1-\cos^4\alpha}{\cos^4\alpha} \geqslant 9.$$

只需证

$$\frac{\left(1+\sin^2\alpha\right)\left(1-\sin^2\alpha\right)\left(1+\cos^2\alpha\right)\left(1-\cos^2\alpha\right)}{\sin^4\alpha \cdot \cos^4\alpha} \geqslant 9.$$

即证

$$1 + \sin^2\alpha + \cos^2\alpha + \sin^2\alpha \cdot \cos^2\alpha \geqslant 9\sin^2\alpha \cdot \cos^2\alpha.$$

只需证

$$1 + 1 \geqslant 8\sin^2\alpha \cdot \cos^2\alpha.$$

只需证
$$1 \geqslant (2\sin\alpha \cdot \cos\alpha)^2.$$
即证
$$\sin^2 2\alpha \leqslant 1.$$

根据三角函数有界性, $\sin^2 2\alpha \leqslant 1$ 成立, 所以原不等式成立.

不等式左边的结构是学生非常陌生的, 如果按综合法来证明, 如何使得不等式右边出现数字 "9", 是一个很抽象的问题, 会让学生觉得无从下手. 而利用分析法, 执果索因, 代入学生熟知的公式 (完全平方公式, 正余弦平方和为 1) 进行逐步推理, 整理该不等式后, 得出最终要证明的是一个显然成立的不等式.

例 4-24 设 $a > b > 0$, 求证: $\dfrac{(a-b)^2}{8a} < \dfrac{a+b}{2} - \sqrt{ab} < \dfrac{(a-b)^2}{8b}$.

分析 题中只有 $a > b > 0$ 这个已知条件, 单从这点直接出发, 难以与 $\dfrac{(a-b)^2}{8a} < \dfrac{a+b}{2} - \sqrt{ab} < \dfrac{(a-b)^2}{8b}$ 有联系, 解题难度较大, 不妨用分析法来证明, 从结论出发, 一步一步进行解析, 寻求 $\dfrac{(a-b)^2}{8a} < \dfrac{a+b}{2} - \sqrt{ab} < \dfrac{(a-b)^2}{8b}$ 成立的充分条件, 这样思考起来比较自然, 容易寻找到解题的思路和方法.

证明 要证明 $\dfrac{(a-b)^2}{8a} < \dfrac{a+b}{2} - \sqrt{ab} < \dfrac{(a-b)^2}{8b}$. 只要证
$$\frac{(a-b)^2}{8a} < \frac{(\sqrt{a}-\sqrt{b})^2}{2} < \frac{(a-b)^2}{8b}.$$
因为 $a > b > 0$, 故有 $\sqrt{a} > \sqrt{b} > 0$. 只需证
$$\frac{(\sqrt{a}+\sqrt{b})^2}{4a} < 1 < \frac{(\sqrt{a}+\sqrt{b})^2}{4b}.$$
只需证
$$\frac{\sqrt{a}+\sqrt{b}}{2\sqrt{a}} < 1 < \frac{\sqrt{a}+\sqrt{b}}{2\sqrt{b}},$$
即证
$$\frac{\sqrt{a}+\sqrt{b}}{2\sqrt{a}} < \frac{\sqrt{a}+\sqrt{a}}{2\sqrt{a}} = \frac{\sqrt{b}+\sqrt{b}}{2\sqrt{b}} < \frac{\sqrt{a}+\sqrt{b}}{2\sqrt{b}} \quad (\sqrt{a} > \sqrt{b} > 0).$$
因该不等式明显成立, 故原不等式成立.

例 4-25 已知 a,b,c 是不全相等的正数, 且 $0 < x < 1$. 求证:
$$\log_x \frac{a+b}{2} + \log_x \frac{b+c}{2} + \log_x \frac{a+c}{2} < \log_x a + \log_x b + \log_x c.$$

分析与解答 **证法一** 分析法. 要证明

$$\log_x \frac{a+b}{2} + \log_x \frac{b+c}{2} + \log_x \frac{a+c}{2} < \log_x a + \log_x b + \log_x c,$$

只需要证明

$$\log_x \left[\frac{a+b}{2} \times \frac{b+c}{2} \times \frac{a+c}{2} \right] < \log_x (abc).$$

由已知 $0 < x < 1$, 只需证明

$$\frac{a+b}{2} \times \frac{b+c}{2} \times \frac{a+c}{2} > abc.$$

由公式知

$$\frac{a+b}{2} \geqslant \sqrt{ab} > 0, \quad \frac{b+c}{2} \geqslant \sqrt{bc} > 0, \quad \frac{a+c}{2} \geqslant \sqrt{ac} > 0,$$

因为 b、c 不全相等, 上面三式相乘,

$$\frac{a+b}{2} \times \frac{b+c}{2} \times \frac{a+c}{2} > \sqrt{a^2 b^2 c^2} = abc, \text{ 即 } \frac{a+b}{2} \times \frac{b+c}{2} \times \frac{a+c}{2} > abc$$

成立, 所以

$$\log_x \frac{a+b}{2} + \log_x \frac{b+c}{2} + \log_x \frac{a+c}{2} < \log_x a + \log_x b + \log_x c.$$

证法二 综合法. 因为

$$\frac{a+b}{2} \geqslant \sqrt{ab} > 0, \quad \frac{b+c}{2} \geqslant \sqrt{bc} > 0, \quad \frac{a+c}{2} \geqslant \sqrt{ac} > 0,$$

而 a, b, c 不全相等, 将上面三式相等可得

$$\frac{a+b}{2} \times \frac{b+c}{2} \times \frac{a+c}{2} > \sqrt{a^2 b^2 c^2} = abc.$$

由已知 $0 < x < 1$, 所以 $\log_x \left[\frac{a+b}{2} \times \frac{b+c}{2} \times \frac{a+c}{2} \right] < \log_x (abc)$. 故

$$\log_x \frac{a+b}{2} + \log_x \frac{b+c}{2} + \log_x \frac{a+c}{2} < \log_x a + \log_x b + \log_x c.$$

分析和综合是相比较而存在的, 它们既是对立又是统一的, 所以在实际证明命题时, 应当把分析法和综合法结合起来使用; 根据条件的结构特点去转化结论, 得到中间结论 Q; 根据结论的结构特点去转化条件, 得到中间结论 P; 若由 P 可推出 Q, 就可以证明命题成立.

例 4-26 (2007 年高考江西卷理科, 22) 设正整数数列 $\{a_n\}$ 满足: $a_2 = 4$, 且对于任何 $n \in \mathbf{N}^*$, 有 $2 + \dfrac{1}{a_{n+1}} < \dfrac{\dfrac{1}{a_n} + \dfrac{1}{a_{n+1}}}{\dfrac{1}{n} - \dfrac{1}{n+1}} < 2 + \dfrac{1}{a_n}$.

(1) 求 a_1, a_3;

(2) 求数列 $\{a_n\}$ 的通项.

分析与解答 (1) 易得 $a_1 = 1, a_3 = 9$.

(2) 由 $a_1 = 1, a_2 = 4, a_3 = 9$, 猜想 $a_n = n^2$.

下面用数学归纳法证明:

① 当 $n = 1, 2$ 时, 由 (1) 知 $a_n = n^2$ 均成立.

② 假设 $n = k(k \geqslant 2)$ 时成立, 即 $a_k = k^2$, 则当 $n = k+1$ 时, 由已知得

$$2 + \frac{1}{a_{k+1}} < k(k+1)\left(\frac{1}{k^2} + \frac{1}{a_{k+1}}\right) < 2 + \frac{1}{k^2},$$

故

$$\frac{k^3(k+1)}{k^2 - k + 1} < a_{k+1} < \frac{k(k^2 + k - 1)}{k - 1}, \qquad (*)$$

变形得

$$(k+1)^2 - \frac{k+1}{k^2 - k + 1} < a_{k+1} < (k+1)^2 + \frac{1}{k-1}. \text{ (分析综合法的结果)}$$

因为 $k \geqslant 2$ 时, $k^2 - k + 1 - (k+1) = k(k-2) \geqslant 0$, 所以 $\dfrac{k+1}{k^2 - k + 1} \in (0, 1], k - 1 \geqslant 1$, 所以 $\dfrac{1}{k-1} \in (0, 1]$. 又 $a_{k+1} \in \mathbf{N}^*$, 所以 $(k+1)^2 \leqslant a_{k+1} \leqslant (k+1)^2$. 故 $a_{k+1} = (k+1)^2$, 即 $n = k+1$ 时, $a_n = n^2$ 成立.

由 ①,② 知, 对任意 $n \in \mathbf{N}^*, a_n = n^2$.

本题如果不充分利用分析综合法指导思想, 当学生面对 $(*)$ 式时, 可能会陷入盲目运算变形之中, 从而半途而废. 本题关键在于如何将 $(*)$ 式化为

$$(k+1)^2 - \frac{k+1}{k^2 - k + 1} < a_{k+1} < (k+1)^2 + \frac{1}{k - 1}.$$

这时需要用分析法思想, 因为从结果应当得出 $a_{k+1} = (k+1)^2$, 而已经有 $(*)$ 式, 所以应当有

$$(k+1)^2 - 1 < \frac{k^3(k+1)}{k^2 - k + 1} < (k+1)^2, \quad (k+1)^2 < \frac{k(k^2 + k - 1)}{k - 1} < (k+1)^2 + 1.$$

所以把 $(*)$ 式的左右两边首先分离出 $(k+1)^2$ 是下一步变形、化简的方向和目标. 如果直接分离困难, 我们只需用 $(*)$ 式的左右两边分别减 $(k+1)^2$. 这又是

利用分析综合法的结果,它把较难配凑的问题,轻而易举地转化成了代数式的加减运算问题.

例 4-27　设 A,B,C 是双曲线 $xy=1$ 上的三点,求证: $\triangle ABC$ 的垂心 H 必在该双曲线上.

分析　从已知 A,B,C 是双曲线 $xy=1$ 上的三点可知,① 双曲线解析式为 $xy=1$,双曲线上的点均满足该解析式;② A,B,C 三个点均满足表达式 $xy=1$,也就是给出了 A,B,C 三点的坐标,可设为 $\left(\alpha,\dfrac{1}{\alpha}\right),\left(\beta,\dfrac{1}{\beta}\right),\left(\gamma,\dfrac{1}{\gamma}\right)$. 从 H 为 $\triangle ABC$ 的垂心可知 H 为 $\triangle ABC$ 的三条高的交点,也就是任两条高线的交点.

求证的是 $\triangle ABC$ 的垂心 H 在该双曲线上,运用分析法,从结论出发,点在某线上的最直接的证明方式就是证明点的坐标满足曲线解析式,此时,只需证明垂心 (x_0,y_0) 满足 $x_0y_0=1$. 要将已知和求证联系起来,证明两条高线的交点满足 $x_0y_0=1$,则需要知道两条高线的方程,运用综合法,求直线方程方法有多种,在这里知道高线上一点的坐标及其垂线的斜率,故采取点斜式,写出两条高线方程,从而推出所求 $x_0y_0=1$.

证明　如图 4-11 所示.

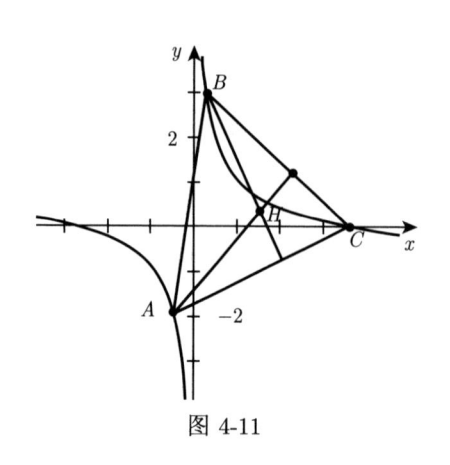

设垂心 H 的坐标为 (x_0,y_0),要证 H 在该双曲线上,只需证 $x_0y_0=1$. 由已知可设 A,B,C 的坐标分别为 $\left(\alpha,\dfrac{1}{\alpha}\right),\left(\beta,\dfrac{1}{\beta}\right),\left(\gamma,\dfrac{1}{\gamma}\right)$. 因为

$$k_{BC}=\dfrac{\dfrac{1}{\gamma}-\dfrac{1}{\beta}}{\gamma-\beta}=-\dfrac{1}{\beta\gamma},$$

所以

$$k_{AH}=-\dfrac{1}{k_{BC}}=\beta\gamma,$$

图 4-11

从而直线 AH 的方程为

$$y-\dfrac{1}{\alpha}=\beta\gamma(x-\alpha).$$

同理,直线 BH 的方程为

$$y-\dfrac{1}{\beta}=\alpha\gamma(x-\beta).$$

因为 H 为 AH 与 BH 的交点,所以有

$$y_0-\dfrac{1}{\alpha}=\beta\gamma(x_0-\alpha), \tag{1}$$

$$y_0 - \frac{1}{\beta} = \alpha\gamma(x_0 - \beta), \tag{2}$$

由 (1) 式左乘 (2) 式右及 (1) 式右乘 (2) 式左, 得

$$\alpha\gamma\left(y_0 - \frac{1}{\alpha}\right)(x_0 - \beta) = \beta\gamma\left(y_0 - \frac{1}{\beta}\right)(x_0 - \alpha).$$

化简可得 $x_0 y_0(\alpha - \beta) = \alpha - \beta$. 因为 $\alpha \neq \beta$, 所以 $\alpha - \beta \neq 0$, 所以 $x_0 y_0 = 1$, 即 H 在双曲线 $xy = 1$ 上, 得证.

分析法从 "未知" 看 "需知", 逐步靠拢 "已知", 其逐步推理, 实际上是寻求它的充分条件; 综合法从 "已知" 看 "未知", 其逐步推理, 实际上是寻找它的必要条件. 分析法与综合法各有其特点, 但是大多数情况下, 分析法与综合法是统一运用的, 区别仅在于, 在构建命题的证明路径时, 有时分析法居主导地位, 综合法伴随着它; 有时却刚好相反, 是综合法居主导地位, 而分析法伴随着它; 特别是对于一些较复杂的数学证明, 不论是从 "已知" 推向 "未知", 还是由 "未知" 靠拢 "已知", 都有一个比较长的过程, 单靠分析法或综合法显得较为困难, 此时不妨用分析综合法, 将两种方法结合起来, 同时从一个命题的条件和结论由两头向中间挤, 发现证题的突破口, 从而构建出证明的有效路径.

例 4-28 设 $f(x) = \ln x - px + 1 (p > 0)$.

(1) 求函数 $f(x)$ 的极值点, 并判断其为极大值点还是极小值点;

(2) 若对任意的 $x > 0$, 恒有 $f(x) \leqslant 0$, 求 p 的取值范围;

(3) 证明: $\dfrac{\ln 2^2}{2^2} + \dfrac{\ln 3^2}{3^2} + \cdots + \dfrac{\ln n^2}{n^2} < \dfrac{2n^2 - n - 1}{2(n+1)} (n \in \mathbf{N}, n \geqslant 2)$.

解 (1) $p > 0$ 时, $f(x)$ 有唯一的极大值点 $x = \dfrac{1}{p}$.

(2) p 的取值范围为 $[1, +\infty)$.

(3) 左边是由 $n-1$ 个类似的分式相加而成, 右边可以变形为

$$\frac{2n^2 - n - 1}{2(n+1)} = \frac{\left(n+1-\dfrac{1}{2}\right)(n+1-2)}{n+1} = n + 1 - \frac{5}{2} + \frac{1}{n+1}$$
$$= n - 1 - \left(\frac{1}{2} - \frac{1}{n+1}\right),$$

则可以拆分

$$\frac{1}{2} - \frac{1}{n+1} = \frac{1}{2} - \frac{1}{3} + \frac{1}{3} - \frac{1}{4} + \cdots + \frac{1}{n} - \frac{1}{n+1}.$$

要使不等式成立只需证明:

$$\frac{\ln 2^2}{2^2} \leqslant 1 - \left(\frac{1}{2} - \frac{1}{3}\right), \frac{\ln 3^2}{3^2} \leqslant 1 - \left(\frac{1}{3} - \frac{1}{4}\right), \cdots, \frac{\ln n^2}{n^2} \leqslant 1 - \left(\frac{1}{n} - \frac{1}{n+1}\right).$$

要证这组不等式成立, 只需证明

$$\frac{\ln n^2}{n^2} \leqslant 1 - \left(\frac{1}{n} - \frac{1}{n+1}\right) \quad (n \in \mathbf{N}, n \geqslant 2)$$

成立即可. 要证 $\ln n \leqslant n^2 \left[1 - \left(\frac{1}{n} - \frac{1}{n+1}\right)\right]$ 成立, 只需证 $\ln n \leqslant n^2 - \frac{n^2}{n(n+1)}$. 又 $\frac{n^2}{x(n+1)} = \frac{n}{n+1} < 1$, 只需证明 $\ln n^2 \leqslant n^2 - 1 \, (n^2 \geqslant 4)$ 即可. 又由 (2) 可知 $\ln x - x + 1 \leqslant 0 \, (x > 0)$ 成立, 则 $\ln x \leqslant x - 1 \, (x > 4)$ 成立. 故

$$\frac{\ln 2^2}{2^2} + \frac{\ln 3^2}{3^2} + \cdots + \frac{\ln n^2}{n^2} < \frac{2n^2 - n - 1}{2(n+1)} \quad (n \in \mathbf{N}, n \geqslant 2).$$

第 (1)、(2) 两问的求解比较常规, 第 (3) 问进行直接证明不易完成, 但从结论出发, 仔细观察与分析不等式的特点, 将一串长不等式的证明转化为求证一个简短不等式成立, 再进而化归为证明某个函数的单调性, 问题便得到了解决. 此题在变形上存在一定难度, 需要学生通过不断变式寻找突破口. 应用分析法, 一方面要注意寻求结论成立的充分条件, 另一方面也要有目的性, 逐步逼近已知条件或必然结论.

分析法证明数列不等式容易找到问题的突破口, 从待证结论出发, 步步变形寻求结论成立的充分条件, 最后到达题设的已知或被证明的事实, 执果索因是证明数列不等式的重要方法. 此题若直接从题目条件出发, 将很难寻找到证明结论的桥梁, 证明会显得十分困难.

2. 反证法

当直接证明不容易开展进行的时候, 可以从反面思考, 这就是反证法. 反证法是从反面的角度思考问题的证明方法, 属于 "间接证明" 的一类, 即肯定题设而否定结论, 从而导出矛盾, 推理而得; 也就是由否定命题结论的正确性出发, 根据题设条件、定义、法则、公理、定理, 进行一系列正确的逻辑推理, 最后得到一个矛盾的结果. 法国数学家阿达马对反证法的实质做过概括: "若肯定定理的假设而否定其结论, 就会导致矛盾."

先假设一个与要证明的命题相对立的反命题, 使得原命题与反命题形成一对对抗性的矛盾判断, 然后以反命题为前提, 进行正确的充分条件假言推理, 得出一个荒谬的结果 (即假判断), 然后依充分条件假言推理的规则, 既然结果荒谬 (是假判断), 必然是前提 (那个反命题) 是假判断, 再根据排中律, 与反命题相对抗的原命题就是真判断了, 也就是说原命题是正确的了.

例 4-29 (2016 年上海高考题) 若无穷数列 $\{a_n\}$ 满足: 只要 $a_p = a_q (p, q \in \mathbf{N}^*)$, 必有 $a_{p+1} = a_{q+1}$, 则称 $\{a_n\}$ 具有性质 P.

(1) 若 $\{a_n\}$ 具有性质 P, 且 $a_1 = 1, a_2 = 2, a_4 = 3, a_5 = 2, a_6 + a_7 + a_8 = 21$, 求 a_3.

(2) 若无穷数列 $\{b_n\}$ 是等差数列, 无穷数列 $\{c_n\}$ 是公比为正数的等比数列, $b_1 = c_5 = 1, b_5 = c_1 = 81, a_n = b_n + c_n$. 判断 $\{a_n\}$ 是否具有性质 P, 并说明理由.

(3) 设 $\{b_n\}$ 是无穷数列, 已知 $a_{n+1} = b_n + \sin a_n (n \in \mathbf{N}^*)$. 求证: "对任意 $a_1, \{a_n\}$ 都具有性质 P" 的充要条件为 "$\{b_n\}$ 是常数列".

分析 (1) 根据已知条件, 得到 $a_6 + a_7 + a_8 = a_3 + 3 + 2$, 结合 $a_6 + a_7 + a_8 = 21$ 求解.

(2) 根据 $\{b_n\}$ 的公差为 20, $\{c_n\}$ 的公比为 $\dfrac{1}{3}$, 写出通项公式, 从而可得 $a_n = b_n + c_n = 20n - 19 + 3^{3-n}$. 通过计算 $a_1 = a_5 = 82, a_2 = 48, a_6 = \dfrac{304}{3}, a_2 \neq a_6$, 即知 $\{a_n\}$ 不具有性质 P.

(3) 从充分性、必要性两方面加以证明, 其中必要性用反证法证明.

解 (1) 因为 $a_5 = a_2$, 所以 $a_6 = a_3, a_7 = a_4 = 3, a_8 = a_5 = 2$. 于是

$$a_6 + a_7 + a_8 = a_3 + 3 + 2.$$

又因为 $a_6 + a_7 + a_8 = 21$, 解得 $a_3 = 16$.

(2) $\{b_n\}$ 的公差为 20, $\{c_n\}$ 的公比为 $\dfrac{1}{3}$, 所以

$$b_n = 1 + 20(n-1) = 20n - 19, \quad c_n = 81 \cdot \left(\dfrac{1}{3}\right)^{n-1} = 3^{5-n},$$

$$a_n = b_n + c_n = 20n - 19 + 3^{5-n}.$$

$a_1 = a_5 = 82$, 但 $a_2 = 48, a_6 = \dfrac{304}{3}, a_2 \neq a_6$. 所以 $\{a_n\}$ 不具有性质 P.

(3) **证明** 充分性. 当 $\{b_n\}$ 为常数列时, $a_{n+1} = b_1 + \sin a_n$.

对任意给定的 a_1, 只要 $a_p = a_q$, 则由 $b_1 + \sin a_p = b_1 + \sin a_q$, 必有 $a_{p+1} = a_{q+1}$. 充分性得证.

必要性 (**用反证法证明**). 假设 $\{b_n\}$ 不是常数列, 则存在 $k \in \mathbf{N}^*$, 使得 $b_1 = b_2 = \cdots = b_k = b$, 而 $b_{k+1} \neq b$. 下面证明存在满足 $a_{n+1} = b_n + \sin a_n$ 的 $\{a_n\}$, 使得 $a_1 = a_2 = \cdots = a_{k+1}$, 但 $a_{k+2} \neq a_{k+1}$.

设 $f(x) = x - \sin x - b$, 取 $m \in \mathbf{N}^*$, 使得 $m\pi > |b|$, 则

$$f(m\pi) = m\pi - b > 0, \quad f(-m\pi) = -m\pi - b < 0,$$

故存在 c 使得 $f(c) = 0$. 取 $a_1 = c$, 因为 $a_{n+1} = b + \sin a_n (1 \leqslant n \leqslant k)$, 所以 $a_2 = b + \sin c = c = a_1$.

依此类推,得 $a_1 = a_2 = \cdots = a_{k+1} = c$. 但 $a_{k+2} = b_{k+1} + \sin a_{k+1} = b_{k+1} + \sin c \neq b + \sin c$, 即 $a_{k+2} \neq a_{k+1}$. 所以 $\{a_n\}$ 不具有性质 P, 矛盾. 必要性得证.

综上,"对任意 $a_1, \{a_n\}$ 都具有性质 P" 的充要条件为 "$\{b_n\}$ 是常数列".

反证法在数列中有着重要作用, 对于某些数学命题, 当直接从条件推证, 方向不明或过程不可推测时, 应遵循 "正难则反" 的解题原则, 利用反证法的套路解决问题.

例 4-30 如图 4-12 所示, 四棱锥 $P\text{-}ABCD$ 中, $PA \perp$ 底面 $ABCD$, 四边形 $ABCD$ 中, $AB \perp AD, BC // AD, PA = AB = BC = 2, AD = 4$. 问: 在棱 PC 上是否存在点 M (异于点 C), 使得 $BM //$ 平面 PAD? 若存在, 求 $\dfrac{PM}{PC}$; 若不存在, 请说明理由.

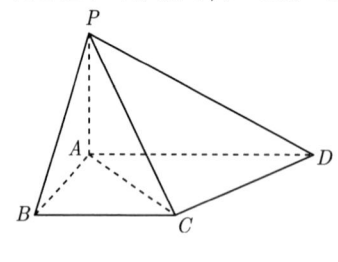

图 4-12

解 不存在. 下面用反证法证明.

假设存在点 M (异于点 C), 使得 $BM //$ 平面 PAD. 因为 $BC // AD, BC \not\subset$ 平面 PAD, 所以 $BC //$ 平面 PAD, 又因为 $BC \cap BM = B$, 所以平面 $PBC //$ 平面 PAD. 而平面 PBC 与平面 PAD 相交 (矛盾), 从而不存在点 M (异于点 C) 使得 $BM //$ 平面 PAD.

例 4-31 已知 a, b, c, d 均为小于 1 的正数, 求证: $a(1-b), b(1-c), c(1-d), d(1-a)$ 四个式子中至多有三个大于 $\dfrac{1}{4}$.

证明 假设 $a(1-b), b(1-c), c(1-d), d(1-a)$ 都大于 $\dfrac{1}{4}$, 构造一个特殊的式子:
$$T = a(1-b) \times b(1-c) \times c(1-d) \times d(1-a).$$

由已知得
$$1-a > 0, \quad 1-b > 0, \quad 1-c > 0, \quad 1-d > 0.$$

一方面,
$$\begin{aligned} T &= a(1-b) \times b(1-c) \times c(1-d) \times d(1-a) \\ &= a(1-a) \times b(1-b) \times c(1-c) \times d(1-d) \\ &\leqslant \left[\frac{a+(1-a)}{2}\right]^2 \times \left[\frac{b+(1-b)}{2}\right]^2 \times \left[\frac{c+(1-c)}{2}\right]^2 \times \left[\frac{d+(1-d)}{2}\right]^2 = \frac{1}{256}, \end{aligned}$$

另一方面, $T > \left(\dfrac{1}{4}\right)^4 = \dfrac{1}{256}$. 矛盾. 故 $a(1-b), b(1-c), c(1-d), d(1-a)$ 四个

式子中至多有三个大于 $\dfrac{1}{4}$.

反证法的思想为正难则反, 若想证明不等式 $A > B$, 则先假设 $A \leqslant B$, 由题设和其他性质, 找出矛盾, 然后肯定 $A > B$, 要证明不等式为否定命题、唯一性命题或包含 "至多"、"至少"、"不存在" 以及 "不可能" 等词语时, 可以考虑用反证法. 如命题 "$a, b \in \mathbf{R}, a^3 + b^3 = 2 \Rightarrow a + b \leqslant 2$", 命题反面为 $a + b > 2$, 宜用反证法. 由 $a > 2 - b$ 两边立方后代入已知条件, 可得 $(b-1)^2 < 0$ 与 $(b-1)^2 \geqslant 0$, 矛盾. 当命题反面有无穷多种情况时, 一般不宜使用反证法.

其具体的解题步骤为: (1) 分清欲证不等式所涉及的条件和结论; (2) 作出与所证不等式相反的假定; (3) 从条件和假定出发, 应用正确的推理方法, 推出矛盾的结果; (4) 断定产生矛盾结果的原因, 在于开始所作的假定不正确, 于是原证不等式成立.

在运用反证法证明不等式的过程中, 要注意高考试题中考查不等式知识的命题主导思想、关注不等式性质、渗透等价转化思想、关注不等式原型、考查变式思维方法、关注不等式特征等, 灵活运用反证法进行证明. 我们再看一个例子.

例 4-32 (2016 年浙江卷理, 20)　设数列 $\{a_n\}$ 满足 $\left|a_n - \dfrac{a_{n+1}}{2}\right| \leqslant 1, n \in \mathbf{N}^*$.

(1) 证明: $|a_n| \geqslant 2^{n+1}(|a_1| - 2), n \in \mathbf{N}^*$.

(2) 若 $|a_n| \leqslant \left(\dfrac{3}{2}\right)^n, n \in \mathbf{N}^*$, 证明: $|a_n| \leqslant 2, n \in \mathbf{N}^*$.

证明　(1) 由 $\left|a_n - \dfrac{a_{n+1}}{2}\right| \leqslant 1$ 得 $|a_n| - \left|\dfrac{a_{n+1}}{2}\right| \leqslant 1$. 于是 $\left|\dfrac{a_n}{2^n}\right| - \left|\dfrac{a_{n+1}}{2^{n+1}}\right| \leqslant \dfrac{1}{2^n}, n \in \mathbf{N}^*$. 从而

$$\left|\dfrac{a_1}{2^1}\right| - \left|\dfrac{a_n}{2^n}\right| = \left(\left|\dfrac{a_1}{2^1}\right| - \left|\dfrac{a_2}{2^2}\right|\right) + \left(\left|\dfrac{a_2}{2^2}\right| - \left|\dfrac{a_3}{2^3}\right|\right) + \cdots + \left(\left|\dfrac{a_{n-1}}{2^{n-1}}\right| - \left|\dfrac{a_n}{2^n}\right|\right)$$

$$\leqslant \dfrac{1}{2^1} + \dfrac{1}{2^2} + \cdots + \dfrac{1}{2^{n-1}} < 1.$$

故 $|a_n| \geqslant 2^{n-1}(|a_1| - 2), n \in \mathbf{N}^*$.

(2) 任取 $n \in \mathbf{N}^*$, 由 (1) 可知, 对于任意 $m > n$, 有

$$\left|\dfrac{a_n}{2^n}\right| - \left|\dfrac{a_m}{2^m}\right| = \left(\left|\dfrac{a_n}{2^n}\right| - \left|\dfrac{a_{n+1}}{2^{n+1}}\right|\right) + \left(\left|\dfrac{a_{n+1}}{2^{n+1}}\right| - \left|\dfrac{a_{n+2}}{2^{n+2}}\right|\right) + \cdots + \left(\left|\dfrac{a_{m-1}}{2^{m-1}}\right| - \left|\dfrac{a_m}{2^m}\right|\right)$$

$$\leqslant \dfrac{1}{2^n} + \dfrac{1}{2^{n+1}} + \cdots + \dfrac{1}{2^{m-1}} < \dfrac{1}{2^{n-1}},$$

从而

$$|a_n| < \left(\dfrac{1}{2^{n-1}} + \left|\dfrac{a_m}{2^m}\right|\right) 2^n \leqslant \left(\dfrac{1}{2^{n-1}} + \dfrac{1}{2^m} \times \left(\dfrac{3}{2}\right)^m\right) \times 2^n = 2 + \left(\dfrac{3}{4}\right)^m \times 2^n.$$

于是对于任意的 $m > n$, 均有

$$|a_n| < 2 + \left(\frac{3}{4}\right)^m 2^n. \qquad ①$$

由 m 的任意性可知 $|a_n| \leqslant 2$, 否则, 存在 $n_0 \in \mathbf{N}^*$, 有 $|a_{n_0}| > 2$, 取正整数 $m_0 > \log_{\frac{3}{4}} \frac{|a_{n_0}| - 2}{2^{n_0}}$, 且 $m_0 > n_0$, 则

$$2^{n_0} \cdot \left(\frac{3}{4}\right)^{m_0} < 2^{n_0} \left(\frac{3}{4}\right)^{\log_{\frac{3}{4}} \frac{|a_0| - 2}{2^{n_0}}} = |a_{n_0}| - 2.$$

综上, 对于任意的 $n \in \mathbf{N}^*$, 均有 $|a_n| \leqslant 2$.

此题考查了数列与不等式的综合, 整体思想, 反证法的应用.

3. 命题逆用

在一些问题的解答过程中, 直接使用某些公式、定义、定理的条件并不一定能够直接得到答案, 这时, 如果逆向考虑问题, 可以找到新的解决方案.

例 4-33 若将函数 $f(x) = x^5$ 表示为 $f(x) = a_0 + a_1(1+x) + a_2(1+x)^2 + \cdots + a_5(1+x)^5$, 其中 $a_0, a_1, a_2, \cdots, a_5$ 是实数, 则 $a_3 = $ _____.

解析 法 1 因为 $f(x) = x^5 = [-1 + (1+x)]^5$, 则有 $a_3 = C_5^3(-1)^2 = 10$.

法 2 (换元法) 令 $t = 1 + x$, 由已知得 $(t-1)^5 = a_0 + a_1 t + a_2 t^2 + \cdots + a_5 t^5$, 由通项公式得 $T_3 = C_5^2 t^3 \cdot (-1)^2 = 10 t^3$, 所以 $a_3 = 10$.

由于所给的式子表征为二项展开式的模型, 逆用二项式定理, 构造公式中的两个项, 把 $(1+x)$ 看作为其中一项, 则将 x 变为 -1 与 $(1+x)$ 两项的和, 构造两项和或差的二项式再展开, 达到求解、求值的目标.

例 4-34 (圆幂定理) 过任意一点 P 向圆 O 引一直线, 交圆于 A、B 点 (若 A、B 重合则为切线), 圆 O 半径为 r, 证明: $PA \cdot PB = |PO^2 - r^2|$.

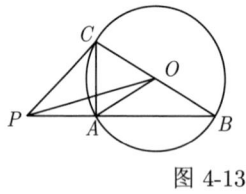

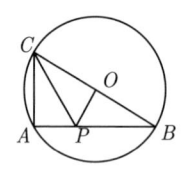

证明 如图 4-13, 连接直线 BO 交圆 O 于 C 点, 则有 $AC \perp AB$,

$$\begin{aligned}\overrightarrow{PC} \cdot \overrightarrow{PB} &= (\overrightarrow{PO} + \overrightarrow{OC}) \cdot (\overrightarrow{PO} + \overrightarrow{OB}) \\ &= (\overrightarrow{PO} - \overrightarrow{OB}) \cdot (\overrightarrow{PO} + \overrightarrow{OB}) \\ &= PO^2 - r^2,\end{aligned}$$

图 4-13

所以 $PA \cdot PB = |\overrightarrow{PC} \cdot \overrightarrow{PB}| = |PO^2 - r^2|$.

若用平几知识证明或是建系方法代数运算, 难度较大, 计算复杂, 但若能将两线段长度之积转化为两向量之积, 逆用数量积几何意义, 将数量运算转化为向量运算, 借助向量运算性质, 就能快速解决该问题.

例 4-35 (2017 年浙江高考, 21) 如图 4-14, 已知抛物线 $x^2 = y$, 点 $A\left(-\frac{1}{2}, \frac{1}{4}\right)$,

$B\left(\dfrac{3}{2}, \dfrac{9}{4}\right)$, 抛物线上的点 $P(x,y)\left(-\dfrac{1}{2} < x < \dfrac{3}{2}\right)$. 过点 B 作直线 AP 的垂线, 垂足为 Q.

(1) 求直线 AP 斜率的取值范围;
(2) 求 $|PA| \cdot |PQ|$ 的最大值.

解析 (1) 略.
(2) 依题意得 $BQ \perp AP$, 则有
$$|PA| \cdot |PQ| = -\overrightarrow{PA} \cdot \overrightarrow{PB},$$

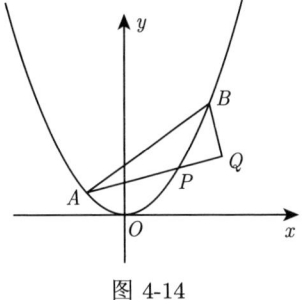

$$\begin{aligned}\overrightarrow{PA} \cdot \overrightarrow{PB} &= \left(x+\dfrac{1}{2}\right)\left(x-\dfrac{3}{2}\right) + \left(y-\dfrac{1}{4}\right)\left(y-\dfrac{9}{4}\right)\\ &= \left(x+\dfrac{1}{2}\right)\left(x-\dfrac{3}{2}\right) + \left(x^2-\dfrac{1}{4}\right)\left(x^2-\dfrac{9}{4}\right)\\ &= \left(x+\dfrac{1}{2}\right)\left(x-\dfrac{3}{2}\right)\left[1+\left(x-\dfrac{1}{2}\right)\left(x+\dfrac{3}{2}\right)\right]\\ &= x^4 - \dfrac{3}{2}x^2 - x + \dfrac{3}{16}.\end{aligned}$$

图 4-14

设
$$|PA| \cdot |PQ| = f(x) = -x^4 + \dfrac{3}{2}x^2 + x - \dfrac{3}{16}, \quad -\dfrac{1}{2} < x < \dfrac{3}{2},$$

则 $f'(x) = -4x^3 + 3x + 1 = -(x-1)(2x+1)^2$, 令 $f'(x) > 0$ 解得 $-\dfrac{1}{2} < x < 1$, 令 $f'(x) < 0$ 解得 $1 < x < \dfrac{3}{2}$, 所以 $f(x)$ 在 $\left(-\dfrac{1}{2}, 1\right)$ 上递增, 在 $\left(1, \dfrac{3}{2}\right)$ 上递减, 所以 $f_{\max}(x) = f(1) = \dfrac{27}{16}$.

综上, $|PA| \cdot |PQ|$ 的最大值为 $\dfrac{27}{16}$, 此时 $P(1,1)$.

本题原想通过假设直线 AP 的斜率为 k, 通过联立方程得到点 P 及点 Q 的坐标, 利用弦长公式得到 $|PA| \cdot |PQ| = f(k) = -(k-1)(k+1)^3$, 利用第 (1) 问的结果求得函数最大值, 这种方法计算繁琐, 过程复杂, 耗时耗力; 逆用数量积几何意义, 将数量 $|PA| \cdot |PQ|$ 转化为向量 $-\overrightarrow{PA} \cdot \overrightarrow{PB}$, 避开联立方程求 P、Q 坐标, 快速得到 $|PA| \cdot |PQ|$ 的表达式, 从而求出最大值.

4. 主参变换

有些问题的关于主要变量 (主元) 的形式相对比较复杂, 这时候可以考虑研究参变量, 通过主参互换, 可以简化问题.

例 4-36　求证: 对任意 $k \in \mathbf{R}$, 直线 $-k^2y - kx + 3ky + y - x = 0$ 恒过某一定点.

分析与证明　将方程 $-k^2y - kx + 3ky + y - x = 0$ 主参互换, 将变量看成 k, 再将 x, y 看成是常数, 于是

$$-k^2y - kx + 3ky + y - x = 0 \Rightarrow -yk^2 + (-x + 3y)k + y - x = 0.$$

当满足下列三个方程

$$\begin{cases} -y = 0, \\ -x + 3y = 0, \\ y - x = 0 \end{cases} \Rightarrow \begin{cases} x = 0, \\ y = 0, \end{cases}$$

直线恒过点 $(0, 0)$.

例 4-37　对满足不等式 $|\log_2 p| < 2$ 的一切实数 p, 求使不等式 $x^2 + px + 1 > 3x + p$ 都成立的 x 的取值范围.

分析与解答　由 $|\log_2 p| < 2$, 有 $-2 < \log_2 p < 2$, 得

$$\frac{1}{4} < p < 4. \qquad ①$$

问题转化为在条件 ① 中, 求二次函数

$$f(x) = x^2 + (p - 3)x + (1 - p)$$

为正值时, 自变量的取值. 这处理起来比较麻烦. 反过来, 以 p 为主元, 有

$$g(p) = (x - 1)p + (x^2 - 3x + 1), \quad p \in \left(\frac{1}{4}, 4\right).$$

问题转化为关于 p 的一次函数为正数时系数的讨论. 显然 $x \neq 1$, 因而, $g(p)$ 是 p 的单调函数, 使

$$g(p) > 0, \quad p \in \left(\frac{1}{4}, 4\right)$$

成立的充要条件是

$$\begin{cases} g\left(\frac{1}{4}\right) \geqslant 0, \\ g(4) \geqslant 0, \end{cases}$$

即

$$\begin{cases} \dfrac{x-1}{4} + (x^2 - 3x + 1) \geqslant 0, \\ 4(x - 1) + (x^2 - 3x + 1) \geqslant 0, \end{cases} \quad 即 \quad \begin{cases} 4x^2 - 11x + 3 \geqslant 0, \\ x^2 + x - 3 \geqslant 0, \end{cases}$$

即
$$\begin{cases} x \geqslant \dfrac{11+\sqrt{73}}{8} \text{ 或 } x \leqslant \dfrac{11-\sqrt{73}}{8}, \\ x \geqslant \dfrac{-1+\sqrt{13}}{2} \text{ 或 } x \leqslant \dfrac{-1-\sqrt{13}}{2}. \end{cases}$$

得 $x \geqslant \dfrac{11+\sqrt{73}}{8}$ 或 $x \leqslant \dfrac{-1-\sqrt{13}}{2}$.

例 4-38 已知 $b \in [1,2]$, 不等式 $-2\ln x - \dfrac{1}{2}x^2 - bx + c \geqslant 0$ 恒成立, 求 c 的范围.

分析与解答 此题有两个参数, 按先后顺序来处理, 参变量变主元, 首先把 $-2\ln x - \dfrac{1}{2}x^2 - bx + c$ 改写成关于 b 的一次函数形式:

$$f(b) = -xb - 2\ln x + \dfrac{1}{2}x^2 + c.$$

由题意知显然是关于 b 的减函数, 而且 $f(2) = -2x - 2\ln x + \dfrac{1}{2}x^2 + c$. 所以 $-x - 2\ln x + \dfrac{1}{2}x^2 + c \geqslant 0$ 恒成立, 只需要考虑 $c \geqslant -\dfrac{1}{2}x^2 + 2\ln x + x$.

令 $h(x) = -\dfrac{1}{2}x^2 + 2\ln x + x$. 所以 $h'(x) = \dfrac{(x+1)(x-2)}{-x}$, 于是 $h(x)$ 在 $(0,2)$ 上是增函数, 在 $(2,+\infty)$ 上是减函数, 所以 $h_{\max}(x) = h(2) = 2\ln 2$, 即 $c \geqslant 2$.

主参变换之后, 可以发现新的解法, 这可以帮助我们解决一些特殊的问题. 如果能够把正向思维和这些逆向、变换、反证、分析方法等结合起来, 那么很多问题都可以得到解答.

4.2.3 特殊与一般

特殊与一般思想包括两个方面: 一是通过对个例的认识与研究, 形成对事物的总体认识, 发现特点, 掌握规律, 由浅入深, 由现象到本质、由局部到整体、由实践到理论, 这种认识事物的过程就是由特殊到一般的认识过程; 二是在理论指导下, 用已有的规律解决这类事物中的新问题, 这种认识事物的过程就是由一般到特殊的认识过程.

特殊与一般也是数学中经常遇到的一对矛盾, 两者相辅相成, 彼此之间相互转化、相互作用, 是数学科学发展的一个基本形式. 因此, 正确认识高中数学中特殊与一般的解题思想, 理解二者之间的关系, 对改进教学工作, 开展教学方法论研究有重要意义.

波利亚在《数学与猜想》一书中指出: "特殊化是从考虑对象的一个给定集合过渡到考虑该集合的一个较小的子集, 或仅仅一个对象." 在解决问题时是否能有效地把问题特殊化或者一般化, 很大程度上考验着一个人的数学经验与问题分析能力. 波利亚认为:"像一般化、特殊化和作类比这样一些基本的思考过程, 不论是在初等数学、高等数学中、或者是在任何别的学科, 恐怕都不能没有这些思考过程."可见特殊与一般的数学思想在数学学习甚至其他学习中占据着重要的地位.

例 4-39 已知椭圆 $C: \dfrac{x^2}{4} + y^2 = 1$, 给出下列三条直线 ① $y = x + 1.8$, ② $y = x + 2.1$, ③ $y = x + 2.4$, 其中与椭圆 C 有两个不同公共点的直线的序号为 _____.

解法一 分别联立椭圆 C 与直线, 有

$$\begin{cases} \dfrac{x^2}{4} + y^2 = 1, \\ y = x + 1.8, \end{cases} \quad 得\ \dfrac{5}{4}x^2 + \dfrac{18}{5}x + \dfrac{56}{25} = 0.$$

$\Delta = \left(\dfrac{18}{5}\right)^2 - 4 \times \dfrac{5}{4} \times \dfrac{56}{25} > 0$, 故直线①与椭圆 C 有两个不同公共点.

$$\begin{cases} \dfrac{x^2}{4} + y^2 = 1, \\ y = x + 2.1, \end{cases} \quad 得\ \dfrac{5}{4}x^2 + \dfrac{21}{5}x + \dfrac{341}{100} = 0.$$

$\Delta = \left(\dfrac{21}{5}\right)^2 - 4 \times \dfrac{5}{4} \times \dfrac{341}{100} > 0$, 故直线②与椭圆 C 有两个不同公共点.

$$\begin{cases} \dfrac{x^2}{4} + y^2 = 1, \\ y = x + 2.4, \end{cases} \quad 得\ \dfrac{5}{4}x^2 + \dfrac{24}{5}x + \dfrac{476}{100} = 0.$$

$\Delta = \left(\dfrac{24}{5}\right)^2 - 4 \times \dfrac{5}{4} \times \dfrac{476}{100} < 0$, 故直线③与椭圆 C 没有两个不同公共点.

故答案为 ① ②.

解法一分别联立椭圆与三条直线, 利用判别式进行判断, 需要运算多次, 虽然计算不算复杂, 但也较为繁琐. 如果能从圆锥曲线的本质入手, 使用一般化的方法, 题目相对容易解答.

解法二 (一般化法) 观察三个直线的方程, 可以把直线看成是斜率为 1, 截距为 b 的直线, 即 $y = x + b$, 联立椭圆 C 与直线 $y = x + b$, 有

$$\begin{cases} \dfrac{x^2}{4} + y^2 = 1, \\ y = x + b, \end{cases} \quad 得\ \dfrac{5}{4}x^2 + 2bx + b^2 - 1 = 0.$$

为使直线与椭圆 C 有两个不同的公共点, 有 $\Delta = (2b)^2 - 4 \times \dfrac{5}{4} \times (b^2 - 1) > 0$, 解得 $b^2 < 5$, 即 $-\sqrt{5} < b < \sqrt{5}$. 因为 $2.4 > \sqrt{5}$, 所以该直线与椭圆 C 没有两个不

同公共点, 不符合题意; 而 $-\sqrt{5} < 1.8 < \sqrt{5}, -\sqrt{5} < 2.1 < \sqrt{5}$, 所以直线 ①② 与椭圆 C 有两个不同公共点. 综上, 答案为 ① ②.

通过对三个直线的方程进行观察发现三条直线的形式相似, 可以把直线看成是斜率为 1, 截距为 b 的直线, 即 $y = x + b$, 通过联立该直线与椭圆方程计算得到与椭圆有两个不同的公共点情况下截距 b 的取值范围, 再对题目中的选项与 b 的取值范围进行对比, 在取值范围内则满足条件, 不在取值范围内的则不满足条件, 即通过将题目一般化来快速得到答案.

在求解数学选择题的过程中, 如果同学们能够根据题目的结构特点, 紧紧抓住试题的特征, 深入挖掘潜藏于题目中的特殊背景, 灵活地利用题中的特殊信息, 对问题进行细致的分析和探求, 常常可以寻觅到巧妙的解题方法, 达到简捷快速求解的目的, 得到事半功倍的效果.

例 4-40 (2004, 高考江苏卷, 20) 设无穷等差数列 $\{a_n\}$ 的前 n 项和为 S_n.

(1) 若首项 $a_1 = \dfrac{3}{2}$, 公差 $d = 1$, 求满足 $S_{k^2} = (S_k)^2$ 的正整数 k;

(2) 求所有的无穷等差数列 $\{a_n\}$, 证得对于一切正整数 k 都有 $S_{k^2} = (S_k)^2$ 成立.

解 (1) 由于

$$a_k = a_1 + (k-1) \times d = k + \frac{1}{2}, \quad S_k = \frac{k(a_1 + a_k)}{2} = \frac{k(k+2)}{2},$$

则

$$S_{k^2} = \frac{k^2(a_1 + a_{k^2})}{2} = \frac{k^2(k^2+2)}{2}, \quad (S_k)^2 = \left(\frac{k(k+2)}{2}\right)^2 = \frac{k^2(k+2)^2}{4}.$$

令 $S_{k^2} = (S_k)^2$, 则 $\dfrac{k^2(k^2+2)}{2} = \dfrac{k^2(k+2)^2}{4}$, 化简得 $k^2 - 4k = 0$, 即 $k(k-4) = 0$, 解得 $k = 4$ 或 0 (舍去).

(2) 设无穷等差数列 $\{a_n\}$ 的公差为 d, 在 $S_{k^2} = (S_k)^2$ 中分别取 $k = 1, 2$, 得

$$\begin{cases} S_1 = (S_1)^2, \\ S_4 = (S_2)^2, \end{cases} \quad 即 \quad \begin{cases} a_1 = (a_1)^2, \\ 4a_1 + \dfrac{4 \times 3}{2}d = \left(2a_1 + \dfrac{2 \times 1}{2}d\right)^2, \end{cases}$$

解得

$$\begin{cases} a_1 = 0, \\ d = 0, \end{cases} \quad \begin{cases} a_1 = 0, \\ d = 6, \end{cases} \quad \begin{cases} a_1 = 1, \\ d = 0, \end{cases} \quad \begin{cases} a_1 = 1, \\ d = 2. \end{cases}$$

代入 $S_{k^2} = (S_k)^2$，即 $k^2 a_1 + \dfrac{k^2(k^2-1)}{2}d = \left(ka_1 + \dfrac{k(k-1)}{2}d\right)^2$ 检验，符合的有三组解：

$$\begin{cases} a_1 = 0, \\ d = 0, \end{cases} \begin{cases} a_1 = 1, \\ d = 0, \end{cases} \begin{cases} a_1 = 1, \\ d = 2. \end{cases}$$

所以，满足条件的无穷等差数列是

① $\{a_n\}: a_n = 0$，即 $0, 0, 0, \cdots$；

② $\{a_n\}: a_n = 1$，即 $1, 1, 1, \cdots$；

③ $\{a_n\}: a_n = 2n - 1$，即 $1, 3, 5, \cdots$。

第 (2) 问若直接利用等差数列的求和公式将条件 $S_{k^2} = (S_k)^2$ 化成关于 k 的多项式恒成立的问题求解，即证 $k^2 a_1 + \dfrac{k^2(k^2-1)}{2}d = \left(ka_1 + \dfrac{k(k-1)}{2}d\right)^2$ 对一切正整数恒成立，此过程是非常繁琐的，而在化简过程中也极易发生错误。但如果我们能够将 k 特殊化，由 $k = 1, 2$ 时的情形，就可以找到所有这样的等差数列。

此例通过自然数 n 取特殊值，找到满足条件的数列，也就明确了解题的方向，下一步只需一一加以验证即可。一些数值恒定、位置恒定的问题常常可以先由特殊数值、特殊位置找到结论，后面的解题目标就明确了。

通常解决数学问题是借助题意条件，凭借定义、定理或性质，按照运算的一般规律进行求解。事实上，有些问题的处理可以打破惯例，从特殊出发寻找问题的着眼点得到所求，然后对一般进行验证，达到解决问题的目的。下面就几道例题，进行分析与求解。

例 4-41 设 a, b, c 都是正数，求证：$a^n + b^n + c^n \geqslant a^p b^q c^r + a^r b^p c^q + a^q b^r c^p$，其中 $n \in \mathbf{N}, p, q, r$ 都是非负整数，且 $p + q + r = n$。

分析 欲证的不等式比较复杂，直接证明似难以入手，先考察 $p = 2, q = 1, r = 0$ 的特解。这时欲证的不等式 $a^3 + b^3 + c^3 \geqslant a^2 b + b^2 c + c^2 a$。不难看出，这个不等式可以利用"均值不等式"证明，仿效上述过程可得原题结论。

证明 先令 $p = 2, q = 1, r = 0$，证明 $a^3 + b^3 + c^3 \geqslant a^2 b + b^2 c + c^2 a$。利用均值不等式：

$$\dfrac{2a^3 + b^3}{3} \geqslant \sqrt[3]{a^3 a^3 b^3} = a^2 b,$$

同理

$$\dfrac{2b^3 + c^3}{3} \geqslant b^2 c, \quad \dfrac{2c^3 + a^3}{3} \geqslant c^2 a.$$

三式相加得，$a^3 + b^3 + c^3 \geqslant a^2 b + b^2 c + c^2 a$。

再考虑一般性问题, 效仿上述特例的解答, 由 "平均值不等式" 可知

$$\frac{pa^n + pb^n + rc^n}{n} \geqslant a^p b^q c^r, \quad \frac{ra^n + pb^n + qc^n}{n} \geqslant a^r b^q c^p,$$

$$\frac{qa^n + rb^n + pc^n}{n} \geqslant a^q b^r c^p,$$

三式相加得 $a^n + b^n + c^n \geqslant a^p b^q c^r + a^r b^p c^q + a^q b^r c^p$.

例 4-42 过点 $P\left(0, -\dfrac{1}{3}\right)$ 的动直线 l 与椭圆 $C: \dfrac{x^2}{2} + y^2 = 1$ 相交于 A, B 两点, 试问: 在直角坐标平面内, 是否存在一个定点 M, 使得无论直线 l 如何转动, 以 AB 为直径的圆恒过定点 M? 若存在, 求出定点 M 的坐标; 若不存在, 则说明理由.

分析 动圆过定点, 可先根据题意条件得到特殊条件下两圆, 求其公共点, 然后验证对一般情况下也成立, 说明所求公共点就是所求定点.

解 当直线 l 的斜率不存在时, 以 AB 为直径的圆为 $x^2 + y^2 = 1$.

当直线 l 的斜率等于 0 时, 直线 l 为 $y = -\dfrac{1}{3}$.

当 $y = -\dfrac{1}{3}$ 时, $\dfrac{x^2}{2} + \dfrac{1}{3} = 1$, 解得 $x = \pm\dfrac{4}{3}$, 则以 AB 为直径的圆为

$$x^2 + \left(y + \frac{1}{3}\right)^2 = \frac{16}{9}.$$

由 $\begin{cases} x^2 + y^2 = 1, \\ x^2 + \left(y + \dfrac{1}{3}\right)^2 = \dfrac{16}{9}, \end{cases}$ 可解得 $\begin{cases} x = 0, \\ y = 1. \end{cases}$ 即特殊条件下两圆只有一个公共点 $M'(0, 1)$.

当直线 l 的斜率存在且非零时, 设直线 l 为 $y = kx - \dfrac{1}{3}$, 代入 $\dfrac{x^2}{2} + y^2 = 1$ 得 $\dfrac{x^2}{2} + \left(kx - \dfrac{1}{3}\right)^2 = 1$, 整理得

$$\left(1 + 2k^2\right) x^2 - \frac{4}{3} kx - \frac{16}{9} = 0.$$

设 $A(x_1, y_1), B(x_2, y_2)$, 则

$$x_1 + x_2 = \frac{4k}{3(1 + 2k^2)}, \quad x_1 \cdot x_2 = -\frac{16}{9(1 + 2k^2)},$$

$$y_1 = kx_1 - \frac{1}{3}, \quad y_2 = kx_2 - \frac{1}{3}.$$

于是

$$\begin{aligned}
\overline{M'A} \cdot \overline{M'B} &= x_1x_2 + (y_1 - 1)(y_2 - 1) \\
&= x_1x_2 + \left(kx_1 - \frac{4}{3}\right)\left(kx_2 - \frac{4}{3}\right) \\
&= (1+k^2) x_1x_2 - \frac{4}{3}k(x_1+x_2) + \frac{16}{9} \\
&= (1+k^2) \cdot \frac{-16}{9(1+2k^2)} - \frac{4}{3}k \cdot \frac{4k}{3(1+2k^2)} + \frac{16}{9} \\
&= \frac{-16(1+k^2) - 16k^2 + 16(1+2k^2)}{9(1+2k^2)} = 0,
\end{aligned}$$

即 $\overline{M'A} \cdot \overline{M'B} = 0$, 则 $\overline{M'A} \perp \overline{M'B}$, 以 AB 为直径的圆过点 $M'(0,1)$.

综上所述, 无论直线 l 如何转动, 以 AB 为直径的圆恒过定点 M', 故存在一个定点 $M(0,1)$, 使得无论直线 l 如何转动, 以 AB 为直径的圆恒过定点 M.

例 4-43 (2014·新课标全国 I 卷, 理)   已知数列 $\{a_n\}$ 的前 n 项和为 S_n, $a_1 = 1, a_n \neq 0, a_n a_{n+1} = \lambda S_n - 1$, 其中 λ 为常数.

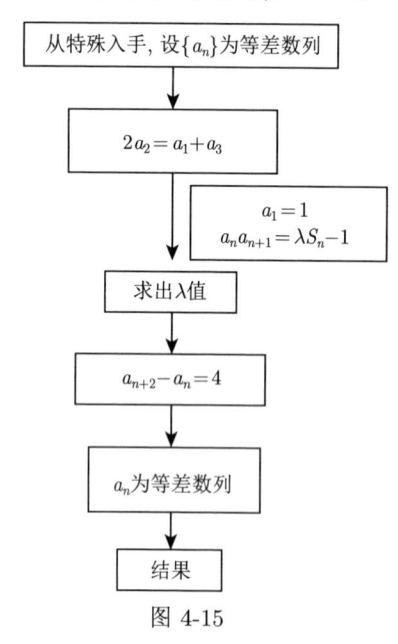

(1) 证明: $a_{n+2} - a_n = \lambda$;

(2) 是否存在 λ, 使得 $\{a_n\}$ 为等差数列? 并说明理由.

分析   若 $\{a_n\}$ 为等差数列, 从特殊入手则有 $2a_2 = a_1 + a_3$, 故可由此求出 λ, 再由 $a_{n+2} - a_n = 4$ 验证 $\{a_n\}$ 是否为等差数列 (图 4-15).

解   (1) $a_n a_{n+1} = \lambda S_n - 1, a_{n+1}a_{n+2} = \lambda S_{n+1} - 1$. 两式相减得 $a_{n+1}(a_{n+2} - a_n) = \lambda a_{n+1}$. 因为 $a_{n+1} \neq 0$, 所以 $(a_{n+2} - a_n) = \lambda$.

(2) 由题设, $a_1 = 1, a_n a_{n+1} = \lambda S_n - 1$, 可得 $a_2 = \lambda - 1$. 由 (1) 知, $a_3 = \lambda + 1$. 令 $2a_2 = a_1 + a_3$, 解得 $\lambda = 4$, 故 $a_{n+2} - a_n = 4$, 由此可得 $\{a_{2n-1}\}$ 是首项为 1, 公差为 4 的等差数列, $\{a_{2n}\}$ 是首项为 3、公差为 4 的等差数列, 所以 $a_n = 2n - 1, a_{n+1} - a_n = 2$, 因此存在 $\lambda = 4$, 使得数列 $\{a_n\}$ 为等差数列.

图 4-15

例 4-44 (2008·浙江, 理)   已知曲线 C 是到点 $P\left(-\frac{1}{2}, \frac{3}{8}\right)$ 和到直线 $y = -\frac{5}{8}$

距离相等的点的轨迹. l 是过点 $Q(-1,0)$ 的直线, M 是 C 上 (不在 l 上) 的动点; A, B 在 l 上, $MA \perp l, MB \perp x$ 轴 (图 4-16).

(1) 求曲线 C 的方程;

(2) 求出直线 l 的方程, 使得 $\dfrac{|QB|^2}{|QA|}$ 为常数.

分析 第 (1) 问比较容易, 根据抛物线的定义, 可以求出 C 的方程为

$$\left(x+\frac{1}{2}\right)^2 = 2\left(y+\frac{1}{8}\right).$$

对于第 (2) 问计算十分复杂, 而且容易计算错误, 所以不妨先在曲线 C 上取两个特殊的点的坐标, 分别求出 $\dfrac{|QB|^2}{|QA|}$ 的值, 两式都只含有 k, 利用两式相等, 求出 k 的值, 即求出直线的方程, 在证明曲线 C 上的任一点都具有性质: $\dfrac{|QB|^2}{|QA|}$ 为常数, 即"先用特殊方法找目标, 再用一般方法去证明" (图 4-17).

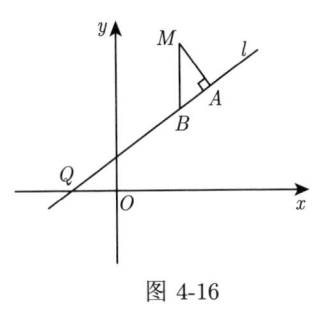

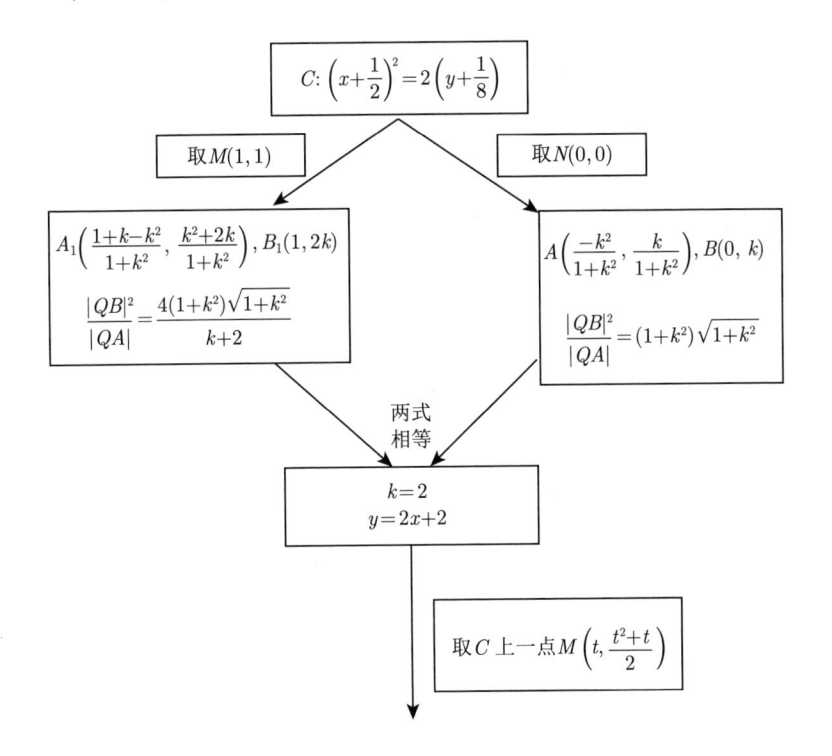

图 4-16

```
┌─────────────────────────────────────────────┐
│ 解方程组得 A($\frac{t^2+2t-4}{5}$, $\frac{2t^2+4t+2}{5}$), B(t, 2t+2) │
└─────────────────────────────────────────────┘
                      ↓
┌─────────────────────────────────────────────┐
│ $|QB|^2 = 5(1+t)^2$, $|QA| = \frac{(1+t)^2}{\sqrt{5}}$, │
│         $\frac{|QB|^2}{|QA|} = 5\sqrt{5}$ 为常数         │
└─────────────────────────────────────────────┘
                      ↓
        ┌─────────────────────────┐
        │ $y = 2x+2$ 为所求直线    │
        └─────────────────────────┘
```

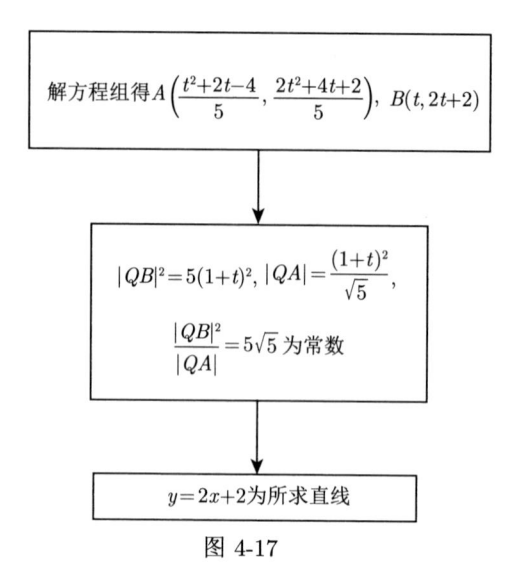

图 4-17

解 在曲线 C 上任取一点 $M(1,1)$, 通过解方程组可得

$$A_1\left(\frac{1+k-k^2}{1+k^2}, \frac{k^2+2k}{1+k^2}\right), B_1(1, 2k),$$

所以

$$\frac{|QB|^2}{|QA|} = \frac{4(1+k^2)\sqrt{1+k^2}}{k+2}.$$

在曲线上再取一点 $N(0,0)$, 通过解方程组可得

$$A\left(\frac{-k^2}{1+k^2}, \frac{k}{1+k^2}\right), B(0, k),$$

所以

$$\frac{|QB|^2}{|QA|} = (1+k^2)\sqrt{1+k^2}.$$

令

$$\frac{4(1+k^2)\sqrt{1+k^2}}{k+2} = (1+k^2)\sqrt{1+k^2},$$

解得 $k=2$, 即所求直线为

$$y = 2x+2.$$

接下来证明直线 $y=2x+2$ 对于曲线 C 上的所有点都满足条件. 因为曲线 $C:\left(x+\dfrac{1}{2}\right)^2=2\left(y+\dfrac{1}{8}\right)$, 即 $y=\dfrac{x^2+x}{2}$, 设曲线 C 上任一 $M\left(t,\dfrac{t^2+t}{2}\right)$. 解方程组

$$\begin{cases} y=2x+2, \\ x=t \end{cases} \Rightarrow \begin{cases} x=t, \\ y=2t+2 \end{cases}$$

得 $B(t,2t+2)$,

$$\begin{cases} y-\dfrac{t^2+1}{2}=-\dfrac{1}{2}(x-t), \\ y=2x+2 \end{cases} \Rightarrow \begin{cases} x=\dfrac{t^2+2t-4}{5}, \\ y=\dfrac{2t^2+4t+2}{5} \end{cases}$$

得 $A\left(\dfrac{t^2+2t-4}{5},\dfrac{2t^2+4t+2}{5}\right)$, 求得 $|QB|^2=5(1+t)^2, |QA|=\dfrac{(1+t)^2}{\sqrt{5}}$; 所以 $\dfrac{|QB|^2}{|QA|}=5\sqrt{5}$ 为常数, 即 $y=2x+2$ 为所求的直线方程.

特殊与一般经常被应用于解决探索性问题, 且用于解决数列和解析几何的频率较高. 在用直接法解数学问题感到困难时, 不妨尝试利用特殊与一般的思想, 即先用特殊方法找目标, 再用一般方法去证明, 来考虑解题的方法, 往往能"柳暗花明又一村".

4.2.4 分类讨论

分类讨论思想是指把所有研究的问题, 根据题目的特点和要求, 分解为若干类, 转化为若干个小问题来解决. 如此按不同情况分类, 然后再逐一解决问题的数学思想. 分类讨论思想是序化思想的一种体现. 面对不同的情况给出不同的化解方法, 把问题进行不同情况的划分, 使条件更加具体, 分散难点; 分别讨论每种情况, 逐个化解到最后进行概括和归纳, 解决整个问题.

采用分类讨论的适用情形: 要研究的问题中的数学概念是分类定义的; 研究问题所运用的数学定理、公式或运算性质、法则有范围或者是条件限制, 或者是分类给出的; 求解的数学问题的结论有多种情况或者多种可能; 数学问题中含有参数, 这些参数的取值不同会导致不同结果的.

部分数学概念根据分类定义的, 或受到一些条件限制, 如, 绝对值去绝对值号分正负号、偶次根式开方分正负号、直线与平面成的角 $\left(0<\alpha<\dfrac{\pi}{2}\right)$、直线斜率 ($k$ 不存在)、二次函数开口方向分上下、复数辐角主值 $(0\leqslant \arg z<2\pi)$、椭圆、双曲线的焦点的位置、分段函数、导数讨论极值点和单调性等.

分类讨论的原则: (1) 确定性原则. 分类对象是指研究与解决问题所涉及的对象的全体. 分类时, 首先要确定分类对象的全体是怎样的一个集合; 集合元素是什

么; 集合的范围有多大. 一般地说, 分类对象的集合和研究与解决问题所涉及的对象的全体应是一致的. (2) 同一性原则. 同一问题, 选取的标准不同就会有不同的分类. 同一层 (或同级) 分类过程中, 必须按同一标准进行, 即必须将分类对象按照不同性质的类的标准或根据进行总体划分, 不能交叉地使用几个不同的划分标准. 例如, 角, 按旋转方向不同划分, 可分为正角、负角和零角; 按终边所在位置不同划分, 可分为象限角和轴线角. (3) 完整性原则. 分类问题一般具有多层次性, 在数学综合的问题中, 需要讨论的对象往往不止一个, 而一个对象的讨论可能出现第二次分类的情况, 在每个层次的分类要注意统一标准, 做到不重不漏. 分类时必须防止遗漏. 例如, 把实数分为正实数和负实数, 就违背了分类的完整性原则, 因为实数零没有包含于其中. (4) 互斥性原则. 分类时, 分类的各个子集之间必须相互排斥, 互不相容. 即分类中各个子集的交集为空集. 例如, 把平面几何中的三角形分为普通三角形、等腰三角形、等边三角形的分类就违背了分类的互斥性原则, 因为等边三角形是特殊的等腰三角形. (5) 逐级性原则. 对于一些较为复杂问题, 经过一层 (一次) 分类后还需要进行另一层 (二次) 分类、三层 (三次) 分类, 直至问题得到解决, 称这种分类方法为分层 (或分级) 分类法. 在分层 (或分级) 分类的过程中要逐级进行, 即在前一层 (一次) 分类的基础上, 再确定分类的对象全体, 选择恰当的标准, 再分类. 这里要按一定的层次进行, 不能越级或颠倒级别的顺序.

分类讨论基本步骤: (1) 选择分类对象, 即对什么量进行分类, 明确讨论的对象; (2) 确定分类标准, 即怎样分类, 选择一个统一的标准, 合理分类; (3) 深化分类层次, 即每类中是否还要继续分类 (二级分类, 三级分类等), 逐步讨论; (4) 总结概括结论, 即对各类情况进行整合, 得出整个问题的答案.

例 4-45 若不等式 $|3x-b|<4$ 的解集中的格数有且仅有 1,2,3, 求 b 的取值范围.

分析 解不等式 $|3x-b|<4$, 为去掉绝对值符号, 对 $3x-b$ 的正负进行讨论.

解 ① $3x-b \geqslant 0$, 即 $x \geqslant \dfrac{b}{3}$ 时, 解 $3x-b<4$, 得 $x<\dfrac{b+4}{3}$;

② $3x-b<0$, 即 $x<\dfrac{b}{3}$ 时, 解 $b-3x<4$, 得 $x>\dfrac{b-4}{3}$.

所以 $0 \leqslant \dfrac{b-4}{3} <1, 3<\dfrac{b+4}{3}\leqslant 4$. 解得 $5<b<7$.

例 4-46 设 $a,b \in \mathbf{R}$, 则 "$a>b$" 是 "$a|a|>b|b|$" 的 (　　).

A. 充分不必要条件　　　　　　　　B. 必要不充分条件
C. 充要条件　　　　　　　　　　　D. 既不充分也不必要条件

分析 按照 $b<0, b=0, b>0$ 分类讨论求解.

解 当 $b<0$ 时, 显然有 $a>b \Leftrightarrow a|a|>b|b|$;

当 $b=0$ 时, 显然有 $a>b \Leftrightarrow a|a|>b|b|$;

当 $b > 0$ 时, $a > b$, 有 $|a| > |b|$, 所以 $a > b \Leftrightarrow a|a| > b|b|$.

综上可知 $a > b \Leftrightarrow a|a| > b|b|$, 故选 C.

1. 分类讨论在函数问题中的应用

分类讨论是根据研究的数学对象在不同情况下得到不同的结论而进行的. 分类讨论在高中函数问题中的应用形式大多为解答题, 有时有选择题和填空题. 根据函数概念进行分类讨论. 有些数学概念本身就是分类的, 且函数的形式不同, 其定义和使用条件往往存在着差别, 例如, 绝对值函数、分段函数、指数函数、对数函数、幂函数等. 由定理、公式的限制或函数的性质引起的分类讨论. 函数的性质包括函数单调性、奇偶性、最值与极值等. 由图形形状或位置变化引起的分类讨论. 一元二次函数对称轴位置不确定或者区间不确定, 使函数的单调性和最值等性质发生改变. 由参数变化引起的分类讨论. 如含参数的函数问题、与导数有关的综合问题等.

分类讨论的标准: (1) 函数形式不同, 其定义和使用条件也不同. 绝对值函数的分类标准一般是按绝对值的定义用零点分类法去绝对值; 含分段函数的题目分类标准一般是根据分段函数中各段函数自变量的取值范围; 指数函数或对数函数中底数一般应分为和讨论; 幂函数中幂指数取值不同, 幂函数的性质不同. (2) 探究函数的奇偶性, 通常就函数的定义域是否关于原点对称进行分类; 探究函数单调性, 要考虑函数类型, 不同类型的函数有不同的单调区间, 就单调区间对定义域进行分类; 探究函数的最值, 要考虑函数单调性. (3) 由图形形状或位置变化引起的分类讨论. 在含一元二次函数的问题中, 对于 "动轴定区间"、"定轴动区间" 和 "动轴动区间" 类型的函数, 关键在于讨论对称轴与定义域的相对位置关系, 分类的标准一般是对称轴在所给区间的左侧、中间、右侧三种情况. (4) 含参函数中参数取不同值时结果不同, 或者由于对不同的参数值要运用不同的推演方法, 此时要根据参数不同取值分类讨论. 例如, 含参函数 $y = ax^2 + bx + c$ 中参数 a 的取值有时候分为 $a = 0$ 和 $a \neq 0$ 讨论.

(1) 由函数概念引起的分类讨论

例 4-47 已知函数 $f(x) = a^x (a > 0,$ 且 $a \neq 1)$ 在区间 $[1, 2]$ 上的最大值比最小值大 $\dfrac{1}{4}$, 求实数 a 的值.

分析 此题考查指数函数, 可以根据其中底数的取值范围进行分类讨论, 故此题应分为 $0 < a < 1$ 和 $a > 1$ 进行讨论.

解 ① 当 $0 < a < 1$ 时, $f(x)$ 在区间 $[1, 2]$ 上单调递减, 故

$$f_{\max}(x) = f(1) = a, \quad f_{\min}(x) = f(2) = a^2.$$

所以 $a - a^2 = \dfrac{1}{4}$, 解得 $a = \dfrac{1}{2}$.

② 当 $a > 1$ 时, $f(x)$ 在区间 $[1, 2]$ 上单调递增, 故
$$f_{\max}(x) = f(2) = a^2, \quad f_{\min}(x) = f(1) = a.$$

所以 $a^2 - a = \dfrac{1}{4}$, 解得 $a = \dfrac{1 \pm \sqrt{2}}{2}$. 故 $a = \dfrac{1 + \sqrt{2}}{2}$.

综上所述, 当 $0 < a < 1$ 时, $a = \dfrac{1}{2}$; 当 $a > 1$ 时, $a = \dfrac{1 + \sqrt{2}}{2}$.

(2) 由定理、公式的限制或函数的性质引起的分类讨论

例 4-48 若函数 $f(x) = (1 - x^2)(x^2 + ax + b)$ 的图象关于直线 $x = -2$ 对称, 求 $f(x)$ 的最大值.

分析 此题目考查函数的最值, 应根据函数的单调性, 对不同区间上的极值进行分类讨论.

解 因为函数 $f(x)$ 的图象关于直线 $x = -2$ 对称, 所以 $f(x)$ 满足 $f(0) = f(-4), f(-1) = f(-3)$, 即

$$\begin{cases} b = -15(16 - 4a + b), \\ 0 = -8(9 - 3a + b). \end{cases} \quad 解得 \quad \begin{cases} a = 8, \\ b = 15. \end{cases}$$

从而 $f(x) = -x^4 - 8x^3 - 14x^2 + 8x + 15$. 由 $f'(x) = -4x^3 - 24x^2 - 28x + 8 = 0$, 得

$$x_1 = -2 - \sqrt{5}, \quad x_2 = -2, \quad x_3 = -2 + \sqrt{5}.$$

易知, $f(x)$ 在 $(-\infty, -2 - \sqrt{5})$ 上为增函数, 在 $(-2 - \sqrt{5}, -2)$ 上为减函数, 在 $(-2, -2 + \sqrt{5})$ 上为增函数, 在 $(-2 + \sqrt{5}, +\infty)$ 上为减函数. 所以

$$f(-2 - \sqrt{5}) = 16, \quad f(-2) = -9, \quad f(-2 + \sqrt{5}) = 16,$$

故 $f(x)$ 的最大值为 16.

(3) 由图形形状或位置变化引起的分类讨论

例 4-49 现有函数 $f(x) = -9x^2 - 6ax + 2a - a^2$, 在区间 $\left[-\dfrac{1}{3}, \dfrac{1}{3}\right]$ 上的最大值为 -3, 求实数 a 的值.

分析 此题考查 "动轴定区间" 型的函数, 由函数性质可知二次函数的对称轴为 $x = -\dfrac{a}{3}$, 依据对称轴在区间内、在区间左边和右边进行分类, 即结合区间 $x \in \left[-\dfrac{1}{3}, \dfrac{1}{3}\right]$, 分别讨论 $-\dfrac{a}{3} < -\dfrac{1}{3}, -\dfrac{1}{3} \leqslant -\dfrac{a}{3} \leqslant \dfrac{1}{3}$ 和 $\dfrac{1}{3} < -\dfrac{a}{3}$ 的情形.

解 $f(x) = -9x^2 - 6ax + 2a - a^2$, 对称轴为 $x = -\dfrac{a}{3}$.

① 当 $-\dfrac{a}{3} < -\dfrac{1}{3}$ 时, 即 $a > 1$ 时, 此时 $f(x)$ 在 $\left[-\dfrac{1}{3}, \dfrac{1}{3}\right]$ 上为单调减函数.

$$f_{\max}(x) = f\left(-\dfrac{1}{3}\right) = -(-1+a)^2 + 2a = -a^2 + 4a - 1 = -3.$$

即 $a^2 - 4a - 2 = 0, a = 2 \pm \sqrt{6}$. 又由于 $a > 1$, 所以 $a = 2 + \sqrt{6}$.

② 当 $-\dfrac{1}{3} \leqslant -\dfrac{a}{3} \leqslant \dfrac{1}{3}$ 时, 即 $-1 \leqslant a \leqslant 1$ 时, 此时顶点在区间内部,

$$f_{\max}(x) = f\left(-\dfrac{a}{3}\right) = 2a = -3,$$

即 $a = -\dfrac{3}{2}$. 又由于 $-1 \leqslant a \leqslant 1$, 所以 a 无解.

③ 当 $\dfrac{1}{3} < -\dfrac{a}{3}$ 时, 即 $a < -1$ 时, 此时 $f(x)$ 在区间 $\left[-\dfrac{1}{3}, \dfrac{1}{3}\right]$ 上为单调增函数,

$$f_{\max}(x) = f\left(\dfrac{1}{3}\right) = -a^2 - 1 = -3,$$

即 $a = \pm\sqrt{2}$. 又由于 $a < -1$, 所以 $a = -\sqrt{2}$.

综上所述, $a = -\sqrt{2}$, 或者 $a = 2 + \sqrt{6}$.

(4) 由参数变化引起的分类讨论

例 4-50 已知函数 $f(x) = \ln x, g(x) = f(x) + ax^2 + bx$, 其中 $g(x)$ 的函数图象在点 $(1, g(1))$ 处的切线平行于 x 轴.

(1) 确定 a 和 b 的关系;

(2) 若 $a \geqslant 0$, 试讨论函数 $g(x)$ 的单调性.

分析 此题考查含参函数的单调性, 需要对参数的取值范围进行讨论.

解 (1) 由题意知, $g(x) = \ln x + ax^2 + bx$, 故 $g'(x) = a = +2ax + b$.

因为 $g(x)$ 的函数图象在点 $(1, g(1))$ 处的切线平行于 x 轴, 所以 $g'(1) = 1 + 2a + b = 0$, 故 a 和 b 的关系为 $b = -2a - 1$.

(2) 由 (1) 知

$$g'(x) = \dfrac{1}{x} + 2ax - (2a+1) = \dfrac{2ax^2 - (2a+1)x + 1}{x} = \dfrac{(x-1)(2ax-1)}{x} \, (x > 0).$$

(I) 当 $a = 0$ 时, $g'(x) = \dfrac{-x+1}{x}(x > 0)$. 令 $g'(x) > 0$ 得 $0 < x < 1$; 令 $g'(x) < 0$ 得 $x > 1$. 所以, $g(x)$ 在 $(0,1)$ 上单调递增, 在 $(1, +\infty)$ 上单调递减.

(II) 当 $a > 0$ 时, 令 $g'(x) = 0$ 得 $x_1 = 1, x_2 = \dfrac{1}{2a}$.

① 当 $x_1 = x_2$, 即 $a = \dfrac{1}{2}$ 时, $g'(x) = \dfrac{(x-1)^2}{x} \geqslant 0$ 恒成立, 所以 $g(x)$ 在 $(0, +\infty)$ 上单调递增.

② 当 $x_1 < x_2$，即 $0 < a < \dfrac{1}{2}$ 时，令 $g'(x) > 0$ 得 $0 < x < 1$ 或 $x > \dfrac{1}{2a}$；令 $g'(x) < 0$ 得 $\dfrac{1}{2a} > x > 1$. 所以，$g(x)$ 在 $(0,1)$ 和 $\left(\dfrac{1}{2a}, +\infty\right)$ 上单调递增，在 $\left(1, \dfrac{1}{2a}\right)$ 上单调递减.

③ 当 $x_1 > x_2$，即 $a > \dfrac{1}{2}$ 时，令 $g'(x) > 0$ 得 $x > 1$ 或 $x < \dfrac{1}{2a}$；令 $g'(x) < 0$ 得 $\dfrac{1}{2a} < x < 1$. 所以，$g(x)$ 在 $\left(0, \dfrac{1}{2a}\right)$ 和 $(1, +\infty)$ 上单调递增，在 $\left(\dfrac{1}{2a}, 1\right)$ 上单调递减.

综上可知，当 $a = 0$ 时，$g(x)$ 在 $(0,1)$ 上单调递增，在 $(1,+\infty)$ 上单调递减；

当 $a = \dfrac{1}{2}$ 时，$g(x)$ 在 $(0, +\infty)$ 上单调递增；

当 $a > \dfrac{1}{2}$ 时，$g(x)$ 在 $\left(0, \dfrac{1}{2a}\right)$ 和 $(1, +\infty)$ 上单调递增，在 $\left(\dfrac{1}{2a}, 1\right)$ 上单调递减.

例 4-51 (2017 新课标 I, 理 21) 已知函数 $f(x) = ae^{2x} + (a-2)e^x - x$.

(1) 讨论 $f(x)$ 的单调性；

(2) 若 $f(x)$ 有两个零点，求 a 的取值范围.

分析 此题是考查含参函数的单调性和零点，需要对参数的取值范围进行讨论. 第 (1) 问中求函数单调性，可以先求导观察导函数的结构，再对参数进行分类讨论；第 (2) 问中已知函数有两个零点求参数的取值范围，可以先依据 (1) 中得出的参数取值不同而单调性不同对参数进行分类讨论，再由参数取值范围一定，根据单调区间逐级对自变量的不同取值进行讨论.

解 (1) 因为 $f(x) = ae^{2x} + (a-2)e^x - x$，所以

$$f'(x) = 2ae^{2x} + (a-2)e^x - 1 = (2e^x + 1)(ae^x - 1).$$

分类讨论：

① 当 $a = 0$ 时，$f'(x) = -2e^x - 1 < 0$，所以 $f(x)$ 在 **R** 上单调递减；

② 当 $a < 0$ 时，$f'(x) = (2e^x + 1)(ae^x - 1) < 0$，所以 $f(x)$ 在 **R** 上单调递减；

③ 当 $a > 0$ 时，令 $f'(x) = 0$ 即 $ae^x - 1 = 0$，所以 $x = \ln \dfrac{1}{a}$.

故列表如表 4-1.

表 4-1

x	$\left(-\infty, \ln \dfrac{1}{a}\right)$	$\ln \dfrac{1}{a}$	$\left(\ln \dfrac{1}{a}, +\infty\right)$
$f'(x)$	< 0	$= 0$	> 0
$f(x)$	↓	极小值	↑

综上所述, 当 $a \leqslant 0$ 时, $f(x)$ 在 $\mathbf{R}$ 上单调递减; 当 $a \geqslant 0$ 时, $f(x)$ 在 $\left(-\infty, \ln \dfrac{1}{a}\right)$ 上单调递减, 在 $\left(\ln \dfrac{1}{a}, +\infty\right)$ 上单调递增.

(2) ① 当 $a \leqslant 0$ 时, $f(x)$ 在 $\mathbf{R}$ 单调递减, 不符合题意.

② 当 $a > 0$ 时, $f(x)$ 在 $(-\infty, -\ln a)$ 单调递减, 在 $(-\ln a, +\infty)$ 单调递增, 所以要使得 $f(x)$ 有两个零点, 需使 $f_{\min}(x) < 0$, 即 $f(-\ln a) < 0$, 即

$$a \cdot \left(\dfrac{1}{a^2}\right) + (a-2) \cdot \dfrac{1}{a} + \ln x < 0.$$

化简为 $-\ln a + \dfrac{1}{a} - 1 > 0$.

令 $g(a) = -\ln a + \dfrac{1}{a} - 1$, 故 $g'(a) = -\dfrac{1}{a} - \dfrac{1}{a^2} < 0$, 函数 $g(x)$ 单调递减, 又由于 $g(1) = 0$, 所以 $0 < a < 1$.

下面分析两边是否存在大于 0 的点. 观察到

$$f(-100) = ae^{-200} + (a-1)e^{-100} + 100 > 100 > 0,$$

又注意到 $e^x - x > 0$, 所以 $x > -\ln a$ 时, 要使 $f(x) > 0$ 只需使 $f(x) \geqslant e^x - x > 0$, 即

$$ae^{2x} + (a-2)e^x - x \geqslant e^x - x,$$

于是 $e^x(ae^x + a - 2) - x \geqslant e^x - x$, 只需 $ae^x + a - 2 \geqslant 1$, 即 $x \geqslant \ln \dfrac{3-a}{a}$, 从而当 $a \in (0, 1)$ 时, $f(x)$ 的零点的存在区间为 $(-100, -\ln a)$ 和 $\left(-\ln a, \ln \dfrac{3-a}{a}\right)$.

综上所述, 当 $a \in (0, 1)$ 时, $f(x)$ 有两个零点.

2. 分类讨论在数列问题中的应用

数列中的分类讨论大多涉及对公差 d、公比 q、项数 n 的讨论, 特别是对项数 n 的讨论成为讨论的特点. 分类讨论在数列问题中的应用主要有以下几种依据: (1) 在一些求数列通项公式 a_n 及前 n 项和公式 S_n 的题目中, 项数 n 的奇偶性不同, 数列的性质特征也会有所不同; (2) 等比数列的公比 q 关于 $q = 1$ 及 $q \neq 1$ 进行讨论; (3) 在数列中已知 S_n 与 a_n 的关系, 但求出来的 S_1 与 a_1 的值不一定相同.

例 4-52 已知数列 $\{a_n\}$ 是各项均不为 0 的等差数列, 公差为 d, S_n 为其前 n 项和, 且满足 $a_n^2 = S_{2n-1}, n \in \mathbf{N}^*$. 数列 $\{b_n\}$ 满足 $b_n = \dfrac{1}{a_n \cdot a_{n+1}}$, T_n 为数列 $\{b_n\}$ 的前 n 项和.

(1) 求 a_1, d 和 T_n;

(2) 若对任意的 $n \in \mathbf{N}^*$, 不等式 $\lambda T_n < n + 8 \cdot (-1)^n$ 恒成立, 求实数 λ 的取值范围.

分析 此题为数列问题较为综合、难度系数较大的一题，同样以两种数列结合的形式综合考查了学生对等差数列与等比数列概念、性质的运用，在解题过程中具有一定的计算量. 第 (1) 问中涉及数列计算问题中常见的裂项相消方法，在第 (2) 问对不等式中未知数取值范围的讨论中需要分类讨论，讨论过程并不复杂，只是学生容易忽略，且涉及一定计算，考生需要引起重视.

解 (1) 在 $a_n^2 = S_{2n-1}$ 中，令 $n = 1, n = 2$，因为

$$b_n = \frac{1}{a_n a_{n+1}} = \frac{1}{(2n-1)(2n+1)} = \frac{1}{2}\left(\frac{1}{2n-1} - \frac{1}{2n+1}\right),$$

所以

$$T_n = \frac{1}{2}\left(1 - \frac{1}{3} + \frac{1}{3} - \frac{1}{5} + \cdots + \frac{1}{2n-1} - \frac{1}{2n+1}\right) = \frac{n}{2n+1}.$$

(2) ① 当 n 为偶数时，要使不等式 $\lambda T_n < n + 8 \cdot (-1)^n$ 恒成立，即需不等式

$$\lambda < \frac{(n+8)(2n+1)}{n} = 2n + \frac{8}{n} + 17$$

恒成立. 因为 $2n + \frac{8}{n} \geqslant 8$，等号在 $n = 2$ 时取得. 所以此时 λ 需满足 $\lambda < 25$.

② 当 n 为奇数时，要使不等式 $\lambda T_n < n + 8 \cdot (-1)^n$ 恒成立，即需不等式

$$\lambda < \frac{(n-8)(2n+1)}{n} = 2n - \frac{8}{n} - 15$$

恒成立. 因为 $2n - \frac{8}{n}$ 是随 n 的增大而增大，所以 $n = 1$ 时 $2n - \frac{8}{n}$ 取得最小值 -6. 此时 λ 需满足 $\lambda < -21$.

综合 ① ② 可得 λ 的取值范围是 $\lambda < -21$.

数列问题中，经常会出现 $(-1)^n$ 的形式，这往往也是学生容易忽略的问题. 而当数列通项公式中出现 $(-1)^n$ 的形式时，往往对 n 分奇、偶讨论，问题就迎刃而解了.

3. 分类讨论在不等式问题中的应用

在不等式的解题中，有以下几种需要分类讨论的原因：(1) 由参数变化引起的分类讨论，如含参数不等式的解法问题等；(2) 由数学概念本身引起的分类讨论，有些数学概念本身就是分类的，例如，绝对值；(3) 由数学自身运算需要引起的分类讨论，如不等式的可乘性，需要考虑所乘数的正负.

在不等式解题中，由不等式分类讨论的依据则有以下几个标准：(1) 在解一元二次不等式时，其中涉及的分类主要有对二次项系数的讨论和与一元二次不等式相关的一元二次方法根的判别式及根的大小的讨论；(2) 在解含绝对值的不等式时，首要的就是去掉绝对值符号，去掉绝对值符号的方法就是分析绝对值内式子

的正、负, 需要进行分类讨论; (3) 在解不等式时, 由不等式的可乘性, 需要对式子的正负进行分类讨论.

例 4-53 已知函数 $f(x) = |x - a| + \left|x + a + \dfrac{1}{a}\right| (a \neq 0)$. 若 $f(2) \leqslant 3$, 求实数 a 的取值范围.

分析 本题考查了绝对值不等式、二次不等次和基本不等式, 对参数进行分类讨论.

解 若 $f(2) \leqslant 3$, 即 $|2 - a| + \left|2 + a + \dfrac{1}{a}\right| \leqslant 3$, 又 $\left|2 + a + \dfrac{1}{a}\right| = \left|\dfrac{(a+1)^2}{a}\right|$, 故可如下分类:

(1) 若 $a < 0$, 则 $2 - a - \left(2 + a + \dfrac{1}{a}\right) \leqslant 3$, 即 $2a + \dfrac{1}{a} + 3 \geqslant 0$, 即 $2a^2 + 3a + 1 \leqslant 0$, 即 $(2a+1)(a+1) \leqslant 0$, 所以 $-1 \leqslant a \leqslant -\dfrac{1}{2}$.

(2) 若 $0 < a < 2$, 则 $2 - a + \left(2 + a + \dfrac{1}{2}\right) \leqslant 3$, 即 $\dfrac{1}{a} \leqslant -1$, 此时, a 无解.

(3) 若 $a \geqslant 2$, 则 $a - 2 + \left(2 + a + \dfrac{1}{a}\right) \leqslant 3$, 即 $2a + \dfrac{1}{a} \leqslant 3$, 即 $2a^2 - 3a + 1 \leqslant 0$, 即 $(2a-1)(a-1) \leqslant 0$, 所以 $\dfrac{1}{2} \leqslant a \leqslant 1$, 此时 a 亦无解.

综上, $-1 \leqslant a \leqslant -\dfrac{1}{2}$.

4. 分类讨论在立体几何问题中的应用

立体几何中的问题始终与几何量的度量关系和位置关系有关. 在立体几何中, 引发分类讨论的因素主要为以下几类: (1) 图形形状的分类讨论; (2) 图形位置的分类讨论; (3) 图形大小的分类讨论; (4) 构图形式的分类讨论; (5) 条件或结论的分类讨论.

例 4-54 在空间四边形 $ABCD$ 中, $AC = BD = a$, AC 与 BD 所成的角为 $60°$, M, N 分别为 AB, CD 的中点, 则线段 MN 的长度等于_____.

分析 两条直线所成的角的意义与三角形内角的概念是引发分类讨论的原因.

解 如图 4-18, 取 BC 中点 E, 连结 ME、NE, 由已知得 $ME//AC$ 且 $NE//BD$. 因为 AC 与 BD 所成的角为 $60°$, 所以 $\angle MEN = 60°$ 或 $\angle MEN = 120°$.

(1) 若 $\angle MEN = 60°$, 因 $AC = BD = a$, 所以 $ME = NE = \dfrac{1}{2}a$, 即 $\triangle MEN$ 为等边三

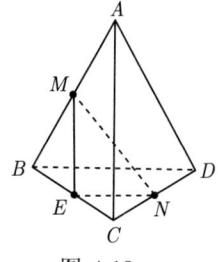

图 4-18

角形, 故 $MN = \dfrac{1}{2}a$.

(2) 若 $\angle MEN = 120°$, 因 $AC = BD = a$, 所以 $ME = NE = \dfrac{1}{2}a$, 即 $\triangle MEN$ 是顶角为 $120°$ 的等腰三角形, 易得

$$MN = \sqrt{ME^2 + NE^2 - 2ME \cdot NE \cdot \cos \angle MEN} = \dfrac{\sqrt{3}}{2}a.$$

综上所述, 线段 MN 的长度等于 $\dfrac{1}{2}a$ 或 $\dfrac{\sqrt{3}}{2}a$.

5. 分类讨论在解析几何问题中的应用

在平面解析几何问题中, 有以下几种解题需要分类讨论的原因: (1) 数学概念、公式及定义域引起的分类讨论; (2) 直线斜率存在性引起的分类讨论; (3) 图形的形状不定引起的分类讨论; (4) 参数引起的分类讨论; (5) 动点坐标引起的分类讨论.

分类讨论的标准: (1) 在数学概念、公式及定义域引起的分类讨论问题时, 要辨析题目数学概念、公式, 注意到几何图形中的定义域, 根据定义域进行分类. (2) 在处理直线斜率存在性引起的分类讨论的问题时, 需要对题目中直线是否存在斜率进行分析, 当直线倾斜角不等于 $90°$ 时, 斜率存在, 当直线倾斜角等于 $90°$ 时, 斜率不存在, 直线方程为 $x = k(k \in \mathbf{R})$. 处理直线方程问题时, 注意使用不同的直线方程公式, 使用斜截式、点斜式、两点式时, 斜率必须存在, 截距式 $\dfrac{x}{a} + \dfrac{y}{b} = 1$ 不能表示斜率不存在的直线或者过原点的直线. 同时也需要判断使用不同直线方程对计算的便捷性的影响. (3) 在处理图形的形状不定引起的分类讨论问题时, 对题目中给出的图形形状进行分类, 如等腰三角形分为直角等腰三角形、含锐角的等腰三角形、含钝角的等腰三角形; 圆锥曲线分为椭圆、双曲线、抛物线; 不同的图形中存在相离、相交、相切等. 针对题目所给的图形形状进行分析, 确定分类标准. (4) 在参数引起的分类讨论问题中, 在分析参数在不同的取值范围下, 其曲线方程所对应的不同的几何图形的形式. (5) 在动点坐标引起的分类讨论问题时, 我们可以根据动点坐标的范围的确定、轨迹图形的影响进行分类讨论. 动点引出动线、动轨迹、动图形, 使得解析几何问题丰富多彩. 对动点坐标的分类讨论、范围的确定、对轨迹图形的影响成为处理解析几何问题的重点和难点.

例 4-55 已知椭圆 $C: \dfrac{x^2}{a^2} + \dfrac{y^2}{b^2} = 1 (a > b > 0)$, 四点 $P_1(1,1), P_2(0,1)$, $P_3\left(-1, \dfrac{\sqrt{3}}{2}\right), P_4\left(1, \dfrac{\sqrt{3}}{2}\right)$ 中恰有三点在椭圆 C 上.

(1) 求椭圆 C 的方程;

(2) 设直线 l 不经过 P_2 点且与 C 相交于 A, B 两点. 若直线 P_2A 与直线 P_2B 的斜率的和为 -1, 证明: l 过定点.

分析 在第 (2) 问中, 要证直线过定点, 则需要求出直线的方程. 在求解直线方程时则需要考虑到斜率的存在性对直线方程进行分类讨论. 由于需要联立方程组, 则将直线方程设为斜截式, 以便于后面的计算. 而根据题意中两直线斜率之间的关系, 得到当斜率不存在时, 不满足题意, 故进一步讨论斜率存在的情况. 而后通过联立方程组并根据韦达定理找到与直线斜率的关系模型, 从而求出直线的方程.

解 (1) 由于 P_3, P_4 两点关于 y 轴对称, 故由题设知 C 经过 P_3, P_4 两点.

由于 P_1, P_4 两点不关于 x 轴对称, 故 C 不经过 P_1, 因此, P_2, P_3, P_4 三点都在 C 上. 因此, 将 P_2, P_3, P_4 代入椭圆方程中, 有 $\begin{cases} \dfrac{1}{b^2} = 1, \\ \dfrac{1}{a^2} + \dfrac{3}{4b^2} = 1, \end{cases}$ 解得 $\begin{cases} a^2 = 4, \\ b^2 = 1. \end{cases}$

故 C 的方程为 $\dfrac{x^2}{4} + y^2 = 1$.

(2) 设直线 P_2A 与直线 P_2B 的斜率分别为 k_1, k_2, 如果 l 与 x 轴垂直, 设 $l: x = t$, 由题设知 $t \neq 0$, 且 $|t| < 2$, 可得 A, B 的坐标分别为

$$\left(t, \dfrac{\sqrt{4-t^2}}{2}\right), \left(t, -\dfrac{\sqrt{4-t^2}}{2}\right).$$

则 $k_1 + k_2 = \dfrac{\sqrt{4-t^2} - 2}{2t} - \dfrac{\sqrt{4-t^2} + 2}{2t} = -1$, 得 $t = 2$, 不符合题设.

从而可设 $l: y = kx + m (m \neq 1)$. 将 $y = kx + m$ 代入 $\dfrac{x^2}{4} + y^2 = 1$ 得

$$(4k^2 + 1)x^2 + 8kmx + 4m^2 - 4 = 0.$$

由题设可知 $\Delta = 16(4k^2 - m^2 + 1) > 0$. 令 $A(x_1, y_1), B(x_2, y_2)$, 由韦达定理得

$$x_1 + x_2 = -\dfrac{8km}{4k^2 + 1}, \quad x_1 x_2 = \dfrac{4m^2 - 4}{4k^2 + 1}.$$

而

$$k_1 + k_2 = \dfrac{y_1 - 2}{x_1} + \dfrac{y_2 - 1}{x_2} = \dfrac{2kx_1x_2 + (m-1)(x_1 + x_2)}{x_1 x_2}.$$

由题设 $k_1 + k_2 = -1$, 故 $(2k+1)x_1x_2 + (m-1)(x_1+x_2) = 0$, 即

$$(2k+1) \cdot \dfrac{4m^2 - 4}{4k^2 + 1} + (m-1) \cdot \dfrac{-8hm}{4k^2 + 1} = 0,$$

解得 $k = -\dfrac{m+1}{2}$. 当且仅当 $m > -1$ 时, $\Delta > 0$, 欲使 $l: y = -\dfrac{m+1}{2}x + m$, 即

$$y + 1 = -\dfrac{m+1}{2}(x - 2).$$

所以 l 过定点 $(2, -1)$.

4.2.5 数形结合

数形结合既是一种解题思想也是一种解题的方法手段. 所谓数形结合就是把抽象的数学语言、数量关系与直观的几何图形、位置关系结合起来, 通过"以形助数"或"以数解形"即通过抽象思维与形象思维的结合, 可以使复杂问题简单化, 抽象问题具体化, 从而起到优化解题途径的目的. 华罗庚先生说过:"数与形, 本是两倚依, 焉能分作两边飞. 数缺形时少直观, 形少数时难入微.""切莫忘, 几何代数统一体, 永远联系, 切莫分离." "数形结合百般好, 隔离分家万事休." 罗增儒先生认为, 数和形是初等数学中被研究得最多的对象, 数形结合是一种极富数学特点的信息转换, 数学上总是用数的抽象性质来说明形象的事实, 同时又用图形的性质来说明数的事实. 数形结合是一种重要的数学思想和一柄双刃的解题利剑. 这说明数形结合不应仅被看成是一种解题工具, 更应被看成是数学教学的一种思想策略.

数形结合思想采用了代数方法和几何方法最好的方面: 几何图形形象直观, 便于理解; 代数方法的一般性、解题过程的程序化, 可操作性强. 数形结合的思想方法是学好中学数学的重要思想方法.

以形助数常用的有借助数轴、函数图象、单位圆、数式的结构特征、算法数学的流程图等. 以数助形常用的有借助几何图形的轨迹所表达的数量关系去描述曲线、平面向量知识解决几何问题、空间向量判断空间图形的相互位置、运算结果与几何定理的结合构造图形去解决几何中的最值问题等.

1. 形化为数

几何问题代数化是将图形信息部分或全部转换成代数信息, 削弱或清除图形的推理部分, 使要解决的形的问题转化为对数量关系的讨论. 借用代数方法解决, 解题方法就易于寻找, 解题过程也变得比较简便, 因为几何题显然由形较直观, 但若遇到已知和结论之间相距较远的问题, 解题途径常常不易找到, 因而用代数方法解题, 思维就比较明确, 有规律, 因此也就容易找到解题方法. 解题的基本思路: 明确题中所给条件和所求的目标, 分析已给出的条件和所求目标的特点和性质, 理解条件或目标在图形中的重要几何意义, 用已学过的知识正确地将题中用到的图形用代数式表达出来, 再根据条件和结论的联系, 利用相应的公式或定理等.

例 4-56 已知 A, B 分别为椭圆 $E: \dfrac{x^2}{a^2} + y^2 = 1 (a > 1)$ 的左、右顶点, G 为 E 的上顶点, $\overrightarrow{AG} \cdot \overrightarrow{GB} = 8$, P 为直线 $x = 6$ 上的动点, PA 与 E 的另一交点为 C, PB 与 E 的另一交点为 D.

(1) 求椭圆 E 的方程;

(2) 证明: 直线 CD 过定点.

分析 利用椭圆的第三定义问题. 从代数的角度理解圆锥曲线的几何特征, 熟练运用坐标法研究圆锥曲线的性质以及它们的位置关系, 并能解决有一定综合性的问题.

解 (1) 略. 椭圆 E 的方程为 $\dfrac{x^2}{9} + y^2 = 1$.

(2) 依题意可设点 $P(6, m)$, 则直线 PA 的方程为 $y = \dfrac{m}{9}(x+3)$, 联立

$$\begin{cases} x^2 + 9y^2 = 9, \\ y = \dfrac{m}{9}(x+3), \end{cases} \quad 得\ (9+m^2)x^2 + 6m^2 x + 9m^2 - 81 = 0,$$

由韦达定理有 $-3x_C = \dfrac{9m^2 - 81}{9 + m^2}$, 即 $x_C = \dfrac{-3m^2 + 27}{9 + m^2}$, 将其代入直线的方程, 可得 PA, 所以 $C\left(\dfrac{-3m^2 + 27}{9 + m^2}, \dfrac{6m}{9 + m^2}\right)$.

易知直线 PB 的方程为 $y = \dfrac{m}{3}(x-3)$, 联立

$$\begin{cases} x^2 + 9y^2 = 9, \\ y = \dfrac{m}{3}(x-3), \end{cases} \quad 得\ (1+m^2)x^2 - 6m^2 x + 9m^2 - 9 = 0.$$

由韦达定理有 $3x_D = \dfrac{9m^2 - 9}{1 + m^2}$, 即 $x_D = \dfrac{3m^2 - 3}{1 + m^2}$, 将其代入直线 PB 的方程, 可得 $y_D = \dfrac{-2m}{1 + m^2}$, 即 $D\left(\dfrac{3m^2 - 3}{1 + m^2}, \dfrac{-2m}{1 + m^2}\right)$.

当 $m = \pm\sqrt{3}$ 时, $x_C = x_D = \dfrac{3}{2}$, 此时直线 CD 的方程为 $x = \dfrac{3}{2}$, 即直线 CD 过定点 $\left(\dfrac{3}{2}, 0\right)$. 当 $m \ne \pm\sqrt{3}$ 时, 直线 CD 的斜率为

$$k_{CD} = \dfrac{\dfrac{6m}{9+m^2} - \dfrac{-2m}{1+m^2}}{\dfrac{-3m^2 + 27}{9+m^2} - \dfrac{3m^2 - 3}{1+m^2}} = \dfrac{4m}{3(3-m^2)},$$

进而直线 CD 的方程为

$$y - \dfrac{-2m}{1+m^2} = \dfrac{4m}{3(3-m^2)}\left(x - \dfrac{3m^2 - 3}{1+m^2}\right),$$

化简得 $y = \dfrac{4m}{3(3-m^2)}\left(x - \dfrac{3}{2}\right)$, 所以直线 CD 过定点 $\left(\dfrac{3}{2}, 0\right)$.

综上, 直线 CD 过定点 $\left(\dfrac{3}{2}, 0\right)$.

在解题过程中，首先要将文字信息、图形条件进行转换，通过代数语言描述几何要素及其关系，将已知的几何条件表示成代数式，然后进行适当的代数运算得出代数结果，最后通过分析代数结果的几何含义解决几何问题. 在这个过程中要经历文字信息、图形特征和符号语言之间的多重转换，因此，我们必须重视对几何关系的深入研究，探究用何种代数形式能恰当表示题目中的几何关系，同时有利于代数运算，从而形成正确的解题策略.

例 4-57 如图 4-19, 圆 O 的直径 AB 与弦 CD 相交于点 P, 且 $PA = 5, PB = 1, \angle APC = 60°$, 求弦 CD 的长.

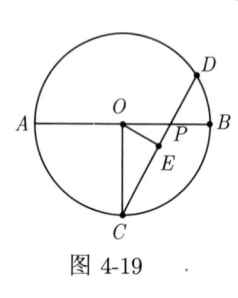

分析 根据图形的特点，把有关数据集中到直角三角形中，借助勾股定理或三角函数，把几何计算转化为代数运算.

解 过点 O 作 $OE \perp CD$ 于点 E, 则 $CE = ED$, 连接 OC.

由于 $PA = 5, PB = 1$, 故 $AB = 5 + 1 = 6$, 且 $OC = \dfrac{AB}{2} = 3$, 从而 $OP = \dfrac{AB}{2} - PB = 3 - 1 = 2$.

图 4-19

在 Rt$\triangle OPE$ 中, $OE = OP \cdot \sin 60° = \sqrt{3}$.

在 Rt $\triangle OCE$ 中, $CE = \sqrt{OC^2 - OE^2} = \sqrt{3 - (\sqrt{3})^2} = \sqrt{6}$. 故 $CD = 2CE = 2\sqrt{6}$.

对于几何问题，利用数理的严谨性，利用数轴、坐标系、不等式、面积、距离、角度、勾股定理、三角函数、线段比例等把几何问题转化成代数问题. 通过观察图形或绘制，挖掘图形中蕴含的数量关系，用代数的方法达到几何计算和证明的目的.

例 4-58 如图 4-20, 在棱长为 2 的正方体 $ABCD$-$A_1B_1C_1D_1$ 中, E、F 分别为 A_1D_1 和 CC_1 的中点.

(1) 求证: $EF \,/\!/$ 平面 ACD_1;

(2) 求异面直线 EF 与 AB 所成的角的余弦值;

(3) 在棱 BB_1 上是否存在一点 P, 使得二面角 P-AC-P 的大小为 $30°$? 若存在，求出 BP 的长; 若不存在，请说明理由.

解法一 如图 4-21, 分别以 DA, DC, DD_1 所在的直线为 x 轴、y 轴、z 轴建立空间直角坐标系 D-xyz. 由已知得 $D(0,0,0), A(2,0,0), B(2,2,0), C(0,2,0), B_1(2,2,2), D_1(0,0,2)$ $E(1,0,2), F(0,2,1)$.

图 4-20

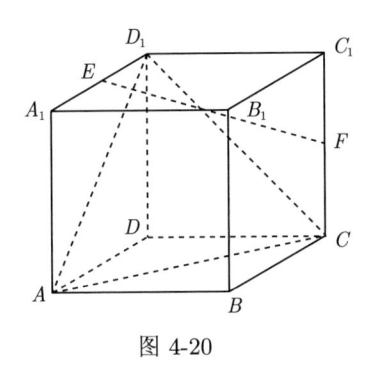

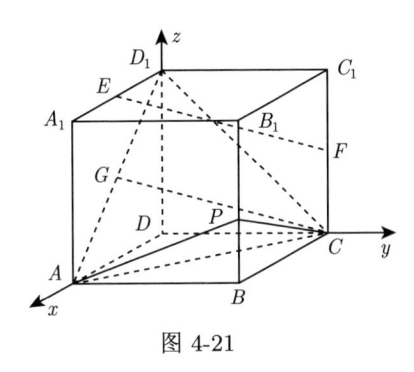

图 4-21

(1) 取 AD_1 中点 G, 则 $G(1,0,1)$, $\overrightarrow{CG} = (1,-2,1)$, 又 $\overrightarrow{EF} = (-1,2,-1)$, 由 $\overrightarrow{EF} = -\overrightarrow{CG}$, 故 $\overrightarrow{EF}$ 与 $\overrightarrow{CG}$ 共线. 从而 $EF//CG$.

由 $CG \subset$ 平面 ACD_1, $EF \subset$ 平面 ACD_1, 故 $EF//$ 平面 ACD_1.

(2) 由于 $\overrightarrow{AB} = (0,2,0)$,

$$\cos\langle \overrightarrow{EF}, \overrightarrow{AB} \rangle = \frac{\overrightarrow{EF} \cdot \overrightarrow{AB}}{|\overrightarrow{EF}| \cdot |\overrightarrow{AB}|} = \frac{4}{2\sqrt{6}} = \frac{\sqrt{6}}{3},$$

从而异面直线 EF 与 AB 所成角的余弦值为 $\dfrac{\sqrt{6}}{3}$.

(3) 假设满足条件的点 P 存在, 可设点 $P(2,2,t)(0 < t \leqslant 2)$, 平面 ACP 的一个法向量为 $\boldsymbol{n} = (x,y,z)$, 则 $\boldsymbol{n} \cdot \overrightarrow{AC} = 0$, 由于 $\overrightarrow{AP} = (0,2,t)$, $\overrightarrow{AC} = (-2,2,0)$, 故

$$\begin{cases} -2x + 2y = 0, \\ 2y + tz = 0. \end{cases}$$

取 $\boldsymbol{n} = \left(1, 1, -\dfrac{2}{t}\right)$, 易知平面 ABC 的一个法向量 $\overrightarrow{BB_1} = (0,0,2)$, 依题意知,

$$\left\langle \overrightarrow{BB_1}, \boldsymbol{n} \right\rangle = 30° \quad \text{或} \quad 150°,$$

故

$$\left|\cos\left\langle \overrightarrow{BB_1}, \boldsymbol{n} \right\rangle\right| = \frac{\left|-\dfrac{4}{t}\right|}{2 \cdot \sqrt{2 + \dfrac{4}{t^2}}} = \frac{\sqrt{3}}{2},$$

即 $\dfrac{4}{t^2} = \dfrac{3}{4}\left(2 + \dfrac{4}{t^2}\right)$, 解得 $t = \dfrac{\sqrt{6}}{3}$. 由 $\dfrac{\sqrt{6}}{3} \in (0,2]$, 得在棱 BB_1 上存在一点 P, 当 BP 的长为 $\dfrac{\sqrt{6}}{3}$ 时, 二面角 $P\text{-}AC\text{-}B$ 的大小为 $30°$.

解法二 (1) 同解法一, 知

$$\overrightarrow{EF} = (-1, 2, -1), \quad \overrightarrow{AD_1} = (-2, 0, 2), \quad \overrightarrow{AC} = (-2, 2, 0),$$

故 $\overrightarrow{EF} = \overrightarrow{AC} - \frac{1}{2}\overrightarrow{AD_1}$, 从而 $\overrightarrow{EF}, \overrightarrow{AC}, \overrightarrow{AD_1}$ 共面. 又由 $EF \subset$ 平面 ACD_1, 故 $EF //$ 平面 ACD_1.

(2)、(3) 同解法一.

解法三 易知平面 ACD_1 的一个法向量是 $\overrightarrow{DB_1} = (2, 2, 2)$. 又因为 $\overrightarrow{EF} = (-1, 2, -1)$, 由 $\overrightarrow{EF} \cdot \overrightarrow{DB_1} = 0$, 故 $\overrightarrow{EF} \perp \overrightarrow{DB_1}$, 而 $EF \subset$ 平面 ACD_1, 从而 $EF //$ 平面 ACD_1.

(2)、(3) 同解法一.

例 4-59 (2020 年美国数学邀请赛 AIME II, 4) $\triangle ABC$ 和 $\triangle A'B'C'$ 位于坐标平面上, 顶点坐标为 $A(0,0), B(0, 12), C(16, 0), A'(24, 18), B'(36, 18), C'(24, 2)$. 绕点 (x, y) 顺时针旋转 m 度, 其中 $0 < m < 180$, 可将 $\triangle ABC$ 变换为 $\triangle A'B'C'$. 求 $m + x + y$.

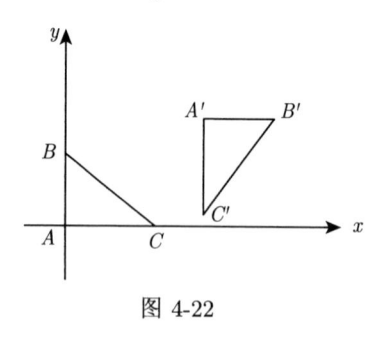

分析 可以先绘制草图, 很明显绕着 (x, y) 旋转了 $90°$.

解 如图 4-22, 因为 $AB \perp A'B'$, 所以旋转角为 $90°$, 即 $m = 90$. 旋转中心 (x, y), PA 对应于复数 $-x - yi$. PA' 对应于复数 $24 - x + (18 - y)i$. 所以

$$24 - x + (18 - y)i = -x - yi.$$

图 4-22

于是,

$$\begin{cases} y - 18 = -x, \\ 24 - x = -y, \end{cases} \quad 解得 \begin{cases} x = 21, \\ y = -3. \end{cases}$$

所以, $m + x + y = 90 + 21 - 3 = 108$.

2. 数借助形

借助 "形" 的生动和直观性认识 "数", 即以 "形" 为手段, "数" 为目的. 在中学数学中, "形" 的广义性以及学生数学学习中直觉形象思维的主导地位决定了大部分数学知识学习需要 "形" 的支撑, 如数学概念的建立借助 "形" 的直观; 数学性质的探索依赖 "形" 的操作; 数学规则的形成需要 "形" 作材料. 解题思路的获得常用 "形" 来帮助, 同学们解答问题时, 先根据题目条件和要求, 画出图形, 并通过对图形的细微观察与判断, 得出需要的答案.

例 4-60 设函数
$$f(x) = \frac{1}{\sqrt{(x^2+2x+k)^2 + 2(x^2+2x+k) - 3}}, \quad \text{其中 } k < -2.$$

(1) 求函数 $f(x)$ 的定义域 D (用区间表示);
(2) 讨论函数 $f(x)$ 在 D 上的单调性;
(3) 若 $k < -6$, 求 D 上满足条件 $f(x) > f(1)$ 的 x 的集合 (用区间表示).

解 第 (1) 问是求定义域, 略. 答案:
$D = (-\infty, -1-\sqrt{2-k}) \cup (-1-\sqrt{-2-k}, -1+\sqrt{-2-k}) \cup (-1+\sqrt{2-k}, +\infty)$.

(2) 利用二次函数的对称性, 也就是从形的角度研究.
令 $g(x) = (x^2+2x+k)^2 + 2(x^2+2x+k) - 3$, 则 $\forall x_1, x_2 \in D$,
$$f(x_1) < f(x_2) \Leftrightarrow g(x_1) > g(x_2).$$

对任意的 $\alpha \in \mathbf{R}$, 抛物线 $h(x) = x^2 + 2x + \alpha$ 的对称轴为 $x = -1$, 且开口向上. 下面要反复用这个结论.

$\forall x_1, x_2 \in (-\infty, -1-\sqrt{2-k})$, 若 $x_1 < x_2$, 则有 (图 4-23)
$$t_1 = x_1^2 + 2x_1 + k > t_2 = x_2^2 + 2x_2 + k > 1.$$

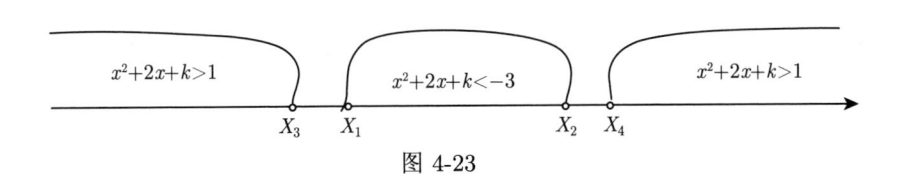

图 4-23

因此 $g(x_1) = t_1^2 + 2t_1 - 3 > g(x_2) = t_2^2 + 2t_2 - 3$, 所以 $f(x_1) < f(x_2)$, 从而 $f(x)$ 在 $(-\infty, -1-\sqrt{2-k})$ 上单调递增;

$\forall x_1, x_2 \in (-1-\sqrt{-2-k}, -1]$, 若 $x_1 < x_2$, 则有
$$t_2 = x_2^2 + 2x_2 + k < t_1 = x_1^2 + 2x_1 + k < -3.$$

因此 $g(x_1) = t_1^2 + 2t_1 - 3 < g(x_2) = t_2^2 + 2t_2 - 3$, 所以 $f(x_1) > f(x_2)$, 从而 $f(x)$ 在 $(-1-\sqrt{-2-k}, -1]$ 上单调递减.

由于函数 $y = f(x)$ 的图象关于直线 $x = -1$ 对称, 区间 $(-1+\sqrt{2-k}, +\infty)$ 上单调递减.

区间 $(-1-\sqrt{-2-k}, -1)$ 关于点 -1 的对称区间为 $(-1, -1+\sqrt{-2-k})$, 所以函数 $f(x)$ 在 $(-1, -1+\sqrt{-2-k})$ 上单调递增.

(3) 充分利用了二次函数的对称性先求满足 $f(x) = f(1)$ 的 x.

当 $k < -6$ 时,
$$X_1 = -1 - \sqrt{-k-2} < -1 - 2 = -3,$$
$$X_2 = -1 + \sqrt{-k-2} > -1 + \sqrt{6-2} = 1,$$

由对称性知,
$$f(-3) = f(1).$$

因为 $g(1) = g(-3) = (k+3)^2 + 2(k+3) - 3$, $k+3$ 关于点 -1 的对称点为 $-5-k$. 一元二次方程 $x^2 + 2x + k = -5 - k$ 有两个实根 X_5 和 X_6.

$X_5 = -1 - \sqrt{-4-2k}, g(X_5) = g(1)$, 从而 $f(X_5) = f(1)$.
$X_6 = -1 + \sqrt{-4-2k}, g(X_6) = g(1)$, 从而 $f(X_6) = f(1)$.

因为 $X_5 = -1 - \sqrt{-4-2k} < X_3 = -1 - \sqrt{2-k}$, 由 (2) 得到 $f(x)$ 的单调性知,
$$在 \ (X_5, X_3) \ 上, f(x) > f(1).$$

因为 $X_4 = -1 + \sqrt{2-k} < X_6 = -1 + \sqrt{-4-2k}$, 由 (2) 得到 $f(x)$ 的单调性知,
$$在 \ (X_4, X_6) \ 上, f(x) > f(1).$$

$X_1 < -3 < -1 < 1 < X_2$, 由 (2) 得到 $f(x)$ 的单调性知,
$$在 \ (X_1, -3) \cup (1, X_2) \ 上, f(x) > f(1).$$

借助于图象 (图 4-24) 和表格 (表 4-2), 可以得到问题的答案.

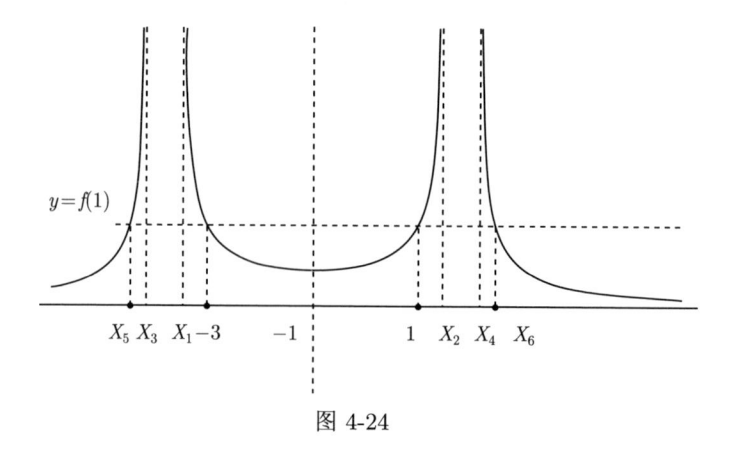

图 4-24

表 4-2

$(-\infty, X_5)$	X_5	(X_3, X_1)	$(X_1, -3)$	-3	$(-3, -1]$	$(-1, 1)$	1	$(1, X_2)$	(X_4, X_6)	X_6	$(X_6, +\infty)$
↗	$f(1)$	↗	↘	$f(1)$	↘	↗	$f(1)$	↗	↘	$f(1)$	↘

故所求集合为

$$(X_5, X_3) \cup (X_1, -3) \cup (1, X_2) \cup (X_4, X_6).$$

结合导数与原函数的关系, 容易得到原函数的大致图象以及单调区间. 第 (3) 小问巧妙利用数形结合法可避免去讨论由于参数 k 造成的困难, 较为简便的得到答案.

有些问题如果不借助图象参考, 仍可以根据定义, 用常规的推理计算方法解题; 但是利用数形结合思想, 可以从构造的图形和图象中快速直观地获取信息, 得出相应结论.

例 4-61 设函数 $f(x) = |2x+1| + |x-1|$.

(1) 画出 $y = f(x)$ 的图象;

(2) 当 $x \in [0, +\infty), f(x) \leqslant ax + b$, 求 $a + b$ 的最小值.

解 (1) $f(x) = \begin{cases} -3x, & x \leqslant -\dfrac{1}{2}, \\ x + 2, & -\dfrac{1}{2} < x < 1, \\ 3x, & x \geqslant 1, \end{cases}$ 如图 4-25.

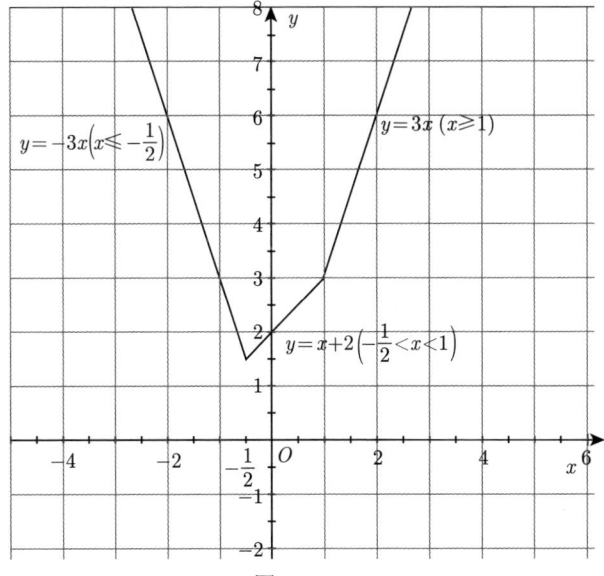

图 4-25

(2) 由 (1) 中可得

$$a \geqslant 3, \quad b \geqslant 2.$$

当 $a = 3, b = 2$ 时, $a + b$ 取最小值, 所以 $a + b$ 的最小值为 5.

数形结合为数学解题提供了便捷的直观的解题方法. 对于这些代数问题, 往往可以依靠图形, 来直观地 "支持" 抽象的思维. 合理地构造几何模型并观察其特性和规律, 使许多代数问题更加简单、更加直观, 从而找寻到解决问题的新途径.

例 4-62 某营养师要为某个儿童预定午餐和晚餐. 已知一个单位的午餐含 12 个单位的碳水化合物, 6 个单位蛋白质和 6 个单位的维生素 C; 一个单位的晚餐含 8 个单位的碳水化合物, 6 个单位蛋白质和 10 个单位的维生素 C. 另外, 该儿童这两餐需要的营养中至少含 64 个单位的碳水化合物, 42 个单位的蛋白质和 54 个单位的维生素 C. 如果一个单位的午餐、晚餐的费用分别是 2.5 元和 4 元, 那么要满足上述的营养要求, 并且花费最少, 应当为该儿童分别预订多少个单位的午餐和晚餐?

分析 根据给出的不等式组画出可行域, 然后平移目标函数, 在图形中观察出当目标函数经过 $C(4,3)$, $z = 2.5x + 4y$ 取得最小值.

解 设需要预定满足要求的午餐和晚餐分别为 x 个单位和 y 个单位, 所花的费用为 z 元, 则依题意得:

$$z = 2.5x + 4y,$$

且 x, y 满足

$$\begin{cases} x \geqslant 0, y \geqslant 0, \\ 12x + 8y \geqslant 64, \\ 6x + 6y \geqslant 42, \\ 6x + 10y \geqslant 54, \end{cases} \text{即} \begin{cases} x \geqslant 0, y \geqslant 0, \\ 3x + 2y \geqslant 16, \\ x + y \geqslant 7, \\ 3x + 5y \geqslant 27. \end{cases}$$

作出二元一次不等式组所表示的平面区域, 即可行域, 如图 4.26.

目标函数 $2.5x + 4y = z$ 变形为 $y = -\dfrac{5}{8}x + \dfrac{z}{4}$, 当 $\dfrac{z}{4}$ 取得最小值时, z 的值最小. 由图可见 $z = 2.5x + 4y$ 在 $C(4,3)$ 处取得最小值.

因此, 应为该儿童预定 4 个单位的午餐和 3 个单位的晚餐, 就可满足要求.

例 4-63 已知函数 $f(x) = e^x - \ln(x + m)(m \leqslant 2)$. 证明: $f(x) > 0$.

图 4-26

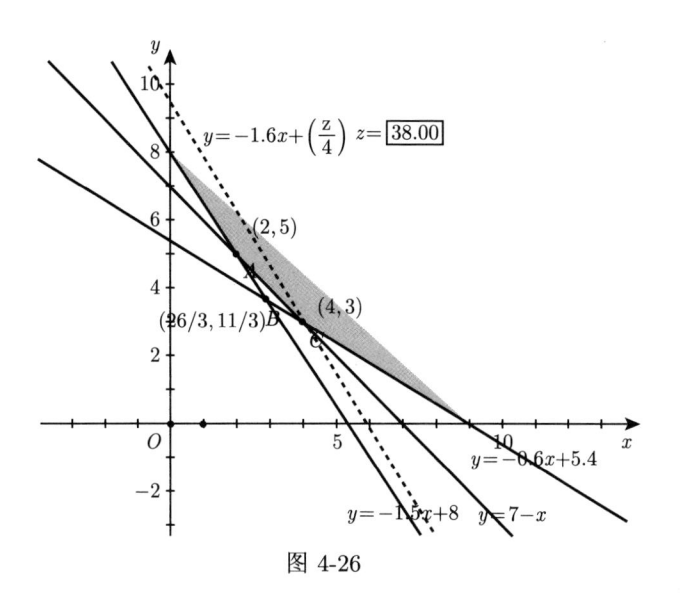

分析 利用数形结合的方法, 由四个函数 $y = \ln x, y = e^x, y = x + 1, y = x - 1$ 及不等式 $\ln(x+m) \leqslant x + m - 1 \Rightarrow -\ln(x+m) \geqslant -x - m + 1$, 得到 $f(x) \geqslant 2 - m \geqslant 0$, 再指出 "=" 不能成立, 则得到不等式 $f(x) > 0$ 的证明. 本题如果不采用数形结合的方法直接对函数 $f(x)$ 进行求导, 会导致求解受阻.

解 如图 4-27 所示, 当 $m \leqslant 2$ 时, $x + 1 \geqslant x + m - 1$, 只需证明 $\ln(x+m) \leqslant x + m - 1, e^x \geqslant x + 1$, 再指出 "=" 不能成立即可.

设 $g(x) = e^x - (x+1), g'(x) = e^x - 1$, 当 $g'(x) > 0 \Rightarrow x > 0, g'(x) < 0 \Rightarrow x < 0$, 所以 $g'(x)$ 在 $(-\infty, 0)$ 上单调递减, 在 $(0, +\infty)$ 上单调递增. 从而 $g(x) \geqslant g(0) = 0$ 对 $x \in \mathbf{R}$ 恒成立, 即

$$e^x \geqslant x + 1. \qquad ①$$

设 $h(x) = \ln(x+m) - (x+m-1), h'(x) = \dfrac{1}{x+m} - 1$, 当 $h'(x) > 0 \Rightarrow -m < x < 1-m$, $h'(x) < 0 \Rightarrow x > 1-m$, 所以 $h(x) \leqslant h(1-m) = 0$ 对 $x > -m$ 恒成立, 故 $\ln(x+m) \leqslant x+m-1$, 即

图 4-27

$$-\ln(x+m) \geqslant -x - m + 1. \qquad ②$$

由①②得 $e^x - \ln(x+m) \geqslant 2 - m \geqslant 0$, 等号同时成立的条件是 $\begin{cases} 1 - m = 0, \\ 2 - m = 0. \end{cases}$

显然不可能, 因为 $f(x) > 0$.

例 4-64 已知函数 $f(x) = \sin x - \ln(1+x)$, $f'(x)$ 为 $f(x)$ 的导数. 证明:

(1) $f'(x)$ 在区间 $\left(-1, \dfrac{\pi}{2}\right)$ 上存在唯一极大值点;

(2) $f(x)$ 有且仅有 2 个零点.

分析 (1) 设 $g(x) = f'(x)$, 对 $g(x)$ 求导可得 $g(x)$ 在 $(-1, a)$ 上单调递增, 在 $\left(a, \dfrac{\pi}{2}\right)$ 上单调递减, 得证.

(2) 对 x 进行讨论, 当 $x \in (-1, 0]$ 时, 利用函数单调性确定此区间上有唯一零点; 当 $x \in \left(0, \dfrac{\pi}{2}\right]$ 时, 利用函数单调性, 确定 $f(x)$ 先增后减且 $f(0) = 0$, $f\left(\dfrac{\pi}{2}\right) > 0$, 所以此区间上没有零点; 当 $x \in \left(\dfrac{\pi}{2}, \pi\right]$ 时, 利用函数单调性确定此区间上有唯一零点; 当 $x \in (\pi, +\infty)$ 时, $f(x) < 0$, 所以此区间上没有零点.

证明 (1) 设 $g(x) = f'(x)$, 则 $g(x) = \cos x - \dfrac{1}{1+x}$, $g'(x) = -\sin x + \dfrac{1}{(1+x)^2}$. 如图 4-28, 当 $x \in \left(-1, \dfrac{\pi}{2}\right)$ 时, $g'(x)$ 单调递减, 而 $g'(0) > 0$, $g'\left(\dfrac{\pi}{2}\right) < 0$, 可得 $g'(x)$ 在 $\left(-1, \dfrac{\pi}{2}\right)$ 上有唯一零点, 设为 a. 则当 $x \in (-1, a)$ 时, $g'(x) > 0$, 则 $g(x)$ 在 $(-1, a)$ 上单调递增, 当 $x \in \left(a, \dfrac{\pi}{2}\right)$ 时, $g'(x) < 0$, 则 $g(x)$ 在 $\left(a, \dfrac{\pi}{2}\right)$ 上单调递减, 故 $g(x)$ 在 $\left(-1, \dfrac{\pi}{2}\right)$ 上有唯一极大值点, 即 $f'(x)$ 在 $\left(-1, \dfrac{\pi}{2}\right)$ 上存在唯一极大值点.

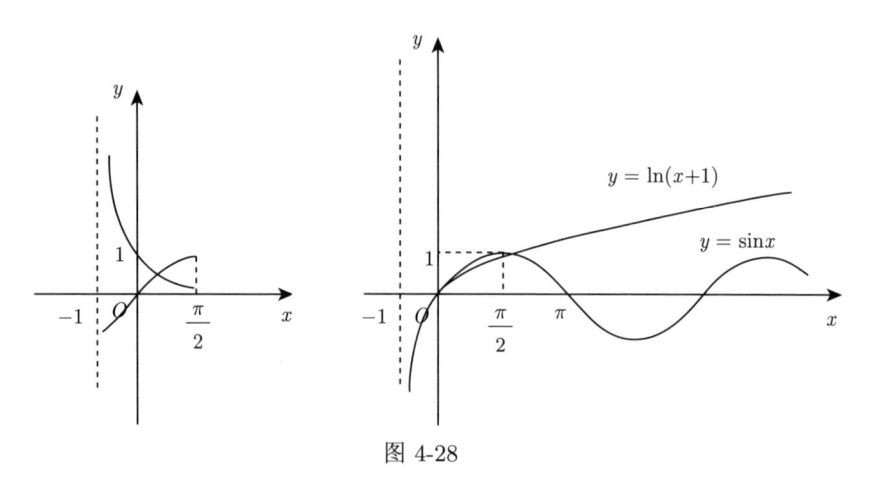

图 4-28

(2) $f(x)$ 的定义域为 $(-1, +\infty)$.

① 当 $x \in (-1, 0)$ 时, 由 (1) 知, $f'(x)$ 在 $(-1, 0)$ 上单调递增, 而 $f'(0) = 0$, 所以当 $x \in (-1, 0)$ 时, $f'(x) < 0$, 故 $f(x)$ 在 $(-1, 0)$ 上单调递减. 又 $f(0) = 0$, 从而 $x = 0$ 是 $f(x)$ 在 $(-1, 0]$ 上的唯一零点.

② 当 $x \in \left(0, \frac{\pi}{2}\right]$ 时, 如图 4-29, 由 (1) 知, $f'(x)$ 在 $(0, a)$ 上单调递增, 在 $\left(a, \frac{\pi}{2}\right)$ 上单调递减, 而 $f'(0) = 0$, $f'\left(\frac{\pi}{2}\right) < 0$, 所以存在 $\beta \in \left(a, \frac{\pi}{2}\right)$, 使得 $f'(\beta) = 0$, 且当 $x \in (0, \beta)$ 时, $f'(0) > 0$; 当 $x \in \left(\beta, \frac{\pi}{2}\right)$ 时, $f'(0) < 0$. 故 $f(x)$ 在 $(0, \beta)$ 上单调递增, 在 $\left(\beta, \frac{\pi}{2}\right)$ 上单调递减. 又 $f(0) = 0$, $f\left(\frac{\pi}{2}\right) = 1 - \ln\left(1 + \frac{\pi}{2}\right) > 0$, 所以当 $x \in \left(0, \frac{\pi}{2}\right]$ 时, $f(x) > 0$. 从而, $f(x)$ 在 $\left(0, \frac{\pi}{2}\right]$ 上没有零点.

③ 当 $x \in \left(\frac{\pi}{2}, \pi\right)$ 时, $f'(x) < 0$, 所以 $f(x)$ 在 $\left(\frac{\pi}{2}, \pi\right)$ 上单调递减. 而 $f\left(\frac{\pi}{2}\right) > 0$, $f(\pi) < 0$, 所以 $f(x)$ 在 $\left(\frac{\pi}{2}, \pi\right)$ 上有唯一零点.

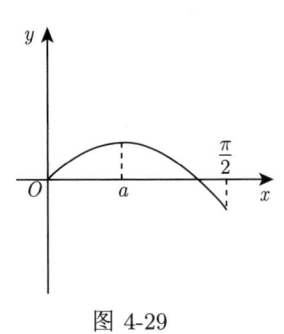

④ 当 $x \in (\pi, +\infty)$ 时, $\ln(x+1) > 1$. 所以 $f(x) < 0$, 从而 $f(x)$ 在 $(\pi, +\infty)$ 上没有零点.

综上, $f(x)$ 有且仅有两个零点.

例 4-65 (2019 年高考全国卷理科, 21) 已知点 $A(-2, 0)$, $B(2, 0)$, 动点 $M(x, y)$ 满足直线 AM 与 BM 的斜率乘积为 $-\frac{1}{2}$, 记 M 的轨迹为曲线 C.

(I) 求 C 的方程, 并说明 C 是什么曲线?

(II) 过坐标原点的直线交 C 于 P, Q 两点, 点 P 在第一象限, $PE \perp x$ 轴, 垂足为 E, 连接 QE 并延长 C 交于点 G.

(i) 证明: $\triangle PGQ$ 是直角三角形;

(ii) 求 $\triangle PGQ$ 面积的最大值.

图 4-29

图 4-30

(I) **解** 由题设得 $\dfrac{y}{x+2} \cdot \dfrac{y}{x-2} = -\dfrac{1}{2}$ $(x \neq \pm 2)$. 化简得 $\dfrac{x^2}{4} + \dfrac{y^2}{2} = 1 (x \neq \pm 2)$. 所以曲线 C 是中心在坐标原点, 焦点在 x 轴上的椭圆, 不含左右顶点.

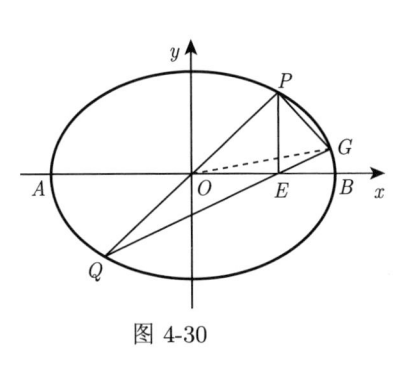

(II) (i) **证法一** 如图 4-30 所示, 设 $P(2\cos\alpha, \sqrt{2}\sin\alpha)$, $G(2\cos\beta, \sqrt{2}\sin\beta)$ $\left(0 < \beta < \alpha < \dfrac{\pi}{2}\right)$, 由已知得 $Q(-2\cos\alpha, -\sqrt{2}\sin\alpha)$, $E(2\cos\alpha, 0)$. 所以 $\overrightarrow{QE} = (4\cos\alpha, \sqrt{2}\sin\alpha)$, $\overrightarrow{EG} = (2\cos\beta - 2\cos\alpha, \sqrt{2}\sin\beta)$. 因为 Q、E、G 三点共线, 所以 $\overrightarrow{QE}$ 与 $\overrightarrow{EG}$ 共线. 即 $(4\cos\alpha)(\sqrt{2}\sin\beta) = (2\cos\beta - 2\cos\alpha)(\sqrt{2}\sin\alpha)$, 整理得 $2\cos\alpha\sin\beta - \sin\alpha\cos\beta + \cos\alpha\sin\alpha = 0$, 于是 $\cos\alpha(\sin\alpha + \sin\beta) = \sin(\alpha - \beta)$,

即
$$\cos\alpha\left(2\sin\frac{\alpha+\beta}{2}\cos\frac{\alpha-\beta}{2}\right)=2\sin\frac{\alpha-\beta}{2}\cos\frac{\alpha-\beta}{2},$$
由此得
$$\cos\alpha\sin\frac{\alpha+\beta}{2}=\sin\frac{\alpha-\beta}{2}. \qquad ①$$

因为 $\overrightarrow{OP}=(2\cos\alpha,\sqrt{2}\sin\alpha)$, $\overrightarrow{GP}=(2\cos\alpha-2\cos\beta,\sqrt{2}\sin\alpha-\sqrt{2}\sin\beta)$, 所以
$$\begin{aligned}
\overrightarrow{OP}\cdot\overrightarrow{GP} &= 4\cos\alpha(\cos\alpha-\cos\beta)+2\sin\alpha(\sin\alpha-\sin\beta)\\
&=4\cos\alpha\left(-2\sin\frac{\alpha+\beta}{2}\sin\frac{\alpha-\beta}{2}\right)+2\sin\alpha\left(2\cos\frac{\alpha+\beta}{2}\sin\frac{\alpha-\beta}{2}\right)\\
&=-4\sin\frac{\alpha-\beta}{2}\left[2\cos\alpha\sin\frac{\alpha+\beta}{2}-\sin\alpha\cos\frac{\alpha+\beta}{2}\right]\\
&=-4\sin\frac{\alpha-\beta}{2}\left[\sin\left(\frac{\alpha+\beta}{2}-\alpha\right)+\cos\alpha\sin\frac{\alpha+\beta}{2}\right]\\
&=-4\sin\frac{\alpha-\beta}{2}\left(\sin\frac{\beta-\alpha}{2}+\cos\alpha\sin\frac{\alpha+\beta}{2}\right)=0,
\end{aligned}$$

其中最后一个 "等号" 是据①式代入其左端而得到, 所以 $\overrightarrow{OP}\cdot\overrightarrow{GP}=0$, 即 $OP\perp GP$, 故 $\triangle PQG$ 是直角三角形.

证法二 作变换 $\begin{cases} x'=x, \\ y'=\sqrt{2}y, \end{cases}$ 则椭圆变为 $x'^2+y'^2=4$, P, Q, E, G 分别变为 P', Q', E', G'. 如图 4-31, 设 $P'(x_1,y_1)$, $E'(x_1,0)$, $Q'(-x_1,-y_1)$, 直线 $P'Q'$ 的方程为 $y'=k'x'$. $k_{Q'E'}=\dfrac{y_1}{2x_1}=\dfrac{k'}{2}$. 由 $P'G'\perp Q'G'$ 得 $k_{QG}\cdot k_{PG}=-1$. 所以 $k_{P'G'}=-\dfrac{2}{k'}$. 所以
$$k_{PQ}k_{PG}=\frac{1}{2}k_{P'Q}\cdot k_{P'G'}=\frac{1}{2}k'\left(-\frac{2}{k'}\right)=-1.$$

所以 $PQ\perp PG$, 即 $\triangle PQG$ 是直角三角形.

(II) (ii) **解** 如图 4-32 所示, 连接 OG, 由椭圆的对称性, 知 $\triangle PQG$ 的面积 $S_{\triangle PQG}=2S_{\triangle OPG}$. 因为 $P(2\cos\alpha,\sqrt{2}\sin\alpha)$, $G(2\cos\beta,\sqrt{2}\sin\beta)$ $(0<\beta<\alpha<\dfrac{\pi}{2})$, 所以
$$S_{\triangle PQG}=2\sqrt{2}|\sin\alpha\cos\beta-\cos\alpha\sin\beta|=2\sqrt{2}\sin(\alpha-\beta)$$
$$=\left(4\sqrt{2}\tan\frac{\alpha-\beta}{2}\right)\bigg/\left(\tan^2\frac{\alpha-\beta}{2}+1\right).$$

图 4-31 图 4-32

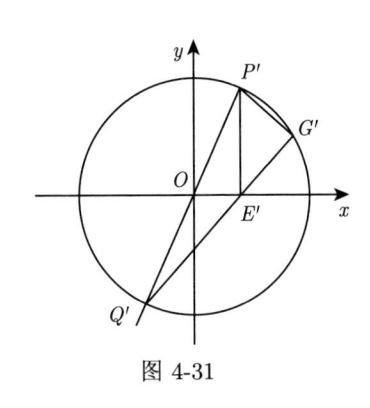

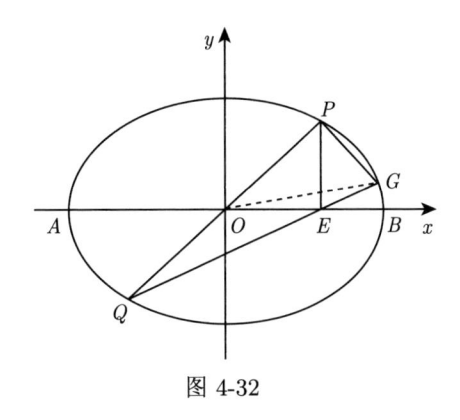

设 $\tan\dfrac{\alpha-\beta}{2}=m(m>0)$, 则 $S_{\triangle PQG}=\dfrac{4\sqrt{2}m}{m^2+1}=\dfrac{4\sqrt{2}}{m+\dfrac{1}{m}}$. 因为

$$k_{GP}=\dfrac{\sqrt{2}(\sin\alpha-\sin\beta)}{2(\cos\alpha-\cos\beta)}=\dfrac{\sqrt{2}\left(2\cos\dfrac{\alpha+\beta}{2}\sin\dfrac{\alpha-\beta}{2}\right)}{2\left(-2\sin\dfrac{\alpha+\beta}{2}\sin\dfrac{\alpha-\beta}{2}\right)}=-\dfrac{\sqrt{2}}{2\tan\dfrac{\alpha+\beta}{2}},$$

$k_{OP}=\dfrac{\sqrt{2}}{2}\tan\alpha$, 且 $OP\perp GP$, 所以

$$k_{GP}\cdot k_{OP}=\left(-\dfrac{\sqrt{2}}{2\tan\dfrac{\alpha+\beta}{2}}\right)\left(\dfrac{\sqrt{2}}{2}\tan\alpha\right)=-1,$$

解得 $\tan\alpha=2\tan\dfrac{\alpha+\beta}{2}$. 设 $\tan\dfrac{\alpha+\beta}{2}=n(n>0)$, 所以

$$m=\tan\dfrac{\alpha-\beta}{2}=\tan\left(\alpha-\dfrac{\alpha+\beta}{2}\right)$$

$$=\dfrac{\tan\alpha-\tan\dfrac{\alpha+\beta}{2}}{1+\tan\alpha\tan\dfrac{\alpha+\beta}{2}}=\dfrac{n}{1+2n^2}\leqslant\dfrac{1}{2\sqrt{2}}=\dfrac{\sqrt{2}}{4},$$

当且仅当 $n=\dfrac{\sqrt{2}}{2}$ 时等号成立, 故 $0<m\leqslant\dfrac{\sqrt{2}}{4}$. 因为函数 $y=m+\dfrac{1}{m}$ 在 $\left(0,\dfrac{\sqrt{2}}{4}\right]$ 上单调递减, 所以 $m+\dfrac{1}{m}\geqslant\dfrac{\sqrt{2}}{4}+2\sqrt{2}=\dfrac{9\sqrt{2}}{4}$, 于是 $S_{\triangle PQG}=\dfrac{4\sqrt{2}}{m+\dfrac{1}{m}}\leqslant\dfrac{16}{9}$, 当且仅当 $m=\dfrac{\sqrt{2}}{4}$ 时等号成立. 故 $\triangle PQG$ 面积的最大值是 $\dfrac{16}{9}$.

此题主要考查轨迹方程的求法, 直线和椭圆的位置问题以及最值问题, 意在考查学生的逻辑推理能力、运算求解能力, 考查方程思想、数形结合思想、化归与转化思想, 考查学生的逻辑推理、直观想象、数学运算等数学核心素养, 检验了学生运算求解、分析问题、解决问题的能力.

例 4-66 已知椭圆 $C: \dfrac{x^2}{a^2} + \dfrac{y^2}{b^2} = 1(a > b > 0)$ 的离心率为 $\dfrac{\sqrt{3}}{2}$, 且在 x 轴上的顶点分别为 $A_1(-2, 0), A_2(2, 0)$.

(I) 求椭圆的方程;

(II) 若直线 $l: x = t(t > 2)$ 与 x 轴交于点 T, 点 P 为直线 l 上异于点 T 的任一点, 直线 PA_1, PA_2 分别与椭圆交于 M、N 点, 试问直线 MN 是否通过椭圆的焦点? 并证明你的结论.

解 (I) 由已知椭圆 C 的离心率 $e = \dfrac{c}{a} = \dfrac{\sqrt{3}}{2}, a = 2$, 则得 $c = \sqrt{3}, b = 1$. 从而椭圆的方程为 $\dfrac{x^2}{4} + y^2 = 1$.

(II) 设 $M(x_1, y_1), N(x_2, y_2)$, 直线 A_1M 的斜率为 k_1, 则直线 A_1M 的方程为

$$y = k_1(x + 2).$$

由 $\begin{cases} y = k_1(x+2), \\ x^2 + 4y^2 = 4, \end{cases}$ 消去 y 整理得

$$(1 + 4k_1^2) x^2 + 16k_2 x + 16k_1^2 - 4 = 0.$$

由 -2 和 x_1 是方程的两个根,

$$-2x_1 = \dfrac{16k_1^2 - 4}{1 + 4k_1^2},$$

则 $x_1 = \dfrac{2 - 8k_1^2}{1 + 4k_1^2}, y_1 = \dfrac{4k_1}{1 + 4k_1^2}$, 即点 M 的坐标为 $\left(\dfrac{2 - 8k_1^2}{1 + 4k_1^2}, \dfrac{4k_1}{1 + 4k_1^2} \right)$.

同理, 设直线 A_2N 的斜率为 k_2, 则得点 N 的坐标为 $\left(\dfrac{8k_2^2 - 2}{1 + 4k_2^2}, \dfrac{-4k_2}{1 + 4k_2^2} \right)$.

由 $y_p = k_1(t + 2), y_p = k_2(t - 2)$, 得 $\dfrac{k_1 - k_2}{k_1 + k_2} = -\dfrac{2}{t}$. 因为直线 MN 的方程为 $\dfrac{y - y_1}{x - x_1} = \dfrac{y_2 - y_1}{x_2 - x_1}$, 故令 $y = 0$, 得 $x = \dfrac{x_2 y_1 - x_1 y_2}{y_1 - y_2}$, 将点 M、N 的坐标代入, 化

简后得 $x = \frac{4}{t} + \frac{16}{t}k_1k_2$. 又由 $t > 2$, 得 $0 < \frac{4}{t} < 2$. 因为椭圆的焦点为 $(\pm\sqrt{3}, 0)$, 所以 $\frac{4}{t} = \sqrt{3}$, 即 $t = \frac{4\sqrt{3}}{3}$.

故当 $t = \frac{4\sqrt{3}}{3}$ 时, MN 过椭圆的焦点.

本题 (I) 通过已知定义与已知条件来求出所需未知数 abc 的值. 本题 (II) 考查过定点问题, 首先通过题目中已知的点 A_1、A_2 的坐标, 可以设直线 PA_1、PA_2 的方程斜率为 k_1、k_2, 这里需要确定斜率不存在的情况. 直线 PA_1 和椭圆交点是 $A_1(-2, 0)$ 和 M, 通过韦达定理, 可以求出点 M 的坐标, 同理可以求出点 N 的坐标. 因为动点 P 在直线上可得点 P 的横坐标, 由直线 PA_1、PA_2 的方程可以求出 P 点的纵坐标, 得到两条直线的斜率的关系, 通过所求的 M、N 点的坐标, 求出直线 MN 的方程, 将交点的坐标代入, 且 t 的范围应满足条件 $t > 2$. 在本道题目中将已知条件在坐标中画出, 可以非常直观地看出 P 点的横坐标, 已知 PA_1、PA_2 两直线的交点、斜率等条件在图中也得到相对更好的体现.

4.2.6 数学构造

构造法作为一种富有创造性的解题方法, 它很好地体现了数学中发现、类比、化归的思想, 也渗透着猜想、试验、归纳、概括和特殊化等重要的数学方法, 在中学数学解题中, 除了注重基础知识和基本思想方法外, 还应敢于打破思维的常规性, 尽可能对某一问题的研究展开类比联想, 有目的地引导学生注意前后知识之间的联系与迁移, 新旧知识之间的类比与转化, 具体与抽象的变更, 从而构造出一种新颖独特的解题模式, 这对培养学生多元化思维和创新精神, 丰富学生的想象力, 提高学生分析问题和解决问题的能力大有裨益.

徐利治教授认为: "在数学中, 我们是通过相对独立的量化模式的建构, 并以此为直接研究对象, 从事客观世界量性规律的研究." 从中可以看出构造法对于数学研究学习的重要作用和地位, 在中学阶段的数学解题学习中, 构造法在其他思想方法中有着很多的运用, 如反证法思想中的构造反例、函数与方程思想中的构造函数或方程等.

波利亚说过: "构造一个辅助问题是一项重要的思维活动." 数学上的构造法就属于这样一种思维活动. 构造法是指当某些问题用通常的办法难以解决时, 根据题目的条件和结论的特征、性质, 从新的角度、用新的观点观察、分析、解释对象, 抓住条件与结论之间的内在联系, 以已知的数学关系为支架, 构造出满足条件或结论的数学对象, 使原题中隐含的关系和性质在新构造的数学对象中清晰地表现出来. 构造法的妙处在于, 它不是直接去解决所给的问题, 而是将它转化为一个与原问题有关的辅助的新问题.

大致说来,数学构造法有两类用途:

(1) 用于对经典数学的概念、定理寻找构造性解释. 在大多数情况下, 猜测经典定理所对应的构造性内容, 即使构造性内容确实存在的话也绝非易事.

(2) 用于开发构造性数学的新领域, 组合数学、计算机科学中所涉及的数学, 都是构造性数学的新领域, 尤其是图论更是构造数学发展的典型领域之一. 因为图的定义就是构造性的, 同时图的许多应用问题, 如计算机网络、程序的框图、分式的表达式等, 也都是构造性很强的问题.

构造数学阶段, 从直觉数学的自我禁锢的概念中解脱出来, 避免使用直觉派的超数学原理; 摆脱了算法数学对递归函数——理论方法的不必要的依赖, 极大程度上超脱了对于形式体系的束缚, 从而保留了进一步创新的余地.

构造法的一般步骤: (1) 分析题意, 找出题目中所涉及的问题是什么. (2) 根据题中所涉及的问题来寻找其所涉及的数学中关键知识点. (3) 将相关知识点融入题意中, 找到构造这个知识点所必备的基本形式. (4) 利用所构造的形式, 结合这个知识点对问题进行探究, 找到解题思路. (5) 作出详细的正确解答.

例 4-67 设 x, y 为实数, 若 $4x^2 + y^2 + xy = 1$, 则 $2x + y$ 的最大值为 _____.

分析 直接分别求 x 和 y 的值几乎不可能, 因为只有一个方程, 而未知数有两个, 所以可考虑将 $2x + y$ 看成一个整体, 通过构造法直接求出其范围.

解 设 $t = 2x + y$, 则原式可化为 $t^2 - 3xy = 1$, 整理得 $2xy = \dfrac{2}{3}(t^2 - 1)$.

由韦达定理, 可构造一元二次方程: $z^2 - tz + \dfrac{2}{3}(t^2 - 1) = 0$.

由 $\Delta \geqslant 0$ 得 $(-t)^2 - \dfrac{3}{8}(t^2 - 1) \geqslant 0$, 解得: $|t| \leqslant \dfrac{2\sqrt{10}}{5}$.

例 4-68 正数 a, b, c, A, B, C, 满足 $a + A = b + B = c + C = k$, 求证: $aB + bC + cA < k^2$.

证明 构造一边长为 k 的等边三角形 PQR. 分别在 QR, RP, PQ 上各取一点 L, M, N, 使得 L, M, N 三点分别满足 $QL = A, RM = B, PN = C$.

由图 4-33 易得 $S_{\triangle QNL} + S_{\triangle RLM} + S_{\triangle PNM} < S_{\triangle PQR}$. 而

$$S_{\triangle QNL} = \dfrac{1}{2} \sin 60° cA, \quad S_{\triangle RLM} = \dfrac{1}{2} \sin 60° aB,$$

$$S_{\triangle PNM} = \dfrac{1}{2} \sin 60° bC, \quad S_{\triangle PQR} = \dfrac{1}{2} \sin 60° k^2,$$

代入后化简可得 $aB + bC + cA < k^2$.

例 4-69 已知 a, b 满足 $a + b = 10$, 求 $\sqrt{a^2 + 1} + \sqrt{b^2 + 4}$ 的最小值.

证明 由 $a + b = 10$, 得 $\sqrt{a^2 + 1} + \sqrt{b^2 + 4} = \sqrt{a^2 + 1} + \sqrt{(10 - a)^2 + 4}$.

在平面直角坐标系中作点 $A(0,1), B(10,2), D(a,0), B'(10,-2)$, 如图 4-34, 则

$$\sqrt{a^2+1} + \sqrt{(10-a)^2+4} = |AD|+|DB| = |AD|+|DB'|$$
$$\geqslant |AB'| = \sqrt{3^2+10^2} = \sqrt{109}.$$

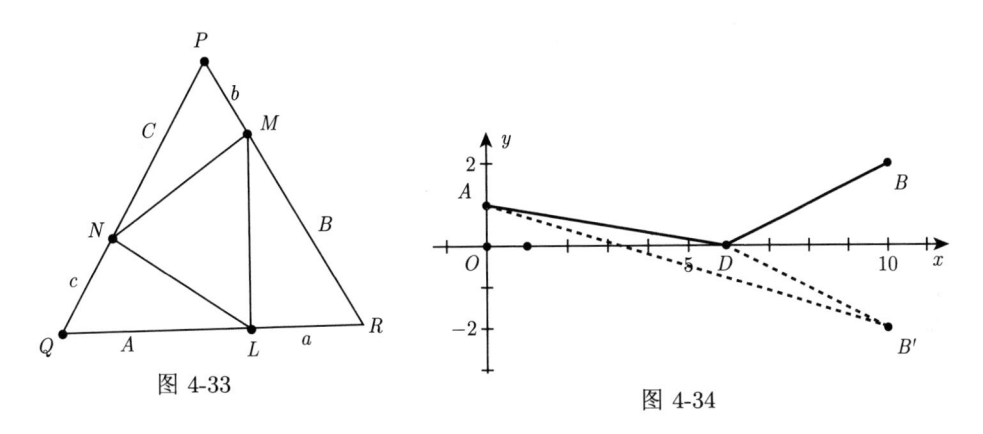

图 4-33

图 4-34

在中学数学解题中, 常见的问题有: 证明不等式、求最值等, 往往应用构造图形的方法来解决更有效. 一般所给条件中常伴有根式、合式时, 通常我们都会想到构造点与点、线与线、面积与面积, 体积与体积之间的关系建立解决关系式.

构造图形的方法的解题步骤一般为: 题设条件, 特点分析——几何作图——构造图形——在图形中寻求或间接推理——题目所求结论.

例 4-70 设函数 $f(x) = \dfrac{\sin x}{2+\cos x}$. 如果对任何 $x \geqslant 0$, 都有 $f(x) \leqslant ax$, 求 a 取值范围.

解题思路如图 4-35.

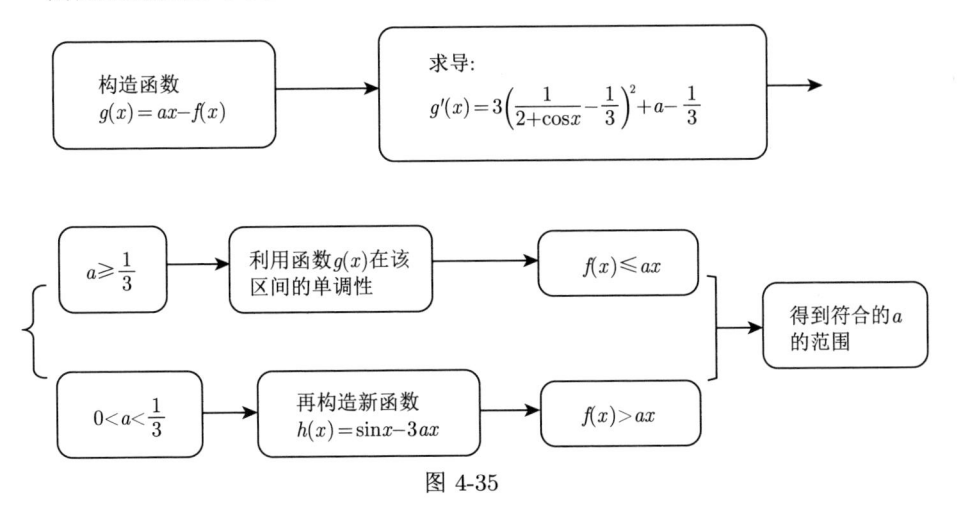

图 4-35

解 令 $g(x) = ax - f(x)$,则

$$g'(x) = a - \frac{2\cos x + 1}{(2+\cos x)^2} = a - \frac{2}{2+\cos x} + \frac{3}{(2+\cos x)^2}$$
$$= 3\left(\frac{1}{2+\cos x} - \frac{1}{3}\right)^2 + a - \frac{1}{3}.$$

故当 $a \geqslant \dfrac{1}{3}$ 时, $g'(x) \geqslant 0$. 所以当 $x \geqslant 0$ 时, $g(x) \geqslant g(0) = 0$, 即 $f(x) \leqslant ax$.

当 $0 < a < \dfrac{1}{3}$ 时,令 $h(x) = \sin x - 3ax$,则 $h'(x) = \cos x - 3a$. 故当 $x \in [0, \arccos 3a)$ 时, $h'(x) > 0$. 因此 $h(x)$ 在 $[0, \arccos 3a)$ 上单调递增. 故当 $x \in [0, \arccos 3a)$ 时, $h(x) > h(0) = 0$. 即 $\sin x > 3ax$. 于是,当 $x \in [0, \arccos 3a)$ 时, $f(x) = \dfrac{\sin x}{2 + \cos x} > \dfrac{\sin x}{3} > ax.$

当 $a \leqslant 0$ 时,有 $f\left(\dfrac{\pi}{2}\right) = \dfrac{1}{2} > 0 \geqslant a \cdot \dfrac{\pi}{2}.$

因此, a 的取值范围是 $\left[\dfrac{1}{3}, +\infty\right)$.

对于求参数范围的问题,常采用分类讨论或分离参数法,再利用构造函数法构造新的函数,通过对新函数求导来研究新函数的性质 (单调性、最值、零点等),结合函数的性质求出待求参数的范围.

例 4-71 (2018 年全国卷 II 理, 21) 已知函数 $f(x) = e^x - ax^2$.

(1) 若 $a = 1$, 证明: 当 $x \geqslant 0$ 时, $f(x) \geqslant 1$;

(2) 若 $f(x)$ 在 $(0, +\infty)$ 上只有一个零点, 求 a.

分析 构造函数,利用函数的单调性与极值 (或最值) 可完成证明与求解.

解析 (1) 略.

(2) 设函数 $h(x) = 1 - ax^2 e^{-x}$, $f(x)$ 在 $(0, +\infty)$ 上只有一个零点等价于 $h(x)$ 在 $(0, +\infty)$ 上只有一个零点.

(i) 当 $a \leqslant 0$ 时, $h(x) > 0$, $h(x)$ 没有零点;

(ii) 当 $a > 0$ 时, $h'(x) = ax(x-2)e^{-x}$.

当 $x \in (0, 2)$ 时, $h'(x) < 0$, $h(x)$ 在 $(0, 2)$ 上单调递减;当 $x \in (2, +\infty)$ 时, $h'(x) > 0$, $h(x)$ 在 $(2, +\infty)$ 上单调递增. 故 $h(2) = 1 - \dfrac{4a}{e^2}$ 是 $h(x)$ 在 $(0, +\infty)$ 上的最小值.

① 若 $h(2) > 0$, 即 $a < \dfrac{e^2}{4}$, $h(x)$ 在 $(0, +\infty)$ 上没有零点;

② 若 $h(2) = 0$, 即 $a = \dfrac{e^2}{4}$, $h(x)$ 在 $(0, +\infty)$ 上只有一个零点;

③ $h(2) < 0$ 时, 即 $a > \dfrac{e^2}{4}$, 由 $h(0) = 1 > 0$, 则 $h(x)$ 在 $(0, 2)$ 上有一个零点.

由 (1) 知，当 $x > 0$ 时，$e^x > x^2$，则

$$h(4a) = 1 - \frac{16a^3}{e^{4a}} = 1 - \frac{16a^3}{(e^{2a})^2} > 1 - \frac{16a^3}{(2a)^4} = 1 - \frac{1}{a} > 0,$$

故 $h(x)$ 在 $(2, 4a)$ 上有一个零点. 因此, $h(x)$ 在 $(0, +\infty)$ 上有两个零点.

综上所述，当 $f(x)$ 在 $(0, +\infty)$ 上只有一个零点时，$a = \dfrac{e^2}{4}$.

评注 根据指数函数 $y = e^x$ 值域的特殊性，巧妙构造函数 $h(x) = 1 - ax^2 e^{-x}$，通过分类讨论思想求解.

常见的抽象形式及对应构造的辅助函数:

(1) 条件含有 $xf'(x) + f(x)$ 结构形式，一般构造新函数 $F(x) = xf(x)$;

(2) 条件含有 $xf'(x) - f(x)$ 结构形式，一般构造新函数 $F(x) = \dfrac{f(x)}{x}$;

(3) 条件含有 $f'(x) + f(x)$ 结构形式，一般构造新函数 $F(x) = e^x f(x)$;

(4) 条件含有 $f'(x) - f(x)$ 结构形式，一般构造新函数 $F(x) = \dfrac{f(x)}{e^x}$;

(5) 条件含有 $nf(x) + xf'(x)$ 结构形式，一般构造新函数 $F(x) = x^n f(x)$;

(6) 条件含有 $nf(x) - xf'(x)$ 结构形式，一般构造新函数 $F(x) = \dfrac{f(x)}{x^n}$;

(7) 条件含有 $f'(x)\sin x + f(x)\cos x$ 结构形式，一般构造新函数 $F(x) = f(x)\sin x$;

(8) 条件含有 $f'(x)\sin x - f(x)\cos x$ 结构形式，一般构造新函数 $F(x) = \dfrac{f(x)}{\sin x}$;

(9) 条件含有 $f'(x)\cos x - f(x)\sin x$ 结构形式，一般构造新函数 $F(x) = f(x)\cos x$;

(10) 条件含有 $f'(x)\cos x + f(x)\sin x$ 结构形式，一般构造新函数 $F(x) = \dfrac{f(x)}{\cos x}$.

例 4-72 A, B, C, D 人互相传球，由 A 开始发球，并作为第一次传球，经过 5 次传球后，球仍回到 A 手中，则不同的传球方式有多少种? 若有 n 个人相互传球 k 次后又回到发球人 A 手中的不同传球方式有多少种?

解 人传球时，传球 k 次共有 3^k 种传法. 设第 k 次将球传给 A 的方法数共有 $a_k (k \in \mathbf{N}^*)$ 种传法，则不传给 A 的有 $3^k - a_k$ 种，故 $a_1 = 0$，且不传给 A 的下次均可传给 A，即 $a_{k+1} = 3^k - a_k$. 两边同除以 3^{k+1}，得 $\dfrac{a_{k+1}}{3^{k+1}} = -\dfrac{1}{3} \times \dfrac{a_k}{3^k} + \dfrac{1}{3}$.

令 $b_k = \dfrac{a_k}{3^k}$, 则

$$b_1 = 0, \quad b_{k+1} - \dfrac{1}{4} = -\dfrac{1}{3}\left(b_k - \dfrac{1}{4}\right),$$

则 $b_k - \dfrac{1}{4} = -\dfrac{1}{4}\left(-\dfrac{1}{3}\right)^{k-1}$, 所以 $a_k = \dfrac{3^k}{4} + \dfrac{3}{4}(-1)^k$.

当 $k = 5$ 时, $a_5 = 60$.

当人数为 n 时, 分别用 $n-1, n$ 取代 3,4 时, 可得

$$a_k = \dfrac{(n-1)^k}{n} + \dfrac{n-1}{n} \times (-1)^k.$$

评注 这类问题人数、次数较少时常用树形图法求解, 直观形象, 但若人数、次数较多时树形图法则力不从心, 而建立递推数列模型则可深入问题本质. 解答过程中利用换元思想, 将递推关系 $a_{k+1} = 3^k - a_k$ 转化为题型一的类型, 再构造等比数列进行解决.

例 4-73 已知函数 $f(x) = x^3 + ax + b$ 定义域为 $[-1,1]$, 记 $|f(x)|$ 的最大值为 M, 则 M 的最小值为 _____.

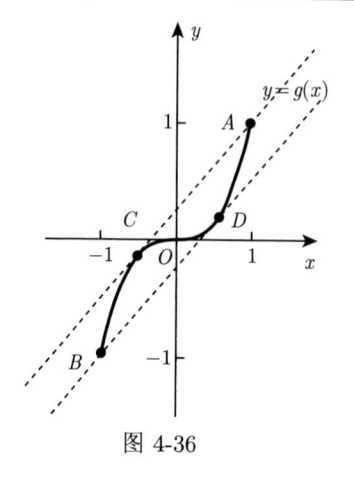

解析 此时只有定义域的范围发生了变化, 在找关键点构造平行线"夹逼"时不能再继续选取 AB 连线, 这时要先过点 A(或 B) 作 $g(x) = x^3$ 图象的切线, 如图 4-36, 设切点为 $(t, t^3)(t \neq 1)$, 那么

$$\dfrac{t^3 - 1}{t - 1} = 3t^2,$$

解得 $t = -\dfrac{1}{2}$ 或 $t = 1$ (舍去), 所以 $C\left(-\dfrac{1}{2}, -\dfrac{1}{8}\right)$, 那么直线 AC 的方程为 $y = \dfrac{3}{4}x + \dfrac{1}{4}$. 由对称性可得过点 $D\left(\dfrac{1}{2}, \dfrac{1}{8}\right)$ 的切线 BD 与 AC 平行, 两平行线"夹逼" $g(x) = x^3$ 图象, 所以 $\dfrac{3}{4}x - \dfrac{1}{4} \leqslant x^3 \leqslant \dfrac{3}{4}x + \dfrac{1}{4}$. 又由于 $-ax - b - M \leqslant x^3 \leqslant -ax - b + M$, 所以当 $a = -\dfrac{3}{4}, b = 0$ 时 $M_{\min} = \dfrac{1}{4}$.

图 4-36

例 4-74 已知 a, b, c 为正实数, 且 $ab + bc + ca = 1$, 试证明:

$$\dfrac{2}{a^2 + 1} + \dfrac{2}{b^2 + 1} + \dfrac{3}{c^2 + 1} \leqslant \dfrac{16}{3}.$$

分析　考虑到三元条件不等式的特征,可通过构造拉格朗日函数转化为极值问题来处理.

证明　由条件等式 $ab+bc+ca=1$, 可得

$$\frac{2}{a^2+1}+\frac{2}{b^2+1}+\frac{3}{c^2+1}$$
$$=\frac{2}{(a+b)(a+c)}+\frac{2}{(b+c)(b+a)}+\frac{3}{(c+a)(c+b)}$$
$$=\frac{5a+5b+4c}{(a+b)(b+c)(c+a)}.$$

要证 $\dfrac{2}{a^2+1}+\dfrac{2}{b^2+1}+\dfrac{3}{c^2+1}\leqslant\dfrac{16}{3}$, 即要证

$$15a+15b+12c\leqslant 16\left(a+b\right)\left(b+c\right)\left(c+a\right).$$

又由于

$$(a+b)(b+c)(c+a)=(a+b+c)(ab+bc+ca)-abc$$
$$=a+b+c-abc,$$

故等价于要证

$$a+b+4c\geqslant 16abc.$$

令 $f(a,b,c)=a+b+4c-16abc$, 则拉格朗日函数为

$$L(a,b,c,\lambda)=f(a,b,c)+\lambda(ab+bc+ca-1),$$

其中 λ 为参数. 于是

$$\begin{cases} L'_a(a,b,c,\lambda)=1+\lambda(b+c)-16bc,\\ L'_b(a,b,c,\lambda)=1+\lambda(a+c)-16ac,\\ L'_c(a,b,c,\lambda)=4+\lambda(a+b)-16ab,\\ L'_\lambda(a,b,c,\lambda)=ab+bc+ca-1. \end{cases}$$

令上述一阶偏导数等于零, 有

$$\begin{cases} 1+\lambda(b+c)=16bc,\\ 1+\lambda(a+c)=16ac,\\ 4+\lambda(a+b)=16ab,\\ ab+bc+ca=1, \end{cases}$$

解方程组可得驻点 $P(a,b,c) = \left(\dfrac{\sqrt{2}}{2}, \dfrac{\sqrt{2}}{2}, \dfrac{\sqrt{2}}{4}\right)$,此即为唯一的极小值点,代入得

$$f\left(\dfrac{\sqrt{2}}{2}, \dfrac{\sqrt{2}}{2}, \dfrac{\sqrt{2}}{4}\right) = 0.$$

故 $a^2b + ab^2 + b^2c + a^2c + 4bc^2 + 4ac^2 \geqslant 10abc$,当 $a = b = \dfrac{\sqrt{2}}{2}, c = \dfrac{\sqrt{2}}{4}$ 时,等号成立.

例 4-75 (2014 年·湖南) 若 $0 < x_1 < x_2 < 1$,则( ).

A. $e^{x_2} - e^{x_1} > \ln x_2 - \ln x_1$ B. $e^{x_1} - e^{x_2} > \ln x_2 - \ln x_1$
C. $x_2 e^{x_1} > x_1 e^{x_2}$ D. $x_2 e^{x_1} < x_1 e^{x_2}$

解析 A 选项:$e^{x_2} - e^{x_1} > \ln x_2 - \ln x_1 \Leftrightarrow e^{x_2} - \ln x_2 > e^{x_1} - \ln x_1$,构造函数 $f(x) = e^x - \ln x$,则 $f'(x) = e^x - \dfrac{1}{x} = \dfrac{xe^x - 1}{x}$,再构造函数 $g(x) = xe^x - 1$,则有 $g'(x) = (x+1)e^x > 0$ 恒成立,所以 $g(x)$ 在 $(0,1)$ 上单调递增,而 $g(0) = -1 < 0, g(1) = e - 1 > 0$,因此存在 $x_0 \in (0,1)$,使得 $g(x_0) = 0$,由单调性可判断出:$x \in (0, x_0), g'(x) < 0 \Rightarrow f'(x) < 0, x \in (x_0, 1), g'(x) > 0 \Rightarrow f'(x) > 0$,所以 $f(x)$ 在 $(0,1)$ 上不单调,不等式不会恒成立.

B 选项:$e^{x_1} - e^{x_2} > \ln x_2 - \ln x_1 \Leftrightarrow e^{x_1} + \ln x_1 > e^{x_2} + \ln x_2$,构造函数 $f(x) = e^x + \ln x$,可知 $f(x)$ 单调递增,所以应该 $f(x_1) < f(x_2)$,故 B 错误.

C 选项:$x_2 e^{x_1} > x_1 e^{x_2} \Leftrightarrow \dfrac{e^{x_1}}{x_1} > \dfrac{e^{x_2}}{x_2}$,构造函数 $f(x) = \dfrac{e^x}{x}$,则 $f'(x) = \dfrac{(x-1)e^x}{x^2}$,则 $f'(x) < 0$ 在 $x \in (0,1)$ 上恒成立,所以 $f(x)$ 在 $(0,1)$ 上单调递减,所以 $f(x_1) > f(x_2)$ 成立.

D 选项:$x_2 e^{x_1} < x_1 e^{x_2} \Leftrightarrow \dfrac{e^{x_1}}{x_1} < \dfrac{e^{x_2}}{x_2}$,构造函数 $f(x) = \dfrac{e^x}{x}$,由 C 选项分析可知 D 错误. 故选 C.

小结 同构式的构建,一般遵循以下几个原则:相同变量放一边;运算形式变相同;有指数有对数都统一为以 e 为底的对数.

平面中的距离,最值问题除了可用几何法求解外,也可把其看成函数关系,通过构造函数解析式,化归为某一变量为主参的函数进行求解.

例 4-76 (2012 年·新课标) 设点 P 在曲线 $y = \dfrac{1}{2}e^x$ 上,点 Q 在曲线 $y = \ln(2x)$ 上,则 $|PQ|$ 最小值为( ).

A. $1 - \ln 2$ B. $\sqrt{2}(1 - \ln 2)$ C. $1 + \ln 2$ D. $\sqrt{2}(1 + \ln 2)$

解析 由题意知函数 $y = \dfrac{1}{2}e^x$ 与函数 $y = \ln(2x)$ 互为反函数,图象关于 $y = $

x 对称, 函数 $y = \frac{1}{2}e^x$ 上的点 $P(x, \frac{1}{2}e^x)$ 到直线 $y = x$ 的距离为 $d = \frac{\left|\frac{1}{2}e^x - x\right|}{\sqrt{2}}$, 构造函数 $g(x) = \frac{1}{2}e^x - x(x > 0)$, 则 $g'(x) = \frac{1}{2}e^x - 1$, 知函数 $g(x)$ 在 $(0, \ln 2)$ 上单调递减, 在 $[\ln 2, +\infty)$ 上单调递增, 所以当 $x = \ln 2$ 时, 函数 $g(x)_{\min} = 1 - \ln 2$, 即 $d_{\min} = \frac{1 - \ln 2}{\sqrt{2}}$, 再由图象关于 $y = x$ 对称得 $|PQ|$ 最小值为 $2d_{\min} = \sqrt{2}(1 - \ln 2)$. 故选 B.

小结 用于构造一些特殊函数的常见几何意义:
(1) $\sqrt{(x-a)^2 + (y-b)^2}$ 表示两点间的距离或向量的模长;
(2) $\frac{y-b}{x-a}$ 表示过点 (a, b) 和点 (x, y) 的直线的斜率;
(3) $-\frac{C}{A}$ 和 $-\frac{C}{B}$ 表示直线 $Ax + By + C = 0$ 的截距;
(4) $P(\cos\theta, \sin\theta)$ 表示单位圆 $x^2 + y^2 = 1$ 上的任意一点;
(5) $a^2 - ab + b^2$ 与余弦定理有关.

函数的极值点, 即该导函数的零点. 而双极值点, 即该导函数的两个零点, 若导函数为二次函数, 则伴随着特殊的韦达定理. 所以双极值点问题, 常借助韦达定理, 减元引参, 通过构造函数, 可研究该函数的性质解决大小问题.

例 4-77 (2018 年·新课标 I) 已知函数 $f(x) = \frac{1}{x} - x + a\ln x$.
(1) 讨论 $f(x)$ 的单调性;
(2) 若 $f(x)$ 存在两个极值点 x_1, x_2, 证明: $\frac{f(x_1) - f(x_2)}{x_1 - x_2} < a - 2$.

(1) **解析** 易知, 当 $a \leqslant 0$ 时, $f(x)$ 在 $(0, +\infty)$ 上是减函数; 当 $0 < a \leqslant 2$ 时, $f(x)$ 在 $(0, +\infty)$ 上是减函数; 当 $a > 2$ 时, 在 $\left(0, \frac{a - \sqrt{a^2 - 4}}{2}\right)$ 和 $\left(\frac{a + \sqrt{a^2 - 4}}{2}, +\infty\right)$ 上是减函数, 在 $\left(\frac{a - \sqrt{a^2 - 4}}{2}, \frac{a + \sqrt{a^2 - 4}}{2}\right)$ 上是增函数.

(2) **证法一** 由 (1) 知 $a > 2$, $0 < x_1 < 1 < x_2$, $x_1 x_2 = 1$, 而
$$f(x_1) - f(x_2) = (x_2 - x_1)\left(1 + \frac{1}{x_1 x_2}\right) + a(\ln x_1 - \ln x_2)$$
$$= 2(x_2 - x_1) + a(\ln x_1 - \ln x_2),$$

则 $\frac{f(x_1) - f(x_2)}{x_1 - x_2} = -2 + \frac{a(\ln x_1 - \ln x_2)}{x_1 - x_2}$, 则问题转为证明 $\frac{\ln x_1 - \ln x_2}{x_1 - x_2} < 1$ 即可. 只需证明 $\ln x_1 - \ln x_2 > x_1 - x_2$, 只需证明 $\ln x_1 - \ln \frac{1}{x_1} > x_1 - \frac{1}{x_1}$, 只需证明 $\ln x_1 + \ln x_1 > x_1 - \frac{1}{x_1}$, 即证 $2\ln x_1 > x_1 - \frac{1}{x_1}$ 在 $(0, 1)$ 上恒成立即可. 构造

函数 $h(x) = 2\ln x - x + \dfrac{1}{x}(0 < x < 1)$, 其中 $h(1) = 0$, 则有

$$h'(x) = \dfrac{2}{x} - 1 - \dfrac{1}{x^2} = -\dfrac{x^2 - 2x + 1}{x^2} = -\dfrac{(x-1)^2}{x^2} < 0,$$

因此 $h(x)$ 在 $(0,1)$ 上单调递减, 所以 $h(x) > h(1)$, 即 $2\ln x - x + \dfrac{1}{x} > 0$, 故 $2\ln x > x - \dfrac{1}{x}$, 即原不等式 $\dfrac{f(x_1) - f(x_2)}{x_1 - x_2} < a - 2$ 成立.

证法二 注意到 $f\left(\dfrac{1}{x}\right) = x - \dfrac{1}{x} - a\ln x = -f(x)$, 即 $f(x) + f\left(\dfrac{1}{x}\right) = 0$, 由韦达定理得 $x_1 x_2 = 1$, $x_1 + x_2 = a > 2$, 得 $0 < x_1 < 1 < x_2$, $x_1 = \dfrac{1}{x_2}$, 可得 $f(x_2) + f\left(\dfrac{1}{x_2}\right) = 0$, 即 $f(x_1) + f(x_2) = 0$. 要证明 $\dfrac{f(x_1) - f(x_2)}{x_1 - x_2} < a - 2$, 只需证 $\dfrac{-f(x_2) - f(x_2)}{x_1 - x_2} < a - 2$, 即证 $2a\ln x_2 - ax_2 + \dfrac{a}{x_2} < 0 (x_2 > 1)$ 即可. 构造函数 $h(x) = 2a\ln x - ax + \dfrac{a}{x}(x > 1)$, $h'(x) = \dfrac{-a(x-1)^2}{x^2} \leqslant 0$, 因此 $h(x)$ 在 $(1, +\infty)$ 上单调递减, 则有 $h(x) < h(1) = 0$, 所以 $2a\ln x - ax + \dfrac{a}{x} < 0$ 成立, 故 $2a\ln x_2 - ax_2 + \dfrac{a}{x_2} < 0 (x_2 > 1)$ 成立, 即原不等式 $\dfrac{f(x_1) - f(x_2)}{x_1 - x_2} < a - 2$ 成立.

小结 构造函数解决双极值点问题, 主参的选择有以下途径:

(1) 转化为 x_1 或 x_2 的一元函数;

(2) 转化为第三变量的一元函数;

(3) 化归为 $\dfrac{x_1}{x_2}$ 或 $\dfrac{x_2}{x_1}$ 的统一结构, 进而构造函数;

(4) 两边分别变形为 x_1, x_2 的相同结构式, 进而构造函数.

对于可导函数 $y = f(x)$, 在区间 (a, b) 上只有一个极 (小) 大值点 x_0, 方程 $f(x) = 0$ 的解分别为 x_1, x_2, 且 $a < x_1 < x_2 < b$, 若 $f(x_1) < f(2x_0 - x_2)$ 时, 有 $\dfrac{x_1 + x_2}{2} < (>) x_0$, 即函数 $y = f(x)$ 在区间 (x_1, x_2) 上极大 (小) 值点 x_0 右 (左) 偏; 若 $f(x_1) > f(2x_0 - x_2)$ 时, 有 $\dfrac{x_1 + x_2}{2} > (<) x_0$, 即函数 $y = f(x)$ 在区间 (x_1, x_2) 上极大 (小) 值点 x_0 左 (右) 偏. 根据上述定义, 极值点偏移问题, 把自变量的大小问题转化为函数值的大小, 再把函数值的大小化归为研究函数的单调性.

例 4-78 (2010 年·天津理) 已知函数 $f(x) = xe^{-x} (x \in \mathbf{R})$.

(1) 求函数 $f(x)$ 的单调区间和极值;

(2) 若存在实数 $x_1, x_2 (x_1 < x_2)$, 使得 $f(x_1) = f(x_2)$ 成立, 证明: $x_1 + x_2 > 2$.

(1) **解析** 容易知 $f(x)$ 在 $(-\infty, 1)$ 上单调递增, 在 $(1, +\infty)$ 上单调递减,

$f(x)_{极大} = f(1) = \dfrac{1}{e}$.

(2) **证法一** $f'(x) = (1-x)e^{-x}$，易得 $f(x)$ 在 $(-\infty, 1)$ 上单调递增，在 $(1, +\infty)$ 上单调递减. $x \to -\infty$ 时，$f(x) \to -\infty$；$f(0) = 0$；$x \to +\infty$ 时，$f(x) \to 0$. 函数 $f(x)$ 在 $x = 1$ 处取得极大值 $f(1)$，且 $f(1) = \dfrac{1}{e}$，如图 4-37 所示.

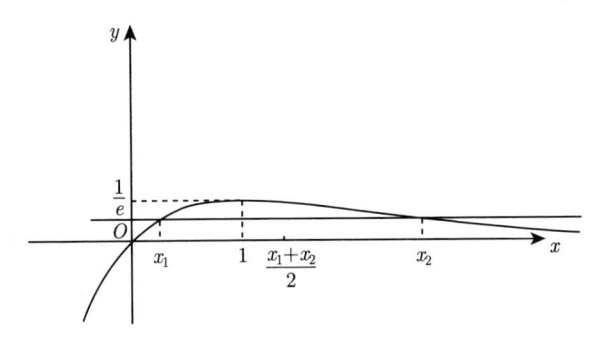

图 4-37

由 $f(x_1) = f(x_2), x_1 \neq x_2$，不妨设 $x_1 < x_2$，则有 $0 < x_1 < 1 < x_2$. 构造函数 $g(x) = f(1+x) - f(1-x), x \in (0,1]$，则 $g'(x) = f'(1+x) + f'(1-x) = \dfrac{x}{e^{x+1}}(e^{2x}+1) > 0$，因此 $g(x)$ 在 $x \in (0,1]$ 上单调递增，$g(x) > g(0) = 0$，也即 $f(1+x) > f(1-x)$ 对 $x \in (0,1]$ 恒成立.

由 $0 < x_1 < 1 < x_2$，则 $1 - x_1 \in (0,1)$，所以 $f(1+(1-x_1)) = f(2-x_1) > f(1-(1-x_1)) = f(x_1) = f(x_2)$，即 $f(2-x_1) > f(x_2)$，又因为 $2-x_1, x_2 \in (1, +\infty)$，且 $f(x)$ 在 $(1, +\infty)$ 上单调递减，所以 $2 - x_1 < x_2$，即原不等式 $x_1 + x_2 > 2$ 成立.

证法二 由 $f(x_1) = f(x_2)$，得 $x_1 e^{-x_1} = x_2 e^{-x_2}$，化简得 $e^{x_2 - x_1} = \dfrac{x_2}{x_1}$，两边同时取以 e 为底的对数，得 $x_2 - x_1 = \ln \dfrac{x_2}{x_1} = \ln x_2 - \ln x_1$，即 $\dfrac{\ln x_2 - \ln x_1}{x_2 - x_1} = 1$，从而

$$x_1 + x_2 = (x_1 + x_2) \cdot \dfrac{\ln x_2 - \ln x_1}{x_2 - x_1}$$

$$= \dfrac{x_1 + x_2}{x_2 - x_1} \cdot \ln \dfrac{x_2}{x_1} = \dfrac{\dfrac{x_2}{x_1} + 1}{\dfrac{x_2}{x_1} - 1} \ln \dfrac{x_2}{x_1}.$$

令 $t = \dfrac{x_2}{x_1}(t > 1)$，所以要证明 $x_1 + x_2 > 2$，只需证明 $\dfrac{t+1}{t-1} \ln t > 2$. 构造函数 $M(t) = \dfrac{(t+1)\ln t}{t-1} = \left(1 + \dfrac{2}{t-1}\right) \ln t (t > 1)$，则有 $M'(t) = \dfrac{t^2 - 1 - 2t \ln t}{t(t-1)^2}$，再构造函数 $\varphi(t) = t^2 - 1 - 2t \ln t (t > 1)$，则 $\varphi'(t) = 2t - 2(\ln t + 1) = 2(t - 1 - \ln t)$，

由于 $t-1 > \ln t$, $\forall t \in (1,+\infty)$ 恒成立, 故 $\varphi'(t) > 0$, $\varphi(t)$ 在 $t \in (1,+\infty)$ 上单调递增, 所以 $\varphi(t) > \varphi(1) = 0$, 从而 $M'(t) > 0$, 故 $M(t)$ 在 $t \in (1,+\infty)$ 上单调递增, 由洛比达法则知

$$\lim_{x \to 1} M(t) = \lim_{x \to 1} \frac{(t+1)\ln t}{t-1} = \lim_{x \to 1} \frac{((t+1)\ln t)'}{(t-1)'}$$
$$= \lim_{x \to 1} \left(\ln t + \frac{t+1}{t} \right) = 2,$$

即有 $M(t) > 2$, 所以 $\dfrac{t+1}{t-1} \ln t > 2$ 成立, 即原不等式 $x_1 + x_2 > 2$ 成立.

小结 处理极值点偏移问题, 函数的构造有以下途径:

(1) 构造极值对称差函数 $f(x_0+x) - f(x_0-x)$ 或 $f(x) - f(2x_0-x)$ (x_0 为 $f(x)$ 的极值点);

(2) 构造 x_1 或 x_2 的一元函数, 转化为新函数的最值;

(3) 化归为 $\dfrac{x_1}{x_2}$ 或 $\dfrac{x_2}{x_1}$ 的统一结构, 进而构造函数.

根据函数的结构特征, 构造同构式.

例 4-79 若对任意 $x > 0$, $a(e^{ax}+1) \geqslant 2\left(x + \dfrac{1}{x}\right)\ln x$ 恒成立, 求实数 a 的取值范围.

解 不等式 $a(e^{ax}+1) \geqslant 2\left(x + \dfrac{1}{x}\right)\ln x$ 两边同乘以 x 得 $ax(e^{ax}+1) \geqslant 2(x^2+1)\ln x$, 进一步有 $(e^{ax}+1)\ln e^{ax} \geqslant (x^2+1)\ln x^2$. 令 $f(x) = (x+1)\ln x$, 则原不等式等价于 $f(e^{ax}) \geqslant f(x^2)$. 又易知 $f(x)$ 在 $(0,+\infty)$ 上递增, 故 $e^{ax} \geqslant x^2$, 取对数分离参数可得 $a \geqslant 2 \cdot \dfrac{\ln x}{x}$. 令 $g(x) = \dfrac{\ln x}{x}$, 易知 $g(x)$ 在 $(0,e)$ 上递增, 在 $(e,+\infty)$ 上递减, 故 $a \geqslant 2 \cdot g_{\max}(x) = \dfrac{2}{e}$.

点评 当函数 $f(x)$ 的表达式比较复杂时, 我们可以对其进行等价变换, 比如换元法、同构法等, 使得问题达到简化的目的!

一般, 常见的同构类型如下.

类型 1 $ae^a \leqslant b\ln b$, 它可以从以下三个角度同构:

(1) 改写左边 $e^a \ln e^a \leqslant b \ln b$, 构造函数 $f(x) = x \ln x$;

(2) 改写右边 $ae^a \leqslant (\ln b)e^{\ln b}$, 构造函数 $f(x) = xe^x$;

(3) 取对数 $a + \ln a \leqslant \ln b + \ln(\ln b)$, 构造函数 $f(x) = x + \ln x$.

类型 2 $\dfrac{e^a}{a} < \dfrac{b}{\ln b}$, 它可以从以下三个角度同构:

(1) 改写左边 $\dfrac{e^a}{\ln e^a} < \dfrac{b}{\ln b}$, 构造函数 $f(x) = \dfrac{x}{\ln x}$;

(2) 改写右边 $\dfrac{e^a}{a} < \dfrac{e^{\ln b}}{\ln b}$, 构造函数 $f(x) = \dfrac{e^x}{x}$;

(3) 取对数 $a - \ln a < \ln b - \ln(\ln b)$, 构造函数 $f(x) = x - \ln x$.

类型 3　$e^a \pm a > b \pm \ln b$, 它可以从以下两个角度同构:

(1) 改写右边 $e^a \pm a > e^{\ln b} \pm \ln b$, 构造函数 $f(x) = e^x \pm x$;

(2) 改写左边 $e^a \pm \ln e^a > b \pm \ln b$, 构造函数 $f(x) = x \pm \ln x$.

类型 4　拼凑后再同构:

(1) $ae^{\alpha x} > \ln x \Rightarrow axe^{ax} > x \ln x$, 转化为类型 1;

(2) $a(e^{ax} + 1) \geqslant 2\left(x + \dfrac{1}{x}\right)\ln x \Rightarrow ax(e^{ax} + 1) \geqslant (x^2 + 1)\ln x^2$, 转化为类型 1.

例 4-80（2014 年全国高考北京卷理, 18）　已知函数 $f(x) = x\cos x - \sin x$, $x \in \left[0, \dfrac{\pi}{2}\right]$.

(I) 略;

(II) 若 $a < \dfrac{\sin x}{x} < b$ 对 $x \in \left(0, \dfrac{\pi}{2}\right)$ 恒成立, 求 a 的最大值和 b 的最小值.

解析　(II) 当 $x \in \left(0, \dfrac{\pi}{2}\right)$ 时, $a < \dfrac{\sin x}{x}$ 等价于 $\sin x - ax > 0$; $\dfrac{\sin x}{x} < b$ 等价于 $\sin x - bx < 0$. 令 $g(x) = \sin x - cx$, 则 $g'(x) = \cos x - c$.

当 $c \leqslant 0$ 时, $g(x) > 0$ 对任意 $x \in \left(0, \dfrac{\pi}{2}\right)$ 恒成立.

当 $c \geqslant 1$ 时, $g'(x) < 0$ 对任意 $x \in \left(0, \dfrac{\pi}{2}\right)$ 恒成立, 所以 $g(x)$ 在区间 $\left(0, \dfrac{\pi}{2}\right)$ 上单调递减, 从而 $g(x) < g(0) = 0$ 对任意 $x \in \left(0, \dfrac{\pi}{2}\right)$ 恒成立.

当 $0 < c < 1$ 时, 存在唯一的 $x_0 \in \left(0, \dfrac{\pi}{2}\right)$ 使得 $g'(x_0) = \cos x_0 - c$. 当 $x \in (0, x_0)$ 时, $g'(x) > 0$, 此时 $g(x) > g(0) = 0$. 当 $x \in \left(x_0, \dfrac{\pi}{2}\right)$ 时, $g'(x) < 0$. 故 $g(x) > 0$ 对任意 $x \in \left(0, \dfrac{\pi}{2}\right)$ 恒成立, 当且仅当 $g\left(\dfrac{\pi}{2}\right) > 1 - \dfrac{\pi}{2}c \geqslant 0$, 即 $0 < c \leqslant \dfrac{2}{\pi}$.

综上所述, 当且仅当 $c \leqslant \dfrac{2}{\pi}$ 时, $g(x) > 0$ 对任意 $x \in \left(0, \dfrac{\pi}{2}\right)$ 恒成立; 当且仅当 $c \geqslant 1$ 时, $g(x) < 0$ 对任意 $x \in \left(0, \dfrac{\pi}{2}\right)$ 恒成立. 所以 $a < \dfrac{\sin x}{x} < b$ 对 $x \in \left(0, \dfrac{\pi}{2}\right)$ 恒成立, a 的最大值为 $\dfrac{2}{\pi}$, b 的最小值为 1.

评价　本题主要考查导数的运算、不等式证明、运用导数研究函数的性质等基础知识和方法. 利用导数判断函数的单调性, 构造出函数 $g(x) = \sin x - cx$ 是解题的关键, 考查由浅入深, 对计算难度、思维深度的要求逐步提高, 考查层次分明，重点突出，较好地达到了考查目的.

例 4-81 已知函数 $f(x) = \ln x + x\sin x$.

(I) 证明：$f'(x)$ 在区间 $\left(\dfrac{\pi}{2}, \pi\right)$ 上存在唯一的零点;

(II) 证明：对任意的 $x \in (0, +\infty)$，都有 $f(x) < 2x\ln x + x(1 + \sin x)$.

解析 (I) 设 $g(x) = f'(x) = \dfrac{1}{x} + \sin x + x\cos x$，则 $g'(x) = -\dfrac{1}{x^2} + 2\cos x - x\sin x$. 因为 $x \in \left(\dfrac{\pi}{2}, \pi\right)$，所以 $g'(x) < 0$，故 $g(x)$ 在 $\left(\dfrac{\pi}{2}, \pi\right)$ 上单调递减. 又 $g\left(\dfrac{\pi}{2}\right) = \dfrac{2}{\pi} + 1 > 0$，$g(\pi) = \dfrac{1}{\pi} - \pi < 0$，故由介值定理知，$g(x)$ 在区间 $\left(\dfrac{\pi}{2}, \pi\right)$ 上存在唯一的零点，因此原命题成立.

(II) 要证明 $f(x) < 2x\ln x + x(1+\sin x)$，即证 $(2x-1)\ln x + x > 0$. 当 $x = \dfrac{1}{2}$ 时，不等式显然成立；当 $x > \dfrac{1}{2}$ 时，即证 $\ln x + \dfrac{x}{2x-1} > 0$；当 $0 < x < \dfrac{1}{2}$ 时，即证 $\ln x + \dfrac{x}{2x-1} < 0$. 令 $h(x) = \ln x + \dfrac{x}{2x-1}$，则 $h'(x) = \dfrac{(4x-1)(x-1)}{x(2x-1)^2}$. 当 $x > \dfrac{1}{2}$ 时，在 $\left(\dfrac{1}{2}, 1\right)$ 上，$h'(x) < 0$，$h(x)$ 单调递减；在 $(1, +\infty)$ 上，$h'(x) > 0$，$h(x)$ 单调递增，此时 $h(x)_{\min} = h(1) = 1 > 0$，即 $\ln x + \dfrac{x}{2x-1} > 0$. 当 $0 < x < \dfrac{1}{2}$ 时，在 $\left(0, \dfrac{1}{4}\right)$ 上，$h'(x) > 0$，$h(x)$ 单调递增；在 $\left(\dfrac{1}{4}, \dfrac{1}{2}\right)$ 上，$h'(x) < 0$，$h(x)$ 单调递减，此时 $h(x)_{\max} = h\left(\dfrac{1}{4}\right) < 0$，即 $\ln x + \dfrac{x}{2x-1} < 0$.

综上所述，对任意的 $x \in (0, +\infty)$，都有 $f(x) < 2x\ln x + x(1+\sin x)$.

评价 指对函数是高中阶段重要的初等函数之一，与三角函数的结合增加试题的复杂性，提高难度，体现试题的区分度与选拔性. 本题 (I) 面向大部分考生，依托函数零点问题，考查导数研究函数单调性知识，函数介值定理基本知识和基本方法. 重视数学基础、重视从能力立意向素养导向的转变，考查考生三角函数性质的主干知识和基本方法，要求考生具有扎实的函数知识及运算求解能力. 本题 (II) 要求考生具有较高的逻辑推理能力，运用分析法，执果索因，把问题等价转化为 $(2x-1)\ln x + x > 0$，构造函数 $h(x) = \ln x + \dfrac{x}{2x-1}$，分类讨论，通过求导，判断 $h(x)$ 的单调性，把不等式问题转化为 $h(x)$ 的最值问题，最终证明结论.

例 4-82 已知函数 $f(x) = e^{|x|} - 3\cos x$.

(I) 证明：$f(x) + 2 \geqslant 0$；

(II) 当 $x \in \left(0, \dfrac{\pi}{2}\right)$ 时，不等式 $m < \dfrac{f'(x) - e^x}{3x} < n$ 恒成立，求实数 m 的最大值和 n 的最小值.

解析 (I) 当 $x \in [0, +\infty)$ 时，$f(x) = e^x - 3\cos x$，则 $f'(x) = e^x + 3\sin x$.

当 $x \in [0, \pi)$ 时, $f'(x) > 0$, $f(x)$ 单调递增; 当 $x \in [\pi, +\infty)$ 时, $f'(x) = e^x + 3\sin x \geqslant e^x - 3 > 0$, $f(x)$ 单调递增. 所以 $f(x)$ 在 $[0, +\infty)$ 上单调递增, 从而 $f(x) \geqslant f(0) = -2$, 故 $f(x) + 2 \geqslant 0$. 又 $f(x)$ 为偶函数, 因此对 $x \in \mathbf{R}$, $f(x) + 2 \geqslant 0$ 均成立.

(II) 由题条件化简得 $\dfrac{f'(x) - e^x}{3x} = \dfrac{\sin x}{x}$, 当 $x > 0$ 时, 问题等价为

$$\begin{cases} \sin x - mx > 0, \\ \sin x - nx < 0 \end{cases}$$

同时成立. 令 $g(x) = \sin -tx$, 则 $g'(x) = \cos x - t$.

当 $t \leqslant 0$ 时, 在 $x \in \left(0, \dfrac{\pi}{2}\right)$ 上, $g'(x) > 0$, 故 $g(x)$ 在 $\left(0, \dfrac{\pi}{2}\right)$ 上单调递增, 则 $g(x) > g(0) = 0$, 所以 $t \leqslant 0$.

当 $t \geqslant 1$ 时, 在 $x \in \left(0, \dfrac{\pi}{2}\right)$ 上, $g'(x) < 0$, 故 $g(x)$ 在 $\left(0, \dfrac{\pi}{2}\right)$ 上单调递减, 则 $g(x) < g(0) = 0$, 所以 $t \geqslant 1$.

当 $0 < t < 1$ 时, 存在唯一的 $x_0 \in \left(0, \dfrac{\pi}{2}\right)$, 使得 $g'(x_0) = \cos x_0 - t = 0$. 当 $x_0 \in (0, x_0)$ 时, $g'(x) > 0$; 当 $x_0 \in \left(x_0, \dfrac{\pi}{2}\right)$ 时, $g'(x) < 0$. 故 $g(x)$ 在 $(0, x_0)$ 上单调递增, 在 $\left(x_0, \dfrac{\pi}{2}\right)$ 上单调递减, 则 $g(x_0) > g(0) = 0$. 所以当 $x \in \left(0, \dfrac{\pi}{2}\right)$ 时, $g(x) > 0$ 恒成立, 当且仅当 $g\left(\dfrac{\pi}{2}\right) = 1 - \dfrac{\pi}{2}t \geqslant 0$, 即 $0 < t \leqslant \dfrac{2}{\pi}$.

综上所述, 当且仅当 $t \leqslant \dfrac{2}{\pi}$ 时, $g(x) > 0$ 在 $x \in \left(0, \dfrac{\pi}{2}\right)$ 上恒成立; 当且仅当 $t \geqslant 1$ 时, $g(x) < 0$ 在 $x \in \left(0, \dfrac{\pi}{2}\right)$ 上恒成立. 因此 m 的最大值为 $\dfrac{2}{\pi}$, n 的最小值为 1.

评价 本题 (I) 的设计面向大部分考生, 以不等式为载体, 考查函数的最值问题. 考生在分析理解函数 $f(x)$ 奇偶性的基础上, 利用导数和正弦函数的性质, 求解 $f(x)$ 的值域. 考查分类与整合的思想、逻辑推理能力、运算求解能力. 本题 (II) 选取含有参数的不等式为条件, 求解参数的最值, 以此考查考生的运算求解能力和逻辑推理能力. 要求考生灵活应用知识, 将不等式迁移到不同情境中, 构造函数 $g(x) = \sin -tx$, 通过讨论 $g(x)$ 的单调性, 利用 $g(x)$ 的取值范围, 根据恒成立关系得到参数 m 和 n 的最值, 充分考查分类讨论、化归与转化的思想.

例 4-83 已知函数 $f(x) = x^3 - \dfrac{3}{2}x^2 + \dfrac{3}{4}x + \dfrac{1}{8}$, 则 $\sum\limits_{k=1}^{2016} f\left(\dfrac{k}{2017}\right)$ 的值为 ( ).

A. 2016 B. 1008 C. 504 D. 0

解析 因为 $f(x) = x^3 - \dfrac{3}{2}x^2 + \dfrac{3}{4}x + \dfrac{1}{8}$, 所以 $f(x) = x^3 - \dfrac{3}{2}x^2 + \dfrac{3}{4}x - \dfrac{1}{8} + \dfrac{1}{4}$,

由二项定理知 $f(x) = \left(x - \dfrac{1}{2}\right)^3 + \dfrac{1}{4}$. 由

$$\dfrac{k}{2017} - \dfrac{1}{2} + \dfrac{2017-k}{2017} - \dfrac{1}{2} = 0,$$

故

$$\left(\dfrac{k}{2017} - \dfrac{1}{2}\right)^3 + \left(\dfrac{2017-k}{2017} - \dfrac{1}{2}\right)^3 = 0,$$

从而 $\sum\limits_{k=1}^{2016} f\left(\dfrac{k}{2017}\right) = \dfrac{1}{4} \times 2016 = 504$, 故选 C.

评析 由于所给函数为关于 x 的多项式, 符合二项式定理中展开式的表征, 利用二项式定理进行解题, 具有事半功倍的效果.

例 4-84 已知数列 $\{a_n\}$ 满足 $a_{n+1} = \sqrt{S_n^2 + S_n + 1}$, $a_1 = 1$, 求 a_n.

分析 常规思路利用 $a_{n+1} = S_{n+1} - S_n$ 代入原式无法求出通项, 本题的巧妙之处是数列与余弦定理的结合. 把 $a_{n+1}^2 = S_n^2 + S_n + 1$ 类比余弦定理 $a^2 = b^2 + c^2 - 2bc\cos A$, 可以发现有相似之处, 通过构造可得 $a_{n+1}^2 = S_n^2 + 1^2 - 2S_n \cdot 1 \cdot \cos\left(-\dfrac{2\pi}{3}\right)$, 在三角形中构造 a_{n+1} 与 S_n 的关系.

解析 由 $a_{n+1} = \sqrt{S_n^2 + S_n + 1}$, $a_1 = 1$ 可得 $a_n > 0$, $S_n > 0$, 把原式两边平方并化简可得 $a_{n+1}^2 = S_n^2 + S_n + 1$, 即 $a_{n+1}^2 = S_n^2 + 1^2 - 2S_n \cdot 1 \cdot \cos\left(-\dfrac{2\pi}{3}\right)$, 构造一个三角形, 三边分别是 $a_{n+1}, 1, S_n$, 在三角形中设 S_n 和 a_{n+1} 的夹角为 θ_n, 考虑到 $S_{n+1} = S_n + a_{n+1}$, 可构造图形如图 4-38, 图 4-39.

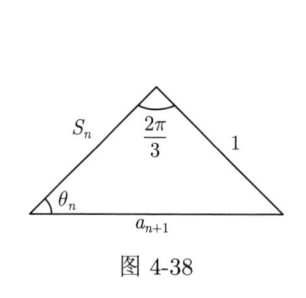

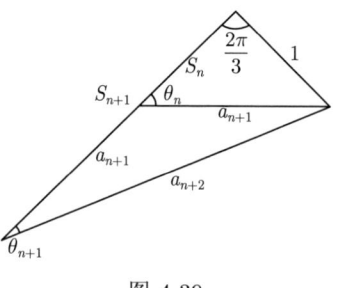

图 4-38

图 4-39

图中三角形满足 $a_{n+2}^2 = S_{n+1}^2 + S_{n+1} + 1$, 易得 $\theta_n = 2\theta_{n+1}$, 因为 $\theta_1 = \dfrac{\pi}{3}$, 所以 $\theta_n = \dfrac{\pi}{3} \cdot \left(\dfrac{1}{2}\right)^{n-1}$, 在图 4-38 的三角形中利用正弦定理可得 $\dfrac{1}{\sin\theta_n} = \dfrac{a_{n+1}}{\sin\dfrac{2\pi}{3}}$,

所以 $a_n = \dfrac{\sqrt{3}}{2\sin\left(\dfrac{\pi}{3\times 2^{n-1}}\right)}$.

例 4-85 (2020 年 5 月湖北省七市州高三联考, 文 21) 已知函数 $f(x) = ae^x\,(a\in \mathbf{R})$, $g(x) = \dfrac{\ln x}{x} + 1$.

(1) 当 $a = \dfrac{1}{e}$ 时, 求函数 $y = f(x)$ 在 $(1, f(1))$ 处的切线方程;

(2) 当 $a \geqslant \dfrac{1}{e}$ 时, 证明: $f(x) - g(x) \geqslant 0$.

试题考查了导数公式、求导法则、函数切线方程求解以及含参数不等式的证明, 考查了学生的直观想象、数学运算、逻辑推理等核心素养. 试题平中见奇, 解法多样, 内涵丰富, 是一道研究性学习的好题. 下面重点谈一下第 (2) 问的证法.

证明 (2) (构造函数利用最值证不等式)

要证 $f(x) - g(x) \geqslant 0$, 即 $ae^x - \dfrac{\ln x}{x} - 1 \geqslant 0$, 即证 $axe^x - \ln x - x \geqslant 0$. 令

$$F(x) = axe^x - \ln x - x\,(x > 0), \quad F'(x) = \dfrac{(x+1)(axe^x - 1)}{x},$$

令 $\varphi(x) = axe^x - 1$, $\varphi'(x) = ae^x(x+1)$, $a \geqslant \dfrac{1}{e}$, $x > 0$, 故 $\varphi'(x) > 0$, 即 $\varphi(x)$ 在 $(0, +\infty)$ 上是增函数. 当 $x \to 0$, $\varphi(x) \to -1$; 当 $x \to +\infty$, $\varphi(x) \to +\infty$, 故存在唯一 $x_0 \in (0, +\infty)$ 使得 $\varphi(x_0) = 0$, 即 $ax_0 e^{x_0} - 1 = 0$. 而 $F'(x) > 0, x > x_0$, $F'(x) < 0, 0 < x < x_0$, 故 $F(x)$ 在 $(0, x_0)$ 上递减, 在 $(x_0, +\infty)$ 上递增. 所以

$$F(x)_{\min} = F(x_0) = ax_0 e^{x_0} - \ln x_0 - x_0$$
$$= 1 - \ln\dfrac{1}{ae^{x_0}} - x_0 = 1 + \ln a.$$

又 $a \geqslant \dfrac{1}{e}$, 则 $1 + \ln a \geqslant 0$, 所以 $F(x) \geqslant F(x)_{\min} \geqslant 0$, 从而 $f(x) - g(x) \geqslant 0$.

点评 运用函数的思想证不等式的常规思路是直接构造函数, 再利用函数的最值进行证明.

例 4-86 已知 $f(x) = x\ln x - a$, 设 $x_1, x_2\,(x_1 < x_2)$ 是函数 $f(x)$ 的零点, 求证: $ea + 1 < x_2 - x_1 < 2a + 1 + e^{-2}$ (e 是自然对数的底数).

分析 由于函数 $y = x\ln x$ 是下凸函数, 曲线的切线都在图象下方, 则可构造两割线、两切线分别证明左、右两边不等式.

证明 函数 $f(x)$ 的零点即方程 $x\ln x = a$ 的解, 令 $g(x) = x\ln x$, 由 $g'(x) = \ln x + 1$, $g''(x) = \dfrac{1}{x} > 0$, 则函数 $g(x)$ 为下凸函数, 函数 $y = g(x)$ 的图象与直线 $y = a$ 交于两点 (x_1, a)、(x_2, a) (图 4-40(a)).

设曲线 $y = g(x)$ 在 $x = e^{-2}$ 和 $x = 1$ 处的切线分别为 $l_1 : y = -x - e^{-2}$ 和 $l_2 : y = x - 1$，直线 $y = a$ 与直线 l_1、l_2 分别交于点 (x_1', a)、点 (x_2', a) (图 4-40(b))，则有 $x_1' < x_1 < x_2 < x_2'$.

由 $x_1' = -a - e^{-2}$，$x_2' = 1 + a$，故

$$x_2 - x_1 < x_2' - x_1' = (a+1) - (-a - e^{-2}) = 2a + 1 + e^{-2}.$$

由 $g'(x) = 0$，得 $x = \dfrac{1}{e}$，设经过原点 O 和点 $B\left(\dfrac{1}{e}, -\dfrac{1}{e}\right)$ 的割线为 l_1'：$y = -x$，经过点 $A(1,0)$ 和点 $B\left(\dfrac{1}{e}, -\dfrac{1}{e}\right)$ 的割线为 l_2'：$y = \dfrac{1}{e-1}(x-1)$，直线 $y = a$ 与直线 l_1'、l_2' 分别交于点 (x_1'', a)、点 (x_2'', a) (图 4-40(c))，则有 $x_1 < x_1'' < x_2'' < x_2$.

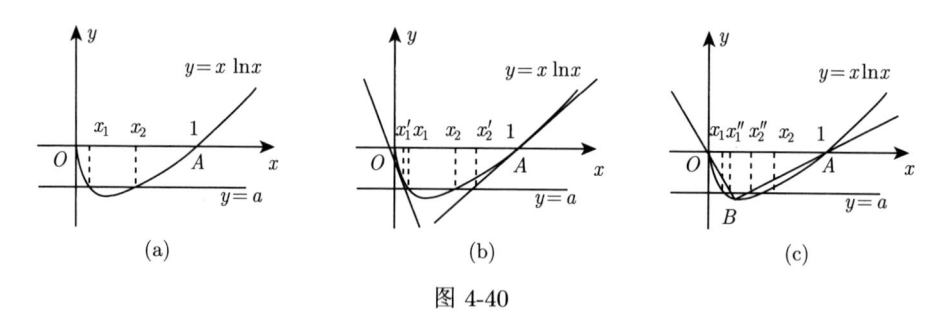

图 4-40

又由 $x_1'' = -a$，$x_2'' = (e-1)a + 1$，故

$$x_2 - x_1 > x_2'' - x_1'' = [(e-1)a + 1] - (-a) = ea + 1.$$

因此，原不等式成立.

例 4-87 已知数列 $\{a_n\}$ 的前 n 项和 $S_n = 2n^2 - n$.

(1) 求数列 $\{a_n\}$ 的通项公式；

(2) 若 $b_n = (-1)^n a_n$，求数列 $\{b_n\}$ 的前 n 项和 S_n.

解析 (1) $n \geqslant 2$ 时，

$$a_n = S_n - S_{n-1} = (2n^2 - n) - \left(2(n-1)^2 - (n-1)\right) = 4n - 3.$$

又 $a_1 = 1$，所以 $a_n = 4n - 3$.

(2) 由 (1) 得 $b_n = (-1)^n (4n - 3)$，构造数列 $\{c_n\}$ 满足 $b_n = c_{n+1} - c_n$，设 $c_n = (-1)^n (xn + y)$，则

$$(-1)^{n+1} (x(n+1) + y) - (-1)^n (xn + y) = (-1)^n (4n - 3).$$

整理得 $2xn+x+2y = -4n+3$, 解得 $x=-2, y=\dfrac{5}{2}$, 则 $c_n = (-1)^n\left(-2n+\dfrac{5}{2}\right)$, 故

$$T_n = c_{n+1} - c_1 = (-1)^{n+1}\left(-2n+\dfrac{1}{2}\right) + \dfrac{1}{2}$$
$$= (-1)^n\left(2n-\dfrac{1}{2}\right) + \dfrac{1}{2}.$$

点评 对于通项公式是 $a_n = (-1)^n f(n)$ 的数列求和, 还可以采用并项转化求和, 如本题可以构造数列 $\{d_n\}$ 满足 $d_n = b_{2n-1} + b_{2n} = 4$, 然后对项数 n 分奇偶数讨论, 得

$$T_n = \begin{cases} 2n & (n\text{为偶数}), \\ -2n+1 & (n\text{为奇数}). \end{cases}$$

例 4-88 已知数列 $\{a_n\}$ 满足 $a_1 = 2$, $a_{n+1} - a_n = 2(n+1)$.
(1) 求数列 $\{a_n\}$ 的通项公式;
(2) 若 $b_n = \left(\dfrac{1}{2}\right)^n$, 求数列 $\{a_n b_n\}$ 的前 n 项和 S_n.

解析 (1) $n \geqslant 2$ 时,

$$a_n = (a_n - a_{n-1}) + (a_{n-1} - a_{n-2}) + \cdots + (a_2 - a_1) + a_1$$
$$= 2n + 2(n-1) + \cdots + 2\times 2 + 2 = n^2 + n.$$

又 $a_1 = 2$, 因此 $a_n = n^2 + n$.

(2) 由 (1) 得 $a_n b_n = (n^2+n)\left(\dfrac{1}{2}\right)^n$, 构造数列 $\{c_n\}$ 满足 $a_n b_n = c_{n+1} - c_n$, 设 $c_n = (xn^2 + yn + z)\left(\dfrac{1}{2}\right)^n$, 则

$$\left(x(n+1)^2 + y(n+1) + z\right)\left(\dfrac{1}{2}\right)^{n+1} - (xn^2+yn+z)\left(\dfrac{1}{2}\right)^n$$
$$= (n^2+n)\left(\dfrac{1}{2}\right)^n.$$

整理得 $-xn^2 + (2x-y)n + x+y-z = 2n^2 + 2n$, 所以 $-x = 2$, $2x - y = 2$, $x+y-z=0$, 解得 $x=-2, y=-6, z=-8$, 故

$$c_n = (-2n^2 - 6n - 8)\left(\dfrac{1}{2}\right)^n = -(n^2+3n+4)\left(\dfrac{1}{2}\right)^{n-1}.$$

因此 $S_n = c_{n+1} - c_1 = 8 - (n^2+5n+8)\left(\dfrac{1}{2}\right)^n$.

点评 对于数列 $\left\{(n^2+n)\left(\dfrac{1}{2}\right)^n\right\}$,平常所用的数列求和法是求不出它的前 n 项和的,但是通过待定系数法构造数列 $\{c_n\}$,使得 $c_{n+1}-c_n=(n^2+n)\left(\dfrac{1}{2}\right)^n$,接着利用裂项相消法求和即可得到答案.

例 4-89 (1) 已知数列 $\{a_n\}$ 中,$a_1=1, a_n=\dfrac{2}{3}a_{n-1}+1\,(n\in\mathbf{N}^*, n\geqslant 2)$,求通项 a_n.

解 由 $a_n=\dfrac{2}{3}a_{n-1}+1\,(n\in\mathbf{N}^*, n\geqslant 2)$ 得 $a_n-3=\dfrac{2}{3}(a_{n-1}-3)$,又 $a_1-3=-2$,所以 $a_n-3\neq 0$,则 $\dfrac{a_n-3}{a_{n-1}-3}=\dfrac{2}{3}$,所以数列 $\{a_n-3\}$ 是首项为 -2,公比为 $\dfrac{2}{3}$ 的等比数列. 于是 $a_n-3=(-2)\cdot\left(\dfrac{2}{3}\right)^{n-1}$,则 $a_n=3-2\cdot\left(\dfrac{2}{3}\right)^{n-1}$. 当 $n=1$ 时,$a_1=1$ 符合该式,所以 $a_n=3-2\cdot\left(\dfrac{2}{3}\right)^{n-1}$.

例 4-89 (2) 已知数列 $\{a_n\}$ 中,$a_1=1, a_n=2a_{n-1}+2^n\,(n\in\mathbf{N}^*, n\geqslant 2)$,求通项 a_n.

解 由 $a_n=2a_{n-1}+2^n\,(n\in\mathbf{N}^*, n\geqslant 2)$ 得 $\dfrac{a_n}{2^n}-\dfrac{a_{n-1}}{2^{n-1}}=1$,又 $\dfrac{a_1}{2}=\dfrac{1}{2}$,所以数列 $\left\{\dfrac{a_n}{2^n}\right\}$ 是首项为 $\dfrac{1}{2}$,公差为 1 的等差数列. 于是 $\dfrac{a_n}{2^n}=\dfrac{1}{2}+(n-1)\times 1=n-\dfrac{1}{2}$,则 $a_n=\left(n-\dfrac{1}{2}\right)\cdot 2^n$. 当 $n=1$ 时,$a_1=1$ 符合该式,所以 $a_n=\left(n-\dfrac{1}{2}\right)\cdot 2^n=(2n-1)\cdot 2^{n-1}$.

例 4-89 (3) 已知数列 $\{a_n\}$ 中,$a_1=1, a_n=\dfrac{2a_{n-1}}{a_{n-1}+2}\,(n\in\mathbf{N}^*, n\geqslant 2)$,求通项 a_n.

解 由 $a_1=1, a_n=\dfrac{2a_{n-1}}{a_{n-1}+2}\,(n\in\mathbf{N}^*, n\geqslant 2)$ 得 $a_n\neq 0$,所以 $\dfrac{1}{a_n}=\dfrac{a_{n-1}+2}{2a_{n-1}}=\dfrac{1}{a_{n-1}}+\dfrac{1}{2}\,(n\in\mathbf{N}^*, n\geqslant 2)$,即 $\dfrac{1}{a_n}-\dfrac{1}{a_{n-1}}=\dfrac{1}{2}$,所以数列 $\left\{\dfrac{1}{a_n}\right\}$ 是首项为 1,公差为 $\dfrac{1}{2}$ 的等差数列. 于是 $\dfrac{1}{a_n}=1+(n-1)\times\dfrac{1}{2}=\dfrac{n+1}{2}$,则 $a_n=\dfrac{2}{n+1}$. 当 $n=1$ 时,$a_1=1$ 符合该式,所以 $a_n=\dfrac{2}{n+1}$.

方法小结 常规解法总结如下:

(1) 形如 $a_n=pa_{n-1}+q\,(n\in\mathbf{N}^*, n\geqslant 2, p\neq 1)$ 的数列,化简为 $a_n+\dfrac{q}{p-1}=p\left(a_{n-1}+\dfrac{q}{p-1}\right)$ 的形式,构造新数列,令 $b_n=a_n+\dfrac{q}{p-1}$,即 $b_n=pb_{n-1}$,原数列 $\{a_n\}$ 转化成数列 $\{b_n\}$ 为等比数列,从而求得数列 $\{a_n\}$ 的通项公式.

(2) 形如 $a_n=pa_{n-1}+f(n)\,(n\in\mathbf{N}^*, n\geqslant 2)$ 的数列,两边同除 p^n,得 $\dfrac{a_n}{p^n}=$

$\dfrac{a_{n-1}}{p^{n-1}} + \dfrac{f(n)}{p^n}$, 构造新数列, 令 $b_n = \dfrac{a_n}{p^n}$, 即 $b_n = b_{n-1} + \dfrac{f(n)}{p^n}$. 若 $\dfrac{f(n)}{p^n}$ 刚好为常数, 原数列 $\{a_n\}$ 转化成数列 $\{b_n\}$ 为等差数列; 若 $\dfrac{f(n)}{p^n}$ 不是常数, 但 $\left\{\dfrac{f(n)}{p^n}\right\}$ 可以求和, 原数列 $\{a_n\}$ 转化为利用叠加法求数列 $\{b_n\}$ 的通项, 从而求得数列 $\{a_n\}$ 的通项公式.

(3) 形如 $a_n = \dfrac{pa_{n-1}}{qa_{n-1} + p}$ ($n \in \mathbf{N}^*, n \geqslant 2$) 的数列, 两边取倒数得 $\dfrac{1}{a_n} = \dfrac{1}{a_{n-1}} + \dfrac{q}{p}$, 构造新数列, 令 $b_n = \dfrac{1}{a_n}$, 即 $b_n = b_{n-1} + \dfrac{q}{p}$, 原数列 $\{a_n\}$ 转化成数列 $\{b_n\}$ 为等差数列, 从而求得数列 $\{a_n\}$ 的通项公式.

4.2.7 数学变换

数学变换方法是现代数学的基本方法之一, 数学变换法是利用变换来简化或研究数学问题, 在研究和解决数学课题时, 采取迂回的手段达到目的的一种方法, 也就是把要解决的问题先进行信息变换, 使之转化为便于处理的形式. 具体地讲, 将复杂的问题通过变换转化成简单的问题; 将难的问题通过变换转化成容易的问题; 将未解决的问题通过变换转化成已解决或较易解决的问题. 它是解决数学问题中常用的最基本的方法之一. 变换的形式有: 传递形式的变换、符号表达方式的变换、空间关系的变换等. 数学变换方法是研究客观事物的数量关系和空间形式的科学, 也是进行理论思维的有效手段. 由于数学变换方法有抽象性、逻辑性和辩证性等特性, 所以在学科研究的各个领域得到了充分的运用.

常见的数学变换包括: (1) 恒等变换. 恒等变换就是将所求的问题通过恒等变形转化为较易求解的问题的一种方法. 恒等变换在化简代数式与函数, 证明恒等式与不等式, 解方程与不等式, 以及公式的推导和定理的证明等方面发挥着极其重要的作用. 常见的技巧: 配方法, 裂项法, 待定系数法, 换元法, 三角法, "1" 与 "0" 的代换等. (2) 变量替换. 变量替换就是将所求复杂问题通过适当的变量代换转化为较易求解的问题的一种方法. 其主要特点是灵活性大, 应用范围广. 常见的技巧: 换元法. (3) 数形变换. 数学是研究现实世界的空间形式与数量关系的科学. 数和形是客观事物不可分离的两个数学表象, 两者既是对立的又是统一的. 数形变换实际上就是将几何问题用代数方法研究, 或者是用代数方法研究几何问题. 其主要特点是数形结合. (4) 分割变换. 分割变换就是将所求复杂问题通过分割转化为若干个较易求解的问题的一种方法. 其主要特点是将要解决的问题先化整为零, 然后再积零为整. 例如, 简单组合体体积以及表面积的求解. (5) 模型转换. 通过分析问题的结构特征和内在规律, 综合运用有关数学知识, 构造一个与原命题密切相关, 且比较容易处理的数学模型, 使问题在新模型下转化为较易求解的问题的一种方法. (6) 映射变换. 用集合与对应的观点讲, 映射就是在两个集合元素之间建立一种特殊的"对应关系". 映射变换就是运用这种关系使问题转化为较易求解的问题的一种方法. (7) 几何变换. 几何变换就是将所求的问题中的图形通过平移、翻折或旋转, 使问题转化为较易求解的问题的一种方法. 其主要包括平移变换、翻折变换和旋转变换.

例 4-90 已知正实数 x 满足 $xe^x + \dfrac{\ln x}{x} = 0$, $m = \dfrac{xe^x - \ln x - 1}{x}$, 求 m 的值.

解 由已知得 $x \cdot e^x = -\dfrac{\ln x}{x} = \dfrac{1}{x} \ln \dfrac{1}{x} = \ln \dfrac{1}{x} \cdot e^{\ln \frac{1}{x}}$, 令 $f(x) = x \cdot e^x$, 则 $f(x) = f\left(\ln \dfrac{1}{x}\right)$, 又易知 $f(x)$ 在 $(0, +\infty)$ 上单调递增, 所以 $x = \ln \dfrac{1}{x}$, 即 $x = -\ln x$, 令 $g(x) = x + \ln x$, 易知 $g(x)$ 在 $(0, +\infty)$ 上单调递增, 所以存在唯一 $x_0 \in (0, +\infty)$, $x_0 = \ln \dfrac{1}{x_0}$, 即 $e^{x_0} = \dfrac{1}{x_0}$, $x_0 e^{x_0} = 1$, $\ln x_0 = -x_0$, $m = \dfrac{x_0 e^{x_0} - \ln x_0 - 1}{x_0} = \dfrac{1 + x_0 - 1}{x_0} = 1$, 所以 $m = 1$.

评注 本题通过指数对数恒等式, 结合函数的单调性, 将复杂的方程 $xe^x + \dfrac{\ln x}{x} = 0$ 变换为等价的简单方程 $x = -\ln x$, 这是一个非常简单的方程 (或式子).

对于例 4-56, 还可以从变换的角度进行解答.

可以利用椭圆的参数方程, 引参设点, 借助三角恒等变换证得定点, 具体过程如下:

例 4-56 的又一解 设点 $P(6, m)$, 则直线 PA 的方程为 $y = \dfrac{m}{9}(x+3)$, 直线 PB 的方程为 $y = \dfrac{m}{3}(x-3)$. 设 $C(3\cos\alpha, \sin\alpha)$, $D(3\cos\beta, \sin\beta)$, 由 A, C, P 三点共线, 可得 $3\cos\alpha + 3 = 9\sin\alpha$, 即 $\tan\dfrac{\alpha}{2} = \dfrac{m}{3}$. 同理, 由 D, B, P 三点共线, 可得 $\tan\dfrac{\beta}{2} = -\dfrac{1}{m}$. 又直线 CD 的方程为

$$(y - \sin\alpha)(3\cos\beta - 3\cos\alpha) = (x - 3\cos\alpha)(\sin\beta - \sin\alpha).$$

令 $y = 0$, 可得

$$x = \dfrac{3\sin(\beta-\alpha)}{\sin\beta - \sin\alpha} = \dfrac{6\sin\dfrac{\beta-\alpha}{2} \cdot \cos\dfrac{\beta-\alpha}{2}}{2\cos\dfrac{\beta+\alpha}{2} \cdot \sin\dfrac{\beta-\alpha}{2}}$$

$$= \dfrac{3\cos\dfrac{\beta-\alpha}{2}}{\cos\dfrac{\beta+\alpha}{2}} = \dfrac{3\left(\cos\dfrac{\alpha}{2}\cdot\cos\dfrac{\beta}{2} + \sin\dfrac{\alpha}{2}\cdot\sin\dfrac{\beta}{2}\right)}{\cos\dfrac{\alpha}{2}\cdot\cos\dfrac{\beta}{2} - \sin\dfrac{\alpha}{2}\cdot\sin\dfrac{\beta}{2}}$$

$$= \frac{3\left(1+\tan\frac{\alpha}{2}\cdot\tan\frac{\beta}{2}\right)}{1-\tan\frac{\alpha}{2}\cdot\tan\frac{\beta}{2}} = \frac{3}{2}.$$

综上, 直线 CD 过定点 $\left(\frac{3}{2},0\right)$.

点评 利用椭圆的参数方程, 引参设点, 借助三角恒等变换证得定点, 大大简化了运算, 但该解题思路考生不容易想到, 是优化后的解法.

圆与椭圆有着 "千丝万缕" 的联系, 在仿射变换下椭圆与圆可以实现 "互化". 由于圆有着许多重要的性质, 且在射影几何中起着举足轻重的作用, 一个很自然的想法便是我们可否借助圆的基本性质 (直径所对的圆周角是直角) 这个 "根" 来发椭圆的相关问题这个 "芽" 呢?

伸缩变换, 化椭圆为圆

作变换 $\begin{cases} x' = \dfrac{x}{3}, \\ y' = y, \end{cases}$ 则椭圆 $\dfrac{x^2}{9}+y^2=1$ 变为圆 $x'^2+y'^2=1$, 在此变换下直线 $x=6$ 变为 $x'=2$, 点 A,B 变为 $A'(-1,0), B'(1,0)$. 设点 $P'(2,t)$ 为直线 $x'=2$ 上动点, 则 $\dfrac{k_{P'B'}}{k_{P'A'}}=3$, 如图 4-41, 设直线 $C'D'$ 与 x 轴交于点 G', 过 G' 作 $G'H'\perp A'C'$ 于点 H'.

由于 $\dfrac{k_{P'B'}}{k_{P'A'}}=3$, 则

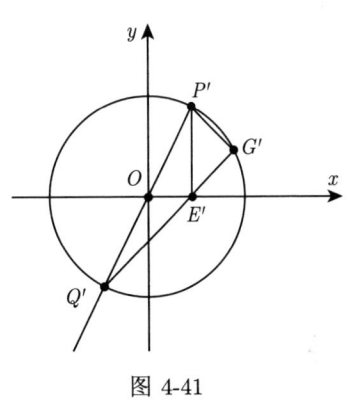

图 4-41

$$\tan\angle P'B'x = \tan\angle A'B'D' = \tan\angle A'C'D' = 3\tan\angle C'A'B'.$$

于是 $\dfrac{G'H'}{H'C'} = 3\dfrac{G'H'}{H'A'} \Rightarrow 3H'C' = H'A'$, 又 $G'H'//B'C'$, 故 $3 = \dfrac{H'A'}{H'C'} = \dfrac{A'G'}{G'B'}$, 而 $|A'B'|=2$, 可见 $G'\left(\dfrac{1}{2},0\right)$, 即直线 $C'D'$ 过定点 $G'\left(\dfrac{1}{2},0\right)$, 由于 $x'=\dfrac{x}{3}, y'=y$, 故直线 CD 过定点 $\left(\dfrac{3}{2},0\right)$.

点评 通过伸缩变换, 将问题放置于单位圆中处理, 将定点问题转化为线段比值, 借助于梅涅劳斯定理和圆幂定理, 顺利解题, 方法巧妙自然, 对学生平面几何要求较高, 但不失为一个好方法.

平移坐标系, 齐次化变换

以 A 为原点, AB 所在直线为 x' 轴建立新平面直角坐标系 $x'Ay'$, 则椭圆方程 $\dfrac{x^2}{9}+y^2=1$ 变为 $\dfrac{(x'-3)^2}{9}+y'^2=1$, 即 $x'^2+9y'^2-6x'=0$. 在新坐标系下设直线 CD 的方程为 $mx'+ny'=1$. 于是 $x'^2+9y'^2-6x'(mx'+ny')=0$, 整理

得 $9\left(\dfrac{y'}{x'}\right)^2 - 6n\left(\dfrac{y'}{x'}\right) + 1 - 6m = 0$,由韦达定理得 $k_{AC} \cdot k_{AD} = \dfrac{1-6m}{9} = -\dfrac{1}{27}$,解得 $m = \dfrac{2}{9}$. 于是直线 CD 的方程为 $\dfrac{2}{9}x' + ny' = 1$,过定点 $\left(\dfrac{9}{2}, 0\right)$,故在原坐标系下过定点 $\left(\dfrac{3}{2}, 0\right)$.

点评 上述解法可谓是 "大道至简",充分展现了圆的魅力,大大降低了运算,揭示了几何问题的本质,同时也促进了学生直观想象素养的发展.

例 4-91 已知定义在 $\mathbf{R}$ 上的函数 $f(x)$,其导函数为 $f'(x)$,若 $f(x) + f(-x) = \cos x$,且当 $x \leqslant 0$ 时,$f'(x) \geqslant \dfrac{1}{2}$,则不等式 $f(x) \geqslant f\left(\dfrac{\pi}{2} - x\right) + \dfrac{\sqrt{2}}{2}\cos\left(x + \dfrac{\pi}{4}\right)$ 的解集为 (   ).

A. $\left(-\infty, \dfrac{\pi}{4}\right]$ B. $\left[\dfrac{\pi}{4}, +\infty\right)$ C. $\left(-\infty, -\dfrac{\pi}{4}\right]$ D. $\left[-\dfrac{\pi}{4}, +\infty\right)$

解 由 $f(x) \geqslant f\left(\dfrac{\pi}{2} - x\right) + \dfrac{\sqrt{2}}{2}\cos\left(x + \dfrac{\pi}{4}\right)$,得 $f(x) + \dfrac{1}{2}\sin x \geqslant f\left(\dfrac{\pi}{2} - x\right) + \dfrac{1}{2}\cos x$,即 $f(x) - \dfrac{1}{2}\cos x \geqslant f\left(\dfrac{\pi}{2} - x\right) - \dfrac{1}{2}\cos\left(\dfrac{\pi}{2} - x\right)$. 令 $g(x) = f(x) - \dfrac{1}{2}\cos x$,则 $g(x) \geqslant g\left(\dfrac{\pi}{2} - x\right)$,且有 $f(x) = g(x) + \dfrac{1}{2}\cos x$,当 $x \in (-\infty, 0]$ 时,$g'(x) = f'(x) + \dfrac{1}{2}\sin x \geqslant \dfrac{1}{2} + \dfrac{1}{2}\sin x \geqslant 0$,所以函数 $g(x)$ 在 $(-\infty, 0]$ 上单调递增,又 $f(x) + f(-x) = \cos x$,所以 $g(x) + \dfrac{1}{2}\cos x + g(-x) + \dfrac{1}{2}\cos(-x) = \cos x$,于是 $g(-x) = -g(x)$,$g(x)$ 为奇函数,所以 $g(x)$ 在 $\mathbf{R}$ 上单调递增,由 $g(x) \geqslant g\left(\dfrac{\pi}{2} - x\right)$ 得 $x \geqslant \dfrac{\pi}{2} - x$,即 $x \geqslant \dfrac{\pi}{4}$,故选 B.

评注 本题就是通过三角变换使不等式两边的结构相同,从而可以进行同构变换,这种解法的技巧性比较强,需要我们善于发现式子的结构特征,从而有目标地进行式子的变形.

例 4-92 已知函数 $f(x) = e^x - a\ln(ax - a) + a(a > 0)$,若关于 x 的不等式 $f(x) > 0$ 恒成立,则实数 a 的取值范围为 (   ).

A. $[0, e^2]$ B. $(0, e^2)$ C. $[1, e^2]$ D. $(1, e^2)$

解 考虑到 $e^x > a[\ln(ax - a) - 1]$,因为 $a > 0, ax - a > 0$,所以 $x > 1$,两边同乘 $x - 1$,得

$$(x-1)e^x > a(x-1)[\ln a(x-1) - 1] = [\ln a(x-1) - 1]e^{\ln a(x-1)}.$$

令 $\varphi(x) = (x-1)e^x$,原不等式化为 $\varphi(x) > \varphi(\ln a(x-1))$,$\varphi'(x) = xe^x > 0$,易知

$\varphi(x)$ 在 $(0,+\infty)$ 上单调递增. 若 $\ln a(x-1) = \ln(ax-a) \leqslant 0$, 则显然 $f(x) > 0$ 恒成立; 若 $\ln a(x-1) = \ln(ax-a) > 0$, 则 $x > \ln a(x-1)$ 恒成立, 即 $x > \ln a + \ln(x-1)$ 对 $x > 1$ 恒成立, 令 $h(x) = x - \ln(x-1)$, $h'(x) = 1 - \dfrac{1}{x-1} = \dfrac{x-2}{x-1}$, 故 $h(x)$ 在 $(1,2)$ 上单调递减, 在 $(2,+\infty)$ 上单调递增, $\ln a < h(x)_{\min} = h(2) = 2$, 所以 $a < e^2$, 又 $a > 0$, 从而 $0 < a < e^2$. 故选 B.

评注 本题通过两边同乘 $x-1$, 使式子的两边结构相同, 再构造函数, 这种构造十分巧妙, 需要有敏锐的观察力以及对同构变换技巧的掌握达到一定的熟练程度.

例 4-93 若对任意 $x \geqslant 1$, 恒有 $a(e^{ax} - 1) > 2\left(x - \dfrac{1}{x}\right) \cdot \ln x (a > 0)$, 则实数 a 的取值范围是（　　）.

A. $(0, +\infty)$　　B. $\left(\dfrac{1}{e}, +\infty\right)$　　C. $\left(\dfrac{2}{e}, +\infty\right)$　　D. $\left(0, \dfrac{1}{e}\right)$

解 由 $a(e^{ax} - 1) > 2\left(x - \dfrac{1}{x}\right) \cdot \ln x$, 得

$$a(e^{ax} - 1) > \dfrac{x^2 - 1}{x} \ln x^2, \text{ 即 } (e^{ax} - 1) \cdot \ln e^{ax} > (x^2 - 1) \cdot \ln x^2.$$

令 $g(x) = (x-1)\ln x$, 则 $g(e^{ax}) > g(x^2)$, $g'(x) = \ln x - \dfrac{1}{x} + 1$, $g''(x) = \dfrac{1}{x} + \dfrac{1}{x^2} > 0$, 所以 $g'(x)$ 在 $(0,+\infty)$ 上单调递增, 又 $g'(1) = 0$, 所以 $g(x)$ 在 $(0,1)$ 上单调递减, 在 $(1,+\infty)$ 上单调递增. 于是当 $x \geqslant 1$ 时, $g(e^{ax}) > g(x^2)$, $e^{ax} > x^2$, $ax > 2\ln x$, $a > \dfrac{2\ln x}{x}$ 恒成立, 令 $h(x) = \dfrac{2\ln x}{x} (x \geqslant 1)$, $h'(x) = \dfrac{2(1-\ln x)}{x^2}$, 由 $h'(x) > 0$ 得 $1 \leqslant x < e$, 由 $h'(x) < 0$ 得 $x > e$, 故 $h(x)$ 在 $[1,e]$ 上单调递增, 在 $(e,+\infty)$ 上单调递减, 从而 $h(x)_{\max} = h(e) = \dfrac{2}{e}$, 所以 $a > \dfrac{2}{e}$, 故选 C.

评注 将已知不等式化为 $(e^{ax} - 1) \cdot \ln e^{ax} > (x^2 - 1) \cdot \ln x^2$, 通过观察结构特征, 根据同构变换的策略, 构造函数 $g(x) = (x-1)\ln x$, 把问题又划归到不等式 $g(e^{ax}) > g(x^2)$, 再利用函数 $g(x)$ 的单调性, 把不等式进一步划归到简单不等式 $e^{ax} > x^2$, 这种变形虽运算量不大, 但技巧性却非常强, 非常灵活.

例 4-94 坐标平面中的正方形 $ABCD$ 顶点分别为 $A(1,1), B(-1,1), C(-1,-1), D(1,-1)$. 考虑以下四种变换:

L, 绕原点做 $90°$ 的逆时针旋转;

R, 绕原点做 $90°$ 的顺时针旋转;

H, 关于 x 轴的反射;

V, 关于 y 轴的反射.

每一种变换都将这个正方形映回自身,但顶点的位置会发生变化. 比如, 施行 R 和 V 会将点 A 由 $(1,1)$ 映到 $(-1,-1)$,将点 B 由 $(-1,1)$ 映回自身. 从集合 $\{L,R,H,V\}$ 中选择 20 个变换,有多少种顺序方式可以将四个顶点均映回自身?(比如, R,R,V,H 就是一种 4 个变换的顺序方式,它将四个顶点均映回自身.)

解 记正方形 $ABCD$ 经过变换后得到的正方形分别在第一、二、三、四象限的顶点顺序. 例如,变换 L 将 $ABCD$ 映成 $DABC$, LL 将 $ABCD$ 映成 $CDAB$. 经过一对变换之后,结果只可能为如下四种:

(1) $ABCD$ 映成 $ABCD$,恒等变换,通过 4 种方式 LR, RL, HH, VV 可得;

(2) $ABCD$ 映成 $CDAB$,相当于中心对称变换,通过 4 种方式 LL, RR, HV, VH 可得;

(3) $ABCD$ 映成 $ADCB$,相当于交换 B, D 两点,通过 4 种方式 LV, RH, HL, VR 可得;

(4) $ABCD$ 映成 $CBAD$,相当于交换 A, C 两点,通过 4 种方式 LH, RV, HR, VL 可得.

因此,经过前面 18 个任意变换之后,其结果也只可能是 $ABCD, CDAB, ADCB, CBAD$ 中的一种,且是等概率的. 此时,只需要再经过一对变换即可映回 $ABCD$,且均有 4 种方式.

故将 $ABCD$ 映回自身的方式共有 $4^{18} \times 4 = 2^{38}$ (种).

利用数学变换法解题, "变生为熟,变难为易",将棘手的数学问题转化为容易理解或操作的数学问题,简化步骤. 数学变换法是一种动态思维, 启示了人们寻求解决问题的途径和方法. 从它们的框图我们可以看出它们的共性, 就是将一个问题通过变换变成另一个问题后求解, 再通过逆变换回来就可以求解出原来的问题了. 所以不难看出,解决同一个问题可能的方法是多样的. 这不仅体现出思维的发散效果, 也体现出数学的多样美. 然而, 理论和实践都证明, 并非每一个数学问题都能通过变换的方法解决, 这就表明, 尽管数学变换法运用十分广泛, 但绝非万能. 但利用变换方法解题, 具有思路简便, 模式统一, 灵活性大, 覆盖面广的特点, 往往能将复杂的问题通过变换法转化成容易解决的若干简单问题. 虽然有时寻找这样的变换并不容易, 但人们依然乐此不疲, 所以数学变换法对数学解题活动有推动的作用, 并于解题者的思维有积极的影响, 成了解决许多问题的关键手段.

4.2.8 数学归纳法

数学归纳法是用来证明某些与自然数 n 有关的数学命题的一种方法. 由于正整数无法穷尽的特点, 有些关于正整数 n 的命题, 难以对 n 进行一一验证, 从而需要寻求一种新的推理方法, 以便能通过有限的推理来证明无限的结论, 这是数学归纳法产生的根源. 数学归纳法的思想可以远推至欧几里得 (前 330-前 275). 严格的数学归纳法是在 16 世纪后期才引入的. 1575 年意大利数学家、物理学家莫洛克斯 (1494-1575) 在他的《算术》一书中明确提出了这一方法. 形式如下.

第一数学归纳法: 一般地, 对于一个与自然数 n 有关的命题 $P(n)$,

① 证明当 n 取第一个值 n_0 时命题成立, $n_0 \in \mathbf{N}^*$;

② 假设当 $n = k(k \geqslant n_0, k$ 为自然数$)$ 时命题成立, 证明当 $n = k+1$ 时命题也成立.

综合 ① ②, 对一切自然数 $n(\geqslant 0)$, 命题 $P(n)$ 都成立.

第二数学归纳法: 对于某个与自然数有关的命题 $P(n)$,

① 验证 $n = n_0$ 时 $P(n)$ 成立;

② 假设 $n_0 \leqslant n \leqslant k$ 时 $P(n)$ 成立, 并在此基础上, 推出 $P(k+1)$ 成立.

综合 ① ②, 对一切自然数 $n(\geqslant n_0)$ 命题 $P(n)$ 都成立.

应用数学归纳法的题目特征有以下几类.

(1) 证明恒等式: 给出一个对一切自然数都成立的恒等式, 要求对其进行证明, 符合应用数学归纳法的条件.

(2) 证明不等式. ① 直接证明不等式: 给出一个对一切自然数都成立的不等式, 要求对其进行证明, 符合应用数学归纳法的条件. ② 函数与证明不等式相结合: 将函数的导数、函数的极值最值、函数的单调性与数学归纳法结合起来, 且多有几个小问题组成, 环环相扣, 增大了数学归纳法应用的难度. ③ 数列与证明不等式相结合: 给出或先求出通项公式或求和公式, 然后在此基础上证明通项公式或求和公式有关的不等式, 增大了数学归纳法应用的难度.

(3) 求数列通项公式: 根据题目给出的数列的前几项, 通过找规律猜想其通项公式, 然后用数学归纳法进行证明.

(4) 与平面几何结合: 将平面几何的证明与数学归纳法相结合, 一般来说难度较高.

(5) 证明整除问题: 在高考难度范围内, 整除问题并不多见, 如果与正整数 n 有关的整除问题, 在教材范围内一般只有用数学归纳法解决, 在 $n = k+1$ 的证明过程中应首先考虑拼凑出 "归纳假设", 然后再想办法证明剩余部分.

(6) 与集合相结合: 高中范围集合的问题中, 一般考查子集的相关概念或集合的运算. 当集合的问题涉及对任意的正整数都成立的命题的证明时, 一般需要用到数学归纳法来证明.

例 4-95 设 $a_1, a_2, \cdots, a_n$ 是 n 个不同的自然数, 求证:

$$\sum_{i=1}^n a_i^2 \geqslant \frac{2n+1}{3} \sum_{i=1}^n a_i.$$

证明 不妨设 $1 \leqslant a_1 < a_2 < \cdots < a_n$. 接下来用第一数学归纳法证明.

(1) 当 $n=1$ 时, $a_1^2 - a_1 = a_1(a_1-1) \geqslant 0$, 因此 $a_1^2 \geqslant \dfrac{2+1}{3}a_1$, 所以命题对 $n=1$ 成立.

(2) 假设当 $n=k\,(k\in \mathbf{N}^*)$ 时, 有 $\sum\limits_{i=1}^{k} a_i^2 \geqslant \dfrac{2k+1}{3}\sum\limits_{i=1}^{k} a_i$. 那么当 $n=k+1$ 时, 仅需证 $\sum\limits_{i=1}^{k+1} a_i^2 \geqslant \dfrac{2k+3}{3}\sum\limits_{i=1}^{k+1} a_i$. 即只需证

$$a_{k+1}^2 \geqslant \dfrac{2}{3}\sum_{i=1}^{k} a_i + \dfrac{2k+3}{3}a_{k+1}. \tag{$*$}$$

而 $a_k \leqslant a_{k+1}-1$, 故 $a_{k-1} \leqslant a_k - 1 \leqslant a_{k+1}-2$. 即

$$a_k \leqslant a_{k+1}-1, a_{k-1} \leqslant a_{k+1}-2, \cdots, a_1 \leqslant a_{k+1}-k.$$

所以, 要证明 $(*)$, 只需证

$$\forall k \in \mathbf{N}^*, a_{k+1}^2 \geqslant \dfrac{2}{3}\sum_{i=1}^{k}(a_{k+1}-k) + \dfrac{2k+3}{3}a_{k+1}$$

恒成立. 即要证

$$\forall k \in \mathbf{N}^*, a_{k+1}^2 - \dfrac{4k+3}{3}a_{k+1} + \dfrac{k(k+1)}{3} \geqslant 0$$

恒成立. 而由于 $a_{k+1} \geqslant k+1$, 所以

$$a_{k+1}^2 - \dfrac{4k+3}{3}a_{k+1} + \dfrac{k(k+1)}{3} = [a_{k+1} - (k+1)]\left(a_{k+1} - \dfrac{k}{3}\right) \geqslant 0.$$

所以命题对 $n=k+1$ 也成立.

综上所述, 命题对任意的 $n\in \mathbf{N}^*$ 都成立.

例 4-95 中, 假设了 $1 \leqslant a_1 < a_2 < \cdots < a_n$, 这是根据题目条件: $a_1, a_2, \cdots, a_n$ 是 n 个不同的自然数而做出的, 这是因为自然数是有序的, 这 n 个数中的任意两个数之间必然存在大小关系, 且它们之间不强调顺序性. 由此, 我们知道, 在解决数学问题的时候, 是需要根据题目的条件并结合已有的数学常识的.

例 4-96 设 $\theta \in \left(0, \dfrac{\pi}{2}\right), n \in \mathbf{N}^*(n>1)$. 求证:

$$\left(\dfrac{1}{\sin^n \theta} - 1\right)\left(\dfrac{1}{\cos^n \theta} - 1\right) \geqslant 2^n - 2^{\frac{n}{2}+1} + 1.$$

证明 用第一数学归纳法证明.

(1) 当 $n=2$ 时, $\left(\dfrac{1}{\sin^2\theta}-1\right)\left(\dfrac{1}{\cos^2\theta}-1\right)=1\geqslant 2^2-2^{\frac{2}{2}+1}+1$, 所以命题对 $n=2$ 成立.

(2) 假设当 $n=k\,(k\in\mathbf{N}^*$ 且 $k>1)$, 有
$$\left(\dfrac{1}{\sin^k\theta}-1\right)\left(\dfrac{1}{\cos^k\theta}-1\right)\geqslant 2^k-2^{\frac{k}{2}+1}+1.$$

那当 $n=k+1$ 时,
$$\left(\dfrac{1}{\sin^{k+1}\theta}-1\right)\left(\dfrac{1}{\cos^{k+1}\theta}-1\right)$$
$$=\dfrac{1}{\sin^{k+1}\theta\cos^{k+1}\theta}\left(1-\sin^{k+1}\theta\right)\left(1-\cos^{k+1}\theta\right)$$
$$=\dfrac{1}{\sin^{k+1}\theta\cos^{k+1}\theta}\left(1-\sin^{k+1}\theta-\cos^{k+1}\theta\right)+1$$
$$=\dfrac{1}{\sin\theta\cos\theta}\left(\dfrac{1}{\sin^k\theta\cos^k\theta}-\dfrac{\cos\theta}{\sin^k\theta}-\dfrac{\sin\theta}{\cos^k\theta}\right)+1$$
$$=\dfrac{1}{\sin\theta\cos\theta}\left[\left(\dfrac{1}{\sin^k\theta}-1\right)\left(\dfrac{1}{\cos^k\theta}-1\right)+\dfrac{1-\cos\theta}{\sin^k\theta}+\dfrac{1-\sin\theta}{\cos^k\theta}-1\right]+1$$
$$\geqslant\dfrac{1}{\sin\theta\cos\theta}\left[\left(2^k-2^{\frac{k}{2}+1}\right)+2\sqrt{\dfrac{1-\cos\theta}{\sin^k\theta}\cdot\dfrac{1-\sin\theta}{\cos^k\theta}}\right]+1.$$

注意到, $\sin\theta\cos\theta=\dfrac{1}{2}\sin 2\theta\leqslant\dfrac{1}{2}$,
$$\dfrac{1-\cos\theta}{\sin^k\theta}\cdot\dfrac{1-\sin\theta}{\cos^k\theta}=\left(\dfrac{1}{\sin\theta\cos\theta}\right)^{k-2}\cdot\dfrac{1}{(1+\cos\theta)(1+\sin\theta)}$$
$$\geqslant 2^{k-2}\cdot\dfrac{1}{(1+\cos\theta)(1+\sin\theta)},$$

其中 $(1+\cos\theta)(1+\sin\theta)=1+\sin\theta+\cos\theta+\sin\theta\cos\theta$. 令 $t=\sin\theta+\cos\theta$, 则 $t\in(1,\sqrt{2}]$, 而 $\sin\theta\cos\theta=\dfrac{t^2-1}{2}$, 所以
$$(1+\cos\theta)(1+\sin\theta)=\dfrac{(t+1)^2}{2}\leqslant\dfrac{(\sqrt{2}+1)^2}{2}.$$

因此 $\sqrt{\dfrac{1-\cos\theta}{\sin^k\theta}\cdot\dfrac{1-\sin\theta}{\cos^k\theta}}\geqslant 2^{\frac{k-2}{2}}\cdot\dfrac{\sqrt{2}}{\sqrt{2}+1}=2^{\frac{k}{2}}-2^{\frac{k-1}{2}}$, 所以
$$\left(\dfrac{1}{\sin^{k+1}\theta}-1\right)\left(\dfrac{1}{\cos^{k+1}\theta}-1\right)\geqslant 2\left[\left(2^k-2^{\frac{k}{2}+1}\right)+2\left(2^{\frac{k}{2}}-2^{\frac{k-1}{2}}\right)\right]+1$$

$$\geqslant 2^{k+1} - 2^{\frac{k+1}{2}+1} + 1,$$

从而命题对 $n = k+1$ 也成立.

综上所述, 命题对任意的 $n \in \mathbf{N}^*$ 都成立.

此题运用了均值不等式、三角代换等方法, 涉及多方面的知识内容, 表现了第一数学归纳法应用的广泛性.

例 4-97 已知函数 $f(x) = \ln(x+1) + mx$, 当 $x = 0$ 时, 函数 $f(x)$ 取得极大值.

(1) 求实数 m 的值;

(2) 已知结论: 若函数 $f(x) = \ln(x+1) + mx$ 在区间 (a,b) 内导数都存在, 且 $a > -1$, 则存在 $x_0 \in (a,b)$, 使得 $f'(x_0) = \dfrac{f(b) - f(a)}{b - a}$. 试用这个结论证明: 若 $-1 < x_1 < x_2$, 函数 $g(x) = \dfrac{f(x_1) - f(x_2)}{x_1 - x_2}(x - x_1) + f(x_1)$, 则对任意 $x \in (x_1, x_2)$, 都有 $f(x) > g(x)$.

(3) 已知正数 $\lambda_1, \lambda_2, \cdots, \lambda_n$, 满足 $\lambda_1 + \lambda_2 + \cdots + \lambda_n = 1$, 求证: 当 $n \geqslant 2, n \in \mathbf{N}$ 时, 对任意大于 -1, 且互不相等的实数 $x_1, x_2, \cdots, x_n$, 都有

$$f(\lambda_1 x_1 + \lambda_2 x_2 + \cdots + \lambda_n x_n) > \lambda_1 f(x_1) + \lambda_2 f(x_2) + \cdots + \lambda_n f(x_n).$$

(1) (2) 略.

(3) **证明** ① 当 $n = 2$ 时, 不妨设 $-1 < x_1 < x_2$. 因为 $\lambda_1 + \lambda_2 = 1$, 且 $\lambda_1, \lambda_2 > 0$, 所以 $\lambda_1 x_1 + \lambda_2 x_2 \in (x_1, x_2)$. 由 (2) 可知 (由于是两个量, 应用到第 (2) 小问的结论),

$$f(\lambda_1 x_1 + \lambda_2 x_2) > \dfrac{f(x_1) - f(x_2)}{x_1 - x_2}(\lambda_1 x_1 + \lambda_2 x_2 - x_1) + f(x_1)$$
$$= \lambda_1 f(x_1) + \lambda_2 f(x_2).$$

故结论成立.

② 假设当 $n = k(k \geqslant 2)$ 时结论成立, 即当 $\lambda_1 + \lambda_2 + \cdots + \lambda_k = 1$ 时,

$$f(\lambda_1 x_1 + \lambda_2 x_2 + \cdots + \lambda_k x_k) > \lambda_1 f(x_1) + \lambda_2 f(x_2) + \cdots + \lambda_k f(x_k).$$

则当 $n = k+1$ 时, 有 $\lambda_1 + \lambda_2 + \cdots + \lambda_{k+1} = 1$, 且均为正数. 令 $m = \lambda_1 + \lambda_2 + \cdots + \lambda_k, \mu_1 = \dfrac{\lambda_1}{m}, \cdots, \mu_k = \dfrac{\lambda_k}{m}$, 则 $m + \lambda_{k+1} = 1$, 且 $\mu_1 + \mu_2 + \cdots + \mu_k = 1$.

$$f(\lambda_1 x_1 + \lambda_2 x_2 + \cdots + \lambda_k x_k + \lambda_{k+1} x_{k+1})$$
$$= f[m(\mu_1 x_1 + \cdots + \mu_k x_k) + \lambda_{k+1} x_{k+1}] \quad \text{(把前 } k \text{ 项看成是一个整体,}$$

应用第①一步的结论)
$$> mf(\mu_1 x_1 + \cdots + \mu_k x_k) + \lambda_{k+1} f(x_{k+1})$$
$$> m\mu_1 f(x_1) + \cdots + m\mu_k f(x_k) + \lambda_{k+1} f(x_{k+1}) \quad \text{(应用归纳假设)}$$
$$> \lambda_1 f(x_1) + \cdots + \lambda_k f(x_k) + \lambda_{k+1} f(x_{k+1}).$$

故当 $n = k+1$ 时, 结论也成立.

综上所述, 对任意 $n \geqslant 2, n \in \mathbf{N}$, 结论成立.

第二数学归纳法的应用举例.

例 4-98 整数列 $\{a_n\}$ 满足:
$$a_1 = 2, \ a_2 = 7, \ -\frac{1}{2} < a_{n+1} - \frac{a_n^2}{a_{n-1}} \leqslant \frac{1}{2}, \ n = 2, 3, \cdots,$$

求 $\{a_n\}$ 的通项公式.

解 先确定数列 $\{a_n\}$ 的递推公式. 假设 $a_{n+1} = pa_n + qa_{n-1}$, 其中 p, q 为待定的常数.

试算该数列的前面几项, 可知 $a_1 = 2, a_2 = 7, a_3 = 25, a_4 = 89$. 猜测
$$a_{n+1} = 3a_n + 2a_{n-1}, \quad n \geqslant 2.$$

下面用数学归纳法证明该猜想.

(1) 当 $n = 2, 3$ 时, 上述猜想成立.

(2) 假设对 $k \leqslant n$ 时, 均有 $a_{k+1} = 3a_k + 2a_{k-1}$ 成立.

对 $k = n+1$ 的情形, 有
$$\frac{a_{n+1}^2}{a_n} = \frac{a_{n+1}(3a_n + 2a_{n-1})}{a_n} = 3a_{n+1} + 2a_n + 2 \cdot \frac{a_{n+1}a_{n-1} - a_n^2}{a_n}.$$

注意到
$$\left| 2 \cdot \frac{a_{n+1}a_{n-1} - a_n^2}{a_n} \right| = \left| \frac{2a_{n-1}}{a_n} \right| \left| a_{n+1} - \frac{a_n^2}{a_{n-1}} \right| \leqslant \frac{1}{2} \cdot \left| \frac{2a_{n-1}}{a_n} \right|,$$

由归纳假设易知 $a_n > 2a_{n-1}$, 所以 $\left| 3a_{n+1} + 2a_n - \frac{a_{n+1}^2}{a_n} \right| < \frac{1}{2}$, 利用 a_{n+2} 为整数, 且 $\left| a_{n+2} - \frac{a_{n+1}^2}{a_n} \right| \leqslant \frac{1}{2}$, 可知
$$|a_{n+2} - (3a_{n+1} + 2a_n)| \leqslant \left| a_{n+2} - \frac{a_{n+1}^2}{a_n} \right| + \left| \frac{a_{n+1}^2}{a_n} - (3a_{n+1} + 2a_n) \right| < 1,$$

所以 $a_{n+2} - (3a_{n+1} + 2a_n) = 0$，即 $a_{n+2} = 3a_{n+1} + 2a_n$，于是猜想对 $k = n+1$ 也成立.

综上所述，猜想成立. 接下来由数列通项的特征方程法，可得该数列 $\{a_n\}$ 的通项公式为

$$a_n = \frac{17 + 5\sqrt{17}}{68}\left(\frac{3 + \sqrt{17}}{2}\right)^n + \frac{17 - 5\sqrt{17}}{68}\left(\frac{3 - \sqrt{17}}{2}\right)^n.$$

题设的递推式比较难确定 a_n，所以就从比较熟悉的常系数线性递推式入手，猜测 $a_{n+1} = pa_n + qa_{n-1}$，其中 p, q 为待定的常数. 然后再利用题目的条件，确定 p, q 的值，最后使用特征方程的方法解决这个题目. 从这个例子，可以比较深刻地体会到，猜测这一能力对于解决数学问题来说，是一个比较有用的方法. 而猜想能力的提高，与日常对知识的归纳总结是相关的. 而在这里提供一个猜想的途径，就是将题目往所熟知的情况进行大胆推测，然后用严格的数学理论来进行证明.

若与自然数有关的证明题，可试用数学归纳法来证明，其证明的难点以及关键点是用归纳假设证明归纳递推. 因此对于数学归纳法的解题策略，我们着重在于研究如何帮助学生更好地利用归纳假设去证明归纳递推.

数学归纳法的证明题从形式上基本可分为两大类：数学恒等式问题及不等式问题. 在内容上，我们参考课程标准把数学归纳法在高中数学中的应用分为如下几类：数列类、三角函数类、函数类、整除类、集合类.

在应用数学归纳法解决数学恒等式的问题时，解题的关键点及难点在于识别习题对应的内容模块，以便于在归纳递推这一步利用模块内容的相关知识进行代数式的变形；而在应用数学归纳法解决数学不等式的问题时，除了内容上的识别，解题的另一关键在于归纳递推时可利用不等式证明的一些技巧，如放缩法、传递法、加减对消法等. 换言之，数学归纳法在不等式中的应用比在恒等式中的应用在利用归纳假设证明归纳递推这一步多设置了障碍.

应用数学归纳法解决数学恒等式问题.

代数式的恒等变换涉及的基础知识较多，主要有整式、分式与根式的基本概念及运算法则，因式分解的知识与技能技巧等等. 证明恒等式，没有统一的方法，需要根据具体问题，采用不同的变形技巧，使证明过程尽量简洁. 通常用于证明数学恒等式的思路有

1) 由繁到简，即由等式较繁的一边向另一边推导.

2) 相向趋进，即将等式两边同时转化为同一形式.

3) 比较法，比较法利用的是：若，则 (比差法)；或若，则 (比商法).

4) 分析法，分析法是从要求证的结论出发，寻求在什么情况下结论是正确的，这样一步一步逆向推导，寻求结论成立的条件，一旦条件成立就可断言结论正确，

即所谓 "执果索因".

5) 综合法, 综合法正好与分析法相反, 它是 "由因导果", 即从已知条件出发顺向推理, 得到所求结论. 而对于等式一边的各个项能用一与自然数有关的通项表示的恒等式, 难以用上述方法完成它的证明, 这时候可以考虑用数学归纳法对其进行证明. 应用数学归纳法证明的恒等式, 包括与自然数有关的代数恒等式、三角恒等式、组合数公式及其恒等式等, 证明过程只要实现等式左右两边相等即可.

例 4-99 求证: $1 - \dfrac{1}{2} + \dfrac{1}{3} - \dfrac{1}{4} + \cdots - \dfrac{1}{2n} = \dfrac{1}{n+1} + \dfrac{1}{n+2} + \cdots + \dfrac{1}{2n}$.

证明 (1) 当 $n = 1$ 时, 左边 $= 1 - \dfrac{1}{2} = \dfrac{1}{2}$, 右边 $= \dfrac{1}{2}$, 显见等式成立.

(2) 假设当 $n = k(k \geqslant 1)$ 时原等式成立, 即 $1 - \dfrac{1}{2} + \dfrac{1}{3} - \dfrac{1}{4} + \cdots - \dfrac{1}{2k} = \dfrac{1}{k+1} + \dfrac{1}{k+2} + \cdots + \dfrac{1}{2k}$. 那么当 $n = k+1$ 时, 等式的左边

$$1 - \dfrac{1}{2} + \dfrac{1}{3} - \dfrac{1}{4} + \cdots - \dfrac{1}{2k} + \dfrac{1}{2k+1} - \dfrac{1}{2(k+1)}$$
$$= \left(\dfrac{1}{k+1} + \dfrac{1}{k+2} + \cdots + \dfrac{1}{2k}\right) + \dfrac{1}{2k+1} - \dfrac{1}{2(k+1)}$$
$$= \dfrac{1}{k+2} + \dfrac{1}{k+3} + \cdots + \dfrac{1}{2k} + \dfrac{1}{2k+1} + \dfrac{1}{2(k+1)} - \dfrac{2}{2(k+1)} + \dfrac{1}{k+1}$$
$$= \dfrac{1}{k+2} + \dfrac{1}{k+3} + \cdots + \dfrac{1}{2k} + \dfrac{1}{2k+1} + \dfrac{1}{2(k+1)}$$
$$= \dfrac{1}{(k+1)+1} + \dfrac{1}{(k+1)+2} + \cdots + \dfrac{1}{(k+1)+(k-1)} + \dfrac{1}{(k+1)+k} + \dfrac{1}{2(k+1)}.$$

(3) 根据 (1)(2) 判定命题对于全体自然数都正确:

$$1 - \dfrac{1}{2} + \dfrac{1}{3} - \dfrac{1}{4} + \cdots - \dfrac{1}{2n} = \dfrac{1}{n+1} + \dfrac{1}{n+2} + \cdots + \dfrac{1}{2n}.$$

这个等式的证明, 从 $P(k)$ 到 $P(k+1)$ 转化过程中, 注意: $P(k+1) = P(k) + \dfrac{1}{2k+1} - \dfrac{1}{2(k+1)}$, 等式的右边需要加减一项 $\dfrac{1}{2(k+1)}$ 的恒等变形.

应用数学归纳法解决数学不等式问题.

对于利用数学归纳法来证明不等式的问题, 学生在识别出以上内容所属的板块之后, 可考虑以下几种常见的证明不等式的解题方法. 明白数学归纳法的定义, 用好归纳假设是证题的关键, 但是在使用归纳假设时, 常常需要通过恒等变换或不等变换, 这时放缩法在其中就起到了重要的作用, 而且放缩法是在证明不等式题时首选的方法, 常见的放缩效果很多, 无非就是两种: 一种放大, 另一种缩小. 例如

在和式中舍去一些正 (负) 项或增加一些负 (正) 项, 而使不等式的各项之和变小 (大); 在分式不等式中, 可以通过放大或缩小分子或分母, 从而使分式放大或缩小. 除此之外, 我们也可以利用一些常用的不等式来进行放缩, 例如基本不等式、柯西不等式等等.

例 4-100 证明不等式 $1 + \frac{1}{2^2} + \frac{1}{3^2} + \cdots + \frac{1}{n^2} < 2 - \frac{1}{n}(n \in \mathbf{N}, n \geqslant 2)$.

分析题目, 寻找解决方案.

通过归纳假设可以得到:
$$1 + \frac{1}{2^2} + \frac{1}{3^2} + \cdots + \frac{1}{k^2} < 2 - \frac{1}{k}.$$

而归纳递推的目标需要证明:
$$1 + \frac{1}{2^2} + \frac{1}{3^2} + \cdots + \frac{1}{k^2} + \frac{1}{(k+1)^2} < 2 - \frac{1}{k+1}.$$

尝试直接利用归纳假设可得到
$$1 + \frac{1}{2^2} + \frac{1}{3^2} + \cdots + \frac{1}{k^2} + \frac{1}{(k+1)^2} < 2 - \frac{1}{k} + \frac{1}{(k+1)^2},$$

化简得
$$1 + \frac{1}{2^2} + \frac{1}{3^2} + \cdots + \frac{1}{k^2} + \frac{1}{(k+1)^2} < 2 - \frac{k^2+k+1}{k(k+1)^2}.$$

如果能通过约分得到 $\frac{1}{k+1}$ 即可, 可以发现虽然 $k(k+1) = k^2 + k \neq k^2 + k + 1$, 但我们可以通过减去一项得
$$k^2 + k + 1 > k^2 + k = k(k+1);$$

添加一个负号, 就变成
$$-(k^2 + k + 1) < -k(k+1).$$

经以上放缩与变形, 则可证明归纳递推.

证明 (1) [归纳奠基] 当 $n = 2$ 时, $1 + \frac{1}{4} < 2 - \frac{1}{2}$ 成立.

(2) [归纳假设] 假设当 $n = k$ 时, $1 + \frac{1}{2^2} + \frac{1}{3^2} + \cdots + \frac{1}{k^2} < 2 - \frac{1}{k}$.

(3) [归纳递推] 当 $n = k + 1$ 时,
$$1 + \frac{1}{2^2} + \frac{1}{3^2} + \cdots + \frac{1}{k^2} + \frac{1}{(k+1)^2} < 2 - \frac{1}{k} + \frac{1}{(k+1)^2} = 2 - \frac{k^2+k+1}{k(k+1)^2}$$
$$< 2 - \frac{k^2+k}{k(k+1)^2} = 2 - \frac{1}{k+1}.$$

所以, $\forall n \geqslant 2$ 的自然数, 原不等式成立.

4.3 数学解题策略

数学解题策略是在元认知的作用下，根据数学解题变量、变量间的关系及变化安排、执行、修正与达到解题目标相关的一系列步骤与过程，它既包括内隐的数学解题规则系统，也包括外显的数学解题方法与技巧，既是对数学解题信息的直接加工转化过程，也是对数学解题信息加工过程的监控与调节过程。

数学解题策略的目的就是帮助解题者控制数学解题的信息获取、信息加工转化系统，以便更好地获取信息、转化信息、调控信息．从上面的数学解题的信息过程可以看出，数学解题策略的作用是怎样实现信息的有用捕捉、有关提取和有效组合，这是数学解题的关键．因此，数学解题策略是一步一步的程序性知识，它存储在长时记忆中，由一套规则系统或技能构成，是数学解题术或数学解题技能的组合．

4.3.1 数学信息表征策略

所谓数学信息表征策略，就是当我们面临的是一道以前没有接触过的陌生题目时，要设法把它表征为熟悉的语言或图形，以便充分利用已有的知识、经验或解题模式，顺利地解出原题．

一般说来，对于题目的熟悉程度，取决于对题目自身结构的认识和理解．从结构上来分析，任何一道解答题，都包含条件和结论(或问题)两个方面．因此，要把陌生题重新组合，可以在变换题目的条件、结论(或问题)以及它们的联系方式上多下工夫．

常用的途径有：

① 充分联想回忆基本知识和题型．按照波利亚的观点，在解决问题之前，我们应充分联想和回忆与原有问题相同或相似的知识点和题型，充分利用相似问题中的方式、方法和结论，从而解决现有的问题．

② 全方位、多角度分析题意．对于同一道数学题，常常可以从不同的侧面、不同的角度去认识．因此，根据自己的知识和经验，适时调整分析问题的视角，有助于更好地把握题意，找到自己熟悉的解题方向．

③ 恰当构造辅助元素．数学中，同一素材的题目，常常可以有不同的表现形式；条件与结论(或问题)之间，也存在着多种联系方式．因此，恰当构造辅助元素，有助于改变题目的形式，沟通条件与结论(或条件与问题)的内在联系，把陌生题转化为熟悉题．

数学解题中，构造的辅助元素是多种多样的，常见的有构造图形(点、线、面、体)，构造算法，构造多项式，构造方程(组)，构造坐标系，构造数列，构造行列式，构造等价性命题，构造反例，构造数学模型等等．

例 4-101 xy-坐标平面上的两条非水平、非竖直的直线相交于点 O,且夹角为 $45°$. 一条直线的斜率是另一条直线斜率的 6 倍,则这两条直线斜率乘积的最大值是多少?

解 设两条直线的方程分别为 $y = kx, y = 6kx$,倾斜角分别为 α, β,依题意可得 $\beta = \alpha \pm 45°$. 于是

$$6k = \tan\beta = \tan(\alpha \pm 45°) = \frac{\tan\alpha \pm \tan 45°}{1 \mp \tan\alpha \cdot \tan 45°} = \frac{k \pm 1}{1 \mp k},$$

化简得 $\pm 6k^2 - 5k \pm 1 = 0$,解得 $k = \pm\frac{1}{2}, \pm\frac{1}{3}$. 所求的最大值为 $(k \cdot 6k)_{\max} = \frac{3}{2}$.

在这个问题解决过程中,重要的是理解题意,把信息进行重新组合,例如夹角为 $45°$,那么对应的信息就是 $\tan\beta = \tan(\alpha \pm 45°) = \dfrac{\tan\alpha \pm \tan 45°}{1 \mp \tan\alpha \cdot \tan 45°} = \dfrac{k \pm 1}{1 \mp k}$.

例 4-102 设 $\overline{AB}$ 是半径为 $5\sqrt{2}$ 的圆中的一条直径,$\overline{CD}$ 是圆内的一条弦,交 $\overline{AB}$ 于点 E,使得 $BE = 2\sqrt{5}, \angle AEC = 45°$,则 $CE^2 + DE^2$ 是多少?

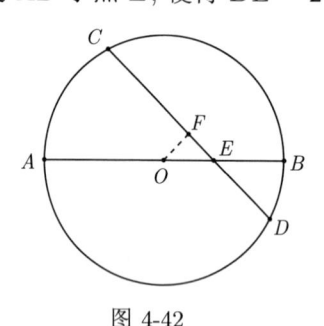

解 如图 4-42,过圆心 O 作 $OF \perp CD$ 于点 F,则 F 是 CD 的中点,且 $\triangle OEF$ 是等腰直角三角形. 由题意可知 $OB = 5\sqrt{2}, BE = 2\sqrt{5}$,从而

$$OE = 5\sqrt{2} - 2\sqrt{5}, EF = \frac{\sqrt{2}}{2}OE = 5 - \sqrt{10},$$

于是

$$CE = CF + EF = DE + 2EF = DE + 10 - 2\sqrt{10}.$$

图 4-42

另外,根据相交弦定理有

$$CE \cdot DE = AE \cdot BE = (10\sqrt{2} - 2\sqrt{5}) \cdot 2\sqrt{5} = 20(\sqrt{10} - 1).$$

从而

$$CE^2 + DE^2 = \left(DE + 10 - 2\sqrt{10}\right)^2 + DE^2$$
$$= 2[DE^2 + (10 - 2\sqrt{10})DE] + 140 - 40\sqrt{10}$$
$$= 2DE \cdot CE + 140 - 40\sqrt{10} = 100.$$

故 $CE^2 + DE^2 = 100$.

此题也是把文字语言转化为图形,用熟悉的方式进行表征,根据相交弦定理得到结论.

4.3.2 信息转化策略

所谓信息转化策略,就是当我们面临的是一道结构复杂、难以入手的题目时,要设法把它转化为一道或几道比较简单、易于解答的新题,以便通过对新题的考察,启迪解题思路,以简驭繁,解出原题. 信息转化是信息重组的补充和发挥. 一般说来,我们对于见过的问题往往比较熟悉或容易熟悉. 因此,在实际解题时,这两种策略常常是结合在一起进行的,只是着眼点有所不同而已.

解题中,实施信息转化策略的途径是多方面的,常用的有:寻求中间环节、分类考察讨论、简化已知条件、恰当分解结论等.

① 寻求中间环节,挖掘隐含条件. 有些结构复杂的综合题,就其生成背景而论,大多是由若干比较简单的基本题,经过适当组合抽去中间环节而构成的. 因此,从题目的因果关系入手,寻求可能的中间环节和隐含条件,把原题分解成一组相互联系的系列题,是实现复杂问题简单化的一条重要途径.

② 分类考察讨论. 有些数学题,解题的复杂性,主要在于它的条件、结论 (或问题) 包含多种不易识别的可能情形. 对于这类问题,选择恰当的分类标准,把原题分解成一组并列的简单题,有助于实现复杂问题转化.

③ 转化已知条件. 有些数学题,条件比较抽象、复杂,不太容易入手. 这时,不妨转化题中某些已知条件,甚至暂时撇开不顾,先考虑一个简化问题. 这样简单化了的问题,对于解答原题,常常能起到穿针引线的作用.

④ 恰当分解结论. 有些问题,解题的主要困难,来自结论的抽象概括,难以直接和条件联系起来,这时,不妨猜想一下,能否把结论分解为几个比较简单的部分,以便各个击破,解出原题.

例 4-103 设 P 是双曲线 $x^2 - \dfrac{y^2}{8} = 1$ 上的动点,直线 $\begin{cases} x = 3 + t\cos\theta \\ y = t\sin\theta \end{cases}$ (t 为参数) 与圆 $(x-3)^2 + y^2 = 1$ 相交于 A、B 两点,则 $\overrightarrow{PA} \cdot \overrightarrow{PB}$ 的最小值是_____.

解 将直线参数方程
$$\begin{cases} x = 3 + t\cos\theta, \\ y = t\sin\theta \end{cases}$$
化为普通方程后得知,该直线表示恒过 $M(3,0)$ 的一条直线. 双曲线 $x^2 - \dfrac{y^2}{8} = 1$ 的焦点及圆 $(x-3)^2 + y^2 = 1$ 的圆心都是 $M(3,0)$,如图 4-43,

$$\begin{aligned}
\overrightarrow{PA} \cdot \overrightarrow{PB} &= (\overrightarrow{PM} + \overrightarrow{MA}) \cdot (\overrightarrow{PM} + \overrightarrow{MB}) \\
&= \overrightarrow{PM}^2 + \overrightarrow{PM} \cdot \overrightarrow{MB} + \overrightarrow{MA} \cdot \overrightarrow{PM} + \overrightarrow{MA} \cdot \overrightarrow{MB} \\
&= \overrightarrow{PM}^2 - 1.
\end{aligned}$$

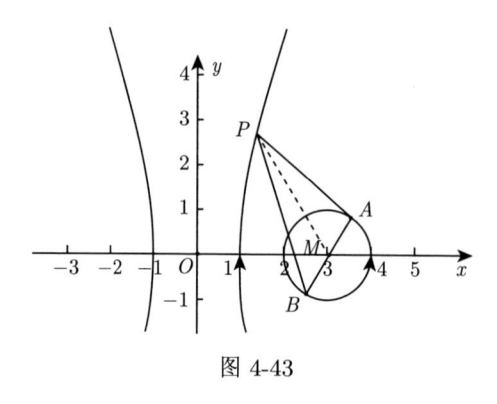

因此，问题转化为双曲线上任一点 P 到焦点 $M(3,0)$ 的最短距离，根据双曲线的性质，$\left|\overrightarrow{PM}\right|_{\min} = 2$，由此可得 $(\overrightarrow{PA} \cdot \overrightarrow{PB})_{\min} = 2^2 - 1 = 3$.

评析 本题 P, A, B 均是动点，通过中点向量将动点 A, B 转化为静点 M，从而减少了动点个数，再结合向量的几何背景和双曲线的性质，进而求解问题.

图 4-43

例 4-104 已知函数 $f(x) = ae^{x-1} - \ln x + \ln a$.

(1) 当 $a = e$ 时，求曲线 $y = f(x)$ 在点 $(1, f(1))$ 处的切线与两坐标轴围成的三角形的面积；

(2) 若 $f(x) \geqslant 1$，求 a 的取值范围.

解 (1) 三角形面积为 $\dfrac{2}{e-1}$ (过程略).

(2) $f(x) = ae^{x-1} - \ln x + \ln a = e^{\ln a}e^{x-1} - \ln x + \ln a = e^{\ln a + x - 1} - \ln x + \ln a$，则

$$f(x) \geqslant 1 \Leftrightarrow e^{\ln a + x - 1} + (\ln a + x - 1) \geqslant \ln x + x. \quad \text{①}$$

令 $g(x) = e^x + x$，则 $g(\ln a + x - 1) = e^{\ln a + x - 1} + (\ln a + x - 1)$，$g(\ln x) = \ln x + x$，由于 $g(x)$ 在 $(0, +\infty)$ 上单调递增，所以①式等价于

$$g(\ln a + x - 1) \geqslant g(\ln x) \Leftrightarrow \ln a + x - 1 \geqslant \ln x, \quad \text{即} \quad \ln a + x - 1 - \ln x \geqslant 0.$$

令 $h(x) = \ln a + x - 1 - \ln x$，只需 $h(x)_{\min} \geqslant 0$ 即可，因为 $h'(x) = 1 - \dfrac{1}{x} = \dfrac{x-1}{x}$，所以 $h(x)$ 在 $(0, 1)$ 上单调递减，在 $(1, +\infty)$ 上单调递增，$h(x)_{\min} = h(1) = \ln a \geqslant 0$，$a \geqslant 1$.

评注 对要证明的不等式进行代数变形后，不等式的两侧呈现同构特征，转化为证明 $g(\ln a + x - 1) \geqslant g(\ln x)$，利用函数单调性找到联系，进而求得 a 的取值范围.

4.3.3 直观想象策略

所谓直观想象策略，就是当我们面临的是一道内容抽象、不易捉摸的题目时，要设法把它转化为形象鲜明、直观具体的问题，以便凭借直观把握题中所及的各对象之间的联系，找到原题的解题思路.

① 图表直观. 有些数学题, 内容抽象, 关系复杂, 给理解题意增添了困难, 常常会由于题目的抽象性和复杂性, 使正常的思维难以进行到底. 对于这类题目, 借助图表直观, 利用示意图或表格分析题意, 有助于抽象内容形象化, 复杂关系条理化, 使思维有相对具体的依托, 便于深入思考, 发现解题线索.

② 图形直观. 有些涉及数量关系的题目, 用代数方法求解, 道路崎岖曲折, 计算量偏大. 这时, 不妨借助图形直观, 给题中有关数量以恰当的几何分析, 拓宽解题思路, 找出简捷、合理的解题途径.

③ 图象直观. 不少涉及数量关系的题目, 与函数的图象密切相关, 灵活运用图象的直观性, 常常能以简驭繁, 获取简便, 巧妙的解法.

例 4-105 已知平面向量 a、b、c 满足 $|a|=|b|=1$, $a \cdot b=0$, $|c-a|=\dfrac{1}{2}$, 则 $|a+b-c|+2|c-b|$ 的最小值为_____.

解 设 $a=(1,0)$, $b=(0,1)$, $c=(x,y)$, 由 $|c-a|=\dfrac{1}{2}$ 得, $(x-1)^2+y^2=\dfrac{1}{4}$.

$$|a+b-c|+2|c-b|=\sqrt{(x-1)^2+(y-1)^2}+2\sqrt{x^2+(y-1)^2},$$

表示点 $C(x,y)$ 到点 $D(1,1)$ 距离与 $C(x,y)$ 到点 $B(0,1)$ 的距离的两倍之和. 故本题转化为求 $|CD|+2|CB|$ 的最小值. 如图 4-44, 连结 AC、AD, 取点 $E\left(1,\dfrac{1}{4}\right)$, 连结 CE, 则 $\triangle CEA$ 与 $\triangle DCA$ 相似, 所以 $\dfrac{CE}{CD}=\dfrac{1}{2}$. 故

$$|CD|+2|CB|=2\left(|CB|+\dfrac{1}{2}|CD|\right)=2(|CB|+|CE|)$$

$$\geqslant 2|BE|=2\sqrt{(1-0)^2+\left(\dfrac{1}{4}-1\right)^2}=\dfrac{5}{2}.$$

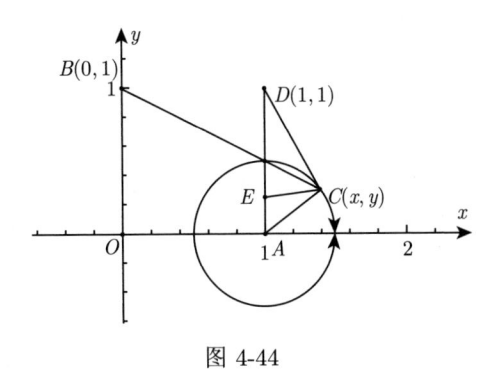

图 4-44

当 B,C,E 三点共线时取到等号.

评析 本题动态向量太多,令人眼花缭乱. 根据条件,将 a, b 设为基本单位向量后,求得 c 表示的运动轨迹,利用所求值的几何意义,通过构造阿波罗尼斯圆求出. 本题将向量所具有的"数的严谨性"与"形的直观性"展现得淋漓尽致.

例 4-106 已知圆 $O: x^2 + y^2 = r^2$,$P(t,0), Q(n,0)$ 是 x 轴上不同的两点 (都异于圆心和左右顶点), 过点 Q 的直线 l 与圆 O 交于 A, B 两点,则直线 PA, PB 关于 x 轴对称的充要条件是 $tn = r^2$.

证明 当直线 l 与 x 轴重合时,直线 PA, PB 关于 x 轴对称,此时 tn 可以取任意实数.

当直线 l 不与 x 轴重合时, 设直线 AB 方程为 $x = my + n$, $A(x_1, y_1), B(x_2, y_2)$, 由 $\begin{cases} x^2 + y^2 = r^2, \\ x = my + n, \end{cases}$ 得 $(m^2+1)y^2 + 2mny + n^2 - r^2 = 0$, 所以 $y_1 + y_2 = -\dfrac{2mn}{m^2+1}, y_1 y_2 = \dfrac{n^2-r^2}{m^2+1}$. 因

$$\text{直线 } PA \text{ 与直线 } PB \text{ 关于 } x \text{ 轴对称} \Leftrightarrow k_{PA} + k_{PB} = 0$$
$$\Leftrightarrow \frac{y_1}{x_1 - t} + \frac{y_2}{x_2 - t} = \frac{y_1}{my_1 + n - t} + \frac{y_2}{my_2 + n - t} = 0,$$

故

$$2my_1y_2 + (n-t)(y_1+y_2) = \frac{2m(n^2-r^2)}{m^2+1} + \frac{(n-t)(-2mn)}{m^2+1} = 0$$
$$\Leftrightarrow 2m(tn - r^2) = 0 \Leftrightarrow tn = r^2.$$

综上, 直线 PA, PB 关于 x 轴对称的充要条件是 $tn = r^2$.

结论中呈现了直线与圆的位置关系,直线与直线的对称关系以及定点坐标间的数量关系,结合图形的几何特征,我们可从静态和动态两个方面对结论中的图形做进一步赏析. 静态方面: 在图 4-45(a) 中, 延长 PB 交圆 O 于 D, 连接 CD, 若直线 PA, PB 关于 x 轴对称, 由图形的对称性, 易得直线 QA, QC 也关于 x 轴对称; 反之亦成立. 动态方面: 在图 4-45(b) 中, 直线 AB 绕 Q 点旋转时, 若直线 PA, PB 关于 x 轴对称, 则直线 QA, QC 也关于 x 轴对称且动直线 AC 过定点 P; 反过来, 直线 AC 绕点 P 旋转时, 若直线 QA, QC 关于 x 轴对称, 则直线 PA, PB 也关于 x 轴对称且动直线 AB 过定点 Q. 再结合圆的几何性质, 当直线 AB 绕定点 Q 旋转时 (不重合于 x 轴), $\triangle AOQ \backsim \triangle AOP$ 始终成立, 定点 P, Q 的坐标关系也可通过如下方式证明.

证明 图 4-45(c) 为去除坐标轴的平面几何图形. 连接 AO 并延长交圆 O 于 D, 连接 BD; 延长 PB 交圆 O 于 C, 连接 AC 交 PO 于 E. 因为 AD 为圆 O 的直径, 所以 $\angle ABD = \angle PEC = 90°$; 又因为 $\angle ADB = \angle ACB$, 所以

Rt$\triangle ABD \backsim$ Rt$\triangle PCE$. 因为 Rt$\triangle PCE \cong$ Rt$\triangle PAE$, 所以 Rt$\triangle ABD \backsim$ Rt$\triangle PAE$, 得 $\angle OAQ = \angle APQ$, 又 $\angle AOQ = \angle AOP$, 所以 $\triangle AOQ \backsim \triangle AOP$, 故 $\dfrac{|OQ|}{|AO|} = \dfrac{|AO|}{|OP|}$, 即 $nt = r^2$.

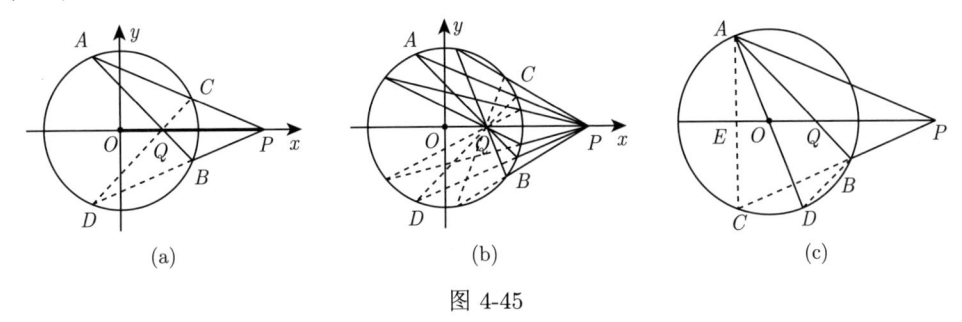

图 4-45

可以发现, 相比较于代数法, 平面几何法的证明过程要显得简洁直观. 因为解析几何问题本质是几何问题, 它们本身就包含一些很重要的几何性质. 如果我们可以充分利用这些几何性质, 它们其实就是纯几何问题, 完全可以借助平面几何的知识加以解决. 这样不但能避开繁琐的代数运算, 使解决问题的过程得到简化, 而且能更好地揭示问题的本质.

习　题

1. 设函数 $f(x) = x^3 + bx + c$, 曲线 $y = f(x)$ 在点 $\left(\dfrac{1}{2}, f\left(\dfrac{1}{2}\right)\right)$ 处的切线与 y 轴垂直.
(1) 求 b;
(2) 若 $f(x)$ 有一个绝对值不大于 1 的零点, 证明: $f(x)$ 所有零点的绝对值都不大于 1.

2. 已知椭圆 $C: \dfrac{x^2}{a^2} + \dfrac{y^2}{b^2} = 1(a > b > 0)$ 的左顶点为 $A(-2, 0)$, 两个焦点与短轴一个顶点构成等腰直角三角形, 过点 $P(1, 0)$ 且与 x 轴不重合的直线 l 与椭圆 C 交于 M, N 不同的两点.

(I) 求椭圆 C 的方程;
(II) 当 AM 与 MN 垂直时, 求 AM 的长;
(III) 若过点 P 且平行于 AM 的直线交直线 $x = \dfrac{5}{2}$ 于点 Q, 求证: 直线 NQ 恒过定点.

3. 在极坐标系中, O 为极点, 点 $M(\rho_0, \theta_0)(\rho_0 > 0)$ 在曲线 $C: \rho = 4\sin\theta$ 上, 直线 l 过点 $A(4, 0)$ 且与 OM 垂直, 垂足为 P.
(1) 当 $\theta_0 = \dfrac{\pi}{3}$ 时, 求 ρ_0 及 l 的极坐标方程;
(2) 当 M 在 C 上运动且 P 在线段 OM 上时, 求 P 点轨迹的极坐标方程.

4. 在平面直角坐标系 xOy 中, $\odot O$ 的参数方程为 $\begin{cases} x = \cos\theta \\ y = \sin\theta \end{cases}$ (θ 为参数), 过点 $(0, -\sqrt{2})$ 且倾斜角为 α 的直线 l 与 $\odot O$ 交于 A, B 两点.

(1) 求 α 的取值范围;

(2) 求 AB 中点 P 的轨迹的参数方程.

5. 设函数 $f(x) = e^x - 1 - x - ax^2, a \in \mathbf{R}$. 若当 $x \geqslant 0$ 时, $f(x) \geqslant 0$ 恒成立, 求 a 的取值范围.

6. 已知函数 $f(x) = x^2 + ax + b, g(x) = e^x(cx + d)$, 若曲线 $y = f(x)$ 和曲线 $y = g(x)$ 都过点 $P(0, 2)$, 且在点 P 处有相同的切线 $y = 4x + 2$.

(1) 求 a, b, c, d 的值;

(2) 若 $x \geqslant -2$ 时, $f(x) \leqslant kg(x)$, 求 k 的取值范围.

7. 甲、乙两人轮流掷一枚硬币至正面朝上或者朝下, 规定谁先掷出正面朝上为赢, 且前一场的输者下一场先掷, 则甲赢得第 n 场的概率为_____.

8. A, B, C, D 人互相传球, 由 A 开始发球, 并作为第一次传球, 经过 5 次传球后, 球仍回到 A 手中, 则不同的传球方式有多少种? 若有 n 个人相互传球 k 次后又回到发球人 A 手中的不同传球方式有多少种?

9. 在 $\triangle ABC$ 中, 内角 A, B, C 所对的边分别为 a, b, c, 已知 $\boldsymbol{m} = (a, c - 2b), \boldsymbol{n} = (\cos C, \cos A)$, 且 $\boldsymbol{m} \perp \boldsymbol{n}$.

(1) 求角 A 的大小;

(2) 若 $b + c = 5, \triangle ABC$ 的面积为 $\sqrt{3}$, 求 a.

10. 若函数 $f(x) = (1 - x^2)(x^2 + ax + b)$ 的图象关于直线 $x = -2$ 对称, 则 $f(x)$ 的最大值是_____.

11. 在 $\triangle ABC$ 中, $\dfrac{1}{\tan B} + \dfrac{1}{\tan C} = \dfrac{1}{\tan A}$, 则 $\cos A$ 的取值范围为 (　　)

A. $\left(0, \dfrac{1}{3}\right)$ 　　B. $\left[\dfrac{1}{3}, 1\right)$ 　　C. $\left(0, \dfrac{2}{3}\right)$ 　　D. $\left[\dfrac{2}{3}, 1\right)$

12. 设椭圆 $C: \dfrac{x^2}{a^2} + \dfrac{y^2}{b^2} = 1(a > b > 0)$ 的左、右焦点分别为 F_1, F_2, 离心率是 e, 动点 $P(x_0, y_0)$ 在椭圆 C 上运动, 当 $PF_2 \perp x$ 轴时, $x_0 = 1, y_0 = e$.

(1) 求椭圆 C 的方程;

(2) 延长 PF_1, PF_2 分别交椭圆 C 于点 $A, B(A, B$ 不重合), 设 $\overrightarrow{AF_1} = \lambda \overrightarrow{F_1P}, \overrightarrow{BF_2} = \mu \overrightarrow{F_2P}$, 求 $\lambda + \mu$ 的最小值.

13. 已知 $\sqrt{12a} + \sqrt{6b} + \sqrt{4c} = 6$, 求 $\dfrac{1}{1 + a^2} + \dfrac{4}{4 + b^2} + \dfrac{9}{9 + c^2}$ 的最大值.

14. 求证不等式: $-1 < \sum\limits_{k=1}^{n} \dfrac{k}{k^2 + 1} - \ln n \leqslant \dfrac{1}{2} (n \in \mathbf{N}^*)$.

15. 已知 $a, b, c > 1, a + b + c + 2 \geqslant abc$, 求证:

$$\dfrac{1}{a^3 - 1} + \dfrac{1}{b^3 - 1} + \dfrac{1}{c^3 - 1} \geqslant \dfrac{3}{7}. \tag{1}$$

16. 已知数列 $\{a_n\}$ 为等差数列, 前 n 项和 $S_n(n \in \mathbf{N}^*)$, $\{b_n\}$ 是首项为 2 的等比数列, 且公比大于 0, $b_2 + b_3 = 12, b_3 = a_4 - 2a_1, S_{11} = 11b_4$.

(1) 求 $\{a_n\}$ 和 $\{b_n\}$ 的通项公式;

(2) 求数列 $\{a_{2n}b_{2n-1}\}$ 的前 n 项和 T_n.

第 5 章　数学解题专题分析

在这一章, 我们结合具体数学内容, 探讨数学解题的方法, 既注重数学基础知识和基本技能, 同时也渗透基本的数学思想方法, 从而促进读者思考数学解题的本质, 提高数学思维水平. 从数学命题的题型来看, 主要包括选择、填空和解答题. 选择题被视为客观题, 填空也被视为半主观题. 从中学的数学内容来看, 主要包括函数、数列、几何、三角函数、统计与概率、导数的应用等, 我们将重点讨论其中的几个核心专题.

5.1　数学客观题

选择题和填空题都有客观题之说, 但是两者有着很大的区别, 选择题有着选择支的参考, 难度似乎比填空题稍微要低. 两者相同之处就是只有最终的答案, 而不关注解题的过程, 这在考试中还是非常必要的.

5.1.1　选择题

选择题被看作最具有适应性和实用性的客观性试题, 题小、量大、知识面宽、基础、灵活等特点, 在取材上重基本概念和基本运算, 有益于算法、算理的考查, 有利于思维能力、尤其是直觉选择能力和空间想象能力的考查, 因此选择题是各级各类考试中不可或缺的重要题型之一. 数学选择题一般是由一个问句或不完整的句子 (称为题干, 即题设部分) 和若干个 (一般为四个) 备选结论 (称为选择支, 即题断部分) 组成. 只需要从备选中选择一项或几项作为答案, 便完成解答, 无需写出解答过程.

选择题可以培养学生的创造能力, 容许学生直觉猜想, 鼓励直觉洞察, 强调直觉选择, 有利于培养学生思维的灵活性、有利于培养学生的数学思想方法、有助于培养学生的直觉思维. 选择题的解答需要学生基础扎实, 思维灵活; 要充分利用题干和选择支两者提供的信息作出判断, 前后联系, 相互照应, 这是解答的基本策略. 选择题的解答思路主要有两条: 一是直接法, 即从题干出发, 探求结果, 这类选择题通常用来考核考生最起码的基础知识和基本技能; 二是间接法, 即从选项出发, 或者将题干与选项联合考察而得到结果. 因为选择题备有选项, 又无须写出解答过程, 因此存在一些特殊的解答方法, 可以快速准确地得到结果, 这就是间接法. 这类选择题通常用来考核考生的思维品质, 包括思维的广阔性和深刻性、独立性和批判性、逻辑性和严谨性、灵活性和敏捷性以及创造性；同直接法相比，间接法所需要的时间可能是直接法的几分之一甚至几十分之一，是节约解题时间的重要手段．

1. 直接解法

在解答选择题时，可以直接从题设条件，利用已经学过的知识，把已知和要求的结论相互联系，通过严谨的推理，准确的运算，得到结论并与选项支比较，从而解决问题，这种解法称为直接解法．对于直接解法的选择题，一般都是考查基础知识、基本技能的问题，或者是概念、定理的考查，或者是基本运算的考查，基本思维方法的考查．

一方面直接法常应用于涉及基本运算、基本推理论证的选择题；另一方面它常应用于由计算题、应用题、证明题或判断题改编而成的选择题．

例 5-1 已知向量 $a = (2,4), b = (-1,1)$，则 $2a - b = ($ $)$．

A. (5,7)　　B. (5,9)　　C. (3,7)　　D. (3,9)

本题考查运用坐标表示平面向量进行线性运算，所以直接将向量 $a = (2,4)$ 和 $b = (-1,1)$ 代入要求的式子中即可．得到 $2a - b = 2(2,4) - (-1,1) = (5,7)$．

例 5-2 已知函数 $f(x) = \dfrac{1}{\sqrt{1-x}}$ 的定义域为 M，$g(x) = \ln(1+x)$ 的定义域为 N，则 $M \cap N = ($ $)$．

A. $\{x \mid x > -1\}$　　B. $\{x \mid x < 1\}$　　C. $\{x \mid -1 < x < 1\}$　　D. $\varnothing$

这是含分母的函数的定义域，对数函数的定义域的考察，学生要了解空集的定义，用描述法表示两个集合的交集．

解 (1) 保证 $f(x) = \dfrac{1}{\sqrt{1-x}}$ 有意义，$f(x) = \dfrac{1}{\sqrt{1-x}}$ 中分母不为零，且根号内非负，于是有 $1 - x > 0$，解得 $x < 1$．

(2) $g(x) = \ln(1+x)$ 的定义域为 $1 + x > 0$，解得 $x > -1$．

(3) 求两个集合的交集，在数轴上表示如图 5-1．

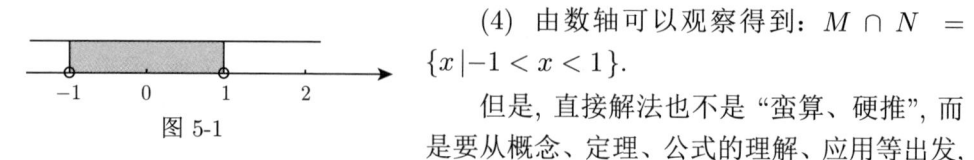

(4) 由数轴可以观察得到：$M \cap N = \{x \mid -1 < x < 1\}$．

图 5-1

但是，直接解法也不是"蛮算、硬推"，而是要从概念、定理、公式的理解、应用等出发，选择合理的运算方法和推理策略，尽量做到快速简洁．

例 5-3 已知动圆 C 经过点 $F(0,1)$，并且与直线 $y = -1$ 相切，若直线 $3x - 4y + 20 = 0$ 与圆 C 有公共点，则圆 C 的面积 $($ $)$．

A. 有最大值 π　　B. 有最小值 π　　C. 有最大值 4π　　D. 有最小值 4π

分析 尽管这个题目可以直接求圆 C 的方程, 从而求出其半径, 得到面积. 但是在解答过程中, 可以适当转换为求点到直线的距离, 也就是圆 C 的半径.

由于圆经过点 $F(0,1)$ 且与直线 $y=-1$ 相切, 所以圆心 C 到点 F 与到直线 $y=-1$ 的距离相等, 由抛物线的定义知点 C 的轨迹方程为 $x^2=4y$, 设 C 点坐标为 $\left(x_0, \dfrac{x_0^2}{4}\right)$, 由 $\odot C$ 过点 F, 得半径

$$r = |CF| = \sqrt{(x_0-0)^2 + \left(\dfrac{x_0^2}{4}-1\right)^2} = \dfrac{x_0^2}{4}+1,$$

直线 $3x-4y+20=0$ 与圆 C 有公共点, 即转化为点 $\left(x_0, \dfrac{x_0^2}{4}\right)$ 到直线 $3x-4y+20=0$ 的距离

$$d = \dfrac{\left|3x_0 - 4x\dfrac{x_0^2}{4}+20\right|}{5} \leqslant \dfrac{x_0^2}{4}+1,$$

解得 $x_0 \geqslant \dfrac{10}{3}$ 或 $x_0 \leqslant -2$, 从而得圆 C 的半径 $r = \dfrac{x_0^2}{4}+1 \geqslant 2$, 故圆的面积有最小值 4π, 选 D.

例 5-4 把函数 $y=\sin(\omega x+\varphi)(\omega>0, |\varphi|<\pi)$ 的图象向左平移 $\dfrac{\pi}{6}$ 个单位, 再将图象上所有点的横坐标伸长到原来的 2 倍 (纵坐标不变) 所得的图象解析式为 $y=\sin x$, 则 (　　).

A. $\omega=2, \quad \varphi=\dfrac{\pi}{6}$ B. $\omega=2, \quad \varphi=-\dfrac{\pi}{3}$

C. $\omega=\dfrac{1}{2}, \quad \varphi=\dfrac{\pi}{6}$ D. $\omega=\dfrac{1}{2}, \quad \varphi=\dfrac{\pi}{12}$

分析 函数 $y=\sin(\omega x+\varphi)$ 经过上述变换得到函数 $y=\sin x$, 把函数 $y=\sin x$ 的图象经过上述变换的逆变换即可得到函数 $y=\sin(\omega x+\varphi)$ 的图象.

解 把 $y=\sin x$ 图象上所有点的横坐标缩小到原来的 $\dfrac{1}{2}$ 倍得到的函数解析式是 $y=\sin 2x$, 再把这个函数图象向右平移 $\dfrac{\pi}{6}$ 个单位, 得到的函数图象的解析式是 $y = \sin 2\left(x-\dfrac{\pi}{6}\right) = \sin\left(2x-\dfrac{\pi}{3}\right)$, 与已知函数比较得 $\omega=2, \varphi=-\dfrac{\pi}{3}$. 选 B.

本题考查三角函数图象的变换, 试题设计成逆向考查的方式更能考查学生的分析解决问题的灵活性, 本题也可以直接进行变换, 再根据比较系数的方法求解, 由已知的变换方法, 经过两次变换后函数 $y=\sin(\omega x+\varphi)$ 变换成 $y=\sin\left(\dfrac{\omega x}{2}+\dfrac{\omega\pi}{6}+\varphi\right)$, 比较系数也可以得到问题的答案.

2. 特殊法

有的选择题，如果从特殊的角度思考，解决起来更加容易、快捷. 什么时候可以使用特殊法？当题目的条件从一般给出，但是答案是一个"定值"时，就可以从特殊的角度思考；或者当面临较复杂且难以直接求解的时候，可以尝试问题的特殊情况，从特殊的解法中获得启发，这样解决一般的问题；根据选择题的特征，四个选择支也有重要的启发作用，从题干或者选择支思考，通过选取特殊值代入，将问题特殊化或构造满足题设条件的特殊函数及图象，从而得到答案. 特殊法包括：取特殊值、特殊模型、特殊图形、特殊数列、特殊函数值或极端值.

1) 特殊值

有些选择题，尽管题目看上去比较复杂，实际上选取特殊值就可以解答出来，这种方法称为特殊值法.

例 5-5 设 $f(n) = 2 + 2^4 + 2^7 + 2^{10} + \cdots + 2^{3n+10}(n \in \mathbf{N})$，则 $f(n) = ($).

A. $\dfrac{2}{7}(8^n - 1)$ B. $\dfrac{2}{7}(8^{n+1} - 1)$ C. $\dfrac{2}{7}(8^{n+3} - 1)$ D. $\dfrac{2}{7}(n^{n+4} - 1)$

解析 思路一 $f(n)$ 是以 2 为首项，8 为公比的等比数列的前 $n+4$ 项的和，所以 $f(n) = \dfrac{2(1 - 8^{n+4})}{1 - 8} = \dfrac{2}{7}(n^{n+4} - 1)$，选 D. 这属于直接法.

思路二 令 $n = 0$，则 $f(0) = 2 + 2^4 + 2^7 + 2^{10} = \dfrac{2\left[1 - (2^3)^4\right]}{1 - 2} = \dfrac{2}{7}(8^4 - 1)$，对照选项，只有 D 成立.

例 5-6 已知数列 $\{a_n\}$ 的通项公式为 $a_n = 2^{n-1}$，其前 n 和为 S_n，那么 $C_n^1 S_1 + C_n^2 S_2 + \cdots + C_n^n S_n = ($).

A. $2^n - 3^n$ B. $3^n - 2^n$ C. $5^n - 2^n$ D. $3^n - 4^n$

直接解法 先根据通项公式 $a_n = 2^{n-1}$ 求得和的公式 S_n，再代入式子 $C_n^1 S_1 + C_n^2 S_2 + \cdots + C_n^n S_n$，再利用二项式展开式的逆用裂项求和得解.

特殊值法 令 $n = 2$，代入式子，再对照选项，选 B.

例 5-7 已知定义在区间 $(0, 2)$ 上的函数 $y = f(x)$ 的图象如图 5-2 所示，则 $y = -f(2 - x)$ 的图象为（ ）.

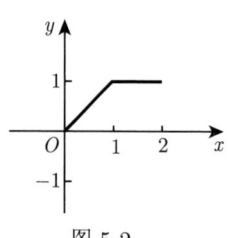

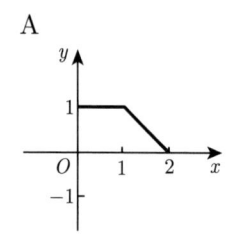

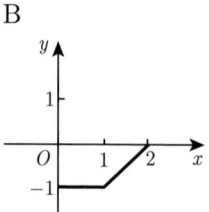

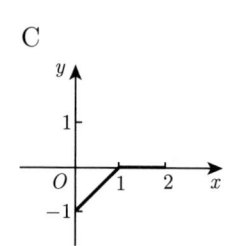

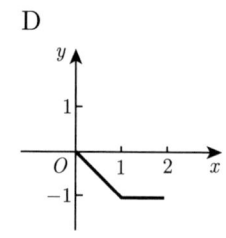

图 5-2

A   B   C   D

知识点 特殊值法的应用, 求函数值.

解析 取特殊值:

当 $x = 2$ 时, $y = -f(x-2) = -f(2-2) = -f(0) = 0$;

当 $x = 1$ 时, $y = -f(x-2) = -f(2-1) = -f(1) = -1$.

符合以上结果的只有选项 B. 故选 B.

2) 特殊模型

有些问题, 从特殊的模型进行讨论更加容易解决问题. 可以构造符合题意的数学模型, 如函数、方程、数列等, 从而根据这些特殊模型的性质来求解.

例 5-8 设 $y_1 = 4^{0.9}, y_2 = 8^{0.48}, y_3 = \left(\dfrac{1}{2}\right)^{-1.5}$, 则 ( ).

A. $y_3 > y_1 > y_2$ B. $y_2 > y_1 > y_3$ C. $y_1 > y_2 > y_3$ D. $y_1 > y_3 > y_2$

解析 $y_1 = 4^{0.9} = 2^{1.8}$, $y_2 = 8^{0.48} = 2^{1.44}$, $y_3 = \left(\dfrac{1}{2}\right)^{-1.5} = 2^{1.5}$. 显然这个问题和指数函数模型密切相关.

因为 $1.8 > 1.5 > 1.44$, 且 $y = 2^x$ 在 $\mathbf{R}$ 上单调递增, 所以 $y_1 > y_3 > y_2$. 选 D.

例 5-9 若函数 $y = f(x+1)$ 是偶函数, 则 $y = f(2x)$ 的对称轴是 ( ).

A. $x = 0$ B. $x = 1$ C. $x = \dfrac{1}{2}$ D. $x = 2$

解析 因为若函数 $y = f(x+1)$ 是偶函数, 作一个特殊函数 $y = (x-1)^2$, 则 $y = f(2x)$ 变为 $y = (2x-1)^2$, 即知 $y = f(2x)$ 的对称轴是 $x = \dfrac{1}{2}$, 选 C.

3) 特殊图形

在有些选择题中, 把相关的问题进行特殊化处理, 使用特殊图形, 利用特殊的图形比较简单明了的特点, 寻找答案, 快速解决问题.

例 5-10 在直角三角形 ABC 中, 点 D 是斜边 AB 的中点, 点 P 为线段 CD 的中点, 则 $\dfrac{|PA|^2 + |PB|^2}{|PC|^2} = ($).

A. 2   B. 4   C. 5   D. 10

解析 本题为非特殊的一般图形求解长度问题. 由于是选择题, 不妨将图形特殊化, 用特殊元素法以方便求解各长度.

不妨令 $|AC| = |BC| = 4$, 则

$$|AB| = 4\sqrt{2}, \quad |CD| = \dfrac{1}{2}|AB| = 2\sqrt{2}, \quad |PC| = |PD| = \dfrac{1}{2}|CD| = \sqrt{2},$$

$$|PA| = |PB| = \sqrt{|AD|^2 + |PD|^2} = \sqrt{(2\sqrt{2})^2 + (\sqrt{2})^2} = \sqrt{10}.$$

所以 $\dfrac{|PA|^2+|PB|^2}{|PC|^2}=\dfrac{10+10}{2}=10$. 故选 D.

4) 特殊数列

在做与等差或等比数列相关的选择题时, 若题目所给条件不能确定此数列, 可以选用特殊数列的方法, 常用的特殊数列主要有自然数列和常数列, 也可以取特殊数值.

例 5-11 已知等差数列 $\{a_n\}$ 的前 m 项和为 30, 前 $2m$ 项和为 100, 则它的前 $3m$ 项和为 ( ).

A. 130　　B. 170　　C. 210　　D. 260

解法一 特殊化法. 令 $m=1$, 则 $a_1=S_1=30$, 由 $a_1+a_2=S_2=100$, 则 $a_2=70$. 故等差数列的公差 $d=a_2-a_1=40$, 于是 $a_3=a_2+d=110$, 故应选 C.

解法二 利用等差数列的求和公式 $S_n=An^2+Bn(A,B$ 是常数$)$ 求解.

例 5-12 等差数列 $\{a_n\},\{b_n\}$ 的前 n 项和分别为 S_n 与 T_n, 若 $\dfrac{S_n}{T_n}=\dfrac{2n}{3n+1}$, 则 $\lim\limits_{n\to\infty}\dfrac{a_n}{b_n}$ 等于 ( ).

A. 1　　B. $\dfrac{\sqrt{6}}{3}$　　C. $\dfrac{2}{3}$　　D. $\dfrac{4}{9}$

解 由于 $\dfrac{S_n}{T_0}=\dfrac{2n}{3n+1}=\dfrac{n\cdot 2n}{n(3n+1)}=\dfrac{2n^2}{3n^2+n}$, 所以可取特殊数列

$$S_n=2n^2,\quad T_n=3n^2+n,\quad a_n=4n-2,\quad b_n=6n-2.$$

从而 $\lim\limits_{n\to\infty}\dfrac{a_n}{b_n}=\lim\limits_{n\to\infty}\dfrac{4n-2}{6n-2}=\dfrac{2}{3}$. 故选 C.

5) 极端值

有些选择题, 根据题设, 选择特殊的极端值, 问题也可以迎刃而解, 从而降低解题的难度. 这些问题在几何、数列、排列组合、函数问题中都适用.

例 5-13 已知长方形的四个顶点 $A(0,0),B(2,0),C(2,1)$ 和 $D(0,1)$, 一质点从 AB 的中点 P_0 沿与 AB 的夹角 θ 的方向射到 BC 上的点 P_1 后, 依次反射到 CD、DA 和 AB 上的点 P_2、P_3 和 P_4 (入射角等于反射角), 设 P_4 的坐标为 $(x_4,0)$, 若 $1<x_4<2$, 则 $\tan\theta$ 的取值范围是 ( ).

A. $\left(\dfrac{1}{3},1\right)$　　B. $\left(\dfrac{1}{3},\dfrac{2}{3}\right)$　　C. $\left(\dfrac{2}{5},\dfrac{1}{2}\right)$　　D. $\left(\dfrac{2}{5},\dfrac{2}{3}\right)$

解 若 P_1 是 BC 的中点, 则 $\tan\theta=\dfrac{1}{2}$, 此时 $P_4(1,0)$, 由此说明 $\dfrac{1}{2}$ 是一个分界值. 故选 C. 如果取特殊位置——中点来解题, 既简单又节省时间. 此类问题常取中点、顶点、三等分点等.

3. 验证法

通过对试题的观察、分析、确定, 将各选项逐个代入题干中进行检验, 或适当选取特殊值进行检验, 或采取其他验证手段, 以判断选项正误的方法. 适用范围: 它常应用于选项中有具体数值的选择题中, 有时可直接将各选项代入题干中进行验证, 有时也可以从条件的特殊处入手, 对题目加以分析、验证, 从而得出正确答案. 在使用验证法解题时, 要确保计算准确无误, 在计算、解答过程中要注意图形的运用、特殊值的选取.

例 5-14 如图 5-3, AD, AE, BC 分别与圆 O 切于点 D, E, F, 延长 AF 与圆 O 交于另一点 G, 给出下列三个结论:

① $AD + AE = AB + BC + CA$;
② $AF \cdot AG = AD \cdot AE$;
③ $\triangle AFB \sim \triangle ADG$,

其中, 正确结论的序号是 (　　).

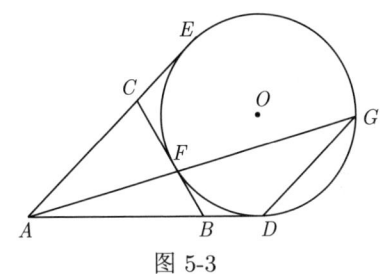

图 5-3

A. ①②　　B. ②③　　C. ①③　　D. ①②③

从结论出发, 验证选项的正确性. 结论①中, 因为 AD, AE, BC 都是圆的切线, 所以 $EC = FC, BF = DF$, 所以结论①正确. 结论②中, 我们由相交弦定理可直接得到结论②是正确的. 结论③中, 我们可以看到切线 BC 是随意变动的, $\angle ABF$ 不一定始终与 $\angle AGD$ 相等, 因此 $\triangle AFB$ 不一定与 $\triangle ADG$ 相似, 结论③错误.

4. 构造法

根据问题的特征, 利用一致的数学模型或已解决的问题, 构造几何图形、函数以及方程等一切可能的数学对象解决问题的方法. 常用的构造法有: 构造数列、构造函数、构造图形、构造对应关系、构造向量、构造方程、构造数与式等. 利用构造法, 可将一些问题抽象成数学模型, 从而便于解题. 在一般情况下, 如果涉及函数问题、不等式问题或数列问题, 则通常会使用构造法. 对于方程、不等式问题, 我们可以构造函数来解决; 对于数列问题, 我们可以通过构造一个特殊数列, 视为整体, 从而解决相关问题, 使问题简单化.

例 5-15 不等式 $\dfrac{x^2 - x - 6}{x - 1} > 0$ 的解集为 (　　).

A. $\{x \mid x < -2 \text{ 或 } x > 3\}$　　　　B. $\{x \mid x < -2 \text{ 或 } 1 < x < 3\}$
C. $\{x \mid -2 < x < 1 \text{ 或 } x > 3\}$　　D. $\{x \mid -2 < x < 1 \text{ 或 } 1 < x < 3\}$

解析 构造函数 $y = x^2 - x - 6$, 由题目可知,

$$\begin{cases} y > 0, \\ x > 1 \end{cases} \text{ 或 } \begin{cases} y < 0, \\ x < 1, \end{cases}$$

由 $y = (x+2)(x-3)$，所以
$$\begin{cases} x < -2 \text{ 或 } x > 3, \\ x > 1. \end{cases}$$
故 $x > 3$ 或 $-2 < x < 1$，选 C．

5. 正难则反法

问题的正面设置使人感到无法入手，或是从问题的正面入手，头绪繁多，难以处理，常利用问题的反面来达到解决问题的目的的方法．一般题目中集中对某一问题的论证，常用正难则反法，此时即是反证法；一般否定式与至多、至少性的问题，常用正难则反法；一般有关古典概型、几何概型的概率求解问题，常利用正难则反法，解题时，可先求其对立事件的概率，再利用对立事件的概率公式，得所求事件的概率．

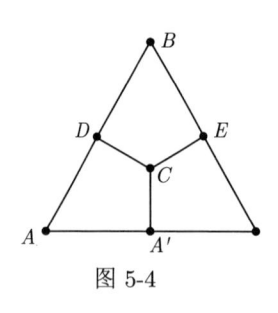

例 5-16 从一个边长为 2 的等边三角形的中心、各边中点以及三个顶点这 7 个点中任取两个点，则这两点间的距离大于 1 的概率是 ( )．

A. $\dfrac{1}{7}$ B. $\dfrac{3}{7}$ C. $\dfrac{4}{7}$ D. $\dfrac{4}{7}$

如图 5-4，两点间的距离大于 1 的点对较多，但两点间的距离小于 1 的点对较少，故可用正难则反法，先求两点间的距离小于等于 1 的概率，再利用对立事件的概率公式即得 D 答案．

图 5-4

6. 数形结合法

数形结合就是把抽象的数学语言与直观的图形结合起来思考，也就是使抽象思维和形象思维有机结合，通过"以形助数"或"以数解形"，使复杂问题简单化，抽象问题具体化，从而达到优化解题的目的．数形结合法的应用大致可分为两种情形：第一，借助于数的精确性来阐明形的某些属性；第二，借助形的几何直观性来阐明数之间的某种关系，即"以数解形"和"以形助数"．数形结合法可用于解决集合问题、函数问题、方程与不等式问题、三角函数问题、线性规划问题、解析几何问题、立体几何问题等．因此数形结合法适用范围很大，是解决高考选择题主要的方法之一．

例 5-17 函数 $f(x) = x^{\frac{1}{2}} - \left(\dfrac{1}{2}\right)^x$ 的零点个数为 ( )．

A. 0   B. 1   C. 2   D. 3

解 令 $f(x) = 0$，则 $x^{\frac{1}{2}} = \left(\dfrac{1}{2}\right)^x$，在同一个直角坐标系中画出 $x^{\frac{1}{2}}$，$\left(\dfrac{1}{2}\right)^x$ 的图象，得图 5-5.

图 5-5

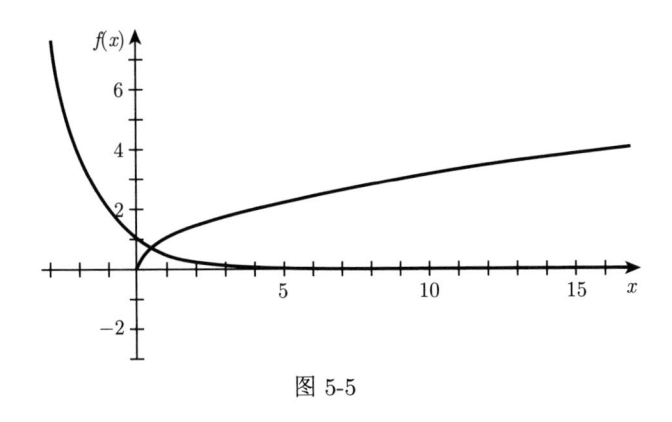

所以 $f(x)$ 的零点个数为 1，选 B.

7. 排除法

在题目提供的选项中，有且仅有一个选项是正确的，如果能利用题干所提供的条件 (包括隐含条件) 或已学习过的数学概念、法则、公式、定理及推论等，从选项中逐渐排除掉错误的选项，最后得到正确选项，这种方法叫做排除法. 在一般情况下，如果选项涉及的结论比较模糊或比较难直接得到，则建议使用排除法. 而使用排除法是利用已有的知识，将不匹配题目的选项排除掉，以缩小选择的范围，在剩下的选项中寻找答案.

例 5-18 已知实数 x, y 满足 $a^x < a^y (0 < a < 1)$，则下列关系式恒成立的是 (   ).

A. $x^3 > y^3$
B. $\sin x > \sin y$
C. $\ln(x^2 + 1) > \ln(y^2 + 1)$
D. $\dfrac{1}{x^2 + 1} > \dfrac{1}{y^2 + 1}$

解析 由 $a^x < a^y (0 < a < 1)$，得 $x > y$，但是不可以确定 x^2 与 y^2 的大小关系，故 C、D 排除. 而 $y = \sin x$ 本身是一个周期函数，故 B 也不对. $x^3 > y^3$ 正确，答案 A.

8. 估算法

指通过大体估值，合理猜想或特殊验证等手段，准确、迅速地找出答案的方法，充分体现了小题小 (巧) 做的解题策略. 在近几年高考的"多想少算"命题思想中，"估算法"是解决此类问题的有效途径，常用的有以点估式 (图)、以部分估整体、以范围估数值等. 估算法适用于带有一定计算因素的题目，表面上看起来似乎要计算，但只要注意审题，观察选项之间的差别，稍加分析，便可以目测心算，得到准确答案或者确定出正确值所在的范围.

例 5-19 函数 $y = \dfrac{x}{2} - 2\sin x$ 的图象大致是 (   ).

| A | B | C | D |

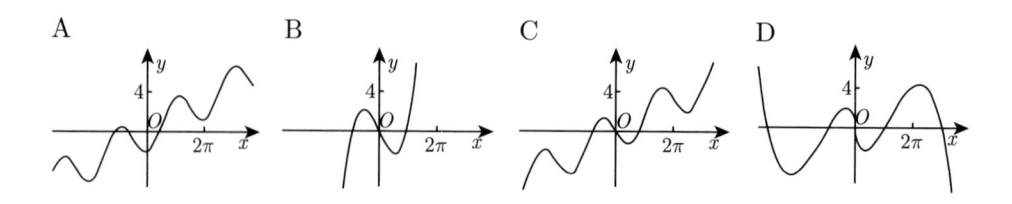

解 考虑函数的定点，单调性，最值等性质. 对于函数 $y = \dfrac{x}{2} - 2\sin x$，过点 $(0,0)$，故排除 A；由于函数是具有周期性的，故排除 B；当 $x > 4$ 时，$y > 0$，当 $x < -4$ 时，$y < 0$，故排除 D.

5.1.2 填空题

填空题又叫填充题，是将一个数学真命题，写成其中缺少一些语句的不完整形式，要求学生在指定的空位上，将缺少的语句填写清楚、准确. 它是一个不完整的陈述句形式，填写的可以是一个词语、数字、符号、数学语句等.

根据填空时所填写的内容形式，可以将填空题分成两种类型：

一是定量型，要求学生填写数值、数集或数量关系，如方程的解、不等式的解集、函数的定义域、值域、最大值或最小值、线段长度、角度大小等等. 由于填空题和选择题相比，缺少选择支的信息，所以高考题中多数是以定量型问题出现.

二是定性型，要求填写的是具有某种性质的对象或者填写给定的数学对象的某种性质，如有什么样的线性相关关系，给定二次曲线的准线方程、焦点坐标、离心率等等.

填空题不要求学生书写推理或者演算的过程，只要求直接填写结果，它和选择题一样，能够在短时间内作答，因而可加大高考试卷卷面的知识容量，同时也可以考查学生对数学概念的理解、数量问题的计算解决能力和推理论证能力.

填空题的解法很多，包括直接求解法、数形结合法和特殊化法 (特殊值法、特殊函数法、特殊角法、特殊数列法、图形特殊位置法、特殊点法、特殊方程法、特殊模型法) 等.

1. 直接求解法

直接求解就是直接从题设条件出发，利用定义、性质、定理、公式等，经过变形、推理、计算、判断得到结论的. 这是解填空题的常用的基本方法. 直接法解填空题，要从数学本质来解题，自觉地、有意识地采取灵活、简捷的解法.

例 5-20 $x\left(x - \dfrac{2}{x}\right)^7$ 的展开式中 x^4 的系数是 _____. (用数字作答)

思路分析 (1) 根据二项式定理写出 $\left(x - \dfrac{2}{x}\right)^7$ 的二项展开式.

5.1 数学客观题

(2) 明确 x^4 的对应的在展开式的项的系数.

解答过程 $x\left(x-\dfrac{2}{x}\right)^7$ 按二项式定理展开的通项为

$$T_{r+1} = C_7^r x^r \left(-\dfrac{2}{x}\right)^{7-r} = C_7^r(-2)^{7-r} x^{2r-7},$$

则 $x\left(x-\dfrac{2}{x}\right)^7$ 的通项为 $T_{r+1} = C_7^r(-2)^{7-r} x^{2r-6}$, 由此我们知道 x^4 项即 $r = 5$, 即系数为 $C_7^r(-2)^{7-r} = C_7^5(-2)^2 = 84$. 因此, 答案为 84.

例 5-21 如图 5-6, E、F 分别为正方体的面 ADD_1A_1、面 BCC_1B_1 的中心, 则四边形 BFD_1E 在该正方体的面上的射影可能是_____(要求：把可能的图的序号都填上).

解 正方体共有 3 组对面, 分别考察如下：

(1) 四边形 BFD_1E 在左右一组面上的射影是图 5-7 ③. 因为 B 点、F 点在面 AD_1 上的射影分别是 A 点、E 点.

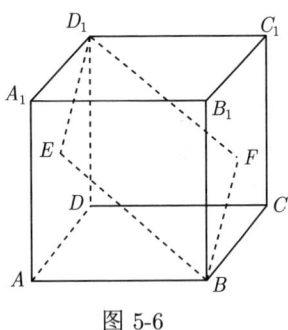

图 5-6

(2) 四边形 BFD_1E 在上下及前后两组面上的射影是图 5-7 ②. 因为 D_1 点、E 点、F 点在面 AC 上的射影分别是 D 点、AD 中点、BC 中点；B 点、E 点、F 点在面 DC_1 上的射影分别是 C 点、DD_1 的中点、CC_1 的中点. 故本题答案为②③.

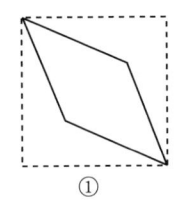

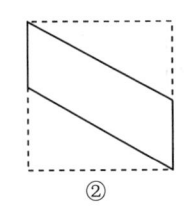

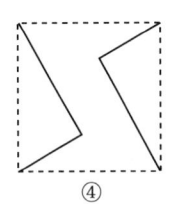

① ② ③ ④

图 5-7

2. 构造法

构造法就是根据题设条件或结论所具有的特征和性质, 构造满足条件或结论的数学对象 (包括函数、方程、数列、复数、图形、图表、几何变换、对应关系、数学模型、反例等), 并借助该对象来解决数学问题的思想方法. 构造法是一种富有创造性的数学思想方法.

例 5-22 已知 $\boldsymbol{e}_1, \boldsymbol{e}_2$ 是空间单位向量, $\boldsymbol{e}_1 \cdot \boldsymbol{e}_2 = \dfrac{1}{2}$, 若空间向量 $\boldsymbol{b}$ 满足 $\boldsymbol{b} \cdot \boldsymbol{e}_1 = 2, \boldsymbol{b} \cdot \boldsymbol{e}_2 = \dfrac{5}{2}$, 且对于任意 $x, y \in \mathbf{R}, |\boldsymbol{b} - (x\boldsymbol{e}_1 + y\boldsymbol{e}_2)| \geqslant |\boldsymbol{b} - (x_0\boldsymbol{e}_1 + y_0\boldsymbol{e}_2)| = $

$1\,(x_0, y_0 \in \mathbf{R})$,则 $x_0 = $ _____,$y_0 = $ _____,$|\boldsymbol{b}| = $ _____.

解析 从几何上讲,$|\boldsymbol{b} - (x\boldsymbol{e}_1 + y\boldsymbol{e}_2)|$ 的几何意义是向量 $\boldsymbol{b}$ 的终点 B 到向量 $\langle \boldsymbol{e}_1, \boldsymbol{e}_2 \rangle$ 确定的平面上任意一点的距离. 而 $|\boldsymbol{b} - (x\boldsymbol{e}_1 + y\boldsymbol{e}_2)|$ 取得最小值的含义则是向量 $\boldsymbol{b} - (x_0\boldsymbol{e}_1 + y_0\boldsymbol{e}_2)$ 垂直于向量 $\langle \boldsymbol{e}_1, \boldsymbol{e}_2 \rangle$ 确定的平面.

因为向量 $\boldsymbol{b} - (x_0\boldsymbol{e}_1 + y_0\boldsymbol{e}_2)$ 垂直于向量 $\langle \boldsymbol{e}_1, \boldsymbol{e}_2 \rangle$ 确定的平面,所以

$$[\boldsymbol{b} - (x_0)\boldsymbol{e}_1 + y_0\boldsymbol{e}_2)] \cdot \boldsymbol{e}_1 = 0, \quad 且 \quad [\boldsymbol{b} - (x_0\boldsymbol{e}_1 + y_0\boldsymbol{e}_2)] \cdot \boldsymbol{e}_2 = 0.$$

由于 $\boldsymbol{e}_1 \cdot \boldsymbol{e}_2 = \dfrac{1}{2}, \boldsymbol{b} \cdot \boldsymbol{e}_1 = 2, \boldsymbol{b} \cdot \boldsymbol{e}_2 = \dfrac{5}{2}$,可得 $x_0 = 1, y_0 = 2, |\boldsymbol{b}| = 2\sqrt{2}$.

3. 数形结合

借助图形的直观性,通过数形结合的方法,迅速作出判断的方法称为图象法. 文氏图、三角函数线、函数的图象及方程的曲线等,都是常用的图形.

例 5-23 如果不等式 $\sqrt{4x - x^2} > (a-1)x$ 的解集为 A,且 $A \subseteq \{x \mid 0 < x < 2\}$,那么实数 a 的取值范围是_____.

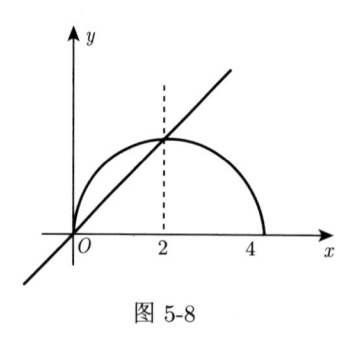

解析 根据不等式解集的几何意义,作函数 $y = \sqrt{4x - x^2}$ 和函数 $y = (a-1)x$ 的图象(图 5-8),从图上容易得出实数 a 的取值范围是 $a \in [2, +\infty)$.

例 5-24 与直线 $x + y - 2 = 0$ 和曲线 $x^2 + y^2 - 12x - 12y + 54 = 0$ 都相切的半径最小的圆的标准方程是_____.

图 5-8

分析 根据题意,我们可以作出直线和圆的图形. 观察图形可知,直线与圆都关于直线 $y = x$ 对称,于是不难得出直线 $y = x$ 与直线和圆的两个交点构成的线段长就是所求圆的直径.

解 设所求的圆为 $\odot D$,已知的圆为 $\odot A$. 如图 5-9,连结 OA,交圆 A 和已知直线分别于点 B, C,则线段 OA 垂直于已知直线 $x + y - 2 = 0$. 所以线段 BC 的长就是所求的圆 D 的直径. 由已知得 $A(6,6), AB = 3\sqrt{2}, OC = \sqrt{2}, OA = 6\sqrt{2}$,所以 $BC = 2\sqrt{2}, CD = \sqrt{2}$. 于是可求得 $D(2,2)$. 故所求的半径最小的圆 D 的标准方程为 $(x-2)^2 + (y-2)^2 = 2$.

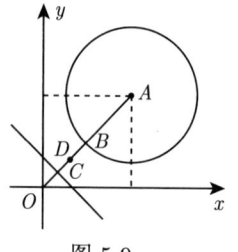

图 5-9

点评 根据已知条件作出图形,能够很直观地看出未知与已知之间的关系,减少了思维障碍.

4. 特殊法

当填空题已知条件中含有某些不确定的量,但填空题的结论唯一或题设条件中提供的信息暗示答案是一个定值时,可以将题中变化的不定量选取一些符合条

件的恰当特殊值 (特殊函数、特殊角、特殊数列、图形特殊位置、特殊点、特殊方程、特殊模型等) 进行处理, 从而得出待求的结论. 这样可大大地简化推理、论证的过程.

例 5-25 如果函数 $f(x) = x^2+bx+c$ 对任意实数 t 都有 $f(2+t) = f(2-t)$, 那么 $f(1), f(2), f(4)$ 的大小关系是_____.

解 由于 $f(2+t) = f(2-t)$, 故知 $f(x)$ 的对称轴是 $x = 2$. 可取特殊函数 $f(x) = (x-2)^2$, 即可求得 $f(1) = 1, f(2) = 0, f(4) = 4$. 从而 $f(2) < f(1) < f(4)$.

例 5-26 设 $a > b > 1$, 则 $\log_a b, \log_b a, \log_{ab} b$ 的大小关系是_____.

解 考虑到三个数的大小关系是确定的, 不妨令 $a = 4, b = 2$, 则 $\log_a b = \frac{1}{2}, \log_b a = 2, \log_{ab} b = \frac{1}{3}$. 故 $\log_{ab} b < \log_a b < \log_b a$.

5. 转化法

通过 "化复杂为简单、化陌生为熟悉" 将问题等价转化成便于解决的问题, 从而得到正确的结果. 将抽象的问题转化为具体的直观的问题; 将复杂的问题转化为简单的问题; 将一般性的问题转化为特殊的问题, 使得问题变得容易解决. 这种转化通常是正与反、一般与特殊、常量与变量、动与静、相等与不等、局部与整体之间的转化.

例 5-27 不等式 $\sqrt{x} > ax + \frac{3}{2}$ 的解集为 $(4, b)$, 则 $a = $ _____, $b = $ _____.

解析 设 $\sqrt{x} = t$, 则原不等式可转化为 $at^2 - t + \frac{3}{2} < 0$, 所以 $a > 0$, 且 2 与 $\sqrt{b}(b > 4)$ 是方程 $at^2 - t + \frac{3}{2} = 0$ 的两根, 由此可得 $a = \frac{1}{8}, b = 36$.

例 5-28 已知 a, b 是正实数, 且满足 $ab = a+b+3$, 则 $a+b$ 的取值范围是_____.

解析 因为 a, b 是正实数且 $ab = a+b+3$, 故 a, b 可视为一元二次方程 $x^2 - mx + (m+3) = 0$ 的两个根, 其中 $a+b = m, ab = m+3$, 要使方程有两个正根, 应有

$$\begin{cases} \Delta = m^2 - 4m - 12 \geqslant 0, \\ m > 0, \\ m+3 > 0, \end{cases}$$

解得 $m \geqslant 6$, 即 $a+b \geqslant 6$, 故 $a+b$ 的取值范围是 $[6, +\infty)$.

6. 极端值法

通过图形找出动直线运动的极端位置, 求出动直线到达极端位置 (或趋近极端位置) 时参变量的值, 从而写出参变量的取值范围.

例 5-29 设 m 为实数,若 $\{(x,y) \mid x-2y+5 \geqslant 0, 3-x \geqslant 0, mx+y \geqslant 0\} \subseteq \{(x,y) \mid x^2+y^2 \leqslant 25\}$,则 m 的取值范围是_____.

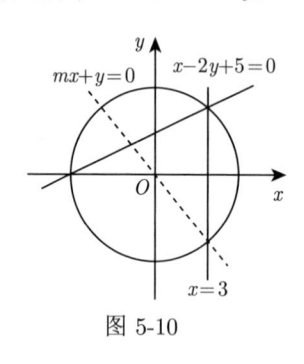

分析 如图 5-10,已知的区域是圆 $x^2+y^2=25$ 内一个动态三角形,这个三角形区域的范围是由动直线 $mx+y=0$ 决定的. 因此我们可以找出这条动直线运动变化的两个极端位置,求出对应的 m 值,即可写得其取值范围.

解 画出图形, $x-2y+5 \geqslant 0$ 表示直线 $x-2y+5=0$ 下方的区域; $3-x \geqslant 0$ 表示直线 $x=3$ 左侧区域,而直线 $mx+y=0$ 过原点,且 $mx+y \geqslant 0$ 表示直线 $mx+y=0$ 右上方区域. 要使直线 $x-2y+5=0, 3-x=0, mx+y=0$ 所构成的三角形区域在圆 $x^2+y^2=25$ 内,则直线 $mx+y=0$ (图 5-10 中虚线) 转动的范围应该过 $(-5,0)$ 到 $(3,-4)$. 因此,容易求得直线过这两点时 m 的值分别为 0 和 $\dfrac{4}{3}$,故 m 的取值范围为 $0 \leqslant m \leqslant \dfrac{4}{3}$.

图 5-10

5.2 三角函数问题

三角函数问题主要包括四个方面的内容:三角函数概念、三角恒等变换、解三角形、综合创新问题.

三角函数概念包括:任意角的定义、弧度制;结合三角函数的图象及其性质(单调性、奇偶性、周期性以及最值、对称轴、零点等);三角函数 $y=A\sin(wx+\varphi)$ 的平移变换;同角三角函数的基本关系.

三角恒等变换包括:两角和与差三角函数公式;诱导公式;二倍角公式;简单的三角恒等变换.

解三角形包括:利用正弦、余弦定理解决三角形角度、边长、面积的度量问题;能够运用正弦定理、余弦定理等知识和方法解决一些与测量和几何计算有关的实际问题.

综合创新问题包括:与平面向量的综合;与不等式的综合;与立体几何方面的综合;与集合有关的问题;与平面几何的综合.

下面我们从解题方法进行讨论.

5.2.1 公式法

三角函数、解三角形以及三角恒等变换这三部分内容涉及的公式非常多,在全国卷试题中这些公式常常作为直接考查或间接考查的对象,直接考查主要是对公式的正用,间接考查包括对公式的逆用或变形使用,通过套用两个或以上的公式列出等式联立方程组求解未知量等等.

例 5-30 $\triangle ABC$ 的内角 A,B,C 的对边分别为 a,b,c,已知 $(a+2c)\cos B + b\cos A = 0$.

(1) 求 B;
(2) 若 $b=3$,$\triangle ABC$ 的周长为 $3+2\sqrt{3}$,求 $\triangle ABC$ 的面积.

解 (1) 因为 $(a+2c)\cos B + b\cos A = 0$,由正弦定理,所以

$$(\sin A + 2\sin C)\cos B + \sin B\cos A = 0,$$

$$(\sin A\cos B + \sin B\cos A) + 2\sin C\cos B = 0,$$

所以 $\sin(A+B) + 2\cos B\sin C = 0$. 又因为 $\sin(A+B) = \sin C$,所以 $\cos B = -\dfrac{1}{2}$. 因为 $0 < B < \pi$,所以 $B = \dfrac{2}{3}\pi$.

(2) 由余弦定理得

$$9 = a^2 + c^2 - 2ac \times \left(-\dfrac{1}{2}\right), \quad a^2 + c^2 + ac = 9,$$

所以 $(a+c)^2 - ac = 9$. 因为 $a+b+c = 3+2\sqrt{3}$,$b=3$,所以 $a+c = 2\sqrt{3}$,所以 $ac = 3$. 所以

$$S_{\triangle ABC} = \dfrac{1}{2}ac\sin B = \dfrac{1}{2} \times 3 \times \dfrac{\sqrt{3}}{2} = \dfrac{3\sqrt{3}}{4}.$$

在三角形中直接运用正、余弦定理是三角函数综合题中最典型的题型,也是最为常见和简单的. 通过转化与化归,利用诱导公式、两角和差公式、正弦定理将未知转化为已知; 方程的思想,利用三角函数中的公式列出等式联立方程组求解. 要根据题目条件,选用公式的合适变形,即逆用或变形使用; 有意识地通过套用两个或以上的公式列出等式联立方程组求解未知量等等.

5.2.2 差异分析法

三角恒等变换过程中有结构形式、三角函数种类和所包含角的差异,所以做三角恒等变换题目常用差异分析法. 先分析差异,再消除差异.

例 5-31 设 $\alpha \in \left(0, \dfrac{\pi}{2}\right)$,$\beta \in \left(0, \dfrac{\pi}{2}\right)$,且 $\tan\alpha = \dfrac{1+\sin\beta}{\cos\beta}$,则 ( ).

A. $3\alpha - \beta = \dfrac{\pi}{2}$ B. $2\alpha - \beta = \dfrac{\pi}{2}$ C. $3\alpha + \beta = \dfrac{\pi}{2}$ D. $2\alpha + \beta = \dfrac{\pi}{2}$

本题考查的知识包括: 同角三角函数的基本关系,正弦差角公式诱导公式及简单三角恒等变换.

已知条件 $\tan\alpha = \dfrac{1+\sin\beta}{\cos\beta}$ 左边为切,右边为弦,对待这种三角函数种类的

差异, 常进行 "切化弦".

分析 (1) 分析差异：三角函数种类上的差异.

消除差异: $\tan\alpha = \dfrac{1+\sin\beta}{\cos\beta}$ 切化弦

$\dfrac{\sin\alpha}{\cos\alpha} = \dfrac{1+\sin\beta}{\cos\beta} \longrightarrow \sin\alpha\cos\beta = \cos\alpha + \cos\alpha\sin\beta \longrightarrow \sin(\alpha-\beta) = \cos\alpha$.

(2) 分析差异：此时左右两边差异为三角函数种类.

消除差异：用诱导公式.

① $-\dfrac{\pi}{2} < \alpha - \beta < \dfrac{\pi}{2}$, 分为 $\left(0, \dfrac{\pi}{2}\right)$ 和 $\left(-\dfrac{\pi}{2}, 0\right)$ 的角, 再用诱导公式把右边的角转化到 $\left(0, \dfrac{\pi}{2}\right)$ 和 $\left(-\dfrac{\pi}{2}, 0\right)$.

② $\cos\alpha = \sin\left(\alpha - \dfrac{\pi}{2}\right) = \sin\left(\dfrac{\pi}{2} - \alpha\right), -\dfrac{\pi}{2} < \alpha - \dfrac{\pi}{2} < 0, \ 0 < \dfrac{\pi}{2} - \alpha < \dfrac{\pi}{2}$.

情况一: $0 < \alpha - \beta < \dfrac{\pi}{2}$,

$\sin(\alpha - \beta) = \cos\alpha = \sin\left(\dfrac{\pi}{2} - \alpha\right), \quad \alpha - \beta = \dfrac{\pi}{2} - \alpha, 2\alpha - \beta = \dfrac{\pi}{2}$;

情况二: $-\dfrac{\pi}{2} < \alpha - \beta < 0$,

$\sin(\alpha - \beta) = \cos\alpha = \sin\left(\alpha - \dfrac{\pi}{2}\right), \quad \alpha - \beta = \alpha - \dfrac{\pi}{2}, \beta = \dfrac{\pi}{2}$, 舍去.

所以 $2\alpha - \beta = \dfrac{\pi}{2}$. 答案:B.

上述过程中, 把切转化成弦, 用诱导公式把余弦变正弦, 还把角转化到 $\left(0, \dfrac{\pi}{2}\right)$ 和 $\left(-\dfrac{\pi}{2}, 0\right)$ 上, 是运用了转化与化归思想. $\alpha - \beta$ 分别属于 $\left(0, \dfrac{\pi}{2}\right)$ 和 $\left(-\dfrac{\pi}{2}, 0\right)$ 时, 选择的诱导公式不同, 是用了分类讨论的思想.

5.2.3 整体法

把一个不只含有一项的式子看成一个整体, 从而达到简化题目的目的, 体现出一种层次感.

例 5-32 函数 $f(x) = \sin(x+2\varphi) - 2\sin\varphi\cos(x+\varphi)$ 的最大值为 _____.

正弦的和角公式, 整体的思想, 三角函数的最大值.

要求三角函数的最大值, 要先把三角函数化简, 化简成 $f(x) = A\sin(\omega x+\varphi) + B$ 的形式, 则最大值就是 A. φ 和 $x+\varphi$ 的和角正是 $x+2\varphi$, 把 $x+2\varphi$ 看成一个整体, 整体扮演一个角的角色, 可以用正弦的和角公式, 把 $x+2\varphi$ 拆成 φ 和 $x+\varphi$.

解析

$f(x) = \sin(x+2\varphi) - 2\sin\varphi\cos(x+\varphi)$　　(用正弦和角公式展开)

$$= \sin(x+\varphi)\cos\varphi + \sin\varphi\cos(x+\varphi) - 2\sin\varphi\cos(x+\varphi)$$
$$= \sin(x+\varphi)\cos\varphi - \sin\varphi\cos(x+\varphi) \quad (逆用弦和角公式)$$
$$= \sin x = 1.$$

整体的思想：在运用正弦的和角公式时，把 $x+2\varphi$ 看成 φ 和 $x+\varphi$ 的和角，把 $x+\varphi$ 看成一个整体，突破了把 $x+2\varphi$ 看成 x 和 2φ 的和角的定势思维.

5.2.4 数形结合法

例 5-33 设函数 $f(x) = A\sin(\omega x + \varphi)$ (A,ω,φ 为常数，且 $A > 0, \omega > 0, 0 < \varphi < \pi$) 的部分图象如图 5-11 所示.

(1) 求 A, ω, φ 的值；

(2) 设 θ 为锐角，且 $f(\theta) = -\dfrac{3}{5}\sqrt{3}$，求 $f\left(\theta - \dfrac{\pi}{6}\right)$ 的值.

解 (1) 由图象得 $A = \sqrt{3}$，最小正周期 $T = \dfrac{4}{3}\left(\dfrac{7\pi}{12} + \dfrac{\pi}{6}\right) = \pi$，所以 $\omega = \dfrac{2\pi}{T} = 2$，故 $f(x) = \sqrt{3}\sin(2x + \varphi)$. 由 $f\left(\dfrac{7\pi}{12}\right) = -\sqrt{3}$，

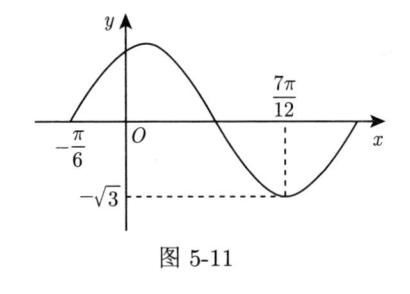

图 5-11

得 $2\left(\dfrac{7\pi}{12}\right) + \varphi = -\dfrac{\pi}{2} + 2k\pi$, $k \in \mathbf{Z}$，所以 $-\varphi = -\dfrac{5\pi}{3} + 2k\pi$, $k \in \mathbf{Z}$. 因为 $0 < \varphi < \pi$，所以 $\varphi = \dfrac{\pi}{3}$.

(2) 由 $f(\theta) = \sqrt{3}\sin\left(2\theta + \dfrac{\pi}{3}\right) = -\dfrac{3}{5}\sqrt{3}$，得 $\sin\left(2\theta + \dfrac{\pi}{3}\right) = -\dfrac{3}{5}$. 因为 $\theta \in \left(0, \dfrac{\pi}{2}\right)$，所以 $2\theta + \dfrac{\pi}{3} \in \left(\dfrac{\pi}{3}, \dfrac{4\pi}{3}\right)$. 又 $\sin\left(2\theta + \dfrac{\pi}{3}\right) < 0$，所以 $2\theta + \dfrac{\pi}{3} \in \left(\pi, \dfrac{4\pi}{3}\right)$，故
$$\cos\left(2\theta + \dfrac{\pi}{3}\right) = -\sqrt{1 - \sin^2\left(2\theta + \dfrac{\pi}{3}\right)} = -\dfrac{4}{5},$$
$$f\left(\theta - \dfrac{\pi}{6}\right) = \sqrt{3}\sin 2\theta = \sqrt{3}\sin\left[\left(2\theta + \dfrac{\pi}{3}\right) - \dfrac{\pi}{3}\right]$$
$$= \sqrt{3}\left[\sin\left(2\theta + \dfrac{\pi}{3}\right)\cos\dfrac{\pi}{3} - \cos\left(2\theta + \dfrac{\pi}{3}\right)\sin\dfrac{\pi}{3}\right]$$
$$= \sqrt{3}\left(-\dfrac{3}{5} \times \dfrac{1}{2} + \dfrac{4}{5} \times \dfrac{\sqrt{3}}{2}\right) = \dfrac{12 - 3\sqrt{3}}{10}.$$

以数解形的思想：根据图象的信息求出其相应的解析式，再得出相应解析式的图象.

5.2.5 转化法

三角函数问题中，最值的问题一般采取构造函数或构造向量的方法，将题目转化为向量或函数的最值问题. 同时，某些有三角函数变换的形式的函数题目也可以转化成三角函数来求.

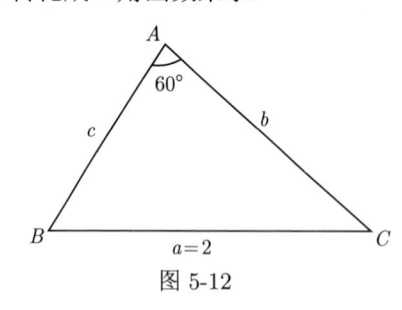

例 5-34 如图 5-12，在 $\triangle ABC$ 中，已知 $\triangle ABC$ 的三个内角为 A, B, C，其对应的三边为 a, b, c，且 $A = 60°$，$a = 2$，求 $b + c$ 的取值范围.

解 由题意知 $2R = \dfrac{a}{\sin A} = \dfrac{2}{\sin 60°} = \dfrac{4\sqrt{3}}{3}$，故有

图 5-12

$$b = 2R\sin B, \quad c = 2R\sin C \text{ (实现了边的问题向角问题转化，使用正弦定理),}$$

所以

$$b + c = 2R \cdot (\sin B + \sin C) = \dfrac{\sqrt{3}}{3}(\sin B + \sin C) \text{ (转化为三角函数最值问题).}$$

由于 $B + C = 120°$，故

$$b + c = \dfrac{4\sqrt{3}}{3}\left[\sin B + \sin\left(\dfrac{2\pi}{3} - B\right)\right] = 4\sin\left(B + \dfrac{\pi}{6}\right), \quad B \in \left(0, \dfrac{2\pi}{3}\right).$$

结合三角函数图象知 $b + c \in (2, 4]$.

当然，如果采用技巧也可快速解决问题，我们来看看巧解并与通法进行对比.

巧法 由余弦定理，知 $4 = b^2 + c^2 - bc = (b+c)^2 - 3bc$，由不等式 $bc \leqslant \left(\dfrac{b+c}{2}\right)^2$，知

$$4 \geqslant (b+c)^2 - \dfrac{3}{4}(b+c)^2 = \dfrac{1}{4}(b+c)^2,$$

当且仅当 $b = c$ 时等号成立，故得到 $b + c \leqslant 4$. 又由三角不等式知 $b + c > a = 2$. 综上可得 $b + c \in (2, 4]$.

5.2.6 向量法

向量具有代数运算性与几何直观性的"双重身份"，即可以像数一样满足"运算性质"进行运算. 不仅如此，平面向量还与三角函数在"角"之间存在着密切的联系. 同时在平面向量与三角函数的交汇处设计考题，其形式多样，解法灵活，极富思维性和挑战性.

例 5-35 在 $\triangle ABC$ 中，内角 A, B, C 所对的边分别为 a, b, c，已知 $\boldsymbol{m} = (a, c - 2b), \boldsymbol{n} = (\cos C, \cos A)$，且 $\boldsymbol{m} \perp \boldsymbol{n}$.

(1) 求角 A 的大小；

(2) 若 $b + c = 5, \triangle ABC$ 的面积为 $\sqrt{3}$，求 a.

解 (1) 由 $\boldsymbol{m} \perp \boldsymbol{n}$，可得 $\boldsymbol{m} \cdot \boldsymbol{n} = 0$，即 $2b \cos A = a \cos C + c \cos A$，即 $2 \sin B \cos A = \sin A \cos C + \sin C \cos A$，即 $2 \sin B \cos A = \sin(A + C)$. 因为 $\sin(A+C) = \sin(\pi - B) = \sin B$，所以 $2 \sin B \cos A = \sin B$，即 $\sin B(2 \cos A - 1) = 0$. 因为 $0 < B < \pi$，所以 $\sin B \neq 0$，所以 $\cos A = \dfrac{1}{2}$. 因为 $0 < A < \pi$，所以 $A = \dfrac{\pi}{3}$.

(2) 由 $S_{\triangle ABC} = \sqrt{3}$，可得 $S_{\triangle ABC} = \dfrac{1}{2} bc \sin A = \sqrt{3}$，所以 $bc = 4$. 又 $b + c = 5$，由余弦定理得 $a^2 = b^2 + c^2 - 2bc \cos A = (b + c)2 - 3bc = 13$，所以 $a = \sqrt{13}$.

三角函数问题有时以向量为背景进行命制，比如结合向量的坐标运算、向量垂直与平行的充要条件、向量的数量积等等，其本质依然是考察三角恒等变换或者三角函数的图象和性质. 对于这类问题，我们的基本策略是将向量条件等价转化为三角条件，即关于三角形中边角的三角方程或者表达式，然后依照案例的方法就可很容易的解决.

用向量法解决与三角函数有关的题目时，可以先观察式子结构，看是否可以写成两个向量点乘的形式，若可以，就能用向量的直观性很好地解决问题. 立体几何中求某个角的三角函数也常常用向量的方法来做，避免了做辅助线找三角形，再解三角形的麻烦.

5.2.7 "1" 的转换

常数（"1"）对于三角函数有特殊的作用，常数（"1"）的等效替代法在三角函数中主要体现在以上的例题和变式中，把 1 替换成 $\sin^2 \alpha + \cos^2 \alpha$、$\tan \dfrac{\pi}{4}$，或是在一个类似 $(2 + b)(\sin A - \sin B) = (c - b) \sin C$ 的式子中，用已知的边替换数字，从而达到对式子进行化简或三角恒等变换的目的.

例 5-36 若 $\cos \alpha = -\dfrac{4}{5}, \alpha$ 是第三象限的角，则 $\dfrac{1 + \tan \dfrac{\alpha}{2}}{1 - \tan \dfrac{\alpha}{2}} = (\quad)$

A. $-\dfrac{1}{2}$ B. $\dfrac{1}{2}$ C. 2   D. -2

正切的二倍角公式、和角公式、诱导公式，同三角函数的基本关系.

由未知式子的结构和 1，联想到 $1 = \tan \dfrac{\pi}{4}$，将未知式子变形.

解 观察 $\dfrac{1+\tan\dfrac{\alpha}{2}}{1-\tan\dfrac{\alpha}{2}}$ 的结构, 上加下减, 类似于正切的和角公式, 其中一个角是 $\dfrac{\alpha}{2}$, 把 1 看成 $\tan\dfrac{\pi}{4}$, 则

$$\dfrac{1+\tan\dfrac{\alpha}{2}}{1-\tan\dfrac{\alpha}{2}}=\dfrac{\tan\dfrac{\pi}{4}+\tan\dfrac{\alpha}{2}}{1-\tan\dfrac{\pi}{4}\tan\dfrac{\alpha}{2}}=\tan\left(\dfrac{\pi}{4}+\dfrac{\alpha}{2}\right).$$

所以问题转化成已知 $\cos\alpha=-\dfrac{4}{5}$, 求 $\tan\left(\dfrac{\pi}{4}+\dfrac{\alpha}{2}\right)$.

$$\cos\alpha=-\dfrac{4}{5}\longrightarrow\tan\alpha=\dfrac{3}{4}\longrightarrow\tan\left(\alpha+\dfrac{\pi}{2}\right)=\dfrac{4}{3}\longrightarrow\tan\left(\dfrac{\alpha}{2}+\dfrac{\pi}{2}\right)=\dfrac{1}{2}.$$

把 1 化为 $\tan\dfrac{\pi}{4}$, 使得问题得到转化; 而接下来的解题过程, 也不断地通过转化, 使得已知越来越靠近未知.

5.2.8 恒等变换法

例 5-37 已知函数 $f(x)=\cos^2 x+2\sqrt{3}\sin x\cos x-\sin^2 x$.

(1) 求函数 $y=f(x)$ 的最小正周期以及单调递增区间;

(2) 已知 $\triangle ABC$ 的内角 A,B,C 所对的边分别为 a,b,c, 若 $f(C)=1, c=2, \sin C+\sin(B-A)=2\sin 2A$, 求 $\triangle ABC$ 的面积.

解 (1)

$$\begin{aligned}f(x)&=2\sqrt{3}\sin x\cdot\cos x+\cos^2 x-\sin^2 x\\ &=\sqrt{3}\sin 2x+\cos 2x=2\sin\left(2x+\dfrac{\pi}{6}\right),\end{aligned}$$

$T=\dfrac{2\pi}{2}=\pi$, 即函数最小正周期为 π, 由 $2k\pi-\dfrac{\pi}{2}\leqslant 2x+\dfrac{\pi}{6}\leqslant 2k\pi+\dfrac{\pi}{2}$, 得 $k\pi-\dfrac{\pi}{3}\leqslant x\leqslant k\pi+\dfrac{\pi}{6}$, 故所求单调递增区间为 $\left[k\pi-\dfrac{\pi}{3},k\pi+\dfrac{\pi}{6}\right]$ $(k\in\mathbf{Z})$.

(2) 由 $f(C)=1$, 得 $2\sin\left(2C+\dfrac{\pi}{6}\right)=1$, 所以 $2C+\dfrac{\pi}{6}=\dfrac{\pi}{6}+2k\pi$ 或 $2C+\dfrac{\pi}{6}=\dfrac{5\pi}{6}+2k\pi$, 所以 $C=k\pi$ 或 $C=\dfrac{\pi}{3}+k\pi$, 因为 $C\in(0,\pi)$, 所以 $C=\dfrac{\pi}{3}$. 又因为 $\sin C+\sin(B-A)=\sin(B+A)+\sin(B-A)=2\sin B\cos A$, 所以 $2\sin B\cos A=2\sin 2A$, 即 $\sin B\cos A=2\sin A\cos A$.

① 当 $\cos A=0$ 时, 即 $A=\dfrac{\pi}{2}$, 则由 $C=\dfrac{\pi}{3}, c=2$, 可得 $S_{\triangle ABC}=\dfrac{2\sqrt{3}}{3}$.

② 当 $\cos A \neq 0$ 时, 则 $\sin B = 2\sin A$, 即 $b = 2a$, 则由 $\cos C = \dfrac{a^2 + b^2 - c^2}{2ab} = \dfrac{1}{2}$, 解得 $a = \dfrac{2\sqrt{3}}{3}, b = \dfrac{4\sqrt{3}}{3}$, 所以 $S_{\triangle ABC} = \dfrac{1}{2}ab\sin C = \dfrac{2\sqrt{3}}{3}$.

综上, $S_{\triangle ABC} = \dfrac{2\sqrt{3}}{3}$.

上例中的函数 $f(x) = \cos^2 x + 2\sin x \cos x - \sin^2 x$, 是一个较为复杂的综合的而并没有化简的三角函数解析式, 然后提问三角函数的某些图象和性质, 或者求解一些较为复杂的三角函数值. 处理这类题型的通用策略是利用三角恒等变换化简, 比如两角和与差的三角函数公式或者二倍角、半角公式等等将其化简成 $A\sin(ax + \varphi) + B$ 或 $A\cos(ax + \varphi) + B$ 的形式, 然后解三角形或者求解三角函数图象和性质即可.

5.2.9 综合法

综合法是指从已知条件出发, 借助其性质和有关定理, 经过逐步的逻辑推理, 最后达到待证结论或需求问题, 其特点和思路是"由因导果", 即从"已知"看"可知", 逐步推向"未知".

例 5-38 如图 5-13, 矩形 $ABCD$ 是一个历史文物展览厅的俯视图, 点 E 在 AB 上, 在梯形 $BCDE$ 区域内部展示文物, DE 是玻璃幕墙, 游客只能在 $\triangle ADE$ 区域内参观. 在 AE 上点 P 处安装一个可旋转的监控摄像头, $\angle MPN$ 为监控角, 其中 M, N 在线段 DE(含端点)上, 且点 M 在点 N 的右下方. 经测量得知 $AD = 6$ 米, $AE = 6$ 米, $AP = 2$ 米, $\angle MPN = \dfrac{\pi}{4}$. 记 $\angle EPM = \theta$(弧度), 监控摄像头的可视区域 $\triangle PMN$ 的面积为 S 平方米.

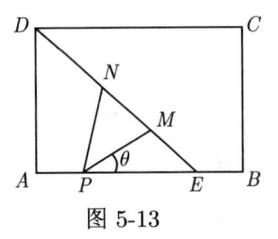

图 5-13

(1) 求 S 关于 θ 的函数关系式, 并写出 θ 的取值范围 (参考数据: $\tan\dfrac{5}{4} \approx 3$);

(2) 求 S 的最小值.

解 (1) 在 $\triangle PME$ 中, $\angle EPM = \theta, PE = AE - AP = 4$ 米, $\angle PEM = \dfrac{\pi}{4}, \angle PME = \dfrac{3\pi}{4} - \theta$, 由正弦定理得 $\dfrac{PM}{\sin \angle PEM} = \dfrac{PE}{\sin \angle PME}$, 所以

$$PM = \dfrac{PE \times \sin \angle PEM}{\sin \angle PME} = \dfrac{2\sqrt{2}}{\sin\left(\dfrac{3\pi}{4} - \theta\right)} = \dfrac{4}{\sin\theta + \cos\theta}.$$

同理在 $\triangle PNE$ 中, 由正弦定理得 $\dfrac{PN}{\sin \angle PEN} = \dfrac{PE}{\sin \angle PNE}$, 所以

$$PN = \frac{PE \times \sin \angle PEN}{\sin \angle PNE} = \frac{2\sqrt{2}}{\sin\left(\frac{\pi}{2} - \theta\right)} = \frac{2\sqrt{2}}{\cos \theta}.$$

所以 $\triangle PMN$ 的面积

$$\begin{aligned}S &= \frac{1}{2} PM \times PN \times \sin \angle MPN \\ &= \frac{4}{\cos^2 \theta + \sin \theta \cos \theta} = \frac{4}{\frac{1 + \cos 2\theta}{2} + \frac{1}{2} \sin 2\theta} \\ &= \frac{8}{\sin 2\theta + \cos 2\theta + 1} = \frac{8}{\sqrt{2} \sin\left(2\theta + \frac{\pi}{4}\right) + 1}.\end{aligned}$$

当 M 与 E 重合时, $\theta = 0$; 当 N 与 D 重合时, $\tan \angle APD = 3$, 即 $\angle APD = \frac{5}{4}$, $\theta = \frac{3\pi}{4} - \frac{5}{4}$. 所以 $0 \leqslant \theta \leqslant \frac{3\pi}{4} - \frac{5}{4}$.

综上可得 $S = \dfrac{8}{\sqrt{2} \sin\left(2\theta + \frac{\pi}{4}\right) + 1}, \theta \in \left[0, \dfrac{3\pi}{4} - \dfrac{5}{4}\right]$.

(2) 当 $2\theta + \dfrac{\pi}{4} = \dfrac{\pi}{2}$, 即 $\theta = \dfrac{\pi}{8} \in \left[0, \dfrac{3\pi}{4} - \dfrac{5}{4}\right]$ 时, S 取得最小值为 $\dfrac{8}{\sqrt{2} + 1} = 8(\sqrt{2} - 1)$. 所以可视区域 $\triangle PMN$ 面积的最小值为 $8(\sqrt{2} - 1)$ 平方米.

当求解目标无从下手, 不知道从哪个角度切入目标时, 我们需要转移注意力, 从分析题目条件入手. 在分析题目条件时, 我们要做到由一个知识要点, 或条件关键句联想到跟它有关的知识内容及所处的知识体系, 这样才能具备分析的能力, 而在分析条件时, 也要有方向性地进行, 把分析方向不断地往求解目标靠拢; 当分析完所有的条件后, 可以结合其中两个或多个条件继续进行剖析, 最终求得求解目标.

5.3 数列问题

数列在高中数学和大学数学中都有着重要的地位; 在实际应用方面, 现实生活中的储蓄、人口增长、分期付款、物品的摆放等问题都与数列有着密切的联系; 而且数列问题在高考数学中也备受命题专家的重视, 同时也是一线数学教师和高校数学教育专家研究的重要内容; 在大学数学中, 数列也是数学分析、组合数学、离散数学等多门课程的重要组成部分.

在知识上数列与函数、方程、不等式等知识有机融合, 处于一个知识汇合点的地位; 在思想方法上, 数列蕴含着整体思想、数形结合思想、分类讨论思想、函数与方程思想、转化与化归思想. 因此, 数列是高中数学的重要内容, 是考查学生综合素质的一个热点问题.

在高中数学教学中, 数列是较为典型的离散函数代表知识之一, 一直是高中数学考卷中的热点, 从基础题到难题, 都会涉及数列问题的相关知识, 分析数列问题的命题倾向, 解题思路, 可以归纳出题目对学生的能力提出的要求, 从而有针对性地对学生进行训练. 数列在高中数学中占有相当重要的地位, 同时在现实生活当中也是具有较大的应用价值. 高中数学教学当中的数列教学也是有效培养学生的思维能力, 分析能力以及归纳能力的一种重要的途径之一, 同时也是培养学生在高中数学学习中对问题的分析能力与解决能力的重要知识.

5.3.1 数列的通项公式

1. 利用 a_n 与 S_n 的关系

利用递推公式 $a_n = \begin{cases} S_1 & (n=1), \\ S_n - S_{n-1} & (n \geqslant 2), \end{cases}$ 将已知的 S_n 转化为 a_n, 从而得到通项公式.

例 5-39 已知数列 $\{a_n\}$ 的前 n 项和为 S_n, 且满足: $a_1 = a(a \neq 0), a_{n+1} = rS_n (n \in \mathbf{N}^*, r \in \mathbf{R}, r \neq -1)$. 求数列 $\{a_n\}$ 的通项公式.

解 由已知可得 $a_{n+1} = rS_n, a_{n+2} = rS_{n+1}$, 两式相减可得

$$a_{n+2} - a_{n+1} = r(S_{n+1} - S_n) = ra_{n+1}, \quad 即 a_{n+2} = (r+1)a_{n+1},$$

又 $a_2 = ra_1 = ra$, 所以

(1) 当 $r = 0$ 时, 数列 $\{a_n\}$ 为 $a, 0, 0, \cdots, 0, \cdots$.

(2) 当 $r \neq 0, r \neq -1$ 时, 由已知 $a \neq 0$, 得 $a_n \neq 0 (n \in \mathbf{N}^*)$, 于是由 $a_{n+2} = (r+1)a_{n+1}$, 可得 $\dfrac{a_{n+2}}{a_{n+1}} = r+1 (n \in \mathbf{N}^*)$, 从而 $a_2, a_3, \cdots, a_n, \cdots$ 成等比数列, 所以当 $n \geqslant 2$ 时, $a_n = r(r+1)^{n-2}a$.

综上, 数列 $\{a_n\}$ 的通项公式为 $a_n = \begin{cases} a, & n = 1, \\ r(r+1)^{n-2}a, & n \geqslant 2. \end{cases}$

此题属于封闭型的解答题, 既考查了 a_n 与 S_n 的关系, 又有所创新, 给出了 a_n 与 S_n 的关系, 且关系式中含有参数 r, 难度较常规题型有所增加. 由 a_{n+1} 与 S_n 的关系不难得到数列的任两项之间的关系 $a_{n+2} = (r+1)a_{n+1}$, 但根据经验, 涉及参数的题目一般要对参数进行讨论, 故要对 r 进行讨论, 通过观察不难得到 $r = 0$ 是特殊情形, 要分别对 $r = 0$ 和 $r \neq 0 (r \neq -1)$ 进行讨论. 进而利用等比数列的通项公式等不难得出两种情形下 a_n 的通项公式. 其中特别要注意 $n = 1$ 的情况.

方法提炼 此类问题的题型主要包括三种:

(A) 已知数列 $\{a_n\}$ 的前 n 项和为 $S_n = f(n)$，求 a_n，其中的 $f(n)$ 一般为二次函数. 解题关键是利用递推公式 $a_n = \begin{cases} S_1 & (n=1), \\ S_n - S_{n-1} & (n \geqslant 2) \end{cases}$ 来求通项 a_n，特别要注意检查 $n=1$ 的情形.

(B) 已知数列 $\{a_n\}$ 的前 n 项和 S_n 与 n 的关系式，求 a_n. 此类题型难度中低，解题关键是由 S_n 与 n 的关系式先用十字相乘法求出 S_n，一般 S_n 有两个解，故需要选取合适的 S_n，若 $\{a_n\}$ 为正项数列，则取 $S_n > 0$ 的解，从而利用 a_n 与 S_n 的递推公式，回归到题型 (A) 求出 a_n.

(C) 已知数列 $\{a_n\}$ 的前 n 项和 S_n 与 a_n 的含参数关系式，求 a_n，解题关键是 a_n 与 S_n 的递推公式.

2. 直接应用公式

例 5-40 已知 $\{a_n\}$ 是等差数列，其前 n 项和为 S_n，$\{b_n\}$ 是等比数列，且 $a_1 = b_1 = 2, a_4 + b_4 = 27, S_4 - b_4 = 10$. 求数列 $\{a_n\}$ 与 $\{b_n\}$ 的通项公式.

解 设等差数列 $\{a_n\}$ 的公差为 d，等比数列 $\{b_n\}$ 的公比为 q，由 $a_1 = b_1 = 2$ 得，$a_4 = 2 + 3d, b_4 = 2q^3, S_4 = 8 + 6d$，由条件，得方程组

$$\begin{cases} 2 + 3d + 2q^3 = 27, \\ 8 + 6d - 2q^3 = 10, \end{cases} \quad \text{解得} \quad \begin{cases} d = 3, \\ q = 2, \end{cases}$$

所以 $a_n = 3n - 1, b_n = 2^n, n \in \mathbf{N}^*$.

此题既考查了等差数列和等比数列的通项公式，又设计了等差数列前 n 项和的公式. 题目已经分别给出了等差数列 $\{a_n\}$ 和等比数列 $\{b_n\}$ 的首项 a_1, b_1，要求 d, q，因此要将题目的已知条件转化为两道关于未知数 d 和 q 的方程，由二元方程组解出 d 和 q，再分别将 a_1, b_1, d, q 代入等差、等比数列的通项公式即得.

方法提炼 此类问题的题型主要包括两种：

(A) 已知数列为等差 (比) 数列, 给出数列某些项的数量关系, 要求数列的通项. 若题目给出的是某三项成等比 (差) 数列, 则需要根据等差 (比) 中项的性质列出关于未知参数 (包括首项或公差或公比) 的方程, 进而求解方程, 将结果代入等差 (比) 数列的通项公式即为所求; 有些题目求解出的未知参数有两个解, 则要注意根据已知条件判断这两个解是否都符合, 若有一个不符合则要舍去, 若两个都符合, 则要注意结果中应分别写出两个通项公式.

(B) 给出数列某些项的数量关系及数列的递推关系, 要求数列的通项. 此类题型一般需要先根据题目给出的递推关系确定数列的特征, 通常递推的结果符合等差数列的定义 $(a_{n+1} - a_n$ 为常数$)$ 或等差中项的性质 $(a_{n+2} + a_n = 2a_{n+1}$ 或 $a_{n+2} - a_{n+1} = a_{n+1} - a_n)$, 或符合等比数列的定义 $\left(\dfrac{a_{n+1}}{a_n}\right.$ 为常数$\left.\right)$ 或等比中项

的性质 $\left(a_{n+2} \cdot a_n = a_{n+1}^2 \text{ 或 } \dfrac{a_{n+2}}{a_{n+1}} = \dfrac{a_{n+1}}{a_n}\right)$,从而由此判断数列为等差 (比) 数列,进而根据已知条件列出方程求解通项公式中的未知参数,转化为题型 (A). 此题要遵循 "有几个未知参数就要列几个方程" 的原则进行求解.

3. 叠加法、叠乘法

形如 $a_{n+1} = a_n + f(n)$ 的解析式,可用递推多项式相加法求得 $\{a_n\}$. 形如 $a_{n+1} = g(n)a_n$ 的解析式,可用递推多项式相乘求得 $\{a_n\}$. 叠加法、叠乘法的难度取决于 $f(n)$ 与 $g(n)$ 的复杂度. 所以当 $f(n)$ 与 $g(n)$ 较复杂时,通常需要构造辅助函数,再利用叠加法、叠乘法进行解答,这就增加了题目的难度. 而对于 $\dfrac{a_{n+1}}{a_n} = g(n)$ 中,如需使用叠乘法,对 $g(n)$ 的形式上也有一定的要求,一般 $g(n)$ 是一个分式,且分子、分母都是与 n 有关的函数,不能是常数. 所以在判断上,会增加解题的难度.

例 5-41 数列 $\{a_n\}$ 满足 $a_1 = 1, a_2 = 2, a_{n+2} = 2a_{n+1} - a_n + 2$.

(1) 设 $b_n = a_{n+1} - a_n$,证明 $\{b_n\}$ 是等差数列;

(2) 求 $\{a_n\}$ 的通项公式.

解 (1) 由 $a_{n+2} = 2a_{n+1} - a_n + 2$,得 $a_{n+2} - a_{n+1} = a_{n+1} - a_n + 2$,即 $b_{n+1} = b_n + 2$. 又 $b_1 = a_2 - a_1 = 1$,所以 $\{b_n\}$ 是首项为 1,公差为 2 的等差数列.

(2) 由 (1) 得 $b_n = 1 + 2(n-1)$,即 $a_{n+1} - a_n = 2n - 1$. 于是

$$a_2 - a_1 = 2 \times 1 - 1 = 1,$$
$$a_3 - a_2 = 2 \times 2 - 1 = 3,$$
$$a_4 - a_3 = 2 \times 3 - 1 = 5,$$
$$\cdots \cdots$$
$$a_n - a_{n-1} = 2 \times (n-1) - 1 = 2n - 3,$$

将以上 n 个等式两端分别相加,整理得 $a_{n+1} - a_1 = n^2$,即 $a_{n+1} = n^2 + a_1 = n^2 + 1$. 综上,$\{a_n\}$ 的通项公式 $a_{n+1} = n^2 + 1$.

对于第 (2) 问求解 $\{a_n\}$ 的通项公式,我们由第 (1) 问得到了 $a_{n+1} - a_n = 2n - 1$,这符合叠加法的基本模型,我们把等式两边进行累加. 左边可化为 $a_2 - a_1 + a_3 - a_2 + a_4 - a_3 + \cdots + a_n - a_{n-1}$,即 $a_n - a_1$,而右边为 $1 + 3 + 5 + \cdots + 2n - 3$,是以 1 为首项,2 为公差的等差数列的前 $n-1$ 项和,可根据等差数列的求和公式得 $1 + 3 + 5 + \cdots + 2n - 3 = n^2$.

方法提炼 叠乘法最基本的模型是:当数列 $\{a_n\}$ 的递推公式为 $a_{n+1} = a_n + f(n)$,且 $f(1) + f(2) + \cdots + f(n)$ 的和是可求的时,可将原递推公式化为 $a_{n+1} - a_n = f(n)$,将递推式相加即

$$a_n = (a_n - a_{n-1}) + (a_{n-1} - a_{n-2}) + \cdots + (a_2 - a_1) + a_1 \quad (n \geqslant 2).$$

可将原递推公式化为 $\dfrac{a_{n+1}}{a_n} = g(n)$，再利用叠乘法求解.

能转化为叠加法求通项的几类常见模型：

(A) $a_{n+1} = pa_n + q$ (其中 p, q 均为常数, $p \neq 0$) 型. 将递推公式各项均除以 p^{n+1} 转化为 $\dfrac{a_{n+1}}{p^{n+1}} - \dfrac{a_n}{p^n} = \dfrac{q}{p^{n+1}}$，再利用叠加法求解.

(B) $a_{n+1} = pa_n + q^n$ (其中 p, q 均为常数, $p \neq 0$) 型. 将递推公式各项均除以 p^{n+1} 转化为 $\dfrac{a_{n+1}}{p^{n+1}} - \dfrac{a_n}{p^n} = \dfrac{q^n}{p^{n+1}}$，再利用叠加法求解.

(C) $a_{n+1} = pa_n + qn + r$ (其中 p, q, r 均为常数, $p \neq 0$) 型. 将递推公式各项均除以 p^{n+1} 转化为 $\dfrac{a_{n+1}}{p^{n+1}} - \dfrac{a_n}{p^n} = \dfrac{qn + r}{p^{n+1}}$，再利用叠加法求解.

(D) $a_{n+1} = pa_n^r \ (p > 0, a_n > 0)$ 型. 将递推公式两边取对数得 $\lg a_{n+1} = \lg p + r \lg a_n$，将各项均除以 r^{n+1} 转化为 $\dfrac{\lg a_{n+1}}{r^{n+1}} - \dfrac{\lg a_n}{r^n} = \dfrac{\lg p}{r^{n+1}}$，再利用叠加法.

4. 构造辅助数列

已知递推公式求通项公式, 常常需要构造与所求数列有关的数列, 我们称之为辅助数列. 由条件可以先求辅助数列的通项公式, 再进一步求所求数列的通项公式. 这个方法比较难以掌握, 变化较多, 但却是高考中的一个热点.

例 5-42 设 $b > 0$, 数列 $\{a_n\}$ 满足 $a_1 = b$, $a_n = \dfrac{nba_{n-1}}{a_{n-1} + 2n - 2} (n \geqslant 2)$. 求数列 $\{a_n\}$ 的通项公式.

解 $\dfrac{a_n}{n} = \dfrac{ba_{n-1}}{a_{n-1} + 2(n-1)}$, 得 $\dfrac{n}{a_n} = \dfrac{a_{n-1} + 2(n-1)}{ba_{n-1}} = \dfrac{1}{b} + \dfrac{2}{b} \cdot \dfrac{n-1}{a_{n-1}}$. 设 $\dfrac{n}{a_n} = b_n$, 则 $b_n = \dfrac{2}{b} \cdot b_{n-1} + \dfrac{1}{b} (n \geqslant 2)$.

(i) 当 $b = 2$ 时, $\{b_n\}$ 是以 $\dfrac{1}{2}$ 为首项, $\dfrac{1}{2}$ 为公差的等差数列, 即 $b_n = \dfrac{1}{2} + (n-1) \times \dfrac{1}{2} = \dfrac{1}{2}n$, 所以 $a_n = 2$.

(ii) 当 $b \neq 2$ 时, 设 $b_n + \lambda = \dfrac{2}{b} \cdot (b_{n-1} + \lambda)$, 则 $b_n = \dfrac{2}{b} \cdot b_{n-1} + \lambda \left(\dfrac{2}{b} - 1\right)$. 令 $\lambda \left(\dfrac{2}{b} - 1\right) = \dfrac{1}{b}$, 得 $\lambda = \dfrac{1}{2-b}$, 所以

$$b_n + \dfrac{1}{2-b} = \dfrac{2}{b} \cdot \left(b_{n-1} + \dfrac{1}{2-b}\right) (n \geqslant 2),$$

知 $b_n + \dfrac{1}{2-b}$ 是等比数列, 从而 $b_n + \dfrac{1}{2-b} = \left(b_1 + \dfrac{1}{2-b}\right) \cdot \left(\dfrac{2}{b}\right)^{n-1}$, 又 $b_1 = \dfrac{1}{b}$,

故
$$b_n = \frac{1}{2-b} \cdot \left(\frac{2}{b}\right)^n - \frac{1}{2-b} = \frac{1}{2-b} \cdot \frac{2^n - b^n}{b^n},$$
于是 $a_n = \dfrac{nb^n(2-b)}{2^n - b^n}$.

首先, 对于这道较复杂的题目, 等式右边是一个分式, 分式的分子和分母都有 a_n, 对化简造成了困难. 可以先在等式两边同时除以 a_n, 得到化简. 此时, 分母是个加式, 所以可以进行两边求倒数, 得到 $\dfrac{n}{a_n} = \dfrac{1}{b} + \dfrac{2}{b} \cdot \dfrac{n-1}{a_{n-1}}$, 通过观察发现, 可令 $\dfrac{n}{a_n} = b_n$, 从而得到 $b_n = \dfrac{2}{b} \cdot b_{n-1} + \dfrac{1}{b} (n \geqslant 2)$. 此时根据经验需要把 b_{n-1} 前面的系数分为 1 和非 1 进行讨论, 即 $b = 2$ 或 $b \neq 2$. 当 $b = 2$ 时, 数列 $\{b_n\}$ 是一个等差数列. 当 $b \neq 2$ 时, 可构造新的数列 $\{b_n + \lambda\}$ 进而求解.

方法提炼 对于常见构造的辅助数列举例如下:

(A) 形如 $a_{n+1} = ka_n + b(k, b$ 为非零常数). 构造辅助数列 $\{a_n + c\}(c$ 为非零常数). 即 $a_{n+1} + c = k(a_n + c)$, 化简得 $a_{n+1} = ka_n + (k-1)c$, 对比可知 $b = (k-1)c$, 所以 $c = \dfrac{b}{k-1}$. 即 $a_{n+1} + \dfrac{b}{k-1} = k\left(a_n + \dfrac{b}{k-1}\right)$, 所以辅助数列 $\{a_n + c\}$ 是以 $a_1 + \dfrac{b}{k-1}$ 为首项, k 为公比的等比数列. 所以 $a_n + \dfrac{b}{k-1} = \left(a_1 + \dfrac{b}{k-1}\right)k^{n-1}$, 从而得到 $a_n = \left(a_1 + \dfrac{b}{k-1}\right)k^{n-1} - \dfrac{b}{k-1}$.

(B) 形如 $a_{n+1} = ca_n + f(n)$ (c 为非零常数). 构造辅助数列 $\{a_n + g(n)\}$, 这种情况需对具体的 $f(n)$ 进行分析.

(C) 形如 $a_{n+1} = ca_n + c^{n+1}$(c 为非零常数). 构造辅助数列 $\dfrac{a_n}{c^n}$, 即在等式两边除以 c^{n+1} 可得到 $\dfrac{a_{n+1}}{c^{n+1}} - \dfrac{a_n}{c^n} = 1$, 所以辅助数列 $\dfrac{a_n}{c^n}$ 是以 $\dfrac{a_1}{c}$ 为首项, 1 为公差的等差数列. 所以, $a_n = \left(\dfrac{a_1}{c} + n - 1\right)c^n$.

(D) 形如 $a_n = ka_n - ba_{n-1}(k, b$ 为非零常数). 构造辅助数列 $\{a_n + ca_{n-1}\}$ (c 为非零常数) 在等式两边加上 ca_{n-1} 得 $a_n + ca_{n-1} = ka_n + (c-b)a_{n-1}$, 即 $a_n + ca_{n-1} = k\left[a_n + \dfrac{(c-b)}{k}a_{n-1}\right]$, 令 $\dfrac{c-b}{k} = c$, 即 $c = \dfrac{b}{1-k}$, 所以 $\left\{a_n + \dfrac{b}{1-k}a_{n-1}\right\}$ 是以 $a_2 + \dfrac{b}{1-k}a_1$ 为首项, k 为公比的等比数列. 即 $a_n + \dfrac{b}{1-k}a_{n-1} = \left(a_2 + \dfrac{b}{1-k}a_1\right)k^{n-1}$, 令 $f(n-1) = \left(a_2 + \dfrac{b}{1-k}a_1\right)k^{n-1}$, 可以把这种形式转变成 $a_{n+1} = ca_n + f(n)$, 即形式 (B) 的解法.

(E) 形如 $a_{n+1} - a_n + ba_na_{n+1} = 0$($b$ 为非零常数). 构造辅助数列 $\left\{\dfrac{1}{a_n}\right\}$: 等

式两边分别除以 $a_n a_{n+1}$, 得到 $\dfrac{1}{a_n} - \dfrac{1}{a_{n+1}} + b = 0$, 令 $b_n = \dfrac{1}{a_n}$, 即 $b_n - b_{n+1} + b = 0$, 即 $b_{n+1} = b_n + b$. 即数列 $\{b_n\}$ 是以 b_1 为首项, b 为公差的等差数列. 所以 $b_n = b_1 + (n-1)b$, 所以 $a_n = \dfrac{1}{b_1 + (n-1)b}$.

(F) $a_{n+1} = p a_n^r$ $(p > 0, a_n > 0)$ 型. 将递推公式两边取对数得 $\lg a_{n+1} = \lg p + r \lg a_n$, 令 $b_n = \lg a_n$, 即 $b_{n+1} = \lg p + r b_n$, 即可利用形式 (B) 求解.

例 5-43 设数列 $\{a_n\}$ 的前 n 项和为 $S_n, n \in \mathbf{N}^*$. 已知 $a_1 = 1, a_2 = \dfrac{3}{2}, a_3 = \dfrac{5}{4}$, 且当 $n \geqslant 2$ 时, $4S_{n+2} + 5S_n = 8S_{n+1} + S_{n-1}$. 证明: $\left\{a_{n+1} - \dfrac{1}{2}a_n\right\}$ 为等比数列; 求数列 $\{a_n\}$ 的通项公式.

解 因为 $4S_{n+2} + 5S_n = 8S_{n+1} + S_{n-1}$ $(n \geqslant 2)$, 所以
$$4S_{n+2} - 4S_{n+1} + S_n - S_{n-1} = 4S_{n+1} - 4S_n \quad (n \geqslant 2),$$
即 $4a_{n+2} + a_n = 4a_{n+1} (n \geqslant 2)$, 因为 $4a_3 + a_1 = 4 \times \dfrac{5}{4} + 1 = 6 = 4a_2$, 所以 $4a_{n+2} + a_n = 4a_{n+1}$, 因为

$$\dfrac{a_{n+2} - \dfrac{1}{2}a_{n+1}}{a_{n+1} - \dfrac{1}{2}a_n} = \dfrac{4a_{n+2} - 2a_{n+1}}{4a_{n+1} - 2a_n} = \dfrac{4a_{n+1} - a_n - 2a_{n+1}}{4a_{n+1} - 2a_n} = \dfrac{2a_{n+1} - a_n}{2(2a_{n+1} - a_n)} = \dfrac{1}{2},$$

所以数列 $\left\{a_{n+1} - \dfrac{1}{2}a_n\right\}$ 是以 $a_2 - \dfrac{1}{2}a_1 = 1$ 为首项, 公比为 $\dfrac{1}{2}$ 的等比数列. 从而
$$a_{n+1} - \dfrac{1}{2}a_n = \left(\dfrac{1}{2}\right)^{n-1}, \quad 即 \ 2^{n+1}a_{n+1} - 2^n a_n = 4.$$
所以数列 $\{2^n a_n\}$ 是以 $2a_1 = 2$ 为首项, 公差为 4 的等差数列, 则 $2^n a_n = 2 + (n-1) \times 4 = 4n - 2$, 即
$$a_n = (4n - 2) \times \left(\dfrac{1}{2}\right)^n = (2n - 1) \times \left(\dfrac{1}{2}\right)^{n-1},$$
所以 $\{a_n\}$ 的通项公式是 $a_n = (2n - 1) \times \left(\dfrac{1}{2}\right)^{n-1}$.

5. 观察、猜想及数学归纳法

例 5-44 已知数列 $\{a_n\}$ 的前 n 项和为 S_n, S_n 满足 $S_n = 2na_{n+1} - 3n^2 - 4n, n \in \mathbf{N}^*$, 且 $S_3 = 15$.

(1) 求 a_1, a_2, a_3 的值;

(2) 求数列 $\{a_n\}$ 的通项公式.

解 (1) 当 $n = 2$ 时, $S_2 = a_1 + a_2 = 4a_3 - 20$.

又 $S_3 = a_1 + a_2 + a_3 = 15$, 所以 $4a_3 - 20 + a_3 = 15$, 解得 $a_3 = 7$.

当 $n = 1$ 时, $S_1 = a_1 = 2a_2 - 7$, 因为 $a_1 + a_2 = 8$, 解得 $a_1 = 3, a_2 = 5$. 所以 $a_1 = 3, a_2 = 5, a_3 = 7$.

(2) $$S_n = 2na_{n+1} - 3n^2 - 4n. \qquad ①$$

当 $n \geqslant 2$ 时,

$$S_{n-1} = 2(n-1)a_n - 3(n-1)^2 - 4(n-1). \qquad ②$$

①$-$② 得 $a_n = 2na_{n+1} - (2n-2)a_n - 6n - 1$, 整理得 $2na_{n+1} = (2n-1)a_n + 6n + 1$, 即 $a_{n+1} = \dfrac{2n-1}{2n}a_n + \dfrac{6n+1}{2n}$.

猜想 $a_n = 2n+1, n \in \mathbf{N}^*$. 以下用数学归纳法证明:

当 $n = 1$ 时, $a_1 = 3$, 猜想成立;

假设当 $n = k$ 时, $a_k = 2k+1$, 当 $n = k+1$ 时,

$$\begin{aligned} a_{k+1} &= \dfrac{2k-1}{2k}a_k + \dfrac{6k+1}{2k} = \dfrac{2k-1}{2k}(2k+1) + \dfrac{6k+1}{2k} \\ &= \dfrac{4k^2 - 1 + 6k + 1}{2k} = 2k+3 = 2(k+1) + 1, \end{aligned}$$

猜想也成立, 所以数列 $\{a_n\}$ 的通项公式为 $a_n = 2n+1, n \in \mathbf{N}^*$.

第 (1) 问根据已知的递推关系式代入具体数据很容易求出 a_1, a_2, a_3, 而题目第 (1) 问让学生求出 a_1, a_2, a_3 显然是有意图和铺垫作用的, 因此学生应敏锐地察觉第 (1) 问得出的三个值对第 (2) 问求通项公式有何帮助、能否被利用到, 进而不难发现 3、5、7 都是奇数, 也就是 $a_1 = 2 \times 1 + 1 = 3, a_2 = 2 \times 2 + 1 = 5, a_3 = 2 \times 3 + 1 = 7$, 即可猜测 $a_n = 2n + 1$ $(n \in \mathbf{N}^*)$, 但求通项公式单靠猜想还不够, 还要进行证明, 而证明的最佳方法就是已学的数学归纳法, 但是题目还已知了 S_n 与 a_{n+1}, n 的递推关系, 根据经验可得到 a_{n+1} 与 a_n 的关系, 这正好可用于数学归纳法中"当 $n = k+1$ 时", 利用 a_{k+1} 与 a_k 的关系证明 a_{k+1} 也成立.

此类问题在高考卷中的题型主要是: 先给出或让考生先根据已知条件求出前三项, 再求数列的通项公式. 这样的题目就要敏锐地观察已知项的规律特点, 挖掘每一项与其对应项数的关系, 从而进行归纳推理, 猜想数列的通项, 如果是填空题, 那么为了节省时间, 一般猜想出来后无需多加证明, 只要代入一组新的数据将猜想结果验证一遍就好, 观察时每一项与项数 n 的关系可能有以下情况——含 $(-1)^n$ 或 $(-1)^{n+1}$、含 n^k (k 可能为 1、2、3 等)、含 $2n \pm 1$、含 2^n 等. 若是解答题, 则要对猜想结果进行严格的理论证明, 即一般要用到数学归纳法: (a) $n = 1$ 时是否满足猜想; (b) $n = k+1$ 时, 需要借助任意两项如 a_{n+1} 与 a_n 之间的关系, 因此就要转而根据已知条件建立联系, 往猜想的表示形式上进行演变运算, 使得 a_{k+1} 可以表示成 $a_{k+1} = f(k+1)$ 的形式.

5.3.2 数列的求和问题

1. 公式法

例 5-45 S_n 为数列 $\{a_n\}$ 的前 n 项和. 已知 $a_n > 0, a_n^2 + 2a_n = 4S_n + 3$, 设 $b_n = \dfrac{1}{a_n a_{n+1}}$, 求数列 $\{b_n\}$ 的前 n 项和.

解
$$b_n = \log_3 a_1 + \log_3 a_2 + \cdots + \log_3 a_n$$
$$= -(1 + 2 + \cdots + n) = -\frac{n(n+1)}{2}.$$

公式法主要体现在对公式的灵活应用. 正确区分等差数列与等比数列前 n 项和公式的结构, 还有一些细节, 例如等差数列前 n 项和既可以用第一项和最后一项及项数来表示, 又可以用第一项和公差及项数来表示, 所以在解题的时候应根据已知量灵活运用. 此类题型往往会结合指数函数、对数函数先求出等差或等比数列的项再进行求和.

2. 裂项相消法

求数列前 n 项和的求和公式, 实质上是把前 n 项逐项加和的式子转化成不需要逐项求和、可以通过求和公式直接算出结果的式子, 由于首项和最后一项 (第 n 项) 可以表示出来, 所以关键是如何把数列的 n 项的中间不确定的项之和化简, 最后得出公式.

常见裂项公式:

a. $\dfrac{1}{n(n+k)} = \dfrac{1}{k}\left(\dfrac{1}{n} - \dfrac{1}{n+k}\right)$

b. $\dfrac{1}{(2n-1)(2n+1)} = \dfrac{1}{2}\left(\dfrac{1}{2n-1} - \dfrac{1}{2n+1}\right)$

c. $\dfrac{1}{\sqrt{n} + \sqrt{n+1}} = \sqrt{n+1} - \sqrt{n}$

例 5-46 正项数列 $\{a_n\}$ 的前 n 项和 S_n 满足:
$$S_n^2 - (n^2 + n - 1) S_n - (n^2 + n) = 0.4.$$

(1) 求数列 $\{a_n\}$ 的通项 a_n;

(2) 令 $b_n = \dfrac{n+1}{(n+2)^2 a_n^2}$, 数列 $\{b_n\}$ 的前 n 项和为 T_n. 证明: 对于任意的 $n \in \mathbf{N}^*$, 都有 $T_n < \dfrac{5}{64}$.

(1) **解** 由 $S_n^2 - (n^2 + n - 1) S_n - (n^2 + n) = 0$, 得 $[S_n - (n^2 + n)](S_n + 1) = 0$. 由于 $\{a_n\}$ 是正项数列, 所以 $S_n > 0, S_n = n^2 + n$.

$a_1 = S_1 = 2$, 当 $n \geqslant 2$ 时, $a_n = S_n - S_{n-1} = n^2 + n - (n-1)^2 - (n-1) = 2n$. 综上, $a_n = 2n$.

(2) **证明** $b_n = \dfrac{n+1}{(n+2)^2 a_n^2} = \dfrac{n+1}{4n^2(n+2)^2}$, 要证 $T_n < \dfrac{5}{64}$. 试着把 b_n 的前 n 项和求出来再比较. 但是发现 $b_n = \dfrac{n+1}{4n^2(n+2)^2}$ 式子较为复杂, 其中分母为两式乘积, 考虑用裂项相消法.

$$b_n = \dfrac{n+1}{4n^2(n+2)^2} = \dfrac{1}{16}\left[\dfrac{1}{n^2} - \dfrac{1}{(n+2)^2}\right],$$

能消去项的是隔一项的项, 而不是相邻的项. 故能发生消项的至少要有 b_n 中的两项. 所以当只有 b_n 的一项即当 $T_n = T_1$ 时, 需要另外讨论.

当 $n=1$ 时, $T_n = T_1 = b_1 = \dfrac{1}{18} < \dfrac{5}{64}$, 不等式成立.

当 $n \geqslant 2$ 时,

$$T_n = \dfrac{1}{16}\left[1 - \dfrac{1}{3^2} + \dfrac{1}{2^2} - \dfrac{1}{4^2} + \dfrac{1}{3^2} - \dfrac{1}{5^2} + \cdots \right.$$
$$\left. + \dfrac{1}{(n-1)^2} - \dfrac{1}{(n+1)^2} + \dfrac{1}{n^2} - \dfrac{1}{(n+2)^2}\right]$$
$$= \dfrac{1}{16}\left[1 + \dfrac{1}{2^2} - \dfrac{1}{(n+1)^2} - \dfrac{1}{(n+2)^2}\right] < \dfrac{1}{16}\left(1 + \dfrac{1}{2^2}\right) = \dfrac{5}{64}.$$

综上, 不等式成立.

裂项相消求和法的实质是将数列中的若干项 (一般是所有项) 裂开分解成几项, 然后重新组合, 消去大部分的项从而把不确定的项转化成确定的有限项, 最终达到求和目的. 此类变形的特点一般是将原数列每一项拆为两项之后, 其中中间的大部分项都能互相抵消, 只剩下有限的项, 而余下的项一般有如下特点: ① 余下的项的位置前后是对称的; ② 余下的项前后的正负性是相反的. 当然具体情况要具体分析. 而往往容易被忽略的是注意公式 $\dfrac{1}{n(n+k)} = \dfrac{1}{k}\left(\dfrac{1}{n} - \dfrac{1}{n+k}\right)$ 中等号右边的 $\dfrac{1}{k}$, 常犯的错误就是漏乘以 $\dfrac{1}{k}$, 所以在裂项展开的时候要注意检验式子的正确变形. 例如, $\dfrac{1}{3 \times 5} = \dfrac{1}{3} - \dfrac{1}{5}$ 是错误的, 正确的是 $\dfrac{1}{3 \times 5} = \dfrac{1}{2}\left(\dfrac{1}{3} - \dfrac{1}{5}\right)$.

有的时候, 需要先构造新的数列才能裂项相消.

例 5-47 已知数列 $\{a_n\}$ 为等差数列, 前 n 项和 $S_n (n \in \mathbf{N}^*)$, $\{b_n\}$ 是首项为 2 的等比数列, 且公比大于 0, $b_2 + b_3 = 12$, $b_3 = a_4 - 2a_1$, $S_{11} = 11b_4$.

(1) 求 $\{a_n\}$ 和 $\{b_n\}$ 的通项公式;

(2) 求数列 $\{a_{2n}b_{2n-1}\}$ 的前 n 项和 T_n.

解析 (1) 设等差数列 $\{a_n\}$ 的公差为 d,等比数列 $\{b_n\}$ 的公比为 $q\,(q>0)$。由题知 $\dfrac{b_2+b_3}{b_1}=q+q^2=6$,解得 $q=2$,则 $b_n=2^n$,所以 $a_4-2a_1=8$, $S_{11}=11\times 16$,即 $3d-a_1=8$, $11a_1+55d=11\times 16$,解得 $d=3$, $a_1=1$,则 $a_n=3n-2$。

(2) 由 (1) 得 $a_{2n}b_{2n-1}=(6n-2)2^{2n-1}=(3n-1)4^n$,构造数列 $\{c_n\}$ 满足 $a_{2n}b_{2n-1}=c_{n+1}-c_n$。设 $c_n=(xn+y)4^n$,则 $(x(n+1)+y)4^{n+1}-(xn+y)4^n=(3n-1)4^n$,整理得 $3xn+4x+3y=3n-1$,则 $3x=3$, $4x+3y=-1$,解得 $x=1$, $y=-\dfrac{5}{3}$,所以 $c_n=\left(n-\dfrac{5}{3}\right)4^n$,故 $T_n=c_{n+1}-c_1=\left(n-\dfrac{2}{3}\right)4^{n+1}+\dfrac{8}{3}$。

对于等差乘等比型数列,通常的做法是错位相减法。虽然错位相减法是一种固定模式的做法,学生容易掌握,但是计算繁琐复杂,学生在实际解题时会做却难以算出正确结果,而用待定系数法构造数列 $\{b_n\}$ 使得 $a_n=b_{n+1}-b_n$,很容易裂项相消求出结果。

3. 错位相减法

例 5-48 数列 $\{a_n\}$ 满足 $a_1=1$, $a_{n+1}-a_n=2$,等比数列 $\{b_n\}$ 满足 $b_1=a_1$, $b_4=a_4+1$。

(1) 求数列 $\{a_n\}$, $\{b_n\}$ 的通项公式;

(2) 设 $c_n=a_n\cdot b_n$,求数列 $\{c_n\}$ 的前 n 项和 S_n。

解 (1) $a_n=a_1+d(n-1)=2n-1$, $b_4=a_4+1=8$,故 $q^3=\dfrac{b_4}{b_1}=8$, $q=2$,从而 $b_n=2^{n-1}$。

(2) $c_n=a_n\cdot b_n=(2n-1)\cdot 2^{n-1}$。

$$S_n=1\times 2^0+3\times 2^1+5\times 2^2\cdots+(2n-1)\times 2^{n-1}, \quad ①$$

$$2S_n=1\times 2+3\times 2^2+5\times 2^3\cdots+(2n-3)\times 2^{n-1}+(2n-1)\times 2^n, \quad ②$$

①$-$②得

$$-S_n=1+2\times 2+2\times 2^2+2\times 2^3+\cdots+2\times 2^{n-1}-(2n-1)\times 2^n$$
$$=1+2\left[\dfrac{2(1-2^{n-1})}{1-2}\right]-(2n-1)\cdot 2^n,$$

故 $S_n=3-(3-2n)\cdot 2^n$。

如果数列的各项是由一个等差数列和一个等比数列的对应项之积构成的,那么这个数列的前 n 项和可以用此法来求和。具体做法是:$A_n=B_nC_n$ (其中 B_n 为等差数列, C_n 为等比数列) 展开 S_n,再把 S_n 式子两边同时乘以等比数列的公比，得到 $k \cdot S_n$；然后错一位，把次数相同的项组合，两式相减即可. 注意错位相减法的过程中还要应用到等比数列的前 n 项和，所以此时还要牢记等比数列前 n 项和的公式才能完整地解答.

4. 倒序相加法

例 5-49 已知 $f(3^x) = 4x\log_2 3 + 233$，则 $f(2) + f(4) + f(8) + \cdots + f(2^8)$ 的值等于 _____.

解 由于 $f(3^x) = 4\log_2 3^x + 233$. 可令 $t = 3^x$，则 $f(t) = 4\log_2 t + 233$，所以

$$f(x) = 4\log_2 x + 233,$$

$$f(2^n) = 4\log_2 2^n + 233 = 4n + 233,$$

所以

$$\begin{aligned}
&[f(2) + f(4) + f(8) + \cdots + f(2^8)] + [f(2^8) + f(2^7) + f(2^6) + \cdots + f(2)]\\
&= [f(2) + f(2^8)] + [f(4) + f(2^7)] + \cdots + [f(2^7) + f(4)] + [f(2^8) + f(2)]\\
&= [(4 + 233) + (4 \times 8 + 233)] + [(4 \times 2 + 233) + (4 \times 7 + 233)] + \cdots\\
&\quad + [(4 \times 8 + 233) + (4 + 233)]\\
&= 502 \times 8 = 4016,
\end{aligned}$$

故 $f(2) + f(4) + f(8) + \cdots + f(2^8) = \dfrac{4016}{2} = 2008$.

也可以在得到 $f(2^n) = 4n + 233$ 后，利用等差数列前 n 项求和，由于等差数列的前 n 项求和公式推导方法就是倒序相加法，所以其实方法一致.

倒序相加法应用在等差数列求和公式的推导，如体现在性质的应用上：在等差数列 $\{a_n\}$ 中，$m + n = p + q$ 时，会有 $a_m + a_n = a_p + a_q$. 解决本类问题的关键在于牢牢抓住数列的各项之间的数量关系，重新调整求和顺序，另外题目也会经常结合函数的性质加以考查.

5. 分组求和法

分组求和法一般用于由几个数列的通项公式组合而成的通项公式的数列题求和，通过观察，可以将该数列的一项分为两项或者多项，再利用等差数列或等比数列的前 n 项和求和公式进行求解.

例 5-50 已知数列 $\{a_n\}$ 的前 n 项和 $S_n = \dfrac{n^2 + n}{2}, n \in \mathbf{N}^*$. 设 $b_n = 2^{a_n} + (-1)^n a_n$，求数列 $\{b_n\}$ 的前 $2n$ 项和.

解 当 $n = 1$ 时，$a_1 = S_1 = 1$.

当 $n \geqslant 2$ 时,
$$a_n = S_n - S_{n-1} = \frac{n^2+n}{2} - \frac{(n-1)^2+(n-1)}{2} = n.$$

故 $a_n = n\,(n \in \mathbf{N}^*)$,从而 $b_n = 2^n + (-1)^n n$. 记数列 $\{b_n\}$ 的前 $2n$ 项和为 T_{2n}, 则
$$T_{2n} = \left(2^1 + 2^2 + \cdots + 2^{2n}\right) + (-1 + 2 - 3 + 4 - \cdots + 2n).$$

记 $A = 2^1 + 2^2 + \cdots + 2^{2n}$, $B = -1 + 2 - 3 + 4 - \cdots + 2n$, 则
$$A = \frac{2\left(1 - 2^{2n}\right)}{1-2} = 2^{2n+1} - 2,$$
$$B = (-1+2) + (-3+4) + \cdots + [-(2n-1) + 2n] = n,$$

故数列 $\{b_n\}$ 的前 $2n$ 项和 $T_{2n} = A + B = 2^{2n+1} + n - 2$.

6. 合并求和法

此类数列一般与函数结合考查, 将该数列的某些项合并起来会使得它们的和具有特殊的性质, 如和为一个常数. 因此, 在求数列的和的时候可以将某些项进行合并求和, 再求数列和.

例 5-51 已知数列 $\{a_n\}$ 的前 n 项和 $S_n = 2n^2 - n$.
(1) 求数列 $\{a_n\}$ 的通项公式;
(2) 若 $b_n = (-1)^n a_n$, 求数列 $\{b_n\}$ 的前 n 项和 T_n.

解析 (1) $n \geqslant 2$ 时,
$$a_n = S_n - S_{n-1} = (2n^2 - n) - \left(2(n-1)^2 - (n-1)\right) = 4n - 3.$$

又 $a_1 = 1$, 所以 $a_n = 4n - 3$.

(2) 由 (1) 得 $b_n = (-1)^n(4n - 3)$, 构造数列 $\{c_n\}$ 满足 $b_n = c_{n+1} - c_n$, 设 $c_n = (-1)^n(xn + y)$, 则
$$(-1)^{n+1}(x(n+1) + y) - (-1)^n(xn + y) = (-1)^n(4n - 3).$$

整理得 $2xn + x + 2y = -4n + 3$, 解得 $x = -2$, $y = \dfrac{5}{2}$, 则 $c_n = (-1)^n\left(-2n + \dfrac{5}{2}\right)$, 故
$$T_n = c_{n+1} - c_1 = (-1)^{n+1}\left(-2n + \frac{1}{2}\right) + \frac{1}{2}$$
$$= (-1)^n\left(2n - \frac{1}{2}\right) + \frac{1}{2}.$$

对于通项公式是 $a_n = (-1)^n f(n)$ 的数列求和, 还可以采用合并转化求和, 如可以构造数列 $\{d_n\}$ 满足 $d_n = b_{2n-1} + b_{2n} = 4$, 然后对项数 n 分奇偶数讨论, 得

$$T_n = \begin{cases} 2n & (n\text{为偶数}), \\ -2n+1 & (n\text{为奇数}). \end{cases}$$

下面是数列求和的基本法则:

① 形如 $a_n \pm b_n(a_n, b_n$ 分别是等差数列和等比数列) 的数列, 应用分组求和法;

② 形如 $\dfrac{1}{a_n(a_n+d)}, \dfrac{1}{\sqrt{n+d}+\sqrt{n}}$ 或其他特殊分式的数列, 应用裂项相消法;

③ 正负交替出现的数列形式, 应用错位相减法或者对项数 n 进行分类 (奇偶性), 应用并项相加法;

④ 形如 $a_n b_n (a_n, b_n$ 分别是等差数列和等比数列) 的数列, 应用错位相减法.

5.3.3 数列综合问题

1. 数列与函数

主要涉及数列的基础知识, 又往往牵涉到函数的应用、不等式的放缩, 有时还会牵涉到集合与解析几何, 既考查了学生逻辑思维能力、运算能力、分析问题与解决问题的能力和创新意识能力, 又深层次的考查了函数、转换与化归、特殊与一般等数学思想方法.

例 5-52 设函数 $f(x) = \ln(1+x), g(x) = xf'(x), x \geqslant 0$, 其中 $f'(x)$ 是 $f(x)$ 的导函数.

(1) $g_1(x) = g(x), g_{n+1}(x) = g(g_n(x)), n \in \mathbf{N}_+$, 求 $g_n(x)$ 的表达式;

(2) 若 $f(x) \geqslant a g(x)$ 恒成立, 求实数 a 的取值范围;

(3) 设 $n \in \mathbf{N}_+$, 比较 $g(1) + g(2) + \cdots + g(n)$ 与 $n - f(n)$ 的大小, 并加以证明.

解 由题设得, $g(x) = \dfrac{x}{1+x}(x \geqslant 0)$.

(1) 由已知,

$$g_1(x) = \frac{x}{1+x},$$

$$g_2(x) = g(g_1(x)) = \frac{\dfrac{x}{1+x}}{1+\dfrac{x}{1+x}} = \frac{x}{1+2x},$$

$$g_3(x) = \frac{x}{1+3x},$$

$$\cdots,$$

可得 $g_n(x) = \dfrac{x}{1+nx}$.

下面用数学归纳法证明. ① 当 $n = 1$ 时, $g_1(x) = \dfrac{x}{1+x}$, 结论成立.

② 假设 $n = k$ 时结论成立, 即 $g_k(x) = \dfrac{x}{1+kx}$. 那么, 当 $n = k+1$ 时,

$$g_{k-1}(x) = g(g_k(x)) = \dfrac{g_k(x)}{1+g_k(x)} = \dfrac{\dfrac{x}{1+kx}}{1+\dfrac{x}{1+kx}} = \dfrac{x}{1+(k+1)x},$$

即结论成立. 由①②可知, 结论对 $n \in \mathbf{N}_+$ 成立.

(2) 已知 $f(x) \geqslant ag(x)$ 恒成立, 即 $\ln(1+x) \geqslant \dfrac{ax}{1+x}$ 恒成立.

设 $\varphi(x) = \ln(1+x) - \dfrac{ax}{1+x}(x \geqslant 0)$, 则

$$\varphi'(x) = \dfrac{1}{1+x} - \dfrac{a}{(1+x)^2} = \dfrac{x+1-a}{(1+x)^2}.$$

当 $a \leqslant 1$ 时, $\varphi'(x) \geqslant 0$ (仅当 $x = 0, a = 1$ 时符号成立), 所以 $\varphi(x)$ 在 $[0, +\infty)$ 上单调递增, 又 $\varphi(0) = 0$, 从而 $\varphi(x) \geqslant 0$ 在 $[0, +\infty)$ 上恒成立. 即 $a \leqslant 1$ 时, $\ln(1+x) \geqslant \dfrac{ax}{1+x}$ 恒成立 (仅当 $x = 0$ 时等号成立).

当 $a > 1$ 时, 对 $x \in (0, a-1]$ 有 $\varphi'(x) < 0$, 所以 $\varphi(x)$ 在 $(0, a-1]$ 上单调递减, 从而 $\varphi(a-1) < \varphi(0) = 0$. 即 $a > 1$ 时, 存在 $x > 0$, 使 $\varphi(x) < 0$, 故知 $\ln(1+x) \geqslant \dfrac{ax}{1+x}$ 不恒成立.

综上可知, a 的取值范围是 $(-\infty, 1]$.

(3) 由题设知

$$g(1) + g(2) + \cdots + g(n) = \dfrac{1}{2} + \dfrac{2}{3} + \cdots + \dfrac{n}{n+1},$$
$$n - f(n) = n - \ln(n+1).$$

比较结果为 $g(1) + g(2) + \cdots + g(n) > n - \ln(n+1)$.

证明如下.

证法一 上述不等式等价于 $\dfrac{1}{2} + \dfrac{1}{3} + \cdots + \dfrac{1}{n+1} < \ln(n+1)$.

在 (2) 中取 $a = 1$, 可得 $\ln(1+x) > \dfrac{x}{1+x}, x > 0$. 令 $x = \dfrac{1}{n}, n \in \mathbf{N}_+$, 则 $\dfrac{1}{n+1} < \ln \dfrac{n+1}{n}$. 下面用数学归纳法证明.

① 当 $n = 1$ 时, $\dfrac{1}{2} < \ln 2$, 结论成立.

② 假设当 $n = k$ 时结论成立, 即 $\dfrac{1}{2} + \dfrac{1}{3} + \cdots + \dfrac{1}{k+1} < \ln(k+1)$. 那么, 当

$n = k+1$ 时,

$$\frac{1}{2} + \frac{1}{3} + \cdots + \frac{1}{k+1} + \frac{1}{k+2} < \ln(k+1) + \frac{1}{k+2}$$
$$< \ln(k+1) + \ln\frac{k+2}{k+1} = \ln(k+2),$$

即结论成立.

由①②可知, 结论对 $n \in \mathbf{N}_+$ 成立.

证法二 上述不等式等价于 $\frac{1}{2} + \frac{1}{3} + \cdots + \frac{1}{n+1} < \ln(n+1)$.

在 (2) 中取 $a = 1$, 可得 $\ln(1+x) > \frac{x}{1+x}, x > 0$. 令 $x = \frac{1}{n}, n \in \mathbf{N}^*$, 则 $\frac{1}{n+1} < \ln\frac{n+1}{n}$. 故有

$$\ln 2 - \ln 1 > \frac{1}{2}, \ln 3 - \ln 2 > \frac{1}{3},$$
$$\cdots\cdots$$
$$\ln(n+1) - \ln n > \frac{1}{n+1},$$

上述各式相加可得 $\ln(n+1) > \frac{1}{2} + \frac{1}{3} + \cdots + \frac{1}{n+1}$, 结论得证.

证法三 如图 5-14, $\int_0^n \frac{x}{x+1} dx$ 是由曲线 $y = \frac{x}{x+1}, x = n$ 及 x 轴所围成的曲边梯形的面积, 而 $\frac{1}{2} + \frac{2}{3} + \cdots + \frac{n}{n+1}$ 是图中所示各矩形的面积和, 所以,

$$\frac{1}{2} + \frac{2}{3} + \cdots + \frac{n}{n+1} > \int_0^n \frac{x}{x+1} dx = \int_0^n \left(1 - \frac{1}{x+1}\right) dx = n - \ln(n+1).$$

结论得证.

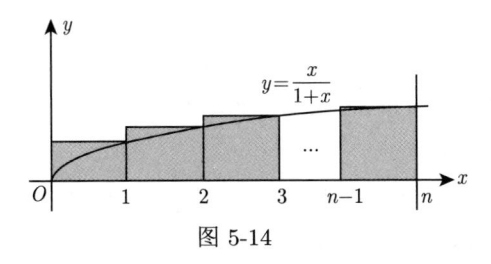

图 5-14

2. 数列与不等式

这类问题主要包括: 有数列参与的不等式恒成立条件下参数问题; 有数列参与的不等式的证明问题; 求数列中的最大值问题; 求解探索性问题.

例 5-53 设 $\{a_n\}$ 为正项数列，S_n 为其前 n 项和，且 a_n, S_n, a_n^2 成等差数列.

(1) 求 a_n;

(2) 设 $f(n) = \dfrac{S_n}{(n+50)S_{n+1}}$ 的最大值.

解 (1) 由 $2S_n = a_n + a_n^2$, 当 $n=1$ 时, $S_1 = a_1 (a_n > 0)$, 有 $a_1^2 - a_1 = 0$, 故 $a_1 = 1$. 又 $2S_{n+1} = a_{n+1} + a_{n+1}^2$, 故

$$2a_{n+1} = a_{n+1} + a_{n+1}^2 - a_n - a_n^2,\ \text{即}\ (a_{n+1} - a_n - 1) \cdot (a_{n+1} + a_n) = 0.$$

由 $a_n > 0, a_{n+1} + a_n > 0$, 故 $a_{n+1} - a_n - 1 = 0$, 从而 $a_{n+1} - a_n = 1$. 故 $\{a_n\}$ 是 $a_1 = 1$, 公差 $d = 1$ 的等差数列，即 $a_n = n$.

(2) 由 $S_n = a_1 + a_2 + \cdots + a_n = 1 + 2 + 3 + \cdots + n = \dfrac{1}{2}n(n+1)$, 得

$$S_{n+1} = \frac{(n+1)(n+2)}{2}.$$

$$f(n) = \frac{S_n}{(n+50)S_{n+1}} = \frac{n}{(n+2)(n+50)} = \frac{n}{n^2 + 52n + 100}$$

$$= \frac{1}{n + \dfrac{100}{n} + 52} \leqslant \frac{1}{2\sqrt{n \times \dfrac{100}{n}} + 52} = \frac{1}{72},$$

当且仅当 $n = \dfrac{100}{n}$, 即 $n = 10$ 时, $f(n)_{\max} = \dfrac{1}{72}$.

① 求数列与不等式结合恒成立条件下的参数问题主要有两种策略：a. 若函数 $f(x)$ 的定义域为 D, 则当 $x \in D$ 时, 有 $f(x) \geqslant M$ 恒成立 $\Leftrightarrow f(x)_{\min} \geqslant M$; $f(x)_{\max} \leqslant M$ 恒成立 $\Leftrightarrow f(x) \leqslant M$; b. 利用等差数列与等比数列知识化简不等式，再通过解不等式解得.

② 有数列参与的不等式的证明题常用方法：a. 比较法，特别是差值比较法; b. 分析法与综合法; c. 放缩法，主要通过分子分母的扩大或者缩小、项数的增加与减少等手段达到证明的目的.

③ 求解数列中的某些最值问题，有时须结合不等式来解决，具体方法有：a. 建立目标函数，通过不等式确定变量范围，进而求得最值; b. 首先利用不等式判断数列的单调性，然后确定最值; c. 利用条件中的不等式关系确定最值.

④ 数列与不等式中的探索性问题主要表现为存在型，解答的一般策略：先假设所探求对象存在或结论成立，以此假设为前提进行运算或推理，若由此推出矛盾，则假设不成立，从而得到否定结论. 若推理不出现矛盾，则得到存在的结果.

5.3 数列问题

3. 数列和放缩法

此类题目解决方法技巧较综合,在清晰理解数列和函数的概念的基础上,还需要熟练掌握不等式的放缩技巧和数学归纳法等.

例 5-54 设数列 $\{a_n\}$ 的前 n 项和为 S_n,对任意的正整数 n,都有 $a_n = 5S_n + 1$ 成立,记 $b_n = \dfrac{4+a_n}{1-a_n}(n \in \mathbf{N}^*)$.

(1) 求数列 $\{b_n\}$ 的通项公式;

(2) 记 $c_n = b_{2n} - b_{2n-1}(n \in \mathbf{N}^*)$,设数列 $\{c_n\}$ 的前 n 项和为 T_n,求证: 对任意正整数 n 都有 $T_n < \dfrac{3}{2}$.

(1) **解** 当 $n=1$ 时, $a_1 = 5a_1 + 1$, 故 $a_1 = -\dfrac{1}{4}$.

又由 $a_n = 5S_n + 1, a_{n+1} = 5S_{n+1} + 1$, 得 $a_{n+1} - a_n = 5a_{n+1}$, 即 $a_{n+1} = -\dfrac{1}{4}a_n$. 故数列 $\{a_n\}$ 成等比数列,其首项 $a_1 = -\dfrac{1}{4}$, 公比 $q = -\dfrac{1}{4}$. 从而

$$a_n = \left(-\frac{1}{4}\right)^n, \quad b_n = \frac{4+\left(-\dfrac{1}{4}\right)^n}{1-\left(-\dfrac{1}{4}\right)^n}.$$

(2) **证明** 由 (1) 知 $b_n = 4 + \dfrac{5}{(-4)^n - 1}$, 则

$$c_n = b_{2n} - b_{2n-1} = \frac{5}{4^{2n}-1} + \frac{5}{4^{2n-1}+1} = \frac{25 \times 16^n}{(16^n-1)(16^n+4)}$$
$$= \frac{25 \times 16^n}{(16^n)^2 + 3 \times 16^n - 4} < \frac{25 \times 16^n}{(16^n)^2} = \frac{25}{16^n}.$$

又 $b_1 = 3, b_2 = \dfrac{13}{3}$, 故 $c_1 = \dfrac{4}{3}$.

当 $n=1$ 时, $T_1 < \dfrac{3}{2}$.

当 $n \geqslant 2$ 时,

$$T_n < \frac{4}{3} + 25 \times \left(\frac{1}{16^2} + \frac{1}{16^3} + \cdots + \frac{1}{16^n}\right)$$
$$= \frac{4}{3} + 25 \times \frac{\dfrac{1}{16^2}\left[1-\left(\dfrac{1}{16}\right)^{n-1}\right]}{1-\dfrac{1}{16}} < \frac{4}{3} + 25 \times \frac{\dfrac{1}{16^2}}{1-\dfrac{1}{16}}$$

$$= \frac{69}{48} < \frac{3}{2}.$$

放缩法, 主要通过分子分母的扩大或者缩小、项数的增加与减少等手段达到证明的目的.

4. 数列与分类讨论法

例 5-55 已知等差数列 $\{a_n\}$ 满足: $a_1 = 2$, 且 a_1, a_2, a_5 成等比数列.
(1) 求数列 $\{a_n\}$ 的通项公式.
(2) 记 S_n 为数列 $\{a_n\}$ 的前 n 项和, 是否存在正整数 n, 使得 $S_n > 60n + 800$? 若存在, 求 n 的最小值; 若不存在, 说明理由.

解 (1) 设数列 $\{a_n\}$ 的公差为 d, 依题意知, $2, 2+d, 2+4d$ 成等比数列, 故有 $(2+d)^2 = 2(2+4d)$, 化简得 $d^2 - 4d = 0$, 解得 $d = 0$ 或 $d = 4$.
当 $d = 0$ 时, $a_n = 2$;
当 $d = 4$ 时, $a_n = 2 + (n-1) \cdot 4 = 4n - 2$.
从而得数列 $\{a_n\}$ 的通项公式为 $a_n = 2$ 或 $a_n = 4n - 2$.

(2) 当 $a_n = 2$ 时, $S_n = 2n$, 显然 $2n < 60n + 800$. 此时不存在正整数 n, 使得 $S_n > 60n + 800$ 成立.
当 $a_n = 4n - 2$ 时,

$$S_n = \frac{n[2 + (4n-2)]}{2} = 2n^2.$$

令 $2n^2 > 60n + 800$, 即 $n^2 - 30n - 400 > 0$, 解得 $n > 40$ 或 $n < -10$ (舍去), 此时存在正整数 n, 使得 $S_n > 60n + 800$ 成立, n 的最小值为 41.

综上, 当 $a_n = 2$ 时, 不存在满足题意的正整数 n;
当 $a_n = 4n - 2$ 时, 存在满足题意的正整数 n, 其最小值为 41.

5.4 立体几何问题

立体几何问题重在考查学生的直观想象和逻辑推理素养, 与之密切相关的是数学运算和抽象素养. 同时考查学生的几何直观、表达、作图和推理技能的熟练程度, 以及对于相关的几何知识的掌握情况.

5.4.1 重在直观感知的空间想象

解决立体几何问题, 要有较强的直观感知意识, 而试题正是通过"图形"考查学生的空间想象能力. 空间想象能力有助于学生进行数形结合, 培养学生的抽象思维与逻辑推理能力, 借助于几何模型, 学生通过绘图与动手制作模型可以提高学生

5.4 立体几何问题

的空间想象能力. 空间想象能力是开拓思维的, 可以使较难的问题具体化, 通过培养学生的观察能力、作图能力可以提高他们的空间想象能力. 尽量给学生多一些教学模型, 见多识广.

在立体几何的试题中, 通过给出相关的图形让学生进行思维的推理, 把握空间的点、线、面的位置关系, 对图形进行变化或者变换, 探究他们之间的本质.

例 5-56 如图 5-15, 点 N 为正方形 $ABCD$ 的中心, $\triangle ECD$ 为正三角形, 平面 $ECD \perp$ 平面 $ABCD$, M 是线段 ED 的中点, 则

A. $BM = EN$, 且直线 BM, EN 是相交直线

B. $BM \neq EN$, 且直线 BM, EN 是相交直线

C. $BM = EN$, 且直线 BM, EN 是异面直线

D. $BM \neq EN$, 且直线 BM, EN 是异面直线

从试题给出的选择项可以看出, 就是探讨两条空间直线的位置和长度关系. 那么这两条线什么关系? 从给出的图形, 有什么启发? 而题目考查学生哪些能力? 要解决这个问题, 首先学生必须具有良好的空间想象能力, 学生从直观感知这个图形, 对点、线、面进行观察、分析, 进行抽象或者具体化; 其次, 要具有相应的几何模型, 对此题而言, 就是正方体, 学生应该很快能够想象出完整的 "正方体", 如图 5-16. 从完整的正方体中, 可以发现直线 BM, EN 的位置关系, 接下来就是它们的长度关系. 二者的长度也和这个 "正方体" 有着密切关系, 例如, 点 E 在一个侧面, 那么这个侧面和底面 $ABCD$ 是垂直关系, 其交线就是 CD, 那么 EN 的长度也就容易求出; 再者例如面面垂直也可以求出 BM 的长度, 从而进行比较. 然而, 这种做法较为复杂. 其实可以逆向思维, 如果 $BM = EN$, 那么容易得出 $DB = DE$, 实际上, DB 是正方形 $ABCD$ 的对角线, 然而 DE 却不是所在正方形的对角线, 所以 $DB \neq DE$. 有着这样的空间想象, 避免了繁杂的运算, 也可以得到结果.

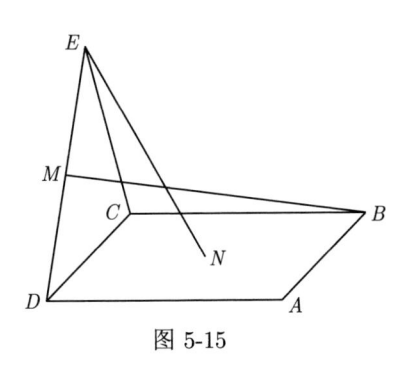

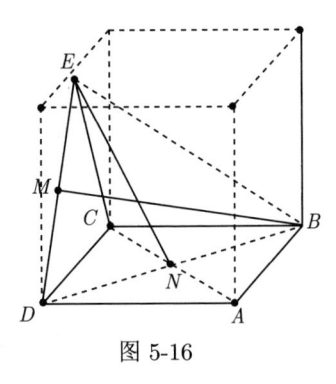

图 5-15

图 5-16

在立体几何问题中, 对图形的直观感知是非常重要的, 通过对图形的空间形式

分析,学生可以探究问题的本质,合理使用问题解决的方法.

例 5-57 如图 5-17,直四棱柱 $ABCD$-$A_1B_1C_1D_1$ 的底面是菱形,$AA_1 = 4, AB = 2, \angle BAD = 60°, E, M, N$ 分别是 BC, BB_1, A_1D 的中点.

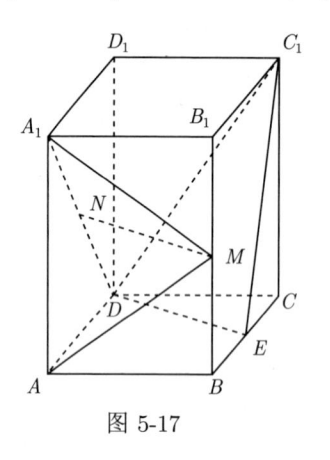

(1) 证明:$MN//$ 平面 C_1DE;

(2) 求二面角 A-MA_1-N 的正弦值.

在这个综合问题中,第 (1) 问是线面的位置关系,在长方体中,要证明 $MN//$ 平面 C_1DE,若是能够找到平面 C_1DE 内的直线和 MN 平行,问题也就迎刃而解.而从直观观察,MN 和 DE 是平行的,而 DE 恰好是平面 C_1DE 内的直线,那么问题的解决方向就找到了.这也是空间想象能力的价值所在,即使在第 (2) 问中,也需要学生具有良好的空间位置识别能力,通过寻找二面角所在的平面,从而探究夹角问题.这就是说,学生识图、画图、变图,从直观到抽象演变,逻辑推理.

图 5-17

例 5-58 如图 5-18,在三棱锥 P-ABC 的平面展开图中,$AC = 1, AB = AD = \sqrt{3}, AB \perp AC, AB \perp AD, \angle CAE = 30°$,则 $\cos \angle FCB =$ _____.

解答 由题意 $AB \perp AC, AB = \sqrt{3}, AC = 1$,由勾股定理得 $BC = \sqrt{AB^2 + AC^2} = 2$.同理得 $BD = \sqrt{6}$.所以 $BF = BD = \sqrt{6}$.在 $\triangle ACE$ 中,$AC = 1, AE = AD = \sqrt{3}, \angle CAE = 30°$,由余弦定理得

$$CE^2 = AC^2 + AE^2 - 2AC \times AE \cos 30°$$
$$= 1 + 3 - 2 \times 1 \times \sqrt{3} \times \frac{\sqrt{3}}{2} = 1,$$

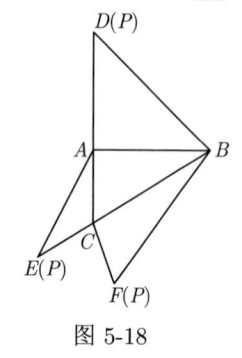

图 5-18

则 $CF = CE = 1$.在 $\triangle BCF$ 中,$BC = 2, BF = \sqrt{6}, CF = 1$,再由余弦定理得

$$\cos \angle FCB = \frac{CF^2 + BC^2 - BF^2}{2CF \cdot BC} = \frac{1 + 4 - 6}{2 \times 1 \times 2} = -\frac{1}{4}.$$

故答案为 $-\frac{1}{4}$.

本题通过翻折平面化后的结构反向推测原几何体的结构特征,以此考查学生的空间想象能力.

例 5-59 如图 5-19,在四棱柱 $ABCD$-$A_1B_1C_1D_1$ 中,$BB_1 \perp$ 底面 $ABCD$,E 为线段 AD 上的任意一点 (不包括 A, D 两点),平面 CEC_1 与平面 B_1BD 交于 FG.证明:$FG//$ 平面 AA_1B_1B.

解 由 $BB_1//CC_1, CC_1 \subset$ 平面 CEC_1,得 $BB_1//$ 平面 CEC,故 $BB_1//FG$,而 $BB_1 \subset$ 平面 $AA_1B_2B, FG//$ 平面 AA_1B_1B,从而 $FG//$ 平面 AA_1B_1B.

此题解答需要充分运用空间想象力以及掌握相关知识点,才能判断出图中隐含的条件,运用相关性质与判定进行解决.

例 5-60 如图 5-20,直三棱柱 $A_1B_1C_1\text{-}ABC$ 中,D 为 AB 边中点. 求证: $AC_1//$ 平面 CDB_1.

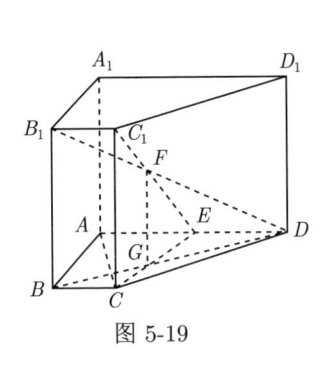

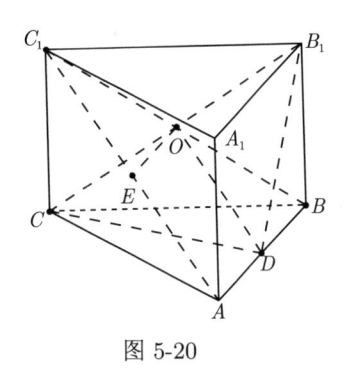

图 5-19

图 5-20

分析 设点 O 是 CB_1 与 BC_1 的交点,点 E 是 AC_1 的交点. 由四边形 BCC_1B_1 是矩形,得 O 是 BC_1 中点,从而 OE 是三角形 ABC_1 中位线,于是 $OE//AB$ 且 $OE = \dfrac{1}{2}AB$.

又 D 是 AB 中点,故 $OE//AB$ 且 $OE = AD$,从而四边形 $ADOE$ 是平行四边形. 于是 $AE//DO$,即 $AC_1//DO$.

而 $DO \subset$ 平面 $CDB_1, AC_1 \not\subset$ 平面 CDB_1,故 $AC_1//$ 平面 CDB_1.

本题考查空间想象力以及线面平行的判定定理,难度较高,综合程度较大.

5.4.2 强调以数代形的代数应用

立体几何对学生的空间想象力要求较高,向量法可以将空间问题转化为向量,进行代数运算,向量作为代数中非常重要的组成部分,兼具几何和代数的双重性质,使学生摆脱空间点、线、面关系的干扰,通过直接对向量计算达到解题的目的. 对于向量法解决立体几何问题的方法主要有两种:一是代数运算;二是向量坐标运算.

1. 利用空间向量证明

例 5-61 如图 5-21,D 为圆锥的顶点,O 是圆锥底面的圆心,AE 为底面直径,$AE = AD$,$\triangle ABC$ 是底面内接正三角形,P 为 DO 上一点,$PO = \dfrac{\sqrt{6}}{6}DO$.

(1) 证明: $PA \perp$ 平面 PBC;

(2) 求二面角 $B\text{-}PC\text{-}E$ 的余弦值.

(1) **证法一** 如图 5-22, 以 O 为坐标原点, 以 $\overrightarrow{OA}$ 方向为 x 轴正方向, 以 $\overrightarrow{OD}$ 方向为 z 轴正方向, 建立直角坐标系.

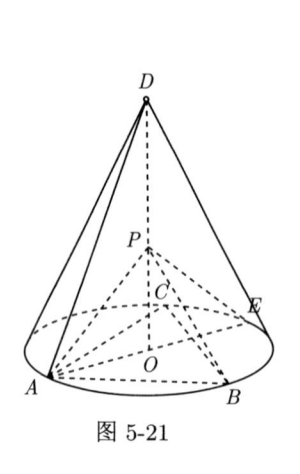

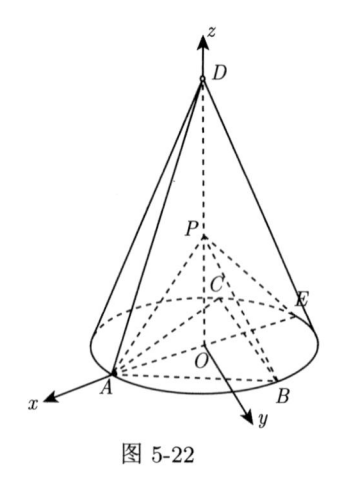

图 5-21

图 5-22

设 $AE = AD = a$, 依题意得

$$P\left(0, 0, \frac{\sqrt{2}}{4}a\right),\ E\left(-\frac{a}{2}, 0, 0\right),\ A\left(\frac{a}{2}, 0, 0\right),$$

$$B\left(-\frac{a}{4}, \frac{\sqrt{3}}{4}a, 0\right),\ C\left(-\frac{a}{4}, -\frac{\sqrt{3}}{4}a, 0\right),$$

所以

$$\overrightarrow{PA} = \left(\frac{a}{2}, 0, -\frac{\sqrt{2}}{4}a\right),\quad \overrightarrow{PB} = \left(-\frac{a}{4}, \frac{\sqrt{3}}{4}a, -\frac{\sqrt{2}}{4}a\right),$$

$$\overrightarrow{PC} = \left(-\frac{a}{4}, -\frac{\sqrt{3}}{4}a, -\frac{\sqrt{2}}{4}a\right),$$

由 $\overrightarrow{PA} \cdot \overrightarrow{PB} = 0$, 所以 $\overrightarrow{PA} \perp \overrightarrow{PB}$. 同理 $\overrightarrow{PA} \cdot \overrightarrow{PC} = 0$, 所以 $\overrightarrow{PA} \perp \overrightarrow{PC}$. 而 $PB \cap PC = P$, 又 $PA \not\subset$ 面 PBC, 所以 $PA \perp$ 面 PBC.

证法二 设 $DO = 1$, 则 $PO = \dfrac{\sqrt{6}}{6}$, $OA = OB = \dfrac{\sqrt{3}}{3}$,

$$\overrightarrow{PA} \cdot \overrightarrow{PB} = \left(\overrightarrow{PO} + \overrightarrow{OA}\right) \cdot \left(\overrightarrow{PO} + \overrightarrow{OB}\right) = \overrightarrow{PO}^2 + \overrightarrow{OA} \cdot \overrightarrow{OB}$$

$$= \frac{1}{6} + \frac{\sqrt{3}}{3} \cdot \frac{\sqrt{3}}{3} \cos 120° = \frac{1}{6} - \frac{1}{6} = 0.$$

所以, $PA \perp PB$. 同理得 $PA \perp PC$, 而 $PB \cap PC = P$, 所以 $PA \perp$ 面 PBC.

(2) **解** 如图 5-23, 以 O 为坐标原点, $\overrightarrow{OE}$ 的方向为 y 轴的正方向, 不妨设 $|\overrightarrow{OE}|$ 为单位长, 建立如图 5-23 所示的空间直角坐标系 $O\text{-}xyz$.

由题设可得

$$E(0,1,0), \quad A(0,-1,0),$$
$$C\left(-\frac{\sqrt{3}}{2},\frac{1}{2},0\right), \quad P\left(0,0,\frac{\sqrt{2}}{2}\right),$$

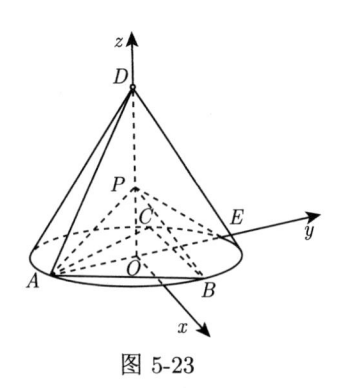

图 5-23

所以

$$\overrightarrow{EC}=\left(-\frac{\sqrt{3}}{2},-\frac{1}{2},0\right),\quad \overrightarrow{EP}=\left(0,-1,\frac{\sqrt{2}}{2}\right),\quad \overrightarrow{CP}=\left(\frac{\sqrt{3}}{2},-\frac{1}{2},\frac{\sqrt{2}}{2}\right).$$

设 $\boldsymbol{m}=(x,y,z)$ 是平面 PCE 的法向量, 则 $\begin{cases} \boldsymbol{m}\cdot\overrightarrow{EP}=0, \\ \boldsymbol{m}\cdot\overrightarrow{EC}=0, \end{cases}$ 即

$$\begin{cases} -y+\dfrac{\sqrt{2}}{2}z=0, \\ -\dfrac{\sqrt{3}}{2}x-\dfrac{1}{2}y=0. \end{cases} \qquad \text{①}$$

可取

$$\boldsymbol{m}=\left(-\frac{\sqrt{3}}{3},1,\sqrt{2}\right). \qquad \text{②}$$

由 (1) 知 $\overrightarrow{AP}=\left(0,1,\dfrac{\sqrt{2}}{2}\right)$ 是平面 PCB 的一个法向量, 记 $\boldsymbol{n}=\overrightarrow{AP}$, 则 $\cos\langle\boldsymbol{n},\boldsymbol{m}\rangle=\dfrac{\boldsymbol{n}\cdot\boldsymbol{m}}{|\boldsymbol{n}|\cdot|\boldsymbol{m}|}=\dfrac{2\sqrt{5}}{5}$. 由图 5-23 可知, 二面角 $B\text{-}PC\text{-}E$ 为锐角, 故余弦值为 $\dfrac{2\sqrt{5}}{5}$.

向量法是与推理计算法相对应的一种几何解法, 它将难以直观理解的几何现象转化成了直观的数字, 从而可以使用算术手段解决立体几何问题. 向量法多用在空间角的计算上, 原理上也可以运用在平行、垂直的判定以及空间距离的计算上, 偶尔也有奇效.

例 5-62 如图 5-24(a), 在四棱锥 $P\text{-}ABCD$ 中, $PA\perp$ 平面 $ABCD$, $AD\perp CD$, $AD/\!/BC$, $PA=AD=CD=2$, $BC=3$. E 为 PD 中点, 点 F 在 PC 上,

且 $\dfrac{PF}{PC} = \dfrac{1}{3}$.

(1) 求证：$CD \perp$ 平面 PAD；

(2) 求二面角 $F\text{-}AE\text{-}P$ 的余弦值；

(3) 设点 G 在 PB 上，且 $\dfrac{PG}{PB} = \dfrac{2}{3}$. 判断直线 AG 是否在平面 AEF 内，说明理由.

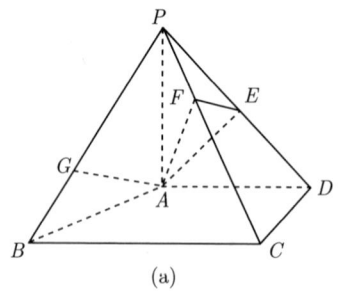

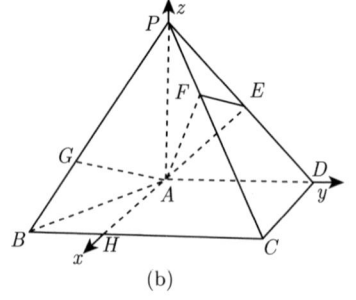

图 5-24

分析 第 (3) 问判断 AG 是否在平面 AEF 内，由于 A 已经在平面 AEF 中，所以本质上题目是想让我们分析直线 AG 与平面 AEF 的法向量是否垂直. 如果垂直，则 AG 在平面内，如果不垂直，则 AG 与平面相交.

解答 (1)(2) 略.

(3) 过点 A 作 $AH \perp BC$，交 BC 于点 H，则 $AH // CD$. 以点 A 为原点，AH 所在直线为 x 轴，以 AD 所在直线为 y 轴，AP 所在直线为 z 轴建立空间直角坐标系 (图 5-24(b)). 所以

$$E(0,1,1), \quad F\left(\dfrac{2}{3}, \dfrac{2}{3}, \dfrac{4}{3}\right), \quad \overrightarrow{AF} = \left(\dfrac{2}{3}, \dfrac{2}{3}, \dfrac{4}{3}\right), \quad \overrightarrow{AE} = (0,1,1).$$

设平面 AEF 的法向量为 $\boldsymbol{m} = (x, y, z)$，则

$$\begin{cases} \boldsymbol{m} \perp \overrightarrow{AF}, \\ \boldsymbol{m} \perp \overrightarrow{AE}, \end{cases} \quad 即 \quad \begin{cases} \dfrac{2}{3}x + \dfrac{2}{3}y + \dfrac{4}{3}z = 0, \\ y + z = 0, \end{cases}$$

令 $y = 1$，则 $z = -1, x = 1$. 则 $\boldsymbol{m} = (1, 1, -1)$ 为平面 AEF 的一个法向量. 因为 G 在 PB 上，且 $\dfrac{PG}{PB} = \dfrac{2}{3}$，$B(2, -1, 0), P(0, 0, 2)$，所以

$$\overrightarrow{PB} = (2, -1, 2),$$

$$\overrightarrow{PG} = \dfrac{2}{3}\overrightarrow{PB} = \left(\dfrac{4}{3}, -\dfrac{2}{3}, -\dfrac{4}{3}\right), \quad G\left(\dfrac{4}{3}, -\dfrac{2}{3}, \dfrac{2}{3}\right),$$

从而 $\overrightarrow{AG} = \left(\dfrac{4}{3}, -\dfrac{2}{3}, \dfrac{2}{3}\right)$. 因为 $\overrightarrow{AG} \cdot \boldsymbol{m} = \dfrac{4}{3} - \dfrac{2}{3} - \dfrac{2}{3} = 0$, 所以 $\overrightarrow{AG} \perp \boldsymbol{m}$. 又由 $A \in$ 平面 AEF, 故直线 AG 在平面 ABF 内.

2. 空间角和距离的计算

例 5-63　如图 5-25, 四棱锥 $P\text{-}ABCD$ 中, 侧面 PAD 为等边三角形且垂直于底面 $ABCD$, $AB = BC = \dfrac{1}{2}AD, \angle BAD = \angle ABC = 90°$, E 是 PD 中点.

(1) 证明：直线 $CE //$ 平面 PAB;

(2) 点 M 在棱 PC 上, 且直线 BM 与底面 $ABCD$ 所成角为 $45°$, 求二面角 $M\text{-}AB\text{-}D$ 的余弦值.

分析　第 (1) 问运用线面平行的判定定理, 在平面 PAB 内作辅助线构造平行四边形 (图 5-26), 通过线线平行推出线面平行; 第 (2) 问的难点在于如何运用条件"直线 BM 与底面 $ABCD$ 所成角为 $45°$"得出点 M 的坐标. 我们可以先设出点 M 的坐标, 然后把题目条件转化为 BM 与底面 $ABCD$ 的法向量的夹角为 $45°$ 并列出方程, 再结合 M 在直线 PC 上, 利用向量共线的知识, 确定出 M 的坐标. 进而求出平面 ABM 的法向量, 再求二面角 $M\text{-}AB\text{-}D$ 的余弦值.

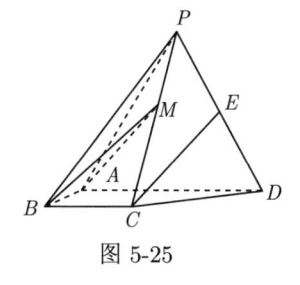

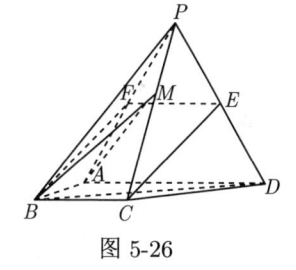

图 5-25

图 5-26

(1) **证明**　取 PA 中点 F, 连接 EF、BF, 因为 E 是 PD 的中点, 所以 $EF // AD, EF = \dfrac{1}{2}AD$.

由 $\angle BAD = \angle ABC = 90°$ 得 $BC // AD$. 又 $BC = \dfrac{1}{2}AD$, 所以 $EF // BC$ 且 $EF = BC$, 四边形 $BCEF$ 是平行四边形, $CE // BF$, 又 $BF \subset$ 平面 PAB, $CE \not\subset$ 平面 PAB, 故 $CE //$ 平面 PAB.

(2) 由已知得 $BA \perp AD$, 以 A 为坐标原点, $\overrightarrow{AB}$ 的方向为 x 轴正方向, $|\overrightarrow{AB}|$ 为单位长度, 建立如图 5-27 所示的空间直角坐标系 $A\text{-}xyz$, 则 $A(0,0,0), B(1,0,0), C(1,1,0), P(0,1,\sqrt{3}), \overrightarrow{PC} =$

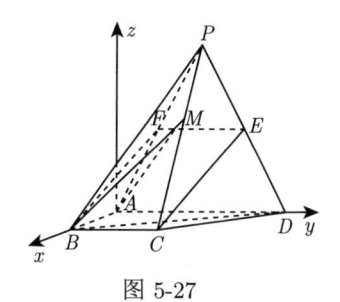

图 5-27

$(1, 0, -\sqrt{3})$, $\overrightarrow{AB} = (1, 0, 0)$.

设 $M(x, y, z)(0 < x < 1)$, 则
$$\overrightarrow{BM} = (x-1, y, z), \quad \overrightarrow{PM} = (x, y-1, z-\sqrt{3}).$$

因为 BM 与底面 $ABCD$ 所成的角为 $45°$, 而 $\boldsymbol{n} = (0, 0, 1)$ 是底面 $ABCD$ 的一个法向量, 所以
$$|\cos\langle\overrightarrow{BM}, \boldsymbol{n}\rangle| = \sin 45°, \quad \frac{|z|}{\sqrt{(x-1)^2 + y^2 + z^2}} = \frac{\sqrt{2}}{2}.$$

即
$$(x-1)^2 + y^2 - z^2 = 0. \qquad ①$$

又 M 在棱 PM 上, 设 $\overrightarrow{PM} = \lambda \overrightarrow{PC}$, 则
$$x = \lambda, \ y = 1, \ z = \sqrt{3} - \sqrt{3}\lambda. \qquad ②$$

由①②解得
$$\begin{cases} x = 1 + \dfrac{\sqrt{2}}{2}, \\ y = 1, \\ z = -\dfrac{\sqrt{6}}{2} \end{cases} (舍去), \quad \begin{cases} x = 1 - \dfrac{\sqrt{2}}{2}, \\ y = 1, \\ z = \dfrac{\sqrt{6}}{2}, \end{cases}$$

所以 $M\left(1 - \dfrac{\sqrt{2}}{2}, 1, \dfrac{\sqrt{6}}{2}\right)$, 从而 $\overrightarrow{AM} = \left(1 - \dfrac{\sqrt{2}}{2}, 1, \dfrac{\sqrt{6}}{2}\right)$.

设 $\boldsymbol{m} = (x_0, y_0, z_0)$ 是平面 ABM 的法向量, 则
$$\begin{cases} \boldsymbol{m} \cdot \overrightarrow{AM} = 0, \\ \boldsymbol{m} \cdot \overrightarrow{AB} = 0, \end{cases} \quad 即 \begin{cases} (2-\sqrt{2})x_0 + 2y_0 + \sqrt{6}z_0 = 0, \\ x_0 = 0, \end{cases}$$

所以可取 $\boldsymbol{m} = (0, -\sqrt{6}, 2)$. 于是
$$\cos\langle\boldsymbol{m}, \boldsymbol{n}\rangle = \frac{\boldsymbol{m} \cdot \boldsymbol{n}}{|\boldsymbol{m}|/|\boldsymbol{n}|} = \frac{\sqrt{10}}{5}.$$

因此二面角 M-AB-D 的余弦值为 $\dfrac{\sqrt{10}}{5}$.

5.4.3 注重概念命题的逻辑推理

严密的逻辑推理论证思维能力是立体几何中进行正确的推理论证的必要条件. 其中逻辑思维能力分为三个类型, 分别为: 形式逻辑思维能力、抽象逻辑思

维能力以及辩证逻辑思维能力. 学生的抽象逻辑思维能力逐步发展最后进入成熟期. 形式逻辑思维能力发展的特点主要表现为把零散处于片段的基本概念形成系统的、完整的体系. 处在这个阶段的学生归纳推理论证的能力比演绎推理的能力高很多, 他们掌握最好的规律就是矛盾律. 处在初中时期的学生已经初步地有一些逻辑思维能力, 但是在高中阶段仍然需加强逻辑思维能力, 并且在高中阶段, 逻辑思维能力更容易得到发展.

例 5-64 如图 5-28, 在四棱锥 A-$BCDE$ 中, 平面 $ABC \perp$ 平面 $BCDE$, $\angle CDE = \angle BED = 90°, AB = CD = 2, DE = BE = 1, AC = \sqrt{2}$.

(I) 证明: $DE \perp$ 平面 ACD;

(II) 求二面角 B-AD-E 的大小.

(I) **证明** 在直角梯形 $BCDE$ 中, 由 $DE = BE = 1, CD = 2$ 得, $BD = BC = \sqrt{2}$, 由 $AC = \sqrt{2}, AB = 2$, 则 $AB^2 = AC^2 + BC^2$, 即 $AC \perp BC$, 又平面 $ABC \perp$ 平面 $BCDE$, 从而 $AC \perp$ 平面 $BCDE$, 所以 $AC \perp DE$, 又 $DE \perp DC, AC \cap DC = C$, 从而 $DE \perp$ 平面 ACD.

第 (II) 问除了向量代数的方法, 可以从定义、定理等角度解决, 培养学生的逻辑推理素养.

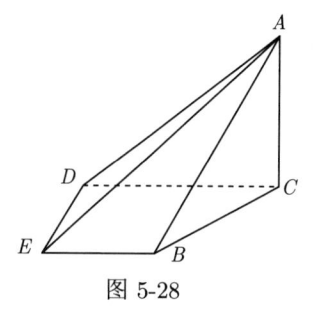

图 5-28

(II) **解** (定义法) 如图 5-29, 作 $BF \perp AD$, 与 AD 交于点 F, 过点 F 作 $FG // DE$, 与 AE 交于点 G, 连结 BG, 由 (I) 知, $DE \perp AD$, 则 $FG \perp AD$, 所以 $\angle BFG$ 是二面角 B-AD-E 的平面角. 在直角梯形 $BCDE$ 中, 由 $CD^2 = BD^2 + BC^2$, 得 $BD \perp BC$.

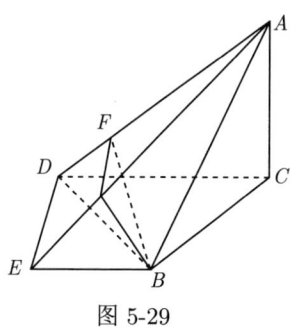

又平面 $ABC \perp$ 平面 $BCDE$, 得 $BD \perp$ 平面 ABC, 从而 $BD \perp AB$.

由于 $AC \perp$ 平面 $BCDE$, 所以 $AC \perp CD$, 在 $\text{Rt}\triangle ACD$ 中, 由 $CD = 2, AC = \sqrt{2}$, 得 $AD = \sqrt{6}$. 在 $\text{Rt}\triangle AED$ 中, $DE = 1, AD = \sqrt{6}$, 得 $AE = \sqrt{7}$.

在 $\text{Rt}\triangle ABD$ 中, $BD = \sqrt{2}, AB = 2, AD = \sqrt{6}$, 得 $BF = \dfrac{2\sqrt{3}}{3}, AF = \dfrac{2}{3} AD$, 从而 $GF = \dfrac{2}{3}$.

在 $\triangle ABE, \triangle ABG$ 中, 利用余弦定理分别可得 $\cos \angle BAE = \dfrac{5\sqrt{7}}{14}, BG = \dfrac{2}{3}$.

图 5-29

在 $\triangle BFG$ 中, $\cos \angle BFG = \dfrac{GF^2 + BF^2 - BG^2}{2 BF \cdot GF} = \dfrac{\sqrt{3}}{2}$, 所以 $\angle BFG = \dfrac{\pi}{6}$. 即二面角 B-AD-E 的大小是 $\dfrac{\pi}{6}$.

(三垂线法) 如图 5-30, 延长 DE 至 F, 使得 $DE = EF$. 延长 AB 至 G, 使得 $AG = 3$. 取 AB 的中点 M. 则 $MB = BG = 1, BF = BC = \sqrt{2}$. 所以 $\triangle CMB \cong \triangle FGB$, 从而 $FG // CM$. 于是 $FG \perp$ 平面 ABD, 即 $\angle FDG$ 是二面角 B-AD-E 的平面角. 所以 $\sin \angle FDG = \dfrac{FG}{FD} = \dfrac{1}{2}$. 故 $\angle FDG = \dfrac{\pi}{6}$.

(三垂线法) 由 (1) 知 $BD \perp BC$, 所以 $BD \perp$ 平面 ABC. 于是平面 $ABD \perp$ 平面 ABC, 取 AB 的中点 M, 所以 $CM \perp$ 平面 ABD. 延长 DE 至 F, 使得 $DE = EF$, 则 $DC = DF$. 故点 F 与点 C 到平面 ABD 的距离相等. 所以 $CM = 1, \sin \alpha = \dfrac{1}{2}$, 即 $\alpha = \dfrac{\pi}{6}$.

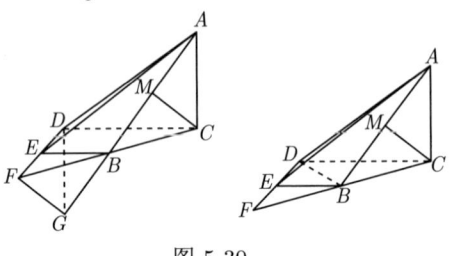

图 5-30

(面积射影法) 如图 5-31, 取 DC 的中点 H, 则 $BH \perp$ 平面 ADC, 设二面角 B-AD-C 的平面角为 θ, 因为

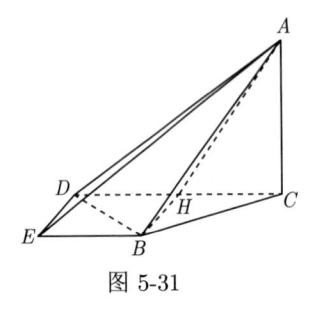

$$S_{\triangle ABD} = \sqrt{2}, \quad S_{\triangle ADH} = \dfrac{\sqrt{2}}{2},$$

$$\cos \theta = \dfrac{S_{\triangle ADH}}{S_{\triangle ADB}} = \dfrac{1}{2},$$

即 $\theta = \dfrac{\pi}{3}$. 而二面角 E-AD-C 为直二面角, 故二面角 B-AD-E 的大小为 $\dfrac{\pi}{6}$.

图 5-31

(三面角余弦定理) 设 $\alpha = \angle BDE$, $\beta = \angle ADB$, $\gamma = \angle EDB$, 二面角 B-AD-C 的平面角为 θ. 则 $\alpha = \dfrac{\pi}{4}, \cos \beta = \dfrac{\sqrt{2}}{\sqrt{6}}, \sin \beta = \dfrac{2}{\sqrt{6}}, \gamma = \dfrac{\pi}{2}$, 于是

$$\cos \theta = \dfrac{\cos \alpha - \cos \beta \cos \gamma}{\sin \beta \sin \gamma} = \dfrac{\sqrt{3}}{2},$$

故 $\theta = \dfrac{\pi}{6}$.

定义法分析构成两个半平面的几何图形的几何特征, 过公共棱上的一点在两个半平面内分别作出与公共棱垂直的直线, 这样就得到了二面角的平面角, 此法就

是用定义法作出二面角的平面角. 三垂线法用三垂线法作出二面角的平面角, 先要找到其中一个平面的垂线, 这样就可以做出二面角的平面角. 三垂线的第二种方法是在上一种方法的基础上, 利用"直线与平面相交, 若平面两侧的斜线段长相等, 则垂线段长相等"这一几何直观, 不需要作出二面角的平面角, 就能解决问题, 从而简化解题过程. 面积射影法与三面角余弦定理为解决二面角的平面角提供了不同的解题思路, 尤其在一些二面角的难题中, 当其他方法无效时, 不妨用这两种方法去尝试一下.

例 5-65 如图 5-32, 已知多面体 ABC-$A_1B_1C_1$, A_1A, B_1B, C_1C 均垂直于平面 ABC, $\angle ABC = 120°$, $A_1A = 4, C_1C = 1, AB = BC = B_1B = 2$.

(1) 证明: $AB_1 \perp$ 平面 $A_1B_1C_1$;

(2) 求直线 AC_1 与平面 ABB_1 所成的角的正弦值.

(1) **证明** 因为 $BB_1 \perp$ 平面 $ABC, AC \subset$ 平面 ABC, 所以 $BB_1 \perp AB$.

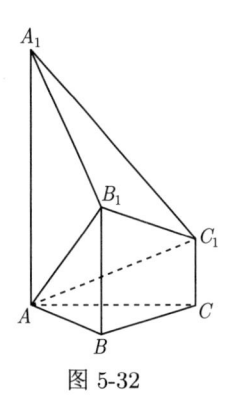

由 $AB = 2, AA_1 = 4, BB_1 = 2, AA_1 \perp AB, BB_1 \perp AB$, 得

$$AB_1 = \sqrt{AB^2 + B_1B^2} = 2\sqrt{2},$$
$$A_1B_1 = \sqrt{(A_1A - B_1B)^2 + AB^2} = 2\sqrt{2}.$$

在直角梯形 ABB_1A_1 中, $AB = 2, AA_1 = 4, BB_1 = 2, A_1B_1 = 2\sqrt{2}$, 所以 $A_1B_1^2 + AB_1^2 = AA_1^2$. 故 $AB_1 \perp A_1B_1$.

图 5-32

由 $BC = 2, CC_1 = 1, BB_1 = 2, CC_1 \perp BC, BB_1 \perp BC$, 得 $B_1C_1 = \sqrt{5}$.

由 $AB = BC = 2, \angle ABC = 120°$, 由余弦定理

$$AC^2 = AB^2 + BC^2 - 2AB \cdot BC \cdot \cos 120° = 12,$$

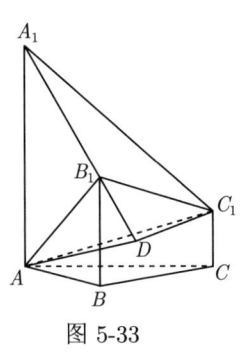

所以 $AC = 2\sqrt{3}$.

因为 $CC_1 \perp$ 平面 $ABC, AC \subset$ 平面 ABC, 则 $CC_1 \perp AC$, 所以

$$AC_1 = \sqrt{AC^2 + CC_1^2} = \sqrt{13}\ AC_1 = \sqrt{AC^2 + CC_1^2} = \sqrt{13}.$$

于是 $AB_1^2 + B_1C_1^2 = AC_1^2$, 故 $AB_1 \perp B_1C_1$.

又 $A_1B_1 \cap B_1C_1 = B_1, A_1B_1 \subset$ 平面 $A_1B_1C_1, B_1C_1 \subset$ 平面 $A_1B_1C_1$, 因此 $AB_1 \perp$ 平面 $A_1B_1C_1$.

图 5-33

(2) **解** 如图 5-33, 过点 C_1 作 $C_1D \perp A_1B_1$, 交直线 A_1B_1 于点 D, 连接 AD.

由 $AB_1 \perp$ 平面 $A_1B_1C_1$, $AB_1 \subset$ 平面 ABB_1, 得平面 $A_1B_1C_1 \perp$ 平面 ABB_1A_1. 由 $C_1D \perp A_1B_1$, 平面 $A_1B_1C_1 \cap$ 平面 $ABB_1A_1 = A_1B_1$, $C_1D \subset$ 平面 $A_1B_1C_1$, 得 $C_1D \perp$ 平面 ABB_1A_1. 所以 $\angle C_1AD$ 是 AC_1 与平面 ABB_1 所成的角. 又因为

$$A_1C_1 = \sqrt{(AA_1 - CC_1)^2 + AC^2} = \sqrt{(4-1)^2 + (2\sqrt{3})^2} = \sqrt{21},$$

由 $B_1C_1 = \sqrt{5}, A_1B_1 = 2\sqrt{2}$, 得

$$\cos \angle C_1A_1B_1 = \frac{A_1B_1^2 + A_1C_1^2 - B_1C_1^2}{2A_1B_1 \times A_1C_1} = \frac{(2\sqrt{2})^2 + (\sqrt{21})^2 - (\sqrt{5})^2}{2 \times 2\sqrt{2} \times \sqrt{21}} = \frac{\sqrt{6}}{\sqrt{7}}.$$

在 $\triangle A_1B_1C_1$ 中,

$$\sin \angle C_1A_1B_1 = \sqrt{1 - (\cos \angle C_1A_1B_1)^2} = \frac{1}{\sqrt{7}},$$

所以

$$C_1D = A_1C_1 \times \sin \angle C_1A_1B_1 = \sqrt{21} \times \frac{1}{\sqrt{7}} = \sqrt{3}.$$

在 $\text{Rt}\triangle C_1AD$ 中, $\sin \angle C_1AD = \dfrac{C_1D}{AC_1} = \dfrac{\sqrt{3}}{\sqrt{13}} = \dfrac{\sqrt{39}}{13}$.

因此, 直线 AC_1 与平面 ABB_1 所成的角的正弦值是 $\dfrac{\sqrt{39}}{13}$.

在立体几何解题中重视文字语言、图形语言、符号语言之间的相互转化, 引导学生及时地将文字条件转化为图形条件和符号表示, 在图形中进行条件和结论的标识, 更直观地帮助学生进行条件的分析和结论的证明. 从定义、定理到问题都是以文字语言的形式呈现出来, 需要我们先把他们转化为相应的图形和符号语言, 这是学习立体几何, 培养逻辑推理素养的入门要求, 是必不可少的! 重视对定理的推理证明. 定理的证明是数学思维过程的重要体现, 对学生学习立体几何的基本知识, 学习立体几何的思维方法提供了很好的示范. 在定理推导证明的过程中, 力争寻找多种证明方法, 提高学生的逻辑推理能力.

5.5 解析几何问题

解析几何的本质是用代数的方法研究几何问题, 其中蕴含着丰富的数学思想与方法. 首先是由解析几何本质特征所决定的函数与方程思想、数形结合思想, 其

次是解决几何问题常用到的化归与转化、分类讨论、一般与特殊的思想方法. 在众多思想方法当中, 最能突出表现解析几何特征的是化归与转化的思想, 主要体现在 "用代数去表征几何问题" 的数形转化过程, 这也正是解析几何的重难点所在. 另外,"设而不求" 的参数思想在解析几何中也扮演着重要的角色, 通过引入参数, 搭建起连接数与形的 "桥梁" 将几何问题 "翻译" 成参数方程, 通过对参数的处理实现问题的解决. 核心是 "数形结合" 的思想方法, 是用代数的方法研究图形的几何性质, 通常是代数与图象结合, 研究直线与圆锥曲线的位置关系, 面积与距离的问题, 求轨迹方程问题, 圆锥曲线中定点与定值问题, 圆锥曲线中参数的取值范围与最值问题, 圆锥曲线中弦长问题. 由于解析几何内容的综合性, 在解决问题的过程中, 就必然还要用到其他的思想方法, 如函数与方程思想、转化与化归思想、分类讨论与整合思想、特殊与一般思想, 以及待定系数法、换元法等等.

5.5.1 直线与圆锥曲线的位置关系

例 5-66 已知椭圆 $C: x^2 + 2y^2 = 4$, 设 O 为原点, 若点 A 在椭圆 C 上, 点 B 在直线 $y = 2$ 上, 且 $OA \perp OB$, 求直线 AB 与圆 $x^2 + y^2 = 2$ 的位置关系, 并证明你的结论.

主要考查点到直线的距离、直线与圆的位置关系, 考查转化思想、分类讨论思想、推理论证能力.

解 直线 AB 与圆 $x^2 + y^2 = 2$ 相切.

证明如下.

证法一 设点 A, B 的坐标分别为 $(x_0, y_0), (t, 2)$, 其中 $x_0 \neq 0$.

因为 $OA \perp OB$, 所以 $\overrightarrow{OA} \cdot \overrightarrow{OB} = 0$, 即 $tx_0 + 2y_0 = 0$, 解得 $t = -\dfrac{2y_0}{x_0}$.

当 $x_0 = t$ 时, $y_0 = -\dfrac{t^2}{2}$, 代入椭圆 C 的方程, 得 $t = \pm \sqrt{2}$, 故直线 AB 的方程为 $x = \pm \sqrt{2}$. 圆心 O 到直线 AB 的距离 $d = \sqrt{2}$. 此时直线 AB 与圆 $x^2 + y^2 = 2$ 相切.

当 $x_0 \neq t$ 时, 直线 AB 的方程为 $y - 2 = \dfrac{y_0 - 2}{x_0 - t}(x - t)$, 即

$$(y_0 - 2)x - (x_0 - t)y + 2x_0 - ty_0 = 0.$$

圆心 O 到直线 AB 的距离

$$d = \dfrac{|2x_0 - ty_0|}{\sqrt{(y_0 - 2)^2 + (x_0 - t)^2}}.$$

又 $x_0^2 + 2y_0^2 = 4, t = -\dfrac{2y_0}{x_0}$, 故

$$d = \frac{\left|2x_0 + \dfrac{2y_0^2}{x_0}\right|}{\sqrt{x_0^2 + y_0^2 + \dfrac{4y_0^2}{x_0^2} + 4}} = \frac{\left|\dfrac{4 + x_0^2}{x_0}\right|}{\sqrt{\dfrac{x_0^4 + 8x_0^2 + 16}{2x_0^2}}} = \sqrt{2}.$$

此时直线 AB 与圆 $x^2 + y^2 = 2$ 相切.

证法二 （1）当 $k = 0$ 时, $A(\pm 2, 0)$, 易知 $B(0,2)$, 此时直线 AB 的方程为 $x + y = 2$ 或 $-x + y = 2$, 原点到直线 AB 的距离为 $\sqrt{2}$, 此时直线 AB 与圆 $x^2 + y^2 = 2$ 相切.

（2）当 $k \neq 0$ 时, 直线 OB 的方程为 $y = -\dfrac{1}{k}x$. 联立 $\begin{cases} y = kx, \\ x^2 + 2y^2 = 4 \end{cases}$ 得点 A 的坐标

$$\left(\frac{2}{\sqrt{1+2k^2}}, \frac{2k}{\sqrt{1+2k^2}}\right) \quad \text{或} \quad \left(-\frac{2}{\sqrt{1+2k^2}}, -\frac{2k}{\sqrt{1+2k^2}}\right);$$

联立 $\begin{cases} y = -\dfrac{1}{k}x, \\ y = 2 \end{cases}$ 得点 B 的坐标 $(-2k, 2)$.

由点 A 的坐标的对称性知, 无妨取点 $A\left(\dfrac{2}{\sqrt{1+2k^2}}, \dfrac{2k}{\sqrt{1+2k^2}}\right)$ 进行计算. 于是直线 AB 的方程为

$$y - 2 = \frac{\dfrac{2k}{\sqrt{1+2k^2}} - 2}{\dfrac{2}{\sqrt{1+2k^2}} + 2k}(x + 2k) = \frac{k - \sqrt{1+2k^2}}{1 + k\sqrt{1+2k^2}}(x + 2k),$$

即

$$\left(k - \sqrt{1+2k^2}\right)x - \left(1 + k\sqrt{1+2k^2}\right)y + 2k^2 + 2 = 0.$$

原点到直线 AB 的距离

$$d = \frac{|2k^2 + 2|}{\sqrt{\left(k - \sqrt{1+2k^2}\right)^2 + \left(1 + k\sqrt{1+2k^2}\right)^2}} = \sqrt{2},$$

此时直线 AB 与圆 $x^2 + y^2 = 2$ 相切.

综上知, 直线 AB 一定与圆 $x^2 + y^2 = 2$ 相切.

证法三 （1）当 $k = 0$ 时, $A(\pm 2, 0)$, 易知 $B(0, 2)$, 此时

$$|OA| = 2, \quad |OB| = 2, \quad |AB| = \sqrt{2^2 + 2^2} = 2\sqrt{2},$$

原点到直线 AB 的距离

$$d = \frac{|OA| \cdot |OB|}{|AB|} = \frac{2 \times 2}{2\sqrt{2}} = \sqrt{2},$$

此时直线 AB 与圆 $x^2 + y^2 = 2$ 相切.

(2) 当 $k \neq 0$ 时, 直线 OB 的方程为 $y = -\dfrac{1}{k}x$. 设 $A(x_1, y_1), B(x_2, y_2)$, 则

$$|OA| = \sqrt{1 + k^2}\,|x_1|, \quad |OB| = \sqrt{1 + (-k)^2}\,|y_2| = 2\sqrt{1 + k^2}.$$

联立 $\begin{cases} y = kx, \\ x^2 + 2y^2 = 4 \end{cases}$ 得点 A 的坐标

$$\left(\frac{2}{\sqrt{1 + 2k^2}}, \frac{2k}{\sqrt{1 + 2k^2}}\right) \quad \text{或} \quad \left(-\frac{2}{\sqrt{1 + 2k^2}}, -\frac{2k}{\sqrt{1 + 2k^2}}\right).$$

于是

$$|OA| = \sqrt{1 + k^2}\,|x_A| = \frac{2\sqrt{1 + k^2}}{\sqrt{1 + 2k^2}}, \quad |OB| = 2\sqrt{1 + k^2}.$$

$$|AB| = \sqrt{\frac{4(1 + k^2)}{1 + 2k^2} + 4(1 + k^2)} = \frac{2\sqrt{2}\,(1 + k^2)}{\sqrt{1 + 2k^2}}.$$

所以

$$d = \frac{|OA| \cdot |OB|}{|AB|} = \frac{\dfrac{2\sqrt{1 + k^2}}{\sqrt{1 + 2k^2}} \cdot 2\sqrt{1 + k^2}}{\dfrac{2\sqrt{2}\,(1 + k^2)}{\sqrt{1 + 2k^2}}} = \sqrt{2},$$

直线 AB 与圆 $x^2 + y^2 = 2$ 相切.

综上知, 直线 AB 一定与圆 $x^2 + y^2 = 2$ 相切.

5.5.2 面积与距离的问题

例 5-67 已知点 $A(0, -2)$, 椭圆 $E = \dfrac{x^2}{a^2} + \dfrac{y^2}{b^2} = 1 (a > b > 0)$ 的离心率为 $\dfrac{\sqrt{3}}{2}$, F 是椭圆的焦点, 直线 AF 的斜率为 $\dfrac{2\sqrt{3}}{3}$, O 为坐标原点.

(I) 求 E 的方程;

(II) 设过点 A 的直线 l 与 E 相交于 P, Q 两点, 当 $\triangle OPQ$ 的面积最大时, 求 l 的方程.

第 (II) 问主要考察直线与圆锥曲线的位置关系、直线方程及斜率、韦达定理、相交弦公式、点到直线的距离、基本不等式放缩等知识点, 综合性强. 其求解方法是设出交点坐标与直线方程, 根据题目所给的直线与圆锥曲线的位置关系 (相交),

联立方程, 利用韦达定理求解出交点坐标与直线斜率 k 之间的关系, 再利用相交弦公式、点到直线的距离公式, 以及三角形面积公式, 构造出所求问题所求的面积目标函数 (自变量为 k), 最终利用代数方法基本不等式放缩法或求导的方法求解出目标函数最值情况, 从而得出原问题的解.

解 (I) 设 $F(c,0)$, 由条件知 $\dfrac{2}{c} = \dfrac{2\sqrt{3}}{3}$, 得 $c = \sqrt{3}$, 又 $\dfrac{c}{a} = \dfrac{\sqrt{3}}{2}$, 所以 $a = 2, b^2 = a^2 - c^2 = 1$, 故 E 的方程 $\dfrac{x^2}{4} + y^2 = 1$.

(II) 依题意当 $l \perp x$ 轴时不合题意, 故设直线 $l: y = kx - 2$, 设 $P(x_1, y_1), Q(x_2, y_2)$, 将 $y = kx - 2$ 代入 $\dfrac{x^2}{4} + y^2 = 1$, 得
$$(1 + 4k^2)x^2 - 16kx + 12 = 0.$$
当 $\Delta = 16(4k^2 - 3) > 0$, 即 $k^2 > \dfrac{3}{4}$ 时, $x_{1,2} = \dfrac{8k \pm 2\sqrt{4k^2 - 3}}{1 + 4k^2}$. 从而
$$|PQ| = \sqrt{k^2 + 1}|x_1 - x_2| = \dfrac{4\sqrt{k^2 + 1} \cdot \sqrt{4k^2 - 3}}{1 + 4k^2}.$$
又点 O 到直线 PQ 的距离 $d = \dfrac{2}{\sqrt{k^2 + 1}}$, 所以 $\triangle OPQ$ 的面积
$$S_{\triangle OPQ} = \dfrac{1}{2}d|PQ| = \dfrac{4\sqrt{4k^2 - 3}}{1 + 4k^2}.$$
设 $\sqrt{4k^2 - 3} = t$, 则 $t > 0$, $S_{\triangle OPQ} = \dfrac{4t}{t^2 + 4} = \dfrac{4}{t + \dfrac{4}{t}} \leqslant 1$, 当且仅当 $t = 2, k = \pm\dfrac{\sqrt{7}}{2}$ 时等号成立, 且满足 $\Delta > 0$, 所以当 $\triangle OPQ$ 的面积最大时, l 的方程为 $y = \dfrac{\sqrt{7}}{2}x - 2$ 或 $y = -\dfrac{\sqrt{7}}{2}x - 2$.

例 5-68 已知三点 $O(0,0), A(-2,1), B(2,1)$, 曲线 C 上任意一点 $M(x,y)$ 满足 $\overrightarrow{MA} + \overrightarrow{MB} = \overrightarrow{OM} \cdot (\overrightarrow{OA} + \overrightarrow{OB}) + 2$.

(1) 求曲线 C 的方程;

(2) 动点 $Q(x_0, y_0)(-2 < x_0 < 2)$ 在曲线 C 上, 曲线 C 在点 Q 处的切线为 l. 问: 是否存在定点 $P(0, t)(t < 0)$, 使得 l 与 PA, PB 都不相交, 交点分别为 D, E, 且 $\triangle QAB$ 与 $\triangle PDE$ 的面积之比是常数? 若存在, 求 t 的值. 若不存在, 说明理由.

解 (1) 依题意可得
$$\overrightarrow{MA} = (-2 - x, 1 - y), \quad \overrightarrow{MB} = (2 - x, 1 - y),$$

$$|\overrightarrow{MA} + \overrightarrow{MB}| = \sqrt{(-2x)^2 + (2-2y)^2}, \quad \overrightarrow{OM} \cdot (\overrightarrow{OA} + \overrightarrow{OB}) = x \cdot 0 + 2y = 2y.$$

由已知得 $\sqrt{(-2x)^2 + (2-2y)^2} = 2y + 2$, 化简得曲线 C 的方程为 $x^2 = 4y$.

(2) 假设存在点 $P(0,t)$ ($t<0$) 满足条件, 则直线 PA 的方程是 $y = \dfrac{t-1}{2}x + t$, 直线 PB 的方程是 $y = \dfrac{1-t}{2}x + t$, 曲线 C 在点 Q 处的切线 l 的方程为

$$y = \frac{x_0}{2}x - \frac{x_0^2}{4},$$

它与 y 轴的交点为 $F\left(0, -\dfrac{x_0^2}{4}\right)$, 由于 $-2 < x_0 < 2$, 因此 $-1 < \dfrac{x_0}{2} < 1$.

① 当 $-1 < t < 0$ 时, $-1 < \dfrac{t-1}{2} < -\dfrac{1}{2}$, 存在 $x_0 \in (-2,2)$, 使得 $\dfrac{x_0}{2} = \dfrac{t-1}{2}$, 即 l 与直线 PA 平行, 故当 $-1 < t < 0$ 时不符题意.

② 当 $t \leqslant -1$ 时, $\dfrac{t-1}{2} \leqslant -1 < \dfrac{x_0}{2}, \dfrac{1-t}{2} \geqslant 1 > \dfrac{x_0}{2}$.

所以 l 与直线 PA, PB 一定相交, 分别联立方程组

$$\begin{cases} y = \dfrac{t-1}{2}x + t, \\ y = \dfrac{x_0}{2}x - \dfrac{x_0^2}{4}, \end{cases} \qquad \begin{cases} y = \dfrac{1-t}{2}x + t, \\ y = \dfrac{x_0}{2}x - \dfrac{x_0^2}{4}. \end{cases}$$

解得 D、E 的横坐标分别是

$$x_D = \frac{x_0^2 + 4t}{2(x_0 + 1 - t)}, \quad x_E = \frac{x_0^2 + 4t}{2(x_0 + t - 1)}, \quad x_E - x_D = (1-t)\frac{x_0^2 + 4t}{x_0^2 - (t-1)^2},$$

又

$$S_{\triangle QAB} = \frac{1}{2} \times 4 \times \left(1 - \frac{x_0^2}{4}\right) = \frac{4 - x_0^2}{2},$$

于是

$$\frac{S_{\triangle QAB}}{S_{\triangle PDB}} = \frac{4}{1-t} \times \frac{(x_0^2 - 4)[x_0^2 - (t-1)^2]}{(x_0^2 + 4t)^2}$$

$$= \frac{4}{1-t} \times \frac{x_0^4 - [4 + (t-1)^2]x_0^2 + 4(t-1)^2}{x_0^4 + 8tx_0^2 + 16t^2}.$$

对任意 $x_0 \in (-2,2)$, 要使 $\dfrac{S_{\triangle QAB}}{S_{\triangle PDB}}$ 为常数, 只须 t 满足 $\begin{cases} -4 - (t-1)^2 = 8t, \\ 4(t-1)^2 = 16t^2, \end{cases}$

解得 $t = -1$, 所以存在 $t = -1$ 使 $\dfrac{S_{\triangle QAB}}{S_{\triangle PDB}}$ 的值为常数 2.

本题以平面向量为载体, 考查抛物线的方程, 直线与抛物线的位置关系以及分类讨论的思想.

例 5-69 已知椭圆 $C: \dfrac{x^2}{a^2} + \dfrac{y^2}{b^2} = 1(a > b > 0)$, 过坐标原点的直线交 C 于 P、Q 两点, 点 P 在第一象限, 过 P 作 $PG \perp PQ$, 与 C 交于另一点 G, 设 $\triangle PQG$ 的面积为 S, 若 $\dfrac{a}{b} \geqslant \sqrt{2}+1$, 证明: S 有最大值为 ab; 若 $1 < \dfrac{a}{b} < \sqrt{2}+1$, 则 S 有最大值为 $\dfrac{4a^2b^2c^2}{(a^2+b^2)^2}$ (其中 $c^2 = a^2 - b^2$).

证明 设直线 PQ 的斜率为 k, 则其方程为 $y = kx(k > 0)$, 与 C 的方程 $\dfrac{x^2}{a^2} + \dfrac{y^2}{b^2} = 1$ 联立, 解得 $x = \pm \dfrac{ab}{\sqrt{b^2 + a^2k^2}}$. 记

$$u = \dfrac{ab}{\sqrt{b^2 + a^2k^2}}, \qquad (*)$$

则 $P(u, uk)$. 因为 $PG \perp PQ$, 所以直线 PG 的斜率为 $-\dfrac{1}{k}$, 则其方程为 $y - uk = -\dfrac{1}{k}(x - u)$, 与 C 的方程 $\dfrac{x^2}{a^2} + \dfrac{y^2}{b^2} = 1$ 联立, 得

$$(a^2 + k^2b^2)x^2 - 2u(k^2+1)a^2 x + a^2u^2(k^2+1)^2 - k^2a^2b^2 = 0,$$

所以 $x_G + u = \dfrac{2u(k^2+1)a^2}{a^2 + k^2b^2}$, 解得 $x_G = \dfrac{uk^2(2a^2 - b^2) + ua^2}{a^2 + k^2b^2}$, 于是

$$|PG| = \sqrt{1 + \dfrac{1}{k^2}}\,|x_G - u| = \dfrac{2ukc^2\sqrt{1+k^2}}{a^2 + k^2b^2}.$$

因为 $|PQ| = 2|OP| = 2u\sqrt{1+k^2}$, 所以 $S = \dfrac{1}{2}|PQ| \cdot |PG| = \dfrac{2k(1+k^2)u^2c^2}{a^2 + k^2b^2}$, 把 $(*)$ 代入, 得

$$S = \dfrac{2k(1+k^2)a^2b^2c^2}{(b^2+a^2k^2)(a^2+k^2b^2)} = \dfrac{2a^2b^2c^2\left(\dfrac{1}{k}+k\right)}{c^4 + a^2b^2\left(\dfrac{1}{k}+k\right)^2},$$

设 $t = k + \dfrac{1}{k}$, 则

$$S = \dfrac{2a^2b^2c^2t}{c^4 + a^2b^2t^2} = \dfrac{2a^2b^2c^2}{\dfrac{c^4}{t} + a^2b^2t}.$$

由 $k > 0$, 得 $t \geqslant 2$, 当且仅当 $k = 1$ 时取等号. 若 $\dfrac{c^2}{ab} \geqslant 2$, 即 $\dfrac{a}{b} \geqslant \sqrt{2}+1$, 则有

$$S = \frac{2a^2b^2c^2}{\dfrac{c^4}{t}+a^2b^2t} \leqslant \frac{2a^2b^2c^2}{2abc^2} = ab,$$

当且仅当 $t = \dfrac{c^2}{ab}$ 时等号成立. 故 S 有最大值为 ab.

若 $\dfrac{c^2}{ab} < 2$, 即 $1 < \dfrac{a}{b} < \sqrt{2}+1$, 则有 $y = \dfrac{c^4}{t} + a^2b^2t$ 在 $[2,+\infty)$ 上单调递增, 所以当且仅当 $t = 2$ 时, S 取得最大值为 $\dfrac{4a^2b^2c^2}{4a^2b^2+c^4} = \dfrac{4a^2b^2c^2}{(a^2+b^2)^2}$. 综上, 结论成立.

5.5.3 求轨迹方程问题

例 5-70 已知点 $A(-2,0)$, $B(2,0)$, 动点 $M(x,y)$ 满足直线 AM 与 BM 的斜率乘积为 $-\dfrac{1}{2}$, 记 M 的轨迹为曲线 C.

(I) 求 C 的方程, 并说明 C 是什么曲线?

(II) 过坐标原点的直线交 C 于 P, Q 两点, 点 P 在第一象限, $PE \perp x$ 轴, 垂足为 E, 连接 QE 并延长 C 交于点 G.

(i) 证明: $\triangle PGQ$ 是直角三角形;

(ii) 求 $\triangle PGQ$ 面积的最大值.

此题主要考查轨迹方程的求法, 直线和椭圆的位置问题以及最值问题, 意在考查学生的逻辑推理能力、运算求解能力, 考查方程思想、数形结合思想、化归与转化思想, 考查学生的逻辑推理、直观想象、数学运算等数学核心素养, 检验了学生运算求解、分析问题、解决问题的能力.

(I) **解** 由题设得 $\dfrac{y}{x+2} \cdot \dfrac{y}{x-2} = -\dfrac{1}{2}(x \neq \pm 2)$. 化简得 $\dfrac{x^2}{4} + \dfrac{y^2}{2} = 1(x \neq \pm 2)$. 所以曲线 C 是中心在坐标原点, 焦点在 x 轴上的椭圆, 不含左右顶点.

(II)(i) **证法一** 设直线 PQ 的斜率为 k, 则其方程为 $y = kx(k > 0)$. 由
$$\begin{cases} y = kx, \\ \dfrac{x^2}{4} + \dfrac{y^2}{2} = 1 \end{cases}$$
得 $x = \pm\dfrac{2}{\sqrt{1+2k^2}}$. 记 $u = \dfrac{2}{\sqrt{1+2k^2}}$, 则 $P(u, uk)$, $Q(-u, -uk)$, $E(u, 0)$, 于是直线 QG 的斜率为 $\dfrac{k}{2}$, 方程为 $y = \dfrac{k}{2}(x-u)$, 由
$$\begin{cases} y = \dfrac{k}{2}(x-u), \\ \dfrac{x^2}{4} + \dfrac{y^2}{2} = 1 \end{cases}$$
得
$$(2+k^2)x^2 - 2uk^2x + k^2u^2 - 8 = 0. \qquad ①$$

设 $G(x_G, y_G)$, 则 $-u$ 和 x_G 是方程①的解, 故 $x_G = \dfrac{u(3k^2+2)}{2+k^2}$, 由此得

$y_G = \dfrac{uk^3}{2+k^2}$, 从而直线 PG 的斜率为

$$\left(\dfrac{uk^3}{2+k^2} - uk\right) \Big/ \left(\dfrac{u(3k^2+2)}{2+k^2} - u\right) = -\dfrac{1}{k},$$

所以直线 PG 的斜率为 $-\dfrac{1}{k}$, 又因为直线 PQ 的斜率为 k, 所以 $PQ \perp PG$, 即 $\triangle PQG$ 是直角三角形.

证法二 设 $P(x_0, y_0)$, $Q(-x_0, -y_0)$, $G(x_1, y_1)$, $E(x_0, 0)$, 则有 $\dfrac{x_1^2}{4} + \dfrac{y_1^2}{2} = 1$, $\dfrac{x_0^2}{4} + \dfrac{y_0^2}{2} = 1$, 以上两式作差, 得 $\dfrac{x_1^2 - x_0^2}{4} + \dfrac{y_1^2 - y_0^2}{2} = 0$, 所以

$$\dfrac{y_1^2 - y_0^2}{x_1^2 - x_0^2} = \dfrac{y_1 - y_0}{x_1 - x_0} \cdot \dfrac{y_1 + y_0}{x_1 + x_0} = -\dfrac{1}{2},$$

所以 $k_{GQ} \cdot k_{GP} = -\dfrac{1}{2}$.

又 $k_{PQ} = \dfrac{y_0}{x_0} = k$, 则 $k_{QG} = \dfrac{1}{2}k$. 由 $k_{GQ} \cdot k_{GP} = -\dfrac{1}{2}$, 得 $k_{GP} = -\dfrac{1}{k}$, 所以 $k_{PQ} \cdot k_{PG} = -1$. 所以 $PQ \perp PG$, 故 $\triangle PGQ$ 为直角三角形.

证法三 设 $P(x_1, y_1)$, $G(x_2, y_2)$, $x_1 > 0$, $k_{QG} = \dfrac{y_1}{2x_1} = \dfrac{k_{PQ}}{2}$,

$$k_{PQ} \cdot k_{PG} = 2k_{QG} \cdot k_{PG} = 2 \times \dfrac{y_2 + y_1}{x_2 + x_1} \cdot \dfrac{y_2 - y_1}{x_2 - x_1} = \dfrac{2y_2^2 - 2y_1^2}{x_2^2 - x_1^2} = -1.$$

即 $k_{PQ} \cdot k_{PG} = -1$. 所以 $PQ \perp PG$, 即 $\triangle PQG$ 是直角三角形.

证法四 如图 5-34 所示, 设 $P(2\cos\alpha, \sqrt{2}\sin\alpha)$, $G(2\cos\beta, \sqrt{2}\sin\beta)$ $\left(0 < \beta < \alpha < \dfrac{\pi}{2}\right)$, 由已知得 $Q(-2\cos\alpha, -\sqrt{2}\sin\alpha)$, $E(2\cos\alpha, 0)$. 所以

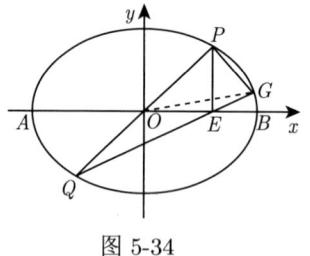

$$\overrightarrow{QE} = (4\cos\alpha, \sqrt{2}\sin\alpha),$$

$$\overrightarrow{EG} = (2\cos\beta - 2\cos\alpha, \sqrt{2}\sin\beta).$$

图 5-34

因为 Q、E、G 三点共线, 所以 $\overrightarrow{QE}$ 与 $\overrightarrow{EG}$ 共线. 即 $(4\cos\alpha)(\sqrt{2}\sin\beta) = (2\cos\beta - 2\cos\alpha)(\sqrt{2}\sin\alpha)$, 整理得

$$2\cos\alpha\sin\beta - \sin\alpha\cos\beta + \cos\alpha\sin\alpha = 0,$$

于是 $\cos\alpha(\sin\alpha + \sin\beta) = \sin(\alpha - \beta)$, 即

$$\cos\alpha\left(2\sin\dfrac{\alpha+\beta}{2}\cos\dfrac{\alpha-\beta}{2}\right) = 2\sin\dfrac{\alpha-\beta}{2}\cos\dfrac{\alpha-\beta}{2},$$

由此得
$$\cos\alpha\sin\frac{\alpha+\beta}{2}=\sin\frac{\alpha-\beta}{2}. \qquad ②$$

因为 $\overrightarrow{OP}=(2\cos\alpha,\sqrt{2}\sin\alpha)$, $\overrightarrow{GP}=(2\cos\alpha-2\cos\beta,\sqrt{2}\sin\alpha-\sqrt{2}\sin\beta)$, 所以

$$\begin{aligned}
\overrightarrow{OP}\cdot\overrightarrow{GP} &= 4\cos\alpha(\cos\alpha-\cos\beta)+2\sin\alpha(\sin\alpha-\sin\beta)\\
&= 4\cos\alpha\left(-2\sin\frac{\alpha+\beta}{2}\sin\frac{\alpha-\beta}{2}\right)+2\sin\alpha\left(2\cos\frac{\alpha+\beta}{2}\sin\frac{\alpha-\beta}{2}\right)\\
&= -4\sin\frac{\alpha-\beta}{2}\left[2\cos\alpha\sin\frac{\alpha+\beta}{2}-\sin\alpha\cos\frac{\alpha+\beta}{2}\right]\\
&= -4\sin\frac{\alpha-\beta}{2}\left[\sin\left(\frac{\alpha+\beta}{2}-\alpha\right)+\cos\alpha\sin\frac{\alpha+\beta}{2}\right]\\
&= -4\sin\frac{\alpha-\beta}{2}\left(\sin\frac{\beta-\alpha}{2}+\cos\alpha\sin\frac{\alpha+\beta}{2}\right)=0,
\end{aligned}$$

其中最后一个"等号"是据②式代入其左端而得到, 所以 $\overrightarrow{OP}\cdot\overrightarrow{GP}=0$, 即 $OP\perp GP$, 故 $\triangle PQG$ 是直角三角形.

证法五 设 $P(x_1,y_1)$, 直线 $QG: m(x-x_1)+n(y-y_1)=1$. 将 $x^2+2y^2=4$ 变形为 $[(x-x_1)+x_1]^2+2[(y-y_1)+y_1]^2=4$. 即

$$(x-x_1)^2+2(y-y_1)^2+2x_1(x-x_1)+4y_1(y-y_1)=0.$$

与直线方程 $m(x-x_1)+n(y-y_1)=1$ 联立, 得齐次方程

$$(x-x_1)^2+2(y-y_1)^2+[2x_1(x-x_1)+4y_1(y-y_1)]\\
\cdot[m(x-x_1)+n(y-y_1)]=0,$$

即

$$(2mx_1+1)(x-x_1)^2+(4ny_1+2)(y-y_1)^2+(2nx_1+4my_1)(x-x_1)(y-y_1)=0,$$

所以 $(4ny_1+2)\left(\dfrac{y-y_1}{x-x_1}\right)^2+(2nx_1+4my_1)\cdot\left(\dfrac{y-y_1}{x-x_1}\right)+(2mx_1+1)=0$. 令 $\dfrac{y-y_1}{x-x_1}=k$, 则 $(4ny_1+2)k^2+(2nx_1+4my_1)k+2mx_1+1=0.$

$$k_1\cdot k_2=k_{PQ}\cdot k_{PG}=\frac{2mx_1+1}{4ny_1+2}. \qquad (1)$$

将 $E(x_1,0)$ 代入直线方程, 得
$$-ny_1=1. \qquad (2)$$

将 $Q(-x_1, -y_1)$ 代入直线方程, 得
$$-2mx_1 - 2ny_1 = 1. \tag{3}$$
将 (2) (3) 式代入 (1) 式, 得 $k_1 k_2 = -1$. 所以 $PQ \perp PG$, 即 $\triangle PQG$ 是直角三角形.

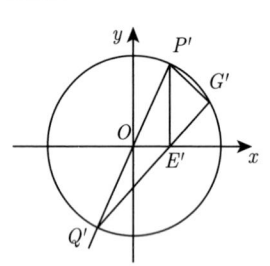

证法六 作变换 $\begin{cases} x' = x, \\ y' = \sqrt{2}y, \end{cases}$ 则椭圆变为 $x'^2 + y'^2 = 4$, P, Q, E, G 分别变为 P', Q', E', G', 如图 5-35, 设 $P'(x_1, y_1)$, $E'(x_1, 0)$, $Q'(-x_1, -y_1)$, 直线 $P'Q'$ 的方程为 $y' = k'x'$. $k_{Q'E'} = \dfrac{y_1}{2x_1} = \dfrac{k'}{2}$, 由 $P'G' \perp Q'G'$ 得 $k_{QG'} \cdot k_{PG'} = -1$. 所以 $k_{P'G'} = -\dfrac{2}{k'}$.

图 5-35

所以 $k_{PQ} k_{PG} = \dfrac{1}{2} k_{P'Q} \cdot k_{P'G'} = \dfrac{1}{2} k' \left(-\dfrac{2}{k'}\right) = -1$. 所以 $PQ \perp PG$, 即 $\triangle PQG$ 是直角三角形.

(II)(ii) 解法一 由 (i) 知
$$|PQ| = \sqrt{1+k^2}\,|x_P - x_Q| = \dfrac{4\sqrt{1+k^2}}{\sqrt{1+2k^2}},$$
$$|PG| = \sqrt{(x_P - x_G)^2 + (y_P - y_G)^2} = \dfrac{4k\sqrt{1+k^2}}{\sqrt{1+2k^2}\,(2+k^2)},$$

故 $S_{\triangle PQG} = \dfrac{1}{2}|PQ| \cdot |PG| = \dfrac{8\left(k + \dfrac{1}{k}\right)}{2\left(k + \dfrac{1}{k}\right)^2 + 1}$. 令 $t = k + \dfrac{1}{k}$, 则 $t \geqslant 2$, 从而

$S_{\triangle PQG} = \dfrac{8t}{2t^2 + 1} = \dfrac{8}{2t + \dfrac{1}{t}}$. 因为 $y = 2t + \dfrac{1}{t}$ 在 $[2, +\infty)$ 上单调递增, 所以当

$t = 2$, 即 $k = 1$ 时, $S_{\triangle PQG}$ 最大值为 $\dfrac{16}{9}$.

解法二 如图 5-36 所示, 连接 OG, 由椭圆的对称性, 知 $\triangle PQG$ 的面积 $S_{\triangle PQG} = 2S_{\triangle OPG}$. 因为 $P(2\cos\alpha, \sqrt{2}\sin\alpha)$, $G(2\cos\beta, \sqrt{2}\sin\beta)\left(0 < \beta < \alpha < \dfrac{\pi}{2}\right)$, 所以

$$S_{\triangle PQG} = 2\sqrt{2}|\sin\alpha\cos\beta - \cos\alpha\sin\beta|$$
$$= 2\sqrt{2}\sin(\alpha - \beta)$$

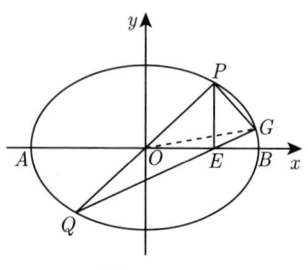

图 5-36

$$= \left(4\sqrt{2}\tan\frac{\alpha-\beta}{2}\right)\Big/\left(\tan^2\frac{\alpha-\beta}{2}+1\right).$$

设 $\tan\dfrac{\alpha-\beta}{2}=m(m>0)$, 则 $S_{\triangle PQG}=\dfrac{4\sqrt{2}m}{m^2+1}=\dfrac{4\sqrt{2}}{m+\dfrac{1}{m}}$. 因为

$$k_{GP}=\frac{\sqrt{2}(\sin\alpha-\sin\beta)}{2(\cos\alpha-\cos\beta)}=\frac{\sqrt{2}\left(2\cos\dfrac{\alpha+\beta}{2}\sin\dfrac{\alpha-\beta}{2}\right)}{2\left(-2\sin\dfrac{\alpha+\beta}{2}\sin\dfrac{\alpha-\beta}{2}\right)}=-\frac{\sqrt{2}}{2\tan\dfrac{\alpha+\beta}{2}},$$

$k_{OP}=\dfrac{\sqrt{2}}{2}\tan\alpha$, 且 $OP\perp GP$. 所以

$$k_{GP}\cdot k_{OP}=\left(-\frac{\sqrt{2}}{2\tan\dfrac{\alpha+\beta}{2}}\right)\left(\frac{\sqrt{2}}{2}\tan\alpha\right)=-1,$$

解得 $\tan\alpha=2\tan\dfrac{\alpha+\beta}{2}$. 设 $\tan\dfrac{\alpha+\beta}{2}=n(n>0)$, 所以

$$m=\tan\frac{\alpha-\beta}{2}=\tan\left(\alpha-\frac{\alpha+\beta}{2}\right)=\frac{\tan\alpha-\tan\dfrac{\alpha+\beta}{2}}{1+\tan\alpha\tan\dfrac{\alpha+\beta}{2}}$$

$$=\frac{n}{1+2n^2}\leqslant\frac{1}{2\sqrt{2}}=\frac{\sqrt{2}}{4},$$

当且仅当 $n=\dfrac{\sqrt{2}}{2}$ 时等号成立, 故 $0<m\leqslant\dfrac{\sqrt{2}}{4}$. 因为函数 $y=m+\dfrac{1}{m}$ 在 $\left(0,\dfrac{\sqrt{2}}{4}\right]$ 上单调递减, 所以

$$m+\frac{1}{m}\geqslant\frac{\sqrt{2}}{4}+2\sqrt{2}=\frac{9\sqrt{2}}{4},$$

于是 $S_{\triangle PQG}=\dfrac{4\sqrt{2}}{m+\dfrac{1}{m}}\leqslant\dfrac{16}{9}$, 当且仅当 $m=\dfrac{\sqrt{2}}{4}$ 时等号成立. 故 $\triangle PQG$ 面积的最大值是 $\dfrac{16}{9}$.

5.5.4 圆锥曲线中定点与定值问题

定点与定值问题是解析几何中的常见问题. 圆锥曲线的综合问题一般以直线和圆锥曲线的位置关系为载体, 以参数处理为核心. 圆锥曲线的有关定点、定值等

综合性问题涉及圆锥曲线的定义、几何性质、直线与圆锥曲线位置关系等知识, 同时又与函数、不等式、方程、平面向量等代数知识紧密联系. 求解这类问题时, 需要有较强的代数运算能力和图形识别能力, 要能准确地进行数与形的语言转换和运算, 合理猜想并仔细推理论证, 对熟练运用所学知识分析问题、解决问题的能力要求较高.

定点问题主要是曲线系 (直线系) 过定点的问题, 反映的是数学对象的本质属性, 如圆锥曲线的某些特有性质, 因此, 常见某些具有圆锥曲线的性质背景的题目 (如蒙日圆、阿基米德三角形等). 定值问题主要涉及面积、面积比、斜率、长度、角度等几何量的定值, 也涉及动点运动轨迹中的某些不变因素. 处理这两大类问题时可以直接推理求出定点、定值, 也可以从特殊情形、极限状态、图形的对称性等方面入手猜测结论, 再证明这个点 (值) 与变量无关, 通过特殊值法、探求定点、定值能达到事半功倍的效果. 同时, 要设定合理的变量, 准确把握各变量的数量关系, 要善于捕捉题目信息, 合理变形、消元, 并注意整体思想的熟练应用.

定值问题与最值问题属同一类问题, 都是在一个运动变化过程中, 由某个变量的变化引起另一个量的变化或不变的问题. 此类问题的求解的一种思路是找准变化的主元, 设为参数, 建立参变量与其他量的关系 (如函数关系、方程关系、不等式关系等), 探求目标, 通过代数运算将目标式用参变量表示出来, 这一步是求解的难点也是关键所在, 然后再恒等变形得到定值. 另一种思路是通过特殊值或极端情形探索出定值是多少, 然后进行一般性计算或证明, 探索出的定值也可以作为检验结果正确与否的试金石.

例 5-71 已知椭圆 $C: \dfrac{x^2}{a^2} + \dfrac{y^2}{b^2} = 1 (a > b > 0)$ 的左顶点为 $A(-2,0)$, 两个焦点与短轴一个顶点构成等腰直角三角形, 过点 $P(1,0)$ 且与 x 轴不重合的直线 l 与椭圆 C 交于 M, N 不同的两点.

(I) 求椭圆 C 的方程;

(II) 当 AM 与 MN 垂直时, 求 AM 的长;

(III) 若过点 P 且平行于 AM 的直线交直线 $x = \dfrac{5}{2}$ 于点 Q, 求证: 直线 NQ 恒过定点.

试题考查了椭圆的标准方程、几何性质、直线与椭圆的位置关系以及直线过定点问题, 考查了设而不求、整体替换等数学方法, 检验了运算求解、分析问题与解决问题的能力.

第 (I) 问求得椭圆 C 的方程为 $\dfrac{x^2}{4} + \dfrac{y^2}{2} = 1$. 第 (II) 问求得 AM 的长为 $\sqrt{6}$. 下面重点探究第 (III) 问的解法以及对试题的进一步思考.

思路一 设 $M(x_1, y_1), N(x_2, y_2)$, 然后表示出点 Q 的坐标, 进而写出直线 NQ 的方程, 接下来联立直线 l 与椭圆 C 的方程, 运用韦达定理求解.

证法一 因为直线 l 过点 $P(1,0)$ 且与 x 轴不重合,所以设 l 的方程为 $x = my+1$,与椭圆 C 的方程 $\dfrac{x^2}{4} + \dfrac{y^2}{2} = 1$ 联立,得 $(m^2+2)y^2 + 2my - 3 = 0$,显然 $\Delta > 0$. 设 $M(x_1,y_1)$, $N(x_2,y_2)$,则 $y_1 + y_2 = \dfrac{-2m}{m^2+2}$, $y_1y_2 = \dfrac{-3}{m^2+2}$. 因为 $PQ // AM$,所以 $k_{PQ} = k_{AM} = \dfrac{y_1}{x_1+2}$,进而直线 PQ 的方程为 $y = \dfrac{y_1}{x_1+2}(x-1)$. 令 $x = \dfrac{5}{2}$,得 $y = \dfrac{\frac{3}{2}y_1}{x_1+2} = \dfrac{3y_1}{2(my_1+3)}$,则 $Q\left(\dfrac{5}{2}, \dfrac{3y_1}{2(my_1+3)}\right)$. 因为

$$k_{NQ} = \dfrac{y_2 - \dfrac{3y_1}{2(my_1+3)}}{x_2 - \dfrac{5}{2}} = \dfrac{2my_1y_2 + 6y_2 - 3y_1}{(my_1+3)(2my_2-3)},$$

所以直线 NQ 的方程为

$$y - y_2 = \dfrac{2my_1y_2 + 6y_2 - 3y_1}{2m^2y_1y_2 + 6my_2 - 3my_1 - 9}(x - x_2),$$

即

$$\begin{aligned}y &= \dfrac{2my_1y_2 + 6y_2 - 3y_1}{2m^2y_1y_2 + 6my_2 - 3my_1 - 9}x - \dfrac{(2my_1y_2 + 6y_2 - 3y_1)(my_2+1)}{2m^2y_1y_2 + 6my_2 - 3my_1 - 9} + y_2 \\ &= \dfrac{2my_1y_2 + 6y_2 - 3y_1}{2m^2y_1y_2 + 6my_2 - 3my_1 - 9}x - \dfrac{2my_1y_2 + 15y_2 - 3y_1}{2m^2y_1y_2 + 6my_2 - 3my_1 - 9}.\end{aligned}$$

令 $y = 0$,得 $x = \dfrac{2my_1y_2 + 15y_2 - 3y_1}{2my_1y_2 + 6y_2 - 3y_1}$. 因为 $2my_1y_2 = 3(y_1 + y_2)$,所以 $x = \dfrac{18y_2}{9y_2} = 2$,故直线 NQ 恒过定点 $(2,0)$.

思路二 先考虑直线 l 与 x 轴垂直,求得直线 NQ 过点 $(2,0)$,由椭圆的对称性猜想直线 NQ 过定点 $(2,0)$,然后再转化为一般性的证明.

证法二 由椭圆的对称性知,直线 NQ 恒过的定点在 x 轴上. 当直线 l 与 x 轴垂直时,不妨设 M 在 x 轴上方,N 在 x 轴下方,求得 M,N 的坐标分别为 $\left(1, \dfrac{\sqrt{6}}{2}\right)$,$\left(1, -\dfrac{\sqrt{6}}{2}\right)$. 因为 $PQ // AM$,所以 $k_{PQ} = k_{AM} = \dfrac{\sqrt{6}}{6}$,进而直线 PQ 的方程为 $y = \dfrac{\sqrt{6}}{6}(x-1)$. 令 $x = \dfrac{5}{2}$,得 $y = \dfrac{\sqrt{6}}{4}$,则 $Q\left(\dfrac{5}{2}, \dfrac{\sqrt{6}}{4}\right)$. 所以 $k_{NQ} = \dfrac{\sqrt{6}}{2}$,于是直线 NQ 的方程为 $y = \dfrac{\sqrt{6}}{2}x - \sqrt{6}$. 令 $y = 0$,得 $x = 2$,所以直线 NQ 过点 $(2,0)$,设该点为 B.

下面证明直线 NQ 恒过定点 $B(2,0)$. 设 $M(x_1,y_1)$, $N(x_2,y_2)$, 直线 l 的方程为 $x=my+1$, 由证法 1 知 $y_1+y_2=\dfrac{-2m}{m^2+2}$, $y_1y_2=\dfrac{-3}{m^2+2}$, $Q\left(\dfrac{5}{2},\dfrac{3y_1}{2(my_1+3)}\right)$. 因为

$$\overrightarrow{BQ}=\left(\dfrac{1}{2},\dfrac{3y_1}{2(my_1+3)}\right),\quad \overrightarrow{BN}=(x_2-2,y_2)=(my_2-1,y_2),$$

所以 $\dfrac{3y_1(my_2-1)}{2(my_1+3)}-\dfrac{1}{2}y_2=\dfrac{2my_1y_2-3(y_1+y_2)}{2(my_1+3)}$. 因为 $2my_1y_2=3(y_1+y_2)$, 所以 $\dfrac{3y_1(my_2-1)}{2(my_1+3)}-\dfrac{1}{2}y_2=0$, 即 $\overrightarrow{BQ}$ 与 $\overrightarrow{BN}$ 共线, 故直线 NQ 恒过定点 $(2,0)$.

思路三 借助椭圆的参数方程求解.

证法三 $M(2\cos\alpha,\sqrt{2}\sin\alpha)$, $N(2\cos\beta,\sqrt{2}\sin\beta)$, 因为 $A(-2,0)$, 且 $PQ/\!/AM$, 所以 $k_{PQ}=k_{AM}=\dfrac{\sqrt{2}\sin\alpha}{2(\cos\alpha+1)}$, 所以直线 PQ 的方程为 $y=\dfrac{\sqrt{2}\sin\alpha}{2(\cos\alpha+1)}(x-1)$. 令 $x=\dfrac{5}{2}$, 得 $y=\dfrac{3\sqrt{2}\sin\alpha}{4(\cos\alpha+1)}$, 则 $Q\left(\dfrac{5}{2},\dfrac{3\sqrt{2}\sin\alpha}{4(\cos\alpha+1)}\right)$. 设 $B(2,0)$, 则

$$\overrightarrow{BQ}=\left(\dfrac{1}{2},\dfrac{3\sqrt{2}\sin\alpha}{4(\cos\alpha+1)}\right),\quad \overrightarrow{BN}=(2\cos\beta-2,\sqrt{2}\sin\beta).$$

$\overrightarrow{BQ}$ 与 $\overrightarrow{BN}$ 共线

$\Leftrightarrow \dfrac{\sqrt{2}}{2}\sin\beta-\dfrac{3\sqrt{2}\sin\alpha(2\cos\beta-2)}{4(\cos\alpha+1)}=0$

$\Leftrightarrow \sin\beta(\cos\alpha+1)-3\sin\alpha(\cos\beta-1)=0$

$\Leftrightarrow 2\sin\dfrac{\beta}{2}\cos\dfrac{\beta}{2}\left(2\cos^2\dfrac{\alpha}{2}\right)-6\sin\dfrac{\alpha}{2}\cos\dfrac{\alpha}{2}\left(-2\sin^2\dfrac{\beta}{2}\right)=0$

$\Leftrightarrow \tan\dfrac{\alpha}{2}\tan\dfrac{\beta}{2}=-\dfrac{1}{3}$. ①

又因为 M,P,N 三点共线, 所以 $\overrightarrow{PM}$ 与 $\overrightarrow{PN}$ 共线. 而

$$\overrightarrow{PM}=(2\cos\alpha-1,\sqrt{2}\sin\alpha),\quad \overrightarrow{PN}=(2\cos\beta-1,\sqrt{2}\sin\beta),$$

所以 $\sqrt{2}\sin\alpha(2\cos\beta-1)=\sqrt{2}\sin\beta(2\cos\alpha-1)$, 即

$$2(\sin\alpha\cos\beta-\cos\alpha\sin\beta)=\sin\alpha-\sin\beta,$$

于是 $2\sin(\alpha-\beta)=2\cos\dfrac{\alpha+\beta}{2}\sin\dfrac{\alpha-\beta}{2}$, 所以 $2\cos\dfrac{\alpha-\beta}{2}=\cos\dfrac{\alpha+\beta}{2}$, 即

$$2\left(\cos\frac{\alpha}{2}\cos\frac{\beta}{2}+\sin\frac{\alpha}{2}\sin\frac{\beta}{2}\right)=\cos\frac{\alpha}{2}\cos\frac{\beta}{2}-\sin\frac{\alpha}{2}\sin\frac{\beta}{2},$$

整理得 $\tan\frac{\alpha}{2}\tan\frac{\beta}{2}=-\frac{1}{3}$, 所以①成立, 故直线 NQ 恒过定点 $(2,0)$.

例 5-72 已知椭圆 $C:\frac{x^2}{a^2}+\frac{y^2}{b^2}=1(a>b>0)$ 的左、右顶点分别为 A,B, 过点 $P(t,0)$ $(0<t<a)$ 且与 x 轴不重合的直线 l 与椭圆 C 交于 M,N 不同的两点. 若直线 NB 与直线 $x=\frac{a^2+t^2}{2t}$ 交于点 Q, 则 $PQ//AM$.

证明 因为直线 l 过点 $P(t,0)$ 且与 x 轴不重合, 所以设 l 的方程为 $x=my+t$, 与椭圆 C 的方程 $\frac{x^2}{a^2}+\frac{y^2}{b^2}=1$ 联立, 得 $(b^2m^2+a^2)y^2+2mtb^2y+b^2t^2-a^2b^2=0$. 设 $M(x_1,y_1)$, $N(x_2,y_2)$, 则

$$y_1+y_2=\frac{-2mtb^2}{b^2m^2+a^2}, \quad y_1y_2=\frac{b^2t^2-a^2b^2}{b^2m^2+a^2},$$

所以 $2tmy_1y_2=(a^2-t^2)(y_1+y_2)$. 又直线 NB 的方程为 $y=\frac{y_2}{x_2-a}(x-a)$, 令 $x=\frac{a^2+t^2}{2t}$, 得 $y=\frac{y_2(a-t)^2}{2t(x_2-a)}$, 则 $Q\left(\frac{a^2+t^2}{2t},\frac{y_2(a-t)^2}{2t(x_2-a)}\right)$, 所以

$$\overrightarrow{PQ}=\left(\frac{a^2-t^2}{2t},\frac{y_2(a-t)^2}{2t(x_2-a)}\right), \quad \overrightarrow{AM}=(x_1+a,y_1).$$

又

$$PQ//AM \Leftrightarrow \overrightarrow{PQ} 与 \overrightarrow{AM} 共线$$
$$\Leftrightarrow \frac{y_2(x_1+a)(a-t)^2}{2t(x_2-a)}=\frac{y_1(a^2-t^2)}{2t}$$
$$\Leftrightarrow y_2(a-t)(my_1+t+a)=y_1(a+t)(my_2+t-a)$$
$$\Leftrightarrow 2tmy_1y_2=(a^2-t^2)(y_1+y_2),$$

故结论成立.

例 5-73 已知椭圆 $C:\frac{x^2}{a^2}+\frac{y^2}{b^2}=1(a>b>0)$ 的左、右顶点分别为 A,B, 过点 $P(t,0)$ $(0<t<a)$ 且与 x 轴不重合的直线 l 与椭圆 C 交于 M,N 不同的两点. 若过点 P 且平行于 AM 的直线交直线 NB 于点 Q, 则点 Q 在直线 $x=\frac{a^2+t^2}{2t}$ 上.

证明 因为直线 l 过点 $P(t,0)$ 且与 x 轴不重合, 所以设 l 的方程为 $x=my+$

t，与椭圆 C 的方程 $\dfrac{x^2}{a^2}+\dfrac{y^2}{b^2}=1$ 联立，得 $(b^2m^2+a^2)y^2+2mtb^2y+b^2t^2-a^2b^2=0$，显然 $\Delta>0$. 设 $M(x_1,y_1)$，$N(x_2,y_2)$，则

$$y_1+y_2=-\dfrac{2mtb^2}{b^2m^2+a^2},\quad y_1y_2=\dfrac{b^2t^2-a^2b^2}{b^2m^2+a^2}.\qquad ②$$

由已知，得 $A(-a,0)$，$B(a,0)$，所以直线 PQ、NB 的方程分别为 $y=\dfrac{y_1}{x_1+a}(x-t)$，$y=\dfrac{y_2}{x_2-a}(x-a)$，二者联立，得 $y_1(x-t)(x_2-a)=y_2(x-a)(x_1+a)$，两边平方，得 $y_1^2(x-t)^2(x_2-a)^2=y_2^2(x-a)^2(x_1+a)^2$，即

$$a^2y_1^2(x-t)^2(x_2-a)^2=a^2y_2^2(x-a)^2(x_1+a)^2.\qquad ③$$

因为 M,N 在椭圆 C 上，所以 $\dfrac{x_1^2}{a^2}+\dfrac{y_1^2}{b^2}=1$，$\dfrac{x_2^2}{a^2}+\dfrac{y_2^2}{b^2}=1$，即 $a^2y_1^2=b^2(a^2-x_1^2)$，$a^2y_2^2=b^2(a^2-x_2^2)$，代入③，化简得

$$\left(\dfrac{x-t}{x-a}\right)^2=\dfrac{(x_1+a)(x_2+a)}{(x_1-a)(x_2-a)}=\dfrac{(my_1+t+a)(my_2+t+a)}{(my_1+t-a)(my_2+t-a)}$$
$$=\dfrac{m^2y_1y_2+m(t+a)(y_1+y_2)+(t+a)^2}{m^2y_1y_2+m(t-a)(y_1+y_2)+(t-a)^2}.$$

将②代入，化简得 $\left(\dfrac{x-t}{x-a}\right)^2=\left(\dfrac{a+t}{a-t}\right)^2$，所以 $\dfrac{x-t}{x-a}=\dfrac{a+t}{a-t}$ 或 $\dfrac{x-t}{x-a}=-\dfrac{a+t}{a-t}$（舍），解得 $x=\dfrac{a^2+t^2}{2t}$，故点 Q 在直线 $x=\dfrac{a^2+t^2}{2t}$ 上.

例 5-74 已知椭圆 $C:\dfrac{x^2}{a^2}+\dfrac{y^2}{b^2}=1(a>b>0)$ 的左顶点为 A，过点 $P(t,0)$ $(0<t<a)$ 且与 x 轴不重合的直线 l 与椭圆 C 交于 M,N 不同的两点. 若过点 P 且平行于 AM 的直线交直线 $x=\dfrac{a^2+t^2}{2t}$ 于点 Q，直线 AN 与直线 $x=\dfrac{a^2+t^2}{2t}$ 交于点 T，则 $\overrightarrow{PQ}\cdot\overrightarrow{PT}$ 为定值.

证明 因为直线 l 过点 $P(t,0)$ 且与 x 轴不重合，所以设 l 的方程为 $x=my+t$，与椭圆 C 的方程 $\dfrac{x^2}{a^2}+\dfrac{y^2}{b^2}=1$ 联立，得 $(b^2m^2+a^2)y^2+2mtb^2y+b^2t^2-a^2b^2=0$. 设 $M(x_1,y_1)$，$N(x_2,y_2)$，则

$$y_1+y_2=\dfrac{-2mtb^2}{b^2m^2+a^2},\quad y_1y_2=\dfrac{b^2t^2-a^2b^2}{b^2m^2+a^2}.\qquad ④$$

又直线 PQ 的方程为 $y = \dfrac{y_1}{x_1 + a}(x - t)$, 令 $x = \dfrac{a^2 + t^2}{2t}$, 得 $y = \dfrac{y_1(a^2 - t^2)}{2t(x_1 + a)}$, 则 $Q\left(\dfrac{a^2 + t^2}{2t}, \dfrac{y_1(a^2 - t^2)}{2t(x_1 + a)}\right)$, 于是

$$\overrightarrow{PQ} = \left(\dfrac{a^2 - t^2}{2t}, \dfrac{y_1(a^2 - t^2)}{2t(x_1 + a)}\right).$$

同理,
$$\overrightarrow{PT} = \left(\dfrac{a^2 - t^2}{2t}, \dfrac{y_2(a + t)^2}{2t(x_2 + a)}\right).$$

所以
$$\overrightarrow{PQ} \cdot \overrightarrow{PT} = \left(\dfrac{a^2 - t^2}{2t}\right)^2 + \dfrac{y_1 y_2(a^2 - t^2)(a + t)^2}{4t^2(x_1 + a)(x_2 + a)}.$$

而
$$\dfrac{y_1 y_2}{(x_1 + a)(x_2 + a)} = \dfrac{y_1 y_2}{(my_1 + t + a)(my_2 + t + a)}$$
$$= \dfrac{y_1 y_2}{m^2 y_1 y_2 + m(t + a)(y_1 + y_2) + (t + a)^2},$$

将④代入, 化简得 $\dfrac{y_1 y_2}{(x_1 + a)(x_2 + a)} = \dfrac{(t - a)b^2}{(t + a)a^2}$, 所以

$$\overrightarrow{PQ} \cdot \overrightarrow{PT} = \left(\dfrac{a^2 - t^2}{2t}\right)^2 + \dfrac{(a^2 - t^2)(t + a)^2}{4t^2} \cdot \dfrac{(t - a)b^2}{(t + a)a^2} = \left(\dfrac{a^2 - t^2}{2t}\right)^2 \left(1 - \dfrac{b^2}{a^2}\right)$$

为定值.

5.5.5 圆锥曲线中参数的取值范围与最值问题

例 5-75 如图 5-37, 椭圆 $C: \dfrac{x^2}{a^2} + \dfrac{y^2}{b^2} = 1 (a > b > 0)$ 的离心率为 $\dfrac{1}{2}$, 其左焦点到点 $P(2, 1)$ 的距离为 $\sqrt{10}$. 不过原点 O 的直线 l 与 C 相交于 A, B 两点, 且线段 AB 被直线 OP 平分.

(I) 求椭圆 C 的方程;

(II) 求 $\triangle ABP$ 的面积取最大时直线 l 的方程.

本题考查椭圆的方程、椭圆与直线相交的性质、弦长公式等知识, 考查学生的分析能力和计算能力. 解题关键在于灵活运用椭圆方程正确计算出直线的斜率, 联立直线与椭圆方程的正确计算, 综合性较强.

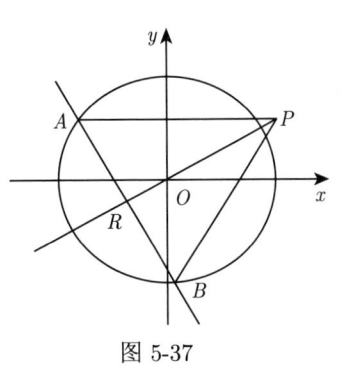

图 5-37

解 (1) 由题意知, $e = \dfrac{c}{a} = \dfrac{1}{2}$, 左焦点 $(-c, 0)$ 到点 $P(2, 1)$ 的距离为 $d = \sqrt{(2+c)^2 + 1^2} = \sqrt{10}$. 所以可解得

$$a^2 = 4, \quad b^2 = 3, \quad c^2 = 1.$$

从而椭圆 C 的方程为 $\dfrac{x^2}{4} + \dfrac{y^2}{3} = 1$.

(2) 易得直线 OP 的方程为 $y = \dfrac{1}{2}x$, 设 $R(x_0, y_0)$, 其中 $x_0 = 2y_0$. 因为 A, B 在椭圆上, 所以有

$$\begin{cases} \dfrac{x_A^2}{4} + \dfrac{y_A^2}{3} = 1, \\ \dfrac{x_B^2}{4} + \dfrac{y_B^2}{3} = 1. \end{cases}$$

从而有

$$k_{AB} = \dfrac{y_A - y_B}{x_A - x_B} = -\dfrac{3x_A + x_B}{4y_A + y_B} = -\dfrac{3x_0}{4y_0} = -\dfrac{3}{2}.$$

设直线 AB 的方程为 $l: y = -\dfrac{3}{2}x + m\, (m \neq 0)$, 与椭圆方程联立, 得

$$\begin{cases} \dfrac{x^2}{4} + \dfrac{y^2}{3} = 1, \\ y = -\dfrac{3}{2}x + m, \end{cases} \quad \text{即 } 3x^2 - 3mx + m^2 - 3 = 0.$$

显然 $\Delta = (3m)^2 - 12(m^2 - 3) > 0$, 所以 $-2\sqrt{3} < m < 2\sqrt{3}$ 且 $m \neq 0$. 由上又有

$$x_A + x_B = m, \quad y_A + y_B = \dfrac{m^2 - 3}{3},$$

所以

$$|AB| = \sqrt{1 + k^2}\,|x_A - x_B| = \sqrt{1 + k^2}\sqrt{(x_A + x_B)^2 - 4x_A x_B} = \sqrt{1 + k^2}\sqrt{4 - \dfrac{m^2}{3}}.$$

因为点 $P(2, 1)$ 到直线 l 的距离为 $d = \dfrac{|m - 4|}{\sqrt{1 + \dfrac{9}{4}}}$, 所以

$$S_{\triangle ABP} = \dfrac{1}{2}|m - 4|\sqrt{4 - \dfrac{m^2}{3}} = \dfrac{\sqrt{3}}{6}(4 - m)\sqrt{12 - m^2}.$$

当且仅当 $m = 1 - \sqrt{7}$ 时, $\triangle ABP$ 的面积最大. 此时直线 l 的方程为 $y = -\dfrac{3}{2}x +$

$1-\sqrt{7}$.

例 5-76 设椭圆 $C: \dfrac{x^2}{a^2}+\dfrac{y^2}{b^2}=1(a>b>0)$ 的左、右焦点分别为 F_1, F_2,离心率是 e,动点 $P(x_0, y_0)$ 在椭圆 C 上运动,当 $PF_2 \perp x$ 轴时, $x_0 = 1, y_0 = e$.

(1) 求椭圆 C 的方程;

(2) 延长 PF_1, PF_2 分别交椭圆 C 于点 $A, B (A, B$ 不重合$)$,设 $\overrightarrow{AF_1} = \lambda \overrightarrow{F_1 P}$, $\overrightarrow{BF_2} = \mu \overrightarrow{F_2 P}$,求 $\lambda + \mu$ 的最小值.

解 (1) $e = \dfrac{c}{a}$,所以 $P\left(1, \dfrac{c}{a}\right), c = 1, \dfrac{1}{a^2} + \dfrac{\dfrac{c^2}{a^2}}{b^2} = 1$,化简得

$$\dfrac{b^2 + c^2}{a^2 b^2} = \dfrac{1}{b^2} = 1,$$

所以 $b = 1, a^2 = b^2 + c^2 = 2$,所以方程为 $\dfrac{x^2}{2} + y^2 = 1$.

(2) **解法一** 设 $A(x_1, y_1), B(x_2, y_2)$,由 (1) 得 $F_1(-1, 0), F_2(1, 0)$. 设直线 PA 的方程为 $x = ty - 1$,与 $\dfrac{x^2}{2} + y^2 = 1$ 联立,得 $(t^2 + 2)y^2 - 2ty - 1 = 0$,所以 $y_1 y_0 = -\dfrac{1}{t^2 + 2}$. 因为 $\overrightarrow{AF_1} = \lambda \overrightarrow{F_1 P}$,所以 $(-1 - x_1, -y_1) = \lambda(x_0 + 1, y_0)$,即 $y_1 = -\lambda y_0$,于是

$$\lambda = -\dfrac{y_1}{y_0} = \dfrac{1}{y_0^2(t^2 + 2)} = \dfrac{1}{t^2 y_0^2 + 2y_0^2}.$$

因为点 P 既在直线 PA 上,又在椭圆 C 上,所以 $x_0 = ty_0 - 1, \dfrac{x_0^2}{2} + y_0^2 = 1$,即 $ty_0 = x_0 + 1, x_0^2 + 2y_0^2 = 2$,于是

$$\lambda = \dfrac{1}{(x_0 + 1)^2 + 2y_0^2} = \dfrac{1}{3 + 2x_0}.$$

同理,由 $\overrightarrow{BF_2} = \mu \overrightarrow{F_2 P}$,得 $\mu = \dfrac{1}{3 - 2x_0}$,所以

$$\lambda + \mu = \dfrac{1}{3 + 2x_0} + \dfrac{1}{3 - 2x_0} = \dfrac{6}{9 - 4x_0^2}.$$

因为 $0 \leqslant x_0^2 < 2$,所以当 $x_0 = 0$ 时, $\dfrac{6}{9 - 4x_0^2}$ 有最小值为 $\dfrac{2}{3}$,故 $\lambda + \mu$ 的最小值为 $\dfrac{2}{3}$.

解法二 设 $A(x_1, y_1), B(x_2, y_2)$,由 (1) 得 $F_1(-1, 0), F_2(1, 0)$. 因为 $\overrightarrow{AF_1} = \lambda \overrightarrow{F_1 P}$,所以 $(-1 - x_1, -y_1) = \lambda(x_0 + 1, y_0)$,于是 $x_1 = -(\lambda x_0 + \lambda + 1), y_1 = -\lambda y_0$.

因为点 A 在椭圆 C 上, 所以 $\dfrac{x_1{}^2}{2} + y_1{}^2 = 1$, 所以 $\dfrac{(\lambda x_0 + \lambda + 1)^2}{2} + \lambda^2 y_0{}^2 = 1$, 即

$$\lambda^2 \left(\dfrac{x_0{}^2}{2} + y_0{}^2 \right) + \lambda(\lambda + 1)x_0 + \dfrac{(\lambda + 1)^2}{2} = 1. \qquad \text{①}$$

因为点 P 在椭圆 C 上, 所以 $\dfrac{x_0{}^2}{2} + y_0{}^2 = 1$, 代入①, 得

$$\lambda(\lambda + 1)x_0 + \lambda^2 + \dfrac{(\lambda + 1)^2}{2} = 1,$$

整理得 $2\lambda(\lambda + 1)x_0 = -(3\lambda - 1)(\lambda + 1)$. 由已知得 $\lambda \neq -1$, 所以 $2\lambda x_0 = 1 - 3\lambda$, 解得 $\lambda = \dfrac{1}{3 + 2x_0}$. 同理, 由 $\overrightarrow{BF_2} = \mu \overrightarrow{F_2P}$, 得 $\mu = \dfrac{1}{3 - 2x_0}$. 以下同解法 1.

解法 1,2 都是把向量关系转化为坐标关系, 然后借助点 P 的坐标表示出 $\lambda + \mu$, 最后根据平方数非负得最值. 不同的是解法 1 联立直线 PA、PB 与椭圆的方程, 借助韦达定理化简; 解法 2 根据点 A、P 在椭圆上, 把它们的坐标代入椭圆方程处理, 两种方法殊途同归, 体现了设而不求的思想.

解法三 以 F_1 为极点, 射线 F_1O 为极轴建立极坐标系, 由 (1) 可得 $e = \dfrac{\sqrt{2}}{2}$, 焦点到相应准线的距离 $p = 1$, 所以椭圆 C 的极坐标方程为

$$\rho = \dfrac{ep}{1 - e\cos\theta} = \dfrac{1}{\sqrt{2} - \cos\theta}.$$

设 $P(\rho_1, \theta)(0 < \theta < \pi)$, $A(\rho_2, \theta + \pi)$, 则

$$\rho_1 = \dfrac{1}{\sqrt{2} - \cos\theta}, \quad \rho_2 = \dfrac{1}{\sqrt{2} - \cos(\theta + \pi)} = \dfrac{1}{\sqrt{2} + \cos\theta},$$

于是 $\dfrac{1}{\rho_1} + \dfrac{1}{\rho_2} = 2\sqrt{2}$, 由此得 $\rho_2 = \dfrac{\rho_1}{2\sqrt{2}\rho_1 - 1}$. 因为 $\overrightarrow{AF_1} = \lambda \overrightarrow{F_1P}$, 所以

$$\lambda = \dfrac{|\overrightarrow{AF_1}|}{|\overrightarrow{F_1P}|} = \dfrac{\rho_2}{\rho_1} = \dfrac{1}{2\sqrt{2}\rho_1 - 1}.$$

设 $|\overrightarrow{F_2P}| = \rho_1'$, 同理由 $\overrightarrow{BF_2} = \mu \overrightarrow{F_2P}$, 得 $\mu = \dfrac{1}{2\sqrt{2}\rho_1' - 1}$. 由椭圆定义, 有 $\rho_1 + \rho_1' = 2\sqrt{2}$, 所以

$$\dfrac{\lambda + \mu}{2} \geqslant \dfrac{2}{\dfrac{1}{\lambda} + \dfrac{1}{\mu}} = \dfrac{2}{2\sqrt{2}(\rho_1 + \rho_1') - 2} = \dfrac{1}{3},$$

即 $\lambda + \mu \geqslant \dfrac{2}{3}$, 当且仅当 $\rho_1 = \rho_1' = \sqrt{2}$ 时等号成立, 故 $\lambda + \mu$ 的最小值为 $\dfrac{2}{3}$.

例 5-77 如图 5-38, 已知椭圆 $\omega : \dfrac{x^2}{a^2}+\dfrac{y^2}{b^2}=1(a>b>0)$ 的一对不垂直的共轭直径所在直线分别为 l_1, l_2, A, B 分别是 l_1, l_2 与椭圆 ω 的一个交点, 点 C 是 l_2 上与 B 不重合的一定点, 过 C 作与 l_2 不重合的直线 l 与椭圆 ω 交于 P, Q 两点, 直线 BP, BQ 分别与 l_1 交于 M, N 两点, 则 $|OM|\cdot|ON|=\left|\dfrac{y_C+y_B}{y_C-y_B}\right|\cdot|OA|^2$, 其中 y_B, y_C 分别是 B, C 的纵坐标.

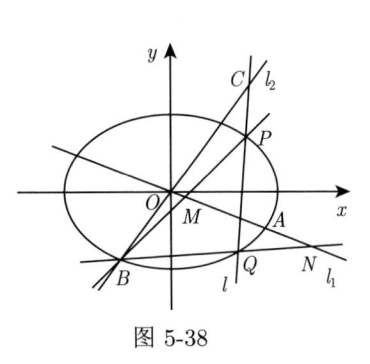

图 5-38

证明 设 $B(a\cos\theta, b\sin\theta), A(a\cos\gamma, b\sin\gamma)$, 因为 l_1, l_2 是椭圆 ω 的一对共轭直径所在直线, 所以 $\cos\theta\cos\gamma+\sin\theta\sin\gamma=0$, 即 $\cos(\theta-\gamma)=0$. 不妨设 $\theta-\gamma=\dfrac{\pi}{2}$, 此时 $A(a\sin\theta, -b\cos\theta)$, 所以 l_1 的方程为

$$y=-\dfrac{b\cos\theta}{a\sin\theta}x. \qquad ①$$

设 $P(a\cos\alpha, b\sin\alpha), Q(a\cos\beta, b\sin\beta)$, 则 BP 的方程为

$$y-b\sin\theta=\dfrac{b(\sin\theta-\sin\alpha)}{a(\cos\theta-\cos\alpha)}(x-a\cos\theta), \qquad ②$$

BQ 的方程为

$$y-b\sin\theta=\dfrac{b(\sin\theta-\sin\beta)}{a(\cos\theta-\cos\beta)}(x-a\cos\theta). \qquad ③$$

①与②联立, 得 M 的横坐标 $x_M=\dfrac{a\sin\theta\cos\dfrac{\theta-\alpha}{2}}{\sin\dfrac{\theta-\alpha}{2}}$, ①与③联立, 得 N 的横坐标 $x_N=\dfrac{a\sin\theta\cos\dfrac{\theta-\beta}{2}}{\sin\dfrac{\theta-\beta}{2}}$, 于是

$$|OM|=\sqrt{1+k_{OA}^2}\cdot|x_M|$$
$$=\sqrt{1+\left(\dfrac{b\cos\theta}{a\sin\theta}\right)^2}\cdot\left|\dfrac{a\sin\theta\cos\dfrac{\theta-\alpha}{2}}{\sin\dfrac{\theta-\alpha}{2}}\right|=\left|\dfrac{\cos\dfrac{\theta-\alpha}{2}}{\sin\dfrac{\theta-\alpha}{2}}\right|\cdot|OA|.$$

同理, $|ON|=\sqrt{1+k_{OA}^2}\cdot|x_N|=\left|\dfrac{\cos\dfrac{\theta-\beta}{2}}{\sin\dfrac{\theta-\beta}{2}}\right|\cdot|OA|$, 所以

$$|OM|\cdot|ON| = \left|\frac{\cos\dfrac{\theta-\alpha}{2}\cos\dfrac{\theta-\beta}{2}}{\sin\dfrac{\theta-\alpha}{2}\sin\dfrac{\theta-\beta}{2}}\right|\cdot|OA|^2$$

$$= \left|\frac{\cos\left(\theta-\dfrac{\alpha+\beta}{2}\right)+\cos\dfrac{\alpha-\beta}{2}}{\cos\left(\theta-\dfrac{\alpha+\beta}{2}\right)-\cos\dfrac{\alpha-\beta}{2}}\right|\cdot|OA|^2. \qquad ④$$

因为 C, P, Q 三点共线, 所以 $\overrightarrow{CP}//\overrightarrow{CQ}$. 又 $\overrightarrow{CP} = (a\cos\alpha - x_C, b\sin\alpha - y_C)$, $\overrightarrow{CQ} = (a\cos\beta - x_C, b\sin\beta - y_C)$, 所以 $(a\cos\alpha - x_C)(b\sin\beta - y_C) = (a\cos\beta - x_C)(b\sin\alpha - y_C)$, 整理得 $ab\sin(\alpha-\beta) - bx_C(\sin\alpha - \sin\beta) + ay_C(\cos\alpha - \cos\beta) = 0$, 即

$$ab\cos\frac{\alpha-\beta}{2} - bx_C\cos\frac{\alpha+\beta}{2} - ay_C\sin\frac{\alpha+\beta}{2} = 0. \qquad ⑤$$

又 C 在 l_2 上, 所以 $y_C = \dfrac{bx_C\sin\theta}{a\cos\theta}$, 即 $bx_C = \dfrac{ay_C\cos\theta}{\sin\theta}$, 代入⑤, 化简得

$$\cos\frac{\alpha-\beta}{2} = \frac{y_C\cos\left(\theta - \dfrac{\alpha+\beta}{2}\right)}{b\sin\theta},$$ 代入④, 得

$$|OM|\cdot|ON| = \left|\frac{b\sin\theta + y_C}{b\sin\theta - y_C}\right|\cdot|OA|^2 = \left|\frac{y_C + y_B}{y_C - y_B}\right|\cdot|OA|^2,$$

故结论成立.

5.5.6 圆锥曲线中的存在性问题

例 5-78 在平面直角坐标系 xOy 中, 对于直线 $l: ax+by+c=0$ 和点 $P_1(x_1,y_1), P_2(x_2,y_2)$, 记 $\eta = (ax_1+by_1+c)(ax_2+by_2+c)$. 若 $\eta < 0$, 则称点 P_1, P_2 被直线 l 分割. 若曲线 C 与直线 l 没有公共点, 且曲线 C 上存在点 P_1, P_2 被直线 l 分割, 则称直线 l 为曲线 C 的一条分割线.

(1) 求证: 点 $A(1,2), B(-1,0)$ 被直线 $x+y-1=0$ 分割;

(2) 若直线 $y = kx$ 是曲线 $x^2 - 4y^2 = 1$ 的分割线, 求实数 k 的取值范围;

(3) 动点 M 到点 $Q(0,2)$ 的距离与到 y 轴的距离之积为 1, 设点 M 的轨迹为曲线 E. 求证: 通过原点的直线中, 有且仅有一条直线是 E 的分割线.

考查直线与曲线的位置关系、方程解的情况、分类讨论思想、函数与方程思想、运算求解能力. 第 (1)(2) 问比较简单, 第 (3) 问求曲线 E 的方程比较简单, 但是证明通过原点的直线中, 有且仅有一条直线是分割线比较难, 很多学生不知道从何下手, 部分学生能够想到转化为证明方程有解, 但是将直线与曲线联立后得到

一个四次方程, 如何证明方程有解问题成为一个难点, 如果将问题转化为函数与 x 轴有无交点问题就相对简单了.

(1) 将 $A(1,2), B(-1,0)$ 分别代入 $x+y-1$, 得 $(1+2-1) \times (-1-1) = -4 < 0$, 所以点 $A(1,2), B(-1,0)$ 被直线 $x+y-1=0$ 分割.

(2) 联立 $\begin{cases} x^2 - 4y^2 = 1, \\ y = kx, \end{cases}$ 得 $(1-4k^2)x^2 = 1$, 依题意, 方程无解, 故 $1-4k^2 \leqslant 0$, 从而 $k \leqslant -\dfrac{1}{2}$ 或 $k \geqslant \dfrac{1}{2}$.

(3) 设 $M(x,y)$, 则 $\sqrt{x^2+(y-2)^2}|x| = 1$, 于是曲线 E 的方程为
$$[x^2+(y-2)^2]x^2 = 1. \qquad ①$$

当斜率不存在时, 直线 $x=0$, 显然与方程①联立无解. 又 $P_1(1,2), P_2(-1,2)$ 为 E 上两点, 且代入 $x=0$, 有 $\eta = -1 < 0$, 故 $x=0$ 是一条分割线.

当斜率存在时, 设直线为 $y=kx$, 代入方程得:
$$(k^2+1)x^4 - 4kx^3 + 4x^2 - 1 = 0.$$

令 $f(x) = (k^2+1)x^4 - 4kx^3 + 4x^2 - 1$, 则
$$f(0) = -1,$$
$$f(1) = k^2+1-4k+3 = (k-2)^2,$$
$$f(-1) = k^2+1+4k+3 = (k+2)^2.$$

当 $k \neq 2$ 时, $f(1) > 0$, 有 $f(0)f(1) < 0$, 即 $f(x) = 0$ 在 $(0,1)$ 之间存在实根, 故 $y=kx$ 与曲线 E 有公共点.

当 $k=2$ 时, $f(0)f(-1) < 0$, 即 $f(x) = 0$ 在 $(-1,0)$ 之间存在实根, 故 $y=kx$ 与曲线 E 有公共点.

从而直线 $y=kx$ 与曲线 E 始终有公共点, 不是分割线.

综上, 所有通过原点的直线中, 有且仅有一条直线 $x=0$ 是 E 的分割线.

5.6 概率统计问题

概率与统计应用性问题解答的关键是能阅读、理解陈述的材料, 深刻理解题意, 学会文字语言向数学的符号语言的转化, 能结合所学知识解决问题. 解答应用问题要过三关: 一是事理关, 即读懂题意, 需要一定的阅读理解能力; 二是文理关, 即把文字语言转化为数学的符号语言; 三是数理关, 即构建相应的数学模型, 构建之后还需要扎实的基础知识和较强的数理能力.

5.6.1 频率分布直方图、条形图、统计表等问题

用频率分布直方图解决相关问题时, 应正确理解图中各个量的意义, 识图掌握信息是解决该类问题的关键. 频率分布直方图有以下几个特点:

(1) 纵轴表示频率/组距;

(2) 频率分布直方图中各小长方形高的比就是相应各组的频率之比;

(3) 直方图中各小长方形的面积是相应各组的频率, 所有的小长方形的面积之和等于 1, 即频率之和为 1.

条形统计图, 用等宽直条的长短来表示各个相互独立的指标大小. 适用于相互独立资料, 能够通过直条的长度清楚地看到数量的多少, 不利于几种量的比较.

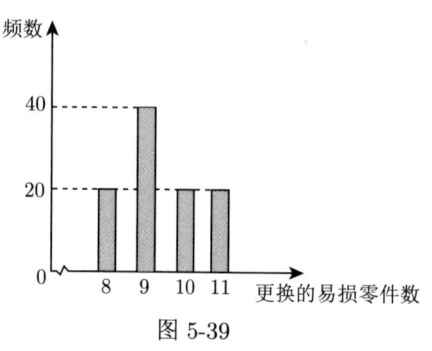

例 5-79 某公司计划购买 2 台机器, 该种机器使用三年后即被淘汰. 机器有一易损零件, 在购进机器时, 可以额外购买这种零件作为备件, 每个 200 元. 在机器使用期间, 如果备件不足再购买, 则每个 500 元. 现需决策在购买机器时应同时购买几个易损零件, 为此搜集并整理了 100 台这种机器在三年使用期内更换的易损零件数, 得柱状图 (图 5-39):

图 5-39

以这 100 台机器更换的易损零件数的频率代替 1 台机器更换的易损零件数发生的概率, 记 X 表示 2 台机器三年内共需更换的易损零件数, n 表示购买 2 台机器的同时购买的易损零件数.

(1) 求 X 的分布列;

(2) 若要求 $P(X \leqslant n) \geqslant 0.5$, 确定 n 的最小值;

(3) 以购买易损零件所需费用的期望值为决策依据, 在 $n=19$ 与 $n=20$ 之中选其一, 应选用哪个?

解 (1) 由柱状图并以频率代替概率可得, 一台机器在三年内需更换的易损零件数为 $8, 9, 10, 11$ 的概率分别为 $0.2, 0.4, 0.2, 0.2$. 可知 X 的所有可能取值为 $16, 17, 18, 19, 20, 21, 22$.

$$P(X = 16) = 0.2 \times 0.2 = 0.04,$$
$$P(X = 17) = 2 \times 0.2 \times 0.4 = 0.16,$$
$$P(X = 18) = 2 \times 0.2 \times 0.2 + 0.4 \times 0.4 = 0.24,$$
$$P(X = 19) = 2 \times 0.2 \times 0.2 + 2 \times 0.4 \times 0.2 = 0.24,$$
$$P(X = 20) = 2 \times 0.2 \times 0.4 + 0.2 \times 0.2 = 0.2,$$

$$P(X = 21) = 2 \times 0.2 \times 0.2 = 0.08,$$
$$P(X = 22) = 0.2 \times 0.2 = 0.04.$$

所以 X 的分布列如表 5-1.

表 5-1

X	16	17	18	19	20	21	22
P	0.04	0.16	0.24	0.24	0.2	0.08	0.04

(2) 由 (1) 知 $P(X \leqslant 18) = 0.44, P(X \leqslant 19) = 0.68$, 故 n 的最小值为 19.

(3) 记 Y 表示 2 台机器在购头易损零件上所需的费用 (单位: 元).

当 $n = 19$ 时,

$$\begin{aligned} E(Y) =\ & 19 \times 200 \times 0.68 + (19 \times 200 + 500) \times 0.2 + (19 \times 200 + 2 \times 500) \times 0.08 \\ & + (19 \times 200 + 3 \times 500) \times 0.04 \\ =\ & 4040. \end{aligned}$$

当 $n = 20$ 时,

$$\begin{aligned} E(Y) =\ & 20 \times 200 \times 0.88 + (20 \times 200 + 500) \times 0.08 + (20 \times 200 + 2 \times 500) \times 0.04 \\ =\ & 4080. \end{aligned}$$

可知当 $n = 19$ 时所需费用的期望值小于 $n = 20$ 时所需费用的期望值, 故应选 $n = 19$.

例 5-80 某公司为了解用户对其产品的满意度, 从 A, B 两地区分别随机调查了 40 个用户, 根据用户对产品的满意度评分, 得到 A 地区用户满意度评分的频率分布直方图 (图 5-40) 和 B 地区用户满意度评分的频数分布表 (表 5-2).

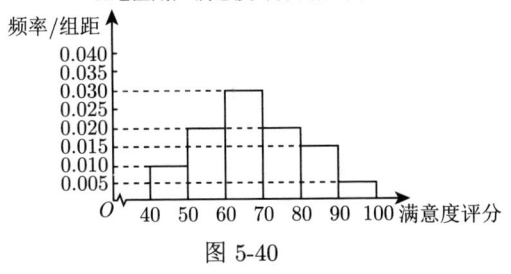

图 5-40

表 5-2 B 地区用户满意度评分的频数分布表

满意度评分分组	[50,60)	[60,70)	[70,80)	[80,90)	[90,100]
频数	2	8	14	10	6

(1) 作出 B 地区用户满意度评分的频率分布直方图 (图 5-41), 并通过直方图比较两地区满意度评分的平均值及分散程度 (不要求计算出具体值, 给出结论即可);

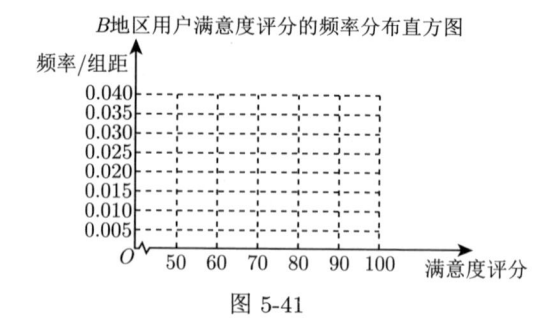

B 地区用户满意度评分的频率分布直方图

图 5-41

(2) 根据用户满意度评分, 将用户的满意度分为三个等级 (表 5-3).

表 5-3

满意度评分	低于 70 分	70 分到 89 分	不低于 90 分
满意度等级	不满意	满意	非常满意

估计哪个地区用户的满意度等级为不满意的概率大, 说明理由.

解 (1) 如图 5-42 所示.

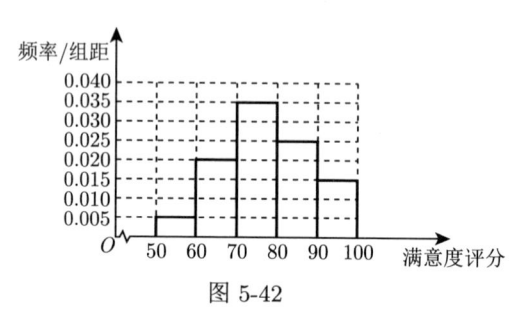

图 5-42

通过两地区用户满意度评分的频率分布直方图可以看出, B 地区用户满意度评分的平均值高于 A 地区用户满意度评分的平均值; B 地区用户满意度评分比较集中, 而 A 地区用户满意度评分比较分散.

(2) A 地区用户的满意度等级为不满意的概率大. 记 C_A 表示事件: "A 地区用户的满意度等级为不满意"; C_B 表示事件: "B 地区用户的满意度等级为不满意". 由直方图得 $P(C_A)$ 的估计值为

$$(0.01 + 0.02 + 0.03) \times 10 = 0.6,$$

$P(C_B)$ 的估计值为
$$(0.005 + 0.02) \times 10 = 0.25.$$
所以 A 地区用户的满意度等级为不满意的概率大.

例 5-81 为了解甲、乙两种离子在小鼠体内的残留程度, 进行如下试验: 将 200 只小鼠随机分成 A, B 两组, 每组 100 只, 其中 A 组小鼠给服甲离子溶液, B 组小鼠给服乙离子溶液. 每只小鼠给服的溶液体积相同、摩尔浓度相同. 经过一段时间后用某种科学方法测算出残留在小鼠体内离子的百分比. 根据试验数据分别得到直方图 (图 5-43).

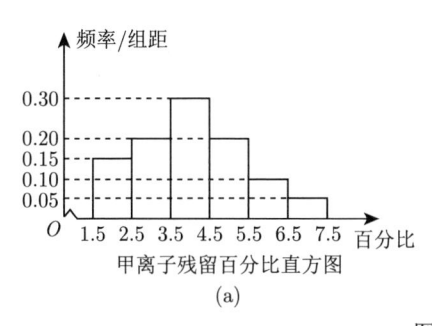

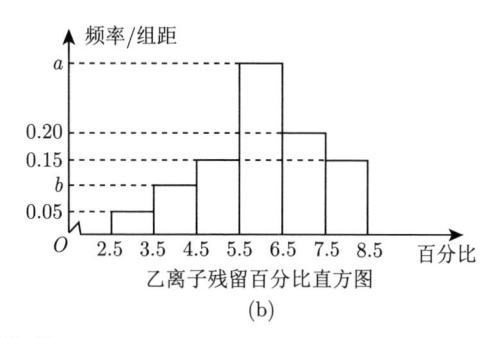

图 5-43

记 C 为事件: "乙离子残留在体内的百分比不低于 5.5", 根据直方图得到 $P(C)$ 的估计值为 0.70.

(1) 求乙离子残留百分比直方图中 a, b 的值;

(2) 分别估计甲、乙离子残留百分比的平均值 (同一组中的数据用该组区间的中点值为代表).

解 (1) 由已知得 $0.70 = a + 0.20 + 0.15$, 故 $a = 0.35$.
$$b = 1 - 0.05 - 0.15 - 0.70 = 0.10.$$

(2) 甲离子残留百分比的平均值的估计值为
$$2 \times 0.15 + 3 \times 0.20 + 4 \times 0.30 + 5 \times 0.20 + 6 \times 0.10 + 7 \times 0.05 = 4.05.$$
乙离子残留百分比的平均值的估计值为
$$3 \times 0.05 + 4 \times 0.10 + 5 \times 0.15 + 6 \times 0.35 + 7 \times 0.20 + 8 \times 0.15 = 6.00.$$

频率分布直方图、条形图、柱状图等是考查数据收集和整理的常用依据, 掌握图中常见数据的提取方法, 将频率看作概率是解决这类问题的关键.

5.6.2 分布列问题和数学期望

例 5-82 有编号为 $1,2,3,\cdots,n$ 的 n 个学生, 入座编号为 $1,2,3,\cdots,n$ 的 n 个座位, 每个学生规定坐一个座位, 设学生所坐的座位号与该生的编号不同的学生人数为 X, 已知 $X=2$ 时, 共有 6 种坐法.

(1) 求 n 的值;

(2) 求随机变量 X 的概率分布列.

解 (1) 因为当 $X=2$ 时, 有 C_n^2 种方法, 解得 $n=4$ 或 $n=-3$ (舍去), 所以 $n=4$.

(2) 因为学生所坐的座位号与该生的编号不同的学生人数为 X, 由题意可知 X 的可能取值是 $0,2,3,4$, 所以

$$P(X=0)=\frac{1}{A_4^4}=\frac{1}{24}, \quad P(X=2)=\frac{C_4^2 \times 1}{A_4^4}=\frac{1}{4},$$

$$P(X=3)=\frac{C_4^3 \times 2}{A_4^4}=\frac{1}{3}, \quad P(X=4)=1-\frac{1}{24}-\frac{1}{4}-\frac{1}{3}=\frac{3}{8}.$$

所以 X 的概率分布列为表 5-4.

表 5-4

X	0	2	3	4
P	$\frac{1}{24}$	$\frac{1}{4}$	$\frac{1}{3}$	$\frac{3}{8}$

例 5-83 某超市为了回馈新老顾客, 决定在 2020 年元旦来临之际举行 "庆元旦, 迎新年" 的抽奖派送礼品活动. 为设计一套趣味性抽奖送礼品的活动方案, 该超市面向该市某高中学生征集活动方案, 其中某班数学兴趣小组提供的方案获得了征用. 方案如下: 将一个 $4 \times 4 \times 4$ 的正方体各面均涂上红色, 再把它分割成 64 个相同的小正方体. 经过搅拌后, 从中任取两个小正方体, 记它们的着色面数之和为 ξ, 记抽奖一次中奖的礼品价值为 η.

(1) 求 $P(\xi=3)$.

(2) 凡是元旦当天在该超市购买物品的顾客, 均可参加抽奖. 记抽取的两个小正方体着色面数之和为 6, 设为一等奖, 获得价值 50 元的礼品; 记抽取的两个小正方体着色面数之和为 5, 设为二等奖, 获得价值 30 元的礼品; 记抽取的两个小正方体着色面数之和为 4, 设为三等奖, 获得价值 10 元的礼品, 其他情况不获奖. 求某顾客抽奖一次获得的礼品价值的分布列与数学期望.

解 (1) 64 个小正方体中, 三面着色的有 8 个, 两面着色的有 24 个, 一面着

色的有 24 个, 另外 8 个没有着色, 故

$$P(\xi=3)=\frac{C_8^1 \cdot C_8^1+C_{24}^1 \cdot C_{24}^1}{C_{64}^2}=\frac{640}{2016}=\frac{20}{63}.$$

(2) ξ 的所有可能取值为 $0,1,2,3,4,5,6$, η 的取值为 $50,30,10,0$,

$$P(\eta=50)=P(\xi=6)=\frac{C_8^2}{C_{64}^2}=\frac{28}{2016}=\frac{1}{72},$$

$$P(\eta=30)=P(\xi=5)=\frac{C_8^1 \cdot C_{24}^1}{C_{64}^2}=\frac{192}{2016}=\frac{2}{21},$$

$$P(\eta=10)=P(\xi=4)=\frac{C_{24}^2+C_8^1 \cdot C_{24}^1}{C_{64}^2}=\frac{468}{2016}=\frac{13}{56},$$

$$P(\eta=0)=1-\frac{1}{72}-\frac{2}{21}-\frac{13}{56}=\frac{83}{126}.$$

所以随机变量 η 的分布列为表 5-5.

表 5-5

η	50	30	10	0
P	$\dfrac{1}{72}$	$\dfrac{2}{21}$	$\dfrac{13}{56}$	$\dfrac{83}{126}$

从而

$$E(\eta)=50 \times \frac{1}{72}+30 \times \frac{2}{21}+10 \times \frac{13}{56}+0 \times \frac{83}{126}=\frac{370}{63}.$$

例 5-84 5 位高矮各不同的小朋友随机地站成一列, 较矮的会被较高的小朋友挡住. 问不被挡住的小朋友人数的期望值为多少.

分析 显然随机变量 X 可取 $1,2,3,4,5$ 这 5 个数. 由期望的计算公式: $E(X)=\sum\limits_{i=1}^{5} X_i P_i$ 可知解题的关键在于求出 X 取不同值时对应的概率. 而各自对应的概率可由古典概型概率公式来计算. 所以解题的关键在于求出对应的 X 取值情况下正确的排法数. 为了简便, 用数字 $1,2,3,4,5$ 分别指代身高由矮到高的 5 个小朋友. 则此时问题就转化为数字的排列问题. 易知所有的排法数为 A_5^5.

当 $X=1$ 时, 显然 5 必须在第一位, 剩下的 4 个数字进行全排列. 排法数为 A_4^4, 概率为 $\dfrac{A_4^4}{A_5^5}=\dfrac{1}{5}$.

当 $X=2$ 时, 按照 5 的前后数字个数进行分类, 则有:

① 前 1 后 3, 则需要从 1-4 数字中选 1 个放至 5 的前面, 剩下 3 个数字放至 5 的后面进行全排列. 则排法数为 $C_4^1 \times A_3^3=24$.

② 前 2 后 2, 则需要从 1-4 数字中选 2 个放至 5 的前面 (前大后小), 剩下 2 个数字放至 5 的后面进行全排列. 则排法数为 $C_4^2 \times A_2^2 = 12$.

③ 前 3 后 1, 则需要从 1-4 数字中选 3 个放至 5 的前面 (3 个数中最大的数字在前, 剩下 2 个数进行全排列), 剩下 1 个数字放至 5 的后面进行全排列. 则排法数为 $C_4^3 \times A_2^2 = 8$.

④ 前 4 后 0, 即 5 在最后一位, 必有 4 在第一位, 剩下三个数进行全排列. 则排法数为: $A_3^3 = 6$.

故当 $X = 2$ 时, 概率为 $\dfrac{50}{A_5^5} = \dfrac{5}{12}$.

当 $X = 3$ 时, 按照 5 的前后数字个数进行分类, 则有:

① 前 2 后 2, 则需要从 1-4 数字中选 2 个放至 5 的前面 (前小后大), 剩下 2 个数字放至 5 的后面进行全排列. 则排法数为 $C_4^2 \times A_2^2 = 12$.

② 前 3 后 1, 则需要从 1-4 数字中选 3 个放至 5 的前面 (3 个数中有 1 个数字被挡住, 有 3 种排法), 剩下 1 个数字放至 5 的后面进行全排列. 则排法数为 $C_4^3 \times 3 = 12$.

③ 前 4 后 0, 即 1-4 数字放至 5 的前面. 这 4 个数中有 2 个数字被挡住, 若 4 在第 2 位, 则对应的排法数为 $C_3^1 \times A_2^2 = 6$; 若 4 在第 3 位, 则对应的排法数为 $C_3^2 = 3$; 若 4 在第 4 位, 则对应的排法数为 $A_2^2 = 2$, 故这 4 个数满足情况的排法数为 $6 + 3 + 2 = 11$.

故当 $X = 3$ 时, 概率为 $\dfrac{12 + 12 + 11}{A_5^5} = \dfrac{35}{120} = \dfrac{7}{24}$.

当 $X = 4$ 时, 按照 5 的前后数字个数进行分类, 则有:

① 前 3 后 1, 则需要从 1-4 数字中选 3 个放至 5 的前面 (前小后大), 剩下 1 个数字放至 5 的后面进行全排列. 则排法数为 $C_4^3 = 4$.

② 前 4 后 0, 即 1-4 数字放至 5 的前面. 这 4 个数中有 1 个数字被挡住, 若 4 在第 3 位, 则对应的排法数为 $C_3^2 = 3$; 若 4 在第 4 位, 则对应的排法数为 $A_2^2 + 1 = 3$, 故这 4 个数满足的排法数为 6.

故当 $X = 4$ 时, 概率为 $\dfrac{10}{A_5^5} = \dfrac{1}{12}$.

当 $X = 5$ 时, 显然是按照 12345 的顺序进行排列, 排法数为 1. 概率为 $\dfrac{1}{A_5^5} = \dfrac{1}{120}$.

故所求期望为 $1 \times \dfrac{1}{5} + 2 \times \dfrac{5}{12} + 3 \times \dfrac{7}{24} + 4 \times \dfrac{1}{12} + 5 \times \dfrac{1}{120} = \dfrac{137}{60}$.

例 5-85 大小不同的 n 个数排列成数列: $a_1, a_2, a_3, \cdots, a_n$. 令 $b_k = \max\{a_1, a_2, \cdots, a_k\}(k = 1, 2, \cdots n)$, 以 b_k 的不同取值作为元素组成集合 A. 如数列 1, 3,

2, 1, 4, 5 中, b_k 为 1, 3, 3, 3, 4, 5, 对应的集合 A 为 $\{1, 3, 4, 5\}$. 求集合 A 元素个数的数学期望.

为了解决这个问题, 我们先找出期望的递推关系.

思路一 (概率递推) 当项数为 n 时, 设集合 A 中的元素为 X_n. 则分布列如表 5-6.

表 5-6

X_n	1	2	3	$\cdots$	n
P	P_1	P_2	P_3	$\cdots$	P_n

则有 $E(X_n) = 1 \times P_1 + 2 \times P_2 + 3 \times P_3 + \cdots + n \times P_n$ 且 $P_1 + P_2 + P_3 + \cdots + P_n = 1$.

当项数为 $(n+1)$ 时, 集合 A 中元素个数为 X_{n+1}. 此时相当于在 n 个数的前提下再插入一个数字, 为了简便, 不妨设插入的这个数字比之前 n 个数都要小. 现考虑一般情况, 当 $X_{n+1} = k$ 时, 则有两种可能使得 $X_{n+1} = k$. 一是 $X_n = k$ 时, n 个数产生 $(n+1)$ 个空, 要使得 $X_{n+1} = k$, 则此时将最小数插入到第 1 位数字后的 n 个空中的一个; 二是 $X_n = k-1$ 时, n 个数产生 $(n+1)$ 个空, 要使得 $X_{n+1} = k$, 则此时只能将最小数插入到第 1 位数字前的空里. 则此时可得递推关系:

$$P(X_{n+1} = k) = \frac{1}{n+1} \times P_{k-1} + \frac{n}{n+1} \times P_k.$$

此时分布列为表 5-7.

表 5-7

X_{n+1}	1	2	3	$\cdots$	n	$n+1$
P	$\frac{nP_1}{n+1}$	$\frac{P_1}{n+1} + \frac{nP_2}{n+1}$	$\frac{P_2}{(n+1)} + \frac{nP_3}{n+1}$	$\cdots$	$\frac{P_{n-1}}{n+1} + \frac{nP_n}{n+1}$	$\frac{1}{n+1}P_n$

则 $E(X_{n+1}) = \frac{n+2}{n+1}P_1 + \frac{2n+3}{n+1}P_2 + \cdots + \frac{n^2+n+1}{n+1}P_n$.

利用待定系数法, 设

$$\begin{aligned} E(X_{n+1}) &= xE(X_n) + y(P_1 + P_2 + \cdots + P_n) \\ &= (x+y)P_1 + (2x+y)P_2 + \cdots + (nx+y)P_n. \end{aligned}$$

解得 $x = 1, y = \frac{1}{n+1}$, 故 $E(X_{n+1}) = E(X_n) + \frac{1}{n+1}$.

思路二 (随机变量递推) 此时相当于在 n 个数的前提下再插入一个数字, 为了简便, 不妨设插入的这个数字比之前 n 个数都要小, 注意到 n 个数产生 $(n+1)$ 个空. 则 X_{n+1} 的值可能为 X_n 或 X_n+1. 若 $X_{n+1} = X_n$, 则相当于插入的最小数字放至第 1 位数字后的 n 个空中的一个, 对应的概率为 $\frac{n}{n+1}$. 若 $X_{n+1} = X_n + 1$,

则相当于插入的最小数字放至第 1 位数字前的空里, 对应的概率为 $\dfrac{1}{n+1}$.

故可得分布列如表 5-8.

表 5-8

X_{n+1}	X_n	X_n+1
P	$\dfrac{n}{n+1}$	$\dfrac{1}{n+1}$

得 $E(X_{n+1}) = X_n + \dfrac{1}{n+1}$. 则 $E(E(X_{n+1})) = E(X_n) + E\left(\dfrac{1}{n+1}\right)$, 即 $E(X_{n+1}) = E(X_n) + \dfrac{1}{n+1}$.

思路三 (排列数递推) 设 $N_{(n,k)}$ 为 n 个数排列使得集合 A 中元素个数为 k 时的排列数, $N_{(n+1,k)}$ 为 $(n+1)$ 个数排列使得集合 A 中元素个数为 k 时的排列数. 要得到 $N_{(n+1,k)}$, 有两种构成方法. 一是由 $N_{(n,k)}$ 构成, 此时数字加 1 个但 A 中元素个数不变, 即将最小数字放至第 1 位数字后的 n 个空中的一个; 或由 $N_{(n,k-1)}$ 构成, 此时数字加 1 个且 A 中元素个数增加 1, 即将最小数字放至第 1 位数字前的空里. 则可得递推关系: $N_{(n+1,k)} = nN_{(n,k)} + N_{(n,k-1)}$.

由于

$$E(X_n) = 1 \times \dfrac{N_{(n,1)}}{n!} + 2 \times \dfrac{N_{(n,2)}}{n!} + \cdots + n \times \dfrac{N_{(n,n)}}{n!}$$
$$= \dfrac{1}{n!} \sum_{k=1}^{n} kN_{(n,k)},$$

故

$$E(X_{n+1}) = \dfrac{1}{(n+1)!} \sum_{k=1}^{n+1} kN_{(n+1,k)}$$
$$= \dfrac{1}{(n+1)!} \sum_{k=1}^{n+1} k\left[nN_{(n,k)} + N_{(n,k-1)}\right]$$
$$= \dfrac{n}{(n+1)!} \sum_{k=1}^{n} kN_{(n,k)} + \dfrac{1}{(n+1)!} \sum_{k=2}^{n+1} kN_{(n,k-1)}$$
$$= \dfrac{nE(X_n)}{n+1} + \dfrac{1}{(n+1)!} \sum_{k=1}^{n} (k+1)N_{(n,k)}$$
$$= \dfrac{nE(X_n)}{n+1} + \dfrac{1}{(n+1)!} \left(\sum_{k=1}^{n} kN_{(n,k)} + \sum_{k=1}^{n} N_{(n,k)}\right)$$

$$=\frac{nE(X_n)}{n+1}+\frac{1}{(n+1)!}\sum_{k=1}^{n}kN_{(n,k)}+\frac{1}{(n+1)!}\sum_{k=1}^{n}N_{(n,k)}$$

$$=\frac{nE(X_n)}{n+1}+\frac{n!E(X_n)}{(n+1)!}+\frac{n!}{(n+1)!}=E(X_n)+\frac{1}{n+1}.$$

综上, 结合思路 1, 2, 3 可以得到期望递推关系: $E(X_{n+1})=E(X_n)+\frac{1}{n+1}$. 利用累加法可得: $E(X_n)=E(X_0)+1+\frac{1}{2}+\frac{1}{3}+\cdots+\frac{1}{n}$. 由 $E(X_0)=0$, 故 $E(X_n)=1+\frac{1}{2}+\frac{1}{3}+\cdots+\frac{1}{n}=\sum_{i=1}^{n}\frac{1}{i}$. 故 A 中元素个数的数学期望为 $\sum_{i=1}^{n}\frac{1}{i}$. 当 $n=5$ 时, 不被挡住人数的数学期望是 $1+\frac{1}{2}+\frac{1}{3}+\frac{1}{4}+\frac{1}{5}=\frac{137}{60}$.

5.6.3 回归分析问题

例 5-86 某市房管局为了了解该市市民 2019 年 1 月至 2020 年 1 月期间购买二手房的情况, 首先随机抽取其中 200 名购房者, 并对其购房面积 m (单位: 平方米, $60\leqslant m\leqslant 130$) 进行了一次调查统计, 制成了如图 5-44(a) 所示的频率分布直方图, 接着调查了该市 2019 年 1 月至 2020 年 1 月期间当月在售二手房均价 y(单位: 万元/平方米), 制成了如图 5-44(b) 所示的散点图 (图中月份代码 1~13 分别对应 2019 年 1 月至 2020 年 1 月).

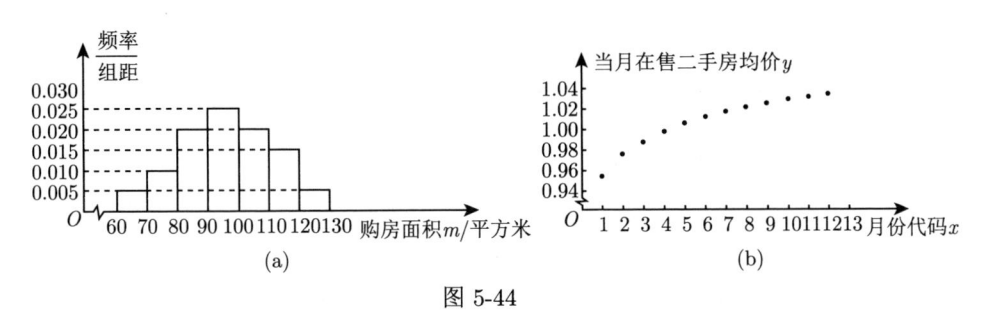

图 5-44

(1) 试估计该市市民的平均购房面积 $\overline{m}$;

(2) 从该市 2019 年 1 月至 2020 年 1 月期间所有购买二手房的市民中任取 3 人, 用频率估计概率, 记这 3 人购房面积不低于 100 平方米的人数为 X, 求 X 的分布列与数学期望;

(3) 根据散点图选择 $\hat{y}=\hat{a}+\hat{b}\sqrt{x}$ 和 $\hat{y}=\hat{c}+\hat{d}\ln x$ 两个模型进行拟合, 经过数据处理得到两个回归方程, 分别为 $y=0.9369+0.0285\sqrt{x}$ 和 $y=0.9554+0.0306\ln x$, 并得到一些统计量的值, 如表 5-9 所示.

表 5-9

	$\hat{y} = 0.9369 + 0.0285\sqrt{x}$	$\hat{y} = 0.9554 + 0.0306\ln x$
$\sum\limits_{i=1}^{13}(y_i - \hat{y}_i)^2$	0.000591	0.000164
$\sum\limits_{i=1}^{13}(y_i - \bar{y})^2$	0.006 050	0.006 050

请利用相关指数 R^2 判断哪个模型的拟合效果更好，并用拟合效果更好的模型预测 2020 年 6 月份的在售二手房均价 (精确到 0.001).

参考数据: $\ln 2 \approx 0.69, \ln 3 \approx 1.10, \ln 17 \approx 2.83, \ln 19 \approx 2.94, \sqrt{2} \approx 1.41, \sqrt{3} \approx 1.73, \sqrt{17} \approx 4.12, \sqrt{19} \approx 4.36.$

参考公式: $R^2 = 1 - \dfrac{\sum\limits_{i=1}^{n}(y_i - \hat{y}_i)^2}{\sum\limits_{i=1}^{n}(y_i - y)^2}.$

解 (1) $\overline{m} = 65 \times 0.05 + 75 \times 0.1 + 85 \times 0.2 + 95 \times 0.25 + 105 \times 0.2$
$+ 115 \times 0.15 + 125 \times 0.05$
$= 96.$

(2) 每一位市民购房面积不低于 100 平方米的概率为 $0.20 + 0.15 + 0.05 = 0.4$, 所以 $X \sim B(3, 0.4)$, 故 $P(X = k) = C_3^k \times 0.4^k \times 0.6^{3-k} (k = 0, 1, 2, 3).$ X 的分布列为表 5-10.

表 5-10

X	0	1	2	3
P	0.216	0.432	0.288	0.064

于是 $E(X) = 3 \times 0.4 = 1.2.$

(3) 设模型 $\hat{y} = 0.9369 + 0.0285\sqrt{x}$ 和 $\hat{y} = 0.9554 + 0.0306\ln x$ 的相关指数分别为 R_1^2, R_2^2, 则

$$R_1^2 = 1 - \dfrac{0.000591}{0.00605}, \quad R_2^2 = 1 - \dfrac{0.000164}{0.00605}.$$

于是 $R_1^2 < R_2^2$. 故模型 $\hat{y} = 0.9554 + 0.0306\ln x$ 的拟合效果更好.

2020 年 6 月份对应的 $x = 18$, 于是有

$$\hat{y} = 0.9554 + 0.0306\ln 18 = 0.9554 + 0.0306 \times (\ln 2 + 2\ln 3)$$
$$\approx 1.044(万元/平方米).$$

例 5-87 某基地蔬菜大棚采用无土栽培的方式种植各类蔬菜. 根据过去 50 周的资料显示，该地周光照量 X (单位：小时) 都在 30 小时以上，其中不足 50 小

时的有 5 周, 不低于 50 小时且不超过 70 小时的有 35 周, 超过 70 小时的有 10 周, ⋯⋯ 根据统计, 该基地的西红柿增加量 y (千克) 与使用某种液体肥料的质量 x (千克) 之间的关系为如图 5-45 所示的折线图.

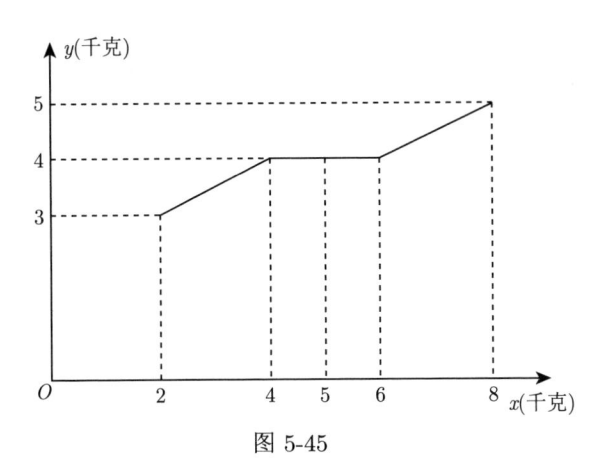

图 5-45

(1) 依据折线图, 是否可用线性回归模型拟合 y 与 x 的关系? 请计算相关系数 r 并加以说明 (精确到 0.01). (若 $|r| > 0.75$, 则线性相关程度很高, 可用线性回归模型拟合)

(2) 蔬菜大棚对光照要求较大, 某光照控制仪商家为该基地提供了部分光照控制仪, 但每周光照控制仪运行台数受周光照量 X 限制, 并有如下关系 (表 5-11).

表 5-11

周光照量 X/小时	$30 < X < 50$	$50 \leqslant X \leqslant 70$	$X > 70$
光照控制仪最多可运行台数	3	2	1

若某台光照控制仪运行, 则该台光照控制仪周利润为 3000 元; 若某台光照控制仪未运行, 则该台光照控制仪周亏损 1000 元. 以频率作为概率, 商家欲使周总利润的均值达到最大, 应安装光照控制仪多少台?

附 相关系数公式 $r = \dfrac{\sum\limits_{i=1}^{n}(x_i - x)(y_i - y)}{\sqrt{\sum\limits_{i=1}^{n}(x_i - x)^2}\sqrt{\sum\limits_{i=1}^{n}(y_i - y)^2}}$.

参考数据: $\sqrt{0.3} \approx 0.55, \sqrt{0.9} \approx 0.95$.

解 (1) 由已知数据可得

$$x = \frac{2+4+5+6+8}{5} = 5, \quad y = \frac{3+4+4+4+5}{5} = 4.$$

因为
$$\sum_{i=1}^{5}(x_i-x)(y_i-y)=(-3)\times(-1)+0+0+0+3\times 1=6,$$

$$\sqrt{\sum_{i=1}^{5}(x_i-x)^2}=\sqrt{(-3)^2+(-1)^2+0^2+1^2+3^2}=2\sqrt{5},$$

$$\sqrt{\sum_{i=1}^{5}(y_i-y)^2}=\sqrt{(-1)^2+0^2+0^2+0^2+1^2}=\sqrt{2},$$

所以相关系数

$$r=\frac{\sum\limits_{i=1}^{5}(x_i-x)\quad(y_i-y)}{\sqrt{\sum\limits_{i=1}^{5}(x_i-x)^2}\sqrt{\sum\limits_{i=1}^{5}(y_i-y)^2}}=\frac{6}{2\sqrt{5}\times\sqrt{2}}=\sqrt{\frac{9}{10}}\approx 0.95.$$

因为 $r>0.75$,所以可用线性回归模型拟合 y 与 x 的关系.

(2) 记商家周总利润为 Y 元,由条件可知最少需安装 1 台,最多安装 3 台光照控制仪.

① 安装 1 台光照控制仪可获得周总利润 3000 元.

② 安装 2 台光照控制仪的情形:

当 $X>70$ 时,只有 1 台光照控制仪运行,此时周总利润

$$Y=3000-1000=2000(元),\quad P(Y=2000)=\frac{10}{50}=0.2.$$

当 $30<X\leqslant 70$ 时,2 台光照控制仪都运行,此时周总利润

$$Y=2\times 3000=6000\ (元),\quad P(Y=6000)=\frac{40}{50}=0.8.$$

故 Y 的分布列为表 5-12.

表 5-12

Y	2000	6000
P	0.2	0.8

所以 $E(Y)=2000\times 0.2+6000\times 0.8=5200\ (元)$.

③ 安装 3 台光照控制仪的情形:

当 $X>70$ 时,只有 1 台光照控制仪运行,此时周总利润

$$Y = 1 \times 3000 - 2 \times 1000 = 1000(元), \quad P(Y = 1000) = \frac{10}{50} = 0.2.$$

当 $50 \leqslant X \leqslant 70$ 时, 有 2 台光照控制仪运行, 此时周总利润

$$Y = 2 \times 3000 - 1 \times 1000 = 5000(元), \quad P(Y = 5000) = \frac{35}{50} = 0.7.$$

当 $30 < X < 50$ 时, 3 台光照控制仪都运行, 周总利润

$$Y = 3 \times 3000 = 9000(元), \quad P(Y = 9000) = \frac{5}{50} = 0.1.$$

故 Y 的分布列为表 5-13.

表 5-13

Y	1000	5000	9000
P	0.2	0.7	0.1

$$E(Y) = 1000 \times 0.2 + 5000 \times 0.7 + 9000 \times 0.1 = 4600(元).$$

所以综上可知, 为使商家周总利润的均值达到最大, 应该安装 2 台光照控制仪.

5.6.4 分布列、数学期望、概率

例 5-88 某厂接受了一项加工业务, 加工出来的产品 (单位: 件) 按标准分为 A, B, C, D 四个等级. 加工业务约定: 对于 A 级品、B 级品、C 级品, 厂家每件分别收取加工费 90 元, 50 元, 20 元; 对于 D 级品, 厂家每件要赔偿原料损失费 50 元. 该厂有甲、乙两个分厂可承接加工业务. 甲分厂加工成本费为 25 元/件, 乙分厂加工成本费为 20 元/件. 厂家为决定由哪个分厂承接加工业务, 在两个分厂各试加工了 100 件这种产品, 并统计了这些产品的等级, 整理如表 5-14 和表 5-15.

表 5-14 甲分厂产品等级的频数分布表

等级	A	B	C	D
频数	40	20	20	20

表 5-15 乙分厂产品等级的频数分布表

等级	A	B	C	D
频数	28	17	34	21

(1) 分别估计甲、乙两分厂加工出来的一件产品为 A 级品的概率;

(2) 分别求甲、乙两分厂加工出来的 100 件产品的平均利润, 以平均利润为依据, 厂家应选哪个分厂承接加工业务?

解析 (1) 甲分厂生产的产品为 A 等品的频率为 $\frac{40}{100} = 0.4$, 估计甲分厂生产的产品为 A 等品的概率为 0.4; 乙分厂生产的产品为 A 等品的频率为 $\frac{28}{100} = 0.28$, 估计乙分厂生产的产品为 A 等品的概率为 0.28.

(2) **解法一** 设甲、乙两分厂生产的 100 件产品的平均利润分别为 $\bar{x}_甲$、$\bar{x}_乙$，则

$$\bar{x}_甲 =(90-25)\times 40+(50-25)\times 20+(20-25)\times 20+(-50-25)\times 20$$
$$=65\times 40+25\times 20-5\times 20-75\times 20=1500(元);$$
$$\bar{x}_乙 =(90-20)\times 28+(50-20)\times 17+(20-20)\times 34+(-50-20)\times 21$$
$$=70\times 28+30\times 17+0\times 34-70\times 21=1000(元).$$

因为 1500 > 1000, 故应选择甲分厂承接此加工业务.

解法二 设甲、乙两分厂生产的 1 件产品的平均加工费分别为 $\bar{x}_甲$、$\bar{x}_乙$，则

$$\bar{x}_甲=90\times 0.4+50\times 0.2+20\times 0.2+(-50)\times 0.2=40(元),$$

则甲分厂生产的 1 件产品的平均利润为 $40-25=15(元)$, 100 件新产品的平均利润为 1500 元;

$$\bar{x}_乙=90\times 0.28+50\times 0.17+20\times 0.34+(-50)\times 0.21=30(元),$$

则乙分厂生产的 1 件产品的平均利润为 $30-20=10$ (元), 100 件新产品的平均利润为 1000 元. 因为 1500 > 1000, 故应选择甲分厂承接此加工业务.

例 5-89 甲、乙、丙三位同学进行羽毛球比赛, 约定赛制如下:

累计负两场者被淘汰; 比赛前抽签决定首先比赛的两人, 另一人轮空; 每场比赛的胜者与轮空者进行下一场比赛, 负者下一场轮空, 直至有一人被淘汰; 当一人被淘汰后, 剩余的两人继续比赛, 直至其中一人被淘汰, 另一人最终获胜, 比赛结束.

经抽签, 甲、乙首先比赛, 丙轮空. 设每场比赛双方获胜的概率都为 $\dfrac{1}{2}$.

(1) 求甲连胜四场的概率;
(2) 求需要进行第五场比赛的概率;
(3) 求丙最终获胜的概率.

解 (1) 设 $A=$ "甲连胜四场", 则 $P(A)=\left(\dfrac{1}{2}\right)^4=\dfrac{1}{16}$.

(2) **解法一** (间接法) 根据赛制, 至少需要进行四场比赛, 至多需要进行五场比赛, 设 $B=$ "需要进行第五场比赛".

比赛四场结束, 共有三种情况,

$B_1=$ "甲连胜四场", 则 $P(B_1)=\left(\dfrac{1}{2}\right)^4=\dfrac{1}{16}$;

$B_2=$ "乙连胜四场", 则 $P(B_2)=\left(\dfrac{1}{2}\right)^4=\dfrac{1}{16}$;

$B_3 =$ "丙上场后连胜三场", 则 $P(B_3) = 2 \times \left(\dfrac{1}{2}\right)^4 = \dfrac{1}{8}$.

所以 $P(B) = 1 - P(B_1) - P(B_2) - P(B_3) = 1 - \dfrac{1}{16} - \dfrac{1}{16} - \dfrac{1}{8} = \dfrac{3}{4}$.

解法二 (直接法) 五场比赛后, 按最终获胜方分类有如下三种情形.

① 若五场比赛后甲获胜, 则第五场甲胜, 按前四场分四类.

第一类 (负空胜胜): $\left(\dfrac{1}{2}\right)^4$;

第二类 (胜负空胜): $\left(\dfrac{1}{2}\right)^4$;

第三类 (胜胜负空): $\left(\dfrac{1}{2}\right)^4$;

第四类 (胜胜胜负): $\left(\dfrac{1}{2}\right)^5$.

② 若五场比赛后乙获胜, 则第五场乙胜, 同 ①, 五场比赛后乙获胜的概率为 $\dfrac{7}{32}$.

③ 若五场比赛后丙获胜, 则第五场丙胜, 按前四场分三类.

第一类 (空负空胜): $\left(\dfrac{1}{2}\right)^3$;

第二类 (空胜负空): $\left(\dfrac{1}{2}\right)^3$;

第三类 (空胜胜负): $\left(\dfrac{1}{2}\right)^4$.

则五场比赛后丙获胜的概率为 $\dfrac{10}{32}$.

所以需要进行五场比赛的概率 $\dfrac{7}{32} + \dfrac{7}{32} + \dfrac{10}{32} = \dfrac{3}{4}$.

解法三 (树图法) 设 B: "需要进行第五场比赛", 树图 (图 5-46) 中前者为胜, 后者为负. 如 "甲乙" 表示在这一场比赛中甲胜, 乙负. 则

首场比赛为 "乙甲" 的情形相同, 则 8 条线中除第 (1)、(5) 外, 其余均需第五场比赛. 故 $P(B) = \dfrac{2 \times 6}{2 \times 8} = \dfrac{3}{4}$.

解法四 (位置分析法) 设 B: "需要进行第五场比赛", 若要进行第五场比赛, 则前四场必有一位被淘汰, 其余 2 名选手各负一场, 用 A、B、C 分别表示甲、乙、丙在某场比赛中失败.

① 当甲被淘汰时, 前四场负的人员即对 A、A、B、C 进行排列, 且首位必须是 A 或 B, A 与 A 不能相邻.

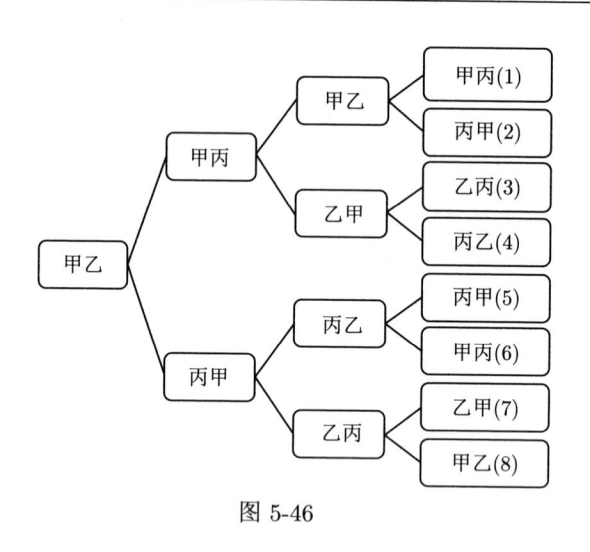

```
                                      ┌── 甲丙(1)
                          ┌── 甲乙 ──┤
                          │           └── 丙甲(2)
              ┌── 甲丙 ──┤
              │           │           ┌── 乙丙(3)
              │           └── 乙甲 ──┤
              │                       └── 丙乙(4)
   甲乙 ──┤
              │                       ┌── 丙甲(5)
              │           ┌── 丙乙 ──┤
              │           │           └── 甲丙(6)
              └── 丙甲 ──┤
                          │           ┌── 乙甲(7)
                          └── 乙丙 ──┤
                                      └── 甲乙(8)
```

图 5-46

(i) A 在首位,

| A | | A | | 或 | A | | | A |

共有 $A_2^2 + A_2^2 = 4$ 种情形;

(ii) B 在首位, 只有 BACA 这 1 种情形.

② 同理, 乙被淘汰, 有 5 种情形.

③ 当丙被淘汰时, 有两种情形: ACBC、BCAC.

共计 12 种情形, 故打五场的概率为 $\dfrac{12}{16} = \dfrac{3}{4}$.

解法五 设 B: "需要进行第五场比赛", 则所有可能事件为 (列出前四场每场失败者)

乙丙乙甲, 乙丙甲丙, 乙丙甲乙, 乙甲乙丙, 乙甲甲丙, 乙甲丙乙, 甲丙甲乙,

甲丙乙丙, 甲丙乙甲, 甲乙甲丙, 甲乙丙乙, 甲乙丙甲,

所有基本事件总数为 $n = 2^4 = 16$, $P(B) = \dfrac{12}{16} = \dfrac{3}{4}$.

(3) **解法一** (直接法) 丙最终获胜, 有两种情况.

第一种, 比赛四场结束且丙最终获胜的概率为 $2 \times \left(\dfrac{1}{2}\right)^4 = \dfrac{1}{8}$.

第二种, 比赛五场结束且丙最终获胜, 则从第二场开始的四场比赛按照丙的胜、负、轮空结果有三种: 胜胜负胜, 胜负空胜, 负空胜胜, 概率分别为 $\dfrac{1}{16}, \dfrac{1}{8}, \dfrac{1}{8}$.

因此丙最终获胜的概率为 $\dfrac{1}{8} + \dfrac{1}{16} + \dfrac{1}{8} + \dfrac{1}{8} = \dfrac{7}{16}$.

解法二 (间接法) 甲最终获胜概率 $P_甲$ 等于乙最终获胜概率 $P_乙$, 甲最终获胜有两种情况:

① 四场获胜: $\left(\dfrac{1}{2}\right)^4 = \dfrac{1}{16}$.

② 五场获胜: $7 \times \left(\dfrac{1}{2}\right)^4 \times \dfrac{1}{2} = \dfrac{7}{32}$.

所以 $P_甲 = \dfrac{1}{16} + \dfrac{7}{32} = \dfrac{9}{32}$, 所以丙最终获胜概率

$$P_丙 = 1 - P_甲 - P_乙 = 1 - 2P_甲 = 1 - \dfrac{18}{32} = \dfrac{14}{32} = \dfrac{7}{16}.$$

解法三 若丙要获胜, 有以下两种情形.

(1) 四场获胜: $P_1 = 2 \times \left(\dfrac{1}{2}\right)^4 = \dfrac{1}{8}$.

(2) 五场获胜, 则前四场必淘汰一人. 若丙被淘汰, 有 ①甲乙—甲丙—丙乙—甲丙, ②乙甲—乙丙—乙甲—甲丙, 两种情形, 故

$$P_1 = P(丙淘汰) = 2 \times \left(\dfrac{1}{2}\right)^4 = \dfrac{1}{8}, \quad P_2 = P(五场丙胜) = \left(\dfrac{3}{4} - \dfrac{1}{8}\right) \times \dfrac{1}{2} = \dfrac{5}{16}.$$

综上, $P(丙胜) = P_1 + P_2 = \dfrac{1}{8} + \dfrac{5}{16} = \dfrac{7}{16}$.

解法四 (位置分析法) A、B、C 表示甲、乙、丙输, 丙最终获胜有两种情形:

(1) 甲、乙各输 2 场, 丙一场未输, 即 AABB 排列, 且 A 与 A、B 与 B 不相邻, 即 ABAB 或 BABA, 所以 $P_1 = 2 \times \left(\dfrac{1}{2}\right)^4 = \dfrac{1}{8}$.

(2) 丙在输一场的前提下取胜, 即 AABBC 排列, 首场为 A 或 B, 其中 A 与 A, B 与 B 不相邻, 且 C 不在末尾 (图 5-47).

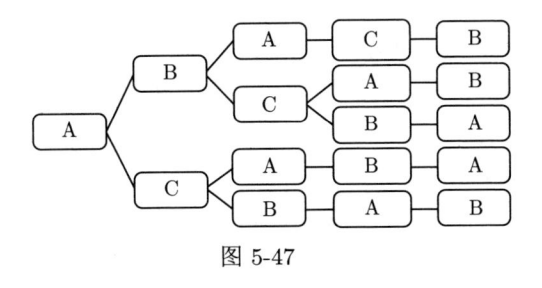

图 5-47

以 B 来排首位情况同上, 共有 $P_2 = \left(\dfrac{1}{2}\right)^5 \times 5 \times 2 = \dfrac{5}{16}$.

综上, $P(丙胜) = P_1 + P_2 = \dfrac{7}{16}$.

解法五 (表格法) 以 "✓" "×" "−" 分别表示丙在某场比赛中取胜、失败、轮空，设 $C = $ (丙取胜)，则丙取胜的情形及分别的概率如表 5-16.

表 5-16

情形 \ 场次	①	②	③	④	⑤	P
1	−	×	−	✓	✓	$\left(\frac{1}{2}\right)^3$
2	−	✓	×	−	✓	$\left(\frac{1}{2}\right)^3$
3	−	✓	✓	×	✓	$\left(\frac{1}{2}\right)^4$
4	−	✓	✓	✓	−	$\left(\frac{1}{2}\right)^3$

$$P(C) = \left(\frac{1}{2}\right)^3 + \left(\frac{1}{2}\right)^3 + \left(\frac{1}{2}\right)^4 + \left(\frac{1}{2}\right)^3 = \frac{7}{16}.$$

5.6.5 综合问题

例 5-90 为治疗某种疾病，研制了甲、乙两种新药，希望知道哪种新药更有效，为此进行动物试验. 试验方案如下：每一轮选取两只白鼠对药效进行对比试验. 对于两只白鼠，随机选一只施以甲药，另一只施以乙药. 一轮的治疗结果得出后，再安排下一轮试验. 当其中一种药治愈的白鼠比另一种药治愈的白鼠多 4 只时，就停止试验，并认为治愈只数多的药更有效. 为了方便描述问题，约定：对于每轮试验，若施以甲药的白鼠治愈且施以乙药的白鼠未治愈则甲药得 1 分，乙药得 −1 分；若施以乙药的白鼠治愈且施以甲药的白鼠未治愈则乙药得 1 分，甲药得 −1 分；若都治愈或都未治愈则两种药均得 0 分. 甲、乙两种药的治愈率分别记为 α 和 β，一轮试验中甲药的得分记为 X.

(1) 求 X 的分布列.

(2) 若甲药、乙药在试验开始时都赋予 4 分，$p_i(i = 0, 1, \cdots, 8)$ 表示 "甲药的累计得分为 i 时，最终认为甲药比乙药更有效" 的概率，则 $p_0 = 0, p_8 = 1, p_i = ap_{i-1} + bp_i + cp_{i+1}(i = 1, 2, \cdots, 7)$，其中 $a = P(X = -1), b = P(X = 0), c = P(X = 1)$. 假设 $\alpha = 0.5, \beta = 0.8$.

① 证明：$\{p_{i+1} - p_i\}$ $(i = 0, 1, 2, \cdots, 7)$ 为等比数列；

② 求 p_4，并根据 p_4 的值解释这种试验方案的合理性.

(1) **解** X 的所有可能取值为 $-1, 0, 1$.

$$P(X = -1) = (1-\alpha)\beta,$$
$$P(X = 0) = \alpha\beta + (1-\alpha)(1-\beta),$$

$$P(X=1) = \alpha(1-\beta).$$

所以 X 的分布列为表 5-17.

表 5-17

X	-1	0	1
P	$(1-\alpha)\beta$	$\alpha\beta + (1-\alpha)(1-\beta)$	$\alpha(1-\beta)$

(2) ①**证明** 由 (1) 得 $a = 0.4, b = 0.5, c = 0.1$, 因此

$$p_i = 0.4p_{i-1} + 0.5p_i + 0.1p_{i+1}.$$

故 $0.1(p_{i+1} - p_i) = 0.4(p_i - p_{i-1})$, 即

$$p_{i+1} - p_i = 4(p_i - p_{i-1}).$$

又因为 $p_1 - p_0 = p_1 \neq 0$, 所以 $\{p_{i+1} - p_i\}(i = 0, 1, 2, \cdots, 7)$ 是公比为 4, 首项为 p_1 的等比数列.

②**解** 由①可得

$$\begin{aligned}p_8 &= p_8 - p_7 + p_7 - p_6 + \cdots + p_1 - p_0 + p_0 \\ &= (p_8 - p_7) + (p_7 - p_6) + \cdots + (p_1 - p_0) + p_0 = \frac{4^8 - 1}{3}p_1.\end{aligned}$$

由于 $p_8 = 1$, 故 $p_1 = \dfrac{3}{4^8 - 1}$, 所以

$$p_4 = (p_4 - p_3) + (p_3 - p_2) + (p_2 - p_1) + (p_1 - p_0) + p_0 = \frac{4^4 - 1}{3}p_1 = \frac{1}{257}.$$

p_4 表示最终认为甲药更有效的概率. 由计算结果可以看出, 在甲药治愈率为 0.5, 乙药治愈率为 0.8 时, 认为甲药更有效的概率为 $p_4 = \dfrac{1}{257} \approx 0.0039$, 此时得出错误结论的概率非常小, 说明这种试验方案合理.

5.7 导数的应用

导数及其导数的应用是高中数学的重点内容, 是研究函数单调性、极值、最值、变化率等问题最常用和最高效的工具, 在不等式和圆锥曲线方面也有广泛的应用, 导数及其应用的问题灵活性强, 思维强度大. 导数是众多知识的交汇点, 综合性强, 难度大, 分析起来相对复杂.

导数的基础性考察主要有三类：一是利用导数的几何意义解决切线问题；二是利用导数研究函数的单调性；三是利用导数研究函数的极值、最值以及解决不等式问题. 具体包括：利用导数求曲线的切线方程、确定单调区间、求极值和最值，以及求解函数零点问题和解决与函数有关的不等式问题和含参问题，彰显导数的工具性和应用性.

5.7.1 导数在函数中应用问题

1. 函数的单调性、极 (最) 值问题

例 5-91 已知函数 $f(x) = 2x^3 - ax^2 + b$.

(1) 讨论 $f(x)$ 的单调性；

(2) 是否存在 a, b, 使得 $f(x)$ 在区间 $[0, 1]$ 上的最小值为 -1 且最大值为 1？若存在, 求出 a, b 的所有值; 若不存在, 说明理由.

知识考查 导数的运算、函数的导数与单调性的关系、利用函数的导数研究函数的最值.

思路方法 (1) 先求出 $f(x)$ 的导数, 再根据导函数的符号判断函数的单调性, 由于导函数中含有字母参数, 需要对参数进行分类讨论.

(2) 结合 (1) 中函数的单调性, 确定函数的最值, 从而建立关于 a, b 的方程 (组) 求解, 要注意验证解的合理性.

解 (1) $f'(x) = 6x^2 - 2ax = 2x(3x - a)$. 令 $f'(x) = 0$, 得 $x = 0$ 或 $x = \dfrac{a}{3}$.

① 若 $a > 0$, 则当 $x \in (-\infty, 0) \cup \left(\dfrac{a}{3}, +\infty\right)$ 时, $f'(x) > 0$; 当 $x \in \left(0, \dfrac{a}{3}\right)$ 时, $f'(x) < 0$. 故 $f(x)$ 在 $(-\infty, 0)$, $\left(\dfrac{a}{3}, +\infty\right)$ 上单调递增, 在 $\left(0, \dfrac{a}{3}\right)$ 上单调递减.

② 若 $a = 0$, 则 $f(x)$ 在 $(-\infty, +\infty)$ 上单调递增.

③ 若 $a < 0$, 则当 $x \in \left(-\infty, \dfrac{a}{3}\right) \cup (0, +\infty)$ 时, $f'(x) > 0$; 当 $x \in \left(\dfrac{a}{3}, 0\right)$ 时, $f'(x) < 0$. 故 $f(x)$ 在 $\left(-\infty, \dfrac{a}{3}\right)$, $(0, +\infty)$ 上单调递增, 在 $\left(\dfrac{a}{3}, 0\right)$ 上单调递减.

(2) 满足题设条件的 a, b 存在.

① 当 $a \leqslant 0$ 时, 由 (1) 知, $f(x)$ 在 $[0, 1]$ 上单调递增, 所以 $f(x)$ 在区间 $[0, 1]$ 上的最小值为 $f(0) = b$, 最大值为 $f(1) = 2 - a + b$. 此时 a, b 满足题设条件, 有
$\begin{cases} b = -1, \\ 2 - a + b = 1, \end{cases}$ 即 $\begin{cases} a = 0, \\ b = -1. \end{cases}$

② 当 $a \geqslant 3$ 时, 由 (1) 知, $f(x)$ 在 $[0, 1]$ 上单调递减, 所以 $f(x)$ 在区间 $[0, 1]$ 上的最大值为 $f(0) = b$, 最小值为 $f(1) = 2 - a + b$. 此时 a, b 满足题设条件, 有
$\begin{cases} b = 1, \\ 2 - a + b = -1, \end{cases}$ 即 $\begin{cases} a = 4, \\ b = 1. \end{cases}$

③ 当 $0 < a < 3$ 时，由 (1) 知，$f(x)$ 在 $[0,1]$ 上的最小值为 $f\left(\dfrac{a}{3}\right) = -\dfrac{a^3}{27} + b$, 最大值为 b 或 $2 - a + b$. 若 $\begin{cases} -\dfrac{a^3}{27} + b = -1, \\ b = 1, \end{cases}$ 则 $a = 3\sqrt[3]{2}$, 与 $0 < a < 3$ 矛盾.

若 $\begin{cases} -\dfrac{a^3}{27} + b = -1, \\ 2 - a + b = 1, \end{cases}$ 则 $a = 3\sqrt{3}$ 或 $a = -3\sqrt{3}$ 或 $a = 0$, 与 $0 < a < 3$ 矛盾.

综上所述，当 $a = 0, b = -1$ 或 $a = 4, b = 1$ 时，$f(x)$ 在区间 $[0,1]$ 上的最小值为 -1 且最大值为 1.

注 （1）讨论函数的单调性时，一要注意函数的定义域，二要注意分类的标准，做到不重不漏；(2) 对于探索性问题，求出参数的取值后要注意检验.

例 5-92 已知函数 $f(x) = (2 + x + ax^2)\ln(1 + x) - 2x$.

(1) 若 $a = 0$，证明：当 $-1 < x < 0$ 时，$f(x) < 0$；当 $x > 0$ 时，$f(x) > 0$;

(2) 若 $x = 0$ 是 $f(x)$ 的极大值点，求 a.

知识考查 利用导数研究函数的单调性.

思路方法 对 $f(x)$ 进行二次求导，设 $g(x) = f'(x)$, 利用 $g(x)$ 研究 $f(x)$ 的单调性，再结合 $f(0) = 0$, 证明不等式.

(1) **证明** 当 $a = 0$ 时，

$$f(x) = (2 + x)\ln(1 + x) - 2x, \quad f'(x) = \ln(1 + x) - \dfrac{x}{1 + x},$$

设函数 $g(x) = f'(x) = \ln(1 + x) - \dfrac{x}{1 + x}$, 则 $g'(x) = \dfrac{x}{(1 + x)^2}$. 当 $-1 < x < 0$ 时，$g'(x) < 0$；当 $x > 0$ 时，$g'(x) > 0$. 故当 $x > -1$ 时，$g(x) \geqslant g(0) = 0$, 且仅当 $x = 0$ 时，$g(x) = 0$, 从而 $f'(x) \geqslant 0$, 且仅当 $x = 0$ 时，$f'(x) = 0$, 所以 $f(x)$ 在 $(-1, +\infty)$ 上单调递增. 又 $f(0) = 0$, 故当 $-1 < x < 0$ 时，$f(x) < 0$; 当 $x > 0$ 时，$f(x) > 0$.

(2) **解法一** 由 $f'(x) = (2ax + 1)\ln(x + 1) + \dfrac{ax^2 - x}{1 + x}$, 得

$$f''(x) = \dfrac{3ax^2 + (4a + 1)x}{(x + 1)^2} + 2a\ln(1 + x), \quad 且 \ f''(0) = 0.$$

当 $a \geqslant 0$ 时，对 $\forall x > 0$, 均有 $f''(x) > 0$, 即 $f'(x)$ 在区间 $(0, +\infty)$ 上单调递增，故 $f'(x) > f'(0) = 0, f(x)$ 单调递增，$x = 0$ 不是 $f(x)$ 的极大值点. 故 $a < 0$. 又

$$f'''(x) = \dfrac{2ax^2 + (6a - 1)x + 6a + 1}{(1 + x)^3}, \quad 且 \ f'''(0) = 6a + 1.$$

记 $g(x) = 2ax^2 + (6a - 1)x + 6a + 1$, 且函数 $g(x)$ 的对称轴 $x = \dfrac{1 - 6a}{4a} < -1$, 则

$g(x)$ 在区间 $(-1,+\infty)$ 上单调递减,且 $g(1)=14a<0, g(0)=6a+1$.

① 若 $g(0)>0$,即 $a>-\dfrac{1}{6}$,则由零点的存在性定理知,$\exists x_0\in(0,1)$,使 $g(x_0)=0$. 故当 $x\in(0,x_0)$ 时,$g(x)>0$,则 $f'''(x)>0$,故 $f''(x)$ 在区间 $(0,x_0)$ 上递增,因而 $f''(x)>f''(0)=0$,则 $f'(x)$ 在区间 $(0,x_0)$ 上递增,故 $f'(x)>f'(0)=0$,所以函数 $f(x)$ 在区间 $(0,x_0)$ 上递增. 因此,$x=0$ 不是 $f(x)$ 的极大值点.

② 若 $g(0)<0$,即 $a<-\dfrac{1}{6}$,则 $-1<\dfrac{1+6a}{1-6a}<0$,有 $g(x)<(6a-1)x+(6a+1)<0$,$\forall x\in\left(\dfrac{1+6a}{1-6a},0\right)$ 恒成立,故 $f'''(x)<0$,则 $f''(x)$ 在区间 $\left(\dfrac{1+6a}{1-6a},0\right)$ 上递减,因而 $f''(x)>f''(0)=0$,$f'(x)$ 在区间 $\left(\dfrac{1+6a}{1-6a},0\right)$ 上递增,从而 $f'(x)<f'(0)=0$,故函数 $f(x)$ 在区间 $\left(\dfrac{1+6a}{1-6a},0\right)$ 上递减. 因此 $x=0$ 不是 $f(x)$ 的极大值点.

③ 若 $g(0)=0$,即 $a=-\dfrac{1}{6}$,则当 $x\in(-1,0)$ 时,$f'''(x)=-\dfrac{x(x+6)}{3(x+1)^3}>0$,$f''(x)=\dfrac{x(2-3x)}{6(x+1)^2}-\dfrac{1}{3}\ln(1+x)$ 递增,故 $f''(x)<f''(0)=0$,因而 $f'(x)=\dfrac{3-x}{3}\ln(1+x)-\dfrac{x^2+6x}{6(1+x)}$ 递减,故 $f'(x)>f'(0)=0$,则 $f(x)$ 在区间 $(-1,0)$ 上递增;当 $x\in(0,+\infty)$ 时,则 $f'''(x)<0$,$f''(x)$ 递减,$f''(x)>0$,$f'(x)$ 递增,且 $f'(x)<0$,故 $f(x)$ 在区间 $(0,+\infty)$ 上递减. 因此 $x=0$ 是 $f(x)$ 的极大值点.

综上所述,$a=-\dfrac{1}{6}$.

解法二 若 $a\geqslant 0$,由 (1) 知,当 $x>0$ 时,$f(x)>(2+x)\ln(1+x)-2x>0=f(0)$,这与 $x=0$ 是 $f(x)$ 的极大值点矛盾,故 $a<0$,因此,由函数 $m(x)=ax^2+x+2$ 的图象开口向下,且 $m(0)>0$ 知,存在 $\delta\in(0,1)$,使得 $x\in(-\delta,\delta)$ 时,有 $2+x+ax^2>0$. 设函数 $h(x)=\dfrac{f(x)}{2+x+ax^2}$,则

$$h(0)=f(0)=0,\quad \text{且}\quad h'(x)=\dfrac{(2+x+ax^2)f'(x)-(1+2ax)f(x)}{(2+x+ax^2)^2},$$

故 $x=0$ 是 $f(x)$ 的极大值点,当且仅当 $x=0$ 是 $h(x)$ 的极大值点. 又

$$h'(x)=\dfrac{x^2(a^2x^2+4ax+6a+1)}{(1+x)(2+x+ax^2)^2},$$

记 $\varphi(x)=a^2x^2+4ax+6a+1$,则 $x=0$ 为函数 $\varphi(x)$ 的零点,即 $\varphi(0)=6a+1=0$,

则 $a = -\dfrac{1}{6}$.

此时, $\varphi(x) = \dfrac{1}{36}x(x-36)$, 则当 $x \in (-\delta, 0)$ 时, $h'(x) > 0$; $x \in (0, \delta)$ 时, $h'(x) < 0$, 即 $h(x)$ 在区间 $(-\delta, 0)$ 上单调递增, 在区间 $(0, \delta)$ 上单调递减, $x = 0$ 为 $h(x)$ 的极大值点.

所以, $a = -\dfrac{1}{6}$.

解法三 若 $x = 0$ 是 $f(x)$ 的极大值点, 注意到 $f'(0) = 0$, 则存在实数 $\delta > 0$, 使得当 $x \in (-\delta, 0)$ 时, $f'(x) \geqslant 0$; 当 $x \in (0, \delta)$ 时, $f'(x) \leqslant 0$.

因为, $\forall x \in (-\delta, 0) \cup (0, \delta)$, 都有 $x\ln(x+1) > 0$, 故 $2x\ln(x+1) + \dfrac{x^2}{x+1} > 0$. 又

$$f'(x) = \left[2x\ln(x+1) + \dfrac{x^2}{x+1}\right]a + \ln(x+1) - \dfrac{x}{x+1},$$

所以

(1) 当 $x \in (0, \delta)$ 时,

$$a \leqslant \dfrac{\dfrac{x}{x+1} - \ln(x+1)}{2x\ln(x+1) + \dfrac{x^2}{x+1}},$$

两边取极限, 由保序性及洛必达法则, 得

$$a \leqslant \lim_{x \to 0^+} \dfrac{\dfrac{x}{x+1} - \ln(x+1)}{2x\ln(x+1) + \dfrac{x^2}{x+1}} = \lim_{x \to 0^+} \dfrac{\left[\dfrac{x}{x+1} - \ln(x+1)\right]'}{\left[2x\ln(x+1) + \dfrac{x^2}{x+1}\right]'}$$

$$= \lim_{x \to 0^+} \dfrac{-x}{2(x+1)^2\ln(x+1) + 3x^2 + 4x}$$

$$= \lim_{x \to 0^+} \dfrac{-1}{4(x+1)\ln(x+1) + 2(x+1) + 6x + 4}$$

$$= -\dfrac{1}{6}.$$

(2) 当 $x \in (-\delta, 0)$ 时,

$$a \geqslant \dfrac{\dfrac{x}{x+1} - \ln(x+1)}{2x\ln(x+1) + \dfrac{x^2}{x+1}},$$

故 $a \geqslant \lim\limits_{x \to 0^-} \dfrac{\dfrac{x}{x+1} - \ln(x+1)}{2x\ln(x+1) + \dfrac{x^2}{x+1}} = -\dfrac{1}{6}$.

综合 (1)(2) 知,$a = -\dfrac{1}{6}$.

例 5-93 设函数 $f(x) = x^2 + ax + b$,$g(x) = e^x(xc + d)$. 若曲线 $y = f(x)$ 和曲线 $y = g(x)$ 都过点 $P(0,2)$,且在点 P 处有相同的切线 $y = 4x + 2$.

(1) 求 a,b,c,d 的值;

(2) 当 $x \geqslant -2$ 时,$f(x) \leqslant kg(x)$,求 k 的取值范围.

思路方法 第 (2) 问可以先分离出参数 k,转化为求函数的最值问题.

解析 (1) $a = 4, b = 2, c = 2, d = 2$,解析略.

(2) 由 (1) 知,$f(x) = x^2 + 4x + 2$,$g(x) = 2e^x(x+1)$. 由 $f(x) \leqslant kg(x)$,得 $x^2 + 4x + 2 \leqslant 2ke^x(x+1)$,设 $F(x) = \dfrac{x^2 + 4x + 2}{2e^x(x+1)^2}$ $(x \geqslant -2, x \neq -1)$,则 $F'(x) = -\dfrac{x(x+2)^2}{2e^x(x+1)^2}$.

① 当 $x = -1$ 时,对任意 $k \in \mathbf{R}$,$f(x) \leqslant kg(x)$ 均成立;

② 当 $-2 \leqslant x < -1$ 时,$f(x) \leqslant kg(x)$ 等价于 $k \leqslant F(x)$. 由 $F'(x) \geqslant 0$ 知,$F(x)$ 在 $[-2, 1)$ 上单调递增,所以 $F(x) \geqslant F(-2) = e^2$,从而 $k \leqslant e^2$.

③ 当 $x > -1$ 时,$f(x) \leqslant kg(x)$ 等价于 $k \geqslant F(x)$. 当 $x \in (-1, 0)$ 时,$F'(x) > 0$,则 $F(x)$ 在 $(-1, 0)$ 上单调递增;当 $x \in (0, +\infty)$ 时,$F'(x) < 0$,则 $F(x)$ 在 $(0, +\infty)$ 上单调递减. 所以 $F(x) \leqslant F(0) = 1$,从而 $k \geqslant 1$.

综上所述,k 的取值范围为 $[1, e^2]$.

例 5-94 已知函数 $f(x) = x - 1 - a\ln x$.

(1) 若 $f(x) \geqslant 0$,求 a 的值;

(2) 设 m 为整数,且对于任意正整数 n,$\left(1 + \dfrac{1}{2}\right)\left(1 + \dfrac{1}{2^2}\right)\cdots\left(1 + \dfrac{1}{2^n}\right) < m$,求 m 的最小值.

知识考查 导数在研究函数单调性中的应用、不等式放缩.

思路方法 第 (2) 问可根据 (1) 的结论,可得出结论 $\ln\left(1 + \dfrac{1}{2^2}\right) < \dfrac{1}{2^n}$,从而得

$$\ln\left(1 + \dfrac{1}{2}\right) + \ln\left(1 + \dfrac{1}{2^2}\right) + \cdots + \ln\left(1 + \dfrac{1}{2^n}\right) < \dfrac{1}{2} + \dfrac{1}{2^2} + \cdots + \dfrac{1}{2^n}.$$

通过放缩及对数的运算法则求得 m 的最小值.

解 (1) $a = 1$,解析略.

(2) 由 (1) 知, 当 $x \in (0, +\infty)$ 时, $x - 1 - \ln x > 0$, 即 $\ln x < x - 1$. 令 $x = 1 + \dfrac{1}{2^n}$, 得 $\ln\left(1 + \dfrac{1}{2^n}\right) < \dfrac{1}{2^n}$, 从而

$$\ln\left(1 + \frac{1}{2}\right) + \ln\left(1 + \frac{1}{2^2}\right) + \cdots + \ln\left(1 + \frac{1}{2^n}\right)$$
$$< \frac{1}{2} + \frac{1}{2^2} + \cdots + \frac{1}{2^n} = 1 - \frac{1}{2^n} < 1.$$

故 $\left(1 + \dfrac{1}{2}\right)\left(1 + \dfrac{1}{2^2}\right)\cdots\left(1 + \dfrac{1}{2^n}\right) < e$, 而 $\left(1 + \dfrac{1}{2}\right)\left(1 + \dfrac{1}{2^2}\right)\left(1 + \dfrac{1}{2^3}\right) > 2$, 所以 m 的最小值为 3.

例 5-95 已知函数 $f(x) = \dfrac{1}{x} - x + a\ln x$.

(1) 讨论 $f(x)$ 的单调性;

(2) 若 $f(x)$ 存在两个极值点 x_1, x_2, 证明: $\dfrac{f(x_1) - f(x_2)}{x_1 - x_2} < a - 2$.

(1) **解** 易知, 当 $a \leqslant 0$ 时, $f(x)$ 在 $(0, +\infty)$ 上是减函数; 当 $0 < a \leqslant 2$ 时, $f(x)$ 在 $(0, +\infty)$ 上是减函数; 当 $a > 2$ 时, 在 $\left(0, \dfrac{a - \sqrt{a^2 - 4}}{2}\right)$ 和 $\left(\dfrac{a + \sqrt{a^2 - 4}}{2}, +\infty\right)$ 上是减函数, 在 $\left(\dfrac{a - \sqrt{a^2 - 4}}{2}, \dfrac{a + \sqrt{a^2 - 4}}{2}\right)$ 上是增函数.

(2) **证法一** 由 (1) 知 $a > 2, 0 < x_1 < 1 < x_2, x_1 x_2 = 1$, 而

$$f(x_1) - f(x_2) = (x_2 - x_1)\left(1 + \frac{1}{x_1 x_2}\right) + a(\ln x_1 - \ln x_2)$$
$$= 2(x_2 - x_1) + a(\ln x_1 - \ln x_2),$$

则 $\dfrac{f(x_1) - f(x_2)}{x_1 - x_2} = -2 + \dfrac{a(\ln x_1 - \ln x_2)}{x_1 - x_2}$, 则问题转为证明 $\dfrac{\ln x_1 - \ln x_2}{x_1 - x_2} < 1$ 即可, 只需证明 $\ln x_1 - \ln x_2 > x_1 - x_2$, 只需证明 $\ln x_1 - \ln \dfrac{1}{x_1} > x_1 - \dfrac{1}{x_1}$, 只需证明 $\ln x_1 + \ln x_1 > x_1 - \dfrac{1}{x_1}$, 即证 $2\ln x_1 > x_1 - \dfrac{1}{x_1}$ 在 $(0, 1)$ 上恒成立即可. 构造函数 $h(x) = 2\ln x - x + \dfrac{1}{x}$ $(0 < x < 1)$, 其中 $h(1) = 0$, 则有

$$h'(x) = \frac{2}{x} - 1 - \frac{1}{x^2} = -\frac{x^2 - 2x + 1}{x^2} = -\frac{(x-1)^2}{x^2} < 0,$$

因此 $h(x)$ 在 $(0, 1)$ 上单调递减, 所以 $h(x) > h(1)$, 即 $2\ln x - x + \dfrac{1}{x} > 0$, 故 $2\ln x > x - \dfrac{1}{x}$, 即原不等式 $\dfrac{f(x_1) - f(x_2)}{x_1 - x_2} < a - 2$ 成立.

证法二 注意到 $f\left(\dfrac{1}{x}\right) = x - \dfrac{1}{x} - a\ln x = -f(x)$，即 $f(x) + f\left(\dfrac{1}{x}\right) = 0$，由韦达定理得 $x_1 x_2 = 1, x_1 + x_2 = a > 2$，得 $0 < x_1 < 1 < x_2, x_1 = \dfrac{1}{x_2}$，可得 $f(x_2) + f\left(\dfrac{1}{x_2}\right) = 0$，即 $f(x_1) + f(x_2) = 0$，要证明 $\dfrac{f(x_1) - f(x_2)}{x_1 - x_2} < a - 2$，只需证 $\dfrac{-f(x_2) - f(x_2)}{x_1 - x_2} < a - 2$，即证 $2a\ln x_2 - ax_2 + \dfrac{a}{x_2} < 0 \ (x_2 > 1)$ 即可. 构造函数 $h(x) = 2a\ln x - ax + \dfrac{a}{x}(x > 1)$，$h'(x) = \dfrac{-a(x-1)^2}{x^2} \leqslant 0$，因此 $h(x)$ 在 $(1, +\infty)$ 上单调递减，则有 $h(x) < h(1) = 0$，所以 $2a\ln x - ax + \dfrac{a}{x} < 0$ 成立，故 $2a\ln x_2 - ax_2 + \dfrac{a}{x_2} < 0(x_2 > 1)$ 成立，即原不等式 $\dfrac{f(x_1) - f(x_2)}{x_1 - x_2} < a - 2$ 成立.

例 5-96 已知函数 $f(x) = xe^{-x}(x \in \mathbf{R})$.

(1) 求函数 $f(x)$ 的单调区间和极值；

(2) 若存在实数 $x_1, x_2(x_1 < x_2)$，使得 $f(x_1) = f(x_2)$ 成立，证明: $x_1 + x_2 > 2$.

(1) **解** 容易知 $f(x)$ 在 $(-\infty, 1)$ 单调递增，在 $(1, +\infty)$ 上单调递减，$f(x)_{极大} = f(1) = \dfrac{1}{e}$.

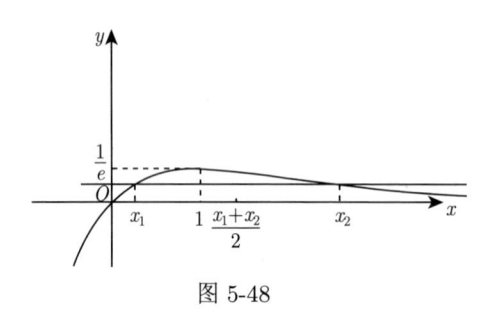

(2) **证法一** $f'(x) = (1-x)e^{-x}$，易得 $f(x)$ 在 $(-\infty, 1)$ 上单调递增，在 $(1, +\infty)$ 上单调递减，$x \to -\infty$ 时，$f(x) \to -\infty, f(0) = 0, x \to +\infty$ 时，$f(x) \to 0$，函数 $f(x)$ 在 $x = 1$ 处取得极大值 $f(1)$，且 $f(1) = \dfrac{1}{e}$，如图 5-48 所示.

图 5-48

由 $f(x_1) = f(x_2), x_1 \neq x_2$，不妨设 $x_1 < x_2$，则有 $0 < x_1 < 1 < x_2$，构造函数 $g(x) = f(1+x) - f(1-x), x \in (0, 1]$，则 $g'(x) = f'(1+x) - f'(1-x) = \dfrac{x}{e^{x+1}}(e^{2x} - 1) > 0$，因此 $g(x)$ 在 $x \in (0, 1]$ 上单调递增，$g(x) > g(0) = 0$，也即 $f(1+x) > f(1-x)$，对 $x \in (0, 1]$ 恒成立.

由 $0 < x_1 < 1 < x_2$，则 $1 - x_1 \in (0, 1]$，所以

$$f(1+(1-x_1)) = f(2-x_1) > f(1-(1-x_1)) = f(x_1) = f(x_2), \text{即 } f(2-x_1) > f(x_2),$$

又因为 $2 - x_1, x_2 \in (1, +\infty)$，且 $f(x)$ 在 $(1, +\infty)$ 上单调递减，所以 $2 - x_1 < x_2$，即原不等式 $x_1 + x_2 > 2$ 成立.

证法二 由 $f(x_1) = f(x_2)$，得 $x_1 e^{-x_1} = x_2 e^{-x_2}$，化简得 $e^{x_2 - x_1} = \dfrac{x_2}{x_1}$，两边

同时取以 e 为底的对数, 得 $x_2 - x_1 = \ln \dfrac{x_2}{x_1} = \ln x_2 - \ln x_1$, 即 $\dfrac{\ln x_2 - \ln x_1}{x_2 - x_1} = 1$, 从而

$$x_1 + x_2 = (x_1 + x_2) \cdot \dfrac{\ln x_2 - \ln x_1}{x_2 - x_1}$$
$$= \dfrac{x_1 + x_2}{x_2 - x_1} \cdot \ln \dfrac{x_2}{x_1} = \dfrac{\dfrac{x_2}{x_1} + 1}{\dfrac{x_2}{x_1} - 1} \ln \dfrac{x_2}{x_1}.$$

令 $t = \dfrac{x_2}{x_1}(t > 1)$, 所以要证明 $x_1 + x_2 > 2$, 只需证明 $\dfrac{t+1}{t-1} \ln t > 2$. 构造函数 $M(t) = \dfrac{(t+1)\ln t}{t-1} = \left(1 + \dfrac{2}{t-1}\right)\ln t (t > 1)$, 则有 $M'(t) = \dfrac{t^2 - 1 - 2t \ln t}{t(t-1)^2}$. 再构造函数 $\varphi(t) = t^2 - 1 - 2t \ln t (t > 1)$, 则 $\varphi'(t) = 2t - 2(\ln t + 1) = 2(t - 1 - \ln t)$. 由于 $t - 1 > \ln t$ 对 $\forall t \in (1, +\infty)$ 恒成立, 故 $\varphi'(t) > 0$, $\varphi(t)$ 在 $t \in (1, +\infty)$ 上单调递增, 所以 $\varphi(t) > \varphi(1) = 0$, 从而 $M'(t) > 0$, 故 $M(t)$ 在 $t \in (1, +\infty)$ 上单调递增, 由洛必达法则知

$$\lim_{x \to 1} M(t) = \lim_{x \to 1} \dfrac{(t+1)\ln t}{t-1} = \lim_{x \to 1} \dfrac{((t+1)\ln t)'}{(t-1)'}$$
$$= \lim_{x \to 1} \left(\ln t + \dfrac{t+1}{t}\right) = 2,$$

即有 $M(t) > 2$, 所以 $\dfrac{t+1}{t-1} \ln t > 2$ 成立, 即原不等式 $x_1 + x_2 > 2$ 成立.

2. 函数零点问题

在零点问题中常见的有两种题型, 一种是证明零点存在问题, 另一种是判断零点个数问题. 对于零点存在问题, 通常先判断函数的单调性再根据零点存在性定理来解决; 而在零点个数问题中通常都含有参数, 当参数对函数的单调性和最值的正负有影响时, 就需要通过对参数的取值进行分类讨论再根据零点存在性定理来解决, 在这类题型中还经常用到数形结合的思想来辅助解答.

例 5-97 已知函数 $f(x) = \sin x - \ln(1 + x)$, $f'(x)$ 为 $f(x)$ 的导数. 证明:
(1) $f'(x)$ 在区间 $\left(-1, \dfrac{\pi}{2}\right)$ 上存在唯一极大值点;
(2) $f(x)$ 有且仅有 2 个零点.

知识考查 函数的零点, 利用导数研究函数的极值和零点.

思路方法 (1) 设 $g(x) = f'(x)$, 对 $g(x)$ 求导可得 $g(x)$ 在 $(-1, a)$ 上单调递增, 在 $\left(a, \dfrac{\pi}{2}\right)$ 上单调递减, 得证.

(2) 对 x 进行讨论,当 $x\in(-1,0]$ 时,利用函数单调性确定此区间上有唯一零点;当 $x\in\left(0,\dfrac{\pi}{2}\right]$ 时,利用函数单调性,确定 $f(x)$ 先增后减且 $f(0)=0$, $f\left(\dfrac{\pi}{2}\right)>0$,所以此区间上没有零点;当 $x\in\left(\dfrac{\pi}{2},\pi\right)$ 时,利用函数单调性确定此区间上有唯一零点;当 $x\in(\pi,+\infty)$ 时,$f(x)<0$,所以此区间上没有零点.

证明 (1) 设 $g(x)=f'(x)$,则 $g(x)=\cos x-\dfrac{1}{1+x}$,$g'(x)=-\sin x+\dfrac{1}{(1+x)^2}$. 当 $x\in\left(-1,\dfrac{\pi}{2}\right)$ 时,$g'(x)$ 单调递减,而 $g'(0)>0$,$g'\left(\dfrac{\pi}{2}\right)<0$,可得 $g'(x)$ 在 $\left(-1,\dfrac{\pi}{2}\right)$ 上有唯一零点,设为 a. 则当 $x\in(-1,a)$ 时,$g'(x)>0$,则 $g(x)$ 在 $(-1,a)$ 上单调递增,当 $x\in\left(a,\dfrac{\pi}{2}\right)$ 时,$g'(x)<0$,则 $g(x)$ 在 $\left(a,\dfrac{\pi}{2}\right)$ 上单调递减,故 $g(x)$ 在 $\left(-1,\dfrac{\pi}{2}\right)$ 上有唯一极大值点,即 $f'(x)$ 在 $\left(-1,\dfrac{\pi}{2}\right)$ 上存在唯一极大值点.

(2) $f(x)$ 的定义域为 $(-1,+\infty)$.

① 当 $x\in(-1,0)$ 时,由 (1) 知,$f'(x)$ 在 $(-1,0)$ 上单调递增,而 $f'(0)=0$,所以当 $x\in(-1,0)$ 时,$f'(x)<0$,故 $f(x)$ 在 $(-1,0)$ 上单调递减. 又 $f(0)=0$,从而 $x=0$ 是 $f(x)$ 在 $(-1,0]$ 上的唯一零点.

② 当 $x\in\left(0,\dfrac{\pi}{2}\right]$ 时,由 (1) 知,$f'(x)$ 在 $(0,a)$ 上单调递增,在 $\left(a,\dfrac{\pi}{2}\right)$ 上单调递减,而 $f'(0)=0$,$f'\left(\dfrac{\pi}{2}\right)<0$,所以存在 $\beta\in\left(a,\dfrac{\pi}{2}\right)$,使得 $f'(\beta)=0$,且当 $x\in(0,\beta)$ 时,$f'(0)>0$;当 $x\in\left(\beta,\dfrac{\pi}{2}\right)$ 时,$f'(0)<0$. 故 $f(x)$ 在 $(0,\beta)$ 上单调递增,在 $\left(\beta,\dfrac{\pi}{2}\right)$ 上单调递减. 又 $f(0)=0$,$f\left(\dfrac{\pi}{2}\right)=1-\ln\left(1+\dfrac{\pi}{2}\right)>0$,所以当 $x\in\left(0,\dfrac{\pi}{2}\right]$ 时,$f(x)>0$. 从而,$f(x)$ 在 $\left(0,\dfrac{\pi}{2}\right]$ 上没有零点.

③ 当 $x\in\left(\dfrac{\pi}{2},\pi\right)$ 时,$f'(x)<0$,所以 $f(x)$ 在 $\left(\dfrac{\pi}{2},\pi\right)$ 上单调递减. 而 $f\left(\dfrac{\pi}{2}\right)>0$,$f(\pi)<0$,所以 $f(x)$ 在 $\left(\dfrac{\pi}{2},\pi\right)$ 上有唯一零点.

④ 当 $x\in(\pi,+\infty)$ 时,$\ln(x+1)>1$. 所以 $f(x)<0$,从而 $f(x)$ 在 $(\pi,+\infty)$ 上没有零点.

综上,$f(x)$ 有且仅有两个零点.

注 利用导数确定函数零点或方程根个数的方法. (1) 构建函数 $g(x)$ (要求 $g'(x)$,令 $g'(x)=0$ 可解),转化为确定 $g(x)$ 的零点个数问题,利用导数研究该函数的单调性、极值,并确定定义区间端点值的符号 (或变化趋势) 等,画出 $g(x)$ 的图象草图,数形结合求解. (2) 利用零点存在性定理:先用该定理判断函数在某区间上有零点,然后利用导数研究函数的单调性、极值 (最值) 及区间端点值符号,进而判断函数在该区间上零点的个数.

例 5-98 已知函数 $f(x) = \ln x + x \sin x$.

(I) 证明: $f'(x)$ 在区间 $\left(\dfrac{\pi}{2}, \pi\right)$ 上存在唯一的零点;

(II) 证明: 对任意的 $x \in (0, +\infty)$, 都有 $f(x) < 2x \ln x + x(1 + \sin x)$.

证明 (I) 设 $g(x) = f'(x) = \dfrac{1}{x} + \sin x + x \cos x$, 则 $g'(x) = -\dfrac{1}{x^2} + 2\cos x - x \sin x$. 因为 $x \in \left(\dfrac{\pi}{2}, \pi\right)$, 所以 $g'(x) < 0$, 故 $g(x)$ 在 $\left(\dfrac{\pi}{2}, \pi\right)$ 上单调递减. 又 $g\left(\dfrac{\pi}{2}\right) = \dfrac{2}{\pi} + 1 > 0$, $g(\pi) = \dfrac{1}{\pi} - \pi < 0$, 故由介值定理知, $g(x)$ 在区间 $\left(\dfrac{\pi}{2}, \pi\right)$ 上存在唯一的零点, 因此原命题成立.

(II) 要证明 $f(x) < 2x \ln x + x(1 + \sin x)$, 即证 $(2x - 1)\ln x + x > 0$. 当 $x = \dfrac{1}{2}$ 时, 不等式显然成立; 当 $x > \dfrac{1}{2}$ 时, 即证 $\ln x + \dfrac{x}{2x - 1} > 0$; 当 $0 < x < \dfrac{1}{2}$ 时, 即证 $\ln x + \dfrac{x}{2x - 1} < 0$.

令 $h(x) = \ln x + \dfrac{x}{2x - 1}$, 则 $h'(x) = \dfrac{(4x - 1)(x - 1)}{x(2x - 1)^2}$. 当 $x > \dfrac{1}{2}$ 时, 在 $\left(\dfrac{1}{2}, 1\right)$ 上, $h'(x) < 0$, $h(x)$ 单调递减; 在 $(1, +\infty)$ 上, $h'(x) > 0$, $h(x)$ 单调递增, 此时 $h(x)_{\min} = h(1) = 1 > 0$, 即 $\ln x + \dfrac{x}{2x - 1} > 0$. 当 $0 < x < \dfrac{1}{2}$ 时, 在 $\left(0, \dfrac{1}{4}\right)$ 上, $h'(x) > 0$, $h(x)$ 单调递增; 在 $\left(\dfrac{1}{4}, \dfrac{1}{2}\right)$ 上, $h'(x) < 0$, $h(x)$ 单调递减, 此时 $h(x)_{\max} = h\left(\dfrac{1}{4}\right) < 0$, 即 $\ln x + \dfrac{x}{2x - 1} < 0$.

综上所述, 对任意的 $x \in (0, +\infty)$, 都有 $f(x) < 2x \ln x + x(1 + \sin x)$.

例 5-99 已知函数 $f(x) = \sin x - x \cos x - \dfrac{1}{6}x^3$, $f'(x)$ 为 $f(x)$ 的导数.

(I) 证明: $f'(x)$ 在区间 $\left(0, \dfrac{\pi}{2}\right)$ 上不存在零点;

(II) 若 $f(x) > kx - x \cos x - \dfrac{1}{6}x^3 - 1$ 对 $x \in \left(0, \dfrac{\pi}{2}\right)$ 恒成立, 求实数 k 的取值范围.

(I) **证明** 由题意得, $f'(x) = x\left(\sin x - \dfrac{1}{2}x\right)$, 令 $g(x) = \sin x - \dfrac{x}{2}$, 则 $g'(x) = \cos x - \dfrac{1}{2}$. 令 $g'(x) = 0$, 因为 $x \in \left(0, \dfrac{\pi}{2}\right)$, 所以 $x = \dfrac{\pi}{3}$. 当 $x \in \left(0, \dfrac{\pi}{3}\right)$ 时, $g'(x) > 0$, $g(x)$ 单调递增; 当 $x \in \left(\dfrac{\pi}{3}, \dfrac{\pi}{2}\right)$ 时, $g'(x) < 0$, $g(x)$ 单调递减. 又 $g(0) = 0$, $g\left(\dfrac{\pi}{3}\right) = \dfrac{\sqrt{3}}{2} - \dfrac{\pi}{6} > 0$, $g\left(\dfrac{\pi}{2}\right) = 1 - \dfrac{\pi}{4} > 0$, 故 $g(x) > 0$ 在 $\left(0, \dfrac{\pi}{2}\right)$ 上

恒成立，即 $f'(x) > 0$ 在 $\left(0, \frac{\pi}{2}\right)$ 上恒成立，因此 $f'(x)$ 在区间 $\left(0, \frac{\pi}{2}\right)$ 上不存在零点.

(II) **解** 由 $f(x) > kx - x\cos x - \frac{1}{6}x^3 - 1$，得 $\sin x > kx - 1$. 因为 $x \in \left(0, \frac{\pi}{2}\right)$，所以 $k < \frac{\sin x + 1}{x}$. 令 $h(x) = \frac{\sin x + 1}{x}$，则 $h'(x) = \frac{x\cos x - \sin x - 1}{x^2}$. 令 $m(x) = x\cos x - \sin x - 1$，则 $m'(x) = -x\sin x < 0$ 恒成立，从而 $m(x)$ 在 $\left(0, \frac{\pi}{2}\right)$ 上单调递减，故 $m(x) < m(0) = -1 < 0$，即 $h'(x) < 0$ 在 $\left(0, \frac{\pi}{2}\right)$ 上恒成立，所以 $h(x)$ 在 $\left(0, \frac{\pi}{2}\right)$ 上单调递减，从而 $h(x) > h\left(\frac{\pi}{2}\right) = \frac{4}{\pi}$，于是 $k \leqslant \frac{4}{\pi}$，因此 k 的取值范围是 $\left(-\infty, \frac{4}{\pi}\right]$.

5.7.2 导数在不等式中的应用问题

导数是求解不等式问题的有力工具，利用导数解决不等式问题的方法：(1) 直接构造函数，利用导数研究函数的单调性，求出最值，进而得出相应的含参不等式，从而求出参数的取值范围；(2) 分离参数变量，再构造函数，进而将问题转化为函数的最值问题. 这两种思想在前面导数常用的思想中已经有了详细分析，无论是构造函数还是分离参数，都时刻渗透着转化的思想，最后都转化为求函数取值范围的问题.

例 5-100 若不等式 $e^x(2x^3 - 3x^2) - \ln x - ax > 1$ 恒成立，求实数 a 的取值范围.

解 $e^x(2x^3 - 3x^2) - \ln x - ax > 1$ 恒成立，分离参数得 $a < e^x(2x^2 - 3x) - \frac{\ln x + 1}{x}$. 令

$$f(x) = e^x(2x^2 - 3x) - \frac{\ln x + 1}{x},$$

则 $f'(x) = e^x(2x+3)(x-1) + \frac{\ln x}{x^2}$，显然 $f'(1) = 0$，且当 $x > 1$ 时，$f'(x) > 0$，$f(x)$ 递增；当 $0 < x < 1$ 时，$f'(x) < 0$，$f(x)$ 递减. 故 $a < f_{\min}(x) = f(1) = -e - 1$.

例 5-101 已知函数 $f(x) = axe^x - 1$，$g(x) = \ln x + kx$.

(1) 求 $g(x)$ 的单调区间；

(2) 若 $k = 1$，$f(x) \geqslant g(x)$ 恒成立，求实数 a 的取值范围.

解 (1) 略.

(2) 当 $k = 1$ 时，$f(x) \geqslant g(x)$ 恒成立，即 $axe^x - 1 \geqslant \ln x + x$ 恒成立，由于 $x > 0$，故 $a \geqslant \frac{\ln x + x + 1}{xe^x}$，令 $h(x) = \frac{\ln x + x + 1}{xe^x}$，则 $h'(x) = -\frac{(x+1)(\ln x + x)}{x^2 e^x}$，

令 $p(x) = \ln x + x$, 显然 $p(x)$ 递增, 又 $p(1) = 1 > 0, p\left(\dfrac{1}{e}\right) = \dfrac{1}{e} - 1 < 0$, 故 $\exists$ 唯一的 $x_0 \in \left(\dfrac{1}{e}, 1\right)$, 使 $p(x_0) = 0$ 且当 $x \in (0, x_0)$ 时, $p(x) < 0, h'(x) > 0$; 当 $x \in (x_0, +\infty)$ 时, $p(x) > 0, h'(x) < 0$. 故

$$h_{\max}(x) = h(x_0) = \dfrac{\ln x_0 + x_0 + 1}{x_0 e^{x_0}},$$

由于 $p(x_0) = \ln x_0 + x_0 = 0$, 即 $x_0 = e^{-x_0}$, 从而 $h_{\max}(x) = h(x_0) = \dfrac{\ln x_0 + x_0 + 1}{x_0 e^{x_0}}$ $= 1$, 所求实数 a 的取值范围为 $a \geqslant 1$.

函数 $h(x)$ 在 x_0 处取得最大值, 虽然 x_0 无法直接求出, 但是利用 $\ln x_0 + x_0 = 0$ 代换后可以求出 $h(x_0)$ 的具体值.

例 5-102 已知 $f(x) = x\ln x - a$, 设 $x_1, x_2(x_1 < x_2)$ 是函数 $f(x)$ 的零点, 求证: $ea + 1 < x_2 - x_1 < 2a + 1 + e^{-2}$ (e 是自然对数的底数).

分析 由于函数 $y = x\ln x$ 是下凸函数, 曲线的切线都在图象下方, 则可构造两割线、两切线分别证明左、右两边不等式.

证明 函数 $f(x)$ 的零点即方程 $x\ln x = a$ 的解, 令 $g(x) = x\ln x$. 于是

$$g'(x) = \ln x + 1, \quad g''(x) = \dfrac{1}{x} > 0,$$

则函数 $g(x)$ 为下凸函数, 函数 $y = g(x)$ 的图象与直线 $y = a$ 交于两点 (x_1, a)、(x_2, a)(如图 5-49(a)).

设曲线 $y = g(x)$ 在 $x = e^{-2}$ 和 $x = 1$ 处的切线分别为 $l_1 : y = -x - e^{-2}$ 和 $l_2 : y = x - 1$, 直线 $y = a$ 与直线 l_1, l_2 分别交于点 (x_1', a)、点 (x_2', a) (如图 5-49(b)), 则有 $x_1' < x_1 < x_2 < x_2'$.

由 $x_1' = -a - e^{-2}, x_2' = 1 + a$, 得

$$x_2 - x_1 < x_2' - x_1' = (a+1) - (-a - e^{-2}) = 2a + 1 + e^{-2}.$$

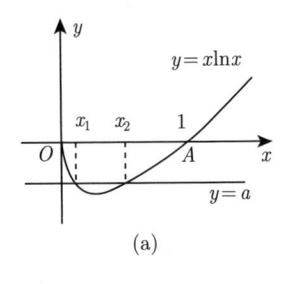

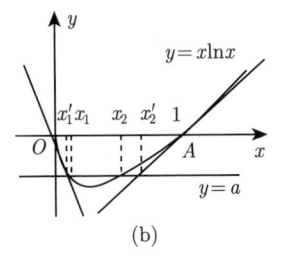

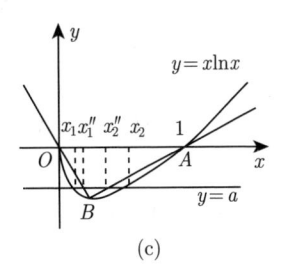

由 $g'(x) = 0$, 得 $x = \dfrac{1}{e}$, 设经过原点 O 和点 $B\left(\dfrac{1}{e}, -\dfrac{1}{e}\right)$ 的割线为 l_1': $y = -x$, 经过点 $A(1,0)$ 和点 $B\left(\dfrac{1}{e}, -\dfrac{1}{e}\right)$ 的割线为 l_2': $y = \dfrac{1}{e-1}(x-1)$, 直线 $y = a$ 与直线 l_1'、l_2' 分别交于点 (x_1'', a)、点 (x_2'', a) (如图 5-49(c)), 则有 $x_1 < x_1'' < x_2'' < x_2$.

又由 $x_1'' = -a, x_2'' = (e-1)a + 1$, 得

$$x_2 - x_1 > x_2'' - x_1'' = [(e-1)a + 1] - (-a) = ea + 1.$$

因此, 原不等式成立.

例 5-103 证明: 当 $x > 0$ 时, $e^x \ln x + \dfrac{2}{x} e^{x-1} > 1$.

证明 令 $f(x) = e^x \ln x + \dfrac{2}{x} e^{x-1}$, 从而所证 $f(x) > 1$ 等价于 $x \ln x > \dfrac{x}{e^x} - \dfrac{2}{e}$.

设函数 $g(x) = x \ln x$, 则 $g'(x) = 1 + \ln x$. 所以当 $x \in \left(0, \dfrac{1}{e}\right)$ 时, $g'(x) < 0$; 当 $x \in \left(\dfrac{1}{e}, +\infty\right)$ 时, $g'(x) > 0$. 故 $g(x)$ 在 $\left(0, \dfrac{1}{e}\right)$ 上单调递减, 在 $\left(\dfrac{1}{e}, +\infty\right)$ 上单调递增, 从而 $g(x)$ 在 $(0, +\infty)$ 上的最小值为 $g\left(\dfrac{1}{e}\right) = -\dfrac{1}{e}$. 设函数 $h(x) = \dfrac{x}{e^x} - \dfrac{2}{e}$, 则 $h'(x) = e^{-x}(1-x)$. 所以当 $x \in (0,1)$ 时, $h'(x) > 0$; 当 $x \in (1, +\infty)$ 时 $h'(x) < 0$. 故 $h(x)$ 在 $(0,1)$ 上单调递增, 在 $(1, +\infty)$ 上单调递减, 从而 $h(x)$ 在 $(0, +\infty)$ 上的最大值为 $h(1) = -\dfrac{1}{e}$.

综上, 当 $x > 0$ 时, $g(x) > h(x)$, 即 $f(x) > 1$.

注 通过变形后转化为求 $f(x) > g(x)$, 通过常数分离后转化为 $f_{\min}(x) > g_{\max}(x)$.

例 5-104 设函数 $f(x) = e^x - \ln(x+m)$, 当 $m \leqslant 2$ 时, 证明 $f(x) > 0$.

证明 函数 $y = e^x$ 在 $x = 1$ 处的切线方程为 $y = x + 1$, 从而有 $e^x \geqslant x + 1$, 等号当且仅当 $x = 0$ 时成立; 而函数 $y = \ln(x+m)$ 在 $x = 1 - m$ 处的切线方程为 $y = x + m - 1$, 函数 $y = \ln(x+m)$ 为凸函数, 从而 $\ln(x+m) \leqslant x + m - 1$, 等号当且仅当 $x = 1 - m$ 时成立; 因为 $m \leqslant 2$, 故 $\ln(x+m) \leqslant x + m - 1 \leqslant x + 1 \leqslant e^x$, 又等号不同时成立, 从而 $\ln(x+m) < e^x$.

例 5-105 设函数 $f(x) = ax^2 - a - \ln x$, 其中 $a \in \mathbf{R}$.

(1) 讨论 $f(x)$ 的单调性;

(2) 确定 a 的所有可能取值, 使得 $f(x) > \dfrac{1}{x} - e^{1-x}$ 在区间 $(1, +\infty)$ 内恒成立 ($e = 2.718\cdots$ 为自然对数的底数).

解 (1) 略.

(2) 原不等式等价于 $f(x) - \dfrac{1}{x} + e^{1-x} > 0$ 在 $x \in (1, +\infty)$ 上恒成立. 一方面, 令
$$g(x) = f(x) - \dfrac{1}{x} + e^{1-x} = ax^2 - \ln x - \dfrac{1}{x} + e^{1-x} - a.$$

注意到 $g(1) = 0$, 故 $g'(1) \geqslant 0$. $g'(x) = 2ax - \dfrac{1}{x} + \dfrac{1}{x^2} - e^{1-x}$, 可得 $a \geqslant \dfrac{1}{2}$.

另一方面, 当 $a \geqslant \dfrac{1}{2}$ 时,
$$g''(x) = 2a + \dfrac{1}{x^2} - \dfrac{2}{x^3} + e^{1-x} \geqslant 1 + \dfrac{1}{x^2} - \dfrac{2}{x^3} + e^{1-x}$$
$$= \dfrac{x^3 + x - 2}{x^3} + e^{1-x}.$$

因 $x \in (1, +\infty)$, 故 $x^3 + x - 2 > 0$, $e^{1-x} > 0$, 于是 $g''(x) > 0$. 故当 $a \geqslant \dfrac{1}{2}$ 时, $g'(x)$ 在 $x \in (1, +\infty)$ 上单调递增. 所以 $g'(x) > g'(1) = 2a - 1 \geqslant 0$, 故 $g(x)$ 在 $x \in (1, +\infty)$ 上单调递增. 从而有 $g(x) > g(1) = 0$, 即 $g(x)$ 在 $(1, +\infty)$ 上恒大于 0.

综上, $a \in \left[\dfrac{1}{2}, +\infty\right)$.

例 5-106 已知函数 $f(x) = 2\sin x - x\cos x - x$, $f'(x)$ 为 $f(x)$ 的导数.

(I) 证明: $f'(x)$ 在区间 $(0, \pi)$ 上存在唯一零点;

(II) 若 $x \in [0, \pi]$ 时, $f(x) \geqslant ax$, 求 a 的取值范围.

(I) **证明** 设 $g(x) = f'(x)$, 则 $g(x) = \cos x + x\sin x - 1$, 从而 $g'(x) = x\cos x$. 容易知道当 $x \in \left(0, \dfrac{\pi}{2}\right)$ 时, $g'(x) > 0$; 当 $x \in \left(\dfrac{\pi}{2}, \pi\right)$ 时, $g'(x) < 0$, 所以 $g(x)$ 在 $\left(0, \dfrac{\pi}{2}\right)$ 上单调递增, 在 $\left(\dfrac{\pi}{2}, \pi\right)$ 上单调递减. 又 $g(0) = 0$, $g\left(\dfrac{\pi}{2}\right) > 0$, $g(\pi) = -2$, 故 $g(x)$ 在 $(0, \pi)$ 上存在唯一零点, 所以 $f'(x)$ 在 $(0, \pi)$ 上存在唯一零点.

(II) **解** 由 (I) 知, $f'(x)$ 在 $(0, \pi)$ 上只有一个零点, 设为 x_0, 且当 $x \in (0, x_0)$ 时, $f'(x) > 0$; 当 $x \in (x_0, \pi)$ 时, $f'(x) < 0$, 所以 $f(x)$ 在 $(0, x_0)$ 上单调递增, 在 (x_0, π) 上单调递减. 又 $f(0) = 0$, $f(\pi) = 0$, 故当 $x \in [0, \pi]$ 时, $f(x) \geqslant 0$. 又当 $x \in [0, \pi]$ 时, $ax \leqslant 0$, 故 $f(x) \geqslant ax$. 因此, a 的取值范围是 $(-\infty, 0]$.

例 5-107 已知函数 $f(x) = \dfrac{\ln(x+1)}{x}$.

(1) 求函数 $f(x)$ 的单调区间;

(2) 当 $x > 0$, 证明不等式: $(e^x - 1)\ln(x+1) > x^2$.

(1) **解** 函数 $f(x)$ 的定义域为 $(-1,0) \cup (0,+\infty)$. 所以

$$f'(x) = \frac{\dfrac{x}{x+1} - \ln(x+1)}{x^2}.$$

令 $g(x) = \dfrac{x}{x+1} - \ln(x+1)$, 则 $g'(x) = -\dfrac{x}{(x+1)^2}$. 当 $x \in (-1,0)$ 时, $g'(x) > 0$, 函数 $g(x)$ 单调递增; 当 $x \in (0,+\infty)$ 时, $g'(x) < 0$, 函数 $g(x)$ 单调递减, 所以当 $x \in (-1,0) \cup (0,+\infty)$ 时, $g(x) < g(0) = 0$, 即 $f'(x) < 0$, 所以函数 $f(x)$ 单调递减区间为 $(-1,0),(0,+\infty)$.

(2) **证明** 当 $x > 0$ 时, 要证明 $(e^x - 1)\ln(x+1) > x^2$, 只需证明

$$\frac{\ln(x+1)}{x} > \frac{x}{e^x - 1} = \frac{\ln[(e^x-1)+1]}{e^x - 1}, \quad 即 f(x) > f(e^x - 1).$$

因为当 $x > 0$ 时, $e^x > x + 1$, 即 $x < e^x - 1$, 由 (1) 知 $f(x) = \dfrac{\ln(x+1)}{x}$ 在 $(0,+\infty)$ 上单调递减, 所以 $f(x) > f(e^x - 1)$, 所以不等式 $(e^x - 1)\ln(x+1) > x^2$ 成立.

注 第 (2) 问通过构造函数 $h(x) = (e^x - 1)\ln(x+1) - x^2$, 对 $h(x)$ 进行求导, 由于 $h'(x)$ 的结构复杂, 难以判断它的零点和相应区间符号, 因此对要证明的不等式进行代数变形, 构造出不等式两边具有相同结构的代数式, 转化为证明 $f(x) > f(e^x - 1)$, 最后利用第 (1) 问中函数 $f(x)$ 的单调性以及指数函数 $y = e^x$ 的切线放缩 $(e^x \geqslant x + 1)$ 来证明不等式.

例 5-108 设函数 $f(x) = ae^x \ln x + \dfrac{be^{x-1}}{x}$, 曲线 $y = f(x)$ 在点 $(1, f(1))$ 处的切线为 $y = e(x-1) + 2$.

(1) 求 a, b;

(2) 证明: $f(x) > 1$.

(1) **解** $a = 1, b = 2$. (过程略)

(2) **证明** 由 (1) 知, $f(x) = e^x \ln x + \dfrac{2e^{x-1}}{x}$, 所以 $f(x) > 1$ 等价于 $\ln x + \dfrac{1}{ex} > \dfrac{1}{e^x} - \dfrac{1}{ex}$. 因为 $e^x \geqslant ex$, 即 $\dfrac{1}{ex} \geqslant \dfrac{1}{e^x}$, 所以

$$\frac{1}{e^x} - \frac{1}{ex} \leqslant 0, \qquad ①$$

当且仅当 $x = 1$ 时取等号. 令 $g(x) = \ln x + \dfrac{1}{ex}$, 则 $g'(x) = \dfrac{1}{x} - \dfrac{1}{ex^2} = \dfrac{ex - 1}{ex^2}$, 当 $x \in \left(0, \dfrac{1}{e}\right)$ 时, $g'(x) < 0$, $g(x)$ 单调递减; 当 $x \in \left(\dfrac{1}{e}, +\infty\right)$ 时, $g'(x) > 0$, $g(x)$

单调递增, 所以 $g(x) \geqslant g\left(\dfrac{1}{e}\right) = 0$, 所以

$$\ln x + \dfrac{1}{ex} \geqslant 0, \qquad ②$$

当且仅当 $x = \dfrac{1}{e}$ 时取等号. 由于①②不能同时取等号, 所以 $\ln x + \dfrac{2}{ex} > \dfrac{1}{e^x} - \dfrac{1}{ex}$, 所以 $f(x) > 1$.

注 先将要证明不等式进行代数变形, 利用指数函数 $y = e^x$ 在 $x = 1$ 处的切线 $y = ex$ 放缩 ($e^x \geqslant ex$) 来证明不等式右边非正, 然后证明不等式左边函数非负, 由于等号不能同时取到, 故不等式得证. 一般地, 指数函数 $y = e^x$ 常常可以利用其在 $x = x_0$ 处的切线 $y = e^{x_0}x + (1-x_0)e^{x_0}$ 放缩得到不等式 $e^x \geqslant e^{x_0}x + (1-x_0)e^{x_0}$.

例 5-109 已知函数 $f(x) = e^x - a(x+2)$.

(1) 当 $a = 1$ 时, 讨论 $f(x)$ 的单调性;

(2) 若 $f(x)$ 有两个零点, 求 a 的取值范围.

解析 (1) 给出 $a = 1$, 通过求导, 研究导数与 0 的关系, 即可得出答案. 考查基础知识和能力, 是起点较低的一问, 具体解答如下:

当 $a = 1$ 时, $f(x) = e^x - (x+2)$, $f'(x) = e^x - 1$, 令 $f'(x) = 0$, 得 $x = 0$.

当 $x < 0$ 时, $f'(x) < 0$, $f(x)$ 在 $(-\infty, 0)$ 上单调递减; 当 $x > 0$ 时, $f'(x) > 0$, $f(x)$ 在 $(0, +\infty)$ 上单调递增.

(2) 结合参数 a, 讨论零点个数, 从参数与变量的关系可从 "不分参"、"局部分参" 及 "完全分参" 三种思路进行解析, 具体分析如下.

第一类方法 "不分参": 带参讨论函数最值与零的关系.

$f'(x) = e^x - a$.

当 $a \leqslant 0$ 时, $f'(x) > 0$, 所以 $f(x)$ 在 $(-\infty, +\infty)$ 上单调递增, 故 $f(x)$ 至多存在 1 个零点, 不合题意.

当 $a > 0$ 时, 令 $f'(x) = 0$ 可得 $x = \ln a$, 当 $x \in (-\infty, \ln a)$ 时, $f'(x) < 0$, 当 $x \in (\ln a, +\infty)$ 时, $f'(x) > 0$, 所以 $f(x)$ 在 $(-\infty, \ln a)$ 上单调递减, 在 $(\ln a, +\infty)$ 上单调递增, 故当 $x = \ln a$ 时, $f(x)$ 取得最小值, 最小值为 $f(\ln a) = -a(1 + \ln a)$.

(i) 若 $0 < a \leqslant \dfrac{1}{e}$, 则 $f(\ln a) \geqslant 0$, $f(x)$ 在 $(-\infty, +\infty)$ 上至多存在 1 个零点, 不合题意.

(ii) 若 $a > \dfrac{1}{e}$, 则 $f(\ln a) < 0$, 由于 $f(-2) = e^{-2} > 0$, 所以 $f(x)$ 在 $(-\infty, \ln a)$ 上存在唯一零点. $f(2a) = e^{2a} - a(2a+2) = e^{2a} - 2a(a+1)$, 下证 $e^x \geqslant x + 1$.

构造函数 $g(x) = e^x - (x+1)$, $g'(x) = e^x - 1$, $x \in (-\infty, 0)$, $g'(x) < 0$, $x \in (0, +\infty)$, $g'(x) > 0$, $g(x)$ 在 $(-\infty, 0)$ 上单调递减, 在 $(0, +\infty)$ 上单调递增, 故

$g(x)_{\min} = g(0) = 0$, 所以 $e^x \geqslant x+1$, 所以 $e^a \geqslant a+1 > 0$, $e^{a-1} \geqslant a > 0$, 则 $e^{2a} = e \cdot e^{a-1} \cdot e^a \geqslant e \cdot a \cdot (a+1) > 2a(a+1)$, 即 $f(2a) > 0$, 且 $2a > \ln a$, 故 $f(x)$ 在 $(\ln a, +\infty)$ 上存在唯一零点, 从而 $f(x)$ 在 $(-\infty, +\infty)$ 上有两个零点.

综上, a 的取值范围是 $\left(\dfrac{1}{e}, +\infty\right)$.

第二类方法 "局部分参": 讨论指数函数图象与一次函数直线交点个数.

$f(x) = 0$, 即 $e^x = a(x+2)$. $y = f(x)$ 的零点个数即为 $y = e^x$ 与 $y = a(x+2)$ 交点的个数. $y = a(x+2)$ 恒过点 $(-2, 0)$.

下求 $y = e^x$ 过点 $(-2, 0)$ 的切线斜率. 设切点为 (x_0, y_0), 则切线的斜率 $k = \dfrac{e^{x_0} - 0}{x_0 + 2}$, 因为 $(e^x)' = e^x$, 所以切线的斜率 $k = e^{x_0}$, 即有 $e^{x_0} = \dfrac{e^{x_0} - 0}{x_0 + 2}$, 解得 $x_0 = -1$, 故 $k = e^{-1}$.

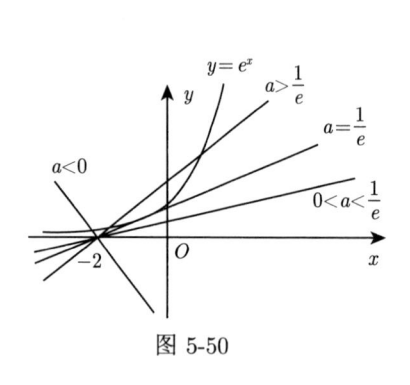

当 $a \in \left[0, \dfrac{1}{e}\right)$ 时, $f(x)$ 在 $(-\infty, +\infty)$ 上无零点; 当 $a = \dfrac{1}{e}$ 或 $a \in (-\infty, 0)$ 时, $f(x)$ 在 $(-\infty, +\infty)$ 上有一个零点; 当 $a \in \left(\dfrac{1}{e}, +\infty\right)$ 时, 由于 $y = e^x$ 为下凹递增函数, $y = a(x+2)$ 为直线, 以相切为参照, 当直线斜率 $a > \dfrac{1}{e}$ 时, 两图象有两个交点, 即 $f(x)$ 在 $(-\infty, +\infty)$ 上有两个零点.

图 5-50

综上, a 的取值范围是 $\left(\dfrac{1}{e}, +\infty\right)$ (图 5-50).

第三类方法 "完全分参": 研究不含参数的新函数图象.

$f(-2) = e^{-2} \neq 0$. 在 $x \neq -2$ 的前提下, $f(x) = 0$, 即 $a = \dfrac{e^x}{x+2}$. $y = f(x)$ 的零点个数即为 $y = a$ 与 $g(x) = \dfrac{e^x}{x+2}$ ($x \neq -2$) 交点的个数.

$g'(x) = \dfrac{e^x(x+1)}{(x+2)^2}$ ($x \neq -2$). 当 $x < -2$ 时, $g'(x) < 0$, $y = g(x)$ 在 $(-\infty, -2)$ 上递减, 且 $g(x) = \dfrac{e^x}{x+2} < 0$; 当 $-2 < x \leqslant -1$ 时, $g'(x) \leqslant 0$, $y = g(x)$ 在 $(-2, -1]$ 上递减, 且 $\lim\limits_{x \to -2} g(x) = \lim\limits_{x \to -2} \dfrac{e^x}{x+2} = \infty$, $g(-1) = \dfrac{1}{e}$; 当 $x > -1$ 时, $g'(x) > 0$, $y = g(x)$ 在 $(-1, +\infty)$ 上递增, 且由洛必达法则,

$$\lim_{x \to +\infty} g(x) = \lim_{x \to +\infty} \dfrac{(e^x)'}{(x+2)'} = \lim_{x \to +\infty} \dfrac{e^x}{1} = +\infty.$$

5.7 导数的应用

综上可得 $g(x) = \dfrac{e^x}{x+2}(x \neq -2)$ 的示意图, 由图 5-51 可知, 当 $a \in \left(\dfrac{1}{e}, +\infty\right)$ 时, $f(x)$ 在 $(-\infty, +\infty)$ 上有两个零点.

例 5-110 已知函数 $f(x) = e^x + ax^2 - x$.
(1) 当 $a = 1$ 时, 讨论函数 $f(x)$ 的单调性;
(2) 当 $x \geqslant 0$ 时, $f(x) \geqslant \dfrac{1}{2}x^3 + 1$ 恒成立, 求 a 的取值范围.

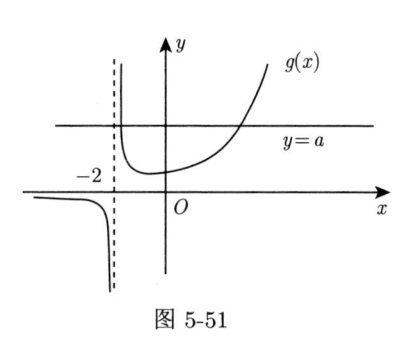

图 5-51

解析 (1) 给出 $a = 1$, 通过求导, 研究导数与 0 的关系, 即可得出答案, 考查基础知识和能力, 是起点较低的一问. 具体解答如下:

$a = 1$ 时, $f(x) = e^x + x^2 - x$, $f'(x) = e^x + 2x - 1$. 当 $x \in (-\infty, 0)$ 时, $f'(x) < 0$; 当 $x \in (0, +\infty)$ 时, $f'(x) > 0$. 所以 $f(x)$ 在 $(-\infty, 0)$ 上单调递减, 在 $(0, +\infty)$ 上单调递增.

(2) 含参不等式恒成立, 求参数 a 范围的问题, 可转化为研究或讨论函数的最值问题. 如何分析函数的最值呢? 以参数与变量的关系, 可从 "不分参"、"局部分参" 及 "完全分参" 三种思路进行思考, 具体分析如下:

第一类方法 "不分参": 带参分类讨论函数的最值.

$f(x) \geqslant \dfrac{1}{2}x^3 + 1$ 等价于 $\left(\dfrac{1}{2}x^3 - ax^2 + x + 1\right)e^{-x} \leqslant 1$. 设函数

$$g(x) = \left(\dfrac{1}{2}x^3 - ax^2 + x + 1\right)e^{-x} \quad (x \geqslant 0),$$

则

$$g'(x) = -\left(\dfrac{1}{2}x^3 - ax^2 + x + 1 - \dfrac{3}{2}x^2 + 2ax - 1\right)e^{-x}$$
$$= -\dfrac{1}{2}x\left[x^2 - (2a+3)x + 4a + 2\right]e^{-x}$$
$$= -\dfrac{1}{2}x(x - 2a - 1)(x - 2)e^{-x}.$$

(i) 若 $2a + 1 \leqslant 0$, 即 $a \leqslant -\dfrac{1}{2}$, 则当 $x \in (0, 2)$ 时, $g'(x) > 0$. 所以 $g(x)$ 在 $(0, 2)$ 上单调递增, 而 $g(0) = 1$. 故当 $x \in (0, 2)$ 时, $g(x) > 1$, 不合题意.

(ii) 若 $0 < 2a + 1 < 2$, 即 $-\dfrac{1}{2} < a < \dfrac{1}{2}$, 则当 $x \in (0, 2a+1) \cup (2, +\infty)$ 时, $g'(x) < 0$; 当 $x \in (2a+1, 2)$ 时, $g'(x) > 0$. 所以 $g(x)$ 在 $(0, 2a+1), (2, +\infty)$ 上单调递减, 在 $(2a+1, 2)$ 上单调递增.

由于 $g(0) = 1$, 所以 $g(x) \leqslant 1$, 当且仅当 $g(2) = (7 - 4a)e^{-2} \leqslant 1$, 即 $a \geqslant$

$\dfrac{7-e^2}{4}$, 所以当 $\dfrac{7-e^2}{4} \leqslant a < \dfrac{1}{2}$ 时, $g(x) \leqslant 1$.

(iii) 若 $2a+1 \geqslant 2$, 即 $a \geqslant \dfrac{1}{2}$, 此时 $x \in (0,2) \cup (2a+1, +\infty)$, $g'(x) < 0$, 函数 $g(x)$ 在 $(0,2), (2a+1, +\infty)$ 上单调递减; $x \in (2, 2a+1)$, $g'(x) > 0$, $g(x)$ 在 $(2, 2a+1)$ 上单调递增.

注意到 $g(0) = 1, g(2a+1) = \left(2a^2 + 4a + \dfrac{5}{2}\right) e^{-(2a+1)}$. 下面证明 $x \geqslant \dfrac{1}{2}$ 时, $h(x) = \left(2x^2 + 4x + \dfrac{5}{2}\right) e^{-(2x+1)} \leqslant 1$. $h'(x) = -(4x^2 + 4x + 1) e^{-(2x+1)} < 0$, 因而 $h(x)$ 在 $\left(\dfrac{1}{2}, +\infty\right)$ 上单调递减, 又 $h\left(\dfrac{1}{2}\right) = \dfrac{5}{e^2} < 1$, 从而 $a \geqslant \dfrac{1}{2}$ 时, $g(2a+1) \leqslant 1$.

综上, a 的取值范围为 $\left[\dfrac{7-e^2}{4}, +\infty\right)$.

第二类方法 "局部分参": 讨论新函数图象与一次函数直线交点个数.

对任意的 $x \geqslant 0, f(x) \geqslant \dfrac{1}{2}x^3 + 1$ 等价于 $ax \geqslant \dfrac{1}{2}x^2 + 1 + \dfrac{1}{x} - \dfrac{e^x}{x}$. 令

$$g(x) = \dfrac{1}{2}x^2 + 1 + \dfrac{1}{x} - \dfrac{e^x}{x} \quad (x > 0),$$

则

$$\begin{aligned} g'(x) &= x - \dfrac{1}{x^2} - \dfrac{(x-1)e^x}{x^2} = \dfrac{x^3 - 1 - (x-1)e^x}{x^2} \\ &= \dfrac{(x-1)}{x^2}\left(x^2 + x + 1 - e^x\right). \end{aligned}$$

令 $\varphi(x) = x^2 + x + 1 - e^x$, 则 $\varphi'(x) = 2x + 1 - e^x$, $\varphi''(x) = 2 - e^x$. 当 $x \in (0, \ln 2)$ 时, $\varphi''(x) > 0$, $\varphi'(x)$ 在 $(0, \ln 2)$ 上单调递增; 当 $x \in (\ln 2, +\infty)$ 时, $\varphi''(x) < 0$, $\varphi'(x)$ 在 $(\ln 2, +\infty)$ 上单调递减.

因为 $\varphi'(0) = 0$, $x \to +\infty, \varphi'(x) \to -\infty$, $\varphi'(x)$ 的简图如图 5-52 所示, 存在 $t_0 \in (1,2)$ 使得 $\varphi'(t_0) = 0$, 当 $x \in (0, t_0)$ 时, $\varphi'(x) > 0$, 所以 $\varphi(x)$ 在 $(0, t_0)$ 上递增; 当 $x \in (t_0, +\infty)$ 时, $\varphi'(x) < 0$, 所以 $\varphi(x)$ 在 $(t_0, +\infty)$ 上递减.

又因为 $\varphi(0) = 0, x \to +\infty, \varphi(x) \to -\infty$, 因为 $\varphi(1) = 3 - e > 0, \varphi(2) = 7 - e^2 < 0$, $\varphi(x)$ 的简图如图 5-53 所示, 存在 $x_0 \in (1,2)$, 使得 $\varphi(x_0) = 0$. 令 $g'(x) = 0$, 得 $x = 1$, 或 $x = x_0$, 所以当 $x \in (0,1)$ 时, $g'(x) < 0$, 函数 $g(x)$ 在 $(0,1)$ 上单调递减; 当 $x \in (1, x_0)$ 时, $g'(x) > 0$, 函数 $g(x)$ 在 $(1, x_0)$ 上单调递增; 当 $x \in (x_0, +\infty)$ 时, $g'(x) < 0$, 函数 $g(x)$ 在 $(x_0, +\infty)$ 上单调递减.

由洛必达法则求得 $\lim\limits_{x \to 0} g(x) = 0$ 又因为 $x_0^2 + x_0 + 1 - e^{x_0} = 0$. $g(x)$ 的简图如图 5-54 所示,

$$g(x_0) = \frac{1}{2}x_0^2 + 1 + \frac{1}{x_0} - \frac{x_0^2 + x_0 + 1}{x_0} = \frac{1}{2}x_0^2 - x_0.$$

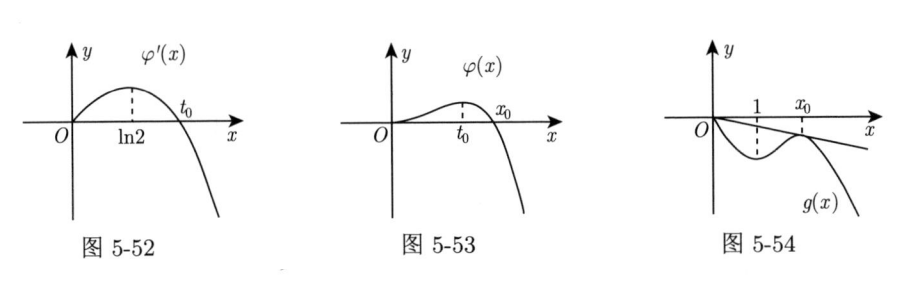

图 5-52　　　　　　　　图 5-53　　　　　　　　图 5-54

因为 $x_0 \in (1,2)$, $g(x_0) < 0$, 设直线 $y = bx$ 与函数 $y = g(x)$ 相切, 切点为 $(x_1, g(x_1))$, 则切线方程为

$$y - \left(\frac{1}{2}x_1^2 + 1 + \frac{1}{x_1} - \frac{e^{x_1}}{x_1}\right) = \frac{(x_1-1)(x_1^2 + x_1 + 1 - e^{x_1})}{x_1^2}(x - x_1).$$

因为切线过原点, 所以

$$-\frac{1}{2}x_1^2 - 1 - \frac{1}{x_1} + \frac{e^{x_1}}{x_1} = \left(\frac{1}{x_1} - 1\right)(x_1^2 + x_1 + 1 - e^{x_1}),$$

即

$$\frac{x_1 - 2}{x_1}e^{x_1} - \frac{1}{2}x_1^2 + \frac{2}{x_1} + 1 = 0,$$

即

$$\frac{x_1 - 2}{x_1}e^{x_1} - \frac{\frac{1}{2}(x_1 - 2)(x_1^2 + 2x_1 + 2)}{x_1} = 0,$$

即

$$(x_1 - 2)\left(e^{x_1} - \frac{1}{2}x_1^2 - x_1 - 1\right) = 0.$$

构造函数易证 $e^{x_1} - \frac{1}{2}x_1^2 - x_1 - 1 > 0$. 所以 $x_1 = 2$, 此时 $b = \dfrac{7 - e^2}{4}$, 所以 $a \geqslant \dfrac{7 - e^2}{4}$.

第三类方法 "完全分参": 研究不含参数的新函数形态.

$\forall x \geqslant 0, f(x) \geqslant \frac{1}{2}x^3 + 1$ 等价于 $ax^2 \geqslant \frac{1}{2}x^3 + x + 1 - e^x$. 当 $x = 0$ 时, 不等式对任意的 a 都成立, 当 $x > 0$ 时,

$$a \geqslant \frac{\frac{1}{2}x^3 + x + 1 - e^x}{x^2} = \frac{1}{2}x + \frac{1}{x} + \frac{1}{x^2} - \frac{e^x}{x^2}.$$

令 $g(x) = \dfrac{1}{2}x + \dfrac{1}{x} + \dfrac{1}{x^2} - \dfrac{e^x}{x^2}$, $x > 0$. 则

$$g'(x) = \dfrac{1}{2} - \dfrac{1}{x^2} - \dfrac{2}{x^3} - \dfrac{e^x(x-2)}{x^3},$$

$$g''(x) = \dfrac{6}{x^4} + \dfrac{2}{x^3} - \dfrac{e^x(x^2 - 4x + 6)}{x^4} = \dfrac{1}{x^4}\left[6 + 2x - e^x(x^2 - 4x + 6)\right].$$

令 $\varphi(x) = 6 + 2x - e^x(x^2 - 4x + 6)$, $x > 0$, 则 $\varphi'(x) = 2 - e^x(x^2 - 2x + 2)$, $\varphi'(0) = 0$, $\varphi''(x) = -x^2 e^x \leqslant 0$, $\varphi'(x)$ 在 $(0, +\infty)$ 上递减, 于是 $\varphi'(x) \leqslant \varphi'(0) = 0$, 所以 $\varphi(x)$ 在 $(0, +\infty)$ 上递减, 所以 $\varphi(x) \leqslant \varphi(0) = 0$, 于是 $g''(x) < 0$, $g'(x)$ 在 $(0, +\infty)$ 上单调递减. 而 $g'(2) = \dfrac{1}{2} - \dfrac{2}{8} - \dfrac{1}{4} = 0$, $x \in (0, 2)$ 时, $g'(x) > 0$, $g(x)$ 递增; $x \in (2, +\infty)$ 时, $g'(x) < 0$, $g(x)$ 递减. 所以 $g(x)_{\max} = g(2) = \dfrac{7 - e^2}{4}$, 故 $a \geqslant \dfrac{7 - e^2}{4}$.

例 5-111 已知函数 $f(x) = ae^{x-1} - \ln x + \ln a$.

(1) 当 $a = e$ 时, 求曲线 $y = f(x)$ 在点 $(1, f(1))$ 处的切线与两坐标轴围成的三角形的面积;

(2) 若 $f(x) \geqslant 1$, 求 a 的取值范围.

本题主要考查导数几何意义、利用导数研究不等式恒成立问题, 考查综合分析求解能力, 分类讨论思想和等价转化思想.

解析 (1) 三角形面积为 $\dfrac{2}{e-1}$ (过程略).

(2) **思路一** 直接分类讨论.

当 $0 < a < 1$ 时, $f(1) = a + \ln a < 1$.

当 $a = 1$ 时, $f(x) = e^{x-1} - \ln x$, $f'(x) = e^{x-1} - \dfrac{1}{x}$. 当 $x \in (0, 1)$ 时, $f'(x) < 0$; 当 $x \in (1, +\infty)$ 时, $f'(x) > 0$, 所以当 $x = 1$ 时, $f(x)$ 取得最小值, 最小值为 $f(1) = 1$, 从而 $f(x) \geqslant 1$.

当 $a > 1$ 时, $f(x) = ae^{x-1} - \ln x + \ln a \geqslant e^{x-1} - \ln x \geqslant 1$.

综上, a 的取值范围是 $[1, +\infty)$.

评注 此种解法简洁, 但考生不易想到分类的依据, 并且当 $a > 1$ 时的放缩也对考生提出了较高的要求.

思路二 必要性探路 + 隐零点.

依题意, 对任意 $x \in (0, +\infty)$, $ae^{x-1} - \ln x + \ln a \geqslant 1$, 则 $f(1) \geqslant 1$, 即 $a + \ln a \geqslant 1$, 令 $g(a) = a + \ln a$, 则 $g(a)$ 单调递增, $g(1) = 1$, 故上述不等式等价于 $g(a) \geqslant g(1)$, 所以 $a \geqslant 1$.

$f'(x) = ae^{x-1} - \dfrac{1}{x}$, $f'(x)$ 在 $(0, +\infty)$ 上单调递增, 又因为 $f'(1) = a - 1 \geqslant 0$, 取 $b = \min\left\{\dfrac{2}{a}, 1 - \ln 2\right\}$, 则 $f'(b) < 0$, 根据零点存在性定理, 存在唯一的零点 $x_0 \in (b, 1]$, 使得 $f'(x_0) = 0$, 即 $ae^{x_0-1} = \dfrac{1}{x_0}$, 故当 $x \in (b, x_0)$, $f'(x) < 0$, $f(x)$ 单调递减; 当 $x \in (x_0, +\infty)$, $f'(x) > 0$, $f(x)$ 单调递增.

$$f(x)_{\min} = f(x_0) = ae^{x_0-1} - \ln x_0 + \ln a = \dfrac{1}{x_0} - \ln x_0 + \ln a.$$

只需保证 $f(x_0)$ 大于等于 1 即可, 显然 $f(x_0)$ 在 $x_0 \in (b, 1]$ 上单调递减, $f(x_0) \geqslant f(1) = 1 + \ln a$, 又 $a \geqslant 1$, 则 $1 + \ln a \geqslant 1$, $f(x_0) \geqslant 1$, 即 $f(x) \geqslant 1$, 当且仅当 $a = 1$, $x = 1$ 时取 "=", 故 a 的取值范围是 $[1, +\infty)$.

评注　利用条件的必要性, 缩小参数的范围是导数解答题中求参数范围常用手段, 上述解法中先在定义域中取 $x = 1$, 求出 a 的一个范围, 再在此范围中确定 a 的取值范围, 利用隐零点整体代换, 消去指数式, 使 $f(x_0)$ 变为一个关于 x_0 的单调递减函数, 从而求得 a 的取值范围.

思路三　隐零点 + 基本不等式.

$f(x) = ae^{x-1} - \ln x + \ln a$, $f'(x) = ae^{x-1} - \dfrac{1}{x}$, 且 $a > 0$. 设 $g(x) = f'(x)$, 则 $g'(x) = ae^{x-1} + \dfrac{1}{x^2} > 0$, $g(x)$ 在 $(0, +\infty)$ 上单调递增, 即 $f'(x)$ 在 $(0, +\infty)$ 上单调递增, 由思路二必要性探路得到 $a \geqslant 1$, 下面分类讨论.

当 $a = 1$ 时, $f'(1) = 0$, 所以 $f(x)_{\min} = f(1) = 1$, $f(x) \geqslant 1$ 成立.

当 $a > 1$ 时, $\dfrac{1}{a} < 1$, $e^{\frac{1}{a}-1} < 1$, 从而 $f'\left(\dfrac{1}{a}\right)f'(1) = a(e^{\frac{1}{a}-1} - 1)(a - 1) < 0$, 所以存在唯一 $x_0 > 0$, 使得 $f'(x_0) = ae^{x_0-1} - \dfrac{1}{x_0} = 0$, 且当 $x \in (0, x_0)$ 时 $f'(x) < 0$, 当 $x \in (x_0, +\infty)$ 时 $f'(x) > 0$. 所以 $ae^{x_0-1} = \dfrac{1}{x_0}$, 即 $\ln a + x_0 - 1 = -\ln x_0$, 因此

$$\begin{aligned}f(x)_{\min} &= f(x_0) = ae^{x_0-1} - \ln x_0 + \ln a \\ &= \dfrac{1}{x_0} + \ln a + x_0 - 1 + \ln a \geqslant 2\ln a - 1 + 2\sqrt{\dfrac{1}{x_0} \cdot x_0} \\ &= 2\ln a + 1 > 1.\end{aligned}$$

所以 $f(x) \geqslant 1$ 恒成立.

综上所述, 实数 a 的取值范围是 $[1, +\infty)$.

评注　上述方法还是利用隐零点整体代换, 只不过与思路二不同的地方是将指数和对数同时代换, 代换之后恰好可以利用基本不等式求最小值, 这需要考生

熟练掌握隐零点代换及指对互化.

思路四 转换主元 + 切线放缩.

记 $g(a) = ae^{x-1} - \ln x + \ln a (a > 0)$, $g'(a) = e^{x-1} + \dfrac{1}{a} > 0$, $g(a)$ 在 $(0, +\infty)$ 上为单调递增函数, 由思路二必要性知 $a \geqslant 1$, 下面分类讨论. 当 $a = 1$ 时, $g(1) = f(x) = e^{x-1} - \ln x$, 利用切线放缩, $e^x \geqslant x + 1$, 用 $x - 1$ 替换 x, 得到

$$e^{x-1} \geqslant x. \qquad ①$$

又因为

$$-\ln x \geqslant 1 - x, \qquad ②$$

①+②得到 $e^{x-1} - \ln x \geqslant 1$, 即 $f(x) \geqslant 1$ 恒成立. 当 $a > 1$ 时, 利用单调性得到 $g(a) > g(1) \geqslant 1$, 符合题意. 综上所述 $a \geqslant 1$.

评注 在解答多元问题时, 如果把它们不分主次来研究, 问题很难解决, 这时可视某一个变元作为研究的主要对象, 视为"主元", 其他变元暂时视为参数, 这种用主元去分析、研究、解决问题的方法叫主元法. 本题中 a 为参数, 将 a 视为主元, $g(a)$ 为单调递增函数, 只需 $g(a) \geqslant g(1) = 1$ 即可, 此解法简单自然.

思路五 构造同构式 $g(x) = e^x + x$,

$$f(x) = ae^{x-1} - \ln x + \ln a = e^{\ln a}e^{x-1} - \ln x + \ln a = e^{\ln a + x - 1} - \ln x + \ln a,$$

则

$$f(x) \geqslant 1 \Leftrightarrow e^{\ln a + x - 1} + (\ln a + x - 1) \geqslant \ln x + x. \qquad ③$$

令 $g(x) = e^x + x$, 则 $g(\ln a + x - 1) = e^{\ln a + x - 1} + (\ln a + x - 1)$, $g(\ln x) = \ln x + x$, 由于 $g(x)$ 在 $(0, +\infty)$ 上单调递增, 所以③式等价于

$$g(\ln a + x - 1) \geqslant g(\ln x) \Leftrightarrow \ln a + x - 1 \geqslant \ln x, \quad 即 \ln a + x - 1 - \ln x \geqslant 0,$$

令 $h(x) = \ln a + x - 1 - \ln x$, 只需 $h(x)_{\min} \geqslant 0$ 即可, 因为 $h'(x) = 1 - \dfrac{1}{x} = \dfrac{x-1}{x}$, 所以 $h(x)$ 在 $(0, 1)$ 上单调递减, 在 $(1, +\infty)$ 上单调递增, $h(x)_{\min} = h(1) = \ln a \geqslant 0$, $a \geqslant 1$.

评注 对要证明的不等式进行代数变形后, 不等式的两侧呈现同构特征, 转化为证明 $g(\ln a + x - 1) \geqslant g(\ln x)$, 利用函数单调性找到联系, 进而求得 a 的取值范围.

思路六 构造同构式 $g(x) = xe^x$.

由于 $f(x) \geqslant 1$, 即 $ae^{x-1} - \ln x + \ln a \geqslant 1 (a > 0, x > 0)$, 所以 $ae^{x-1} \geqslant \ln \dfrac{x}{a} + 1$,

$e^{x-1} \geqslant \dfrac{1}{a}\ln\dfrac{ex}{a}$, 故
$$xe^x \geqslant \dfrac{ex}{a}\ln\dfrac{ex}{a} = \ln\dfrac{ex}{a}\cdot e^{\ln\frac{ex}{a}}. \qquad ④$$
令 $g(x) = xe^x$, 则④式等价于
$$g(x) \geqslant g\left(\ln\dfrac{ex}{a}\right). \qquad ⑤$$
又 $g'(x) = e^x(x+1)$, 所以 $g(x)$ 在 $(0,+\infty)$ 上单调递增, 由⑤可知总有 $x \geqslant \ln\dfrac{ex}{a}$, 则 $a \geqslant \dfrac{ex}{e^x}$, 令 $h(x) = \dfrac{ex}{e^x}$, $h'(x) = \dfrac{e(1-x)}{e^x}$, 当 $x \in (0,1)$ 时, $h'(x) > 0$, 此时 $h(x)$ 单调递增, 当 $x \in (1,+\infty)$ 时, $h'(x) < 0$, 此时 $h(x)$ 单调递减, 从而 $h(x)_{\max} = h(1) = 1$, 所以 a 的取值范围是 $[1,+\infty)$.

评注 构造与思路五不同的同构式, 有利于拓展学生思维.

思路七 反函数.

性质 若 $F(x) \geqslant G(x)$ 恒成立, 且 $G(x) = F^{-1}(x)$, 则 $F(x) \geqslant G(x) \Leftrightarrow F(x) \geqslant x \geqslant G(x)$. $f(x) \geqslant 1 \Leftrightarrow ae^{x-1} \geqslant \ln x - \ln a + 1$, 令 $g(x) = ae^{x-1}$, 则 $g^{-1}(x) = \ln\dfrac{x}{a} + 1 = \ln x - \ln a + 1$. $f(x) \geqslant 1 \Leftrightarrow g(x) \geqslant g^{-1}(x)$, 根据性质只需 $g(x) \geqslant x$ 即可, 即 $ae^{x-1} \geqslant x$, $a \geqslant \dfrac{x}{e^{x-1}}$, 令 $h(x) = \dfrac{x}{e^{x-1}}(x>0)$, 只需 $a \geqslant h(x)_{\max}$. $h'(x) = \dfrac{1-x}{e^{x-1}}$, 故 $h(x)$ 在 $(0,1)$ 上单调递增, 在 $(1,+\infty)$ 上单调递减. 所以 $h(x)_{\max} = h(1) = 1$, a 的取值范围为 $[1,+\infty)$.

评注 对不等式进行代数变形后, 发现不等式两侧互为反函数, 利用反函数性质使得问题变得简单.

思路八 函数凹凸性 + 导数几何意义.

$f(x) \geqslant 1 \Leftrightarrow ae^{x-1} + \ln a \geqslant \ln x + 1$, 记 $g(x) = ae^{x-1} + \ln a$, $h(x) = \ln x + 1$, 因为 $g(x)$ 是凸函数, $h(x)$ 是凹函数, 如图 5-55 所示, 设曲线 $g(x) = ae^{x-1} + \ln a$ 与 $h(x) = \ln x + 1$ 相切于点 $P(x_0, y_0)$, 则
$$\begin{cases} g(x_0) = h(x_0), \\ g'(x_0) = h'(x_0) \end{cases} \Leftrightarrow \begin{cases} ae^{x_0-1} + \ln a = \ln x_0 + 1, \\ ae^{x_0-1} = \dfrac{1}{x_0} \end{cases} \Leftrightarrow 2\ln x_0 = \dfrac{1}{x_0} - x_0.$$

令 $t(x_0) = 2\ln x_0 - \dfrac{1}{x_0} + x_0$, 显然 $t(1) = 0$, 且 $t'(x_0) = \dfrac{2}{x_0} + \dfrac{1}{x_0^2} + 1 = \dfrac{(x_0+1)^2}{x_0^2} > 0$, 所以 $t(x_0)$ 在 $(0,+\infty)$ 上单调递增, $t(x_0) = 0$ 的根为 $x_0 = 1$. 如图 5-56, 只要 $g(x_0) \geqslant h(x_0)$ 便是 a 的取值范围. 故
$$ae^{x_0-1} + \ln a \geqslant \ln x_0 + 1 \Leftrightarrow a + \ln a \geqslant 1 \Leftrightarrow a + \ln a - 1 \geqslant 0.$$

令 $m(a) = a + \ln a - 1$, $m(a)$ 在 $(0, +\infty)$ 上单调递增, 而 $m(1) = 0$, $m(a) \geqslant 0 \Leftrightarrow m(a) \geqslant m(1)$, a 的取值范围为 $[1, +\infty)$.

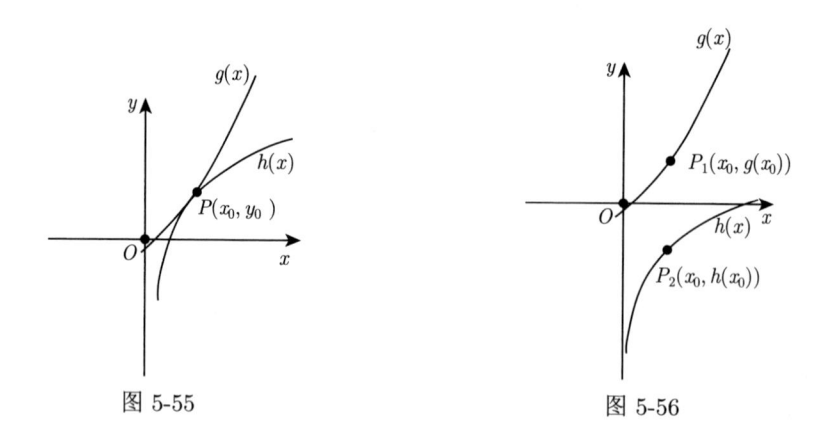

图 5-55

图 5-56

评注 本题中同时含有指数型函数与对数型函数, 整理后不等式两侧分别是指数型函数与对数型函数, 并且指数型函数是凸函数, 对数型函数是凹函数, 结合图象, 求出公切点, 只需在公切点处凸函数值大于等于凹函数值, 便可保证整个凸函数图象位于凹函数图象上方.

5.7.3 导数应用的其他问题

例 5-112 设 F 是椭圆 $E: \dfrac{x^2}{a^2} + \dfrac{y^2}{b^2} = 1(a > b > 0)$ 的一个焦点, 过点 F 的直线 l 与 E 相交于 A, B 两点, 过点 A, B 分别做直线 AM 和 BN 满足 $AM \perp l, BN \perp l$, 且直线 AM, BN 分别与 x 轴相交于 M 和 N. 当离心率 $e > \dfrac{\sqrt{3}}{3}$ 时, $|MN|$ 才存在最小值且 $|MN|_{\min} = \dfrac{3\sqrt{3}b^2 c}{a^2}$.

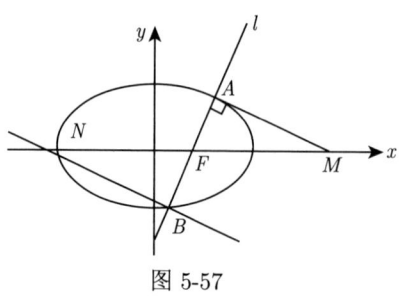

图 5-57

证明 当直线 l 的斜率为正时, 设其倾斜角为 $\theta \left(0 < \theta < \dfrac{\pi}{2}\right)$, 结合性质 1、性质 2 及 $b^2 = a^2 - c^2$, 有 $|MN| = \dfrac{2ab^2}{(a^2 - c^2\cos^2\theta)\cos\theta}$. 令 $t = \cos\theta \in (0, 1)$, 则 $(a^2 - c^2\cos^2\theta)\cos\theta = (a^2 - c^2 t^2)t$, 令 $f(t) = (a^2 - c^2 t^2)t$, 则 $f'(t) = a^2 - 3c^2 t^2$. 当 $f'(t) = 0$ 时, $t = \dfrac{1}{\sqrt{3}e}$ (e 为离心率), 由函数单调性可知,

当 $\dfrac{1}{\sqrt{3}e} < 1$ 时, 即 $e > \dfrac{\sqrt{3}}{3}$ 时, $f(t)$ 在 $\left(0, \dfrac{1}{\sqrt{3}e}\right)$ 上单调递增, 在 $\left(\dfrac{1}{\sqrt{3}e}, 1\right)$

上单调递减，$f(t)$ 存在最大值 $f(t)_{\max} = f\left(\dfrac{1}{\sqrt{3}e}\right) = \dfrac{2\sqrt{3}a^3}{9c}$；

当 $\dfrac{1}{\sqrt{3}e} \geqslant 1$ 时，即 $0 < e \leqslant \dfrac{\sqrt{3}}{3}$ 时，$f(t)$ 在 $(0,1)$ 上单调递增，无最大值.

因此，只有 $e > \dfrac{\sqrt{3}}{3}$ 时 $f(t)$ 才存在最大值 $f(t)_{\max} = f\left(\dfrac{1}{\sqrt{3}e}\right) = \dfrac{2\sqrt{3}a^3}{9c}$. 此时 $|MN|_{\min} = \dfrac{3\sqrt{3}b^2c}{a^2}$.

同理可证直线 l 的斜率为负的情形.

例 5-113 某工厂的某种产品成箱包装，每箱 200 件，每一箱产品在交付用户之前要对产品作检验，如检验出不合格品，则更换为合格品. 检验时，先从这箱产品中任取 20 件作检验，再根据检验结果决定是否对余下的所有产品作检验，设每件产品为不合格品的概率都为 $p(0 < p < 1)$，且各件产品是否为不合格品相互独立. 记 20 件产品中恰有 2 件不合格品的概率为 $f(p)$，求 $f(p)$ 的最大值点 p_0.

解 $f(p) = C_{20}^2(1-p)^{18}p^2$，由

$$f(p) = C_{20}^2(p-1)^{18}p^2 \Rightarrow f'(p) = C_{20}^2\left[18(p-1)^{17}p^2 + (p-1)^{18}2p\right]$$
$$= C_{20}^2(p-1)^{17}\left[18p^2 + (p-1)2p\right]$$
$$= C_{20}^2(p-1)^{17}\left(20p^2 - 2p\right),$$
$$f'(p) = 0 \Rightarrow p = 0.1.$$

当 $p \in (0, 0.1)$ 时，$f'(p) > 0$，当 $p \in (0.1, 1)$ 时，$f'(p) < 0$，所以 $f(p)$ 的最大值点 $p_0 = 0.1$.

此概率为二项分布，列出表达式之后，应该把概率 p 看成定义域在 $(0,1)$ 上的函数，进而转化为怎么求函数最值问题.

例 5-114 设 $\{a_n\}$ 是首项为 a_1，公差为 d 的等差数列，$\{b_n\}$ 是首项为 b_1，公比为 q 的等比数列. 若 $a_1 = b_1 > 0, m \in \mathbf{N}^*, q \in (1, \sqrt[m]{2}]$，证明：存在 $d \in \mathbf{R}$，使得 $|a_n - b_n| \leqslant b_1$ 对 $n = 2, 3, \cdots, m+1$ 均成立，并求 d 的取值范围（用 b_1, m, q 表示）.

分析 用基本量 a_1, d, q 表示题设条件 $\dfrac{b_1(q^{n-1}-2)}{n-1} \leqslant d \leqslant \dfrac{b_1 q^{n-1}}{n-1}$. 要求公差 d 的取值范围，只需分别求得左边数列 $\left\{\dfrac{b_1(q^{n-1}-2)}{n-1}\right\}$ 的最大项与右边数列 $\left\{\dfrac{b_1 q^{n-1}}{n-1}\right\}$ 的最小项.

解 由 $2 \leqslant n \leqslant m+1, m \in \mathbf{N}^*, q \in (1, \sqrt[m]{2}]$，得 $1 < q \leqslant q^{n-1} \leqslant q^m \leqslant (\sqrt[m]{2})^m = 2$，从而可判定 $\dfrac{b_1(q^{n-1}-2)}{n-1} \leqslant 0, \dfrac{b_1 q^{n-1}}{n-1} > 0$.

(1) 当 $m=1$ 时, $n=2, b_1(q-2) \leqslant d \leqslant b_1 q$.

(2) 当 $m>1, m \in \mathbf{N}^*$ 时, 用连续函数的观点看数列 $\left\{\dfrac{q^{n-1}}{n-1}\right\}$. 取 $f(x)=\dfrac{q^{x-1}}{x-1}(2 \leqslant x \leqslant m+1)$, 则 $f'(x)=\dfrac{q^{x-1}}{(x-1)^2}[(x-1)\ln q-1]$. 由 $1<q \leqslant \sqrt[m]{2}, 2<x<m+1$, 可得 $0<\ln q \leqslant \dfrac{1}{m}\ln 2, 0<(x-1)\ln q \leqslant \ln 2$, 从而 $f'(x)<0, f(x)$ 在 $[2, m+1]$ 上单调减. 故 $2 \leqslant n \leqslant m+1, n \in \mathbf{N}^*$ 时, $f(n) \geqslant f(m+1)=\dfrac{q^m}{m}$, 即数列 $\left\{\dfrac{b_1 q^{n-1}}{n-1}\right\}$ 的最小项为 $b_1 f(m+1)=\dfrac{b_1 q^m}{m}$.

另一方面, 当 $m>1, m \in \mathbf{N}^*$ 时, 对数列 $\left\{\dfrac{q^{n-1}-2}{n-1}\right\}$, 考虑对应函数 $g(x)=\dfrac{q^{x-1}-2}{x-1}(2 \leqslant x \leqslant m+1)$.

因为 $g'(x)=\dfrac{q^{x-1}[(x-1)\ln q-1]+2}{(x-1)^2}$, 又 $1<q \leqslant \sqrt[m]{2}, 2 \leqslant x \leqslant m+1$, 得 $1<q<q^{x-1} \leqslant q^m=2, -1<(x-1)\ln q-1 \leqslant \ln 2-1<0$, 于是 $g'(x)>0, g(x)$ 在 $[2, m+1]$ 上单调增. 故 $2 \leqslant n \leqslant m+1, n \in \mathbf{N}^*$ 时, $g(n) \leqslant g(m+1)=\dfrac{q^m-2}{m}$, 可得数列 $\left\{\dfrac{b_1(q^{n-1}-2)}{n-1}\right\}$ 的最大项为 $\dfrac{b_1(q^m-2)}{m}$.

所以, 当 $m>1, m \in \mathbf{N}^*$ 时, $\dfrac{b_1(q^m-2)}{m} \leqslant d \leqslant \dfrac{b_1 q^m}{m}$.

综上 $d \in \left[\dfrac{b_1(q^m-2)}{m}, \dfrac{b_1 q^m}{m}\right]$.

注 本题若通过数列的第 $n+1$ 项与第 n 项的大小来判断数列的增减性求最值项, 其化简、判断的过程繁杂. 而通过考察连续函数 $f(x), g(x)$ 的导数来确定函数 $f(x), g(x)$ 的单调性, 得到对应数列的最大项和最小项, 极大优化解题过程.

习　题

1. 在直角坐标系 xOy 中, 曲线 C 的参数方程为 $\begin{cases} x=2\cos\theta, \\ y=4\sin\theta \end{cases}$ (θ 为参数), 直线 l 的参数方程为 $\begin{cases} x=1+t\cos\alpha, \\ y=2+t\sin\alpha \end{cases}$ (t 为参数).

(1) 求 C 和 l 的直角坐标方程;

(2) 若曲线 C 截直线 l 所得线段的中点坐标为 $(1,2)$, 求 l 的斜率.

2. $\triangle ABC$ 的内角 A, B, C 的对边分别为 a, b, c, 已知 $2\cos C(a\cos B+b\cos A)=c$.

(1) 求 C;

(2) 若 $c=\sqrt{7}, \triangle ABC$ 的面积为 $\dfrac{3\sqrt{3}}{2}$, 求 $\triangle ABC$ 的周长.

3. 函数 $f(x) = (x^2 + bx + c)e^x$，其中 $b, c \in \mathbf{R}$ 为常数. $b^2 \leqslant 4(c-1)$, $\lim\limits_{x \to 0} \dfrac{f(x) - c}{x} = 4$, 求证: $-6 \leqslant b \leqslant 2$.

4. 已知函数 $f(x) = \dfrac{1 + \ln(x+1)}{x}$. 当 $x > 0$ 时, $f(x) > \dfrac{k}{x+1}$ 恒成立, 求正整数 k 的最大值.

5. 已知 $a, b > 0$ 且 $a + \sqrt{b^2 + 8} = 4$, 求 $P = \dfrac{3}{a} + \dfrac{1}{b}$ 的最小值.

6. 已知 $\triangle ABC$ 的内角 A, B, C 的对边分别为 a, b, c, 且满足 $(a^2 + b^2 - c^2)(a\cos B + b\cos A) = abc$, 若 $a + b = 2$, 求 c 的取值范围.

7. 已知在 $\triangle ABC$ 中, $2\sin A + \sin B = 2\sin C$, 求 $\dfrac{1}{\sin A} + \dfrac{1}{\sin B} - \dfrac{1}{\sin C}$ 的最小值.

8. 如图 5-58, 某地有三家工厂, 分别位于矩形 $ABCD$ 的两个顶点 A、B 及 CD 的中点 P 处, $AB = 20\text{km}$, $CB = 10\text{km}$. 为了处理三家工厂的污水, 现要在该矩形区域上 (含边界), 且与 A、B 等距离的一点 O 处, 建造一个污水处理厂, 并铺设三条排污管道 AO、BO、OP. 记排污管道的总长度为 $y\text{km}$.

图 5-58

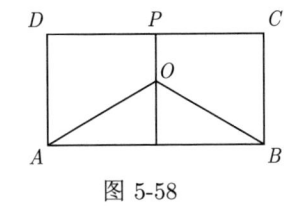

(I) 按下列要求写出函数关系:

(i) 设 $\angle BAO = \theta(\text{rad})$, 将 y 表示为 θ 的函数;

(ii) 设 $OP = x(\text{km})$, 将 y 表示为 x 的函数.

(II) 请你选用 (I) 中的一个函数关系, 确定污水处理厂的位置, 使铺设的排污管道的总长度最短.

9. 已知函数 $f(x) = x - 1 - a\ln x$.

(1) 若 $f(x) \geqslant 0$, 求 a 的值;

(2) 设 m 为整数, 且对于任意正整数 n, $\left(1 + \dfrac{1}{2}\right)\left(1 + \dfrac{1}{2^2}\right)\cdots\left(1 + \dfrac{1}{2^n}\right) < m$, 求 m 的最小值.

第 6 章 说 题

数学说题活动于古代已有迹可循,具有丰富悠久的历史文化底蕴,早期数学说题活动的形式是对相关数学问题的研究与讨论. 正如美国数学家保罗·哈尔莫斯所说,"数学的真正组成部分是问题和解." 公元 16 世纪,来自意大利的数学家及爱好者们经常进行的活动就是解题比赛和辩论. 1548 年, 在米兰大教堂附近, 塔塔利亚和费拉里就三次方程问题举行了公开辩论, 这场数学家之间的对决和论战, 既促进了 "三次方程" 的解决进程, 又使 "四次方程" 的解法研究得到了意想不到的收获. 在 1900 年的 "第二届国际数学家大会" 上, 德国数学家希尔伯特以 "未来的数学问题" 为主题进行了重要报告, 提出了举世闻名的 "希尔伯特 23 个问题". 一个多世纪以来, 数学家对这些问题一直进行着深入研究, 这些数学问题也启发着数学家们, 并引领着数学问题研究前进的方向, 对数学发展的影响和推动起着举足轻重的作用. 英国数学家安德鲁·怀尔斯在一次重要的数学讲座中的演讲以及对演讲材料的修订, 完成了费马大定理的证明 (梁宗巨, 1996). 从古至今, 由于对数学问题的深入研究与讨论, 才更加有效地促进了数学的全面发展.

说题活动出现在我国数学教育界是由于 20 世纪 90 年代的一场素质教育大讨论, 参与者的主体是教师与学生, 而有关于解题的研究则一直是我们研究的热点, 在我国古代就有关于解题研究的著作《九章算术》. 而在 1980 年前后, 波利亚的《怎样解题》、《数学的发现 (一、二)》等系列丛书传入我国, 给我们的解题研究带来了新的思路, 在这之后我们有关于解题研究的各类著作不断涌现, 比如张奠宙、戴再平、单墫、罗增儒等人都撰写了相关类似书籍, 为我国的解题理论注入了新鲜的活力. 近几年, 我国的解题教学研究越来越成熟, 说课研究也越来越精细, 教育工作者们又开创了新的校本研究活动, 也就是 "说题".

对于 "教师说题的含义", 主要有两种解释: 一、马锐雄和周之夫表述 "教师说题" 的含义为 "说题是把审题、分析、解答和回顾的思维过程按一定规律一定顺序说出来." 这一表述也就要求教师在进行数学说题时要把重点放在讲解题目思路、数学思维的过程上, 且这一关于数学说题的含义表述也被沿用至今; 二、成克利认为教师说题是 "利用教学语言口述探寻解题通路的思维过程以及所采纳的学科思想方法和解题策略." 后来陈柏良、肖文斌等也是采用的此定义, 他们在说思维过程的基础上, 又注重讲说学科思想方法和解题策略, 这使得说题的内涵得到了丰富. 对于学生说题的概念界定, 金秀青提出: "说题, 就是学生经过认真、仔细、严谨的审题，在充分思考的基础上，让学生说清题意，说出解题思路和解题过程，说出问题的拓展和延伸，说出解题后的感想等".

数学说题内容包含：说题目立意、说题目背景、说解题思路、说解题策略、说思想方法、说一题多解、说变式推广等.

数学说题是一项很有意义的问题解决活动.

首先，说题活动有助于提升教师自身的数学素养. 数学素养就是要求人们在观察周围世界时借助数学思维模式，这种素养具有概念化、抽象化和模式化的特征. 良好的数学素养要求数学教师除了要了解广泛的数学知识，掌握详尽的良好的数学方法，拥有高超的数学能力，还应该了解数学文化，能够在生活中通过运用数学知识来认知世界从而改造世界，这一点正是学生之所以学习数学的目的，也是我们在数学教育中的核心. 数学学科的教师说题活动能够帮助教师梳理解题思路，从而使教师获得系统的细致的解题过程. 从开始审题，到理解题目，分析题目，对题目作出解答，再到最后的复核检验过程，其中的每一个步骤都应该思路清晰并且都可以用语言准确地表述出来，而不要还只是具有模糊不清的印象. 由于每一个数学教师在走上教学岗位之前都接受过专业的锻炼，因此在解题过程中总是会出现思维跳跃的现象，忽略一些基本的简单的解题步骤，而说题活动的举行可以让教师们沉下心来慢慢研究琢磨题目，对解题过程中的每一个步骤都仔细研究，利用这种沉稳细致的心态来发掘题目的精华所在，并因此发现更多的思维方式和解题方法，最终能够全面提高自身的专业素养与教学水平.

其次，说题活动可以提高教师的教学水平. 数学教师不能只是简简单单对题目作出解答. 教师的工作重心应该放在"教"上，也就是说应该将解题的方法与思维模式传授给学生，因此教师解题的最终目的应该是说题. 说题就是将教师解题时的思路与思考方式对学生用语言表述出来. 思维过程本身通常是十分模糊甚至是混乱的，通过运用语言描述来使凌乱的思路清晰明白起来，使整个思维过程完整且无懈可击. 在说题的同时又锻炼了教师的语言组织与口头表达能力，使教师不仅传授了解题方法，同时又可以使学生理解了数学知识，使教学过程更有效率，最终使整个的教学效果得到提升，可谓是一举两得. 同时，开展说题活动也变相的对教师解答题目与教学提出了更加严格的要求，同时也促进了教师提高自身专业素养的自我需求.

最后，教师说题可以营造良好的教学氛围. 在说题过程中，教师将在同样身为老师的观众面前进行讲解，为教师们解释自己解题的思维全过程. 由于当我们在思考如何解答题目时，往往是依靠着一些抽象的发散性思维或者是非理性思维来进行思考，这种思维过程并不像是解题过程那样完全合乎逻辑，符合数学的形式要求. 因此在教师说题的时候，旁听的教师可以听取在讲者的思维过程同时提出自己的意见，指出教师思考过程中的亮点和启发之处，而且也能够随时提出自己的疑问与疑惑，对于讲解者表述过程中的遗漏与缺陷也可以即时指正，通过讲解者与听众共同的探讨,可以完善对于题目求解的思维过程,一场说题可以同时促进所有参与活动的教师水平的提高.

6.1 说题的意义

1. 提高教师素质

说题前,教师要进行一系列的准备工作,如,仔细查阅相关资料、认真学习相关的理论、深刻研究学科知识结构与分类、掌握关于试题的来源、试题考查的目的、考查的知识点等,通过这些活动,有利于提高教师的素质.

2. 有利于理论与实践的结合

课程标准的实施,为说题提供了广阔的空间.教师在说课时,体现的是教师的教育理论功底的深厚、学科知识掌握程度、解题方法理解能力、对教学前瞻性理念的探求,说题促使教师进行理论联系实际.

提高审题能力.教师和学生的大部分时间都在解题,而要提高学生的解题能力,则需要教师沉下心来对数学问题进行深入的探究和总结.说题给教师提供了这样一个平台.拿到题目,我们首先要认真读题,对题目的已知条件、难点位置等进行认真分析.很多时候,条件未分析清楚,尤其是未能对隐含条件进行充分挖掘,对题中难点把握不够清晰.

提高析题能力.数学是一种工具,它逻辑性强,能训练人们的思维能力,它注重方式、方法,能让思维更敏捷.数学课堂教学,教师要善于总结、提炼题目涉及的数学思想方法、解题的基本规律等,帮助学生提高对数学思想方法的学习和提炼.

提高变题能力.在教学实践中,常会遇到这样的状况,许多教师认为学生已经练熟的知识,在考试中,只要对问题的背景或者数量关系稍作变化,有的学生就会无所适从.许多实例也表明,大量单一的、重复的练习,能达到的不是"生巧",而是"生厌",它不仅对学生知识与技能的掌握无所裨益,反而使学生逐步丧失学习数学的兴趣.所以教师在教学过程中,要善于引导学生对题目进行变式训练,这对提高学生的思维能力和应变能力大有益处.

3. 有利于了解命题

说题活动对促进教师深化试题研究,从而对把握命题的趋势与方向、掌握试题命制技能技巧等具有很好的指导作用.

4. 有利于营造教研气氛

说题活动往往和课堂教学实践活动结合在一起进行,通过"说",发挥了说题教师的作用.通过课堂的具体实践,又使教师自身的教育理论得以提炼,也给旁人提供参考,集体的智慧得以充分发挥. 说题者要努力寻求现代教育理论的指导,评价者也要努力寻求说题教师的特色与成功经验的理论依据,说评双方围绕着共同的课题形成共识,达到取长补短、优势互补的效果,说题者得到反馈,进而改进、提高和完善自己的教学方案;听者从中得到比较、鉴别和借鉴,得到案例示范和理论滋养两方面的收益,营造了较好的教研氛围.

对于未来教师而言,说题也有重要意义.

说题活动有利于提升数学师范生的数学素养. 所谓数学素养,有学者认为是一种文化修养或数学品质. 笔者认为,数学素养的构成要素既应包括数学知识技能、数学思想方法、数学能力,还应包括数学思维品质、数学文化、数学观念等,说题活动对数学师范生数学素养的提升作用,主要体现为:说题促使师范生深刻理解数学问题的解决过程,并促使师范生对数学问题进行全面思考,充分开发数学题的价值,进而在整体的把握上既能高瞻远瞩,又能析物入微,掌握数学教学的主动权;说题活动促使师范生改变观念,去虚务实,对看似平凡的"小题"进行"大做",以触类旁通,充分挖掘题之精华,"根深"方可"叶茂",这里"根"指的正是扎实的数学知识与技能、灵活的数学思想方法、较强的数学能力以及深厚的数学文化底蕴等,亦即基于良好的数学素养,师范生才能成功说题. 因此,对成功说题的追求能促使师范生提升自身数学素养.

说题活动有利于提高数学师范生的教学能力. 问题解决是中学数学课堂教学的核心,好的问题解决教学要求教师具备敏锐的洞察力和深刻的思辨能力. 为了更好地说题,数学师范生必然会深层次思考教学内容、过程安排和学法教法的相关理论依据,这就促使师范生重视理论课程的学习,长期坚持说题,将促使师范生广泛并深入地学习教育教学理论,从而能够恰如其分地将理论应用于教学实践中,提高教学能力. 同时,说题活动对师范生的口语表达能力和语言组织能力提出了较高的要求,师范生为了取得较好的说题效果,平时就必须勤学苦练,力求语言表达准确流畅、生动形象,说题活动体现了对师范生"实践性知识"的要求,为师范生的教学实践提供了广阔的平台. 因此说题活动是师范生教学能力提升的有效途径.

说题活动有利于营造良好的研学氛围. 苏霍姆林斯基说:"只有研究和分析事实,才能使教师从平凡的、极其平凡的事物中看出新东西". 说题活动为师范生构建了充满智慧的经验交流平台,激发师范生主动地研究和分析数学问题,培养科学研究意识与合作学习意识. 在指导教师的指导下,进行说题的师范生可以得到反馈,审视自己,反省自己,在扬弃的基础上改进和完善对说题内容的理解,促进教学与研究的结合,而参与点评的师范生也必然能从说题者的解说过程中汲取营养. 双方通过研讨,可以不断发现新问题,并共同解决,增进对教学智慧的积累,使说题活动充满活力. 通过参与说题活动,师范生会逐渐养成严谨的治学和治教的态度, 培养一定的科研能力. 说题活动的实质就是一种研究性的、反思型的活动, 为师范生营造了良好的研学氛围, 提高研究能力.

6.2 说题的内容

6.2.1 说题意

说题意是说题的开端, 将奠定整个说题过程的基调. 审题是解题的基本技能之一, 说题教师不应仅局限于题目表面信息, 还应基于学情深入挖掘题目隐性信息. 教师需要说明这道题目出自哪里 (背景)? 题目的已知条件是什么 (条件)? 题目要达到的目标是什么 (目标价值)? 在阐述条件和结论时, 要特别注意各个条件之间的联系, 以及显性可以牵连出的隐性条件.

例 6-1 设 $\odot M : x^2 + y^2 = 8$, 将曲线上每一点的纵坐标压缩到原来的 $\dfrac{1}{2}$, 对应的横坐标不变, 得到曲线 C 且经过点 $M(2,1)$. 平行于 OM 的直线 l 在 y 轴上的截距为 $m(m \neq 0)$, l 交曲线 C 于 A、B 两个不同点.

(1) 求曲线 C 的方程;

(2) 求 m 的取值范围;

(3) 求证直线 MA、MB 与 x 轴始终围成一个等腰三角形.

1. 说题目背景

这是一道源于高三复习的解析几何题, 其主要题干来源于人教版普通高中《数学》(选修 2-1) 第二章 "圆锥曲线与方程". 主要考查了学生解析几何的综合能力, 难度中等, 要求学生根据题目给出的条件, 发现知识点之间的联系, 综合运用平面几何和解析几何的知识, 运用数形结合的思想进行准确运算求解. 该题所涉及的知识点主要包括: (1) 坐标的伸缩变换; (2) 椭圆的方程; (3) 直线与椭圆的位置关系; (4) 一元二次方程的判别式; (5) 韦达定理; (6) 等腰三角形的判定方法: 有两个角相等的三角形是等腰三角形; 有两条边相等的三角形是等腰三角形; 底边上的高、底边上的中线、顶角的角平分线相互重合的三角形是等腰三角形; (7) 直线的倾斜角与斜率的关系. 本题的重点是平面几何知识与解析几何知识的联系与转化, 难点是如何选择恰当的代数方法去判定等腰三角形, 优化计算. 本题主要考查的思想是方程、转化与化归和数形结合的思想.

2. 说条件分析

本题给出的题干条件主要有以下五个: (1) 圆的方程; (2) 圆的坐标伸缩变换得到曲线; (3) 曲线 C 过点 $M(2,1)$; (4) 直线 l 平行于 OM, 截距为 $m(m \neq 0)$; (5) 直线 l 与曲线 C 交于 A、B 两点. 根据这些条件, 引导学生借助思维导图

(图 6-1) 进行大胆的联想,并进行初步分析,把相关的知识点联系起来,看看能得到什么结论. 有时候直接从条件出发去寻求最终结论的过程中会遇到困难,止步不前,这时我们不妨换个方向思考,把结论当作条件,也进行大胆地联想,逐步分析获得相关结论. 这时候,从题干条件出发得到的结论将会与从结论出发得到的相关结论交汇,从而有理有据地获得解决问题的思路,而不是凭感觉去尝试各种可能. 引导学生在分析题目的时候利用思维导图进行充分联想,并进行双向思考与分析,既可以提高学生解决问题的能力,同时可以培养学生的正向思考和逆向思考能力,促进学生思维的发展.

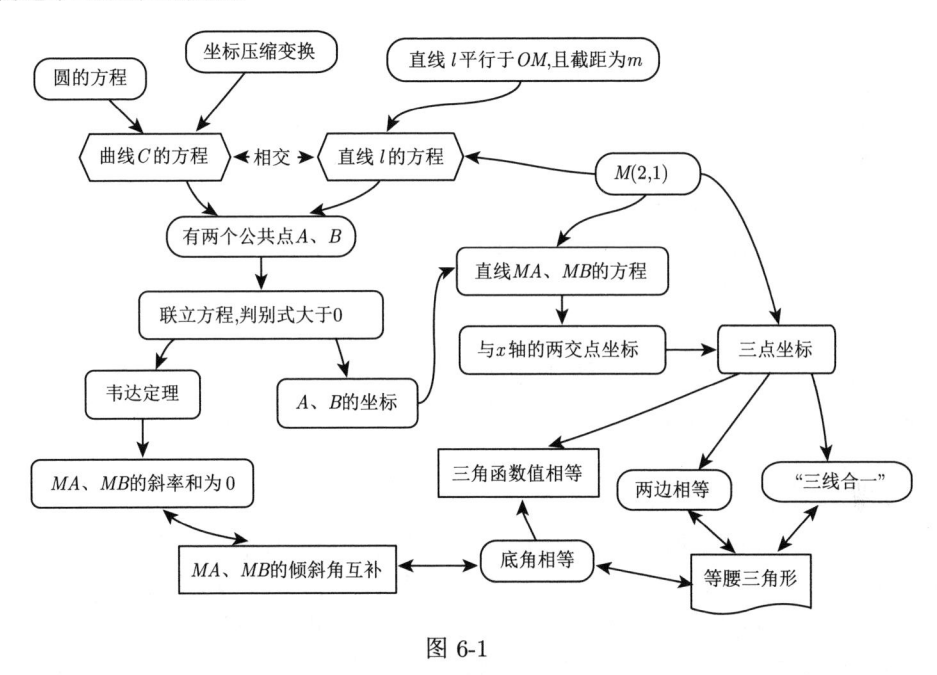

图 6-1

波利亚在《如何解题》中鼓励在解题时应充分联想,将相关知识点联系会得到什么结论,或者遇到困难时换个方向思考,双向思考. 教师在进行说题活动时,可以使用思维导图,可将条件、结论、知识点等相关信息更好的联系,教师有这种信息素养更有利于学生数学思维的培养,利于学生解题. 知识网络,展现了教师对教材和相关知识点的熟悉程度,教师应详细说明题目所涉及的知识点及这些知识点在相应学段的数学教学中的地位,更重要的是教师应可以准确表述这些知识点之间的横向和纵向的联系. 因此,在进行说知识网络时采用思维导图的形式,将会大有裨益.

6.2.2 说思想方法

数学思想方法对于发展学生的认知能力有极其重要的作用. 这是通过优化学生的数学认知结构,提高学生的思维能力等途径而实现的. 其次,它还有利于培养学生的非智力因素:通过思维过程的剖析、思想方法的介绍,破除结论获得的神秘感.

数学思想方法的教学具有鲜明的特征——过程性:它要在知识传授,包括概念形成、命题构造、解法探索、论证运算等数学活动过程之中进行;同时,对它的教授并不如知识的传授那样,有明确的程序、清晰的步骤可循,也没有定论式的命题可以直接告诉学生,只能通过教师的演示、讲述、操作、分析,把某种特定的数学思想方法全景式地展现给学生,让他们通过自己的理解、经历去体验、领悟、把握. 这也是导致学生认知结构个性化的原因之一.

数学思想方法对解题十分重要,说题作为对解题过程及意义的一种解说,需要说思想方法. 学数学需要解题,但解题不是数学学习的全部内容,领悟数学思想掌握数学方法才是数学学习的精髓,离开这一点,解题将是低效甚至是无意义的. 数学思想方法是从数学知识中凝练出来,是将数学知识转化为数学能力的桥梁. 在例题中不同的解法及其变式解法中,教师要总结出其中用到的"转化(化归)思想、数形结合思想、函数与方程思想"等数学思想,并引导学生构建自己的理解,以提高学生对数学的认识与解题水平.

在说题过程中加深对数学思想及数学方法的理解,能熟练运用并对为什么要这样运用有深刻的认识,同时提升教师的数学素养. 说题是利用教学语言口述探寻解题思路的思维过程以及所采纳的数学思想方法和解题策略,所以不说思想方法的说题是不够深刻的. 说思想方法应当说出在解题过程中哪一处运用到了哪种数学思想或数学方法,是如何体现的.

说思想方法是指简述探索解题途径的思维方法和心理活动过程. 探索解题途径的常用方法有:①采用化整为零,各个击破的分解策略,即将问题分解成若干个能够解答的小问题;②利用化归思想,将命题逐步转化为已经解决的问题;③采用分析综合法,将已知条件顺推,要求目标逆推,对比着寻找联结点;④运用直觉思维和灵感思维,从类似问题的解法中迁移和渗透解题思维规律,套用模式识别来解题.

例 6-2 已知数列 $\{a_n\}$ 的公差为 $d > 0$,首项 $a_1 > 0$,前 n 项和 $S_n = \sum_{i=1}^{n} \frac{1}{a_i a_{i+1}}$,则 $\lim_{n \to \infty} S_n = $ _____.

求这个极限问题需要经过多次转化与化归,第一是将无限转化为有限,即将求极限问题转化为数列的前 n 项和的问题;第二是利用等差数列的定义,将 $\sum_{i=1}^{n} \frac{1}{a_i a_{i+1}}$ 转化成

$$\frac{1}{d}\left[\left(\frac{1}{a_1} - \frac{1}{a_2}\right) + \left(\frac{1}{a_2} - \frac{1}{a_3}\right) + \cdots + \left(\frac{1}{a_n} - \frac{1}{a_{n+1}}\right)\right];$$

第三是再转化为 $\dfrac{1}{d}\left(\dfrac{1}{a_1}-\dfrac{1}{a_{n+1}}\right)=\dfrac{1}{d}\left(\dfrac{1}{a_1}-\dfrac{1}{a_1+nd}\right)=\dfrac{1}{a_1\left(\dfrac{a_1}{n}+d\right)}$; 最后再将有限转化为无限, 令 $n\to\infty$, 求出 $\lim\limits_{n\to\infty}S_n=\dfrac{1}{a_1d}$.

数学问题往往要经过多次转化,才能最终被解决. 这种思想也是科学研究与解决生产生活中实际问题的常用方法.

6.2.3 说解题过程

说解题过程是教师数学思维、解题能力、教学素养暴露的过程. 在说解题过程时, 应遵循理论结合实际原则、可行性原则、思维暴露原则. 说解题过程更要注重以学生为出发点, 从探寻解题的突破口开始, 都要预设学生可能从哪些角度去解决问题, 而这个角度为什么达不到所要达到的目标. 教师不仅需要引导学生探究得出正确的解题思路, 还需呈现正确、规范的解题步骤, 然后总结题目, 这就是对题目通法需要注意的方面. 在对通法着重处理后, 再尽可能多的给出多种解法, 从而拓展学生的解题思路与方法.

1. 说解题思路

在例 6-1 中, 第 (1)(2) 问, 难度并不大, 学生比较容易根据题干条件和要求的结论直接推导出解题思路. 根据题目给出的伸缩变换规律 $\begin{cases}x'=x,\\ y'=\dfrac{1}{2}y,\end{cases}$ 可知点 $(x,2y)$ 在圆上, 将点 $(x,2y)$ 代入圆的方程即可得曲线 C 的方程: $\dfrac{x^2}{8}+\dfrac{y^2}{2}=1$. 对于第 (2) 问, 要求 m 的取值范围, 就是要找到关于参数 m 的一个不等式. 由思维导图 (图 6-1) 可以发现, 将 "直线 l 与曲线 C 有两个交点" 这一几何条件转化成一个关于 x 的一元二次方程, 该方程有两个不等实根, 因此该方程的根的判别式大于 0, 即得到关于参数 m 的不等式, 解之即可得 m 的取值范围. 根据交点个数求解参数的取值范围是解析几何题的常考方向, 通常选取的解题思路是联立方程组得到一个一元二次方程, 然后依据根的个数去判断判别式与 0 的大小关系进而把参数范围求解出来.

第 (3) 问是本题的难点. 要求证直线 MA、MB 与 x 轴始终围成一个等腰三角形, 首先想到的是把这个等腰三角形的三个顶点的坐标求出来 (要先求出 A、B 两点的坐标, 结合 $M(2,1)$ 列出直线 MA,MB 的方程, 再求出这两直线与 x 轴的两交点 E、F, 加上点 M 即为三角形的三个顶点), 然后根据两点之间的距离公式求出三边的边长, 进而通过证明有两边相等来证明等腰三角形; 或者通过证明 "三线合一"、"两角相等" 来证明. 但这种解题思路 (简称为思路一) 计算复杂, 运算量大，很容易出错．学生在求解过程中可能因为计算量过大而选择放弃，或者因为计算错误而打击学生的信心．

　　由图 6-1 我们可以看到，从等腰三角形的"两底角相等"(如图 6-2，通过作图，我们可以发现该等腰三角形的底边位于 x 轴上，即 M 为顶点，两个底角的端点也位于 x 轴上) 到"直线 MA, MB 的倾斜角互补"再到"直线 MA、MB 的斜率和为 0"，这三者之间是互相推导的关系．而要证"直线 MA、MB 的斜率和为 0"，只要利用第 (2) 问推导出的一元二次方程，从中得出关于 A、B 坐标的韦达定理代入直线 MA、MB 的斜率相加的式子中，化简即可得到斜率和为 0，从而命题得证．这种将平面几何的关系转化为解析几何关系的解题思路 (简称为思路二) 大大减少了计算的复杂程度，优化了证明过程，而且准确率也会大大提高，有利于提高学生解决解析几何问题的信心和能力．通过对比我们可以发现，解题思路有优劣之分，好的解题思路可以获得事半功倍的效果．在教学过程中，要注重培养学生的发散性思维和联想能力，鼓励学生多角度思考问题，不仅要学会解题，掌握解题的通法，还要学会一题多解，提高解题的效率和质量．

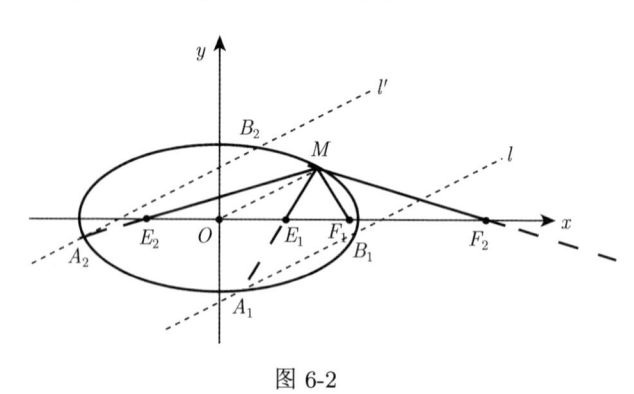

图 6-2

2. 说解答过程

　　第 (1)(2) 问的解答采取常用的解题思路，而第 (3) 问的解答采用更为简洁的"思路二"，由此得到以下的解题过程流程图 (图 6-3)．

　　说答题的过程，其规范化表述要求合乎逻辑、层次分明、严谨规范、简洁明了．说解题过程要注重解题思路的挖掘，要以学生为立足点，这里的学生应该是对这道题目不知道该如何下手的学生或者出现解题错误的学生，若是只关注会做学生的解题方法，无异于直接呈现解题方法 (高剑梅，2018)．

6.2.4　说变式与拓展

　　"说变式与拓展"体现了教师对题目和知识点的灵活运用程度．好的数学问题都是成串生成的，进行多题一解或变式训练，说明题目之间的区别与联系，让学生

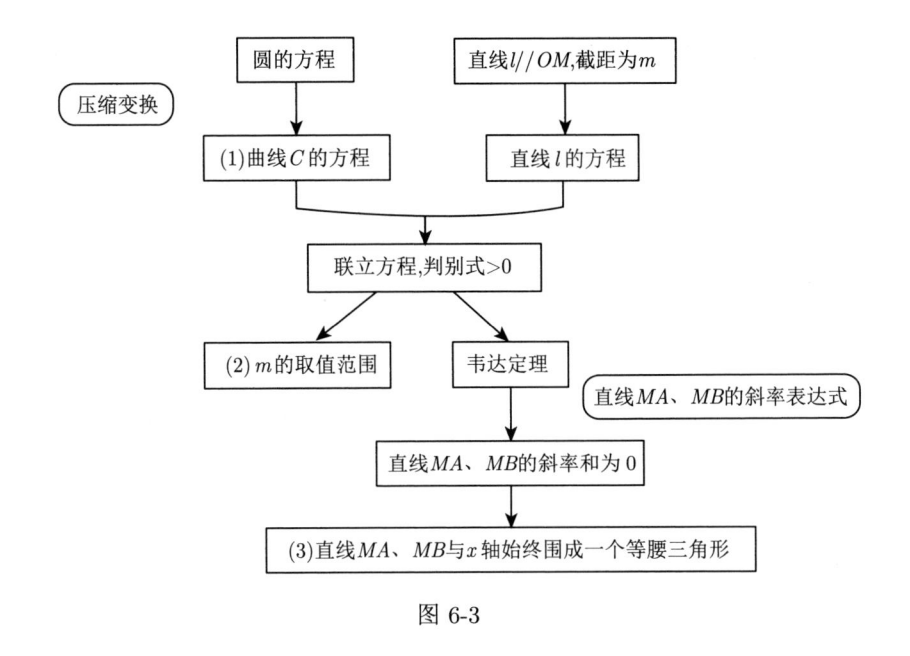

```
┌─────────────┐         ┌──────────────────┐
│  圆的方程   │         │直线l//OM,截距为m │
└──────┬──────┘         └────────┬─────────┘
       │                         │
       ▼                         ▼
┌─────────────┐         ┌──────────────────┐
│(1)曲线C的方程│         │  直线l的方程     │
└──────┬──────┘         └────────┬─────────┘
       └────────────┬────────────┘
                    ▼
           ┌─────────────────┐
           │联立方程,判别式>0│
           └────────┬────────┘
          ┌─────────┴─────────┐
          ▼                   ▼
   ┌─────────────┐    ┌──────────┐
   │(2)m的取值范围│    │ 韦达定理 │     ┌──────────────────────┐
   └─────────────┘    └────┬─────┘     │直线MA、MB的斜率表达式│
                           │           └──────────────────────┘
                           ▼
                 ┌──────────────────┐
                 │直线MA、MB的斜率和为0│
                 └────────┬─────────┘
                          ▼
           ┌──────────────────────────────────┐
           │(3)直线MA、MB与x轴始终围成一个等腰三角形│
           └──────────────────────────────────┘
```
(压缩变换)

图 6-3

在变化中体会不变, 在不变中寻找变, 通过变式变形, 体会一类问题的解法, 加深对题目的理解.

可以从题目的来源, 也就是母题进行讨论; 再者就是对问题进行拓展与变式.

从例 6-1 中, 我们看看如何对问题进行变化与拓展. 从上述的研究, 可以发现一个重要的结论:

结论 1 已知椭圆 $C: \dfrac{x^2}{8} + \dfrac{y^2}{2} = 1$, 点 $M(2,1)$ 为椭圆上的一点, 直线 l 平行于 OM, 截距为 $m(m \neq 0)$. 不管 m 的值怎样改变, 只要直线 l 的斜率恒为 $\dfrac{1}{2}$, 都会有 "直线 MA、MB 与 x 轴始终围成一个等腰三角形, 即直线 MA、MB 的斜率和恒为 0".

为什么会有这样一个结论呢? 命题者是怎样设计这道题目的? 这道题目又可以变成什么样子? 只有弄清楚题目是怎么来的, 即找到题目的原型, 才能真正掌握问题的本质, 明白出题者的意图. 弄明白题目往哪里去, 实现一题变多题, 发现题目背后隐藏的规律, 才能达到触类旁通的效果.

1. 题目的来源

对于出题者来说, 一般是从结论出发, 寻求使结论成立需要什么条件, 然后反过来, 就会得到一道给出条件去寻求结论的题目. 因此, 我们不妨反过来思考, 若是直线 MA、MB 与 x 轴始终围成一个等腰三角形(即直线 MA、MB 的斜率和恒为 0),可以推导出直线 l 的斜率恒为 $\frac{1}{2}$ 吗?我们可以借助几何画板来辅助我们判断,如图 6-4.

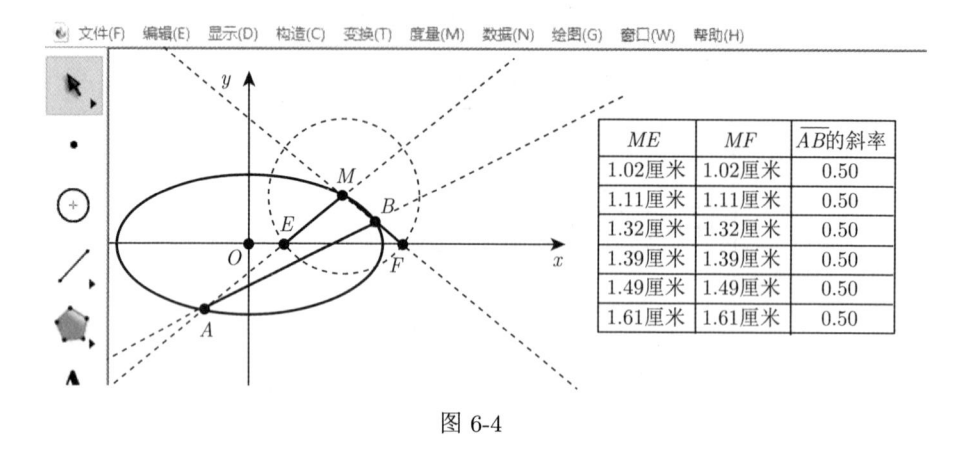

图 6-4

我们可以看到:只要 $ME = MF$ (E、F 分别为直线 MA、MB 与 x 轴的交点),直线 AB 即 l 的斜率就恒为 $\frac{1}{2}$.因此,我们可以大胆猜想:

猜想 1 (结论 1 的逆命题) 已知椭圆 C 的方程 $\frac{x^2}{8} + \frac{y^2}{2} = 1$ 和椭圆上一点 $M(2,1)$,直线 l 与椭圆相交于 A、B 两点,A、B 与 M 不重合.若直线 MA、MB 与 x 轴始终围成一个等腰三角形(即直线 MA、MB 的斜率和恒为 0),则直线 l 的斜率恒为 $\frac{1}{2}$.通过几何画板我们知道猜想 1 是成立的.但是我们要进行小心求证才能最终下定论.参考图 6-1,我们可以得到这样的证明思路:可以设直线 l 的方程为 $y = kx + n$,与椭圆的方程联立得到一个一元二次方程,由此方程得到一个与 A、B 坐标以及参数 k、n 相关的韦达定理,代入 $k_{MA} + k_{MB} = 0$ 的表达式中,可解得 $k = \frac{1}{2}$.由此,猜想 1 得以证明是正确的.这个猜想 1 也就是本题第 (3) 问的原型.

观察结论 1 与猜想 1,我们可以看到,其实两者都是关于椭圆上的三个点之间关系的有关定值的问题.结论 1 与猜想 1 都是建立在具体的椭圆、椭圆上具体的定点的背景下,如果是在任意的椭圆、椭圆上任意的定点的背景下,还会有类似的结论吗?因为不知道直线的斜率,所以暂时无法类比结论 1 提出结论 2.但是我们可以逆向推理来求解直线的斜率,提出猜想:

猜想 2 已知椭圆 C 的方程 $\frac{x^2}{a^2} + \frac{y^2}{b^2} = 1$ 和椭圆上一点 $M(x_0, y_0)$,直线 l

6.2 说题的内容

与椭圆相交于 A、B 两点，A、B 与 M 不重合. 若直线 MA、MB 与 x 轴始终围成一个等腰三角形 (即直线 MA、MB 的斜率和恒为 0)，则直线 l 的斜率为一个定值，并且可以把这个定值求解出来.

类比猜想 1 的证明思路，可以证明猜想 2 并求得直线 l 的斜率 $k = \dfrac{b^2}{a^2} \cdot \dfrac{x_0}{y_0}$. 这就是本题最初的由来. 此时，我们还可以得到猜想 2 的逆命题：

结论 2 已知椭圆 C 的方程 $\dfrac{x^2}{a^2} + \dfrac{y^2}{b^2} = 1$ 和椭圆上一点 $M(x_0, y_0)$，直线 l 与椭圆相交于 A、B 两点，A、B 与 M 不重合. 若直线 l 的斜率为一个定值 $k = \dfrac{b^2}{a^2} \cdot \dfrac{x_0}{y_0}$，则直线 MA、MB 与 x 轴始终围成一个等腰三角形 (即直线 MA、MB 的斜率和恒为 0).

显然本题中取定 $a = 2\sqrt{2}, b = \sqrt{2}, M(2,1)$，结论 2 是成立的. 我们不妨利用几何画板对结论 2 进行再一次验证. 比如，取定 $a = 2, b = \sqrt{2}, M(\sqrt{2}, 1)$，如图 6-5.

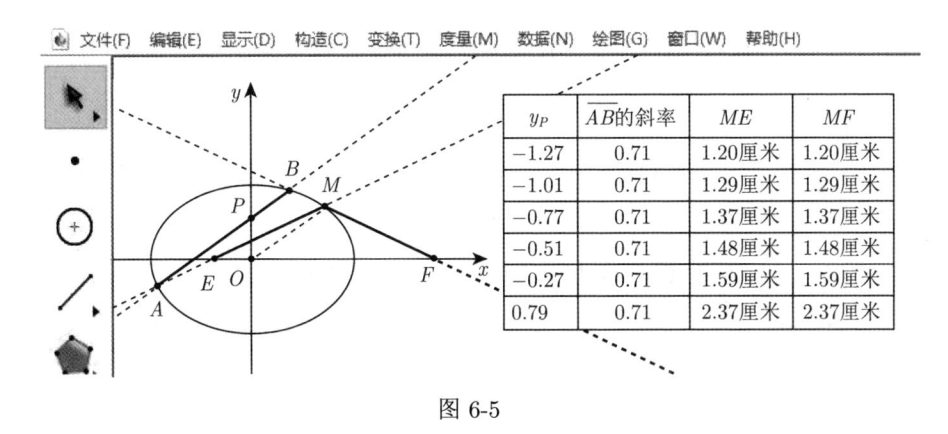

y_P	$\overline{AB}$的斜率	ME	MF
-1.27	0.71	1.20厘米	1.20厘米
-1.01	0.71	1.29厘米	1.29厘米
-0.77	0.71	1.37厘米	1.37厘米
-0.51	0.71	1.48厘米	1.48厘米
-0.27	0.71	1.59厘米	1.59厘米
0.79	0.71	2.37厘米	2.37厘米

图 6-5

如图 6-5 所示，当取定 $a = 2, b = \sqrt{2}, M(\sqrt{2}, 1)$ 时，结论 2 也是成立的. 当然，我们可以类比结论 1 的证明思路去严格地证明结论 2.

综合猜想 2 和结论 2，可以得到关于一般的椭圆及其上的三个点的定值问题的结论：

结论 3 已知椭圆 C 的方程 $\dfrac{x^2}{a^2} + \dfrac{y^2}{b^2} = 1$ 和椭圆上一点 $M(x_0, y_0)$，直线 l 与椭圆相交于 A、B 两点，A、B 与 M 不重合. 则直线 MA、MB 与 x 轴始终围成一个等腰三角形 (即直线 MA、MB 的斜率和恒为 0)，当且仅当直线 l 的斜率为一个定值 $k = \dfrac{b^2}{a^2} \cdot \dfrac{x_0}{y_0}$.

结论 3 就是本题的本质. 若学生掌握了这个本质, 对这个本质有了较深的认识, 那么以后遇到这类题型时就可以信手拈来, 能够快速地找到解题的方向, 提高解题效率. 同时让学生经历这样一个猜想与证明的过程, 有利于培养学生自主探索的能力和大胆猜想、小心求证的科学态度.

2. 变式与拓展

希望通过解题训练来有效提升解题水平的一个重要实践是会对题目进行变式, 一题变多题, 并且能够解答之. 根据上面的分析, 可以从例 6-1 第 (3) 问中得到的结论 1 出发, 把命题的正逆向及命题的抽象水平作为切入点对本题进行一系列变式, 如:

变式 1 已知椭圆 C 的方程 $\dfrac{x^2}{4}+\dfrac{y^2}{2}=1$ 和椭圆上一点 $M(\sqrt{2},1)$, 直线 l 与椭圆相交于 A、B 两点, A、B 与 M 不重合. 若直线 MA、MB 与 x 轴始终围成一个等腰三角形, 求证直线 l 的斜率为一个定值, 并把这个定值求出来.

变式 2 已知椭圆 C 的方程 $\dfrac{x^2}{a^2}+\dfrac{y^2}{b^2}=1$ 和椭圆上一点 $M(x_0,y_0)$, 直线 l 与椭圆相交于 A、B 两点, A、B 与 M 不重合. 若直线 l 的斜率为一个定值 $k=\dfrac{b^2}{a^2}\cdot\dfrac{x_0}{y_0}$, 则直线 MA、MB 与 x 轴始终围成一个等腰三角形.(结论 2)

当然, 我们还可以通过改变题目的大背景——椭圆来进行变式, 可以把椭圆换成另外三种圆锥曲线: 圆、双曲线和抛物线, 如:

变式 3 已知双曲线 C 的方程 $\dfrac{x^2}{a^2}-\dfrac{y^2}{b^2}=1$ 和双曲线上一点 $M(x_0,y_0)$, 直线 l 与双曲线相交于 A、B 两点, A、B 与 M 不重合. 若直线 l 的斜率为一个定值 $k=-\dfrac{b^2}{a^2}\cdot\dfrac{x_0}{y_0}$, 则直线 MA、MB 与 x 轴始终围成一个等腰三角形.

可先用几何画板进行简单验证, 如取定 $a=\sqrt{2}, b=1, M(2,1)$, 如图 6-6 所示. 证明思路可类比结论 3 的思路.

6.2.5 说易错易误

在说题中, 说易错易误不仅为解题思路的梳理提供便利, 更使得说解题过程时有针对性和着重点. 教师在说题时, 需着重分析学生的易错点及为什么会出现这种错误, 如果出现这种错误是哪个知识点掌握的不够牢固.

6.2.6 说教学价值

说教学价值是从宏观的角度对题目进行总结、分析、反思, 深层次地体会题目的选择意图和教学价值. 首先, 教师需分析这类题型在教材、高考中的地位, 承载

6.3 说题的案例

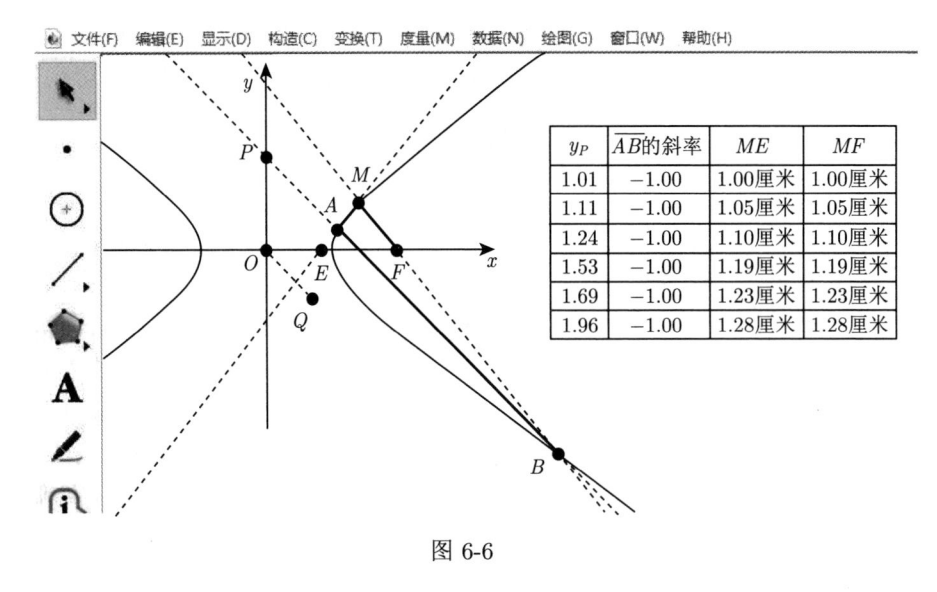

图 6-6

y_P	$\overline{AB}$的斜率	ME	MF
1.01	-1.00	1.00厘米	1.00厘米
1.11	-1.00	1.05厘米	1.05厘米
1.24	-1.00	1.10厘米	1.10厘米
1.53	-1.00	1.19厘米	1.19厘米
1.69	-1.00	1.23厘米	1.23厘米
1.96	-1.00	1.28厘米	1.28厘米

着什么样的思想方法, 顺利解决这类问题有利于学生对什么知识的掌握; 其次, 教师还应深入研究数学核心素养, 通过这个题目, 培养学生哪方面的素养.

类似于说课, 也可以探讨学生的认知和教学方法. 从学生的认知规律和学习心理的角度, 说预设的学生的知识状况、能力状况、学生解答题目的思维障碍 (难点)、学生需要做什么知识上的准备预习. 说如何引导学生观察问题、分析问题, 找到解决问题的突破口; 在解决难度较大的问题时, 说如何分散难点, 增强解题方法的可接受性; 说如何设计教学流程, 合理安排时间, 激发学生的兴趣, "教无定法, 贵在得法", 说教学方法的选择, 要注意体现主体性、思维性、启发性的原则, 因材而论, 因人而异.

上面只是列出几点, 说题并不一定完全局限于上述的环节. 教师在进行说题设计的时候, 要立足于教师教和学生学的角度, 分析学生可能的思维, 发现他们的思维障碍以及思维误区, 并进行适当引导. 教师可以借助相关的计算机技术 (如思维导图、几何画板等) 引导学生逐步加深对题目的认识, 掌握问题的本质, 以达到以一当十的效果.

6.3 说题的案例

下面我们从具体数学内容讨论, 结合说题案例展示说题过程.

6.3.1 立体几何问题说题

例 6-3 如图 6-7, 在棱长为 a 的正方体 $ABCD$-$A_1B_1C_1D_1$ 中, P,Q,L 分别为 A_1D_1, C_1D_1, BC 的中点.

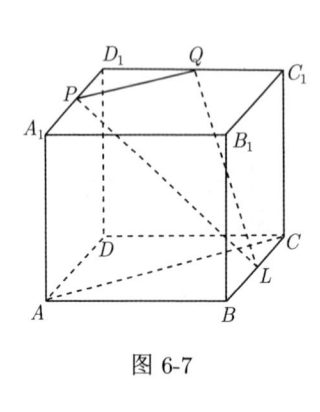

(1) 求证: $AC \perp QL$;

(2) 求点 A 到平面 PQL 的距离.

说题设计

一、说知识

本题涉及的知识点包括: (1) 线线垂直、线面垂直的判定; (2) 点到直线的距离、点到平面的距离; (3) 勾股定理; (4) 三角形的面积公式; (5) 等面积法; (6) 空间直角坐标系中法向量和单位向量; (7) 建立空间直角坐标系; (8) 坐标法解决几何问题; (9) 最值问题; (10) 向量的坐标表示.

图 6-7

本题的重点是立体几何知识与平面几何知识的联系与转化,难点是如何把线线垂直转化为线面垂直,以及熟练掌握点到平面的距离公式或熟练运用坐标法或向量法求点到平面的距离.

二、说核心素养与思想方法

本题涉及的数学核心素养有数学抽象、直观想象、逻辑推理、数学运算. 主要考查转化法、数形结合.

转化法是在研究问题时,将研究对象在一定条件下转化为熟悉的、简单的、基本的研究对象的思想方法,本题主要体现在线线垂直转化为求线面垂直.

数形结合思想是解决几何题常用的思想方法,向量是沟通几何和代数的桥梁,运用向量法解决点到平面的距离可以起到化繁为简的作用.

三、说解题过程

1. 题意

第 (1) 问就证明线线垂直或证线面垂直、面面平行,第 (2) 问就是求一个点到某个平面的距离问题,它的知识点就涉及线线垂直、线面垂直等,综合性较强. 考查的数学核心素养有数学抽象、直观想象、逻辑推理和数学运算.

这是一个棱长为 a 的正方体,三个点 P, Q, L 是三条棱长的中点,第 (1) 问是证 AC 和 QL 垂直,一般可以直接用几何法,比如可以先证线面垂直,然后,再证明线线垂直;或者可以用坐标法,建立空间直角坐标系等等.

第 (2) 问求 A 到一个平面的距离; 求点到平面的距离, 通常用等体积法, 但是当这个题不好使用时,能不能把从 A 点到某个平面的距离转化成别的点,或者是某一条线到平面的距离?

2. 解法

(1) **解法一** (坐标法) 如图 6-8, 以 D 为原点, $\overrightarrow{DA}, \overrightarrow{DC}, \overrightarrow{DD_1}$ 为 x、y、z 轴. 可得 $A(a,0,0), C(0,a,0), Q\left(0,\dfrac{a}{2},a\right), L\left(\dfrac{a}{2},a,0\right)$. 于是

$$\overrightarrow{AC} = (-a,a,0), \quad \overrightarrow{QL} = \left(\dfrac{a}{2},\dfrac{a}{2},-a\right).$$

从而 $\overrightarrow{AC} \cdot \overrightarrow{QL} = -\dfrac{a^2}{2} + \dfrac{a^2}{2} + 0 = 0$, 即 $AC \perp QL$.

解法二 (几何法) 如图 6-9, 取 DC 的中点 M, 连接 QM、ML.

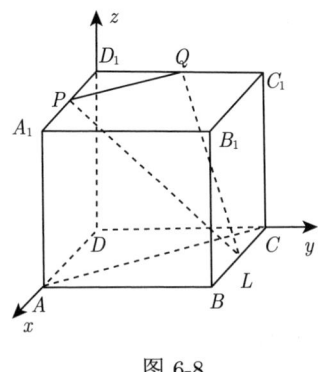

图 6-8

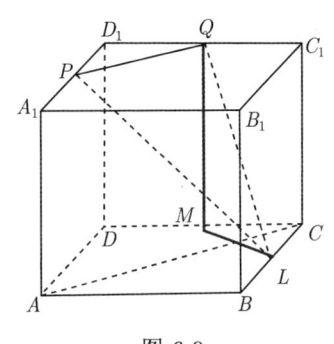

图 6-9

由于 M、L 分别是 CD, CB 的中点, 故 $ML // DB$. 在正方体中 $AC \perp DB$, 所以 $AC \perp ML$.

又由 $QM // C_1C, C_1C \perp$ 平面 $ABCD$, 得 $QM \perp$ 平面 $ABCD$. 所以 $QM \perp AC$.

因为 $QM \cap ML = M$, 所以 $AC \perp$ 平面 QML, 故 $AC \perp QL$.

解法三 在 $\text{Rt}\triangle PQD_1$ 中, 由勾股定理可算出 $PQ = \dfrac{\sqrt{2}}{2}a$. 如图 6-10, 取 AD 的中点 N. 连接 PN, NL. 易得 $\triangle PNL$ 为直角三角形.

由勾股定理可以算出 $PL = \sqrt{2}a$.

连接 C_1L, 易得 $\triangle QC_1L$ 为直角三角形. 由勾股定理可以算出 $C_1L = \dfrac{\sqrt{5}}{2}a$. 同理可得 $QL = \dfrac{\sqrt{6}}{2}a$.

因为 $PQ^2 + QL^2 = PL^2$, 所以 $\triangle PQL$ 为直角三角形. 故 $PQ \perp QL$. 又由 $PQ // A_1C_1 // AC$, 故 $AC \perp QL$.

(2) 求点 A 到平面 PQL 的距离.

解法一 如图 6-11, 取 AB 的中点 M, 连接 PM, ML. 易证四边形 $PQML$ 为平行四边形. 故 $AC \perp QL$, $AC // ML$, 从而 $ML \perp QL$. 即四边形 $PQLM$ 为矩形且 $AC //$ 面 $PMLQ$.

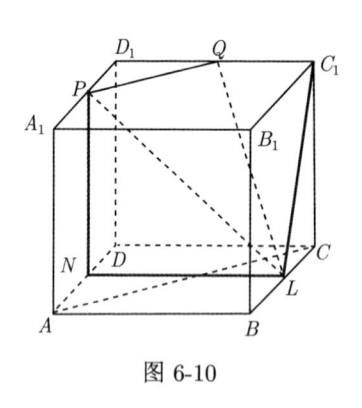

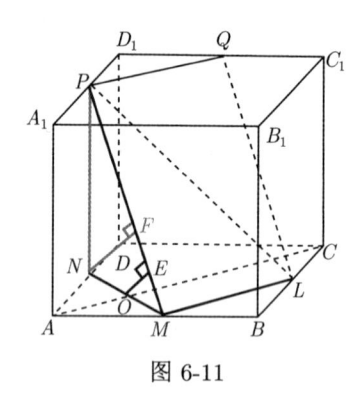

图 6-10

图 6-11

(A 到平面 PQL 的距离转化为 AC 到平面 $PQLM$ 的距离,即求 AC 上任一点到平面 $PQLM$ 的距离.)

(由 $ML \perp MN, ML \perp PM$, 得 $ML \perp$ 平面 PMN, 故 $ML \perp OE$. 又因为 $OE \perp PM$, 故 $OE \perp$ 平面 $PQLM$.)

连接 PN, 过 N 作 $NF \perp PM$, 则 OE 平行且相等于 $\dfrac{1}{2} NF$. 在 Rt$\triangle PMN$ 中, $PN = a, MN = \dfrac{\sqrt{2}}{2}a$, 可得 $PM = \dfrac{\sqrt{6}}{2}a$. 由 $PN \cdot MN = PM \cdot NF$, 得 $NF = \dfrac{\sqrt{3}}{3}a$, 故 $OE = \dfrac{1}{2}NF = \dfrac{\sqrt{3}}{6}a$. 从而 A 到平面 PQL 的距离为 $\dfrac{\sqrt{3}}{6}a$.

解法二 以 D 为原点建立如图 6-12 所示的坐标系, 则 $A(a,0,0), P\left(\dfrac{a}{2}, 0, a\right)$, $Q\left(0, \dfrac{a}{2}, a\right) L\left(\dfrac{a}{2}, a, 0\right)$.

设 $\boldsymbol{n} = (x, y, z)$ 为平面 PQL 的法向量.

$$\overrightarrow{PQ} = \left(-\dfrac{a}{2}, \dfrac{a}{2}, 0\right), \quad \overrightarrow{PL} = (0, a, -a), \quad \overrightarrow{AP} = \left(-\dfrac{a}{2}, 0, a\right).$$

由 $\begin{cases} \overrightarrow{PQ} \cdot \boldsymbol{n} = 0, \\ \overrightarrow{PL} \cdot \boldsymbol{n} = 0 \end{cases}$ 得 $\boldsymbol{n} = (a, a, a)$, 则单位向量 $\boldsymbol{n}_1 = \left(\dfrac{\sqrt{3}}{3}, \dfrac{\sqrt{3}}{3}, \dfrac{\sqrt{3}}{3}\right)$. 故

$$|\boldsymbol{h}| = |\overrightarrow{AP} \cdot \boldsymbol{n}_1| = \left|-\dfrac{\sqrt{3}}{6}a + \dfrac{\sqrt{3}}{3}a\right| = \dfrac{\sqrt{3}}{6}a.$$

6.3 说题的案例

解法三 (公式法) 点 (x_0, y_0, z_0) 到平面 $Ax + By + Cz + D = 0$ 的距离公式为

$$d = \frac{|Ax_0 + By_0 + Cz_0 + D|}{\sqrt{A^2 + B^2 + C^2}}.$$

建立如图 6-13 所示的直角坐标系.

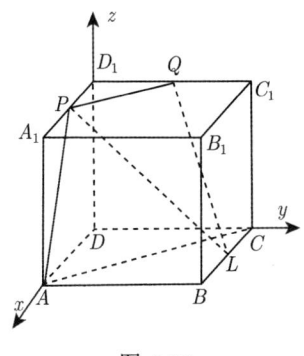

图 6-12

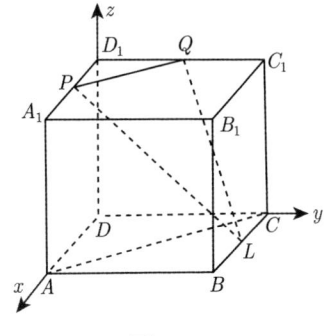

图 6-13

设平面 PQL 为 $Ax + By + Cz + D = 0$,

$$A(a, 0, 0), \quad P\left(\frac{a}{2}, 0, a\right), \quad Q\left(0, \frac{a}{2}, a\right), \quad L\left(\frac{a}{2}, a, 0\right).$$

代入 P、Q、L 三点,有

$$\begin{cases} \dfrac{a}{2}A + aC + D = 0, \\ \dfrac{a}{2}B + aC + D = 0, \\ \dfrac{a}{2}A + aB + D = 0. \end{cases}$$

解得

$$A : B : C : D = 1 : 1 : 1 : \left(-\frac{3}{2}a\right).$$

所以平面 PQL 的方程为 $x + y + z - \dfrac{3}{2}a = 0$. 从而

$$d = \frac{\left|a - \dfrac{3}{2}a\right|}{\sqrt{1 + 1 + 1}} = \frac{\sqrt{3}}{6}a.$$

四、说题目价值

本道立体几何题不仅涉及的综合内容多,而且承载多种数学思想方法,以及考查学生的空间想象能力. 本题考查的内容较为全面,不仅考查了学生对线线垂直、线面

垂直知识点的掌握,还考查了点到平面的距离.此题的解法并不唯一,充分考查了学生对所学知识的灵活运用程度.立体几何是每年高考的必考内容,难度中等,考查的知识点一般围绕下列几个方面进行:空间中点、线、面之间的位置关系的性质和判定,空间几何体的表面积和体积,空间中距离和角的计算等.

五、说变式

变式 1 如图 6-14,在棱长为 2 的正方体 $ABCD$-$A_1B_1C_1D_1$ 中,E 分别为 CC_1 的中点.

(1) 求证: $BD \perp AE$;

(2) 求点 A 到平面 BDE 的距离.

(1) **证明** 连接 AC,则在正方体 $ABCD$-$A_1B_1C_1D_1$ 中,$CC_1 \perp$ 平面 $ABCD$. 所以 $CC_1 \perp BD$.

在正方形 $ABCD$ 中,$AC \perp BD$ 且 $AC \cap CC_1 = C$.

所以 $BD \perp$ 平面 ACE. 又由 $AE \subset$ 平面 ACE,故 $BD \perp AE$.

(2) **解** 设 A 到平面 BDE 的距离为 h,则在棱长为 2 的正方体 $ABCD$-$A_1B_1C_1D_1$ 中,E 分别为 CC_1 的中点. 故 $BE = DE = \sqrt{5}, BD = 2\sqrt{2}$. 从而 $S_{\triangle BDE} = \sqrt{6}$. 于是 $\dfrac{1}{3} \times \sqrt{6}h = \dfrac{1}{3} \times 2 \times 1$,得 $h = \dfrac{\sqrt{6}}{3}$.

变式 2 如图 6-15,在棱长为 1 的正方体 $ABCD$-$A_1B_1C_1D_1$ 中,M、N 分别是棱 A_1B_1-A_1D_1 的中点,则点 B 到平面 AMN 的距离是_____.

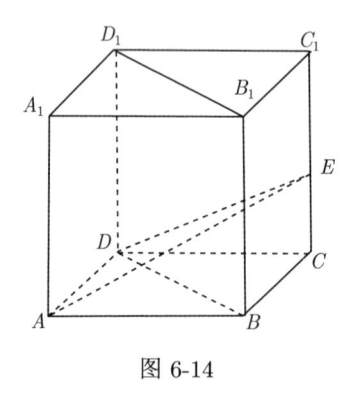

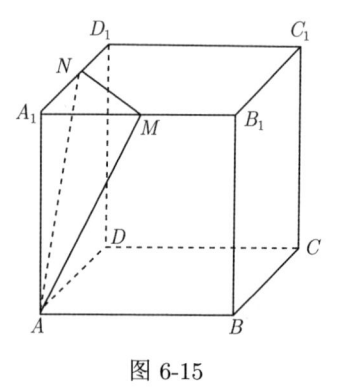

图 6-14

图 6-15

分析 如图 6-16,连接 AC、BD 交于点 O,连接 A_1C_1 与 MN 的交点为 E,连接 AE、B_1D_1,作 $OH \perp AE$ 于 H,可得 $|OH|$ 即是点 B 到平面 AMN 的距离. 下面进行证明.

在 $\triangle A_1B_1D_1$ 中,M、N 分别是棱 A_1B_1,A_1D_1 的中点,所以 $MN//B_1D_1$,又因为 $B_1D_1//BD$,所以 $MN//BD$. 由 $MN \subset$ 平面 AMN,$BD \not\subset$ 平面 AMN

知 $BD//$ 平面 AMN,从而得点 B 到平面 AMN 的距离,即为直线 BD 到平面 AMN 的距离.

由 $AA_1 \perp$ 平面 $ABCD$, $BD \subset$ 平面 $ABCD$,得 $BD \perp AA_1$. 又由 $BD \perp AC$, $AC \cap A_1A = A$, AC, $A_1A \subset$ 平面 AA_1C_1C, 得 $BD \perp$ 平面 AA_1C_1C.

因为 $MN//BD$, 所以 $MN \perp$ 平面 AA_1C_1C. 因为 $OH \subseteq$ 平面 AA_1C_1C, 所以 $OH \perp MN$. 又因为 $OH \perp AE, MN \cap AE = E, MN, AE \subset$ 平面 AMN, 所以 $OH \perp$ 平面 AMN.

故 OH 即为直线 BD 到平面 AMN 的距离. 从而 OH 即是点 B 到平面 AMN 的距离.

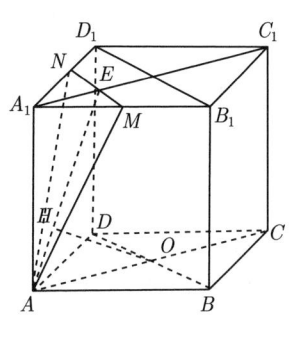

图 6-16

在正方形 $A_1B_1C_1D_1$ 中,边长为 1, M、N 分别是 A_1B_1, A_1D_1 的中点,故 $A_1E = \frac{1}{4}A_1C_1 = \frac{\sqrt{2}}{4}$. 从而在 $\text{Rt}\triangle A_1AE$ 中,

$$AE = \sqrt{A_1A^2 + A_1E^2} = \sqrt{1^2 + \left(\frac{\sqrt{2}}{4}\right)^2} = \frac{3}{4}\sqrt{2}.$$

在 $\text{Rt}\triangle HAO$ 中,

$$AO = \frac{1}{2}AC = \frac{\sqrt{2}}{2}.$$

由于 $\angle HAO = \angle A_1EA = 90° - \angle A_1AE$, 所以 $\text{Rt}\triangle A_1EA \sim \text{Rt}\triangle HAO$, 从而

$$\frac{AA_1}{OH} = \frac{AE}{AO} \Rightarrow OH = \frac{AA_1 \cdot AO}{AE} = \frac{2}{3}.$$

故点 B 到平面 AMN 的距离为 $\frac{2}{3}$.

变式 3 棱长为 a 的正方体 $ABCD$-$A_1B_1C_1D_1$ 中, M、N、E、F 分别是棱 A_1B_1, A_1D_1, C_1D_1, B_1C_1 的中点,取 H 为 MN 的中点 (图 6-17).

(1) 求证平面 $AMN//$ 平面 $EFBD$;

(2) 求点 A_1 到平面 AMN 的距离.

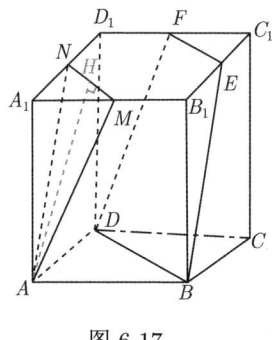

图 6-17

(1) **证明** 因为 $MN//FE$, 所以 $MN//$ 平面 $EFBD$. 因为 $AN//BE$, 所以 $AN//$ 平面 $EFBD$. 因为 $AN \cap MN = N$, 所以平面 $AMN//$ 平面 $EFBD$.

(2) **解法一** (等体积法) 经计算得

$$AM = \frac{\sqrt{5}}{2}a, \quad AN = \frac{\sqrt{5}}{2}a, \quad MN = \frac{\sqrt{2}}{2}a, \quad AH = \frac{3\sqrt{2}}{4}a.$$

由 $V_{A_1-AMN} = V_{A-A_1MN}$ 得 $\frac{1}{3} \cdot h \cdot S_{\triangle AMN} = \frac{1}{3} \cdot AA_1 \cdot S_{\triangle A_1MN}.$

$$h \cdot \frac{1}{2} \cdot \frac{\sqrt{2}}{2}a \cdot \frac{3\sqrt{2}}{4}a = a \cdot \frac{1}{2} \cdot \frac{1}{2}a \cdot \frac{1}{2}a.$$

解得 $h = \frac{a}{3}$. 故点 A_1 到平面 AMN 的距离为 $\frac{a}{3}$.

解法二 (二面角法) 经计算得

$$AM = \frac{\sqrt{5}}{2}a, AN = \frac{\sqrt{5}}{2}a, MN = \frac{\sqrt{2}}{2}a, AH = \frac{3}{4}\sqrt{2}a, A_1H = \frac{\sqrt{2}}{4}a.$$

故 $AH \perp MN, A_1H \perp MN.$ 从而 $\angle A_1HA$ 是二面角 A_1-MN-A 的平面角.

在 $\text{Rt}\triangle AA_1H$ 中 $\sin \angle A_1HA = \frac{AA_1}{AH} = \frac{2}{3}\sqrt{2}$, 得点 A 到平面 AMN 的距离为

$$h = A_1H \cdot \sin \angle A_1HA = \frac{\sqrt{2}}{4}a \cdot \frac{2}{3}\sqrt{2} = \frac{a}{3}.$$

在教学过程中要注意渗透数学思想方法和数学核心素养, 加深学生对知识的理解, 用数学思维去思考问题. 启发学生用多种方法求解此题, 在解决问题的同时可以对所学的知识进行融会贯通, 构建完善的知识网络.

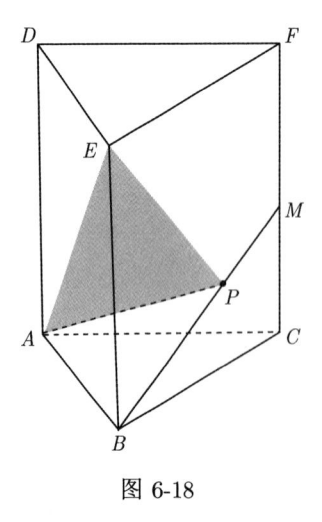

例 6-4 如图 6-18, 正三棱柱 ABC-DEF 的底面棱长为 1, 体积为 $\frac{\sqrt{6}}{4}$, M 为侧棱 CF 上一点, P 点在 BM 上, 且 $BM \perp$ 平面 PAE, 则 $\triangle PAE$ 的面积是多少?

一、题目背景

立体几何是高中数学中的重要内容, 此题主要考查了正三棱柱的性质, 题目属于常规题, 难度中等.

该题所涉及的知识点主要包括:
(1) 正三棱柱的体积公式;

图 6-18

(2) 线面垂直的性质;
(3) 三角形的面积公式;
(4) 勾股定理;
(5) 立体几何常见求解方法——向量法、等体积法.

二、条件分析

本题给出的题干条件主要有:

(1) 正三棱柱 $ABC\text{-}DEF$;

(2) 体积为 $\dfrac{\sqrt{6}}{4}$;

(3) $BM \perp$ 平面 PAE.

三、解题思路

思路一 向量法 (图 6-19)

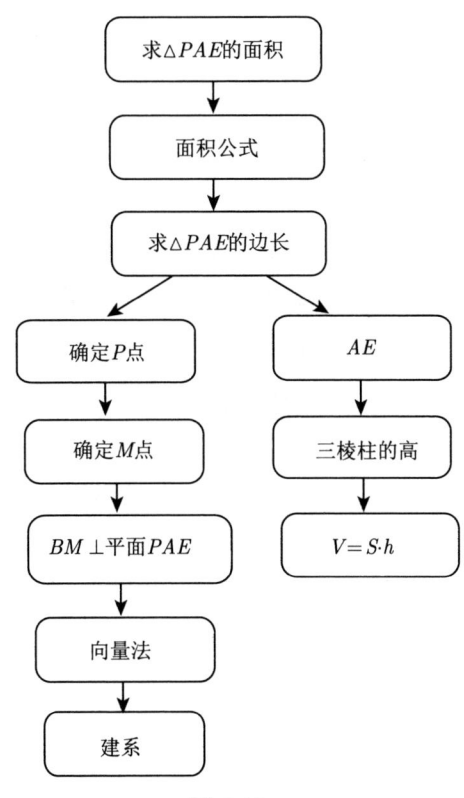

图 6-19

思路二 等体积法 (图 6-20)

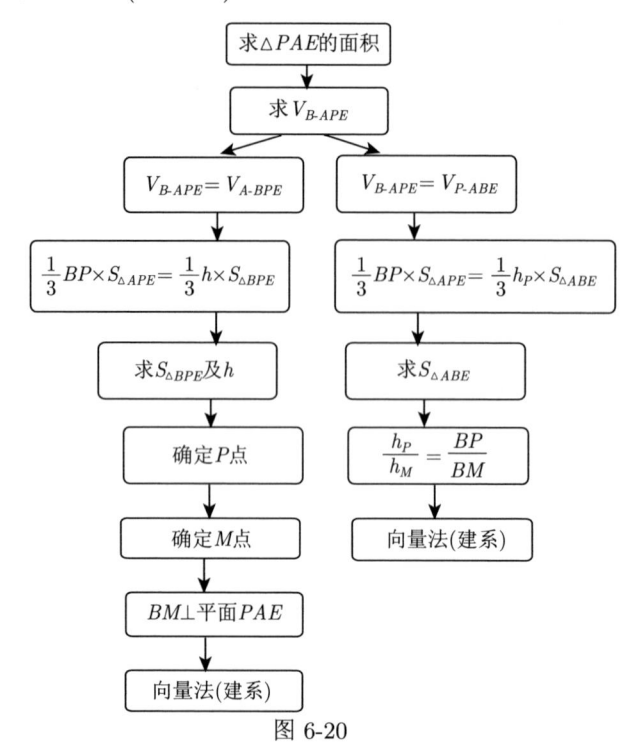

```
求△PAE的面积
     ↓
  求V_{B-APE}
   ↙     ↘
V_{B-APE}=V_{A-BPE}    V_{B-APE}=V_{P-ABE}
   ↓                    ↓
1/3 BP×S_{△APE}=1/3 h×S_{△BPE}    1/3 BP×S_{△APE}=1/3 h_P×S_{△ABE}
   ↓                    ↓
求S_{△BPE}及h          求S_{△ABE}
   ↓                    ↓
确定P点               h_P/h_M = BP/BM
   ↓                    ↓
确定M点               向量法(建系)
   ↓
BM⊥平面PAE
   ↓
向量法(建系)
```

图 6-20

注: h 为点 A 到平面 BPE 距离; h_P 为点 P 到平面 APE 距离; h_m 为点 M 到平面 APE 距离.

四、解题过程

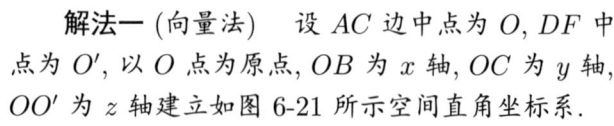

解法一 (向量法) 设 AC 边中点为 O, DF 中点为 O', 以 O 点为原点, OB 为 x 轴, OC 为 y 轴, OO' 为 z 轴建立如图 6-21 所示空间直角坐标系.

由于正三棱柱 ABC-DEF 的底面棱长为 1, 体积为 $\dfrac{\sqrt{6}}{4}$, 则

$$S_{\triangle ABC} = \frac{1}{2} \times 1 \times \cos 30° = \frac{\sqrt{3}}{4}.$$

又因为 $V_{ABC-DEF} = \dfrac{\sqrt{6}}{4}$, 所以三棱柱高为

$$h = \frac{V}{S_{\triangle ABC}} = \sqrt{2}.$$

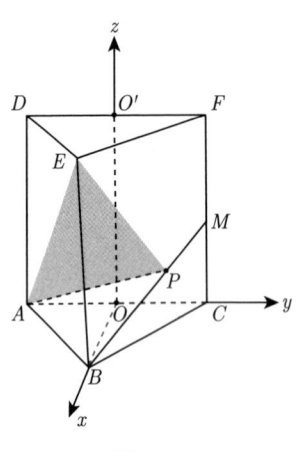

图 6-21

6.3 说题的案例

由题意得, $A\left(0,-\frac{1}{2},0\right)$, $B\left(\frac{\sqrt{3}}{2},0,0\right)$, $C\left(0,\frac{1}{2},0\right)$, $E\left(\frac{\sqrt{3}}{2},0,\sqrt{2}\right)$. 设 $M\left(0,\frac{1}{2},z_0\right)$. 由 $BM \perp$ 平面 PAE, $AE \subset$ 面 PAE, 得 $BM \perp AE$, 有 $\overrightarrow{BM} \cdot \overrightarrow{AE} = 0$, 即

$$\left(-\frac{\sqrt{3}}{2}, \frac{1}{2}, z_0\right) \cdot \left(\frac{\sqrt{3}}{2}, \frac{1}{2}, \sqrt{2}\right) = 0,$$

解得 $z_0 = \frac{\sqrt{2}}{4}$. 故 $M\left(0, \frac{1}{2}, \frac{\sqrt{2}}{4}\right)$.

设 $P(a,b,c)$, $\overrightarrow{BP} = \lambda \overrightarrow{BM}$ $(0 < \lambda < 1)$, 则 $\left(a - \frac{\sqrt{3}}{2}, b, c\right) = \lambda\left(-\frac{\sqrt{3}}{2}, \frac{1}{2}, \frac{\sqrt{2}}{4}\right)$. 故 $P\left(\frac{\sqrt{3}}{2} - \frac{\sqrt{3}}{2}\lambda, \frac{\lambda}{2}, \frac{\sqrt{2}}{4}\lambda\right)$. 又因为 $BM \perp$ 平面 PAE, $AP \subset$ 面 PAE, 所以 $BP \perp AP$, 有 $\overrightarrow{BP} \cdot \overrightarrow{AP} = 0$, 即

$$\left(-\frac{\sqrt{3}}{2}\lambda, \frac{\lambda}{2}, \frac{\sqrt{2}}{4}\lambda\right) \cdot \left(\frac{\sqrt{3}}{2} - \frac{\sqrt{3}}{2}\lambda, \frac{\lambda}{2} + \frac{1}{2}, \frac{\sqrt{2}}{4}\lambda\right) = 0,$$

解得 $\lambda = \frac{4}{9}$. 故 $P\left(\frac{5\sqrt{3}}{18}, \frac{2}{9}, \frac{\sqrt{2}}{9}\right)$. 从而 $\overrightarrow{AP} = \left(\frac{5\sqrt{3}}{18}, \frac{13}{18}, \frac{\sqrt{2}}{9}\right)$, $AP = \frac{\sqrt{7}}{3}$.

同理, $\overrightarrow{EP} = \left(-\frac{2\sqrt{3}}{9}, \frac{2}{9}, -\frac{8\sqrt{2}}{9}\right)$, $EP = \frac{4}{3}$.

在 $\triangle PAE$ 中, 易得 $AE = \sqrt{AB^2 + BE^2} = \sqrt{3}$, 故

$$\cos \angle PAE = \frac{AE^2 + AP^2 - EP^2}{2 \cdot AE \cdot AP} = \frac{\sqrt{21}}{7},$$

$$\sin \angle PAE = \sqrt{1 - \cos^2 A} = \frac{2\sqrt{7}}{7},$$

$$S_{\triangle PAE} = \frac{1}{2} \cdot PA \cdot AE \cdot \sin \angle PAE = \frac{1}{2} \cdot \frac{\sqrt{7}}{3} \cdot \sqrt{3} \cdot \frac{2\sqrt{7}}{7} = \frac{\sqrt{3}}{3}.$$

解法二 (等体积法) 1. $V_{A\text{-}BPE} = V_{B\text{-}APE}$.

建立如图 6-22 所示空间直角坐标系, 求解 P 点坐标 (同解法一)

由于 $A\left(0,-\frac{1}{2},0\right)$, $B\left(\frac{\sqrt{3}}{2},0,0\right)$, $C\left(0,\frac{1}{2},0\right)$, $E\left(\frac{\sqrt{3}}{2},0,\sqrt{2}\right)$, $P\left(\frac{5\sqrt{3}}{18}, \frac{2}{9},\right.$

$\left.\frac{\sqrt{2}}{9}\right)$,则在 $\triangle BPE$ 中,

$$|BE|^2 = 2, \quad |PE|^2 = \frac{16}{9}, \quad |BP|^2 = \frac{2}{9},$$

$$\cos\angle BPE = \frac{\frac{16}{9} + \frac{2}{9} - 2}{2 \times \frac{4}{3} \times \frac{\sqrt{2}}{3}} = 0,$$

即 $BP \perp PE$. 故 $S_{\triangle BPE} = \frac{1}{2} \cdot BP \cdot PE = \frac{2\sqrt{2}}{9}$.

在正三棱柱中,平面 BPE 与平面 ABC 所成的角为直二面角,所以平面 $ABC \perp$ 平面 BPE,则点 A 到平面 BPE 的距离为 $\frac{\sqrt{3}}{2}$,则

$$V_{A\text{-}BPE} = \frac{1}{3} \times \frac{2\sqrt{2}}{9} \times \frac{\sqrt{3}}{2} = \frac{\sqrt{6}}{27} = \frac{1}{3} \times S_{\triangle APE} \times BP,$$

故 $S_{\triangle APE} = \dfrac{\frac{\sqrt{6}}{27}}{\frac{1}{3} \times \frac{\sqrt{2}}{3}} = \frac{\sqrt{3}}{3}$.

2. $V_{B\text{-}APE} = V_{P\text{-}ABE}$.

建立如图 6-23 所示空间直角坐标系,求解 P 点坐标(同解法一).

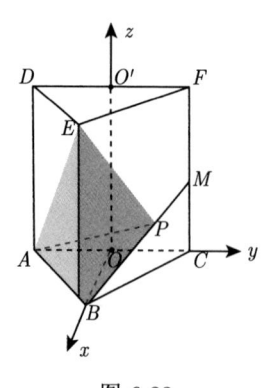

图 6-22

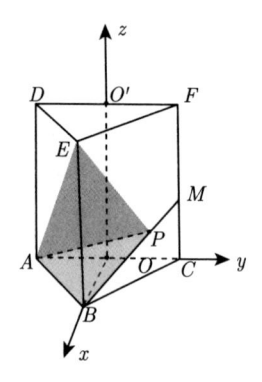

图 6-23

由于 $V_{B\text{-}APE} = V_{P\text{-}ABE}$,即

$$\frac{1}{3} \cdot S_{\triangle PAE} \cdot BP = \frac{1}{3} \cdot S_{\triangle ABE} \cdot h_p \text{ (其中 } h_p \text{ 为点 } P \text{ 到平面 } ABE \text{ 的距离)},$$

所以 $S_{\triangle ABE} = \dfrac{1}{2} \times 1 \times \sqrt{2} = \dfrac{\sqrt{2}}{2}$.

设 h_M 为点 M 到平面 ABE 的距离, 则 $h_M = \dfrac{\sqrt{3}}{2}$.

由相似三角形性质可知 $\dfrac{h_P}{h_M} = \dfrac{BP}{BM}$, 所以 $h_P = \dfrac{BP}{BM} \times \dfrac{\sqrt{3}}{2}$.

综上所述,
$$\dfrac{1}{3} \cdot S_{\triangle PAE} \cdot BP = \dfrac{1}{3} \cdot \dfrac{\sqrt{2}}{2} \cdot \left(\dfrac{BP}{BM} \cdot \dfrac{\sqrt{3}}{2}\right),$$

解得 $S_{\triangle PAE} = \dfrac{\sqrt{6}}{4} \cdot \dfrac{1}{BM} = \dfrac{\sqrt{3}}{3}$.

五、核心素养与思想方法

1. 核心素养: 数学抽象、数学运算、逻辑推理、直观想象
2. 数学思想: 转化与化归、数形结合

注: 转化与化归和数形结合均为数学思想, 并非方法.

六、变式

变式 1 直三棱柱 ABC-DEF 的高为 $\sqrt{2}$, 体积为 $\dfrac{\sqrt{6}}{4}$. 且底面是一个等腰三角形, 腰长为 1, M 为侧棱 CF 上一点. 问 BM 上是否存在一点 P, 使得 $BM \perp$ 平面 PAE, 若存在 P, 则 $\dfrac{CM}{CF} = ?$

解 由题意, 设 AC 边中点为 O, DF 中点为 G, 以 O 点为原点, OB 为 x 轴, OC 为 y 轴, OG 为 z 轴建立如图 6-24 所示空间直角坐标系. (OG//AD)

易知 $AB = CB = 1$, $V_{ABC-DEF} = S_{\triangle ABC} \cdot \sqrt{2} = \dfrac{\sqrt{6}}{4}$.

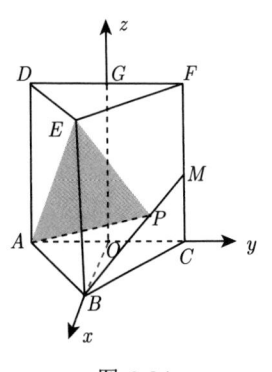

图 6-24

设 $AC = a, OB = b$. 则
$$\begin{cases} \dfrac{1}{2} \cdot a \cdot b \cdot \sqrt{2} = \dfrac{\sqrt{6}}{4}, \\ \left(\dfrac{a}{2}\right)^2 + b^2 = 1, \end{cases}$$

解得 $\begin{cases} a = \sqrt{3}, \\ b = \dfrac{1}{2}, \end{cases}$ 或 $\begin{cases} a = 1, \\ b = \dfrac{\sqrt{3}}{2}. \end{cases}$

(1) 若 $a = \sqrt{3}, b = \dfrac{1}{2}$. 则

$$A\left(0, -\dfrac{\sqrt{3}}{2}, 0\right), B\left(\dfrac{1}{2}, 0, 0\right), E\left(\dfrac{1}{2}, 0, \sqrt{2}\right), M\left(0, \dfrac{\sqrt{3}}{2}, c\right) \quad (c > 0).$$

若存在满足条件的点 P, 则有 $BM \perp AE$, 所以

$$\overrightarrow{BM} \cdot \overrightarrow{AE} = \left(-\dfrac{1}{2}, \dfrac{\sqrt{3}}{2}, c\right) \cdot \left(\dfrac{1}{2}, \dfrac{\sqrt{3}}{2}, \sqrt{2}\right) = 0,$$

解得 $c = -\dfrac{\sqrt{2}}{4}$ (矛盾). 故不存在一点 P, 使得 $BM \perp$ 平面 PAE.

(2) 若 $a = 1, b = \dfrac{\sqrt{3}}{2}$. 则

$$A\left(0, -\dfrac{1}{2}, 0\right), B\left(\dfrac{\sqrt{3}}{2}, 0, 0\right), E\left(\dfrac{\sqrt{3}}{2}, 0, \sqrt{2}\right), \quad M\left(0, \dfrac{1}{2}, c\right)(c > 0).$$

同理, 若存在满足条件的点 P, 则有 $BM \perp AE$, 即

$$\overrightarrow{BM} \cdot \overrightarrow{AE} = \left(-\dfrac{\sqrt{3}}{2}, \dfrac{1}{2}, c\right) \cdot \left(\dfrac{\sqrt{3}}{2}, \dfrac{1}{2}, \sqrt{2}\right) = 0.$$

解得 $c = \dfrac{\sqrt{2}}{4}$, 故 $M\left(0, \dfrac{1}{2}, \dfrac{\sqrt{2}}{4}\right)$.

又因为 $BM \perp$ 平面 PAE, 所以 $BM \perp EP$, 故 $\overrightarrow{BM} \cdot \overrightarrow{EP} = 0$. 又因为 $\overrightarrow{EP} = \overrightarrow{EB} + \overrightarrow{BP}, \overrightarrow{BP} = \lambda \overrightarrow{BM}(\lambda > 0)$, 得

$$\overrightarrow{BM} \cdot \overrightarrow{EB} + \overrightarrow{BM} \cdot \lambda \overrightarrow{BM} = 0,$$

即 $-\dfrac{1}{2} + \lambda \cdot \dfrac{9}{8} = 0$, 解得 $\lambda = \dfrac{4}{9}$, 故 $\overrightarrow{BP} = \left(-\dfrac{2\sqrt{3}}{9}, \dfrac{2}{9}, \dfrac{\sqrt{2}}{9}\right)$. 从而

$$\overrightarrow{OP} = \overrightarrow{OB} + \overrightarrow{BP} = \left(\dfrac{5\sqrt{3}}{18}, \dfrac{2}{9}, \dfrac{\sqrt{2}}{9}\right),$$

此时 $\dfrac{CM}{CF} = \dfrac{\frac{\sqrt{2}}{4}}{\sqrt{2}} = \dfrac{1}{4}$.

变式 2 已知正三棱柱 ABC-DEF 的底面棱长为 1, 侧棱长为 2, 其中 M、

N 分别为 BC、CF 上一点, 已知 $V_{N\text{-}ABC} = \dfrac{1}{48} V_{ABC\text{-}DEF}$. 问是否存在一点 M, 使得 $MN \perp AE$. 若存在, 求 $S_{\triangle AMN}$.

解 设 $CN = c \ (0 < c \leqslant 2)$.

由于 $V_{N\text{-}ABC} = \dfrac{1}{48} V_{ABC\text{-}DEF}$, 且 $S_{\triangle ABC} = \dfrac{1}{2} \cdot 1 \cdot \dfrac{\sqrt{3}}{2} = \dfrac{\sqrt{3}}{4}$, 所以 $c = \dfrac{1}{8}$.

建立如图 6-25 所示空间直角坐标系, 则 $A\left(0, -\dfrac{1}{2}, 0\right)$, $B\left(\dfrac{\sqrt{3}}{2}, 0, 0\right)$, $E\left(\dfrac{\sqrt{3}}{2}, 0, 2\right)$, $N\left(0, \dfrac{1}{2}, \dfrac{1}{8}\right)$, $C\left(0, \dfrac{1}{2}, 0\right)$.

由 M 为 BC 上一点, 如图 6-26, 作 $MM_1 // BO$.

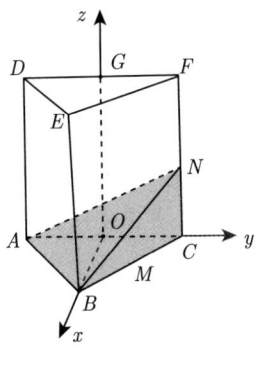

图 6-25

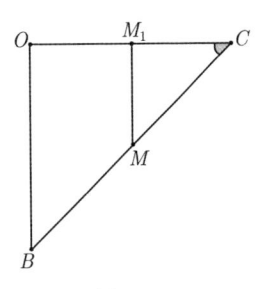

图 6-26

设 M 的横坐标为 a, 则在 $\triangle MM_1C$ 中,

$$CM_1 = \dfrac{MM_1}{\tan 60°} = \dfrac{\sqrt{3}}{3} a,$$

故

$$OM_1 = \dfrac{1}{2} - CM_1 = \dfrac{1}{2} - \dfrac{\sqrt{3}}{3} a,$$

则 $M\left(a, \dfrac{1}{2} - \dfrac{\sqrt{3}}{3} a, 0\right)$.

由 $MN \perp AE$, 得 $\overrightarrow{MN} \cdot \overrightarrow{AE} = 0$, 得

$$\left(a, -\dfrac{\sqrt{3}}{3} a, -\dfrac{1}{8}\right) \cdot \left(\dfrac{\sqrt{3}}{2}, \dfrac{1}{2}, 2\right) = 0,$$

解得 $a = \dfrac{\sqrt{3}}{4}$, $M\left(\dfrac{\sqrt{3}}{4}, \dfrac{1}{4}, 0\right)$.

故存在满足条件的 M 点, $CM_1 = \dfrac{1}{4} = \dfrac{1}{2}OC$, 且 $MM_1 // BO$. 从而 M 为 BC 中点, 故 $AM \perp BC$.

又由于 $CF \perp$ 平面 ABC, 所以 $AM \perp CF$, 从而

$$\begin{cases} AM \perp BC \\ AM \perp CF \\ BC \cap CF = C \end{cases} \Rightarrow AM \perp 平面 BCFE.$$

得 $AM \perp MN$. 于是

$$S_{\triangle AMN} = \dfrac{1}{2} \cdot MN \cdot AM = \dfrac{1}{2} \cdot \dfrac{\sqrt{3}}{2} \cdot \dfrac{\sqrt{17}}{8} = \dfrac{\sqrt{51}}{32}.$$

七、教学反思

教学上需要让学生总结此类立体几何的常用方法——向量法、等体积法, 但在等体积法中是否能找到分割的图形却是一大难点. 同时本题目中有两个未知点 M、点 P, 因此确定这两点的计算过程会有些复杂, 教师应鼓励学生耐心准确计算. 三角形的面积公式需要进行总结归纳, 引导学生根据具体题目选择合适的方法.

6.3.2 三角函数问题说题

例 6-5 在 $\triangle ABC$ 中, 内角 A, B, C 的对边分别为 a, b, c, 已知 $\dfrac{b^2 + c^2 - a^2}{bc} = \dfrac{2\sin B - \sin A}{\sin C}$.

(1) 求角 C 的值;

(2) 若 $a + b = 4$, 当边 c 取最小值时, 求 $\triangle ABC$ 的面积.

一、说知识

本题涉及的知识点有正弦定理、余弦定理、三角形面积公式、基本不等式; 主要考查的是运用正、余弦定理和基本不等式来解决三角函数问题.

二、说核心素养与思想方法

本题涉及的数学核心素养有逻辑推理和数学运算; 主要考查转化法.

三、说思路

(1) 由框图 (图 6-27) 可以分析解题的思路:

(2) 思路分析.

方法一 (图 6-28)

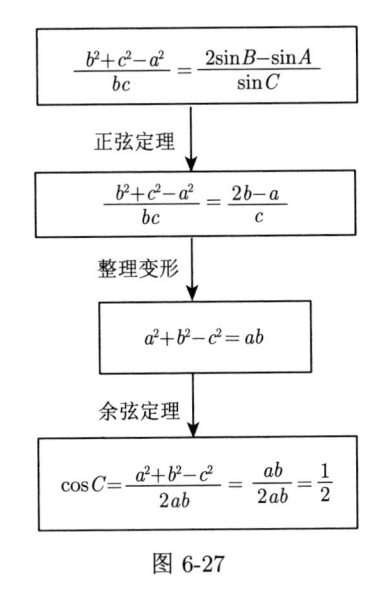

6.3 说题的案例

```
┌─────────────────────────────┐
│ $\frac{b^2+c^2-a^2}{bc} = \frac{2\sin B - \sin A}{\sin C}$ │
└─────────────────────────────┘
          ↓ 正弦定理
┌─────────────────────────────┐
│ $\frac{b^2+c^2-a^2}{bc} = \frac{2b-a}{c}$ │
└─────────────────────────────┘
          ↓ 整理变形
┌─────────────────────────────┐
│ $a^2+b^2-c^2=ab$ │
└─────────────────────────────┘
          ↓ 余弦定理
┌─────────────────────────────┐
│ $\cos C = \frac{a^2+b^2-c^2}{2ab} = \frac{ab}{2ab} = \frac{1}{2}$ │
└─────────────────────────────┘
```
图 6-27

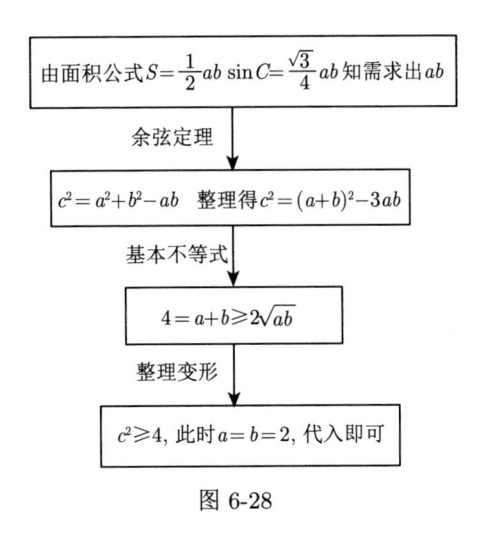

```
┌─────────────────────────────┐
│ 由面积公式 $S=\frac{1}{2}ab\sin C=\frac{\sqrt{3}}{4}ab$ 知需求出 $ab$ │
└─────────────────────────────┘
          ↓ 余弦定理
┌─────────────────────────────┐
│ $c^2=a^2+b^2-ab$  整理得 $c^2=(a+b)^2-3ab$ │
└─────────────────────────────┘
          ↓ 基本不等式
┌─────────────────────────────┐
│ $4=a+b\geqslant 2\sqrt{ab}$ │
└─────────────────────────────┘
          ↓ 整理变形
┌─────────────────────────────┐
│ $c^2\geqslant 4$, 此时 $a=b=2$, 代入即可 │
└─────────────────────────────┘
```
图 6-28

方法二 (图 6-29)

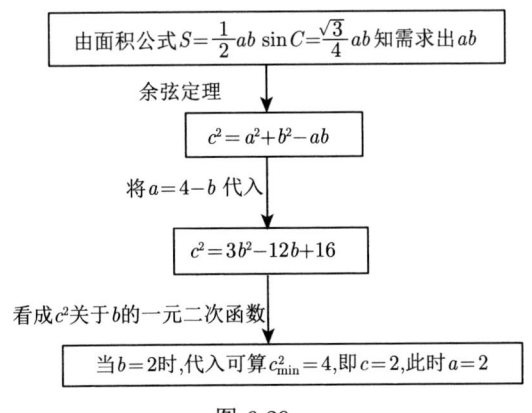

```
┌─────────────────────────────┐
│ 由面积公式 $S=\frac{1}{2}ab\sin C=\frac{\sqrt{3}}{4}ab$ 知需求出 $ab$ │
└─────────────────────────────┘
          ↓ 余弦定理
┌─────────────────────────────┐
│ $c^2=a^2+b^2-ab$ │
└─────────────────────────────┘
          ↓ 将 $a=4-b$ 代入
┌─────────────────────────────┐
│ $c^2=3b^2-12b+16$ │
└─────────────────────────────┘
          ↓ 看成 $c^2$ 关于 $b$ 的一元二次函数
┌─────────────────────────────┐
│ 当 $b=2$ 时,代入可算 $c_{\min}^2=4$,即 $c=2$,此时 $a=2$ │
└─────────────────────────────┘
```
图 6-29

四、说解题过程

(1) 由正弦定理得 $\frac{b^2+c^2-a^2}{bc} = \frac{2b-a}{c}$, 整理得 $a^2+b^2-c^2=ab$.

由余弦定理得 $\cos C = \frac{a^2+b^2-c^2}{2ab} = \frac{ab}{2ab} = \frac{1}{2}$, 故 $C=\frac{\pi}{3}$.

(2) **方法一** 由余弦定理得

$$c^2 = a^2+b^2-ab = (a+b)^2 - 3ab = 16-3ab.$$

因为 $4=a+b\geqslant 2\sqrt{ab}$, 所以 $ab\leqslant 4$, 当且仅当 $a=b=2$ 时等号成立. 故 $c^2 \geqslant 16-12=4$, 即 $c\geqslant 2$.

因此当 $c_{\min} = 2$ 时, $a = b = 2$, 此时 $\triangle ABC$ 的面积为 $S = \dfrac{1}{2}ab\sin C = \sqrt{3}$.

方法二　由余弦定理得 $c^2 = a^2 + b^2 - ab$.

因为 $a + b = 4$, 得 $a = 4 - b$, 所以 $c^2 = 3b^2 - 12b + 16$.

当 $b = 2$ 时, 代入可得 $c_{\min}^2 = 4$, 即 $c_{\min} = 2$, 此时 $a = 2$.

因此 $\triangle ABC$ 的面积为 $S = \dfrac{1}{2}ab\sin C = \sqrt{3}$.

三角函数问题在高考中属于必考的知识, 难度为中等偏易, 要求学生掌握三角形面积公式、正、余弦定理及其运用等, 熟悉公式以及公式的变形, 能够运用公式之间的变化来解决三角函数问题.

五、说变式

变式 1　在 $\triangle ABC$ 中, 内角 A, B, C 的对边分别为 a, b, c, 已知 $\dfrac{b^2 + c^2 - a^2}{bc} = \dfrac{2\sin B - \sin A}{\sin C}$.

(1) 求角 C 的值;

(2) 若 $a + b = 4$, $\triangle ABC$ 的面积为 $\sqrt{3}$, 求边 c 的值.

解　(1) 由正弦定理得 $\dfrac{b^2 + c^2 - a^2}{bc} = \dfrac{2b - a}{c}$, 整理得 $a^2 + b^2 - c^2 = ab$.

由余弦定理得 $\cos C = \dfrac{a^2 + b^2 - c^2}{2ab} = \dfrac{ab}{2ab} = \dfrac{1}{2}$, 故 $C = \dfrac{\pi}{3}$.

(2) 由余弦定理得 $c^2 = a^2 + b^2 - ab = (a+b)^2 - 3ab = 16 - 3ab$.

因为 $S = \dfrac{1}{2}ab\sin C = \sqrt{3}$, 所以 $ab = 4$, 故 $c^2 = 4$, 即 $c = 2$.

变式 2　在 $\triangle ABC$ 中, 内角 A, B, C 的对边分别为 a, b, c, 已知 $\dfrac{b^2 + c^2 - a^2}{bc} = \dfrac{2\sin B - \sin A}{\sin C}$.

(1) 求角 C 的值;

(2) 若 $a + b = 4$, 求边 c 的取值范围.

解　(1) 由正弦定理得 $\dfrac{b^2 + c^2 - a^2}{bc} = \dfrac{2b - a}{c}$, 整理得 $a^2 + b^2 - c^2 = ab$.

由余弦定理得 $\cos C = \dfrac{a^2 + b^2 - c^2}{2ab} = \dfrac{ab}{2ab} = \dfrac{1}{2}$, 故 $C = \dfrac{\pi}{3}$.

(2) 由余弦定理得

$$c^2 = a^2 + b^2 - ab = (a+b)^2 - 3ab = 16 - 3ab.$$

因为 $4 = a+b \geqslant 2\sqrt{ab}$, 所以 $ab \leqslant 4$, 当且仅当 $a = b = 2$ 时等号成立. 故 $c^2 \geqslant 16 - 12 = 4$, 即 $c \geqslant 2$. 由三角形两边和大于第三边知 $c < a+b = 4$, 所以 c 的取值范围为 $2 \leqslant c \leqslant 4$.

解三角形是高中数学的重要教学内容, 它涉及三角形的边、角、面积, 以及三角函数、圆等知识, 综合性较强. 在解三角形的教学中, 根据教学大纲的要求, 重点讲解如何运用正弦定理和余弦定理解三角形的问题, 以及判断三角形的解. 做好解三角形的教学, 不但可以提高学生的解题能力, 而且还对学生数学思路的发展有帮助. 因此, 解三角形对于高中数学教学的意义很大.

例 6-6 有一道解三角形的题目因纸张破损而使得有一个条件看不清, 具体如下: 在 $\triangle ABC$ 中, a, b, c 分别是角 A, B, C 的对边. 已知 $a = \sqrt{6}$, ＿＿＿＿＿＿, 且 $2\cos^2 \dfrac{A+C}{2} = (\sqrt{2}-1)\cos B$, 求角 A. 现知道破损缺少的条件是三角形的一条边长, 且该题答案为 $A = 60°$, 试将条件补充完整, 并做出解答.

一、说知识点

本题考查的知识点有三角形的内角和为 $180°$、正弦定理、余弦定理、三角恒等变换中的二倍角公式、两角和正弦公式, 要求学生会解三角形, 熟悉三角形边角关系.

二、说核心素养和思想方法

本题涉及的核心素养有逻辑推理、数学运算, 考查的数学思想方法有数形结合、分类讨论.

三、说解题思路 (图 6-30)

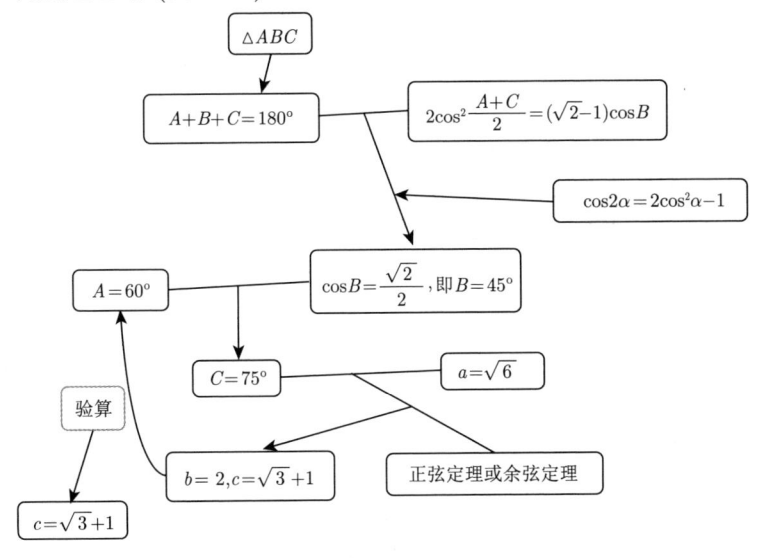

图 6-30

1. 本题所给的

显性条件有 (1) $\triangle ABC$, (2) $a = \sqrt{6}$,

(3) $2\cos^2 \dfrac{A+C}{2} = (\sqrt{2}-1)\cos B$, (4) $A = 60°$;

隐性条件有 (1) $A + B + C = 180°$, (2) $B = 45°$.

2. 本题要求的是另外一条边的长度，即 b 或 c 的长度.

四、说解题过程

解法一 在 $\triangle ABC$ 中有 $A + B + C = 180°$，因为 $2\cos^2 \dfrac{A+C}{2} = (\sqrt{2}-1)\cos B$，可得

$$\cos(A+C) + 1 = (\sqrt{2}-1)\cos B,$$

即

$$\cos(\pi - B) + 1 = (\sqrt{2}-1)\cos B \Rightarrow -\cos B + 1 = (\sqrt{2}-1)\cos B,$$

所以 $\cos B = \dfrac{\sqrt{2}}{2}, B = 45°$.

又 $A = 60°$, 故 $C = 75°$. 且

$$\sin C = \sin 75° = \sin(45° + 30°) = \sin 45° \cos 30° + \sin 30° \cos 45° = \dfrac{\sqrt{6}+\sqrt{2}}{4}.$$

由正弦定理可知 $\dfrac{a}{\sin A} = \dfrac{b}{\sin B} = \dfrac{c}{\sin C}$, 所以

$$b = \dfrac{a \sin B}{\sin A} = \dfrac{\sqrt{6} \cdot \dfrac{\sqrt{2}}{2}}{\dfrac{\sqrt{3}}{2}} = 2, \quad c = \dfrac{a \sin C}{\sin A} = \dfrac{\sqrt{6} \cdot \dfrac{\sqrt{6}+\sqrt{2}}{4}}{\dfrac{\sqrt{3}}{2}} = \sqrt{3}+1.$$

若 $b = 2$ 时，此时原题的题设是 $a = \sqrt{6}, b = 2, B = 45°$，用正弦定理或者余弦定理可求得 A 有两个值：$60°, 120°$，不符合题意.

若 $c = \sqrt{3}+1$, 此时原题的题设是 $a = \sqrt{6}, c = \sqrt{3}+1, B = 45°$，此时解三角形的答案是唯一的，即 $A = 60°$. 满足题意.

综上，增加的条件只能为 $c = \sqrt{3}+1$.

解法二 在求得 $b = 2, C = 75°$ 后，亦可通过余弦定理 $c^2 = a^2 + b^2 - 2ab\cos C$ 求出 c 的值.

五、说变式

本题的解题关键是将答案作为条件进行反推，反推得到的结果需要进行正推的验证，而需要进行验证的原因是"三角形的大边对大角"及"在三角形中，$\sin \alpha$

大于 0 时, 对应的 α 不唯一", 所以为了加深学生对这些内容的认识以及提高验证意识, 可以做如下变式.

变式 1 有一道解三角形的题目, 因纸张破损有一个条件模糊不清, 具体如下: "在 $\triangle ABC$ 中, 已知 $a = \sqrt{6}, 2\cos^2 \dfrac{A+C}{2} = (\sqrt{2}-1)\cos B$, ＿＿＿, 求角 A." 经推断, 破损处的条件为三角形一边的长度, 且答案提示 $A = 30°$, 试在横线上将条件补充完整.

思路 将 A 的度数变小. $A < B$, 此时角 A 必然为锐角, 所以加上边 b 还是边 c 都可以, 无需验证, 难度降低.

解 由原题可知 $B = 45°$, 又 $A = 30°$, 故 $C = 105°$. 且

$$\sin C = \sin 105° = \sin(45° + 60°) = \sin 45° \cos 60° + \sin 60° \cos 45° = \dfrac{\sqrt{6}+\sqrt{2}}{4}.$$

由正弦定理可知 $\dfrac{a}{\sin A} = \dfrac{b}{\sin B} = \dfrac{c}{\sin C}$, 所以

$$b = \dfrac{a \sin B}{\sin A} = \dfrac{\sqrt{6} \cdot \dfrac{\sqrt{2}}{2}}{\dfrac{1}{2}} = 2\sqrt{3}, \quad c = \dfrac{a \sin C}{\sin A} = \dfrac{\sqrt{6} \cdot \dfrac{\sqrt{6}+\sqrt{2}}{4}}{\dfrac{1}{2}} = 3+\sqrt{3}.$$

故增加的条件可以为 $b = 2\sqrt{3}$ 或 $c = 3 + \sqrt{3}$.

变式 2 有一道解三角形的题目, 因纸张破损有一个条件模糊不清, 具体如下: "在 $\triangle ABC$ 中, 已知 $a = \sqrt{6}, 2\cos^2 \dfrac{A+C}{2} = (-\sqrt{2}-1)\cos B$, ＿＿＿, 求角 A." 经推断, 破损处的条件为三角形一边的长度, 且答案提示 $A = 30°$, 试在横线上将条件补充完整.

变式思路 变角 B 为钝角. 必有 $A < B$, 在满足 "在三角形中" 这一前提下, 角 A 必为锐角, 所以加上边 b 还是边 c 都可以, 无需验证, 难度降低.

解 因为 $2\cos^2 \dfrac{A+C}{2} = (-\sqrt{2}-1)\cos B$, 可得 $\cos(A+C) + 1 = (-\sqrt{2}-1)\cos B$, 即

$$\cos(\pi - B) + 1 = (-\sqrt{2}-1)\cos B \Rightarrow -\cos B + 1 = (-\sqrt{2}-1)\cos B,$$

所以 $\cos B = -\dfrac{\sqrt{2}}{2}, B = 135°$. 又 $A = 30°$, 故 $C = 15°$. 且

$$\sin C = \sin 15° = \sin(45° - 30°) = \sin 45° \cos 30° - \sin 30° \cos 45° = \dfrac{\sqrt{6}-\sqrt{2}}{4}.$$

由正弦定理可知 $\dfrac{a}{\sin A} = \dfrac{b}{\sin B} = \dfrac{c}{\sin C}$, 所以

$$b = \dfrac{a\sin B}{\sin A} = \dfrac{\sqrt{6}\cdot\dfrac{\sqrt{2}}{2}}{\dfrac{1}{2}} = 2\sqrt{3}, \quad c = \dfrac{a\sin C}{\sin A} = \dfrac{\sqrt{6}\cdot\dfrac{\sqrt{6}-\sqrt{2}}{4}}{\dfrac{1}{2}} = 3-\sqrt{3},$$

故增加的条件可以为 $b = 2\sqrt{3}$ 或 $c = 3 - \sqrt{3}$.

变式 3 有一道解三角形的题目,因纸张破损有一个条件模糊不清,具体如下:"在 $\triangle ABC$ 中,已知 $a = \sqrt{6}, \sin^2(A+C) + \dfrac{1}{2} = \sqrt{2}\sin B$, _____,求角 A." 经推断,破损处的条件为三角形一边的长度,且答案提示 $A = 60°$,试在横线上将条件补充完整.

解 因为 $\sin^2(A+C) + \dfrac{1}{2} = \sqrt{2}\sin B$,可得 $\sin^2 B - \sqrt{2}\sin B + \dfrac{1}{2} = 0$, 即

$$\left(\sin B - \dfrac{\sqrt{2}}{2}\right)^2 = 0 \Rightarrow \sin B = \dfrac{\sqrt{2}}{2},$$

所以 $B = 45°$ 或 $B = 135°$.

因为 $A = 60°$,所以 $B = 45°$.

由原题可得 $b = 2, c = \sqrt{3} + 1$. 下面进行验证.

(1) 若添加 "$b = 2$",则 $b < a$,由 $B = 45°$ 或 $B = 135°$,下面进行讨论.

当 $B = 45°$ 时,由正弦定理知 $\dfrac{a}{\sin A} = \dfrac{b}{\sin B} \Rightarrow \sin A = \dfrac{\sqrt{3}}{2}$,此时 A 有两个值,故此条件不满足题意.

同理,$B = 135°$,也不满足题意.

(2) 若添加 "$c = \sqrt{3} + 1$",则 $a < c, A$ 为锐角,由 $B = 45°$ 或 $B = 135°$,下面进行讨论.

当 $B = 45°$ 时,由余弦定理得 $b^2 = a^2 + c^2 - 2ac\cos B = 4$,所以 $b = 2$,由正弦定理知

$$\dfrac{a}{\sin A} = \dfrac{b}{\sin B} \Rightarrow \sin A = \dfrac{\sqrt{3}}{2} \Rightarrow A = 60°;$$

当 $B = 135°$ 时,由余弦定理得 $b^2 = a^2 + c^2 - 2ac\cos B = 16 + 4\sqrt{3}$,则

$$\dfrac{a^2}{\sin^2 A} = \dfrac{b^2}{\sin^2 B} \Rightarrow \sin^2 A = \dfrac{3}{16+4\sqrt{3}} < \dfrac{3}{4} = \sin^2 60°.$$

所以添加 "$c = \sqrt{3} + 1$" 不满足题意.

综上,此题无解.

变式 4 有一道解三角形的题目，因纸张破损有一个条件模糊不清，具体如下：在"$\triangle ABC$ 中，已知 $a = \sqrt{6}, \sin^2(A+C) + \dfrac{1}{2} = \sqrt{2}\sin B$，_____，求角 A."经推断，破损处的条件为三角形一边的长度，且答案提示 $A = 30°$，试在横线上将条件补充完整．

变式思路 想变 $\cos B$ 为 $\sin B$，B 会出现两个值，这时需要进行分类讨论．

解 因为 $\sin^2(A+C) + \dfrac{1}{2} = \sqrt{2}\sin B$，可得 $\sin^2 B - \sqrt{2}\sin B + \dfrac{1}{2} = 0$，即

$$\left(\sin B - \dfrac{\sqrt{2}}{2}\right)^2 = 0 \Rightarrow \sin B = \dfrac{\sqrt{2}}{2},$$

所以 $B = 45°$ 或 $B = 135°$．

后续步骤综合变式 1 和变式 2 可知，

当 $B = 45°$ 时，得到可增加 $b = 2\sqrt{3}$ 或 $c = 3 - \sqrt{3}$ 的条件；

当 $B = 135°$ 时，得到可增加 $b = 2\sqrt{3}$ 或 $c = 3 + \sqrt{3}$ 的条件，下面进行验证．

(1) 若添加"$b = 2\sqrt{3}$"，由正弦定理知 $\dfrac{a}{\sin A} = \dfrac{b}{\sin B} \Rightarrow \sin A = \dfrac{1}{2}$，由于 $a < b$，所以 $A < B$，故 $A = 30°$．满足题意．

(2) 若添加"$c = 3 - \sqrt{3}$"，则 $c < a$，由 $B = 45°$ 或 $B = 135°$，下面进行讨论．

当 $B = 45°$ 时，由余弦定理得 $b^2 = a^2 + c^2 - 2ac\cos B = 24 - 12\sqrt{3} > a^2$，所以 $c < a < b$，此时 $A + B + C < 180°$，故 $B \neq 45°$；

当 $B = 135°$ 时，由余弦定理得 $b^2 = a^2 + c^2 - 2ac\cos B = 12$，所以 $b = 2\sqrt{3}$，由正弦定理知

$$\dfrac{a}{\sin A} = \dfrac{b}{\sin B} \Rightarrow \sin A = \dfrac{1}{2} \Rightarrow A = 30°.$$

所以添加"$c = 3 - \sqrt{3}$"满足题意．

(3) 若添加"$c = 3 + \sqrt{3}$"，则 $a < c$，A 一定为锐角，由 $B = 45°$ 或 $B = 135°$，下面进行讨论．

当 $B = 45°$ 时，由余弦定理得 $b^2 = a^2 + c^2 - 2ac\cos B = 12$，所以 $b = 2\sqrt{3} > a$，所以由正弦定理知

$$\dfrac{a}{\sin A} = \dfrac{b}{\sin B} \Rightarrow \sin A = \dfrac{1}{2} \Rightarrow A = 30°;$$

当 $B = 135°$ 时，由余弦定理得 $b^2 = a^2 + c^2 - 2ac\cos B = 24 + 12\sqrt{3}$，则

$$\dfrac{a^2}{\sin^2 A} = \dfrac{b^2}{\sin^2 B} \Rightarrow \sin^2 A = \dfrac{1}{8 + 4\sqrt{3}} < \dfrac{1}{4} = \sin^2 30.$$

所以添加"$c = 3+\sqrt{3}$"不满足题意.

综上,增加的条件可以为 $b=2\sqrt{3}$ 或 $c=3-\sqrt{3}$.

六、说教学反思

本题考查解三角形的相关知识,题目先给出部分条件及唯一结论,要求学生逆向思考复原题目完整条件,这对学生数学运算及逻辑推理核心素养进行了考查. 不仅需要学生正确运用正弦定理、余弦定理、倍角公式、和差公式等进行化简及计算,还需要学生将计算所得条件代入原题检验,以确保结论的唯一性,满足题目要求. 检验的过程体现了数学逻辑推理的严谨性,考查了学生数学思维的完整性. 作为填空题压轴题,学生应该不难理解,容易入手,但在计算过程中涉及 $75°$ 等非特殊角度,增加了一定的运算量,再加上最后的检验及排除的步骤,学生要想"小题小做"并拿到满分,确实有不小挑战性,有较大区分度.

本题不仅要求学生熟练掌握三角函数的各种计算公式及快速计算一些非特殊角度的正、余弦值的能力,还要求学生具备解三角形过程中的数学意识,即存在解不唯一的情况. 在教学过程中,学生面对多而杂的三角函数公式,往往容易混乱,建议在教学过程中不仅要让学生理解三角函数公式、熟练掌握并应用以达到数学运算核心素养的要求;还需要通过例题、练习讲解等帮助学生养成在解三角形过程中的分类讨论、解的检验等做题习惯,进一步提高学生逻辑推理的核心素养.

6.3.3 解析几何问题说题

例 6-7 已知 F_1,F_2 是双曲线 $\dfrac{x^2}{a^2}-\dfrac{y^2}{b^2}=1(a>0,b>0)$ 的左右焦点,以 F_1F_2 为直径的圆与双曲线的一条渐近线交于点 M,与双曲线交于点 N,且 M,N 均在第一象限,当直线 $MF_1//ON$ 时,双曲线的离心率为 e,若函数 $f(x)=x^2+2x-\dfrac{2}{x}$,则 $f(e)=(\quad)$.

一、说知识点

本题涉及的知识点有:双曲线的定义及简单性质、圆的标准方程、双曲线和圆的参数方程、直线与圆、直线的斜率、两直线平行的条件和双曲线的离心率.

二、说核心素养与思想方法

(1) 核心素养: 直观现象、数学运算和逻辑推理;
(2) 数学思想: 函数与方程、数形结合的数学思想.

三、说思路

思路一 (图 6-31)

6.3 说题的案例

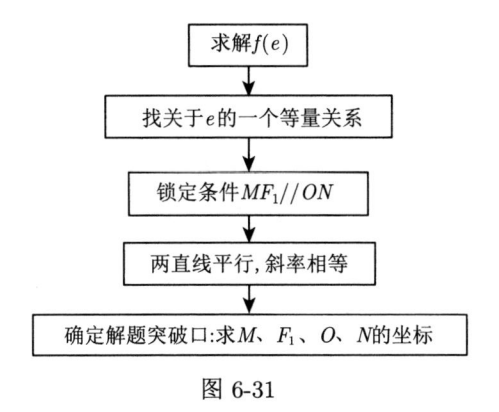

```
求解 f(e)
  ↓
找关于 e 的一个等量关系
  ↓
锁定条件 MF₁∥ON
  ↓
两直线平行,斜率相等
  ↓
确定解题突破口:求 M、F₁、O、N 的坐标
```

图 6-31

求出具体的 e 值 (由于关于 e 的方程是非特殊的三次方程,此法不可行)

思路二 (图 6-32)

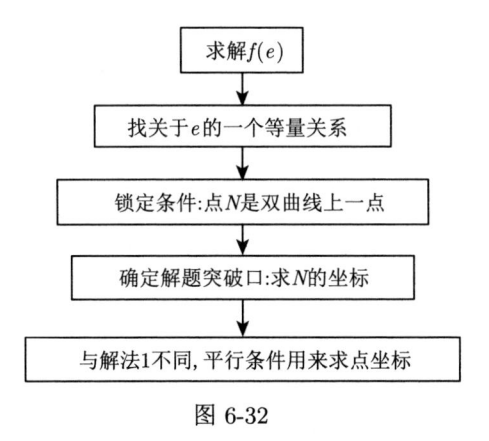

```
求解 f(e)
  ↓
找关于 e 的一个等量关系
  ↓
锁定条件:点 N 是双曲线上一点
  ↓
确定解题突破口:求 N 的坐标
  ↓
与解法1不同,平行条件用来求点坐标
```

图 6-32

思路三 (图 6-33)

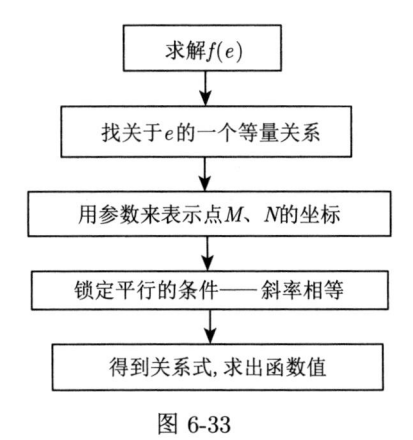

```
求解 f(e)
  ↓
找关于 e 的一个等量关系
  ↓
用参数来表示点 M、N 的坐标
  ↓
锁定平行的条件——斜率相等
  ↓
得到关系式,求出函数值
```

图 6-33

思路四 (图 6-34)

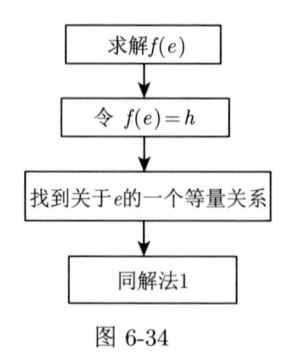

```
求解 f(e)
   ↓
令 f(e) = h
   ↓
找到关于 e 的一个等量关系
   ↓
同解法1
```

图 6-34

四、说解题过程

解法一 设 c 为双曲线 $\dfrac{x^2}{a^2} - \dfrac{y^2}{b^2} = 1(a > 0, b > 0)$ 的半焦距 $(c > 0)$，则可得 $F_1(-c, 0), F_2(c, 0)$，且 $\odot O: x^2 + y^2 = c^2$.

由于 $\odot O$ 与双曲线的渐近线的交点为点 M，可知该渐近线的表达式为 $y = \dfrac{bx}{a}$. 联立 $\begin{cases} y = \dfrac{b}{a}x, \\ x^2 + y^2 = c^2, \end{cases}$ 求点 M 的坐标. 解得

$$\begin{cases} x = a, \\ y = b, \end{cases} \text{或} \quad \begin{cases} x = -a, \\ y = -b. \end{cases}$$

由于点 M 在第一象限，所以 M 的坐标为 (a, b).

同理联立 $\begin{cases} \dfrac{x^2}{a^2} - \dfrac{y^2}{b^2} = 1, \\ x^2 + y^2 = c^2, \end{cases}$ 求点 N 的坐标. 点 N 在第一象限，所以 N 的坐标为 $\left(a\sqrt{1 + \dfrac{b^2}{c^2}}, \dfrac{b^2}{c}\right)$.

因为 $MF_1 // ON$，所以直线 MF_1 的斜率与 ON 的斜率相等，即 $k_{MF_1} = k_{ON}$. 而

$$k_{MF_1} = \dfrac{b}{a + c}, \quad k_{ON} = \dfrac{b}{ac\sqrt{1 + \dfrac{b^2}{c^2}}}, \quad 得 \dfrac{b}{a + c} = \dfrac{b}{ac\sqrt{1 + \dfrac{b^2}{c^2}}}.$$

化简，得 $a^2 c = (c^2 - a^2)(2a + c)$.

又因为 $e = \dfrac{c}{a}$, 所以 $c = ae$, 代入上式, 得 $e^3 + 2e^2 - 2e - 2 = 0$. 等式两边同除以 e, 得 $e^2 + 2e - 2 - \dfrac{2}{e} = 0$, 于是 $f(e) = e^2 + 2e - \dfrac{2}{e} = 2$.

解法二 设 c 为双曲线 $\dfrac{x^2}{a^2} - \dfrac{y^2}{b^2} = 1\ (a > 0, b > 0)$ 的半焦距 $(c > 0)$, 则可得 $F_1(-c, 0), F_2(c, 0)$, 且 $\odot O: x^2 + y^2 = c^2$.

由于 $\odot O$ 与双曲线的一条渐近线的交点为点 M, 可知该渐近线的表达式为 $y = \dfrac{bx}{a}$. 联立 $\begin{cases} y = \dfrac{b}{a}x, \\ x^2 + y^2 = c^2, \end{cases}$ 求点 M 的坐标. 解得

$$\begin{cases} x = a, \\ y = b, \end{cases} \text{或} \quad \begin{cases} x = -a, \\ y = -b. \end{cases}$$

由于点 M 在第一象限, 所以 M 的坐标为 (a, b). 设点 N 的坐标为 (x_N, y_N). 因为 $MF_1 // ON$, 所以 $\overrightarrow{F_1M}$ 与 $\overrightarrow{ON}$ 是共线向量, 即 $\overrightarrow{F_1M} // \overrightarrow{ON}$.

因为 $\overrightarrow{FM} = (a + c, b), \overrightarrow{ON} = (x_N, y_N)$, 所以 $(a+c)y_N = bx_N$, 故 $y_N = \dfrac{bx_N}{a + c}$.

因为 N 在 $\odot O$ 上, 所以 $x_N^2 + y_N^2 = c^2$, 得

$$x_N^2 + \dfrac{b^2 x_N^2}{(a+c)^2} = c^2,$$

解得

$$x_N^2 = \dfrac{c(a+c)^2}{2a + 2c}, \quad y_N^2 = \dfrac{b^2 c}{2a + 2c}.$$

又因为 N 为双曲线上一点, 所以

$$\dfrac{x_N^2}{a^2} - \dfrac{y_N^2}{b^2} = 1.$$

将点 M 的坐标代入上式, 化简得到 $c^3 + 2ac^2 - 2a^3 - 2a^2 c = 0$. 等式两边同除以 a^3, 得

$$\dfrac{c^3}{a^3} + \dfrac{2c^2}{a^2} - 2 - \dfrac{2c}{a} = 0.$$

因为 $e = \dfrac{c}{a}$, 所以 $e^3 + 2e^2 - 2 - 2e = e\left(e^2 + 2e - \dfrac{2}{e} - 2\right) = 0$, 得 $f(e) = 2$.

解法三 由题意, 可知圆的标准方程为 $x^2 + y^2 = c^2$.

设双曲线的参数方程为 $\begin{cases} x = \sec\theta, \\ y = \tan\theta. \end{cases}$

圆的参数方程为 $\begin{cases} x = c \cdot \cos\theta, \\ y = c \cdot \sin\theta. \end{cases}$

过一、三象限的渐近线方程为 $y = \dfrac{b}{a}x$.

(1) 求 M 点坐标. 由于点 M 在圆上, 且在第一象限内. 则设 $M(c\cos\theta_1, c\sin\theta_1)$, 其中 $\theta_1 \in \left(0, \dfrac{\pi}{2}\right)$. 又因为 M 在渐近线 $y = \dfrac{b}{a}x$ 上, 则有 $(c\sin\theta_1) = \dfrac{b}{a} \cdot (c\cos\theta_1)$, 所以 $\tan\theta_1 = \dfrac{1}{a}$.

设 $\sin\theta_1 = bk, \cos\theta_1 = ak$, 则 $\cos\theta_1 = \dfrac{ak}{\sqrt{(ak)^2 + (bk)^2}} = \dfrac{ak}{ck} = \dfrac{a}{c}$.

同理, $\sin\theta_1 = \dfrac{b}{c}$. 于是 $M(a,b)$, $F_1(-c,0)$, 则 $k_{MF_1} = \dfrac{b}{a+c}$.

(2) 求 N 点坐标. 点 N 在双曲线上, 且在第一象限内, 则设 $N(a\sec\theta_2, b\tan\theta_2)$, 其中 $\theta_2 \in \left(0, \dfrac{\pi}{2}\right)$.

因为 N 点位于圆上, 则有 $a^2\sec^2\theta_2 + b^2\tan^2\theta_2 = c^2$, 即 $\dfrac{a^2}{\cos^2\theta_2} + \dfrac{b^2\sin^2\theta_2}{\cos^2\theta_2} = c^2$. 化简, 可得 $a^2 + b^2 = (c^2 + b^2)\cos^2\theta_2$.

又根据 $a^2 + b^2 = c^2$, 且 $\theta_2 \in \left(0, \dfrac{\pi}{2}\right)$, 解得 $\cos\theta_2 = \dfrac{a}{\sqrt{b+c^2}}$, $\sin\theta_2 = \dfrac{b}{\sqrt{b^2+c^2}}$, 则 $N\left(\dfrac{a\sqrt{b^2+c^2}}{c}, \dfrac{b^2}{c}\right)$.

而 $a^2 + b^2 = c^2$, 将其代入 N 点, 得 $N\left(\dfrac{a\sqrt{2c^2-a^2}}{c}, \dfrac{b^2}{c}\right)$. 于是 $k_{ON} = \dfrac{b^2}{a\sqrt{2c^2-a^2}}$ $k_{ON} = k_{MF_1}$, 从而 $\dfrac{b^2}{a\sqrt{2c^2-a^2}} = \dfrac{b}{a+c}$. 同解法一, 解得 $f(e) = 2$.

解法四 令 $f(e) = h$, 即 $e^2 + 2e - \dfrac{2}{e} = h$, 即 $e^3 + 2e^2 - he = 2$.

在双曲线 $\dfrac{x^2}{a^2} - \dfrac{y^2}{b^2} = 1$ 中, $a^2 + b^2 = c^2$, 则 $\dfrac{c^3}{a^3} + 2\dfrac{c^2}{a^2} - 1\dfrac{c}{a} = 2$, 即 $c^2 + 2ac^2 - ha^2c = 2a^3$.

同解法一, 有 $c^3 + 2ac^2 - 2a^2c - 2a^3 = 0$, 故 $h = 2$, 即 $f(e) = 2$.

五、说变式

变式 1 如图 6-35, 已知 F_1, F_2 是双曲线 $\dfrac{x^2}{a^2} - \dfrac{y^2}{b^2} = 1 (a > 0, b > 0)$ 的左右焦点, 以线段 F_1F_2 为直径的圆与双曲线的一条渐近线交于点 M, 与双曲线交于

点 N, 且 M, N 均在第一象限, 当直线 $MF_1 // ON$ 时, 双曲线的离心率为 e, 求 e 所在区间为 ( ).

A. $(1, \sqrt{2})$ B. $(\sqrt{2}, \sqrt{3})$ C. $(\sqrt{2}, 2)$ D. $(2, 3)$

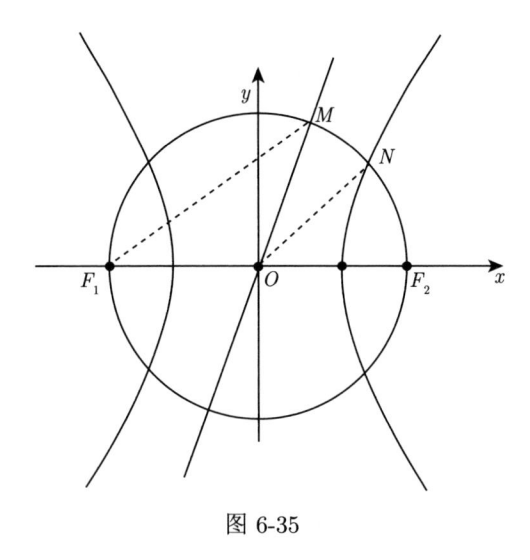

图 6-35

解 设 c 为双曲线 $\dfrac{x^2}{a^2} - \dfrac{y^2}{b^2} = 1$ $(a > 0, b > 0)$ 的半焦距 $(c > 0)$, 则可得 $F_1(-c, 0), F_2(c, 0)$, 且 $\odot O : x^2 + y^2 = c^2$.

由于 $\odot O$ 与双曲线的渐近线的交点为点 M, 可知该渐近线的表达式为 $y = \dfrac{bx}{a}$, 联立 $\begin{cases} y = \dfrac{b}{a}x, \\ x^2 + y^2 = c^2, \end{cases}$ 求点 M 的坐标. 解得

$$\begin{cases} x = a, \\ y = b, \end{cases} \text{或} \begin{cases} x = -a, \\ y = -b. \end{cases}$$

由于点 M 在第一象限, 所以 M 的坐标为 (a, b).

同理联立 $\begin{cases} \dfrac{x^2}{a^2} - \dfrac{y^2}{b^2} = 1, \\ x^2 + y^2 = c^2, \end{cases}$ 求点 N 的坐标. 点 N 在第一象限, 所以 N 的坐标为 $\left(a\sqrt{1 + \dfrac{b^2}{c^2}}, \dfrac{b^2}{c} \right)$. 因为 $MF_1 // ON$, 所以直线 MF_1 的斜率与 ON 的斜

率相等，即 $k_{MF_1} = k_{ON}$. 由

$$k_{MF_1} = \frac{b}{a+c}, \quad k_{ON} = \frac{b}{ac\sqrt{1+\frac{b^2}{c^2}}},$$

得

$$\frac{b}{a+c} = \frac{b}{ac\sqrt{1+\frac{b^2}{c^2}}}.$$

化简，得 $a^2 c = (c^2 - a^2)(2a + c)$.

又因为 $e = \dfrac{c}{a}$，所以 $c = ae$，代入上式，得 $e^3 + 2e^2 - 2e - 2 = 0$.

令 $f(x) = x^3 + 2x^2 - 2x - 2$，由于 $f(1) < 0, f(\sqrt{2}) > 0, f(\sqrt{3}) > 0, f(2) > 0, f(3) > 0$，则由零点存在定理，得 $e_0 \in (1, \sqrt{2})$.

变式 2 如图 6-36，已知 F_1, F_2 是双曲线 $\dfrac{x^2}{a^2} - \dfrac{y^2}{b^2} = 1(a > 0, b > 0)$ 的左右焦点，N 为双曲线上一点，且若函数 $f(x) = x^3 - 8x + \dfrac{4}{x}$，则 $f(e)$ 等于什么？

解 由双曲线的对称性，不妨假设 N 点在第一象限 (位于其他象限的求法一样).

设 $N(x_0, y_0)$，则 $N_1(-x_0, y_0)$. 又因为 $NF_1 \perp NF_2$，所以点 N 在以 O 为原点，$F_1 F_2$ 为直径的圆上. 联立方程组:

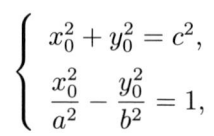

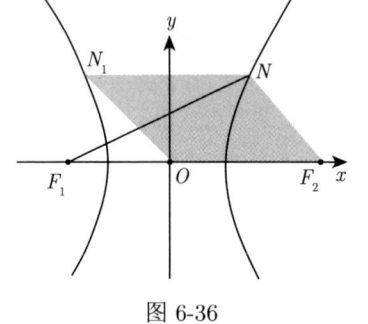

$$\begin{cases} x_0^2 + y_0^2 = c^2, \\ \dfrac{x_0^2}{a^2} - \dfrac{y_0^2}{b^2} = 1, \end{cases}$$

解得

$$N\left(\frac{a\sqrt{2c^2 - a^2}}{c}, \frac{b^2}{c}\right), N_1\left(-\frac{a\sqrt{2c^2 - a^2}}{c}, \frac{b^2}{c}\right).$$

图 6-36

又因为四边形 $OF_2 N N_1$ 为平行四边形，所以 $|OF_2| = |NN_1|$，即 $c = \dfrac{2a\sqrt{2c^2 - a^2}}{c}$. 将 $a^2 + b^2 = c^2$ 代入，并化简整理得: $e^4 - 8e^2 + 4 = 0$.

令 $t = e^2$ $(t > 1)$，解得

$$t = 4 + 2\sqrt{3} \quad (舍去 4 - 2\sqrt{3}).$$

从而 $e^2 = 4 + 2\sqrt{3}(e > 1)$, 于是 $e = \sqrt{4 + 2\sqrt{3}} = 1 + \sqrt{3}$.

观察到等式 $e^4 - 8e^2 + 4 = 0$, 将其两边同除以 e, 则 $e^3 - 8e + \dfrac{4}{e} = 0$, 即 $f(e) = e^3 - 8e + \dfrac{4}{e} = 0$.

变式 3 如图 6-37, 已知 F_1, F_2 是双曲线 $\dfrac{x^2}{a^2} - \dfrac{y^2}{b^2} = 1(a > 0, b > 0)$ 的左右焦点, 四边形 $MEFG$ 为等腰梯形, 点 M 为直线 $y = b$ 与双曲线的一条渐近线的交点, 直线 MF_2 与双曲线交于点 N 和点 E, 点 M、N 均在第一象限, 当直线 $MF_1 // ON$ 时, 求双曲线的离心率 e, 若函数 $f(x) = x^3 + 2x^2 - 5x + \dfrac{4}{x}$, 则 $f(e)$ 等于什么?

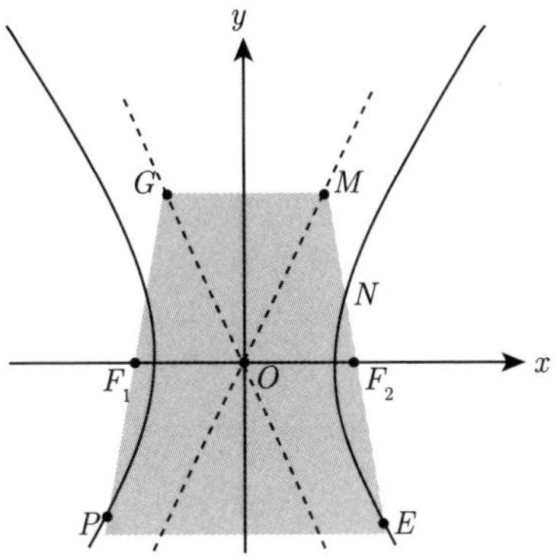

图 6-37

解 设 c 为双曲线 $\dfrac{x^2}{a^2} - \dfrac{y^2}{b^2} = 1$ $(a > 0, b > 0)$ 的半焦距 $(c > 0)$, 则可得 $F_1(-c, 0), F_2(c, 0)$, 易知点 M 所在渐近线解析式为 $y = \dfrac{b}{a}x$.

由题意知, 点 M 的纵坐标为 b, 则点 M 的坐标为 (a, b), 所以直线 MF_2 的解析式为
$$y = \dfrac{b}{a-c}(x-c).$$

因为 $MF_1 // ON$, 所以 $k_{ON} = k_{MF_1} = \dfrac{b}{a+c}$, 从而直线 ON 的解析式为 $y = \dfrac{b}{a+c}x$. 联立

$$\begin{cases} y = \dfrac{b}{a-c}(x-c), \\ y = \dfrac{b}{a+c}x, \end{cases} \text{解得} \begin{cases} x = \dfrac{a+c}{2}, \\ y = \dfrac{b}{2}. \end{cases}$$

从而点 N 的坐标为 $\left(\dfrac{a+c}{2}, \dfrac{b}{2}\right)$. 由于点 N 为双曲线上一点, 故可将 N 的坐标代入双曲线方程, 即 $b^2 \cdot \left(\dfrac{a+c}{2}\right)^2 - a^2 \cdot \left(\dfrac{b}{2}\right)^2 = a^2 b^2$, 化简, 得 $c^2 + 2ac - 4a^2 = 0$. 等式两边同除以 a^2, 得 $e^2 + 2e - 4 = 0$. 于是 $e = \sqrt{5} - 1, e > 1$, 满足条件.

另一方面，设 $f(e) = h$，则有

$$e^3 + 2e^2 - 5e + \frac{4}{e} = h.$$

等式两边同乘以 ea^4，得

$$c^4 + 2c^3a - 5c^2a^2 + 4a^4 = hca^3.$$

整理，得

$$ac(2c^2 - ha^2) = 4a^2b^2 - b^2c^2.$$

因为 $c^2 + 2ac - 4a^2 = 0$，所以

$$4a^2b^2 - b^2c^2 = b^2(4a^2 - c^2) = 2ab^2c,$$

从而 $ac(2c^2 - ha^2) = 2ab^2c$，于是 $ha^2 = 2c^2 - 2b^2 = 2a^2$，得 $h = 2$，即 $f(e) = 2$.

六、说教学反思

解析几何一直是高中数学的重要组成部分:

(1) 此题主要考查了解析几何的常规求解方法、参数法. 由于双曲线的参数法较少用: $\begin{cases} x = \sec\theta, \\ y = \tan\theta, \end{cases}$ 因此教师在课上应当拓展双曲线参数方程的推导及应用.

(2) 本题与函数相结合考查离心率，离心率 e 的具体值无法求解，但需引导学生观察函数的结构，则可以求解函数值. 这是非常规思路，因此教师在平时教学中应培养学生的发散思维.

(3) 在解题过程中，学生不仅锻炼了绘图能力，同时进一步领悟函数与方程的思想，提升了数学运算能力.

例 6-8 在平面直角坐标系 xOy 中，$\odot O$ 的参数方程为 $\begin{cases} x = \cos\theta, \\ y = \sin\theta \end{cases}$ (θ 为参数)，过点 $(0, -\sqrt{2})$ 且倾斜角为 α 的直线 l 与 $\odot O$ 交于 A, B 两点.

(1) 求 α 的取值范围;
(2) 求 AB 中点 P 的轨迹的参数方程.

一、说知识点

本题涉及的知识点有直线与圆的位置关系，直线与圆的参数方程，轨迹方程.

二、说核心素养与思想方法

本题涉及的数学核心素养有逻辑推理和数学运算;考查的思想方法有数形结合和分类讨论.

三、说思路

(1) 思路如图 6-38.

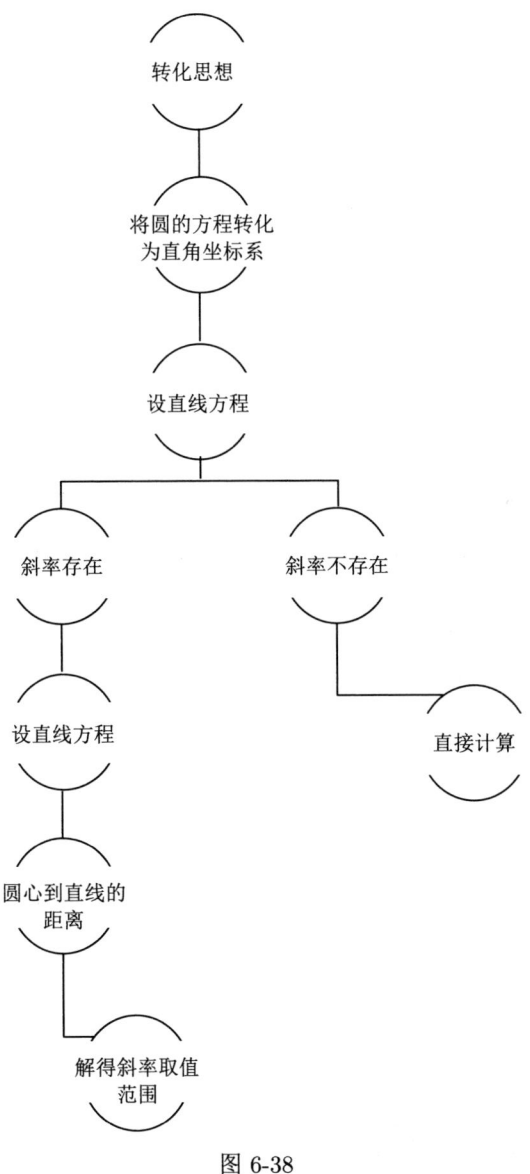

```
转化思想
  │
将圆的方程转化
为直角坐标系
  │
设直线方程
  │
  ├─────────────┐
斜率存在      斜率不存在
  │             │
设直线方程    直接计算
  │
圆心到直线的
距离
  │
解得斜率取值
范围
```

图 6-38

(2) 思路如图 6-39.

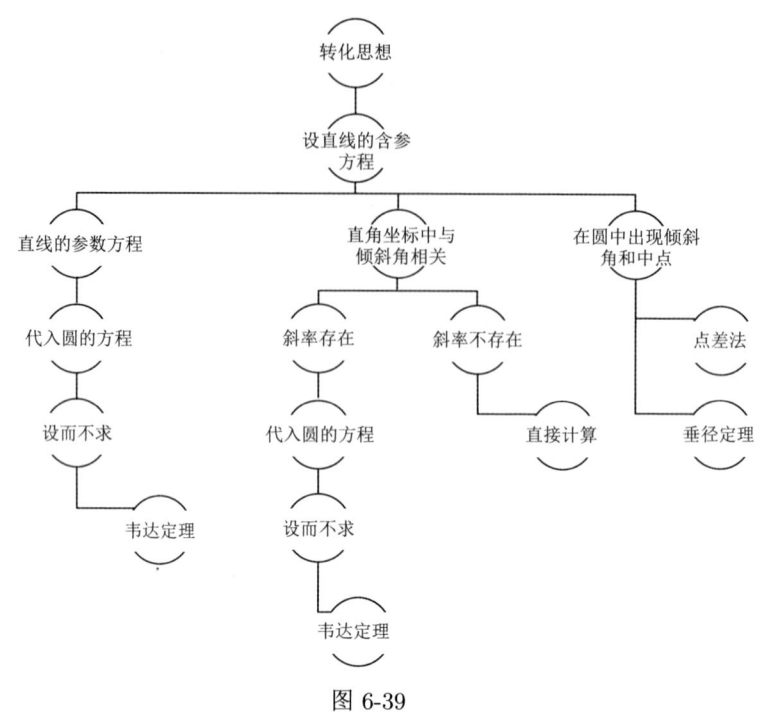

图 6-39

四、说解法

(1) $\odot O$ 的直角坐标方程为 $x^2 + y^2 = 1$.

当 $\alpha = \dfrac{\pi}{2}$ 时, l 与 $\odot O$ 交于两点.

当 $\alpha \neq \dfrac{\pi}{2}$ 时, 记 $\tan \alpha = k$, 则 l 的方程为 $y = kx - \sqrt{2}$. l 与 $\odot O$ 交于两点, 则有 $\dfrac{\sqrt{2}}{\sqrt{1+k^2}} < 1$, 解得 $k < -1$ 或 $k > 1$, 则 $\alpha \in \left(\dfrac{\pi}{4}, \dfrac{\pi}{2}\right)$ 或 $\alpha \in \left(\dfrac{\pi}{2}, \dfrac{3\pi}{4}\right)$.

综上, α 的取值范围是 $\left(\dfrac{\pi}{4}, \dfrac{3\pi}{4}\right)$.

(2) **解法一** l 的参数方程为

$$\begin{cases} x = t\cos\alpha, \\ y = -\sqrt{2} + t\sin\alpha \end{cases} \quad \left(t\text{为参数}, \dfrac{\pi}{4} < \alpha < \dfrac{3\pi}{4}\right).$$

代入 $\odot O$ 的方程 $x^2 + y^2 = 1$ 得 $t^2 - 2\sqrt{2}t\sin\alpha + 1 = 0$.

设 A, B, P 对应的参数分别为 t_A, t_B, t_P. 则

$$t_A + t_B = 2\sqrt{2}\sin\alpha, \quad t_P = \dfrac{t_A + t_B}{2} = \sqrt{2}\sin\alpha.$$

设 $P(x,y)$, 则

$$\begin{cases} x = t_P \cos\alpha, \\ y = -\sqrt{2} + t_P \sin\alpha \end{cases} \Rightarrow \begin{cases} x = \sqrt{2}\sin\alpha\cos\alpha = \dfrac{\sqrt{2}}{2}\sin 2\alpha, \\ y = -\sqrt{2} + \sqrt{2}\sin^2\alpha = -\dfrac{\sqrt{2}}{2} - \dfrac{\sqrt{2}}{2}\cos 2\alpha. \end{cases}$$

所以点 P 的轨迹参数方程为 $\begin{cases} x = \dfrac{\sqrt{2}}{2}\sin 2\alpha, \\ y = -\dfrac{\sqrt{2}}{2} - \dfrac{\sqrt{2}}{2}\cos 2\alpha \end{cases}$ (α 为参数).

解法二 当 $\alpha = \dfrac{\pi}{2}$ 时, 中点坐标为 $(0,0)$.

当 $\alpha \neq \dfrac{\pi}{2}$ 时. 设直线方程为

$$y = x\tan\alpha - \sqrt{2} \left(\alpha \neq \dfrac{\pi}{2}\right) \quad (\alpha \text{为参数}).$$

联立得

$$\begin{cases} x^2 + y^2 = 1 \\ y = x\tan\alpha - \sqrt{2} \end{cases} \Rightarrow (1+\tan^2\alpha)x^2 - 2\sqrt{2}\tan\alpha\, x + 1 = 0.$$

由韦达定理可得

$$\dfrac{x_1+x_2}{2} = \dfrac{\sqrt{2}\tan\alpha}{1+\tan^2\alpha}; \quad \dfrac{y_1+y_2}{2} = \dfrac{\tan\alpha(x_1+x_2) - 2\sqrt{2}}{2}.$$

设中点 $P(x,y)$, 则 $x = \dfrac{\sqrt{2}\tan\alpha}{1+\tan^2\alpha}, y = \dfrac{\sqrt{2}\tan^2\alpha}{1+\tan^2\alpha} - \sqrt{2} = -\dfrac{\sqrt{2}}{1+\tan^2\alpha}$, 则

$$\begin{cases} x = \dfrac{\sqrt{2}\tan\alpha}{1+\tan^2\alpha}, \\ y = -\dfrac{\sqrt{2}}{1+\tan^2\alpha} \end{cases} \left(\alpha \text{为参数且} \alpha \neq \dfrac{\pi}{2}\right).$$

解法三 当 $\alpha = \dfrac{\pi}{2}$ 时, 中点坐标为 $(0,0)$.

当 $\alpha \neq \dfrac{\pi}{2}$ 时, 设 A, B 为 $(x_1, y_1), (x_2, y_2)$, 则 $x_1^2 + y_1^2 = 1, x_2^2 + y_2^2 = 1$, 有

$$(x_1 - x_2)(x_1 + x_2) = -(y_1 - y_2)(y_1 + y_2),$$

则

$$-\tan\alpha = \dfrac{x_1+x_2}{y_1+y_2}, \quad 即 \quad \dfrac{\dfrac{y_1+y_2}{2}}{\dfrac{x_1+x_2}{2}} = -\dfrac{1}{\tan\alpha}.$$

中点 $P(x,y)$ 为 $y = \dfrac{1}{\tan\alpha}x$ 与 $l_{AB}: y = \tan\alpha \cdot x - \sqrt{2}$ 的交点, 解得

$$\begin{cases} x = \dfrac{\sqrt{2}\tan\alpha}{1+\tan^2\alpha}, \\ y = -\dfrac{\sqrt{2}}{1+\tan^2\alpha} \end{cases} \left(\alpha \text{ 为参数且}\alpha \neq \dfrac{\pi}{2}\right).$$

解法四 当 $\alpha = \dfrac{\pi}{2}$ 时, 中点坐标为 $(0,0)$.

设 A, B 为 $(x_1, y_1), (x_2, y_2)$, 中点 $P(x,y)$, 则 $k_{AB} \cdot k_{OP} = -1$, 即

$$\dfrac{y_1 - y_2}{x_1 - x_2} \cdot \dfrac{\dfrac{y_1+y_2}{2}}{\dfrac{x_1+x_2}{2}} = -1.$$

当 $\alpha \neq \dfrac{\pi}{2}$ 时, 即 $\dfrac{\dfrac{y_1+y_2}{2}}{\dfrac{x_1+x_2}{2}} = -\dfrac{1}{\tan\alpha}$. 中点 $P(x,y)$ 为 $y = \dfrac{1}{\tan\alpha}x$ 与 $l_{AB}: y = \tan\alpha \cdot x - \sqrt{2}$ 的交点, 解得

$$-\dfrac{x}{\tan\alpha} = \tan\alpha x - \sqrt{2} \Rightarrow x = -\tan^2\alpha \cdot x + \sqrt{2}\tan\alpha,$$

即 $x(1+\tan^2\alpha) = \sqrt{2}\tan\alpha$. 解得 $\begin{cases} x = \dfrac{\sqrt{2}\tan\alpha}{1+\tan^2\alpha}, \\ y = -\dfrac{\sqrt{2}}{1+\tan^2\alpha} \end{cases}$ $\left(\alpha \text{为参数且}\alpha \neq \dfrac{\pi}{2}\right).$

五、说变式

变式 1 已知动点 P, Q 都在曲线 $C: \begin{cases} x = 2\cos t \\ y = 2\sin t \end{cases}$ (t 为参数) 上, 对应参数分别为 $t = \alpha$ 与 $t = 2\alpha (0 < \alpha < 2\pi)$, M 为 PQ 的中点.

(1) 求 M 的轨迹的参数方程;

(2) 将 M 到坐标原点的距离 d 表示为 α 的函数, 并判断 M 的轨迹是否过坐标原点.

解 (1) 由题意有, $P(2\cos\alpha, 2\sin\alpha), Q(2\cos 2\alpha, 2\sin 2\alpha)$, 因此 $M(\cos\alpha + \cos 2\alpha, \sin\alpha + \sin 2\alpha)$, M 的轨迹的参数方程为

$$\begin{cases} x = \cos\alpha + \cos 2\alpha, \\ y = \sin\alpha + \sin 2\alpha, \end{cases} (\alpha\text{为参数}, 0 < \alpha < 2\pi).$$

(2) M 点到坐标原点的距离为 $d = \sqrt{x^2+y^2} = \sqrt{2+2\cos\alpha}$ $(0 < \alpha < 2\pi)$, 当 $\alpha = \pi$ 时, $d = 0$, 故 M 的轨迹过坐标原点.

变式 2 已知直线 l 的参数方程为 $\begin{cases} x = t, \\ y = mt \end{cases}$ (t 为参数), 圆 C 的参数方程为 $\begin{cases} x = \cos\alpha, \\ y = 1 + \sin\alpha \end{cases}$ (α 为参数).

(1) 若直线 l 与圆 C 的相交弦长不小于 $\sqrt{2}$, 求实数 m 的取值范围;

(2) 若点 A 的坐标为 $(2,0)$, 动点 P 在圆 C 上, 试求线段 PA 的中点 Q 的轨迹方程.

解 (1) 直线 l 的普通方程为 $y = mx$, 圆 C 的普通方程为 $x^2+(y-1)^2 = 1$, 圆心 $C(0,1)$ 到直线 l 的距离 $d = \dfrac{1}{\sqrt{m^2+1}}$, 相交弦长为 $2\sqrt{r^2-d^2} = 2\sqrt{1 - \dfrac{1}{m^2+1}}$.

令 $\sqrt{1 - \dfrac{1}{m^2+1}} \geqslant \sqrt{2}$, 解得 $m \leqslant -1$ 或 $m \geqslant 1$. 即实数 m 的取值范围为 $(-\infty, -1] \cup [1, \infty)$.

(2) 设 $P(\cos\alpha, 1+\sin\alpha), Q(x, y)$, 则由线段的中点坐标公式, 得

$$\begin{cases} x = \dfrac{\cos\alpha + 2}{2}, \\ y = \dfrac{1 + \sin\alpha}{2} \end{cases} (\alpha\text{为参数}).$$

消去参数 α 并整理, 得 $(2x-2)^2 + (2y-1)^2 = 1$.

即线段 PA 的中点 Q 的轨迹方程为 $(x-1)^2 + \left(y - \dfrac{1}{2}\right)^2 = \dfrac{1}{4}$.

六、说教学反思

在高中阶段的学习中, 不仅仅需要知识的积累, 更要注重知识的学习过程, 这就要求教师在课堂环境的营造和学生学习兴趣的激发上下工夫. 数学教学需要紧密结合生活情境, 才能取得更好的教学效果. 因此, 教师在参数方程的教学时应创设与生活息息相关的情境, 来克服学生认知上的困难, 启发学生的思维, 并能更大程度的激发学生的求知欲和学习兴趣, 为学生学习服务, 为教学活动添彩. 总之, 在极坐标和参数方程的学习和教学过程中, 学生首先要打好基础, 要能准确和熟练地应用基本的原理和公式, 只有这样才能保证在公式的运用过程中不犯低级错误. 其次, 把握解题思想, 我们要树立化繁为简、化难为易、相互转化的思想, 只有将题目转化为所熟知的问题, 我们解决起来才能得心应手.

例 6-9 已知椭圆 $C_1: \dfrac{x^2}{3} + \dfrac{y^2}{2} = 1$ 的左右焦点为 F_1, F_2, 直线 l_1 过点 F_1

且垂直于椭圆的长轴, 动直线 l_2 垂直于 l_1, 垂足为点 P, 线段 PF_2 的垂直平分线与 l_2 的交点的轨迹为曲线 C_2, 若 $A(1,2), B(x_1,y_1), C(x_2,y_2)$ 是 C_2 上不同的点, 且 $AB \perp BC$, 则 y_2 的取值范围是什么.

一、说题源

这是一道高考模拟题.

二、说基本知识点

本题考查的知识点有: ①椭圆的焦点; ②垂直平分线的性质; ③抛物线的定义; ④垂直的相关知识点 (向量积为 0, 斜率之积为 -1); ⑤两点的中点公式; ⑥ 直线与圆锥曲线的位置关系; ⑦基本不等式的应用; ⑧韦达定理.

三、说核心素养和思想方法

本题涉及的核心素养有: ①数学运算; ②逻辑推理;

考查的思想方法有: ①数形结合; ②函数与方程; ③ 转化与化归.

四、说解题思路和解题过程

1. 本题所给的题干条件主要有: ①$C_1: \dfrac{x^2}{3} + \dfrac{y^2}{2} = 1$; ②直线 l_1, 直线 l_2; ③$A(1,2), B(x_1,y_1), C(x_2,y_2)$ 是 C_2 上不同的点; ④$AB \perp BC$.

2. 本题的目标: 目标①——C_2 的方程; 目标②——y_2 的取值范围.

解题思路 (图 6-40):

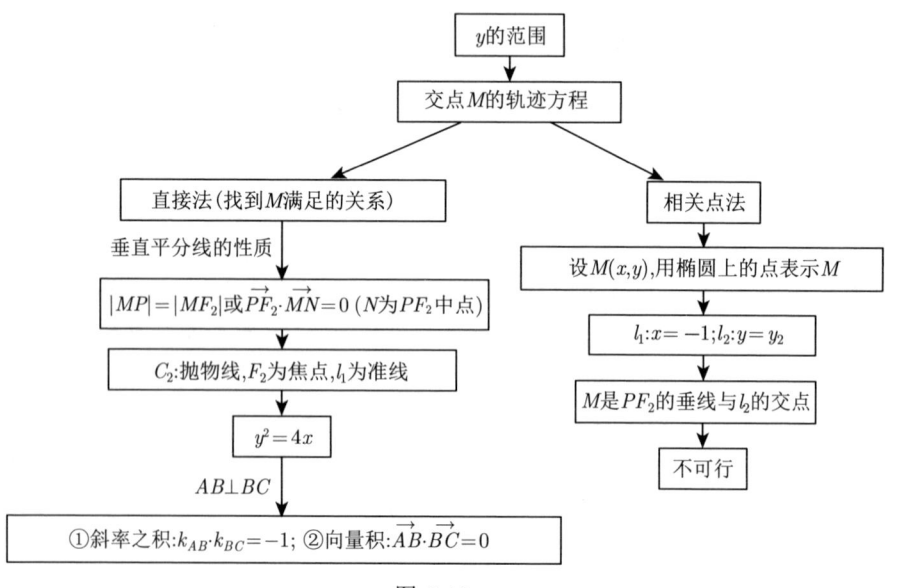

图 6-40

具体解答过程

解法一 斜率积与基本不等式 (图 6-41).

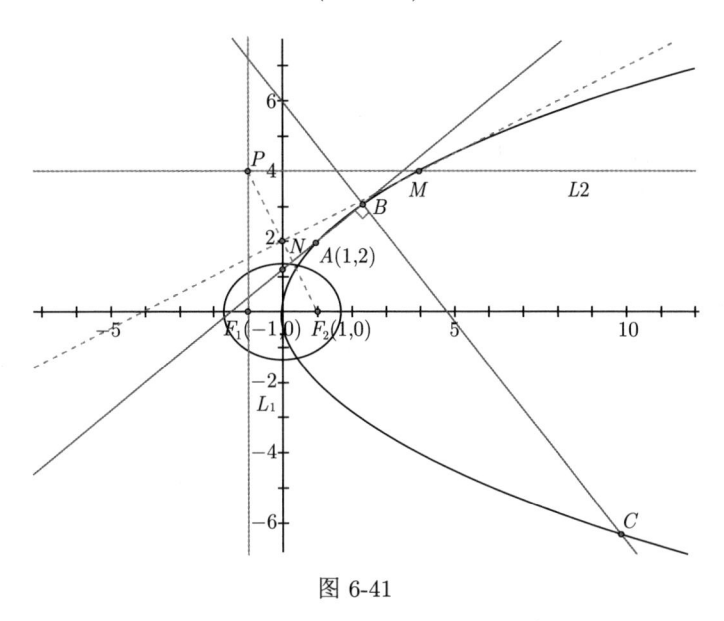

图 6-41

由 $F_1(-1,0), F_2(1,0), l_1 : x = -1$, 设线段 PF_2 的垂直平分线与 l_2 的交点为 M, 与 PF_2 交于点 N, 设 $M(x,y)$, 则 $P(-1,y), N\left(0, \dfrac{y}{2}\right)$. 得 $k_{PF_2} = -\dfrac{y}{2}, k_{MN} = \dfrac{y}{2x}$, 又 $MN \perp PF_2$, 所以

$$k_{PF_2} \cdot k_{MN} = -\frac{y^2}{4x} = -1, \quad 即\, y^2 = 4x.$$

(或 $\overrightarrow{PF_2} = (2,-y), \overrightarrow{MN} = \left(-x, -\dfrac{y}{2}\right), \overrightarrow{PF_2} \cdot \overrightarrow{MN} = 0$, 求得 $2x - \dfrac{y^2}{2} = 0$, 即 $y^2 = 4x$.)

因为 $A(1,2), B(x_1, y_1), C(x_2, y_2)$ 是 C_2 上不同的点, 所以 $y_1^2 = 4x_1, y_2^2 = 4x_2$,

$$k_{BC} = \frac{y_1 - y_2}{x_1 - x_2} = \frac{4}{y_1 + y_2}, \quad k_{AB} = \frac{y_1 - 2}{\dfrac{y_1^2}{4} - 1} = \frac{4}{2 + y_1}.$$

因为 $AB \perp BC$, 所以 $k_{AB} \cdot k_{BC} = \dfrac{16}{(y_1 + y_2)(2 + y_1)} = -1$.

$$y_2 = -y_1 - \frac{16}{y_1 + 2} = -(y_1 + 2) - \frac{16}{y_1 + 2} + 2.$$

当 $y_1 + 2 < 0$ 时,$-(y_1+2) - \dfrac{16}{y_1+2} + 2 \geqslant 8 + 2 = 10$ ($y_1 = -6$ 时等号成立);

当 $y_1 + 2 > 0$ 时,$-(y_1+2) - \dfrac{16}{y_1+2} + 2 \leqslant -8 + 2 = -6$ ($y_1 = 2$ 时等号成立),但点 B 与点 A 不重合,故 $y_1 \neq 2$,所以 $y_2 < -6$.

综上所述解得 $y_2 < -6$ 或 $y_2 \geqslant 10$.

解法二 向量积及判别式.

因为 $C_1: \dfrac{x^2}{3} + \dfrac{y^2}{2} = 1$ 的左右焦点为 F_1, F_2,所以 $F_1(-1, 0), F_2(1, 0)$,直线 $l_1: x = -1$.

设线段 PF_2 的垂直平分线与 l_2 的交点为 M,则 $|MP| = |MF_2|$,根据抛物线的定义知点 M 的轨迹是以 F_2 为焦点、l_1 为准线的抛物线.所以曲线 C_2: $y^2 = 4x$.

因为 $A(1, 2), B(x_1, y_1), C(x_2, y_2)$ 是 C_2 上不同的点,所以

$$\overrightarrow{AB} = (x_1 - 1, y_1 - 2), \quad \overrightarrow{BC} = (x_2 - x_1, y_2 - y_1).$$

因为 $AB \perp BC$,所以

$$\overrightarrow{AB} \cdot \overrightarrow{BC} = (x_1 - 1)(x_2 - x_1) + (y_1 - 2)(y_2 - y_1) = 0.$$

又由 $x_1 = \dfrac{1}{4}y_1^2, x_2 = \dfrac{1}{4}y_2^2$,得

$$\left(\dfrac{y_1^2}{4} - 1\right)\left(\dfrac{y_2^2}{4} - \dfrac{y_1^2}{4}\right) + (y_1 - 2)(y_2 - y_1) = 0,$$

即

$$(y_1 - 2)(y_2 - y_1)\left[\dfrac{(y_1+2)(y_1+y_2)}{16} + 1\right] = 0.$$

又 $y_1 \neq 2, y_1 \neq y_2$,故

$$\dfrac{(y_1+2)(y_1+y_2)}{16} + 1 = 0.$$

整理得 $y_1^2 + (2 + y_2)y_1 + (2y_2 + 16) = 0$,其中 $y_1 \neq 2$ 且方程有解,从而

$$\Delta = (2 + y_2)^2 - 4(2y_2 + 16) \geqslant 0, \quad 且 y_2 \neq -6,$$

即 $y_2^2 - 4y_2 - 60 \geqslant 0$,且 $y_2 \neq -6$,解得 $y_2 < -6$ 或 $y_2 \geqslant 10$.

五、说变式

变式 1 已知椭圆 $C_1: \dfrac{x^2}{a^2} + \dfrac{y^2}{b^2} = 1$ 的左右焦点为 F_1, F_2，直线 l_1 过点 F_1 且垂直于椭圆的长轴，动直线 l_2 垂直于 l_1，垂足为点 P，线段 PF_2 的垂直平分线与 l_2 的交点的轨迹为曲线 C_2，若 $A(\sqrt{a^2-b^2}, 2\sqrt{a^2-b^2}), B(x_1, y_1), C(x_2, y_2)$ 是 C_2 上不同的点，且 $AB \perp BC$，则 y_2 的取值范围是什么.

解得 $y_2 \in (-\infty, -6\sqrt{a^2-b^2}) \cup [10\sqrt{a^2-b^2}, +\infty)$.

变式 2 已知双曲线 $C_1: \dfrac{x^2}{a^2} - \dfrac{y^2}{b^2} = 1$ 的左右焦点为 F_1, F_2，直线 l_1 过点 F_1 且垂直于椭圆的长轴，动直线 l_2 垂直于 l_1，垂足为点 P，线段 PF_2 的垂直平分线与 l_2 的交点的轨迹为曲线 C_2，若 $A(\sqrt{a^2+b^2}, 2\sqrt{a^2+b^2}), B(x_1, y_1), C(x_2, y_2)$ 是 C_2 上不同的点，且 $AB \perp BC$，则 y_2 的取值范围是什么.

解得 $y_2 \in (-\infty, -6\sqrt{a^2+b^2}) \cup [10\sqrt{a^2+b^2}, +\infty)$.

变式 3 已知椭圆 $C_1: \dfrac{x^2}{3} + \dfrac{y^2}{2} = 1$ 的左右焦点为 F_1, F_2，直线 l_1 过点 F_1 且垂直于椭圆的长轴，动直线 l_2 垂直于 l_1，垂足为点 P，线段 PF_2 的垂直平分线与 l_2 的交点的轨迹为曲线 C_2，设 O 为坐标原点，取曲线 C_2 上不同于 O 的点 S，以 OS 为直径作圆与 C_2 相交于另外一点 R，求该圆的面积最小时，S 的坐标.

解 $C_2: y^2 = 4x$.

以 OS 为直径作圆与 C_2 相交点 R，得 $\angle ORS = 90°$，即 $\overrightarrow{OR} \cdot \overrightarrow{SR} = 0$.

设 $S(x_1, y_1), R(x_2, y_2)$，则 $y_1^2 = 4x_1, y_2^2 = 4x_2, \overrightarrow{SR} = (x_2 - x_1, y_2 - y_1)$，$\overrightarrow{OR} = (x_2, y_2)$，于是

$$\overrightarrow{OR} \cdot \overrightarrow{SR} = x_2(x_2 - x_1) + y_2(y_2 - y_1) = 0, \text{ 即 } \dfrac{y_2^2(y_2^2 - y_1^2)}{16} + y_2(y_2 - y_1) = 0.$$

因为 $y_1 \neq y_2, y_2 \neq 0$，所以 $y_1 = -\left(y_2 + \dfrac{16}{y_2}\right)$，故 $|y_1| = |y_2| + \dfrac{16}{|y_2|} \geq 8$，当且仅当 $|y_2| = \dfrac{16}{|y_2|}$，即 $y_2 = \pm 4$ 时等号成立.

当 $|y_1|_{\min} = 8$ 时，$(x_1)_{\min} = \dfrac{8^2}{4} = 16$，圆的直径 $|OS|_{\min} = \sqrt{16^2 + 8^2} = 8\sqrt{5}$，此时点 S 的坐标为 $(16, \pm 8)$.

六、说题目价值

本题考查了圆锥曲线的相关知识，考查求限定条件下曲线上一个点纵坐标的取值范围，解题的关键是要熟练掌握圆锥曲线的简单性质，在求 C_2 时，可结合垂直平分线的性质与抛物线的定义求得，在求 y_2 的取值范围时，既可采用基本不等

式求解，也可采用判别式求解，但要值得注意的是 $y_1 \neq 2, y_1 \neq y_2$，进而 $y_2 \neq -6$，涉及的知识点较多，较综合地考查学生，有利于锻炼学生的思维.

七、教学建议

圆锥曲线是高中数学的重要教学内容，它涉及的知识点较多，比如直线与圆锥曲线的位置关系，综合性较强. 在定义的教学中，教师最好不要直接给出定义，而应引导学生进行探究，在探究的过程中得出定义. 对于圆锥曲线的范围问题有两种常用方法：① 寻找合理的不等式，常见有判别式大于 0 和弦中点在曲线内部；② 所求量可表示为另一变量的函数，求函数的值域.

6.3.4 数列问题说题

例 6-10 已知函数 $F(x) = \dfrac{3x-2}{2x-1}$ $\left(x \neq \dfrac{1}{2}\right)$.

(1) 求 $F\left(\dfrac{1}{2009}\right) + F\left(\dfrac{2}{2009}\right) + \cdots + F\left(\dfrac{2008}{2009}\right)$;

(2) 已知数列 $\{a_n\}$ 满足 $a_1 = 2, a_{n+1} = F(a_n)$，求数列 $\{a_n\}$ 的通项公式;

(3) 求证：$a_1 a_2 a_3 \cdots a_n > \sqrt{2n+1}$.

一、说知识点

本题涉及的知识点有数列与函数综合、数列的通项、等差数列和公差的定义.

二、说核心素养和思想方法

核心素养：数学运算、逻辑推理.
方法：倒序相加法、不动点法、放缩法、分析法、数学归纳法.

三、说解题思路

(1) 如图 6-42:

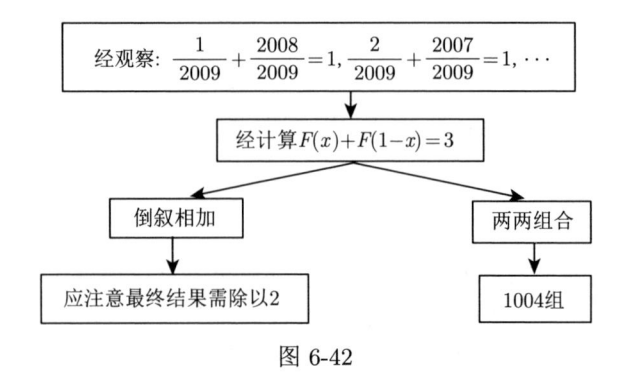

```
┌─────────────────────────────────────────┐
│ 经观察：1/2009 + 2008/2009 = 1,          │
│         2/2009 + 2007/2009 = 1, ···     │
└─────────────────────────────────────────┘
                    │
                    ▼
        ┌─────────────────────────┐
        │ 经计算 F(x)+F(1-x)=3    │
        └─────────────────────────┘
           │                    │
           ▼                    ▼
    ┌──────────┐          ┌──────────┐
    │ 倒叙相加 │          │ 两两组合 │
    └──────────┘          └──────────┘
         │                      │
         ▼                      ▼
┌────────────────────┐      ┌────────┐
│应注意最终结果需除以2│     │ 1004组 │
└────────────────────┘      └────────┘
```

图 6-42

(2) 思路如图 6-43:

```
由 a_{n+1}=F(a_n) 得出数列模型 a_{n+1}=\frac{3a_n-2}{2a_n-1}
         ↓                ↓                ↓
      不动点法          取倒数法        数学归纳法
         ↓                ↓
  求出不动点 x=1,      把 a_{n+1}=\frac{Aa_n+C}{Ba_n+D} 变为 a_{n+1}=\frac{Aa_n}{Ba_n+C}
  构造数列 a_{n+1}-1=\frac{3a_n-2}{2a_n-1}-1
    取倒数后整理         取倒数后整理
         ↓                ↓
  {1/(a_n-1)} 首项为1,公差为2的等差数列    {1/a_n} 首项为1,公差为2的等差数列
```

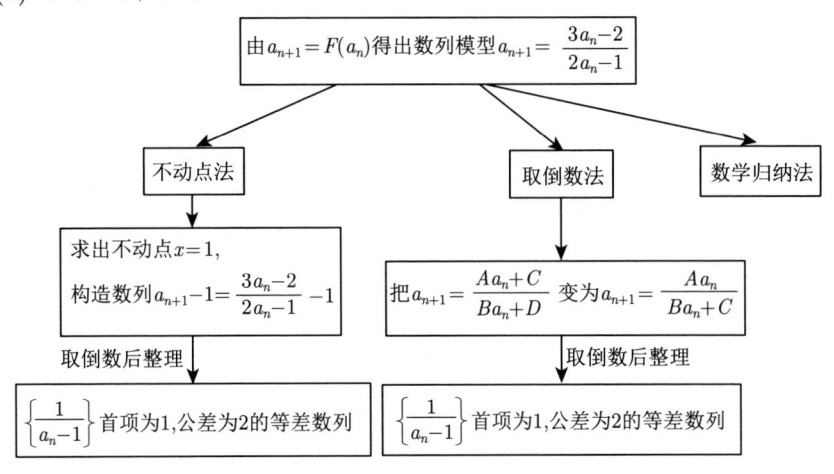

图 6-43

(3) 思路如图 6-44:

```
由 a_{n+1}=F(a_n) 得出数列模型 a_{n+1}=\frac{3a_n-2}{2a_n-1}
         ↓                ↓                ↓
      分析法            放缩法          数学归纳法
         ↓                ↓
  a_1·a_2···a_n > √(2n+1)     考虑一般项 a_n^2=\frac{(2n)^2}{(2n-1)^2}
  a_1·a_2···a_{n-1} > √(2n-1)
      两式相除                放缩
         ↓                ↓
  考虑一般项 a_n > \frac{√(2n+1)}{√(2n-1)} (奇数相邻)   a_n^2=\frac{(2n)^2}{(2n-1)^2} > \frac{(2n)^2-1}{(2n-1)^2}=\frac{2n+1}{2n-1}
         ↓                整理
  即证: \frac{2n}{2n-1} > \frac{√(2n+1)}{√(2n-1)}
         ↓                ↓
  即证: 4n^2 > 4n^2-1 (显然成立)   a_n > √(\frac{2n+1}{2n-1}) (奇数相邻)
```

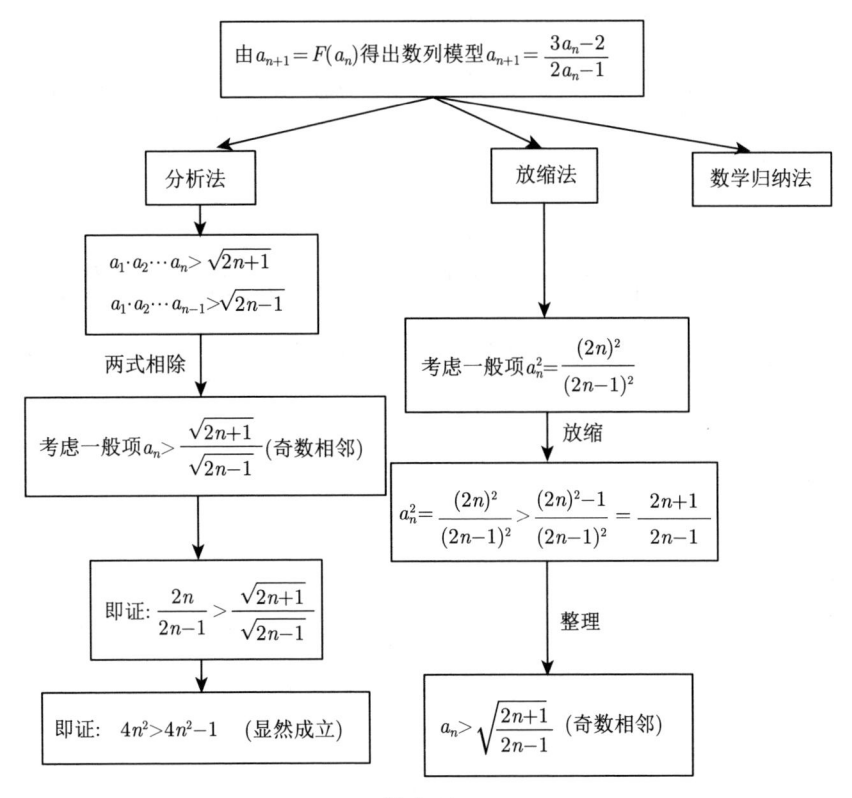

图 6-44

四、说解题过程

(1) **解法一** 经计算 $F(1-x) = \dfrac{3x-1}{2x-1}$,得 $F(x) + F(1-x) = 3$,所以

$$F\left(\dfrac{1}{2009}\right) + F\left(\dfrac{2}{2009}\right) + \cdots + F\left(\dfrac{2008}{2009}\right)$$
$$= \left[F\left(\dfrac{1}{2009}\right) + F\left(\dfrac{2008}{2009}\right)\right] + \cdots + \left[F\left(\dfrac{1004}{2009}\right) + F\left(\dfrac{1005}{2009}\right)\right]$$
$$= 1004 \times 3 = 3012.$$

解法二 经计算 $F(1-x) = \dfrac{3x-1}{2x-1}$,得 $F(x) + F(1-x) = 3$,由

$$S = F\left(\dfrac{1}{2009}\right) + F\left(\dfrac{2}{2009}\right) + \cdots + F\left(\dfrac{2008}{2009}\right), \qquad ①$$

$$S = F\left(\dfrac{2008}{2009}\right) + F\left(\dfrac{2007}{2009}\right) + \cdots + F\left(\dfrac{1}{2009}\right), \qquad ②$$

①+②得 $2S = 3 \times 2008$,所以 $S = 3012$.

(2) **解法一** 由 $a_{n+1} = F(a_n)$ 得 $a_{n+1} = \dfrac{3a_n - 2}{2a_n - 1}$,令 $f(x) = \dfrac{3x-2}{2x-1} = x$,解得不动点 $x = 1$. 所以

$$a_{n+1} - 1 = \dfrac{3a_n - 2}{2a_n - 1} - 1 = \dfrac{a_n - 1}{2(a_n - 1) + 1}.$$

两边取倒数得 $\dfrac{1}{a_{n+1} - 1} = \dfrac{1}{a_n - 1} + 2$,即 $\dfrac{1}{a_{n+1} - 1} - \dfrac{1}{a_n - 1} = 2$. 从而 $\left\{\dfrac{1}{a_n - 1}\right\}$ 是以 $\dfrac{1}{a_1 - 1} = 1$ 为首项、2 为公差的等差数列,即 $\dfrac{1}{a_n - 1} = 2n - 1$,于是 $a_n = \dfrac{2n}{2n-1}$.

解法二 由 $a_{n+1} = F(a_n)$ 得

$$a_{n+1} = \dfrac{3a_n - 2}{2a_n - 1}. \qquad ①$$

①式两边减 1 得

$$a_{n+1} - 1 = \dfrac{a_n - 1}{2(a_n - 1) + 1}. \qquad ②$$

②式两边取倒数

$$\dfrac{1}{a_{n+1} - 1} = \dfrac{2(a_n - 1) + 1}{a_n - 1} = \dfrac{1}{a_n - 1} + 2.$$

整理得 $\dfrac{1}{a_{n+1}-1} - \dfrac{1}{a_n-1} = 2$. 从而 $\left\{\dfrac{1}{a_n-1}\right\}$ 是以 $\dfrac{1}{a_1-1} = 1$ 为首项、2 为公差的等差数列, 即 $\dfrac{1}{a_n-1} = 2n-1$, 于是 $a_n = \dfrac{2n}{2n-1}$.

解法三 由 $a_{n+1} = F(a_n)$ 得 $a_{n+1} = \dfrac{3a_n-2}{2a_n-1}$, 因为 $a_1 = 2$, 易计算 $a_2 = \dfrac{4}{3}, a_3 = \dfrac{6}{5}, a_4 = \dfrac{8}{7}$.

下用数学归纳法验证 $a_n = \dfrac{2n}{2n-1}$. 当 $n=1$ 时, $a_1 = 2$ 成立.

假设当 $n=k$ 时成立, 即 $a_k = \dfrac{2k}{2k-1}$. 当 $n=k+1$ 时,

$$a_{n+1} = F(a_n) = \dfrac{3 \cdot \dfrac{2k}{2k-1} - 2}{2 \cdot \dfrac{2k}{2k-1} - 1} = \dfrac{2k+2}{2k+1} = \dfrac{2(k+1)}{2(k+1)-1}.$$

综上所述, 对任意正整数 n, 都有 $a_n = \dfrac{2n}{2n-1}$.

(3) **证法一** 由 (2) 知 $a_n = \dfrac{2n}{2n-1}$, 下证 $a_n > \dfrac{\sqrt{2n+1}}{\sqrt{2n-1}}$. 即证 $\dfrac{2n}{2n-1} > \dfrac{\sqrt{2n+1}}{\sqrt{2n-1}}$, 即证 $\dfrac{4n^2}{2n-1} > 2n+1$, 即证 $4n^2 > 4n^2 - 1$, 显然成立. 于是

$$a_1 a_2 a_3 \cdots a_n > \dfrac{\sqrt{3}}{\sqrt{1}} \cdot \dfrac{\sqrt{5}}{\sqrt{3}} \cdots \dfrac{\sqrt{2n+1}}{\sqrt{2n-1}} = \sqrt{2n+1}.$$

证法二 由 (2) 知 $a_n = \dfrac{2n}{2n-1}$. 于是 $a_n^2 = \dfrac{4n^2}{(2n-1)^2} > \dfrac{4n^2-1}{(2n-1)^2} = \dfrac{2n+1}{2n-1}$, 从而 $a_n > \sqrt{\dfrac{2n+1}{2n-1}}$. 故

$$a_1 a_2 a_3 \cdots a_n > \sqrt{\dfrac{3}{1} \cdot \dfrac{5}{3} \cdots \dfrac{2n+1}{2n-1}} = \sqrt{2n+1}.$$

证法三 当 $n=1$ 时, 左边 $=2$, 右边 $=\sqrt{3}$, $a_1 > \sqrt{3}$ 成立.
假设当 $n=k$ 时成立, 即 $a_1 a_2 a_3 \cdots a_k > \sqrt{2k+1}$.
当 $n=k+1$ 时,

$$a_1 a_2 a_3 \cdots a_k \cdot a_{k+1} > \sqrt{2k+1} \cdot \dfrac{2k+2}{2k+1} = \dfrac{2k+2}{\sqrt{2k+1}} > \dfrac{2k+1}{\sqrt{2k+1}} = \sqrt{2k+1}.$$

综上所述, 对任意正整数 n, 都有 $a_1 a_2 a_3 \cdots a_n > \sqrt{2n+1}$ 成立.

五、说变式

变式 1 已知函数 $F(x) = \dfrac{3x-2}{2x-1}\left(x \neq \dfrac{1}{2}\right)$.

(1) 求 $F\left(\dfrac{1}{2010}\right) + F\left(\dfrac{2}{2010}\right) + \cdots + F\left(\dfrac{2009}{2010}\right)$ 的值;

(2) 已知数列 $\{a_n\}$ 满足 $a_1 = 2, a_{n+1} = F(a_n)$, 求证数列 $\left\{\dfrac{1}{a_n-1}\right\}$ 是等差数列;

(3) 已知 $b_n = \dfrac{2n-1}{2^n}$, 求数列 $\{a_n b_n\}$ 的前 n 项和 S_n.

解 (1) 经计算 $F(1-x) = \dfrac{3x-1}{2x-1}$, 得 $F(x) + F(1-x) = 3$, 由

$$S = F\left(\dfrac{1}{2010}\right) + F\left(\dfrac{2}{2010}\right) + \cdots + F\left(\dfrac{2009}{2010}\right), \quad ①$$

$$S = F\left(\dfrac{2009}{2010}\right) + F\left(\dfrac{2008}{2010}\right) + \cdots + F\left(\dfrac{1}{2010}\right), \quad ②$$

①+② 得 $2S = 3 \times 2009$, 所以 $S = \dfrac{6027}{2}$.

(2) 由 $a_{n+1} = F(a_n)$ 得

$$a_{n+1} = \dfrac{3a_n - 2}{2a_n - 1}, \quad ①$$

①式两边减 1 得

$$a_{n+1} - 1 = \dfrac{a_n - 1}{2(a_n - 1) + 1}, \quad ②$$

②式两边取倒数

$$\dfrac{1}{a_{n+1} - 1} = \dfrac{2(a_n - 1) + 1}{a_n - 1} = \dfrac{1}{a_n - 1} + 2.$$

整理得 $\dfrac{1}{a_{n+1}-1} - \dfrac{1}{a_n-1} = 2$, 从而 $\left\{\dfrac{1}{a_n-1}\right\}$ 是以 $\dfrac{1}{a_1-1} = 1$ 为首项、2 为公差的等差数列.

(3) 由 (2) 得 $\dfrac{1}{a_n - 1} = 2n - 1$, 从而 $a_n = \dfrac{2n}{2n-1}$. 令 $c_n = a_n b_n = \dfrac{2n}{2^n} = \dfrac{n}{2^{n-1}}$, 有

$$S_n = \dfrac{1}{2^0} + \dfrac{2}{2^1} + \dfrac{3}{2^2} + \cdots + \dfrac{n-1}{2^{n-2}} + \dfrac{n}{2^{n-1}}, \quad ①$$

$$\frac{1}{2}S_n = \frac{1}{2^1} + \frac{2}{2^2} + \frac{3}{2^3} + \cdots + \frac{n-1}{2^{n-1}} + \frac{n}{2^n}, \qquad ②$$

① $-$ ② 得 $\frac{1}{2}S_n = 1 + \left(\frac{1}{2} + \frac{1}{2^2} + \cdots + \frac{1}{2^{n-1}}\right) - \frac{n}{2^n}$, 所以 $S_n = 4 - \frac{2+n}{2^{n-1}}$.

变式 2 已知数列 $\{a_n\}$ 中,$a_1 = 2, a_n - a_{n-1} - 2n = 0 (n \geqslant 2, n \in \mathbf{N})$.

(1) 求数列 $\{a_n\}$ 的通项公式;

(2) 设 $b_n = \dfrac{1}{a_{n+1}} + \dfrac{1}{a_{n+2}} + \dfrac{1}{a_{n+3}} + \cdots + \dfrac{1}{a_{2n}}$, 若对任意的正整数 n, 当 $m \in [-1, 1]$ 时,不等式 $t^2 - 2mt + \dfrac{1}{6} > b_n$ 恒成立,求实数 t 的取值范围.

解 (1) 当 $n \geqslant 2$ 时,

$$a_n - a_{n-1} = 2n, a_{n-1} - a_{n-2} = 2(n-1), \cdots, a_2 - a_1 = 2 \times 2.$$

上述等式累加得 $a_n - a_1 = n^2 + n - 2$, 于是 $a_n = n(n+1)$.

当 $n = 1$ 时满足该式,于是数列 $\{a_n\}$ 的通项公式为 $a_n = n(n+1)$.

(2) $$b_n = \frac{1}{a_{n+1}} + \frac{1}{a_{n+2}} + \frac{1}{a_{n+3}} + \cdots + \frac{1}{a_{2n}}$$
$$= \frac{1}{(n+1)(n+2)} + \frac{1}{(n+2)(n+3)} + \cdots + \frac{1}{2n(2n+1)}$$
$$= \frac{1}{n+1} - \frac{1}{2n+1} = \frac{n}{(n+1)(2n+1)} = \frac{1}{2n + \frac{1}{n} + 3}.$$

令 $f(x) = 2x + \dfrac{1}{x}(x \geqslant 1)$, 则 $f'(x) = 2 - \dfrac{1}{x^2}$, 当 $x \geqslant 1$ 时,$f'(x) > 0$, 所以 $f(x)$ 在 $[1, +\infty)$ 上单调递增,当 $x = 1$ 时,$f(x)_{\min} = f(1) = 3$.

故当 $n = 1$ 时,$(b_n)_{\max} = \dfrac{1}{6}$.

要使对任意的正整数 n, 当 $m \in [-1, 1]$ 时,不等式 $t^2 - 2mt + \dfrac{1}{6} > b_n$ 恒成立,则 $t^2 - 2mt + \dfrac{1}{6} > (b_n)_{\max} = \dfrac{1}{6}$, 即 $\forall m \in [-1, 1], t^2 - 2mt > 0$ 恒成立,故

$$\begin{cases} t^2 - 2t > 0, \\ t^2 + 2t < 0, \end{cases} \text{解得} t > 2 \text{或} t < -2,$$

于是实数 t 的取值范围为 $t \in (-\infty, -2) \cup (2, +\infty)$.

六、说教学反思

数列内容是高中数学中的重要内容，教学过程中应渗透用函数的观点来理解数列的思想方法，加强数列与函数之间的联系，在解决数列问题时应注重培养学生的计算推理能力. 本题是一道函数背景与数列综合应用的题目，在高考中难度属于中等偏难，要求学生了解函数与数列的关系，熟悉数列的本质，掌握数列求通项的方法以及运算技巧.

例 6-11 已知数列 $\{a_n\}$ 中，$a_1 = 1, a_2 = 3$，且 $2a_{n+1} = a_{n+2} + a_n$（其中 $n \in \mathbf{N}^*$）. 数列 $\{b_n\}$ 的前 n 项和为 S_n，其中 $b_1 = -\dfrac{1}{2}, b_{n+1} = -\dfrac{1}{2}S_n$（其中 $n \in \mathbf{N}^*$）.

(1) 求数列 $\{a_n\}, \{b_n\}$ 的通项公式；

(2) 若 $T_n = \dfrac{a_1}{b_1} + \dfrac{a_2}{b_2} + \cdots + \dfrac{a_n}{b_n}$，求 T_n 的表达式.

一、说知识点

本题所考查的内容为人教版高中数学必修五的"数列"，涉及的知识点有：等差中项、递推公式、数列求和、数学归纳法和待定系数法、错位相减法、构造法. 难度中等偏易.

二、说核心素养与思想方法

本题涉及的核心素养有数学运算和逻辑推理，主要考查函数与方程的思想.

三、说解题思路

(1) 数列 $\{a_n\}$ 的求法（图 6-45）.

(2) 数列 $\{b_n\}$ 的求法

解法一（图 6-46）.

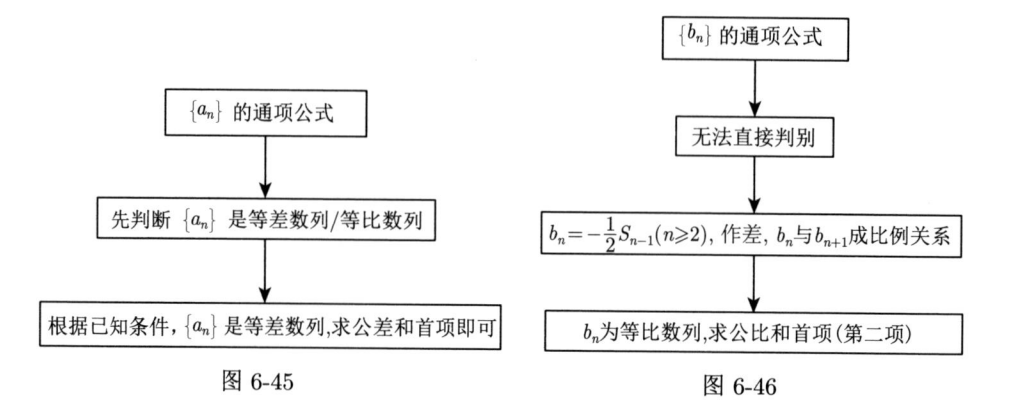

图 6-45

图 6-46

解法二 (图 6-47).

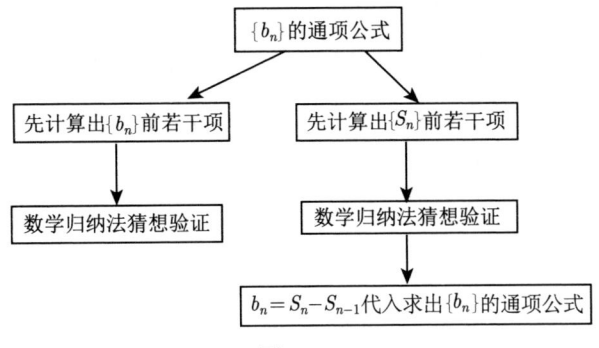

图 6-47

(3) 求 T_n 的表达式 (图 6-48).

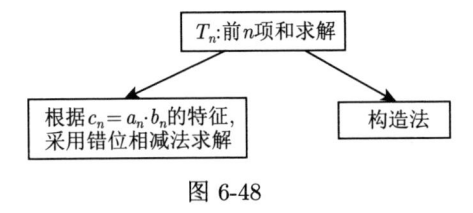

图 6-48

四、说解答过程

1. 数列 $\{a_n\}$ 的求法 (公式法).

$2a_{n+1} = a_{n+2} + a_n$，则数列 $\{a_n\}$ 为等差数列，且 $d = a_2 - a_1 = 2$，于是 $a_n = 2n - 1 \quad (n \in \mathbf{N}_+)$.

2. 数列 $\{b_n\}$ 的求法 (三种).

解法一 公式法.

由 $b_{n+1} = -\dfrac{1}{2}S_n$，得 $b_n = -\dfrac{1}{2}S_{n-1} \ (n \geqslant 2)$. 于是

$$b_{n+1} - b_n = -\dfrac{1}{2}(S_n - S_{n-1}) = -\dfrac{1}{2}b_n.$$

故 $b_{n+1} = \dfrac{1}{2}b_n \ (n \geqslant 2)$，即 $\dfrac{b_{n+1}}{b_n} = \dfrac{1}{2}$. 又由 $b_1 = -\dfrac{1}{2}, b_2 = -\dfrac{1}{2}S_1 = \dfrac{1}{4}$，则 $\dfrac{b_2}{b_1} = -\dfrac{1}{2} \neq \dfrac{1}{2}$. 故 $\{b_n\}$ 从第二项开始为等比数列，公比为 $\dfrac{1}{2}$，$b_n = \begin{cases} -\dfrac{1}{2} & (n=1), \\ \left(\dfrac{1}{2}\right)^n & (n \geqslant 2). \end{cases}$

解法二 数学归纳法.

经计算，$b_2 = \dfrac{1}{4}, b_3 = \dfrac{1}{8}, b_4 = \dfrac{1}{16}, \cdots$. 猜想论证: $b_n = \dfrac{1}{2^n}(n \geqslant 2)$.

当 $n=2$ 时,$b_2 = \dfrac{1}{4} = \dfrac{1}{2^2}$.

假设当 $n=k$ 时,结论成立,即 $b_k = \dfrac{1}{2^k}$,则当 $n=k+1$ 时,
$$b_{k+1} = -\dfrac{1}{2}S_k = -\dfrac{1}{2}(b_1 + b_2 + \ldots + b_k)$$
$$= \dfrac{1}{4} - \dfrac{1}{4}\left(1 - \dfrac{1}{2^{k-1}}\right) = \dfrac{1}{2^{k+1}}.$$

综上 $b_n = \begin{cases} -\dfrac{1}{2} & (n=1), \\ \dfrac{1}{2^n} & (n \geqslant 2). \end{cases}$

解法三 利用 S_n 与 b_n 的关系.

经计算,$S_1 = -\dfrac{1}{2}, S_2 = -\dfrac{1}{2^2}, S_3 = -\dfrac{1}{2^3}, S_4 = -\dfrac{1}{2^4}$. 验证猜想:$S_n = -\dfrac{1}{2^n}$ $(n \geqslant 1)$.

当 $n=1$ 时,$S_1 = -\dfrac{1}{2}$.

假设当 $n=k$ 时,结论成立,即 $S_k = -\dfrac{1}{2^k}$,则当 $n=k+1$ 时,$S_{k+1} = S_k + b_{k+1} = -\dfrac{1}{2^k} - \dfrac{1}{2} \cdot S_k = -\dfrac{1}{2^{k+1}}$,得 $S_n = -\dfrac{1}{2^n}$ $(n \geqslant 1)$. 于是
$$b_n = S_n - S_{n-1} = \dfrac{1}{2^n} \ (n \geqslant 2).$$

综上,$b_n = \begin{cases} -\dfrac{1}{2} & (n=1), \\ \dfrac{1}{2^n} & (n \geqslant 2). \end{cases}$

3. 求 T_n 的表达式.

解法一 错位相减法.

令 $c_n = \dfrac{a_n}{b_n}$,则 $c_n = \begin{cases} -2 & (n=1), \\ 2^n(2n-1) & (n \geqslant 2). \end{cases}$ 于是

$T_n = c_1 + c_2 + \cdots + c_n = -2 + 3 \times 2^2 + 5 \times 2^3 + \cdots + (2n-1) \times 2^n$,

$2T_n = -4 + 3 \times 2^3 + \cdots + (2n-1) \times 2^{n+1}$,

错位相减,并整理得 $T_n = 2 + 2^{n+1}(2n-3)(n \geqslant 2)$. 于是

$$T_n = \begin{cases} -2, & n=1, \\ 2 + 2^{n+1}(2n-3), & n \geqslant 2. \end{cases}$$

解法二 构造法.

由 $T_n = \dfrac{a_1}{b_1} + \dfrac{a_2}{b_2} + \cdots + \dfrac{a_n}{b_n}$, 得 $n \geqslant 2$, $T_n - T_{n-1} = \dfrac{a_n}{b_n} = 2^n(2n-1)$. 设

$$T_n + (An + B) \cdot 2^n = T_{n-1} + [A(n-1) + B] \cdot 2^{n-1},$$

移项化简, 得

$$(2A+4)n + 2B - 2 = An + B - A,$$

由待定系数法, 解得 $\begin{cases} A = -4, \\ B = 6. \end{cases}$ 则 $\{T_n + (6-4n) \cdot 2^n\}\,(n \geqslant 2)$ 为常数列. 由

$$T_2 = \dfrac{a_1}{b_1} + \dfrac{a_2}{b_2} = \dfrac{1}{-\dfrac{1}{2}} + \dfrac{3}{\dfrac{1}{2^2}} = -2 + 12 = 10,$$

$$T_n + (6-4n) \cdot 2^n = T_2 + (6 - 4 \times 2) \times 2^2 = 2 \quad (n \geqslant 2),$$

得 $T_n = \begin{cases} -2, & n = 1, \\ 2 + 2^{n+1}(2n-3), & n \geqslant 2. \end{cases}$ 故 $T_n = 2 + 2^{n+1}(2n-3), n \in \mathbf{N}^+$.

五、说变式

变式 1 已知数列 $\{a_n\}$ 的前 n 项和 s_n 中, $a_1 = 1, a_2 = 3$, 且 $a_{n+1} = n(4 - s_{n+1}) + 1$; 数列 $\{b_n\}$ 的前 n 项和为 S_n, 其中 $b_1 = -\dfrac{3}{2}$, $b_{n+1} = -\dfrac{2}{3} S_n$ $(n \in \mathbf{N}_+)$.

(1) 求数列 $\{a_n\}$ 和 $\{b_n\}$ 的通项公式;

(2) 若 $T_n = a_1 b_1 + a_2 b_2 + \cdots + a_n b_n$, 求 T_n.

解 (1) 由于 $a_{n+1} = n(4 - s_{n+1}) + 1$, 即 $a_{n+1} = 4n - na_{n+1} + na_n + 1$, 得

$$(n+1)a_{n+1} - 4n - 1 = na_n.$$

待定系数法, 令 $n(a_n + An + B) = (n+1)(a_{n+1} + A(n+1) + B)$, 得 $A = -2$, $B = 1$.

取 $Z_n = a_n - 2n + 1$, 则 $\dfrac{Z_{n+1}}{Z_n} = \dfrac{n}{n+1}$, 及 $Z_2 = Z_1 \cdot \dfrac{1}{2} = 0$, $Z_3 = Z_2 \times \dfrac{2}{3} = 0$, 则 $Z_n = 0$.

由 $Z_n = a_n - 2n + 1 = 0$, 得 $a_n = 2n - 1 (n \geqslant 1)$.

易解得, $b_n = \begin{cases} -\dfrac{3}{2}, & n = 1, \\ \left(\dfrac{1}{3}\right)^{n-2}, & n \geqslant 2. \end{cases}$

(2) 令 $c_n = a_n b_n$, 则

$$T_n = -\frac{3}{2} + 3 \times \frac{1}{3^0} + 5 \times \frac{1}{3^1} + \cdots + (2n-1) \times \frac{1}{3^{n-2}}.$$

利用错位相减法, 解得 $T_n = \frac{9}{2} - (n+1) \times \frac{1}{3^{n-2}}$ $(n \geqslant 2)$. 又 $T_1 = a_1 \cdot b_1 = -\frac{3}{2}$ 满足 $T_n = \frac{9}{2} - (n+1) \times \frac{1}{3^{n-2}}$, 故

$$T_n = \frac{9}{2} - (n+1) \times \frac{1}{3^{n-2}} \quad (n \in \mathbf{N}_+).$$

变式 2 (构造数列法) 令 $c_n = (-1)^n a_n + n \cdot b_n$, 求 $\{c_n\}$ 的前 n 项和 T_n, 其他条件和原题一致.

解 由题意, 知 $a_n = 2n-1\,(n \in \mathbf{N}_+)$, $b_n = \begin{cases} -\dfrac{1}{2}, & n=1, \\ \dfrac{1}{2^n}, & n \geqslant 2. \end{cases}$ 得

$$c_n = \begin{cases} -\dfrac{3}{2}, & n=1, \\ n \cdot \dfrac{1}{2^n} + (-1)^n \cdot (2n-1), & n \geqslant 2. \end{cases}$$

(无法使用错位相减法, 采取构造法求 T_n 的通项公式)

当 $n \geqslant 2$,
$$T_n - T_{n-1} = c_n = n \cdot \frac{1}{2^n} + (-1)^n \cdot (2n-1).$$

设

$$T_n + (An+B) \cdot \frac{1}{2^n} + (-1)^n \cdot (Cn+D)$$
$$= T_{n-1} + [A(n-1)+B] \cdot \frac{1}{2^{n-1}} + (-1)^{n-1} \cdot [C(n-1)+D],$$

移项,

$$T_n - T_{n-1} = [A(n-1)+B] \cdot \frac{1}{2^{n-1}} + (-1)^{n-1} \cdot [C(n-1)+D]$$
$$- (An+B) \cdot \frac{1}{2^n} + (-1)^n \cdot (Cn+D),$$

化简,

$$n \cdot \frac{1}{2^n} + (-1)^n \cdot (2n-1) = (An - 2A + B) \cdot \frac{1}{2^n} + (-1)^n \cdot (-2Cn + C - 2D),$$

6.3 说题的案例

由待定系数法, 得 $\begin{cases} An - 2A + B = n, \\ -2Cn + C - 2D = 2n - 1. \end{cases}$ 则

$$\begin{cases} -2C = 2, \\ C - 2D = -1, \\ A = 1, \\ B - 2A = 0, \end{cases} \quad 解得 \quad \begin{cases} A = 1, \\ B = 2, \\ C = -1, \\ D = 0. \end{cases}$$

于是当 $n \geqslant 2$ 时, $\left\{ T_n + (n+2) \cdot \dfrac{1}{2^n} + (-1)^n \cdot (-n) \right\}$ 是常数列.

又 $T_2 = c_1 + c_2 = -a_1 + b_1 + a_2 + 2b_2 = -1 - \dfrac{1}{2} + 3 + \dfrac{1}{2} = 2$, 得

$$T_n = T_2 + (2+2) \cdot \dfrac{1}{2^2} + (-1)^2 \cdot (-2) - (n+2) \cdot \dfrac{1}{2^n} - (-1)^n \cdot (-n) \quad (n \geqslant 2),$$

即 $T_n = \begin{cases} 1 - (n+2) \cdot \dfrac{1}{2^n} - (-1)^{n+1} \cdot n, & n \geqslant 2, \\ -\dfrac{3}{2}, & n = 1. \end{cases}$

【注: 类似的变式还有如下两种, 由于解法类似, 故在此不展开讨论.】

(1) $c_n = \dfrac{a_{2n-1}}{b_{2n}}$, 解得 $T_n = \sum\limits_{k=1}^{n} c_k = \dfrac{52}{9} + \left(16n - \dfrac{52}{9}\right) \cdot 4^n$.

(2) $c_n = \dfrac{na_n}{b_n}$, 解得 $T_n = \sum\limits_{k=1}^{n} c_k = \begin{cases} (2n^2 - 5n + 7) \cdot 2^{n+1} - 14, & n \geqslant 2, \\ -2, & n = 1. \end{cases}$

变式 3 (裂项相消法) 求 $\sum\limits_{k=1}^{n} \dfrac{4k}{(a_k + 3)(a_k + 5) \cdot b_{k+1}}$, 其他条件和原题一致.

解 已知 $a_n = 2n - 1 \, (n \in \mathbf{N}_+)$, $b_n = \begin{cases} -\dfrac{1}{2}, & n = 1, \\ \dfrac{1}{2^n}, & n \geqslant 2. \end{cases}$

当 $k \geqslant 2$, $\dfrac{4k}{(a_k + 3)(a_k + 5) \cdot b_{k+1}} = \dfrac{k \cdot 2^{k+1}}{(k+1)(k+2)} = \dfrac{2^{k+2}}{k+2} - \dfrac{2^{k+1}}{k+1}$. 于是

$$\sum_{k=1}^{n} \dfrac{4k}{(a_k + 3)(a_k + 5) \cdot b_{k+1}}$$
$$= \dfrac{4}{(a_1 + 3)(a_1 + 5) b_2} + \left(\dfrac{2^4}{4} - \dfrac{2^3}{3}\right) + \left(\dfrac{2^5}{5} - \dfrac{2^4}{4}\right) + \cdots$$
$$+ \left(\dfrac{2^{n+1}}{n+1} - \dfrac{2^n}{n}\right) + \left(\dfrac{2^{n+2}}{n+2} - \dfrac{2^{n+1}}{n+1}\right)$$

$$= \frac{2}{3} + \frac{2^{n+2}}{n+2} - \frac{8}{3}$$
$$= \frac{2^{n+2}}{n+2} - 2.$$

变式 4 (结合基本不等式求函数最值问题) 设 $f(n) = \dfrac{T_n - 2}{\left(n + \dfrac{5}{2}\right)(T_{n+1} - 2)}$, $n \in \mathbf{N}_+$, 求 $f(n)$ 的最大值, 其他条件和原题一致.

解 由于 $T_n = \sum\limits_{k=1}^{n} \dfrac{a_k}{b_k} = (2n-3) \cdot 2^{n+1} + 2$, 则

$$f(n) = \frac{(2n-3) \cdot 2^{n+1}}{\left(n + \dfrac{5}{2}\right)[(2n-1) \cdot 2^{n+2}]} = \frac{2n-3}{(2n+5)(2n-1)}.$$

令 $u = 2n-3$, 则 $\dfrac{2n-3}{(2n+5)(2n-1)} = \dfrac{u}{(u+2)(u+8)}$, 记

$$g(u) = \frac{u}{(u+2)(u+8)}, u = 2n-3 \in \mathbf{Z} \quad (n \in \mathbf{N}_+).$$

当 $n = 1$, $u = -1$, $g(-1) = -\dfrac{1}{7}$.

当 $n \geqslant 2$, $u > 0$, $g(u) = \dfrac{u}{u^2 + 10u + 16} = \dfrac{1}{u + 10 + \dfrac{16}{u}}$.

由基本不等式知, $u + \dfrac{16}{u} \geqslant 2\sqrt{u \cdot \dfrac{16}{u}} = 8$, 当且仅当 $u = \dfrac{16}{u}$, 即 $u = 4$ 时, 等号成立. 但当 $u = 4$ 时, $n = \dfrac{7}{2}$, 与 n 为正整数的条件矛盾.

当 $u = 3$ 时, $n = 3$, $f(3) = g(3) = \dfrac{3}{55}$; 当 $u = 5$ 时, $n = 4$, $f(4) = g(5) = \dfrac{5}{91}$; 则 $f(4) > f(3)$.

由双勾/对勾函数的单调性可知, 当 $n = 4$, $f(n)$ 取得最大值 $\dfrac{5}{91}$.

变式 5 (恒成立问题) 若 $(T_n - 2)k \geqslant 4n^2 - 18n + 18$ 对所有 $n \in \mathbf{N}_+ \cap [2, +\infty)$ 恒成立, 求 k 的取值范围, 其他条件和原题一致.

解 已知 $T_n = \sum\limits_{k=1}^{n} \dfrac{a_k}{b_k} = (2n-3) \cdot 2^{n+1} + 2$, 依题意, 得

$$\left[(2n-3) \cdot 2^{n+1}\right] k \geqslant 4n^2 - 18n + 18 = 2(2n-3)(n-3).$$

由 $n \geqslant 2$, 得 $2n-3 > 0$, 于是

$$k \geqslant \frac{2(2n-3)(n-3)}{(2n-3)\cdot 2^{n+1}} = \frac{n-3}{2^n}.$$

令 $h(n) = \dfrac{n-3}{2^n}$, 故 k 应大于 $h(n)$ 的最大值 ($n \in \mathbf{N}_+ \cap [2, +\infty)$).

$$h(2) = -\frac{1}{4}, \quad h(3) = 0, \quad h(4) = h(5) = \frac{1}{16}, \quad h(6) = \frac{3}{64}.$$

易知 $h(n)$ 是先增后减, 当 $n=4$ 或 5 时, 取得最大值 $\dfrac{1}{16}$. k 的取值范围为 $\left[\dfrac{1}{16}, +\infty\right)$.

六、说题目价值

本题主要考查由等差中项法证明数列是等差数列, 从而求等差数列的通项公式、由递推公式求证等比数列, 运用递推公式时要注意 $n \geqslant 2$ 的条件和对 $n=1$ 的验证; 此外, 错位相减法是数列求和的重要方法, 教师应让学生明确错位相减法在何种情况下可以使用.

6.3.5 概率与统计问题说题

例 6-12 某电视台对 18 岁至 25 岁青年人的晚间节目收视偏好进行市场调查, 获得以下数据:

(1) 3 人想在工作日较早时段观看喜剧;
(2) 14 人想在工作日较早时段观看电视;
(3) 21 人想在较早时段观看喜剧;
(4) 8 人想在工作日观看喜剧;
(5) 31 人想在工作日观看电视;
(6) 36 人想在较早时段观看电视;
(7) 40 人想观看喜剧;
(8) 13 人想在周末较晚时段观看喜剧以外的节目.

根据以上数据, 在被调查者当中, 不想看喜剧的多少人?

一、说基本知识点

本题属于概率与统计问题的统计问题, 还涉及集合的知识点.

二、说核心素养和思想方法

本题考查的核心素养有: ①逻辑推理; ②数据分析; ③数学运算. 主要考查的思想方法是画图表解决问题.

三、说解题思路和解题过程

1. 本题给出的条件涉及的变量有：①电视，包括喜剧、非喜剧；②观看时间，包括工作日、周末，再细分为较早时段、较晚时段. 可以通过树状图 (图 6-49) 理清条件.

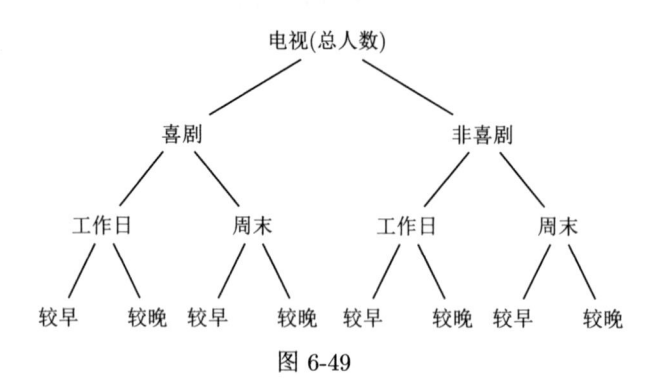

图 6-49

2. 解答过程 (表 6-1)

表 6-1

	工作日		周末		合计	
较早	喜剧：3 非喜：11	电视：14	喜剧：18 非喜：4	电视：22	喜剧：21 非喜：15	电视：36
较晚	喜剧：5 非喜：12	电视：17	喜剧：14 非喜：13	电视：27	喜剧：19 非喜：25	电视：44
合计	喜剧：8 非喜：23	电视：31	喜剧：32 非喜：17	电视：49	喜剧：40 非喜：40	电视：80

四、说变式

变式 1 根据以上数据，共调查了多少人？不想看喜剧的占被调查者的多少？喜欢看喜剧的占多少？

解 80 人；$\dfrac{1}{2}$；$\dfrac{1}{2}$.

变式 2 增加一个条件，问题改为利用样本估计总体：增加条件"某地区 18 岁至 25 岁青年人有 1000 人"，问题改为"利用调查的数据估计该地区不想看喜剧的 18 岁至 25 岁青年人有多少人？"

解 估计有 $1000 \div (80 \div 40) = 500$(人).

变式 3 想进一步了解青年人的想法，决定随机抽取几位进行访谈. 若用分层抽样的方法随机抽取 8 位收看非喜剧的节目观众，应该抽取几名在较晚时段收看非喜剧的观众？

6.3 说题的案例

解 收看非喜剧的较早时段有 15 人, 较晚时段有 25 人, 所以

$$早:晚 = 3:5 \Rightarrow 8 \times \frac{5}{5+3} = 5(人),$$

故应抽取 5 人.

变式 4 在上述抽取的 8 名观众中任取 3 名, 求恰有 1 名观众在较早时段看非喜剧的概率? 以及求在较早时段观看非喜剧的观众的分布列与数学期望.

解 设在任取的 3 名观众中, 有 x 名观众在较早时段看非喜剧,

$$P(x=0) = \frac{C_5^3}{C_8^3} = \frac{10}{56} = \frac{5}{28};$$

$$P(x=1) = \frac{C_5^2 C_3^1}{C_8^3} = \frac{10 \times 3}{56} = \frac{15}{28};$$

$$P(x=2) = \frac{C_5^1 C_3^2}{C_8^3} = \frac{5 \times 3}{56} = \frac{15}{56};$$

$$P(x=3) = \frac{C_3^3}{C_8^3} = \frac{1}{56}.$$

即恰有 1 名观众在较早时段看非喜剧的概率为 $\frac{15}{28}$.

分布列如表 6-2.

表 6-2

x	0	1	2	3
P	$\frac{5}{28}$	$\frac{15}{28}$	$\frac{15}{56}$	$\frac{1}{56}$

期望: $E(x) = 0 \times \frac{5}{28} + 1 \times \frac{15}{28} + 2 \times \frac{15}{56} + 3 \times \frac{1}{56} = \frac{9}{8}.$

变式 5 分析以上调查数据, 你是否有 99% 的把握认为青少年想看喜剧和是不是周末有关? 能否说明青少年想看喜剧和早晚时间段有关?

下面的临界值表 (表 6-3) 供参考:

表 6-3

$P(K^2 \geqslant k)$	0.50	0.40	0.25	0.15	0.10	0.05	0.025	0.010	0.005	0.001
k	0.455	0.780	1.323	2.072	2.706	3.841	5.024	6.635	7.879	10.828

独立性检验统计量 $K^2 = \dfrac{n(ad-bc)^2}{(a+b)(c+d)(a+c)(b+d)}$, 其中 $n = a+b+c+d$.

通常认为 $k \leqslant 2.706$ 时, 样本数据就没有充分的证据显示 "X 与 Y 有关系".

解 写出是否看喜剧和是否是周末的 2×2 列联表如表 6-4.

表 6-4

	工作日	周末	合计
喜剧	8	32	40
非喜剧	23	17	40
合计	31	49	80

由 K^2 的公式可得

$$K_1^2 = \frac{80 \times (8 \times 17 - 32 \times 23)^2}{31 \times 49 \times 40 \times 40} \approx 11.85.$$

由 $P(K_1^2 \geqslant 10.828) < 0.001$, 得有 99.9% 的把握认为青少年想看喜剧和是不是周末有关, 故可以有 99% 的把握认为青少年想看喜剧和是不是周末有关.

写出是否看喜剧和早晚时段的 2×2 列联表如表 6-5.

表 6-5

	早	晚	合计
喜剧	21	19	40
非喜剧	15	25	40
合计	36	44	80

由 $K_2^2 = \dfrac{80 \times (21 \times 25 - 15 \times 19)^2}{36 \times 44 \times 40 \times 40} \approx 1.82$, 得 $K_2^2 \in (1.323, 2.072)$, 样本数据没有充分的证据显示青少年想看喜剧和早晚时间段有关.

五、说题目价值

本题对学生的逻辑推理和数据分析能力要求较强. 本题给出了一个现实背景, 并且给出 8 个条件, 需要学生将有用的信息提取出来并进行分类整理, 易错点在于学生进行分类时容易将某些值遗漏或重复计算, 在分类时如何做到不重不漏, 是本题的难点.

六、教学建议与反思

在教学中, 本题可以让学生尝试多种图表对条件进行分类, 如树状图、韦恩图、表格等, 此外, 不能只限制于本道题目的答案讲解, 可从本题出发, 不改变题目的背景, 对题目的条件和问题进行拓展, 使得能在本道题目的背景下解决相关的概率与统计问题, 帮助学生建立知识之间的联系.

例 6-13 已知从"神八"飞船带回的某种植物种子每粒成功发芽的概率都为 $\dfrac{1}{3}$, 某植物研究所进行该种子的发芽实验, 每次实验种一粒种子, 每次实验结果相互独立. 假定某次实验种子发芽则称该次实验是成功的, 如果种子没有发芽, 则称该次实验是失败的. 若该研究所共进行四次实验, 设 ξ 表示四次实验结束时实验成功的次数与失败的次数之差的绝对值.

(1) 求随机变量 ξ 的数学期望 $E\xi$;

(2) 记"关于 x 的不等式 $\xi x^2 - \xi x + 1 > 0$ 的解集是实数集 $\mathbf{R}$"为事件 A, 求事件 A 发生的概率 $P(A)$.

一、题目背景

本题主要题干来源为人教版高中数学选修 2-3 的第二章随机变量及其分布, 主要考查学生对离散型随机变量及其分布列和独立重复试验概率公式的掌握情况. 本题主要涉及的知识点为: (1) 离散型随机变量及其分布列; (2) 离散型随机变量的期望公式 (3) 独立重复试验中的概率公式; (4) 不等式恒成立; (5) 二次函数最值与判别式. 本题主要考查的思想是函数与方程的思想、数形结合的思想、分类与整合的思想、转化与化归思想. 本题涉及的数学核心素养有: 逻辑推理、数学运算.

二、条件分析

显性条件:

(1) 每粒种子成功发芽的概率都为 $\dfrac{1}{3}$;

(2) 每次实验种一粒种子, 种子发芽则实验成功, 不发芽, 则实验失败;

(3) 共进行 4 次实验, 实验结果相互独立, 满足独立重复试验;

(4) ξ 表示 4 次实验结束时, 实验成功的次数与失败的次数之差的绝对值;

(5) 事件 A 为"关于 x 的不等式 $\xi x^2 - \xi x + 1 > 0$ 的解集是实数集 $\mathbf{R}$".

隐性条件:

(1) 每粒种子不成功发芽的概率都为 $\dfrac{2}{3}$;

(2) ξ 的取值可以为 0、2、4;

(3) ξ 取 2、4 时各有两种情况.

三、解答思路

(1) 求随机变量 ξ 的数学期望 $E\xi$(图 6-50).

(2) 记"关于 x 的不等式 $\xi x^2 - \xi x + 1 > 0$ 的解集是实数集 $\mathbf{R}$"为事件 A, 求事件 A 发生的概率 $P(A)$(图 6-51).

四、解答过程

(1) 由题意可得 ξ 的取值可以为 0、2、4, 其中 $\xi = 0$ 表示"成功 2 次, 失败 2 次"; $\xi = 2$ 表示"成功 3 次, 失败 1 次"或"成功 1 次, 失败 3 次"; $\xi = 4$ 表示"成功 4 次, 失败 0 次"或"成功 0 次, 失败 4 次".

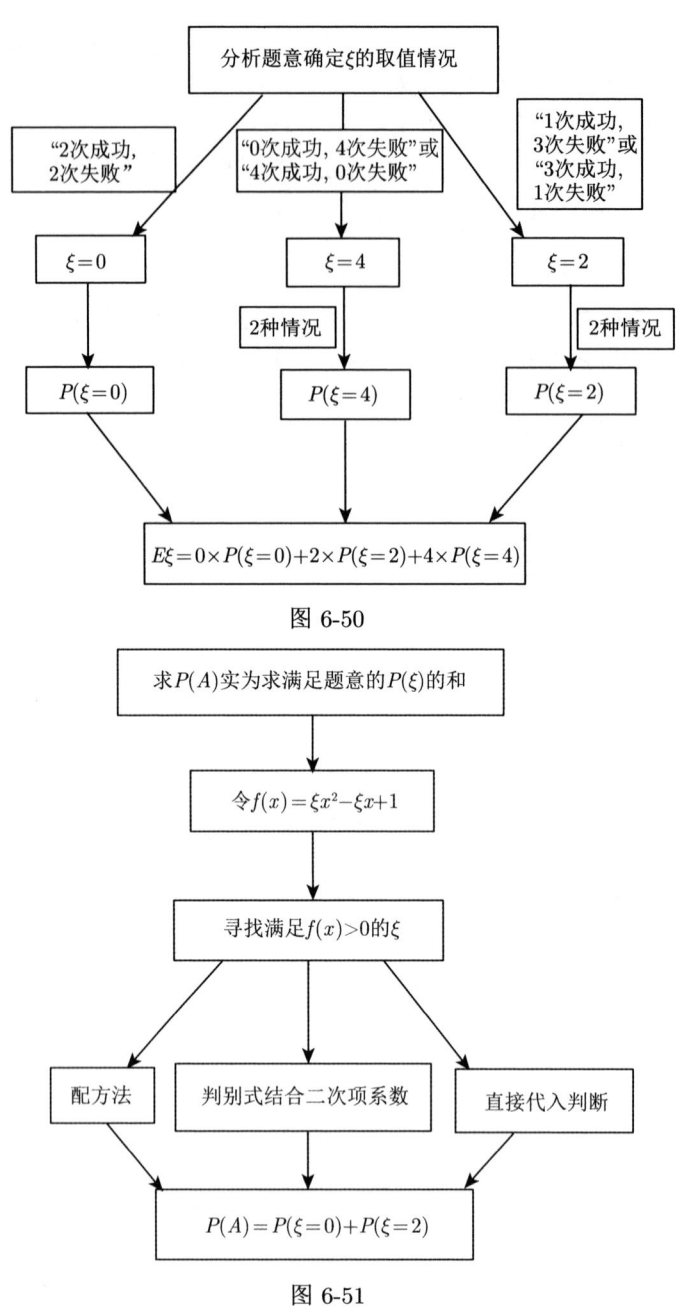

```
                    ┌──────────────────────────┐
                    │ 分析题意确定ξ的取值情况 │
                    └──────────────────────────┘
         ┌──────────────────┼──────────────────┐
         ▼                  ▼                  ▼
  "2次成功,         "0次成功,4次失败"或      "1次成功,
   2次失败"          "4次成功,0次失败"         3次失败"或
                                              "3次成功,
                                               1次失败"
         │                  │                  │
         ▼                  ▼                  ▼
       ξ=0                ξ=4                ξ=2
                        2种情况            2种情况
         │                  │                  │
         ▼                  ▼                  ▼
      P(ξ=0)             P(ξ=4)             P(ξ=2)
```

$$E\xi = 0 \times P(\xi=0) + 2 \times P(\xi=2) + 4 \times P(\xi=4)$$

图 6-50

求 $P(A)$ 实为求满足题意的 $P(\xi)$ 的和

↓

令 $f(x) = \xi x^2 - \xi x + 1$

↓

寻找满足 $f(x) > 0$ 的 ξ

↓ ↓ ↓

配方法 ｜ 判别式结合二次项系数 ｜ 直接代入判断

$$P(A) = P(\xi=0) + P(\xi=2)$$

图 6-51

当 $\xi = 0$ 时，$P(\xi=0) = C_4^2 \left(\dfrac{1}{3}\right)^2 \left(\dfrac{2}{3}\right)^2 = \dfrac{24}{81}$,

当 $\xi = 2$ 时，$P(\xi=2) = C_4^3 \left(\dfrac{1}{3}\right)^3 \left(\dfrac{2}{3}\right)^1 + C_4^1 \left(\dfrac{1}{3}\right)^1 \left(\dfrac{2}{3}\right)^3 = \dfrac{40}{81}$,

当 $\xi = 4$ 时, $P(\xi = 4) = C_4^0 \left(\dfrac{1}{3}\right)^0 \left(\dfrac{2}{3}\right)^4 + C_4^4 \left(\dfrac{1}{3}\right)^4 \left(\dfrac{2}{3}\right)^0 = \dfrac{17}{81}.$

ξ 的分布列如表 6-6.

表 6-6

ξ	0	2	4
P	$\dfrac{24}{81}$	$\dfrac{40}{81}$	$\dfrac{17}{81}$

$E\xi = 0 \times P(\xi = 0) + 2 \times P(\xi = 2) + 4 \times P(\xi = 4) = \dfrac{148}{81}.$

(2) **解法一** 配方法.

$$f(x) = \xi(x^2 - x) + 1 = \xi\left(x - \dfrac{1}{2}\right)^2 - \dfrac{1}{4}\xi + 1.$$

(i) 当 $\xi = 0$ 时, $f(x) = 1$, $f(x) > 0$ 在 $x \in \mathbf{R}$ 上恒成立;

(ii) 当 $\xi = 2$ 时, $f(x) \geqslant \dfrac{1}{2}$, $f(x) > 0$ 在 $x \in \mathbf{R}$ 上恒成立;

(iii) 当 $\xi = 4$ 时, 在 $x \in \mathbf{R}$ 上, $f(x) \geqslant 0$, 所以 $f(x) > 0$ 在 $x \in \mathbf{R}$ 上不恒成立.

综上 $P(A) = P(\xi = 0) + P(\xi = 2) = \dfrac{64}{81}.$

解法二 判别式法.

(i) 当 $\xi = 0$ 时, $f(x) = 1$, $f(x) > 0$ 在 $x \in \mathbf{R}$ 上恒成立,

(ii) 当 $\xi \neq 0$ 时, 要想 $f(x) > 0$ 在 $x \in \mathbf{R}$ 上恒成立, 则 $\Delta = \xi^2 - 4\xi = \xi(\xi - 4) < 0$ 且 $\xi > 0$, 即 $\xi \in (0, 4)$, 从而易知符合题意的为 $\xi = 2.$

综上 $P(A) = P(\xi = 0) + P(\xi = 2) = \dfrac{64}{81}.$

解法三 直接法.

(i) 当 $\xi = 0$ 时, $f(x) = 1$, $f(x) > 0$ 解集为 $\mathbf{R}$;

(ii) 当 $\xi = 2$ 时, $f(x) \geqslant \dfrac{1}{2}$, $f(x) > 0$ 解集为 $\mathbf{R}$;

(iii) 当 $\xi = 4$ 时, $f(x) > 0$ 解集为 $\left\{x \mid x \neq \dfrac{1}{2}\right\}$, 不为 $\mathbf{R}$.

综上, $P(A) = P(\xi = 0) + P(\xi = 2) = \dfrac{64}{81}.$

五、题目价值

这是一道连通函数与概率的题目, 题目虽然较为简单, 但是涉及的知识点较多, 不仅考查学生概率部分的重要内容, 还考验学生将函数与概率融会贯通的能力.

六、变式

变式 1 已知从"神八"飞船带回来的某种植物种子每粒成功发芽率都为 $\frac{1}{3}$, 某植物所进行该种子的发芽实验, 每次实验种一粒种子, 每次实验结果互相独立. 假定某次实验种子发芽则称该次实验是成功的, 如果种子没有发芽, 则称该次实验是失败的, 若研究所共进行四次实验, 设 ε 表示四次实验结束时实验成功的次数与失败次数之差的绝对值.

改变发芽率 $\frac{1}{3}$、试验次数 4. 要求的问题和原题一样.

变式 2 已知从"神八"飞船带回来的某种植物种子 4 粒, 每粒成功发芽率都为 $\frac{1}{3}$, 某植物所进行该种子的发芽实验, 每次实验种一粒种子, 每次实验结果互相独立, 一旦某次实验种子发芽则称该实验成功. 设 ε 表示实验成功所需要的实验次数.

(1) 求随机变量 ε 的数学期望 $E\varepsilon$;

(2) 记"关于 x 的不等式 $\varepsilon x^2 - \varepsilon x + 1 > 0$ 的解集是实数集 **R**"为事件 A, 求事件 A 发生的概率 $P(A)$.

解 (1)
$$P(\varepsilon = 1) = \frac{1}{3},$$
$$P(\varepsilon = 2) = \frac{1}{3} \times \frac{2}{3} = \frac{2}{9},$$
$$P(\varepsilon = 3) = \frac{2}{3} \times \frac{2}{3} \times \frac{1}{3} = \frac{4}{27},$$
$$P(\varepsilon = 4) = \frac{2}{3} \times \frac{2}{3} \times \frac{2}{3} \times \frac{1}{3} = \frac{8}{81},$$
$$P(\varepsilon \geqslant 5) = \frac{2}{3} \times \frac{2}{3} \times \frac{2}{3} \times \frac{2}{3} = \frac{16}{81}.$$

(2) 略.

变式 3 已知从"神八"飞船带回来的某种植物种子 120 粒, 其中有 40 粒种子会成功发芽, 某植物所从 120 粒种子中选取 10 粒. 求其中至少有 4 粒种子会成功发芽的概率是多少?

解 设 x 为选取的 10 粒种子中会成功发芽的种子数.
$$P(x = 0) = \frac{C_{80}^{10}}{C_{120}^{10}}, \quad P(x = 1) = \frac{C_{80}^{9} C_{40}^{1}}{C_{120}^{10}},$$
$$P(x = 2) = \frac{C_{80}^{8} C_{40}^{2}}{C_{120}^{10}}, \quad P(x = 3) = \frac{C_{80}^{7} C_{40}^{3}}{C_{120}^{10}},$$

$$P(x \geqslant 4) = 1 - P(x=0) - P(x=1) - P(x=2) - P(x=3).$$

变式 4 从 "神八" 飞船带回来的两类植物种子 (A、B) 每粒成功发芽率分别为 $\frac{1}{3}$、$\frac{5}{6}$. 某植物所进行这两种种子的发芽实验, 每轮实验 A、B 各种一粒种子, 每次实验结果互相独立. 一轮实验下来, 若 A 类种子发芽且 B 类种子不发芽则 A 得 1 分, B 得 -1 分; 若 A 类种子不发芽且 B 类种子发芽则 A 得 -1 分, B 得 1 分. 若两类种子均发芽或均不发芽则计分为 0. 一旦某类种子发芽数比另一类种子发芽数多 5, 则停止实验.

(1) 一轮实验下来, A 类种子的得分为 x, 求 x 的分布列.

(2) 记 p_i 为累计得 i 分时, A 类种子比 B 类种子存活率高的概率. 则 $p_0 = 0, p_1 = 1, ap_{i+1} - (1-b)p_i + cp_{i-1} = 0$ (其中 $a = P(x=1), b = P(x=0), c = P(x=-1)$).

① 证明: $\{p_i - p_{i-1}\}$ 是等比数列;

② 求 p_5, 并用 p_5 解释这种方案的合理性.

(1) **解** 如表 6-7.

表 6-7

x	-1	0	1
P	$\frac{5}{9}$	$\frac{7}{18}$	$\frac{1}{18}$

$$P(x=1) = \frac{1}{3} \times \left(1 - \frac{5}{6}\right) = \frac{1}{18},$$
$$P(x=0) = \frac{1}{3} \times \frac{5}{6} + \frac{2}{3} \times \frac{1}{6} = \frac{7}{18},$$
$$P(x=-1) = \frac{2}{3} \times \frac{5}{6} = \frac{5}{9}.$$

(2) ① **证明** $ap_{i+1} - (1-b)p_i + cp_{i-1} = 0$,

$$ap_{i+1} - (a+c)p_i + cp_{i-1} = 0,$$
$$a(p_{i+1} - p_i) = c(p_i - p_{i-1}),$$
$$p_{i+1} - p_i = \frac{c}{a}(p_i - p_{i-1}),$$

故 $p_{i+1} - p_i$ 是公比为 $\frac{c}{a}$ 的等比数列.

② **解** 得 $p_5 = \frac{(10^4 + 10^3 + \cdots + 10)}{(10^9 + 10^8 + \cdots + 10)} = \frac{10^4 - 1}{10^9 - 1}.$

七、教学建议与反思

在教学过程中要注意渗透数学思想方法和数学核心素养,加深学生对知识的理解,用数学思维去思考问题. 启发学生用多种方法求解此题,在解决问题的同时可以对所学的知识进行融会贯通,构建完善的知识网络图.

6.3.6 函数导数问题说题

例 6-14 已知函数 $f(x)=(x-2)e^x+a(x-1)^2$ 有两个零点.
(1) 求 a 的取值范围;
(2) 设 x_1, x_2 是 $f(x)$ 的两个零点,证明: $x_1+x_2<2$.

一、说题源

本题选自 2016 年全国高考 I 卷理科数学第 21 题,以极值点偏移为背景进行出题,是一道函数与导数综合应用题.

二、说知识点

本题主要考查的知识点有: ①函数零点存在性定理; ②导数的应用,包括极值点和单调性的求解; ③不等式的证明方法; ④极值点偏移.

三、说核心素养和思想方法

本题考查的核心素养有: ①逻辑推理; ②数学运算; ③ 直观想象.

主要考查的思想方法有: ①数形结合; ②函数与方程; ③分类讨论; ④转化与化归.

四、说解题思路和解题过程

本题给出的题干条件是一个含参数的函数 $f(x)=(x-2)e^x+a(x-1)^2$,以及一个限制条件"该函数有两个零点".

目标是 (1) a 的取值范围,即需要对参数 a 进行讨论; (2) 证明一个不等式 $x_1+x_2<2$ 成立.

解答过程

已知函数 $f(x)=(x-2)e^x+a(x-1)^2$ 有两个零点.
(1) 求 a 的取值范围.

解法一 直接求导 + 分类讨论.

【难点: 找准分类标准,不重不漏】

当 $a=0$, $f(x)=0$ 只有一个解,为 $x=2$.

当 $a\neq 0$ 时, $f'(x)=(x-1)e^x+2a(x-1)=(x-1)\left(e^x+2a\right)$.

当 $a>0$ 时,若 $f'(x)<0$,则 $x<1$;若 $f'(x)>0$,则 $x>1$. 所以 $f(x)$ 在 $(-\infty,1)$ 上递减,在 $(1,+\infty)$ 上递增.

由 $f(1)=-e<0, f(2)=a>0$, 得 $f(x)$ 在 $(1,2)$ 上存在一个零点, 也即 $f(x)$ 在 $(1,+\infty)$ 上有且只有一个零点.

再考虑 $(-\infty,1)$ 这个区间, 当 $x<0$ 时, $e^x<1$, 所以

$$f(x)=(x-2)e^x+a(x-1)^2>(x-2)+a(x-1)^2=ax^2-(2a-1)x+a-2$$

在 $(-\infty,0)$ 上恒成立, 令 $g(x)=ax^2-(2a-1)x+a-2$, $a>0$ 开口向上, 所以必定会有 $x_0<0$ 使得 $g(x_0)>0$, 从而 $f(x_0)>0$, 即 $f(x)$ 在 $(x_0,1)$ 中有一个零点, 即 $f(x)$ 在 $(-\infty,1)$ 上有且只有一个零点.

综上, 当 $a>0$ 时, $f(x)$ 有两个零点.

当 $a<0$ 时, 令 $f'(x)=0$ 得 $x_1=1, x_2=\ln(-2a)$.

【单调性与 x_1, x_2 的位置有关, 所以以 x_1, x_2 的大小关系作为分类标准】

若 $\ln(-2a)>1$, 即 $a<-\dfrac{e}{2}$ 时, $f(x)$ 在 $(-\infty,1)$ 上单调递增, 在 $(1,\ln(-2a))$ 上单调递减, 在 $(\ln(-2a),+\infty)$ 上单调递增, 而 $f(1)=-e<0$, 即 $f(x)$ 最多有一个零点;

若 $\ln(-2a)=1$, 即 $a=-\dfrac{e}{2}$ 时, 此时 $f(x)$ 单调递增, 最多只有一个零点;

若 $\ln(-2a)<1$, 即 $a>-\dfrac{e}{2}$ 时, $f(x)$ 在 $(-\infty,\ln(-2a))$ 上单调递增, 在 $(\ln(-2a),1)$ 上单调递减, 在 $(1,+\infty)$ 上单调递增, 而 $f(\ln(-2a))=(\ln(-2a)-2)e^x+a(\ln(-2a)-1)^2<0$, 即 $f(x)$ 最多有一个零点.

综上, 当 $a<0$ 时, $f(x)$ 最多只有一个零点.

综上, $a>0$.

解法二 分离参数 + 数形结合.

当 $x=1$ 时, $f(x)=-e, x=1$ 不是 $f(x)$ 的零点.

当 $x\neq 1$ 时, 令 $f(x)=0$, 得 $-a=\dfrac{x-2}{(x-1)^2}e^x$, 设

$$g(x)=\dfrac{x-2}{(x-1)^2}e^x, \quad g'(x)=\dfrac{x^2-4x+5}{(x-1)^3}\cdot e^x=\dfrac{(x-2)^2+1}{(x-1)^3}e^x.$$

当 $x\in(-\infty,1)$ 时, $g'(x)<0$, 当 $x\in(1,+\infty)$ 时, $g'(x)>0$. 所以 $g(x)$ 在 $(-\infty,1)$ 上单调递减, 在 $(1,+\infty)$ 上单调递增.

又因为当 $x\in(-\infty,1)$ 时, $g(x)<0$, 当 $x\to-\infty$ 时, $g(x)\to 0$, 当 $x\to 1$ 时, $g(x)\to-\infty$, 又 $g(2)=0$, 故要使函数 $f(x)$ 有两个零点, 只需 $-a<0$, 即 $a>0$.

解法三 分离参数 + 数形结合.

当 $a=0$ 时, $f(x)$ 只有一个解, 不满足.

当 $x=2, a\neq 0$ 时，$f(x)=a\neq 0$，所以 $x=2$ 不是 $f(x)$ 的零点.

故当 $a\neq 0$ 且 $x\neq 2$ 时，令 $f(x)=(x-2)e^x+a(x-1)^2=0$，有 $\dfrac{1}{a}=\dfrac{(x-1)^2}{(2-x)e^x}$.

令 $h(x)=\dfrac{(x-1)^2}{(2-x)e^x}$，则

$$h'(x)=\dfrac{2(x-1)(2-x)e^x-(x-1)^2[-e^x+(2-x)e^x]}{(2-x)^2e^{2x}}=\dfrac{(x-1)(x^2-4x+5)}{(2-x)^2e^x},$$

当 $x>1$ 时，$h'(x)>0$，$h(x)$ 单调递增；当 $x<1$ 时，$h'(x)<0$，$h(x)$ 单调递减；当 $x=1$ 时，$h'(x)=0$，且 $h(1)=0$，故要想 $y=\dfrac{1}{a}$ 与 $y=h(x)$ 有两个交点，只需 $\dfrac{1}{a}>0$，即 $a>0$.

解法四 半分离参数 + 数形结合.

令 $f(x)=(x-2)e^x+a(x-1)^2=0$，则 $(x-2)e^x=-a(x-1)^2$. 令 $g(x)=(x-2)e^x$，$h(x)=-a(x-1)^2$，则

$$g'(x)=e^x+(x-2)e^x=(x-1)e^x.$$

令 $g'(x)>0$，有 $x>1$，则 $g(x)$ 在 $(-\infty,1)$ 上单调递减，在 $(1,+\infty)$ 上单调递增.

当 $x\to -\infty$ 时，$g(x)\to 0$，且 $g(1)=-e$，$h(1)=0$，故要使 $h(x)$ 与 $g(x)$ 有两个交点，$-a<0$，即 $a>0$.

(2) 已知函数 $f(x)=(x-2)e^x+a(x-1)^2$ 有两个零点. 设 x_1,x_2 是 $f(x)$ 的两个零点，证明：$x_1+x_2<2$.

解法一 构造对称差.

由 (1) 知，当 $a>0$ 时 $f(x)$ 有两个零点，且分布在 $x=1$ 的两侧，不妨设 $x_1<1<x_2<2$，构造对称差

$$h(x)=f(x)-f(2-x)=(x-2)e^x+xe^{2-x}\quad (x\geqslant 1),$$

则有 $h'(x)=e^x+(x-2)e^x+e^{2-x}-xe^{2-x}=(x-1)[e^x-e^{2-x}]\geqslant 0$ 恒成立，故 $x\geqslant 1$ 时，$h(x)\geqslant h(1)=0$，即有 $f(x)\geqslant f(2-x)$，等号在 $x=1$ 时取得，故 $f(x_2)>f(2-x_2)$. 又 $f(x_1)=f(x_2)=0$，则有 $f(x_1)>f(2-x_2)$. 又由 $f(x)$ 在 $(-\infty,1)$ 上单调递减，所以 $x_1<2-x_2$，即 $x_1+x_2<2$.

解法二 对数平均不等式.

令 $f(x)=(x-2)e^x+a(x-1)^2=0$，由 $f(x_1)=f(x_2)=0$ 得

$$\begin{cases}(2-x_1)e^{x_1}=a(x_1-1)^2,\\(2-x_2)e^{x_2}=a(x_2-1)^2.\end{cases}$$

两式相减得 $(2-x_1)e^{x_1} - (2-x_2)e^{x_2} = a(x_1-x_2)(x_1+x_2-2)$.

(反证) 不妨设 $x_1 < x_2$, 若 $x_1 + x_2 \geqslant 2$, 则 $(2-x_1)e^{x_1} - (2-x_2)e^{x_2} \leqslant 0$, 即

$$(2-x_1)e^{x_1} \leqslant (2-x_2)e^{x_2},$$

两边取对数 $\ln(2-x_1) + x_1 \leqslant \ln(2-x_2) + x_2$, 则有

$$\frac{x_2 - x_1}{\ln(2-x_1) - \ln(2-x_2)} \geqslant 1,$$

由对数平均不等式得

$$\frac{x_2 - x_1}{\ln(2-x_1) - \ln(2-x_2)} = \frac{(2-x_1)-(2-x_2)}{\ln(2-x_1) - \ln(2-x_2)}$$
$$< \frac{(2-x_1)+(2-x_2)}{2} = 2 - \frac{x_1+x_2}{2} \leqslant 1,$$

矛盾. 故 $x_1 + x_2 < 2$.

五、说变式

变式 已知函数 $f(x) = \dfrac{kx - k^2 - 1}{k^2} e^{kx} + a(x-k)^2 (k > 0)$ 有两个零点.

(1) 求 a 的取值范围;

(2) 设 x_1, x_2 是 $f(x)$ 的两个零点, 证明: $x_1 + x_2 < 2k$.

解 (1) 半分离参数 + 数形结合.

令 $f(x) = \dfrac{kx - k^2 - 1}{k^2} e^{kx} + a(x-k)^2 = 0$, 则 $\dfrac{kx - k^2 - 1}{k^2} e^{kx} = -a(x-k)^2$.

令 $g(x) = \dfrac{kx - k^2 - 1}{k^2} e^{kx}$, $h(x) = -a(x-k)^2$, 则

$$g'(x) = \frac{1}{k} e^{kx} + k\left(\frac{x}{k} - \frac{1}{k^2} - 1\right)e^{kx} = (x-k)e^{kx}.$$

令 $g'(x) > 0$, 有 $x > k$, 则 $g(x)$ 在 $(-\infty, k)$ 上单调递减, 在 $(k, +\infty)$ 上单调递增.

当 $x \to -\infty$ 时, $g(x) \to 0$, 且 $g(k) = -\dfrac{1}{k^2} e^{k^2}$, $h(k) = 0$, 故要使 $h(x)$ 与 $g(x)$ 有两个交点, $-a < 0$, 即 $a > 0$.

(2) 构造函数法.

由 (1) 知, 当 $a > 0$ 时 $f(x)$ 有两个零点, 且分布在 $x = k$ 的两侧, 不妨设 $x_1 < k < x_2 < 2$. 构造对称差

$$h(x) = f(x) - f(2k-x) = \left(\frac{x}{k} - 1 - \frac{1}{k^2}\right)e^{kx} - \left(1 - \frac{x}{k} - \frac{1}{k^2}\right)e^{2k^2-kx} \quad (x \geqslant k),$$

则有 $h'(x) = (x-k)e^{kx} + (k-x)e^{2k^2-kx} = (x-k)\left(e^{kx} - e^{2k^2-kx}\right) \geqslant 0$ 恒成立，故 $x \geqslant k$ 时，$h(x) \geqslant h(k) = 0$，即有 $f(x) \geqslant f(2k-x)$，等号在 $x = k$ 时取得，故 $f(x_2) > f(2k-x_2)$. 又 $f(x_1) = f(x_2) = 0$，则有 $f(x_1) > f(2k-x_2)$. 又由 $f(x)$ 在 $(-\infty, k)$ 上单调递减，所以 $x_1 < 2k - x_2$，即 $x_1 + x_2 < 2k$.

六、说题目价值

第 (1) 问考查函数零点问题，考生比较熟悉，大部分考生能够得一些分，有利于稳定考生的情绪，又有利于切入第 (2) 问. 第 (2) 问结合研究热点"极值点偏移"问题考查函数与不等式，要求学生构造函数证明不等式，但是要构造出合适的函数，有一定的难度，有较强的区分度.

七、教学建议与反思

此类题目在高考题中经常出现，离不开求导、分类讨论、数形结合、参数分离等方法和思想，教师在教学过程中，面对此类题时要注意训练学生的思维以及引导学生做好解题总结，一定要注重通性通法的一般思路，虽然有时通性通法的计算过程偏复杂，但是里面的思维过程却是十分重要的，在此基础上，强化学生的分类意识，明确分类标准，做到不重不漏，这些都需要在日常教学中进行渗透. 除了通性通法，还应该善于结合化归思想和数形结合思想，总结其他常见解法. 根据学生的基础，适当拓展极值点偏移的知识点，帮助学生快速找到思路.

例 6-15 设 $a \in \mathbf{Z}$，已知定义在 $\mathbf{R}$ 上的函数 $f(x) = 2x^4 + 3x^3 - 3x^2 - 6x + a$ 在区间 $(1,2)$ 内有一个零点 x_0，$g(x)$ 是 $f(x)$ 的导数.

(1) 求 $g(x)$ 的单调区间.

(2) 设 $m \in [1, x_0) \cup (x_0, 2]$，函数 $h(x) = g(x)(m - x_0) - f(m)$，求证：$h(m)h(x_0) < 0$.

(3) 求证：存在大于 0 的常数 A，使得对任意的正整数 p, q，且 $\dfrac{p}{q} \in [1, x_0) \cup (x_0, 2]$，满足 $\left|\dfrac{p}{q} - x_0\right| \geqslant \dfrac{1}{Aq^4}$.

一、知识点

函数的单调性；零点存在性定理；不等式的证明；拉格朗日中值定理；刘维尔不等式.

二、条件分析

(1) $f(x) = 2x^4 + 3x^3 - 3x^2 - 6x + a$，$x_0$ 是 $f(x)$ 在区间 $(1,2)$ 的一个零点.

(2) $g(x)$ 是 $f(x)$ 的导数.

(3) $h(x) = g(x)(m - x_0) - f(m)$.

三、核心素养与思想方法

(1) 核心素养: 数学运算; 逻辑推理.

(2) 思想方法: 函数与方程思想; 转化与化归思想; 数形结合思想.

四、解题思路与过程

(1) 求 $g(x)$ 的单调区间.

解 (1) $$f'(x) = g(x) = 8x^3 + 9x^2 - 6x - 6,$$
$$g'(x) = 24x^2 + 18x - 6 = 6(4x-1)(x+1).$$

令 $g'(x) = 0$, 得 $x = \dfrac{1}{4}$ 或 -1, $x, g'(x), g(x)$ 的变化情况如表 6-8.

表 6-8

x	$(-\infty, -1)$	-1	$\left(-1, \dfrac{1}{4}\right)$	$\dfrac{1}{4}$	$\left(\dfrac{1}{4}, +\infty\right)$
$g'(x)$	$+$	0	$-$	0	$+$
$g(x)$	$\uparrow$	极大值	$\downarrow$	极小值	$\uparrow$

故 $g(x)$ 在 $(-\infty, -1), \left(\dfrac{1}{4}, +\infty\right)$ 上单调递增. 在 $\left(-1, \dfrac{1}{4}\right)$ 上单调递减.

(2) 设 $m \in [1, x_0) \cup (x_0, 2]$, 函数 $h(x) = g(x)(m - x_0) - f(m)$, 求证: $h(m)h(x_0) < 0$.

解法一 构造函数.

由 $h(x) = g(x)(m - x_0) - f(m)$, 得
$$h(m) = g(m)(m - x_0) - f(m), \quad h(x_0) = g(x_0)(m - x_0) - f(m).$$

令函数 $H_1(x) = g(x)(x - x_0) - f(x), H_1'(x) = g'(x)(x - x_0).$

由 (1) 知, 当 $x \in [1, 2]$ 时, $g'(x) > 0$, 故当 $x \in [1, x_0), H_1'(x) < 0, H_1(x)$ 单调递减; 当 $x \in (x_0, 2]$ 时, $H_1'(x) > 0, H_1(x)$ 单调递增. 因此当 $x \in [1, x_0) \cup (x_0, 2]$ 时, $H_1(x) > H_1(x_0) = -f(x_0) = 0$, 可得 $H_1(m) > 0$, 即 $h(m) > 0$.

令函数 $H_2(x) = g(x_0)(x - x_0) - f(x)$, 则 $H_2'(x) = g(x_0) - g(x)$, 由 (1) 知, $g(x)$ 在 $[1, 2]$ 上单调递增, 故当 $x \in [1, x_0), H_2'(x) > 0, H_2(x)$ 单调递增; $x \in (x_0, 2]$ 时, $H_2'(x) < 0, H_1(x)$ 单调递减. 因此 $\in [1, x_0) \cup (x_0, 2]$ 时, $H_2(x) < H_2(x_0) = 0$, 可得 $H_2(m) < 0$, 即 $h(x_0) < 0$.

所以 $h(m)h(x_0) < 0$.

解法二 拉格朗日中值定理.

若 $f(x)$ 满足: ① 在 $[a, b]$ 上连续; ② 在开区间 (a, b) 上可导, 则

$$f'(\xi) = \frac{f(b) - f(a)}{b - a}.$$

当 $m \in [1, x_0)$ 时，有 $f'(\xi) = g(\xi) = \dfrac{f(x_0) - f(m)}{x_0 - m}$，其中 $m < \xi < x_0$. 因为 $g(x)$ 在 $[1, 2]$ 上单调递增，则 $g(m) < \dfrac{f(x_0) - f(m)}{x_0 - m} < g(x_0)$. 于是 $g(m)(m - x_0) > f(m) > g(x_0)(m - x_0)$，故 $h(m)h(x_0) < 0$.

当 $m \in (x_0, 2]$ 时，有 $f'(\xi) = g(\xi) = \dfrac{f(x_0) - f(m)}{x_0 - m}$，其中 $x_0 < \xi < m$. 因为 $g(x)$ 在 $[1, 2]$ 上单调递增，则 $g(x_0) < \dfrac{f(m) - f(x_0)}{m - x_0} < g(m)$. 于是 $g(m)(m - x_0) > f(m) > g(x_0)(m - x_0)$，故 $h(m)h(x_0) < 0$.

综上 $h(m)h(x_0) < 0$.

几何含义:

由 (1) 可知, $g(x)$ 在 $(1, 2)$ 上大于零, $g'(x)$ 在 $(1, 2)$ 上大于零, 则 $f(x)$ 在 $(1, 2)$ 上单调递增且 $f(x)$ 的导数在 $(1, 2)$ 上单调递增. 因此 $f(m) > f'(x_0)(m - x_0)$, 且 $f(m) < f'(m)(m - x_0)$, 因此 $g(m)(m - x_0) > f(m) > g(x_0)(m - x_0)$.

综上 $h(m)h(x_0) < 0$.

(3) 求证：存在大于 0 的常数 A, 使得对任意的正整数 p, q, 且 $\dfrac{p}{q} \in [1, x_0) \cup (x_0, 2]$, 满足 $\left| \dfrac{p}{q} - x_0 \right| \geqslant \dfrac{1}{Aq^4}$.

解 令 $m = \dfrac{p}{q}$, 函数 $h(x) = g(x)(m - x_0) - f(m)$;

由第 (2) 问和零点存在性定理知, $h(x)$ 在 $(1, 2)$ 内至少有一个零点, 设为 x_1, 则

$$h(x_1) = g(x_1)\left(\dfrac{p}{q} - x_0\right) - f\left(\dfrac{p}{q}\right) = 0,$$

所以 $\left| \dfrac{p}{q} - x_0 \right| = \left| \dfrac{f\left(\dfrac{p}{q}\right)}{g(x_1)} \right|.$

由第 (1) 问知, $g(x)$ 在 $[1, 2]$ 上单调递增, 则 $g(x_1) < g(2)$. 所以

$$\left| \dfrac{p}{q} - x_0 \right| = \left| \dfrac{f\left(\dfrac{p}{q}\right)}{g(x_1)} \right| \geqslant \left| \dfrac{f\left(\dfrac{p}{q}\right)}{g(2)} \right| = \dfrac{|2p^4 + 3p^3q - 3p^2q^2 - 6pq^3 + aq^4|}{g(2)q^4}.$$

因为 $f(x)$ 在区间 $[1,2]$ 上单调递增,所以 $f(x)$ 在 $[1,2]$ 上除 x_0 外没有其他零点,而 $\dfrac{p}{q} \neq x_0$,故 $f\left(\dfrac{p}{q}\right) \neq 0$. 又因为 p,q,a 均为整数,所以 $|2p^4+3p^3-3p^2q^2-6pq^3+aq^4|$ 是正整数,从而 $|2p^4+3p^3-3p^2q^2-6p^2q^3+aq^4| \geqslant 1$. 所以 $\left|\dfrac{p}{q}-x_0\right| \geqslant \dfrac{1}{g(2)q^4}$.

取 $A=g(2)$,就有 $\left|\dfrac{p}{q}-x_0\right| \geqslant \dfrac{1}{Aq^4}$,证毕.

五、题目价值

这类题题目灵活,出题方式新颖,有利于学生发散思维,提升了学生根据导数特点构造函数的能力;本题涉及的结论优美并具有探索性,能够激发钻研数学的兴趣;作为高考题的压轴题有极大的区分学生水平的能力.

六、变式与拓展

变式 1 如果将原题中 $f(x)$ 换成 $-f(x)$,第 (2) 问中的结论是否依然成立?

变式 2 第 (3) 问中 $\left|\dfrac{p}{q}-x_0\right| \geqslant \dfrac{1}{Aq^4}$,正好 $f(x)$ 的最高次项也为 4, 这二者有什么关系?

法一: 刘维尔不等式

刘维尔不等式 如果 x_0 是某 n 次整系数多项式函数 $f(x)=a_n x^n+a_{n-1}x^{n-1}+\cdots+a_1 x^1+a_0(n \geqslant 2)$ 的一个无理代数数,则存在 $A>0$,只要 $\dfrac{p}{q}$ 是区间 $[x_0-1, x_0+1]$ 内的有理数,就有 $\left|\dfrac{p}{q}-x_0\right| \geqslant \dfrac{1}{Aq^n}$.

证明 只需证明 x_0 是无理根即可,用反证法.

假设 x_0 为有理数,则 x_0 可以表示为 $\dfrac{p}{q}$,且 p,q 互素都为整数;

$$x_0 \in (1,2) \Rightarrow q<p<2q(不妨假设 p,q>0).$$

对 $2x^4+3x^3-3x^2-6x+a=0$ 使用整系数多项式根的判定定理,可知 p 是 a 的因数,q 是 2 的因数,因此 q 只能为 1 或 2.

当 q 为 1 时,不存在满足条件的 p;

当 q 为 2 时,p 只能为 3, 此时 $a=-4.5$ 与题设矛盾.
所以假设 x_0 为有理数不成立,所以 x_0 为无理数.

变式 3 已知函数 $f(x)=\dfrac{1+\ln(x+1)}{x}$,当 $x>0$ 时,$f(x) > \dfrac{k}{x+1}$ 恒成立,求正整数 k 的最大值.

分析 $f(x) > \dfrac{k}{x+1}$ 恒成立当且仅当 $\dfrac{x+1}{x} + \dfrac{(x+1)\ln(x+1)}{x} > k$ 恒成立，需求左边的最小值，但是求极值点时解不出实根，怎么办呢？

解 要证 $\dfrac{x+1}{x} + \dfrac{(x+1)\ln(x+1)}{x} > k$ 恒成立，设

$$g(x) = 1 + \dfrac{1}{x} + \ln(x+1) + \dfrac{\ln(x+1)}{x} \quad (x > 0),$$

只需 $g_{\min}(x) > k$，而

$$g'(x) = -\dfrac{1}{x^2} + \dfrac{1}{x+1} + \dfrac{\dfrac{x}{x+1} - \ln(x+1)}{x^2} \quad (x > 0),$$

$g'(x) = 0$ 无法直接求得. 令 $h(x) = x - 1 - \ln(x+1)$，因为 $h(2) < 0, h(3) > 0$，所以在 $(2,3)$ 之间存在 x_0，使得 $x_0 - 1 - \ln(x_0 + 1) = 0$.

又因为 $h'(x) = \dfrac{x}{x+1} > 0$ 对任意的 $x > 0$ 恒成立，所以 $h(x)$ 在 $(0, +\infty)$ 上单调递增，所以 x_0 是 $h(x)$ 的唯一零点. 所以 x_0 也是 $g(x)$ 的唯一零点，同时是 $g(x)$ 的极小值点和最小值点.

$$g_{\min}(x) = g(x_0) = x_0 + 1 \in (3, 4),$$

因为 $x_0 + 1 > k$，所以 $k_{\max} = 3$.

七、教学建议

从这道题目我们可以发现，高考压轴题的其中一类命题方向为将高等数学中的理论适当特殊化，并通过题目引导学生用所学过的方法进行解答. 所以教师在教学过程中可以适当引导学生了解一些相关的高等数学内容，拓宽学生视野，减少学生对这一类压轴题的恐惧.

6.4 说题对于教师专业发展的意义

学生解题的关键是学会解题分析，包括解题思路的探索和解题过程的反思，不仅要关注如何获得解，而且还需对"解"进一步分析，从而增强数学能力、优化认知结构、提高思维品质，学会数学思维. 教师要加强解题研究，要研究数学题目的解决策略，研究探求数学题目的答案时所采取的途径和方法，研究例题本身考查功效及其关联的数学知识. 同时，在例题教学中，要尽可能地与学生的思维相吻合，尽量从学生的认知水平出发，展现思维的全过程，关注例题的内涵与外延，在课堂中，要在题目的形式上、内容上、图形变化上、考查方向上不断进行拓展研

究, 进行变式思考. 这将有利于改变教师传统的讲课模式, 有利于创造全新的教学氛围, 促使教师进行新型教学方式的探求, 从而提高教师的专业能力、教学能力、教研能力, 最终实现学生能力的提高.

说题前, 教师要进行一系列的准备工作. 例如, 仔细查阅相关资料, 认真学习相关理论, 深刻研究学科知识结构, 掌握试题的来源, 理清试题考查的目的、知识点等. 如此, 自然而然地促成教师对教材例题及习题的研究, 充分挖掘例题与习题的功能, 更好地理解教材习题的编排意图, 从而有效地把握教材, 把握命题的趋势与方向, 掌握试题命制的技能、技巧等.

同时, 应关注学生的应答思路, 并对错误思路进行深入的剖析, 并以此为出发点研究、规划教学策略, 对提高课堂教学的针对性和有效性发挥积极的作用.

因此, 说题活动有助于加强教师自身的学习, 不断提高其解题能力及命题能力, 有助于促进教师专业化发展, 同时教师的数学教学理论功底和数学专业素养也会得以全面提高, 尤其对年轻教师的专业水平的提升具有非常重要意义.

说题作为一种新的教学研讨活动, 是促进教师专业成长和学生学习的有效途径. 通过说题活动, 促进教师对试题进行深入研究, 透析题目背景, 把握命题趋势与方向; 挖掘问题本质, 分析试题能力要求, 改变教学思路, 提高课堂教学的针对性和有效性, 从而在推动教师能力提升的同时提高数学学科的教育教学水平. 虽然形式上教师说题主要是说给同行或者研究人员听的, 但最终要落实到教学上. 因此, 教师在进行说题设计的时候, 要立足于教师教和学生学的角度, 分析学生可能的思维, 发现他们的思维障碍以及思维误区, 并进行适当引导. 教师可以借助相关的计算机技术 (如思维导图、几何画板等) 引导学生逐步加深对题目的认识, 掌握问题的本质, 以达到举一反三的效果.

习 题

1. 已知 $\dfrac{\cos^4\alpha}{\cos^2\beta} + \dfrac{\sin^4\alpha}{\sin^2\beta} = 1$, 求证: $\dfrac{\cos^4\beta}{\cos^2\alpha} + \dfrac{\sin^4\beta}{\sin^2\alpha} = 1$.

2. 已知数列 $\{a_n\}$ 中, $a_1 = 1$, $a_n = a_{n-1} + 3^n (n \in \mathbf{N}^*, n \geqslant 2)$, 求通项公式 a_n;

3. 已知 $x > y > 0$, 满足 $x^2 - y^2 - 3x + y = 4$, 求 $x^2 - y^2$ 的最小值.

4. 平面直角坐标系 xOy 中, 已知椭圆 $C: \dfrac{x^2}{a^2} + \dfrac{y^2}{b^2} = 1 (a > b > 0)$ 的离心率为 $\dfrac{\sqrt{3}}{2}$, 左、右焦点分别是 F_1, F_2. 以 F_1 为圆心以 3 为半径的圆与以 F_2 为圆心以 1 为半径的圆相交, 且交点在椭圆 C 上.

(I) 求椭圆 C 的方程;

(II) 设椭圆 $E: \dfrac{x^2}{4a^2} + \dfrac{y^2}{4b^2} = 1$, P 为椭圆 C 上任意一点. 过点 P 的直线 $y = kx + m$ 交椭圆 E 于 A, B 两点, 射线 PO 交椭圆 E 于点 Q.

(i) 求 $\dfrac{|OQ|}{|OP|}$ 的值；

(ii) 求 $\triangle ABQ$ 面积的最大值.

5. 已知函数 $f(x) = |x-k| + \dfrac{1}{2}|x+3| - 2(k \in \mathbf{R})$.

(1) 当 $k=1$ 时，解不等式 $f(x) \leqslant 1$；

(2) 若 $f(x) \geqslant x$ 对于任意的实数 x 恒成立，求实数 k 的取值范围.

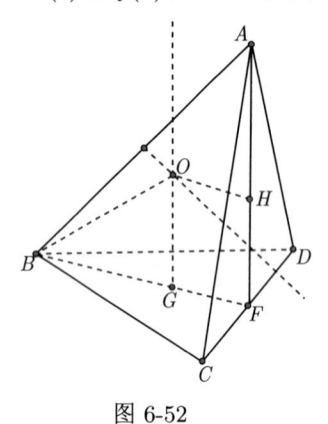

6. 四面体 $A\text{-}BCD$ 中，$\angle ABC = \angle ABD = \angle CBD = 60°$，$AB = 3$，$CB = DB = 2$，求此四面体外接球的表面积.

7. 如图 6-52，已知 $\triangle ABC$ 是以 AC 为斜边的等腰直角三角形，D 为 $\triangle ABC$ 外的一点，且 $CD = 2AD = 2$，求 $\triangle BCD$ 面积的最大值.

8. 证明不等式 $2^n > 2n+1 (n \geqslant 3, n \in \mathbf{N}^*)$.

9. 已知数列 $\{a_n\}$ 满足 $a_{n+1} = \sqrt{S_n^2 + S_n + 1}$，$a_1 = 1$，求 a_n.

10. 为加强环境保护，治理空气污染，环境监测部门对某市空气质量进行调研，随机抽查了 100 天空气中的 PM2.5 和 SO_2 浓度 (单位: μg/m³)，得表 6-9.

图 6-52

表 6-9

PM2.5 \ SO_2	[0, 50]	(50, 150]	(150, 475]
[0, 35]	32	18	4
(35, 75]	6	8	12
(75, 115]	3	7	10

(1) 估计事件"该市一天空气中 PM2.5 浓度不超过 75，且 SO_2 浓度不超过 150"的概率；

(2) 根据所给数据，完成下面的 2×2 列联表 (表 6-10).

(3) 根据 (2) 中的列联表，判断是否有 99% 的把握认为该市一天空气中 PM2.5 浓度与 SO_2 浓度有关？

表 6-10

PM2.5 \ SO_2	[0, 150]	(150, 475]
[0, 75]		
(75, 115]		

习 题 答 案

第 1 章

1. **解** (1) 由已知得 $\left(\dfrac{1}{2}\right)^{-a} = 2$, 解得 $a = 1$.

(2) 由 (1) 知 $f(x) = \left(\dfrac{1}{2}\right)^x$, 又 $g(x) = f(x)$, 则

$4^{-x} - 2 = \left(\dfrac{1}{2}\right)^x$, 即 $\left(\dfrac{1}{4}\right)^x - \left(\dfrac{1}{2}\right)^x - 2 = 0$, 即 $\left[\left(\dfrac{1}{2}\right)^x\right]^2 - \left(\dfrac{1}{2}\right)^x - 2 = 0$.

令 $\left(\dfrac{1}{2}\right)^x = t$, 则 $t^2 - t - 2 = 0$, 即 $(t-2)(t+1) = 0$. 又 $t > 0$, 故 $t = 2$, 即 $\left(\dfrac{1}{2}\right)^x = 2$,

解得 $x = -1$.

2. (1) 因为 $a_n = 1 + (n-1)d$, 所以

$$a_3 = 1 + 2d, \quad a_7 = 1 + 6d, \quad a_9 = 1 + 8d.$$

于是 $(3 + 6d)^2 = 3(1 + 2d)(1 + 8d)$.

注意到 $d > 0$, 得 $d = 1$, 所以 $a_n = n$.

(2) 因为 $a_n = n$, 所以 $S_n = \dfrac{n(n+1)}{2}$, 于是

$$f(n) = \dfrac{S_n}{(n+18)S_{n+1}} = \dfrac{n}{(n+18)(n+2)} = \dfrac{1}{n + \dfrac{36}{n} + 20} \leqslant \dfrac{1}{12 + 20} = \dfrac{1}{32}.$$

当且仅当 $n = \dfrac{36}{n}$, 即 $n = 6$ 时, $f(n)$ 的最大值为 $\dfrac{1}{32}$.

3. (1) **证明** 因为 $AB = AD = 25$, 所以 $\angle ABD = \angle ADB$.

因为 $AD // BC$, 所以 $\angle ADB = \angle DBC$, 所以 $\angle ABD = \angle DBC$.

因为 $AE \perp BD$, 所以 $\angle AEB = \angle C = 90°$, 所以 $\triangle ABE \backsim \triangle DBC$.

(2) **解** 因为 $AB = AD$, 又 $AE \perp BD$, 所以 $BE = DE$, 所以 $BD = 2BE$.

由 $\triangle ABE \backsim \triangle DBC$, 得 $\dfrac{AB}{BD} = \dfrac{BE}{BC}$.

因为 $AB = AD = 25$, $BC = 32$, 所以 $\dfrac{25}{2BE} = \dfrac{BE}{32}$, 所以

$$BE = 20, \quad AE = \sqrt{AB^2 - BE^2} = \sqrt{25^2 - 20^2} = 15.$$

4. **解** (1) 设 A, B 型号的计算器的销售价格分别是 x 元, y 元, 得

$$\begin{cases} 5(x-30) + (y-40) = 76, \\ 6(x-30) + 3(y-40) = 120, \end{cases}$$

解得 $x = 42, y = 56$.

答: A, B 两种型号计算器的销售价格分别为 42 元, 56 元.

(2) 设最少需要购进 A 型号的计算 a 台, 得

$$30a + 40(70 - a) \geqslant 2500,$$

解得 $x \geqslant 30$.

答: 最少需要购进 A 型号的计算器 30 台.

5. **证明** 由于 $\dfrac{1}{k(n+1-k)} = \dfrac{1}{n+1}\left(\dfrac{1}{k} + \dfrac{1}{n+1-k}\right)$, 因此 $a_n = \dfrac{2}{n+1}\sum\limits_{k=1}^{n}\dfrac{1}{k}$, 于是, 对任意的正整数 $n \geqslant 2$, 有

$$\begin{aligned}\dfrac{1}{2}(a_n - a_{n+1}) &= \dfrac{1}{n+1}\sum_{k=1}^{n}\dfrac{1}{k} - \dfrac{1}{n+2}\sum_{k=1}^{n+1}\dfrac{1}{k} \\ &= \left(\dfrac{1}{n+1} - \dfrac{1}{n+2}\right)\sum_{k=1}^{n}\dfrac{1}{k} - \dfrac{1}{(n+1)(n+2)} \\ &= \dfrac{1}{(n+1)(n+2)}\left(\sum_{k=1}^{n}\dfrac{1}{k} - 1\right) > 0,\end{aligned}$$

即 $a_{n+1} < a_n$.

第 2 章

1. **解** 设 $P(10\cos\theta, 5\sin\theta)$, 则

$$d = \dfrac{|30\cos\theta + 40\sin\theta + 72|}{\sqrt{73}} = \dfrac{\left|50\left(\dfrac{4}{5}\sin\theta + \dfrac{3}{5}\cos\theta\right) + 72\right|}{\sqrt{73}} = \dfrac{|50\sin(\theta + \phi) + 72|}{\sqrt{73}}.$$

$40\sin\theta + 30\cos\theta = \sqrt{40^2 + 30^2}\sin(\theta + \phi)$, 其中 ϕ 的终边经过点 $(40, 30)$, 则

$$d = \dfrac{|50\sin(\theta + \phi) + 72|}{\sqrt{73}} \tag{*}$$

且有 $\sin\phi = \dfrac{30}{50} = \dfrac{3}{5}, \cos\phi = \dfrac{40}{50} = \dfrac{4}{5}$.

由 $(*)$ 式易知, d 最大时 $\sin(\theta + \phi) = 1$, 可得 $\theta + \phi = \dfrac{\pi}{2} + 2k\pi\,(k \in \mathbf{Z})$, 即 $\theta = \dfrac{\pi}{2} - \phi + 2k\pi\,(k \in \mathbf{Z})$, 则 $\cos\theta = \cos\left(\dfrac{\pi}{2} - \phi\right) = \sin\phi = \dfrac{3}{5}$, $\sin\theta = \sin\left(\dfrac{\pi}{2} - \phi\right) = \cos\phi = \dfrac{4}{5}$, 即 $10\cos\theta = 6, 5\sin\theta = 4$.

故所求的点 P 为 $(6, 4)$.

2. **解法一** 设过 $A(x_1, y_1), B(x_2, y_2)$ 两点的直线方程为 $y = k(x-1)$, 将它与抛物线方程联立、消 y, 可得 $k^2 x^2 - 2(k^2 + 2)x + k^2 = 0$, 由此表示出 $x_1 + x_2, x_1 x_2$, 再结合直线方程表示出 $y_1 + y_2, y_1 y_2$, 代入 $\overrightarrow{MA} \cdot \overrightarrow{MB} = (x_1 + 1)(x_2 + 1) + (y_1 - 1)(y_2 - 1) = 0$, 整理可求出 k.

解法二 先证: 已知抛物线 C 的弦 AB 过焦点 F, 点 P 在抛物线 C 的准线上, 且 $\angle APB = 90°$, 则 $PF \perp AB$, 且直线 PA, PB 均为抛物线 C 的切线.

再设 C 的焦点为 F，则 $MF \perp AB$. 所以 $k \cdot k_{MF} = k \cdot \dfrac{1-0}{-1-1} = -1$，解 $k = 2$.

3. **解** (1) 由 $x = \rho\cos\theta, y = \rho\sin\theta$ 得 C_2 的直角坐标方程为 $(x+1)^2 + y^2 = 4$.

(2) 由 (1) 知 C_2 是圆心为 $A(-1,0)$，半径为 2 的圆.

由题设知，C_1 是过点 $B(0,2)$ 且关于 y 轴对称的两条射线. 记 y 轴右边的射线为 l_1，y 轴左边的射线为 l_2. 由于 B 在圆 C_2 的外面，故 C_1 与 C_2 有且仅有三个公共点等价于 l_1 与 C_2 只有一个公共点且 l_2 与 C_2 有两个公共点，或 l_2 与 C_2 只有一个公共点且 l_1 与 C_2 有两个公共点.

当 l_1 与 C_2 只有一个公共点时，A 到 l_1 所在直线的距离为 2，所以 $\dfrac{|-k+2|}{\sqrt{k^2+1}} = 2$，故 $k = -\dfrac{4}{3}$ 或 $k = 0$. 经检验，当 $k = 0$ 时，l_1 与 C_2 没有公共点；当 $k = -\dfrac{4}{3}$ 时，l_1 与 C_2 只有一个公共点，l_2 与 C_2 有两个公共点.

当 l_2 与 C_2 只有一个公共点时，A 到 l_2 所在直线的距离为 2，所以 $\dfrac{|k+2|}{\sqrt{k^2+1}} = 2$，故 $k = 0$ 或 $k = \dfrac{4}{3}$. 经检验，当 $k = 0$ 时，l_1 与 C_2 没有公共点；当 $k = \dfrac{4}{3}$ 时，l_2 与 C_2 没有公共点.

综上，所求 C_1 的方程为 $y = -\dfrac{4}{3}|x| + 2$.

4. **解** (1) 因为 $(a+2c)\cos B + b\cos A = 0$，所以 $(\sin A + 2\sin C)\cos B + \sin B\cos A = 0$，从而 $(\sin A\cos B + \sin B\cos A) + 2\sin C\cos B = 0$，于是 $\sin(A+B) + 2\cos B\sin C = 0$，又因为 $\sin(A+B) = \sin C$，所以 $\cos B = -\dfrac{1}{2}$. 因为 $0 < B < \pi$，所以 $B = \dfrac{2}{3}\pi$.

(2) 由余弦定理得 $9 = a^2 + c^2 - 2ac \times \left(-\dfrac{1}{2}\right)$，即 $a^2 + c^2 + ac = 9$，所以 $(a+c)^2 - ac = 9$. 因为 $a+b+c = 3 + 2\sqrt{3}, b = 3$，所以 $a+c = 2\sqrt{3}$，从而 $ac = 3$. 所以 $S_{\triangle ABC} = \dfrac{1}{2}ac\sin B = \dfrac{1}{2} \times 3 \times \dfrac{\sqrt{3}}{2} = \dfrac{3\sqrt{3}}{4}$.

5. **分析** 根据导数特征：$f'(x) - 1$，可以想到它的一个原函数 $f(x) - x$.

解 设 $g(x) = f(x) - x\ (x \in \mathbf{R})$，由题意可知：$g'(x) = f'(x) - 1 < 0$，所以 $g(x)$ 在 $\mathbf{R}$ 上递减，由 $f(x^2) < x^2 + 1$ 得 $f(x^2) - x^2 < 1 = f(2) - 2$，即 $g(x^2) < g(2)$，所以 $x^2 > 2 \Leftrightarrow x > \sqrt{2}$ 或 $x < -\sqrt{2}$，所以原不等式的解集是 $\{x \in \mathbf{R}\,|\,x > \sqrt{2} \text{ 或 } x < -\sqrt{2}\}$.

6. **解** $f(x)$ 定义域是 $(0, +\infty)$，$f'(x) = \ln x + 1 - 2ax$，令 $f'(x) = 0$ 可得：$\ln x = 2ax - 1$，令 $g(x) = \ln x, h(x) = 2ax - 1$，画出两个函数的图象，要它们有且只有两个不同交点，则先算出直线 $h(x) = 2ax - 1$ 与 $g(x) = \ln x$ 相切时的 a 值. 设切点 $P(x_0, \ln x_0)$，则 $g'(x_0) = \dfrac{1}{x_0} = 2a$ 且 $\ln x_0 = 2ax_0 - 1$，解得 $a = \dfrac{1}{2}$，由图象可知：当 $a \in \left(0, \dfrac{1}{2}\right)$ 时，两图象有两个不同交点，即 $a \in \left(0, \dfrac{1}{2}\right)$ 时，函数 $f(x) = x(\ln x - ax)$ 有两个极值点.

7. **解** 由均值不等式得：$4 = \dfrac{3}{a} + \dfrac{1}{b} \geqslant 4\sqrt[4]{\dfrac{1}{a^3b}}$，所以 $a^3b \geqslant 1$，从而
$$P = a + \sqrt{b^2 + 8} \geqslant a + \sqrt{9\sqrt[3]{b^2}}$$

$$= a + 3\sqrt[9]{b} \geqslant 4\sqrt[4]{a\left(\sqrt[9]{b}\right)^3} = 4\sqrt[4]{a\sqrt[3]{b}} = 4\sqrt[12]{a^3 b} \geqslant 4,$$

当且仅当 $a = b = 1$ 时取等号, 故 $P_{\min} = 4$.

8. **解** $f(x) = 2\sin x(1 + \cos x)$, 设 $a = 1 + \cos x, b = \sin x$, 则 $(a-1)^2 + b^2 = 1$, $A(a,b)$ 是圆上任意一点, 它关于 x 轴的对称点 $B(a,-b)$, $2ab$ 的最小值即为以 O 为顶点的等腰 $\triangle OAB$ 面积最大值的两倍的相反数. 易得当 $\triangle OAB$ 为等边三角形时, 取得面积的最大值, 1 是其外接圆半径, 所以 $f(x)$ 的最小值是 $-\dfrac{3\sqrt{3}}{2}$.

9. **解** (1) 由题设条件中的等式 $\dfrac{b\cos C}{a\cos A} + \dfrac{c\cos B}{a\cos A} = 2$, 可得 $A = 60°$.

(2) 根据题意, 欲求 $\triangle ABC$ 周长的最大值, 即求 $b+c$ 的最大值, 由题设条件可得 $\triangle ABC$ 的外接圆直径为 $2R = \dfrac{a}{\sin A} = \dfrac{4\sqrt{3}}{3}$, 所以可把边 b,c 分别转化为 $b = \dfrac{4\sqrt{3}}{3}\sin B, c = \dfrac{4\sqrt{3}}{3}\sin C$, 从而化简整理可得:

$$b + c = \dfrac{4\sqrt{3}}{3}(\sin B + \sin C) = 4\left(\dfrac{1}{2}\cos C + \dfrac{\sqrt{3}}{2}\sin C\right) = 4\sin\left(C + \dfrac{\pi}{6}\right).$$

所以 $\triangle ABC$ 的周长为 $l = 2 + 4\sin\left(C + \dfrac{\pi}{6}\right)$, 由于 $0 < C < \pi$, 所以 $\dfrac{\pi}{6} < C + \dfrac{\pi}{6} < \dfrac{7\pi}{6}$, 再结合三角函数的有界性可知, 当 $C = \dfrac{\pi}{3}$ 时, $\triangle ABC$ 的周长的最大值为 6.

10. **解法一** 因为 $2\sin^2 A + \sin^2 B = 2\sin^2 C$, 所以 $2a^2 + b^2 = 2c^2$, 即 $b^2 = 2(c^2 - a^2)$. 又因为 $c^2 = a^2 + b^2 - 2ab\cos C$, 所以 $b^2 = 2(b^2 - 2ab\cos C)$, 即 $b = 4a\cos C$. 由正弦定理得 $\sin B = 4\sin A\cos C$, 所以 $\sin(A+C) = 4\sin A\cos C$. 化简得 $\tan C = 3\tan A$, 又因为 $A + B + C = \pi$, 所以

$$\tan B = -\tan(A+C) = -\dfrac{\tan A + \tan C}{1 - \tan A \tan C} = \dfrac{4\tan A}{3\tan^2 A - 1},$$

故

$$\dfrac{1}{\tan A} + \dfrac{1}{\tan B} + \dfrac{1}{\tan C} = \dfrac{1}{\tan A} + \dfrac{1}{\dfrac{4\tan A}{3\tan^2 A - 1}} + \dfrac{1}{3\tan A}$$

$$= \dfrac{9\tan^2 A + 13}{12\tan A} \geqslant \dfrac{6\sqrt{13}\tan A}{12\tan A} = \dfrac{\sqrt{13}}{2},$$

当且仅当 $\tan A = \dfrac{\sqrt{13}}{3}$ 时, 等号成立, 即 $\dfrac{1}{\tan A} + \dfrac{1}{\tan B} + \dfrac{1}{\tan C}$ 的最小值为 $\dfrac{\sqrt{13}}{2}$.

解法二 作 $BD \perp AC$ 于点 D, 设 $BD = h$, 则 $c^2 = h^2 + AD^2, a^2 = h^2 + CD^2$, 所以

$$c^2 - a^2 = AD^2 - CD^2 = (AD + CD)(AD - CD) = b(AD - CD),$$

所以 $AD - CD = \dfrac{c^2 - a^2}{b}$, 又因为 $2\sin^2 A + \sin^2 B = 2\sin^2 C$, 所以 $2a^2 + b^2 = 2c^2$, 即 $c^2 - a^2 = \dfrac{b^2}{2}$, 所以 $AD - CD = \dfrac{b}{2}$, 又因为 $AD + CD = b$, 所以 $AD = \dfrac{3b}{4}, CD = \dfrac{b}{4}$.

由题意知 $\tan A = \dfrac{4h}{3b}, \tan C = \dfrac{4h}{b}$,则

$$\tan B = -\tan(A+C) = -\dfrac{\tan A + \tan C}{1 - \tan A \tan C} = \dfrac{16hb}{16h^2 - 3b^2},$$

所以

$$\dfrac{1}{\tan A} + \dfrac{1}{\tan B} + \dfrac{1}{\tan C} = \dfrac{3b}{4h} + \dfrac{b}{4h} + \dfrac{16h^2 - 3b^2}{16hb}$$

$$= \dfrac{16h^2 + 13b^2}{16hb} \geqslant \dfrac{\sqrt{13}}{2},$$

当且仅当 $h = \dfrac{\sqrt{13}}{4}b$ 时,等号成立,故 $\dfrac{1}{\tan A} + \dfrac{1}{\tan B} + \dfrac{1}{\tan C}$ 的最小值为 $\dfrac{\sqrt{13}}{2}$.

第 3 章

1. 解 以 A 为坐标原点,直线 AB 为 x 轴,直线 AD 为 y 轴建立直角坐标系,设点 $P(x,0)$,$0 \leqslant x \leqslant 20\sqrt{2}$,则 $\cos\angle DPC = \dfrac{\overrightarrow{PD}\cdot\overrightarrow{PC}}{|\overrightarrow{PD}|\cdot|\overrightarrow{PC}|} = \dfrac{(-x,10)\cdot(20\sqrt{2}-x,20)}{\sqrt{x^2+10^2}\cdot\sqrt{(20\sqrt{2}-x)^2+20^2}}$.

因为 $(-x,10)\cdot(20\sqrt{2}-x,20) = (x-10\sqrt{2})^2 \geqslant 0$,所以 $\angle DPC \in \left(0,\dfrac{\pi}{2}\right]$,当 $x = 10\sqrt{2}$ 时,$\angle DPC = \dfrac{\pi}{2}$ 达到最大,所以 $AP = 10\sqrt{2}$.

2. 解 (1) 略.

(2) 注意到,仅对 x 分类讨论,无法去绝对值,以化简 $f(x)$ 的解析式. 那就抓住目标,从必要条件入手,先通过特殊值来缩小所求参数的范围,为解题找到思考方向. 因为对任意 $x \in [a, a+1]$,恒有 $f(x) \geqslant -1$,所以 $\begin{cases} f(a) \geqslant -1, \\ f(a+1) \geqslant -1, \end{cases}$ 即 $\begin{cases} 3a^2 - 4a^2 \geqslant -1, \\ 3|a(a+1)| - (2a+1)^2 \geqslant -1, \end{cases}$ 解得 $-1 \leqslant a \leqslant 0$.

下面证明,当 $a \in [-1, 0]$,对任意 $x \in [a, a+1]$,恒有 $f(x) \geqslant -1$.

① 当 $a \leqslant x \leqslant 0$ 时,$f(x) = -x^2 + ax - a^2$,$f(a) = f(0) = -a^2 \geqslant -1$,故 $f(x) \geqslant \min\{f(a), f(0)\} \geqslant -1$ 成立;

② 当 $0 \leqslant x \leqslant a+1$ 时,$f(x) = -x^2 - 5ax - a^2$,$f(a+1) \geqslant -1$,$f(0) \geqslant -1$,故 $f(x) \geqslant \min\{f(a+1), f(0)\} \geqslant -1$ 成立.

由此,对任意 $x \in [a, a+1]$,恒有 $f(x) \geqslant -1$. 所以,实数 a 的取值范围为 $[-1, 0]$.

3. 解 (1) $y^2 = 8x$.

(2) 设直线 $l: y = k(x-2)$,联立抛物线方程得:$k^2 x^2 - 4(k^2+2)x + 4k^2 = 0$.

$$x_1 + x_2 = \dfrac{4k^2+8}{k^2} = 4 + \dfrac{8}{k^2}, \quad x_1 \cdot x_2 = 4, \quad |x_1 - x_2| = \dfrac{8\sqrt{1+k^2}}{k^2}.$$

利用弦长公式:$|AB| = \sqrt{1+k^2}\cdot|x_1-x_2| = \dfrac{8(1+k^2)}{k^2}$.

线段 AB 的中点为 $P(x_P, y_P)$,其中

$$x_P = \dfrac{x_1+x_2}{2} = \dfrac{2k^2+4}{k^2}, \quad y_P = \dfrac{4}{k}.$$

直线 PD 为 $y - \dfrac{4}{k} = -\dfrac{1}{k}\left(x - \dfrac{2k^2+4}{k^2}\right)$,可求得点 D 为 $\left(\dfrac{6k^2+4}{k^2}, 0\right)$.

由此则有 $|FD| = \left|\dfrac{6k^2+4}{k^2} - 2\right| = \dfrac{4(1+k^2)}{k^2}$,与 $|AB|$ 的长度作比可得:$|AB| = 2|DF|$.

4. **证明** 不妨设 $c = \max(a,b,c)$,根据条件,有 $c = \dfrac{1-ab}{a+b}$,于是

$$\dfrac{1}{a+b} + \dfrac{1}{b+c} + \dfrac{1}{c+a} = \dfrac{1}{a+b} + \dfrac{1}{b + \dfrac{1-ab}{a+b}} + \dfrac{1}{\dfrac{1-ab}{a+b} + a}$$

$$= \dfrac{1}{a+b} + (a+b)\left(\dfrac{1}{1+b^2} + \dfrac{1}{1+a^2}\right)$$

$$\geqslant \dfrac{1}{a+b} + (a+b)\left[1 + \dfrac{1}{1+(a+b)^2}\right]$$

$$= a+b+ \dfrac{1}{a+b} + \dfrac{1}{a+b+\dfrac{1}{a+b}}.$$

而 $a+b+\dfrac{1}{a+b} \geqslant 2$,于是上式右边的最小值为 $\dfrac{5}{2}$,原不等式得证.

其中用到的不等式 $\dfrac{1}{1+b^2} + \dfrac{1}{1+a^2} \geqslant 1 + \dfrac{1}{1+(a+b)^2}$,即 $(a+b)^2 ab \leqslant 2(1-ab)$,因为 $c \geqslant \dfrac{a+b}{2}$,所以 $c = \dfrac{1-ab}{a+b} \geqslant \dfrac{a+b}{2}$,于是

$$2(1-ab) \geqslant (a+b)^2 \geqslant (a+b)^2 ab.$$

5. **解** (1) $B = \dfrac{\pi}{3}$(过程略).

(2) 由余弦定理 $b^2 = a^2 + c^2 - 2ac\cos B$ 可得

$$b^2 = a^2 - a + 1. \qquad ①$$

由于 $\triangle ABC$ 为锐角三角形,所以 $\cos A = \dfrac{b^2 + 1 - a^2}{2b} > 0$,即

$$b^2 + 1 - a^2 > 0. \qquad ②$$

同理,

$$a^2 + 1 - b^2 > 0. \qquad ③$$

由①②③可得:$\dfrac{1}{2} < a < 2$.又因为面积 $S_{\triangle ABC} = \dfrac{1}{2}ac\sin B = \dfrac{\sqrt{3}}{4}a$,所以有 $\dfrac{\sqrt{3}}{8} < S_{\triangle ABC} < \dfrac{\sqrt{3}}{2}$.

6. **解** 由已知条件及正弦定理得 $(a+b)(a-b) = (c-b)c$,即 $b^2 + c^2 - a^2 = bc$.又因为 $\cos A = \dfrac{b^2+c^2-a^2}{2bc} = \dfrac{1}{2}$,所以 $A = \dfrac{\pi}{3}$.又因为 $b^2 + c^2 - bc - 4 = 0$,所以 $c = \dfrac{b}{2} + \sqrt{4 - \dfrac{3}{4}b^2}$.

周长 $l = a + b + c = \dfrac{3b}{2} + \sqrt{4 - \dfrac{3}{4}b^2} + 2$, 得 $l' = \dfrac{3}{2} - \dfrac{3b}{4\sqrt{4 - \dfrac{3}{4}b^2}}$. 当 $l' = 0$ 时, $b = 2$, 当 $b \in (0, 2)$, $l' > 0$, l 为增函数; 当 $b \in \left(2, \dfrac{4\sqrt{3}}{3}\right)$, $l' < 0$, l 为减函数, 所以 $b = 2$ 时, 周长的最大值 $l = 6$.

面积为 $S_{\triangle ABC} = \dfrac{1}{2}bc\sin A = \dfrac{\sqrt{3}}{4}\left(\dfrac{b^2}{2} + b\sqrt{4 - \dfrac{3}{4}b^2}\right)$, 得 $S' = \dfrac{\sqrt{3}}{4}\left(b + \sqrt{4 - \dfrac{3}{4}b^2} - \dfrac{3b^2}{4\sqrt{4 - \dfrac{3}{4}b^2}}\right)$. 当 $S' = 0$ 时, $b = 2$ 或 $b = \dfrac{2\sqrt{3}}{3}$. 又当 $b \in (0, 2)$, $S' > 0$, S 为增函数; 当 $b \in \left(2, \dfrac{4\sqrt{3}}{3}\right)$, $S' < 0$, S 为减函数, 所以 $b = 2$ 时, 面积的最大值 $S_{\triangle ABC} = \sqrt{3}$.

又因为 $\triangle ABC$ 为锐角三角形, 所以 $\begin{cases} 4 + b^2 > c^2, \\ 4 + c^2 > b^2, \\ c = \dfrac{b}{2} + \sqrt{4 - \dfrac{3}{4}b^2}, \end{cases}$ 即 $\dfrac{2\sqrt{3}}{3} < b < \dfrac{4\sqrt{3}}{3}$. 所以 $l \in (2 + 2\sqrt{3}, 6]$, $S_{\triangle ABC} \in \left(\dfrac{2\sqrt{3}}{3}, \sqrt{3}\right]$.

7. **解** (1) 略; (2) 略;

(3) 如图 3-25, 连接 OP、OA、OB, 设直线 $y = -x + 3$ 与 x 轴交于点 C. 当 $y = 0$ 时, $x = 3$, 得点 C 的坐标为 $(3, 0)$. 所以

$$S_{\triangle AOB} = S_{\triangle AOC} + S_{\triangle BOC} = \dfrac{1}{2} \times 3 \times 4 + \dfrac{1}{2} \times 3 \times 1 = \dfrac{15}{2}.$$

因为 $S_{\triangle AOP} : S_{\triangle BOP} = 1 : 2$, 所以 $S_{\triangle BOP} = \dfrac{2}{3} S_{\triangle AOB} = 5$.

由于点 P 在线段 AB 上, 设 P 的坐标为 $(m, -m + 3)$, 所以

$$S_{\triangle POB} = S_{\triangle POC} + S_{\triangle BOC}$$
$$= \dfrac{1}{2} \times 3 \times (-m + 3) + \dfrac{1}{2} \times 3 \times 1 = 5,$$

解得 $m = \dfrac{2}{3}$. 从而 $-m + 3 = -\dfrac{2}{3} + 3 = \dfrac{7}{3}$. 于是点 P 的坐标为 $\left(\dfrac{2}{3}, \dfrac{7}{3}\right)$.

8. **证明** (1) $f(x)$ 的定义域为 $(-1, +\infty)$,

$$f'(x) = \cos x - \dfrac{1}{1+x}, \quad f''(x) = -\sin x + \dfrac{1}{(1+x)^2}.$$

令 $g(x) = -\sin x + \dfrac{1}{(1+x)^2}$, 则 $g'(x) = -\cos x - \dfrac{2}{(1+x)^3} < 0$ 在 $\left(-1, \dfrac{\pi}{2}\right)$ 恒成立, 所以 $f''(x)$ 在 $\left(-1, \dfrac{\pi}{2}\right)$ 上为减函数. 又因为 $f''(0) = 1$, $f''\left(\dfrac{\pi}{2}\right) = -1 + \dfrac{1}{\left(1 + \dfrac{\pi}{2}\right)^2} < -1 + 1 = 0$,

由零点存在定理可知, 函数 $f''(x)$ 在 $\left(-1, \dfrac{\pi}{2}\right)$ 上存在唯一的零点 x_0, 结合单调性可得, $f'(x)$ 在 $(-1, x_0)$ 上单调递增, 在 $\left(x_0, \dfrac{\pi}{2}\right)$ 上单调递减, 可得 $f'(x)$ 在区间 $\left(-1, \dfrac{\pi}{2}\right)$ 上存在唯一极大值点.

(2) 由 (1) 知, 当 $x \in (-1, 0)$ 时, $f'(x)$ 单调递增, $f'(x) < f'(0) = 0$, $f(x)$ 单调递减; 当 $x \in (0, x_0)$ 时, $f'(x)$ 单调递增, $f'(x) > f'(0) = 0$, $f(x)$ 单调递增; 由于 $f'(x)$ 在 $\left(x_0, \dfrac{\pi}{2}\right)$ 上单调递减, 且 $f'(x_0) > 0$, $f'\left(\dfrac{\pi}{2}\right) = -\dfrac{1}{1+\dfrac{\pi}{2}} < 0$.

由零点存在定理可知, 函数 $f'(x)$ 在 $\left(x_0, \dfrac{\pi}{2}\right)$ 上存在唯一零点 x_1, 结合单调性可知, 当 $x \in (x_0, x_1)$ 时, $f'(x)$ 单调递减, $f'(x) > f'(x_1) = 0$, $f(x)$ 单调递增; 当 $x \in \left(x_1, \dfrac{\pi}{2}\right)$ 时, $f'(x)$ 单调递减, $f'(x) < f'(x_1) = 0$, $f(x)$ 单调递减.

当 $x \in \left(\dfrac{\pi}{2}, \pi\right)$ 时, $\cos x < 0$, $-\dfrac{1}{1+x} < 0$, 于是 $f'(x) = \cos x - \dfrac{1}{1+x} < 0$, $f(x)$ 单调递减, 其中 $f\left(\dfrac{\pi}{2}\right) = 1 - \ln\left(1 + \dfrac{\pi}{2}\right) > 1 - \ln\left(1 + \dfrac{3.2}{2}\right) = 1 - \ln 2.6 > 1 - \ln e = 0$, $f(\pi) = -\ln(1+\pi) < -\ln 3 < 0$.

于是可得表 A-1:

表 A-1

x	$(-1, 0)$	0	$(0, x_1)$	x_1	$\left(x_1, \dfrac{\pi}{2}\right)$	$\dfrac{\pi}{2}$	$\left(\dfrac{\pi}{2}, \pi\right)$	π
$f'(x)$	$-$	0	$+$	0	$-$	$-$	$-$	$-$
$f(x)$	减函数	0	增函数	大于 0	减函数	大于 0	减函数	小于 0

结合单调性可知, 函数 $f(x)$ 在 $\left(-1, \dfrac{\pi}{2}\right]$ 上有且只有一个零点 0, 由函数零点存在性定理可知, $f(x)$ 在 $\left(\dfrac{\pi}{2}, \pi\right)$ 上有且只有一个零点 x_2, 当 $x \in [\pi, +\infty)$ 时, $f(x) = \sin x - \ln(1+x) < 1 - \ln(1+\pi) < 1 - \ln 3 < 0$, 因此函数 $f(x)$ 在 $[\pi, +\infty)$ 上无零点.

综上, $f(x)$ 有且仅有 2 个零点.

9. **解** (1) 略.

(2) 由已知得 $f(x_1) = f(x_2) = 0$, 不难发现 $x_1 \neq 1$, $x_2 \neq 1$, 故可整理得 $-a = \dfrac{(x_1 - 2)e^{x_1}}{(x_1 - 1)^2} = \dfrac{(x_2 - 2)e^{x_2}}{(x_2 - 1)^2}$, $g(x) = \dfrac{(x-2)e^x}{(x-1)^2}$, 则 $g(x_1) = g(x_2)$ 求导得到 $g'(x) = \dfrac{(x-2)^2 + 1}{(x-1)^3}e^x$, 当 $x < 1$ 时, $g'(x) < 0$, $g(x)$ 单调递减; 当 $x > 1$ 时, $g'(x) > 0$, $g(x)$ 单调递增. 设 $m > 0$, 构造代数式

$$g(1+m) - g(1-m) = \dfrac{m-1}{m^2}e^{1+m} - \dfrac{-m-1}{m^2}e^{1-m}$$
$$= \dfrac{1+m}{m^2}e^{1-m}\left(\dfrac{m-1}{m+1}e^{2m} + 1\right).$$

设 $h(m) = \dfrac{m-1}{m+1}e^{2m} + 1$, $m > 0$, 则 $h'(m) = \dfrac{2m^2}{(m+1)^2}e^{2m} > 0$, 故 $h(m)$ 单调递增, 有 $h(m) > h(0) = 0$. 因此, 对于任意的 $m > 0$, $g(1+m) > g(1-m)$. 由 $g(x_1) = g(x_2)$ 可知 x_1、x_2 不可能在 $g(x)$ 的同一个单调区间上, 不妨设 $x_1 < x_2$, 则必有 $x_1 < 1 < x_2$, 令 $m = 1 - x_1 > 0$, 则有

$$g[1+(1-x_1)] > g[1-(1-x_1)] \Leftrightarrow g(2-x_1) > g(x_1) = g(x_2),$$

而 $2 - x_1 > 1$, $x_2 > 1$, $g(x)$ 在 $(1,+\infty)$ 上单调递增, 因此 $g(2-x_1) > g(x_2) \Leftrightarrow 2 - x_1 > x_2$. 整理得 $x_1 + x_2 < 2$.

10. **解** (1) 因为 $a = 1, b = 0$, 所以 $f(x) = |x-1| + |x|$, 当 $x < 0$ 时, $1 - x - x \geqslant 2$, 解得 $x \leqslant -\dfrac{1}{2}$; 当 $0 \leqslant x < 1$ 时, $1 - x + x \geqslant 2$, 此时 $1 \geqslant 2$ 矛盾, 即无解; 当 $x \geqslant 1$ 时, $x - 1 + x \geqslant 2$, 解得 $x \geqslant \dfrac{3}{2}$.

综上所述, $x \in \left(-\infty, -\dfrac{1}{2}\right] \cup \left[\dfrac{3}{2}, +\infty\right)$.

(2) 因为

$$|x - a^2| + |x + 2b^2| \geqslant |(x - a^2) - (x + 2b^2)| = a^2 + 2b^2 = 8,$$

又根据柯西不等式知:

$$[1^2 + (\sqrt{2})^2] \cdot [a^2 + (\sqrt{2}b)^2] \geqslant (1 \cdot a + \sqrt{2} \cdot \sqrt{2}b)^2 = (a+2b)^2,$$

则 $a + 2b \leqslant \sqrt{3(a^2 + 2b^2)} = 2\sqrt{6}$(当且仅当 $a = b$ 时取等号), 故 $a + 2b$ 的最大值为 $2\sqrt{6}$.

第 4 章

1. **解** (1) 因为 $f'(x) = 3x^2 + b$, 由题意, $f'\left(\dfrac{1}{2}\right) = 0$, 即 $3 \times \left(\dfrac{1}{2}\right)^2 + b = 0$, 则 $b = -\dfrac{3}{4}$.

(2) 基于方程思想写出原命题: 若方程 $x^3 - \dfrac{3}{4}x + c = 0$ 有一个绝对值不大于 1 的实根, 则该方程所有实根的绝对值都不大于 1.

① 反设: $x^3 - \dfrac{3}{4}x + c = 0$ 有一个绝对值不大于 1 的实根 x_1, 假设该方程存在实根 x_2 且 $|x_2| > 1$.

② 归谬: $\begin{cases} x_1^3 - \dfrac{3}{4}x_1 + c = 0, \\ x_2^3 - \dfrac{3}{4}x_2 + c = 0, \end{cases}$ 化简可得: $(x_2^3 - x_1^3) + \dfrac{3}{4}(x_1 - x_2) = 0$, 即 $(x_2 - x_1)(x_2^2 + x_1x_2 + x_1^2) - \dfrac{3}{4}(x_2 - x_1) = 0$, 而 $x_1 \neq x_2$, $x_2^2 + x_1x_2 + x_1^2 - \dfrac{3}{4} = 0$ 是一个关于 x_2 的一元二次方程, 该方程存在实数解, 则需考虑判别式 $\Delta = x_1^2 - 4\left(x_1^2 - \dfrac{3}{4}\right) \geqslant 0$ 成立, 而 $|x_1| \leqslant 1$, 所以 $\Delta = 3 - 3x_1^2 \geqslant 0$, 由求根公式可得 $x_2 = \dfrac{-x_1 \pm \sqrt{3 - 3x_1^2}}{2}$, 由假设 $x_2 > 1$,

$x_1{}^2 \pm 2x_1\sqrt{3-3x_1{}^2} + (3-3x_1{}^2) > 4$, $4x_1{}^2(3-3x_1{}^2) > (1+2x_1{}^2)^2$, $16x_1{}^4 - 8x_1{}^2 + 1 < 0$, $(4x_1{}^2-1)^2 < 0$. 该不等式在实数范围内不成立, 由矛盾可知假设错误, 原命题得证.

2. **解** (I) 椭圆 C 的方程为 $\dfrac{x^2}{4} + \dfrac{y^2}{2} = 1$.

(II) AM 的长为 $\sqrt{6}$.

因为直线 l 过点 $P(1,0)$ 且与 x 轴不重合, 所以设 l 的方程为 $x = my + 1$, 与椭圆 C 的方程 $\dfrac{x^2}{4} + \dfrac{y^2}{2} = 1$ 联立, 得 $(m^2+2)y^2 + 2my - 3 = 0$, 显然 $\Delta > 0$. 设 $M(x_1, y_1)$, $N(x_2, y_2)$, 则 $y_1 + y_2 = \dfrac{-2m}{m^2+2}$, $y_1 y_2 = \dfrac{-3}{m^2+2}$. 因为 $PQ /\!/ AM$, 所以 $k_{PQ} = k_{AM} = \dfrac{y_1}{x_1+2}$, 所以直线 PQ 的方程为 $y = \dfrac{y_1}{x_1+2}(x-1)$, 令 $x = \dfrac{5}{2}$, 得 $y = \dfrac{\frac{3}{2}y_1}{x_1+2} = \dfrac{3y_1}{2(my_1+3)}$, 则 $Q\left(\dfrac{5}{2}, \dfrac{3y_1}{2(my_1+3)}\right)$. 因为

$$k_{NQ} = \dfrac{y_2 - \dfrac{3y_1}{2(my_1+3)}}{x_2 - \dfrac{5}{2}} = \dfrac{2my_1y_2 + 6y_2 - 3y_1}{(my_1+3)(2my_2-3)},$$

所以直线 NQ 的方程为

$$y - y_2 = \dfrac{2my_1y_2 + 6y_2 - 3y_1}{2m^2 y_1 y_2 + 6my_2 - 3my_1 - 9}(x - x_2),$$

即

$$y = \dfrac{2my_1y_2 + 6y_2 - 3y_1}{2m^2 y_1 y_2 + 6my_2 - 3my_1 - 9} x - \dfrac{(2my_1y_2 + 6y_2 - 3y_1)(my_2+1)}{2m^2 y_1 y_2 + 6my_2 - 3my_1 - 9} + y_2$$
$$= \dfrac{2my_1y_2 + 6y_2 - 3y_1}{2m^2 y_1 y_2 + 6my_2 - 3my_1 - 9} x - \dfrac{2my_1y_2 + 15y_2 - 3y_1}{2m^2 y_1 y_2 + 6my_2 - 3my_1 - 9}.$$

令 $y = 0$, 得 $x = \dfrac{2my_1y_2 + 15y_2 - 3y_1}{2my_1y_2 + 6y_2 - 3y_1}$. 因为 $2my_1y_2 = 3(y_1+y_2)$, 所以 $x = \dfrac{18y_2}{9y_2} = 2$, 故直线 NQ 恒过定点 $(2,0)$.

3. **解** (1) 因为 $M(\rho_0, \theta_0)$ 在 C 上, 当 $\theta_0 = \dfrac{\pi}{3}$ 时, $\rho_0 = 4\sin\dfrac{\pi}{3} = 2\sqrt{3}$. 由已知得 $|OP| = |OA|\cos\dfrac{\pi}{3} = 2$. 设 $Q(\rho, \theta)$ 为 l 上除 P 点外的任意一点. 在 $\text{Rt}\triangle OPQ$ 中, $\rho\cos\left(\theta - \dfrac{\pi}{3}\right) = |OP| = 2$, 经检验, 点 $P\left(2, \dfrac{\pi}{3}\right)$ 在曲线 $\rho\cos\left(\theta - \dfrac{\pi}{3}\right) = 2$ 上. 所以, l 的极坐标方程为 $\rho\cos\left(\theta - \dfrac{\pi}{3}\right) = 2$.

(2) 设 $P(\rho, \theta)$, 在 $\text{Rt}\triangle OAP$ 中, $|OP| = |OA|\cos\theta = 4\cos\theta$, 即 $\rho = 4\cos\theta$. 因为 P 在线段 OM 上, 且 $AP \perp OM$, 故 θ 的取值范围是 $\left[\dfrac{\pi}{4}, \dfrac{\pi}{2}\right]$. 所以, P 点轨迹的极坐标方程为 $\rho = 4\cos\theta, \theta \in \left[\dfrac{\pi}{4}, \dfrac{\pi}{2}\right]$.

4. **解** (1) α 的取值范围是 $\left(\dfrac{\pi}{4}, \dfrac{3\pi}{4}\right)$. (过程略)

(2) l 的参数方程为 $\begin{cases} x = t\cos\alpha, \\ y = -\sqrt{2} + t\sin\alpha \end{cases}$ $\left(t\ \text{为参数}, \dfrac{\pi}{4} < \alpha < \dfrac{3\pi}{4}\right)$. 将 l 的参数方程带入 $\odot O$ 的直角坐标方程得 $t^2 - 2\sqrt{2}t\sin\alpha + 1 = 0$. 设 A, B, P 对应的参数分别为 t_A, t_B, t_P, 则 $t_P = \dfrac{t_A + t_B}{2}$, $t_A + t_B = 2\sqrt{2}\sin\alpha$. 于是 $t_P = \sqrt{2}\sin\alpha$. 又点 P 的坐标 (x, y) 满足
$\begin{cases} x = t_P\cos\alpha, \\ y = -\sqrt{2} + t_P\sin\alpha, \end{cases}$ 所以点 P 的轨迹的参数方程是

$$\begin{cases} x = \dfrac{\sqrt{2}}{2}\sin 2\alpha, \\ y = -\dfrac{\sqrt{2}}{2} - \dfrac{\sqrt{2}}{2}\cos 2\alpha \end{cases} \left(\alpha\text{为参数}, \dfrac{\pi}{4} < \alpha < \dfrac{3\pi}{4}\right).$$

5. **解** 因为 $f'(x) = e^x - 1 - 2ax$, 它比较复杂, 考虑进一步求导: $f''(x) = e^x - 2a$, 显然 $f''(x)$ 递增, 故当 $x \geqslant 0$ 时, $f''(x)_{\min} = 1 - 2a$. 于是

(1) 当 $2a \leqslant 1$, 即 $a \leqslant \dfrac{1}{2}$ 时, $f''(x) \geqslant 0$, 所以 $f'(x)$ 在 $[0, +\infty)$ 上单调递增, 从而 $f'(x) \geqslant f'(0) = 0$, 即 $f'(x) \geqslant 0$, 所以 $f(x)$ 在 $[0, +\infty)$ 上单调递增, 所以 $f(x) \geqslant f(0) = 0$.

(2) 当 $2a > 1$, 即 $a > \dfrac{1}{2}$ 时, 令 $f''(x) = e^x - 2a = 0$, 解之得 $x = \ln 2a$.

当 $x \in (0, \ln 2a)$ 时, $f''(x) < 0$, $f'(x)$ 为单调递减函数; 又因为 $f'(0) = 0$, 所以 $x \in (0, \ln 2a)$ 时, $f'(x) < 0$, 所以 $f(x)$ 在区间 $(0, \ln 2a)$ 上是单调递减函数. 又 $f(0) = 0$, 所以 $x \in (0, \ln 2a)$ 时, $f(x) < 0$ 不符合题意要求.

综上所述, 实数 a 的取值范围为 $\left(-\infty, \dfrac{1}{2}\right]$.

6. **解** (1) $a = 4, b = c = d = 2$.
(2) $x \geqslant -2$ 时, $f(x) \leqslant kg(x)$, 即 $x^2 + 4x + 2 \leqslant ke^x(2x + 2)$.

故当 $x > -1$ 时, $2x + 2 > 0$, 于是分离参数后有 $2k \geqslant \dfrac{x^2 + 4x + 2}{e^x(x + 1)}$, 令 $h(x) = \dfrac{x^2 + 4x + 2}{e^x(x + 1)}$, 则 $h'(x) = -\dfrac{x(x + 2)^2}{e^x(x + 1)^2}$, 可知:

当 $x \in (-1, 0)$ 时, $h'(x) > 0$, $h(x)$ 递增; $x \in (0, +\infty)$ 时, $h'(x) < 0$, $h(x)$ 递减; 于是 $2k \geqslant h_{\max}(x) = h(0) = 2 \Rightarrow k \geqslant 1$.

而当 $-2 \leqslant x < -1$ 时, $2x + 2 < 0$, 于是有 $2k \leqslant \dfrac{x^2 + 4x + 2}{e^x(x + 1)}$, 可知当 $x \in (-2, -1)$ 时, $h'(x) > 0$, $h(x)$ 递增. 于是 $2k \leqslant h_{\min}(x) = h(-2) = 2e^2 \Rightarrow k \leqslant e^2$.

综上, k 的取值范围为 $1 \leqslant k \leqslant e^2$.

7. **解** 设甲赢得第 n 场的概率为 p_n, 在每一场, 先掷的人赢得的概率为

$$\dfrac{1}{2} + \left(\dfrac{1}{2}\right)^3 + \left(\dfrac{1}{2}\right)^5 + \cdots + \left(\dfrac{1}{2}\right)^{2n-1} + \cdots = \dfrac{2}{3},$$

于是

$$p_1 = \dfrac{2}{3}, \quad p_n = \dfrac{1}{3}p_{n-1} + \dfrac{2}{3}(1 - p_{n-1}) = -\dfrac{1}{3}p_{n-1} + \dfrac{2}{3}.$$

由此得 $p_n - \dfrac{1}{2} = -\dfrac{1}{3}\left(p_{n-1} - \dfrac{1}{2}\right), p_1 - \dfrac{1}{2} = \dfrac{1}{6}$. 所以, $p_n = \dfrac{1}{2} + \dfrac{1}{6}\left(-\dfrac{1}{3}\right)^{n-1}, n \geqslant 1$.

8. **解** 人传球时, 传球 k 次共有 3^k 种传法. 设第 k 次将球传给 A 的方法数共有 $a_k (k \in \mathbf{N}^*)$ 种传法, 则不传给 A 的有 $3^k - a_k$ 种, 故 $a_1 = 0$, 且不传给 A 的下次均可传给 A, 即 $a_{k+1} = 3^k - a_k$. 两边同除以 3^{k+1}, 得 $\dfrac{a_{k+1}}{3^{k+1}} = -\dfrac{1}{3} \times \dfrac{a_k}{3^k} + \dfrac{1}{3}$.

令 $b_k = \dfrac{a_k}{3^k}$, 则 $b_1 = 0$, $b_{k+1} - \dfrac{1}{4} = -\dfrac{1}{3}\left(b_k - \dfrac{1}{4}\right)$, 则 $b_k - \dfrac{1}{4} = -\dfrac{1}{4}\left(-\dfrac{1}{3}\right)^{k-1}$, 所以 $a_k = \dfrac{3^k}{4} + \dfrac{3}{4}(-1)^k$.

当 $k = 5$ 时, $a_5 = 60$.

当人数为 n 时, 分别用 $n-1, n$ 取代 $3, 4$ 时, 可得 $a_k = \dfrac{(n-1)^k}{n} + \dfrac{n-1}{n} \times (-1)^k$.

9. **解** (1) 由 $\boldsymbol{m} \perp \boldsymbol{n}$, 可得 $\boldsymbol{m} \cdot \boldsymbol{n} = 0$, 即 $2b\cos A = a\cos C + c\cos A$, 即 $2\sin B\cos A = \sin A\cos C + \sin C\cos A$, 即 $2\sin B\cos A = \sin(A+C)$, 因为 $\sin(A+C) = \sin(\pi - B) = \sin B$, 所以 $2\sin B\cos A = \sin B$, 即 $\sin B(2\cos A - 1) = 0$, 因为 $0 < B < \pi$, 所以 $\sin B \neq 0$, 所以 $\cos A = \dfrac{1}{2}$, 因为 $0 < A < \pi$, 所以 $A = \dfrac{\pi}{3}$.

(2) 由 $S_{\triangle ABC} = \sqrt{3}$, 可得 $S_{\triangle ABC} = \dfrac{1}{2}bc\sin A = \sqrt{3}$, 所以 $bc = 4$, 又 $b + c = 5$, 由余弦定理得 $a^2 = b^2 + c^2 - 2bc\cos A = (b+c)^2 - 3bc = 13$, 所以 $a = \sqrt{13}$.

10. **解** 观察函数结构, 发现 $x = \pm 1$ 是函数 $f(x)$ 的两个零点, 由函数图象关于直线 $x = -2$ 对称得, $x = -3, x = -5$ 是函数 $f(x)$ 的两个零点, 即 $x = -3, x = -5$ 是二次方程 $x^2 + ax + b = 0$ 的两个根, 由韦达定理可得 $a = 8, b = 15$. $f(x) = (1-x)(x+1)(x+3)(x+5)$, 观察结构发现可以和海伦公式 $\left(S = \sqrt{p(p-a)(p-b)(p-c)}, \text{其中 } p = \dfrac{a+b+c}{2}\right)$ 联系起来. 由函数图象可知, $f(x)$ 取最大值时, $x \in (-5, -3)$ 或 $x \in (-1, 1)$. 不妨设 $x \in (-1, 1)$, 则 $1-x, x+1, x+3, x+5$ 均大于零, 由 $(1-x) + (x+1) + (x+3) + (x+5) = 2x + 10 = 2p$, 所以 $p = x+5$, 得 $a = 2, b = 4, c = 2x+4$, 因为 $x \in (-1, 1)$, 所以 $2x + 4 \in (2, 6)$, 构造 $\triangle ABC$, $\angle ACB \in (0, \pi)$, $BC = 2, AC = 4$, 易知当 $\angle ACB = \dfrac{\pi}{2}$ 时, $S_{\triangle ABC}$ 取最大值 $\dfrac{1}{2} \cdot 2 \cdot 4 = 4$, 所以 $f(x)$ 的最大值 16.

11. **解** 根据已知条件 $\dfrac{1}{\tan B} + \dfrac{1}{\tan C} = \dfrac{1}{\tan A}$ 及正弦定理得: $\cos A = \dfrac{\sin^2 A}{\sin B \sin C} = \dfrac{a^2}{bc}$, 而由余弦定理知: $\cos A = \dfrac{b^2 + c^2 - a^2}{2bc}$, 所以 $\dfrac{b^2 + c^2 - a^2}{2bc} = \dfrac{a^2}{bc}$, 因此得到三角形的三边关系: $3a^2 = b^2 + c^2$, 进而可得: $\cos A = \dfrac{b^2 + c^2 - \dfrac{b^2+c^2}{3}}{2bc} = \dfrac{b^2 + c^2}{3bc}$, 结合均值不等式知: $\cos A = \dfrac{b^2 + c^2}{3bc} \geqslant \dfrac{2bc}{3bc} = \dfrac{2}{3}$, 当且仅当 $b = c$ 时取等号, 所以 $\cos A$ 的取值范围为 $\left[\dfrac{2}{3}, 1\right)$.

12. **解** (1) 椭圆 C 的方程为 $\dfrac{x^2}{2} + y^2 = 1$.

(2) 设 $A(x_1,y_1),B(x_2,y_2)$，由 (1) 问得 $F_1(-1,0),F_2(1,0)$. 设直线 PA 的方程为 $x=ty-1$，与 $\dfrac{x^2}{2}+y^2=1$ 联立，得 $(t^2+2)y^2-2ty-1=0$，所以 $y_1y_0=-\dfrac{1}{t^2+2}$. 因为 $\overrightarrow{AF_1}=\lambda\overrightarrow{F_1P}$，所以 $(-1-x_1,-y_1)=\lambda(x_0+1,y_0)$，即 $y_1=-\lambda y_0$，于是 $\lambda=-\dfrac{y_1}{y_0}=\dfrac{1}{y_0^2(t^2+2)}=\dfrac{1}{t^2y_0^2+2y_0^2}$.

因为点 P 既在直线 PA 上，又在椭圆 C 上，所以 $x_0=ty_0-1,\dfrac{x_0^2}{2}+y_0^2=1$，即 $ty_0=x_0+1,\ x_0^2+2y_0^2=2$，于是 $\lambda=\dfrac{1}{(x_0+1)^2+2y_0^2}=\dfrac{1}{3+2x_0}$. 同理，由 $\overrightarrow{BF_2}=\mu\overrightarrow{F_2P}$，得 $\mu=\dfrac{1}{3-2x_0}$，所以 $\lambda+\mu=\dfrac{1}{3+2x_0}+\dfrac{1}{3-2x_0}=\dfrac{6}{9-4x_0^2}$. 因为 $0\leqslant x_0^2<2$，所以当 $x_0=0$ 时，$\dfrac{6}{9-4x_0^2}$ 有最小值为 $\dfrac{2}{3}$，故 $\lambda+\mu$ 的最小值为 $\dfrac{2}{3}$.

13. **解** 设 $6a=2x^2,3b=2y^2,2c=2z^2$，则 $x+y+z=3,\ x,y,z\in[0,3]$，
$$\dfrac{1}{1+a^2}+\dfrac{4}{4+b^2}+\dfrac{9}{9+c^2}=\dfrac{9}{9+x^4}+\dfrac{9}{9+y^4}+\dfrac{9}{9+z^4}.$$

下面证明当 $0\leqslant x\leqslant 3$ 时，不等式 $\dfrac{9}{9+x^4}\leqslant -\dfrac{9}{25}(x-1)+\dfrac{9}{10}$ 成立. 由于
$$\dfrac{9}{9+x^4}-\left[-\dfrac{9}{25}(x-1)+\dfrac{9}{10}\right]=\dfrac{9(x-1)^2(2x^3-3x^2-8x-13)}{50(9+x^4)},$$

又因为当 $x\in[0,3]$ 时，有 $2x^3-3x^2-8x-13=x^2(x-3)+x(x^2-9)+x-13<0$，所以不等式 $\dfrac{9}{9+x^4}\leqslant -\dfrac{9}{25}(x-1)+\dfrac{9}{10}$ 成立，即 $\dfrac{9}{9+x^4}\leqslant \dfrac{63}{50}-\dfrac{9}{25}x$. 则有
$$\dfrac{9}{9+x^4}+\dfrac{9}{9+y^4}+\dfrac{9}{9+z^4}\leqslant \dfrac{63}{50}\times 3-\dfrac{9}{25}(x+y+z).$$

由 $x+y+z=3$，得 $\dfrac{9}{9+x^4}+\dfrac{9}{9+y^4}+\dfrac{9}{9+z^4}\leqslant \dfrac{189}{50}-\dfrac{9}{25}\times 3=\dfrac{27}{10}$，等号当 $x=y=z=1$ 时取得，因此，所求最大值为 $\dfrac{27}{10}$.

14. **分析** 因为 $\displaystyle\sum_{k=1}^{n}\dfrac{k}{k^2+1}=\sum_{k=1}^{n}\dfrac{k}{k^2+1}\times 1$，所以 $\displaystyle\sum_{k=1}^{n}\dfrac{k}{k^2+1}$ 可看成是 n 个小矩形面积的和. 若将每个小矩形放缩成曲边梯形，则可利用定积分定义证明该不等式.

证明 令 $f(x)=\dfrac{x}{x^2+1},f'(x)=\dfrac{1-x^2}{(x^2+1)^2}$，则 $f(x)$ 在 $(1,+\infty)$ 上单调递减，于是
$$\sum_{k=1}^{n}\dfrac{k}{k^2+1}-\dfrac{1}{2}=\sum_{k=2}^{n}\dfrac{k}{k^2+1}\leqslant \int_{1}^{n}\dfrac{x}{x^2+1}\mathrm{d}x.$$

因为 $\displaystyle\int_{1}^{n}\dfrac{x}{x^2+1}\mathrm{d}x=\dfrac{1}{2}\int_{1}^{n}\dfrac{1}{x^2+1}\mathrm{d}(x^2+1)=\dfrac{1}{2}\ln(x^2+1)\Big|_{1}^{n}=\dfrac{1}{2}\ln\dfrac{n^2+1}{2}$，

又因为 $\dfrac{n^2+1}{2}\leqslant n^2(n=1$ 时取等号$)$，所以 $\displaystyle\sum_{k=1}^{n}\dfrac{k}{k^2+1}-\dfrac{1}{2}\leqslant \ln n$，即 $\displaystyle\sum_{k=1}^{n}\dfrac{k}{k^2+1}-\ln n\leqslant \dfrac{1}{2}$.

同理,

$$\sum_{k=1}^{n} \frac{k}{k^2+1} > \int_{1}^{n+1} \frac{x}{x^2+1} dx = \frac{1}{2}\ln(x^2+1)\Big|_{1}^{n+1} = \frac{1}{2}\ln\frac{n^2+2n+2}{2}.$$

因为 $\frac{1}{2}\ln\frac{n^2+2n+2}{2} - \ln n = \frac{1}{2}\ln\left(\frac{1}{2} + \frac{1}{n} + \frac{1}{n^2}\right) > \frac{1}{2}\ln\frac{1}{2} > \frac{1}{2}\ln e^{-2} = -1$, 所以 $\sum_{k=1}^{n} \frac{k}{k^2+1} - \ln n > -1$. 因此, 原不等式成立.

15. 证明 条件等价于 $\frac{1}{a+1} + \frac{1}{b+1} + \frac{1}{c+1} \geqslant 1$, 即 $\frac{a-2}{a+1} + \frac{b-2}{b+1} + \frac{c-2}{c+1} \leqslant 0$.

注意到, 当 $a \geqslant b \geqslant c > 1$, 时, 有

$$\frac{a-2}{a+1} \geqslant \frac{b-2}{b+1} \geqslant \frac{c-2}{c+1}, \quad \frac{a^2+2a+4}{a^2-a+1} \leqslant \frac{b^2+2b+4}{b^2-b+1} \leqslant \frac{c^2+2c+4}{c^2-c+1}.$$

于是, 应用切比雪夫不等式, 得

$$\frac{a^3-8}{a^3-1} + \frac{b^3-8}{b^3-1} + \frac{c^3-8}{c^3-1}$$
$$\leqslant \frac{1}{3}\left(\frac{a-2}{a+1} + \frac{b-2}{b+1} + \frac{c-2}{c+1}\right) \cdot \left(\frac{a^2+2a+4}{a^2-a+1} + \frac{b^2+2b+4}{b^2-b+1} + \frac{c^2+2c+4}{c^2-c+1}\right) \leqslant 0, \quad (*)$$

即 $\frac{a^3-8}{a^3-1} + \frac{b^3-8}{b^3-1} + \frac{c^3-8}{c^3-1} \leqslant 0$, 所以 $\frac{1}{a^3-1} + \frac{1}{b^3-1} + \frac{1}{c^3-1} \geqslant \frac{3}{7}$.

16. 解 (1) 设等差数列 $\{a_n\}$ 的公差为 d, 等比数列 $\{b_n\}$ 的公比为 $q\,(q>0)$. 由题知 $\frac{b_2+b_3}{b_1} = q + q^2 = 6$, 解得 $q = 2$, 则 $b_n = 2^n$, 所以 $a_4 - 2a_1 = 8$, $S_{11} = 11 \times 16$, 即 $3d - a_1 = 8$, $11a_1 + 55d = 11 \times 16$, 解得 $d = 3, a_1 = 1$, 则 $a_n = 3n - 2$.

(2) 由 (1) 得 $a_{2n}b_{2n-1} = (6n-2)2^{2n-1} = (3n-1)4^n$, 构造数列 $\{c_n\}$ 满足 $a_{2n}b_{2n-1} = c_{n+1} - c_n$, 设 $c_n = (xn+y)4^n$, 则 $(x(n+1)+y)4^{n+1} - (xn+y)4^n = (3n-1)4^n$, 整理得 $3xn + 4x + 3y = 3n - 1$, 则 $3x = 3, 4x + 3y = -1$, 解得 $x = 1, y = -\frac{5}{3}$, 所以 $c_n = \left(n - \frac{5}{3}\right)4^n$, 故 $T_n = c_{n+1} - c_1 = \left(n - \frac{2}{3}\right)4^{n+1} + \frac{8}{3}$.

第 5 章

1. 解 (1) 曲线 C 的直角坐标方程为 $\frac{x^2}{4} + \frac{y^2}{16} = 1$.

当 $\cos\alpha \neq 0$ 时, l 的直角坐标方程为 $y = \tan\alpha \cdot x + 2 - \tan\alpha$;
当 $\cos\alpha = 0$ 时, l 的直角坐标方程为 $x = 1$.

(2) 将 l 的参数方程代入 C 的直角坐标方程, 整理得关于 t 的方程

$$(1 + 3\cos^2\alpha)t^2 + 4(2\cos\alpha + \sin\alpha)t - 8 = 0. \qquad ①$$

因为曲线 C 截直线 l 所得线段的中点 $(1,2)$ 在 C 内, 所以①有两个解, 设为 t_1, t_2, 则 $t_1 + t_2 = 0$. 又由①得
$$t_1 + t_2 = -\frac{4(2\cos\alpha + \sin\alpha)}{1 + 3\cos^2\alpha},$$
故 $2\cos\alpha + \sin\alpha = 0$, 于是直线 l 的斜率 $k = \tan\alpha = -2$.

2. **答案** $C = \frac{\pi}{3}$; $\triangle ABC$ 的周长为 $5 + \sqrt{7}$.

3. **证明** 因为 $f'(x) = (x^2 + (b+2)x + b + c)e^x$, 所以 $\lim\limits_{x\to 0}\frac{f(x) - c}{x} = \lim\limits_{x\to 0}\frac{f(x) - f(0)}{x - 0} = f'(0) = b + c = 4$, 从而 $c = 4 - b$, 代入 $b^2 \leqslant 4(c-1)$ 得到 $-6 \leqslant b \leqslant 2$. 证毕.

4. **解** $f(x) > \frac{k}{x+1}$ 恒成立当且仅当 $\frac{(x+1)}{x} + \frac{(x+1)\ln(x+1)}{x} > k$ 恒成立. 设 $g(x) = 1 + \frac{1}{x} + \ln(x+1) + \frac{\ln(x+1)}{x}$ $(x > 0)$, 只需 $g_{\min}(x) > k$. $g'(x) = -\frac{1}{x^2} + \frac{1}{x+1} + \frac{\frac{x}{x+1} - \ln(x+1)}{x^2}$, $g'(x) = 0$ 的根无法直接算得, 怎么办? 设其根 x_0. 令 $h(x) = x - 1 - \ln(x+1)$, 因为 $h(2) < 0, h(3) > 0$, 所以 $x_0 \in (2, 3)$ 且 $x_0 - \ln(x_0 + 1) - 1 = 0$, 又 $h'(x) = 1 - \frac{1}{x+1} = \frac{x}{x+1} > 0$ 对任意 $x > 0$ 成立, 所以 $h(x)$ 在 $(0, +\infty)$ 上单调递增, 所以 x_0 是 $h(x)$ 的唯一零点, 也是 $g'(x)$ 的唯一零点, 易证 x_0 是 $g(x)$ 的极小值点, 也是最小值点. 即
$$g_{\min}(x) = g(x_0) = \frac{x_0 + 1}{x_0} + \frac{(x_0 + 1)\ln(x_0 + 1)}{x_0}$$
$$= \frac{x_0 + 1}{x_0} + \frac{x_0^2 - 1}{x_0} = \frac{x_0^2 + x_0}{x_0} = x_0 + 1 \in (3, 4).$$

因为 $x_0 + 1 > k$, 所以 $k_{\max} = 3$.

5. **解法一** 由 $a + \sqrt{b^2 + 8} = 4$, 得 $a = 4 - \sqrt{b^2 + 8}$, 则
$$P = \frac{3}{4 - \sqrt{b^2+8}} + \frac{1}{b} = \frac{3^2}{12 - 3\sqrt{b^2+8}} + \frac{1^2}{b}$$
$$\geqslant \frac{(3+1)^2}{12 + b - 3\sqrt{b^2+8}} \geqslant \frac{(3+1)^2}{12 + b - (b+8)} = 4,$$

仅当 $\begin{cases} \frac{12 - 3\sqrt{b^2+8}}{b} = 3, \\ a + \sqrt{b^2+8} = 4, \end{cases}$ 即 $a = b = 1$ 取等号, 故 $P_{\min} = 4$.

解法二 因为
$$4 = a + \sqrt{b^2 + 8} = a + \sqrt{(b^2 + 8)\left(\frac{1}{9} + \frac{8}{9}\right)} \geqslant a + \frac{1}{3}b + \frac{8}{3},$$

可得 $a+\dfrac{b}{3}\leqslant \dfrac{4}{3}$, 所以由权方和不等式得:

$$P=\dfrac{3}{a}+\dfrac{1}{b}=\dfrac{3}{a}+\dfrac{\dfrac{1}{3}}{\dfrac{b}{3}}\geqslant \dfrac{\left(\sqrt{3}+\dfrac{1}{\sqrt{3}}\right)^2}{a+\dfrac{b}{3}}\geqslant 4,$$

当且仅当 $a=b=1$ 时取等号, 故 $P_{\min}=4$.

解法三 引入参数 $\lambda,\mu>0$, 使 $\lambda^2+\mu^2=1$, 则

$$4=a+\sqrt{b^2+8}=a+\sqrt{(b^2+8)(\lambda^2+\mu^2)}\geqslant a+b\lambda+2\sqrt{2}\mu,$$

得 $a+b\lambda\leqslant 4-2\sqrt{2}\mu$,

$$P=\dfrac{3}{a}+\dfrac{1}{b}\geqslant \dfrac{1}{4-2\sqrt{2}\mu}\left(\dfrac{3}{a}+\dfrac{1}{b}\right)(a+b\lambda)=\dfrac{1}{4-2\sqrt{2}\mu}\left(3+\lambda+\dfrac{3b\lambda}{a}+\dfrac{a}{b}\right)$$

$$\geqslant \dfrac{1}{4-2\sqrt{2}\mu}\left(3+\lambda+2\sqrt{3\lambda}\right),$$

取等时 $\begin{cases}\dfrac{b}{\lambda}=\dfrac{2\sqrt{2}}{\mu},\\ \lambda^2+\mu^2=1,\\ a=\sqrt{3\lambda}b,\end{cases}$ 得 $\begin{cases}a=b=1,\\ \lambda=\dfrac{1}{3},\\ \mu=\dfrac{2\sqrt{2}}{3},\end{cases}$ 则

$$P=\dfrac{3}{a}+\dfrac{1}{b}\geqslant 3+1=4.$$

当且仅当 $a=b=1$ 时取等号, 故 $P_{\min}=4$.

解法四 应用拉格朗日乘数法, 令 $L(a,b,\lambda)=\dfrac{3}{a}+\dfrac{1}{b}+\lambda(a+\sqrt{b^2+8}-4)$, 对 L 求一阶偏导数, 并令他们等于 0, 则有 $\begin{cases}L_a=-\dfrac{3}{a^2}+\lambda=0,\\ L_b=-\dfrac{1}{b^2}+\dfrac{\lambda b}{\sqrt{b^2+8}}=0,\\ L_\lambda=a+\sqrt{b^2+8}-4=0,\end{cases}$ 求得这个方程组的解为 $a=b=1,\lambda=3$, 这就是拉格朗日函数 $L(a,b,\lambda)$ 的稳定点, 易得此点为函数最小值点, 所以当时 $a=b=1$ 时, $P_{\min}=4$.

6. **解** 该题条件是边与角混合关系式, 从结构上看, 先用余弦定理进行恒等变换, 可得等式为 $2\cos C(a\cos B+b\cos A)=c$, 再利用正弦定理得 $\cos C=\dfrac{1}{2}$, 即 $C=\dfrac{\pi}{3}$, 所以由余弦定理得 $c^2=a^2+b^2-2ab\cos C=(a+b)^2-3ab$, 结合题设条件 $a+b=2$ 和均值不等式可得 $ab\leqslant 1$, 当且仅当 $a=b=1$ 时等号成立, 所以 $c^2\geqslant 1$, 即 $c\geqslant 1$, 又由 $\triangle ABC$ 中的不等关系知, $c<a+b=2$, 从而可得 $1\leqslant c<2$, 即得 c 的取值范围是 $[1,2)$.

7. **解法一** 因为 $2\sin A+\sin B=2\sin C$, 所以 $2\sin A+\sin B=2\sin(A+B)$, 所以 $2\sin A(\cos B-1)=\sin B(1-2\cos A)$, 即 $\dfrac{2\sin A}{1-2\cos A}=\dfrac{\sin B}{\cos B-1}$, 所以

$$\frac{2\sin A}{1-2\cos A} = \frac{2\sin\frac{B}{2}\cos\frac{B}{2}}{1-2\sin^2\frac{B}{2}-1} = -\frac{1}{\tan\frac{B}{2}}, \text{即 } \tan\frac{B}{2} = \frac{2\cos A - 1}{2\sin A},$$

所以 $\sin B = \dfrac{2\tan\dfrac{B}{2}}{1+\tan^2\dfrac{B}{2}} = \dfrac{4\sin A(2\cos A - 1)}{5-4\cos A}$, 所以

$$\frac{1}{\sin A} + \frac{1}{\sin B} - \frac{1}{\sin C} = \frac{1}{\sin A} + \frac{1}{\dfrac{4\sin A(2\cos A - 1)}{5-4\cos A}} - \frac{2}{2\sin A + \dfrac{4\sin A(2\cos A - 1)}{5-4\cos A}}$$

$$= \frac{5-4\cos A}{4\sin A(2\cos A - 1)} + \frac{4\cos A - 2}{3\sin A}$$

$$= \frac{3[(2\cos A - 1)^2 + 4\sin^2 A] + 8(2\cos A - 1)^2}{12\sin A(2\cos A - 1)}$$

$$= \frac{11}{12}\frac{2\cos A - 1}{\sin A} + \frac{\sin A}{2\cos A - 1} \geqslant \frac{\sqrt{33}}{3},$$

当且仅当 $\dfrac{11}{12}\dfrac{2\cos A - 1}{\sin A} = \dfrac{\sin A}{2\cos A - 1}$ 时, 等号成立, 即 $\dfrac{1}{\sin A} + \dfrac{1}{\sin B} - \dfrac{1}{\sin C}$ 的最小值 $\dfrac{\sqrt{33}}{3}$.

解法二 因为 $2\sin A + \sin B = 2\sin C$, 所以 $b = 2(c-a)$, 设 $b = 4$, 则 $c-a = 2$, 即 $|AB| - |BC| = 2 < 4$, 所以, 点 B 的轨迹为双曲线 $x^2 - \dfrac{y^2}{3} = 1$ 在第一象限的部分, 由焦半径公式得 $|AB| = 2x+1, |BC| = 2x-1$.

由题意知 $\sin A = \dfrac{y}{2x+1}, \sin C = \dfrac{y}{2x-1}$, 所以

$$\frac{1}{\sin A} + \frac{1}{\sin B} - \frac{1}{\sin C} = \frac{1}{\sin A} + \frac{1}{2\sin C - 2\sin A} - \frac{1}{\sin C}$$

$$= \frac{2}{y} + \frac{4x^2 - 1}{4y} = \frac{4x^2 + 7}{4y}$$

$$= \frac{4\left(1+\dfrac{y^2}{3}\right) + 7}{4y} = \frac{\dfrac{4y^2}{3} + 11}{4y} \geqslant \frac{\sqrt{33}}{3},$$

当且仅当 $\dfrac{4y^2}{3} = 11$ 时, 即 $y = \dfrac{\sqrt{33}}{2}$, 此时 $x = \dfrac{\sqrt{15}}{2}$ 时, 等号成立, 故 $\dfrac{1}{\sin A} + \dfrac{1}{\sin B} - \dfrac{1}{\sin C}$ 的最小值 $\dfrac{\sqrt{33}}{3}$.

8. **解** (I) (i) 函数为 $y = \dfrac{20}{\cos\theta} - 10\tan\theta + 10 \left(0 \leqslant \theta \leqslant \dfrac{\pi}{4}\right)$;

(ii) 函数为 $y = x + 2\sqrt{x^2 - 20x + 200}\ (0 \leqslant x \leqslant 10)$.

(II) $$y = x + 2\sqrt{(10-x)^2 + 10^2} \geqslant x + 2[\cos\alpha(10-x) + 10\sin\alpha]$$
$$= (1 - 2\cos\alpha)x + 20\cos\alpha + 20\sin\alpha.$$

为使不等式右边为常数且等号成立,即满足 $(10-x)\sin\alpha = 10\cos\alpha$,取 $\cos\alpha = \dfrac{1}{2}$, $\sin\alpha = \dfrac{\sqrt{3}}{2}$,得

$$y = x + 2\sqrt{(x-10)^2 + 10^2} \geqslant 10 + 10\sqrt{3},$$

当且仅当 $x = 10 - \dfrac{10\sqrt{3}}{3}$ 时等号成立. 这时点 P 位于线段 AB 的中垂线上,且距离 AB 边 $\dfrac{10\sqrt{3}}{3}$km 处.

9. **解** (1) $a = 1$(过程略).

(2) 由 (1) 知, 当 $x \in (1, +\infty)$ 时, $x - 1 - \ln x > 0$, 即 $\ln x < x - 1$, 所以 $\ln\left(1 + \dfrac{1}{2^n}\right) < \dfrac{1}{2^n}$, 因为

$$\ln\left[\left(1 + \dfrac{1}{2}\right)\left(1 + \dfrac{1}{2^2}\right)\cdots\left(1 + \dfrac{1}{2^n}\right)\right]$$
$$= \ln\left(1 + \dfrac{1}{2}\right) + \ln\left(1 + \dfrac{1}{2^2}\right) + \cdots + \ln\left(1 + \dfrac{1}{2^n}\right)$$
$$< \dfrac{1}{2} + \dfrac{1}{2^2} + \cdots + \dfrac{1}{2^n} = 1 - \dfrac{1}{2^n} < 1,$$

故 $\left(1 + \dfrac{1}{2}\right)\left(1 + \dfrac{1}{2^2}\right)\cdots\left(1 + \dfrac{1}{2^n}\right) < e$, 由于 $\left(1 + \dfrac{1}{2}\right)\left(1 + \dfrac{1}{2^2}\right)\left(1 + \dfrac{1}{2^3}\right) = \dfrac{135}{64} > 2$, 所以整数 m 的最小值为 3.

第 6 章

1. **证明** 由已知条件可知点 $A\left(\dfrac{\cos^2\alpha}{\cos\beta}, \dfrac{\sin^2\alpha}{\sin\beta}\right)$ 在 $x^2 + y^2 = 1$ 上, 记 $x_0 = \dfrac{\cos^2\alpha}{\cos\beta}$, $y_0 = \dfrac{\sin^2\alpha}{\sin\beta}$, 则 $x_0\cos\beta + y_0\sin\beta = 1$, 又单位圆 $x^2 + y^2 = 1$ 在点 A 处的切线 l 的方程为 $x_0 x + y_0 y = 1$, 可见它过点 $B(\cos\beta, \sin\beta)$, 故 A, B 两点重合, 于是 $\dfrac{\cos^2\alpha}{\cos\beta} = \cos\beta$, $\dfrac{\sin^2\alpha}{\sin\beta} = \sin\beta$. 所以 $\cos^2\alpha = \cos^2\beta$, 且 $\sin^2\alpha = \sin^2\beta$, 从而 $\dfrac{\cos^4\beta}{\cos^2\alpha} + \dfrac{\sin^4\beta}{\sin^2\alpha} = 1$.

2. **解法一** 由题意知: $a_n - a_{n-1} = 3^n$, $a_{n-1} - a_{n-2} = 3^{n-1}$, $\cdots$, $a_2 - a_1 = 3^2$, 叠加得: 当 $n \geqslant 2$ 时,

$$a_n - a_1 = 3^n + 3^{n-1} + \cdots + 3^2 = \dfrac{3^{n+1} - 9}{2},$$

所以 $a_n = \dfrac{3^{n+1} - 7}{2}$, 当 $n = 1$ 时, $a_1 = 1$ 符合上式, 所以 $a_n = \dfrac{3^{n+1} - 7}{2}$.

解法二 当 $n \geqslant 2$ 时, 迭代得:

$$a_n = a_{n-1} + 3^n = a_{n-2} + 3^{n-1} + 3^n = \cdots$$
$$= a_1 + 3^2 + 3^3 + \cdots + 3^{n-1} + 3^n = \dfrac{3^{n+1} - 7}{2},$$

当 $n=1$ 时,$a_1=1$ 符合上式,所以 $a_n=\dfrac{3^{n+1}-7}{2}$.

3. 解 整理可得 $(x+y)+2(x-y)+4=(x+y)(x-y)$,换元,令 $x_1=x+y,y_1=x-y$,其中 $x_1>0,y_1>0$,则 $x_1+2y_1+4=x_1y_1$,特别地,当 $m=1,n=2,k=4$ 时,可得 $(x_1y_1)_{\min}=8+4\sqrt{3}$,等号成立时,即

$$x_1=x+y=2+2\sqrt{3}, \quad y_1=x-y=1+\sqrt{3}.$$

因而 x^2-y^2 的最小值为 $8+4\sqrt{3}$,此时 $x=\dfrac{3}{2}+\dfrac{3}{2}\sqrt{3},y=\dfrac{1}{2}+\dfrac{1}{2}\sqrt{3}$.

4. 解 (I) 略. 椭圆 C 的方程为 $\dfrac{x^2}{4}+y^2=1$.

(II) 由 (I) 知椭圆 E 的方程为 $\dfrac{x^2}{16}+\dfrac{y^2}{4}=1$.

(i) 设 $P(x_0,y_0)$,$\dfrac{|OQ|}{|OP|}=\lambda$,由题意知 $Q(-\lambda x_0,-\lambda y_0)$. 因为 $\dfrac{x_0^2}{4}+y_0^2=1$,又 $\dfrac{(-\lambda x_0)^2}{16}+\dfrac{(-\lambda y_0)^2}{4}=1$,即 $\dfrac{\lambda^2}{4}\left(\dfrac{x_0^2}{4}+y_0^2\right)=1$,所以 $\lambda=2$,即 $\dfrac{|OQ|}{|OP|}=2$.

(ii) 略. $\triangle ABQ$ 面积的最大值为 $6\sqrt{3}$.

5. 解法一 数形结合.

$f(x)\geqslant x$ 对于任意的实数 x 恒成立,即 $|x-k|+\dfrac{1}{2}|x+3|-2\geqslant x$ 在 $\mathbf{R}$ 上恒成立,也即 $|x-k|\geqslant x+2-\dfrac{1}{2}|x+3|$ 在 $\mathbf{R}$ 上恒成立,

$$g(x)=x+2-\dfrac{1}{2}|x+3|=\begin{cases}\dfrac{3}{2}x+\dfrac{7}{2}, & x\leqslant -3,\\ \dfrac{1}{2}x+\dfrac{1}{2}, & x>3,\end{cases}$$

作出 $y=g(x)$ 的图象如图 A-1 所示:

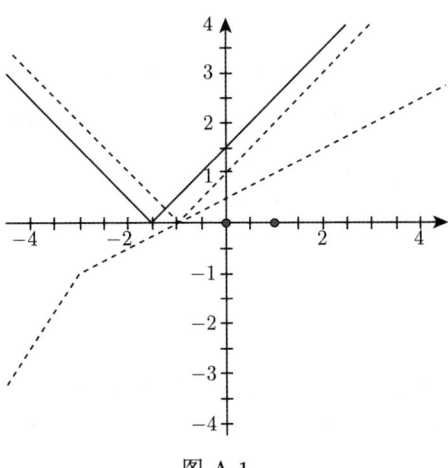

图 A-1

要使 $|x-k| \geqslant g(x)$ 在 **R** 上恒成立,则函数 $y=|x-k|$ 的图象应恒在函数 $y=g(x)$ 的图象的上方,由数形结合可得 $k \leqslant -1$,所以 k 的取值范围 $(-\infty, -1]$.

解法二 形如 $|f(x)|<g(x)$, $|f(x)|>g(x)$ 型不等式,可以把 $g(x)$ 看成一个大于零的常数 a 进行求解,即 $|f(x)|<g(x) \Leftrightarrow -g(x)<f(x)<g(x)$, $|f(x)|>g(x) \Leftrightarrow f(x)>g(x)$ 或 $f(x)<-g(x)$.

$f(x) \geqslant x$ 对于任意的实数 x 恒成立,即 $|x-k| \geqslant x+2-\dfrac{1}{2}|x+3|$ 在 **R** 上恒成立,令

$$g(x) = x+2-\dfrac{1}{2}|x+3| = \begin{cases} \dfrac{3}{2}x+\dfrac{7}{2}, & x \leqslant -3, \\ \dfrac{1}{2}x+\dfrac{1}{2}, & x>3. \end{cases}$$

令 $g(x) \leqslant 0$ 解得 $x \leqslant -1$,也即当 $x \leqslant -1$ 时,$|x-k| \geqslant 0 \geqslant g(x)$ 恒成立.

当 $x>-1$ 时,$|x-k| \geqslant g(x)$ 恒成立 $\Leftrightarrow x-k \geqslant g(x)$ 或 $x-k \leqslant -g(x)$ 恒成立.

① 由 $x-k \geqslant g(x)$ 恒成立得,$k \leqslant -2+\dfrac{1}{2}|x+3|$ 恒成立,即 $k \leqslant \left(-2+\dfrac{1}{2}|x+3|\right)_{\min}$,所以 $k \leqslant -1$.

② 由 $x-k \leqslant -g(x)$ 恒成立得,$k \geqslant 2x+2-\dfrac{1}{2}|x+3|$ 恒成立,$2x+2-\dfrac{1}{2}|x+3| \to +\infty$,显然这样的 k 不存在.

综上所述,$k \leqslant -1$.

6. 解析 如图 6-54,由题意,$\triangle BCD$ 中,$BC=BD=2$, $\angle CBD=60°$,可知 $\triangle BCD$ 是等边三角形,取 CD 中点 F,$BF \perp CD$,且 $BF=\sqrt{3}$,由 $\triangle ABC \cong \triangle ABD$ 及余弦定理知 $AC=AD=\sqrt{7}$,所以 $AF \perp CD$,故 $CD \perp$ 平面 ABF,由原则 2 知三棱锥 A-BCD 的外接球球心在平面 ABF 内,设 $\triangle BCD$ 的外心为 G,过 G 作平面 BCD 垂线及线段 AB 垂直平分线交于 O,则点 O 到 A,B,C,D 四个点距离相等,也即点 O 为此四面体外接球球心,$AF=\sqrt{6}$,所以 $AB^2=BF^2+AF^2$,即 $BF \perp AF$,过 O 作 $OH \perp AF$ 于 H,则 $OHFG$ 为矩形,$BG=\dfrac{2}{3}BF=\dfrac{2\sqrt{3}}{3}$, $OH=FG=\dfrac{1}{3}BF=\dfrac{\sqrt{3}}{3}$,设 $OG=t$,则 $\begin{cases} R^2=BG^2+t^2, \\ R^2=OH^2+(\sqrt{6}-t)^2, \end{cases}$ 所以 $R^2=\dfrac{19}{8}$,故外接球面积为 $4\pi R^2 = \dfrac{19\pi}{2}$.

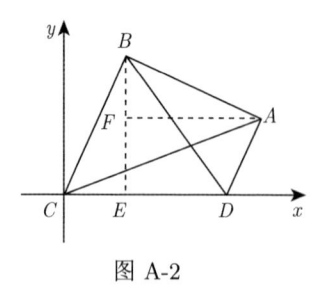

7. 解 如图 A-2,以 C 为原点,CD 所在直线为 x 轴建立平面直角坐标系,则 $D(2,0)$. 过点 B 作 x 轴的垂线,垂足为 E,过点 A 作 BE 的垂线,垂足为 F,由已知可得 $\triangle BCE \cong \triangle ABF$,所以 $CE=BF$, $BE=AF$.

设 $B(x,y)$,则点 A 的坐标为 $(x+y, y-x)$. 因为 $AD=1$,所以 $(x+y-2)^2+(y-x)^2=1$,化简,得 $(x-1)^2+(y-1)^2=\dfrac{1}{2}$,故点 B 的轨迹是以点 $(1,1)$ 为圆心,半径为 $\dfrac{\sqrt{2}}{2}$ 的圆. 因为 $S_{\triangle BCD}=\dfrac{1}{2}|CD| \cdot |y_B|=|y_B|$,且 $|y_B| \leqslant \dfrac{\sqrt{2}}{2}+1$,所以 $S_{\triangle BCD} \leqslant \dfrac{\sqrt{2}}{2}+1$,当点

图 A-2

B 的坐标为 $\left(1, \dfrac{\sqrt{2}}{2}+1\right)$ 时等号成立, 所以 $\triangle BCD$ 面积的最大值为 $\dfrac{\sqrt{2}}{2}+1$.

8. **解** 当 $n=3$ 时, $2^n = 2^3 = 8$, $2n+1 = 7$, $2^n > 2n+1$ 成立; 当 $n \geqslant 3(n \in \mathbf{N}^*)$ 时,

$$2^n = (1+1)^n = C_n^0 + C_n^1 + \cdots + C_n^{n-1} + C_n^n$$
$$> C_n^0 + C_n^1 + C_n^{n-1} + C_n^n = 2n+2 > 2n+1.$$

综上, 不等式 $2^n > 2n+1(n \geqslant 3, n \in \mathbf{N}^*)$ 成立.

9. **解析** 由 $a_{n+1} = \sqrt{S_n^2 + S_n + 1}$, $a_1 = 1$ 可得 $a_n > 0, S_n > 0$, 把原式两边平方并化简可得 $a_{n+1}^2 = S_n^2 + S_n + 1$, 即 $a_{n+1}^2 = S_n^2 + 1^2 - 2S_n \cdot 1 \cdot \cos\left(-\dfrac{2\pi}{3}\right)$, 构造一个三角形, 三边分别是 $a_{n+1}, 1, S_n$, 在三角形中设 S_n 和 a_{n+1} 的夹角为 θ_n, 考虑到 $S_{n+1} = S_n + a_{n+1}$, 可构造如下图形 (图 A-3, 图 A-4),

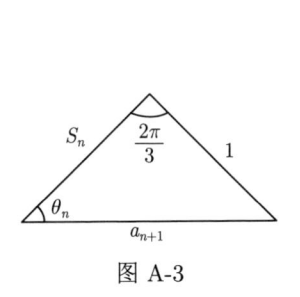

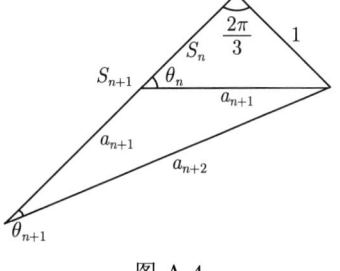

图 A-3

图 A-4

上面三角形满足 $a_{n+2}^2 = S_{n+1}^2 + S_{n+1} + 1$, 易得 $\theta_n = 2\theta_{n+1}$, 因为 $\theta_1 = \dfrac{\pi}{3}$, 所以 $\theta_n = \dfrac{\pi}{3} \cdot \left(\dfrac{1}{2}\right)^{n-1}$, 在图 A-3 的三角形中利用正弦定理可得 $\dfrac{1}{\sin\theta_{n-1}} = \dfrac{a_{n+1}}{\sin\dfrac{2\pi}{3}}$, 所以

$$a_n = \dfrac{\sqrt{3}}{2\sin\left(\dfrac{\pi}{3 \times 2^{n-1}}\right)}.$$

10. **解析** (1) 用 A 表示事件 "该市一天空气中 PM2.5 浓度不超过 75, 且 SO_2 浓度不超过 150", 则 100 天中, 事件 A 发生的频率 $f(A) = \dfrac{32+18+6+8}{100} = 0.64$, 则 $P(A) \approx f(A) = 0.64$.

(2) 2×2 列联表为表 A-2.

表 A-2

PM2.5 \ SO₂	[0, 150]	(150, 475]
[0, 75]	64	16
(75, 115]	10	10

(3) 假设该市一天空气中 PM2.5 浓度与 SO$_2$ 浓度无关，则可算得,

$$K^2 = \frac{100 \times (64 \times 10 - 16 \times 10)^2}{(64+16) \times (10+10) \times (64+10) \times (16+10)} \approx 7.484 > 6.635,$$

故有 99% 的把握认为该市一天空气中 PM2.5 浓度与 SO$_2$ 浓度有关.

参 考 文 献

贝尔. 1990. 中学数学的教与学 [M]. 许振声, 等译. 北京: 教育科学出版社.
波利亚. 1982. 怎样解题 [M]. 北京: 科学出版社.
董玉成. 2018. 中国数学解题知识的研究 [D]. 上海: 华东师范大学.
樊洪涛, 徐义明. 2005. 数学解题中的特殊化方法 [J]. 数学通报, (11): 45-46.
范习昱. 2020. 不同背景下的三角函数综合题的常见题型及策略分析 [J]. 中学数学研究 (华南师范大学版), (7): 21-24.
冯忠良. 1998. 结构化与定向化教学心理学原理 [M]. 北京: 北京师范大学出版社.
弗里特曼等. 1985. 怎样学会解数学题 [M]. 梁法驯, 译. 武汉: 湖北教育出版社.
高剑梅. 2018. 高中数学 "说题" 评价标准制定的探究: 基于广东省骨干教师的调查 [D]. 广州: 华南师范大学.
江智如, 江伟, 蔡珺. 2020. 例谈以三角函数为载体函数综合问题的解题策略 [J]. 中学数学研究 (华南师范大学版), (15):12-16.
姜德祥. 2012. 特殊化方法在求解数学问题中的妙用 [J]. 中学数学, (3): 13-14.
克鲁切茨基. 1984. 中小学数学能力心理学 [M]. 北京: 教育科学出版社.
兰诗全. 2012. 数学模式识别与转化策略 [J]. 数学通讯, (14): 1-4.
李丹丹. 2013. 反证法在中学数学中的应用 [J]. 哈尔滨职业技术学院学报, 2:93-94.
李继闵. 1990. 《九章算术》及其刘徽注研究 [M]. 西安: 陕西人民出版社.
李明. 2020. 对 2020 年山东新高考数学卷第 21 题探究 [J]. 中学数学研究 (华南师范大学版), (12):17-18.
李明振. 数学方法与解题研究 [M]. 上海科技教育出版社, 2002.
李伟军. 2006. 二十年来数学解题研究的进展概貌 [J]. 内蒙古师范大学学报 (教育科学版), (1):82-84.
梁宗巨. 1996. 世界数学通史 [M]. 沈阳: 辽宁教育出版社.
林崇德. 1992. 学习与发展 [M]. 北京: 北京教育出版社.
林丹群. 2013. 数学师范生说题活动研究 [D]. 福建师范大学.
刘冬喜. 2009. 一道高考向量题的几种解题思路 [J]. 中学数学教学, 5.
刘刚. 2020. 一道 2019 年直线过定点模考题的探究与思考 [J]. 中学数学研究 (华南师范大学版), (7):7-9.
刘刚. 2020. 最值中的定值问题 [J]. 中学数学研究 (华南师范大学版), (11):10-11.
罗伯特·斯莱文. 2004. 教育心理学 [M]. 姚梅林, 译. 北京: 人民邮电出版社.
罗增儒, 罗新兵. 2009. 数学解题研究 30 年 (续)[J]. 湖南教育 (数学教师), (2):20-22.
罗增儒, 罗新兵. 2009. 数学解题研究 30 年 [J]. 湖南教育 (数学教师), (1):24-30.
罗增儒. 2001. 数学解题学引论 [M]. 2 版. 陕西师范大学出版社.

罗增儒. 2008. 中学数学解题的理论与实践 [M]. 南宁: 广西教育出版社.

马锐雄, 周之夫. 2011. 说题——数学课堂素质教育的重要活动 [J]. 数学通讯, 9: 2-3.

任子朝. 1988. 谈数学教育中的"问题解决"[J]. 数学通报. 3.

邵瑞珍. 1997. 教育心理学 [M]. 上海: 上海教育出版社.

斯托利亚尔. 1984. 数学教育学 [M]. 北京: 人民教育出版社.

孙椿荣. 1989. 浅谈反证法及其逻辑原理 [J]. 鞍山师范学院学报, 3:32-34.

孙宇. 2006. 高中生对反证法的理解 [D]. 华东师范大学.

王林全. 2000. 中学数学思想方法概论 [M]. 广州: 暨南大学出版社.

王秋海. 1996. "数学问题"探析 [J]. 数学教育学报, 3.

王勇, 王云. 2017. 反证法在数列中的应用 [J]. 高中生学习 (试题研究), (5): 36-37.

魏欣, 邓春梅. 2018. 2018 年高考全国 I 卷解析几何题的探究与推广 [J]. 数学通讯, (19): 29-33.

魏欣. 2020. 圆锥曲线离心率范围的几个性质 [J]. 中学数学研究 (华南师范大学版), (15):9-11.

温伙其. 2020. 构造函数破解大小比较 [J]. 中学数学研究 (华南师范大学版), (15):22-24.

吴岱明. 1987. 科学研究方法学 [M]. 长沙：湖南人民出版社.

吴孟达, 成礼智, 等. 1999. 数学建模的理论与实践 [M]. 长沙: 国防科技大学出版社.

徐斌艳. 2001. 数学教育展望 [M]. 上海: 华东师范大学出版社.

许建芳. 2019. 高考立体几何解答题复习的深度思考 [J]. 中学数学教学, (3):7-9.

张永怀, 张茁生, 石东洋. 1996. 使用反证法时易犯的错误 [J]. 数学学习, 2:32-33.

章建跃. 2001. 数学学习论与学习指导 [M]. 北京: 人民教育出版社.

赵帅. 2020. 一道求期望问题的解法探究与思考——用递推思想求整数值随机变量的数学期望 [J]. 中学数学研究 (华南师范大学版), (21):43-45.

郑焕, 朱华伟. 2008. 简评《怎样学会解数学题》[J]. 中学数学, (8):44-45.

郑旭东. 2009-05-15. 学习科学家中的数学教育家: 执着于问题解决的 Alan H. Schoenfeld [J]. 软件导刊 (教育技术), 3-5.

郑毓信, 梁贯成. 2002. 认知科学, 建构主义与数学教育 [M]. 上海: 上海教育出版社.

中华人民共和国教育部. 2004. 普通高中数学课程标准 (实验稿)[M]. 北京: 人民教育出版社.

周丹, 李俊. 2012. CMIC-2011 克莱因奖和弗莱登塔尔奖获得者——美国 Alan Schoenfeld 教授和加拿大 Luis Radford 教授介绍 [J]. 数学教学, 11: 封二, 1, 29.

Burkhardt H, Groves S, Schoenfeld A H, and Stacey K. (Eds.) 1988. Problem solving: A world view. Proceedings of the problem solving theme group at the V International Congress on Mathematical Education[M]. Adelaide, Australia. Nottingham, England: Shell Centre for Mathematical Education.

Dubinsky E, Schoenfeld A H, Kaput J. (Eds.) 2000. Research in Collegiate Mathematics Education[M]. IV. Washington, DC: Conference Board of the Mathematical Sciences.

Schoenfeld A H (Ed.) 1987. Cognitive science and mathematics education[M]. Hillsdale, NJ: Erlbaum.

Schoenfeld A H (Ed.) 1994. Mathematical thinking and problem solving[M]. Hillsdale, NJ: Erlbaum.

Schoenfeld A H (Ed.) 1983. Problem solving in the mathematics curriculum: A report, recommendations, and an annotated bibliography[M]. Washington, DC: Mathematical Association of America.

Schoenfeld A H (Ed.) 1992. Research methods in and for the learning sciences[J]. Journal of the Learning Sciences, 2(2): 137-139.

Schoenfeld A H. 2010. How we think: A theory of goal-oriented decision making and its educational applications[M]. New York: Routledge.